Im Zeichen des Windhundes

Achim Lutter

Achim L u t t e r

Im Zeichen des Windhundes

Polit-Thriller

DeBehr

Herausgeber: Verlag DeBehr, Radeberg
Erstauflage: 2020
ISBN: 9783957537645

Inhalt

Geleitwort

Dem Autor des Thrillers ist zu zugute zu halten, dass er es versteht, Spannung aufzubauen und bis zum Schluss zu halten.

Nach dem Ende des Zweiten Weltkrieges wurde aus dem offenen Krieg ein geheimer, der sich grausam im Untergrund abspielte.

Der gegenwärtige Cyberkrieg ist weitaus gefährlicher, weil die Schäden globaler sind.

Dr. Friedrich Villis
 – Lektor -

Kapitel 1 Oktober 1961

Vor fast zwei Wochen kam Lieutenant Geoffrey Dellington von England nach Deutschland. „Spairpoint" heißt das Herbstmanöver der britischen Rheinarmee – im Weserbergland – an dem Geoffrey als Reservist und Zugführer teilnimmt.
Nachrichten-Offizier Geoffrey Dellington, im zivilen Leben Filialleiter einer Bank in Southampten, ist seit vier Jahren mit Ann Marlow zusammen.
Nun sitzt er in einem kleinen Funkwagen mit noch einem Soldaten, der mit einem Tarnnetz überspannt ist, und schaut auf den Hof des Rittergutes, in dem der Regiments-Stab zurzeit untergebracht ist.
Das monotone Geräusch eines Stromaggregates, das in einiger Entfernung an der Wand einer Scheune stand – und für den wenigen Schlaf der letzten Tage sorgte – ließ Geoffrey dennoch leicht einschlummern.
Geoffrey wurde durch einen Funkspruch aus seinem Schlaf gerissen und er blickte zur Armbanduhr. Es war kurz vor Mitternacht. Das Haupthaus des Guts wurde durch das fahle Mondlicht angeleuchtet und die angrenzenden Seitengebäude warfen lange Schatten auf den Hof.
Er dachte an Ann, irgendwann wollten sie heiraten und Kinder haben.
Die Turmuhr des nahegelegenen Dorfes schlug Mitternacht, als ein Personenwagen mit abgeblendeten Scheinwerfern auf den Hof des Rittergutes fuhr. Der Wagen steuerte zielstrebig auf ein Seitengebäude zu, an dem ein Tor geöffnet wurde.
Das Auto fuhr, ohne anzuhalten, durch das Tor. Danach schloss sich das Tor wieder.
Er gab sich große Mühe, den Wagen zu identifizieren, aber eine Wolkenfront hatte sich vor den Mond geschoben und hüllte alles in Dunkelheit.
Misstrauisch, wie er es auch in seinem Beruf war, versuchte er dieser mysteriösen Sache auf den Grund zu gehen. Denn immer wieder kam es vor, dass die Manöverleitung irgendwelche Sabotage-Akte von feindlichen Agenten einspielte, die dann zum Ausfall von Einheiten

kamen. Wurde es nicht erkannt, gab es hinterher mächtig Ärger mit den Vorgesetzten.
Also entschloss er sich, zum Wachposten zu gehen, der hinter einem Holzstapel am Eingang des Gutes stand. Der sollte aufpassen, wer auf den Hof fährt. Auf dem Weg zum Eingang musste er den Hof überqueren und dabei schaute er nochmals zum Haupthaus. Jetzt lag es wieder im Mondlicht und mit den dunklen Fenstern hatte es den Anschein, dass keine Menschenseele in ihm lebte.
Als Geoffrey den Hofeingang erreichte, war der Posten nicht auf seinem Platz.
Er ging zur Dorfstraße, das Geräusch des Stromaggregates war kaum noch zu hören, eine eigenartige Stille setzte ein. Die Straßenbeleuchtung war ausgeschaltet. Das wurde häufig auf den Dörfern gemacht. Er schaute in die Nacht.
Auf der anderen Straßenseite glomm eine Zigarette. Er ging über die Straße und traf auf den rauchenden, auf einer Bank sitzenden Posten.
Als der Posten ihn erkannte, schnippte er schnell die Zigarette weg, schnellte hoch und machte Meldung: „Corporal John auf Posten, keine besonderen Vorkommnisse."
„Keine Vorkommnisse?", erwiderte Geoffrey, „ist denn in der letzten Zeit kein Fahrzeug in den Hof gefahren?"
„Nein, Herr Lieutenant, kein Fahrzeug ist auf den Hof gefahren."
Das machte Geoffrey nachdenklich, aber er unterließ es, den Posten mit seiner Beobachtung zu konfrontieren. „Sie haben den Platz nicht verlassen?", fragte er nochmals.
„Nein, Herr Lieutenant!", erwiderte der Soldat, ein kleiner, etwas untersetzter Mann, den er auf etwa 37 Jahre schätzte. „O. k., weitermachen", sagte er zu dem Soldaten.
Bevor er zurück auf den Hof ging, schaute er noch einmal die Dorfstraße hinunter, sie lag friedlich in der Dunkelheit.
Wieso war nur ein Posten am Eingang? Sobald es dunkel wird, sollten auf jeden Fall zwei Posten eingesetzt werden, dachte Geoffrey. Das war ein klarer Befehl.
War es wirklich eine Einlage der Manöverleitung?, ging es ihm durch den Kopf. Das erlernte Misstrauen eines Bankiers kam zum Vorschein und er wollte nun doch wissen, was dieses heimliche Szenario sollte.

Das Geräusch des Stromaggregates wurde wieder lauter. In der linken Hofseite hatte man ein Zelt aufgestellt. Hin und wieder huschte ein Schatten vom Zelt hinter einen Busch, hier stand die Latrine.
Geoffrey ging zu seinem Land Rover unter dem Tarnnetz. Er öffnete die Beifahrertür und nahm mit einem gezielten Griff die Taschenlampe aus der Halterung. Nachdem er die Tür leise geschlossen hatte, schlich er sich – wie er es einst bei der Armee gelernt hatte – entlang der Fassade des Seitengebäudes. Langsam spürte er die stärker werdende Anspannung. Es machte sich in ihm das Gefühl einer anbahnenden Gefahr breit.
Der Mond wurde wieder durch einen sich vorschiebenden Wolkenpulk verdeckt. Die Dunkelheit war jetzt undurchdringlich.
Er spürte, dass er schwitzte, obwohl es eine kühle Herbstnacht war.
Er erreichte das Tor, hinter dem der geheimnisvolle Wagen verschwunden war.
Er versuchte, das Tor zu öffnen, aber es war verschlossen. Erst jetzt bemerkte er die eigenartige Stille, die über dem Gutshof lag. Eigentlich war es zu ruhig für einen Regiments-Stab, sonst gab es viel mehr Hektik, dachte er.
Diese nicht vorhandene Hektik, die wenigen anwesenden Soldaten, der plötzlich in einer Toreinfahrt verschwundene, unbeleuchtete Wagen um diese Zeit!
Geoffrey spürte auf einmal eine innere Unruhe, die ihn mahnte, nicht weiter nachzuforschen. Aber sein Dienstgrad befahl es ihm, die mysteriöse Lage aufzuklären.
Nach dem missglückten Versuch, das Tor zu öffnen, ging er zurück und entdeckte eine Seitentür, die ebenfalls verschlossen war.
Mit einem kräftigen Ruck an der Tür brach er das Schloss samt Halterung aus der Wand. Nach dem Öffnen der Tür schlug ihm ein muffiger Geruch von Öl und Lehm entgegen.
Er betrat den Raum und hatte das Gefühl, dass die Dunkelheit hier noch intensiver war als draußen. Bevor er das Tor hinter sich zuzog, blicke er noch einmal über den großen Hof. Alles schien mit der Dunkelheit der Herbstnacht zu verschmelzen. Die mitgenommene Taschenlampe schaltete er jetzt auf Tarnlicht, welches nur den Boden beleuchtete. Nach kurzer Orientierung stellte er fest, dass er in einem werkstattähnlichen Raum war. Hier standen einige Ackergeräte und

Traktoren herum und auf dem Boden standen mehrere Behälter mit altem Motoröl.

Neben einer Werkbank, auf der eine Vielzahl Schraubenschlüssel verschiedener Größen abgelegt waren, erkannte er eine unverschlossene Metalltür, die einen Spalt geöffnet war. Vorsichtig, auf jedes Geräusch vorbereitet, schob er die Tür auf.

Aber ein verräterisches Quietschen blieb aus. Ein dunkler Gang, ohne dass ein Ende zu erkennen war, lag vor ihm.

Langsam und mit hoher Wachsamkeit bewegte er sich, immer wieder in die Dunkelheit lauschend, vorwärts. Der Geruch von Stallungen zog ihm in die Nase. Er spürte, wie sein Herz pochte.

Am Ende bog der Flur nach rechts ab und endete vor einer Tür, die weit offen stand.

Der sich dahinter befindliche Raum hatte keine Fenster. Deshalb entschloss er sich, um mehr sehen zu können, das Tarnlicht der Taschenlampe auf >Lichtkegel< umzustellen. Für einen Moment hielt er den Atem an.

Da stand er, der Wagen, der gespenstisch auf den Hof gefahren war und mit seinen Insassen in diesem Gebäude verschwand.

Das Licht der Taschenlampe tastete sich wie ein Finger durch den Raum und den Wagen. Der Lieutenant ging um den leeren Wagen herum, leuchtete in den Innenraum und versuchte, die Tür zu öffnen. Aber der Wagen war verriegelt.

Also doch eine Einlage der Manöverleitung, schoss es ihm durch den Kopf. Der Wagen, der vor ihm stand, war ein Morris, hinten und vorne die Abzeichen des Divisions-Kommandanten. Aber wo waren der General und sein Fahrer? Vielleicht sollte er doch seine Suche beenden, wieder zurückgehen, eine Mütze voll Schlaf nehmen. Denn wer wusste schon, wann es wieder so eine ruhige Nacht gibt. Aber sein innerer Instinkt befahl ihm, jetzt nicht aufzuhören und die angefangene Suche zu beenden. Aber warum ist der Divisions-Kommandant nicht zum Haupteingang gefahren, sondern in die kleine Nebengarage? Also, sagte er sich mutmachend, jetzt erst recht, mal schauen, was ich wohl noch so herausfinde.

Er sah seine Handlung wie einen friedlichen Wettkampf. Nach Verlassen der Garage, in der immer noch Abgasrauch des Morris wie ein Schleier schwebte, durchquerte er einen kleinen Flur, an dessen Ende

eine Treppe in die obere Etage führte.
Als er die erste Stufe betrat, hörte er leises Getuschel, konnte aber nicht verstehen, was gesprochen wurde.
War da nicht auch die Stimme einer Frau? Jedenfalls wurde kein Englisch gesprochen. Geoffrey verharrte …
Eine Tür wurde geöffnet und ein kurzer Lichtschein erhellte die Treppe. Nachdem die Tür wieder ins Schloss fiel, breitete sich wieder diese geheimnisvolle Stille und Dunkelheit aus.
Wie ein Wilddieb, der nicht vom Förster erwischt werden will, schlich er die schmale Holztreppe hinauf. Stufe für Stufe, begleitet durch ein leises Ächzen der Bretter, nach oben. Ein schmaler Lichtschein, der unter einer Tür sichtbar wurde, zeigte ihm, dass hinter der Tür irgendetwas passierte.
Er konnte leise Stimmen vernehmen, aber nicht eindeutig wahrnehmen, was geredet wird. Ein eigenartiges Klicken war zwischendurch zu hören, als würden mit einer Kamera Fotos gemacht werden. Seine Neugier wurde immer weiter angestachelt. Jetzt erst recht wollte er wissen, was hinter dieser Tür passierte. Eine weitere Frage hätte er gern beantwortet gehabt, wo war der General geblieben?
Geoffrey erinnerte sich, dass er gestern bei der Erkundung der Quartiere für Lkw-Parkplätze an der Hauswand ein Baugerüst gesehen hatte.
Leise schlich er zum nicht weit entfernten Flurfenster, welches das Mondlicht hineinließ und den Flur gut ausleuchtete. Das Fenster ließ sich ziemlich einfach öffnen und da war auch das besagte Baugerüst.
Er schwang sich durch das Flurfenster auf das Gerüst, welches er erst einmal auf seine Festigkeit überprüfte, bevor er weiterging.
Vorsichtig bewegte er sich auf den Gerüstbrettern an der Hauswand entlang zu dem Fenster, gespannt, was er dort erblicken würde. Er erreichte das erste Fenster.
Ungläubig, aber gefasst fiel sein Blick durch die nicht ganz verschlossenen Fenstervorhänge.
Der Mond stand nun frei am Himmel und Geoffrey hatte ein unbehagliches Gefühl, dass er wie in einer Zirkus-Manege angeleuchtet wurde und sein Schatten an der Hauswand klebte.
Aber dieses Gefühl verblasste sehr schnell, gegenüber dem, was der Lieutenant durch das Fenster erblickte. Ein Raum, etwa neun Mal

fünf Meter groß, mit von der Decke hängenden Tüchern abgetrennt. Zwei altmodische Sessel und ein in der Ecke stehendes, ebenso altes Sofa. Im schwachen Schein einer an der Wand hängenden Baulampe, über die ein rotes Tuch hing, erkannte er in einem der Sessel einen leicht bekleideten Mann, der immer wieder mit einem Fotoapparat Bilder machte. Irgendetwas Erotisches passierte aber hinter einem Tuch, welches die Sicht zwar verdeckte, Geräusche sexueller Handlungen drangen an sein Ohr. Wenn ihn Ann jetzt sehen könnte, als Spanner auf einem Baugerüst … ging es ihm durch den Kopf.
Dann aber stutzte Geoffrey. Hinter einem Laken kam ein nackter Mann mit Bauch und behaartem Oberkörper zum Vorschein, den er schon einmal gesehen hatte. Donald der Divisions-Kommandeur. Also, konnte der Mann im Sessel vielleicht der Fahrer des Generals sein.
Eine Frau betrat den Raum und ging hinter das Laken. Was Geoffrey jetzt zu sehen bekam, ließ ihm vor Schreck die Knie weich werden. Sein Mund war auf einmal ganz trocken.
Nein, das ist unmöglich!, schoss es ihm durch den Kopf. Die Frau führte einen kleinen Jungen, höchstens zehn Jahre alt, nackt, die Augen mit einem Tuch verbunden, durch den Raum und verließ ihn.
Das ist unmöglich, nicht vorstellbar, ein General, der es mit einem kleinen Jungen treibt, ein Pädophiler?
Der Leutnant überlegte. Also erst einmal so schnell wie möglich hier weg. Er kletterte leise das Gerüst hinab, überquerte eine Streuobstwiese, übersprang zwei Buchsbaumhecken, kletterte dann eine Mauer hinunter und stand auf der Dorfstraße.
Er rannte ein Stück die Straße hinunter und erreichte den Eingang des Rittergutes. Er blickte sich um, wo war der Posten?, schoss es ihm durch den Kopf. Er rief leise die Parole, bekam aber keine Antwort. Er rief ein zweites Mal, nichts. Ein drittes Mal blieb ebenfalls unbeantwortet. Langsam erfasste ihn eine seltsame Unruhe. Was sollte er denn jetzt tun, nachdem, was er beobachtet hatte? Außerdem hatte der Wagen des Generals das Gut noch nicht verlassen.
Geoffrey entschied sich, erst einmal zu seinem Land Rover zurückzugehen. Er zündete sich eine Chesterfield-Zigarette an und inhalierte tief. Er hatte Ann versprochen, mit dem Rauchen aufzuhören … Sollte er Meldung machen? Sein nächster Vorgesetzter war Captain

Horrocks, der aber auf einer Aufklärungsfahrt war und erst gegen Morgen zurückerwartet wurde. Aber wer würde schon einem Leutnant der Reserve glauben? Vielleicht sollte er es für sich behalten.
Ein leises Knacken, nicht weit von ihm entfernt, riss ihn aus seinen Gedanken.
War es vielleicht besser, alles für sich zu behalten und einfach zu schweigen? Und sein Gewissen? Vielleicht war, was er gesehen hatte, kein Einzelfall!
Das leise Rauschen aus den Kopfhörern der Funkgeräte, Unterbrechungen, Knistern, als wenn jemand sprechen wollte, unterbrach die Stille, die über dem Gut lag.
Das monotone Rauschen versetzte Geoffrey in eine Art Trance. Er sah das Geschehene vor seinem inneren Auge noch einmal.
Er sah das Gesicht von Ann und eine bleierne Müdigkeit gewann die Oberhand über seinen Körper.

Kapitel 2 November 1961

Eigentlich wollte Kommissar Fred Holtmann für eine Woche an die See fahren. Holtmann, ein passionierter Angler, hatte schon mehrere Meisterschaften beim Angeln gewonnen. Dieses Mal ging er zu keinem Wettbewerb, er wollte einfach nur Ruhe finden. Den beruflichen und privaten Stress für ganze sieben Tage mit der Angel vergessen.
Ihn beschlich ein seltsames Gefühl, als er an diesem Samstagmorgen, gegen sieben Uhr, ins Polizeipräsidium in Hameln gerufen wurde. Es sei dringend, hatte man ihm am Telefon gesagt. Alles Weitere persönlich. Ein Knacken beendete den Anruf. Holtmann blickte ins Wohnzimmer, den Telefonhörer noch in der Hand. Jetzt spürte er wieder dieses Dröhnen und Pochen im Kopf, sah die leere Flasche Jonny Walker, den vollen Aschenbecher auf dem mit Fliesen belegten Couchtisch. Auch schnelle Bewegungen ließen Holtmann aus der Spur geraten. Mann, ich darf doch noch gar kein Auto fahren, dachte er. Also wählte er die Nummer von Sonja, einer Kollegin. Am anderen Ende meldete sich eine Mädchenstimme. „Hallo, hier ist Fred Holtmann, kann ich deine Mutter sprechen?“ Kurz darauf war Sonja am Hörer. „Hast du auch die Nachricht bekommen“, ratterte sofort Holtmann los. „Ja klar, ich wollte gerade losfahren“.
„Sonja, würdest du mich abholen?“ Einen kleinen Moment war Stille.
„Hast du wieder versucht, dein Problem mit Whisky zu ertränken?“, meckerte Sonja. Es war nicht das erste Mal und mit großer Wahrscheinlichkeit nicht das letzte Mal, dass sie ihn fahren musste, ging es ihr durch den Kopf.
„O. k., ich bin in zwanzig Minuten bei dir und mach was gegen deine scheiß Fahne“, rief sie sehr ärgerlich und legte den Hörer auf.
Pünktlich nach zwanzig Minuten war Sonja vor Holtmanns Wohnung. Er stand auch schon kaugummikauend vor der Tür.
Beim Einsteigen roch sie den Geruch von Menthol, aber da war noch ein anderer Geruch, den sie als ekelig empfand. „Fred, du hättest dich wenigstens mal frischmachen können!“ Seit der Trennung von seiner Frau, vor einem halben Jahr, konnte man die Veränderungen Holtmanns erkennen. Sie hätte ihm gerne wieder ein paar Takte, wie

schon so oft erzählt. Doch an diesem Morgen sollte alles anders werden und sich das Leben für die beiden Kommissare verändern.
Ein kurzer Blick zu Holtmann, der mit geschlossenen Augen neben ihr kauerte, zeigte ihr, dass der Kollege noch etwas Zeit brauchte, um wieder zu funktionieren.
Die Fahrt führte aus der Stadt heraus, in Richtung einer kleinen Ortschaft Namens „Ohr". An einer Abzweigung in der Nähe der Ortschaft Aerzen wetterte Sonja: „Mensch, Holtmann, komm zu dir, wir sind da."
„Wo sind wir?", fragte er mit rot unterlaufenen Augen und zwinkernd in die Umgebung schauend. „Woher wusstest du überhaupt, wo wir hin müssen?", wollte er wissen. Er strich sich dabei durch die fettigen Haare. „Ich bekam die Meldung telefonisch von der Zentrale", sagte Sonja.
Mehrere zivile und Polizeifahrzeuge, teils mit Blaulicht, standen rechts und links der abgesperrten Landstraße. Mit einer Winkerkelle zeigte ein Polizist auf die Stelle, an der sie den Wagen parken sollten.
Nachdem Sonja den Motor abgestellt hatte, zwängte sich auch Holtmann aus dem Sitz und holte tief Luft, um sich anschließend kurzerhand eine Zigarette anzuzünden. Beide sahen das rotweiße Absperrband, das immer einen Tatort absperrt.
Als sie näher kamen, waren beide erstaunt, dass das Absperrband eine Streugutkiste umspannte. Holtmann bekam einen schrecklichen Hustenanfall und es schien, als müsse er sich übergeben.
„Diese verdammte Qualmerei!", wetterte er und ließ den Rest der Zigarette auf den Boden fallen. „Mensch, Holtmann, das ist ein Tatort", meckerte Gernot von der Spurensicherung und hatte dabei einen nicht freundlichen Gesichtsausdruck.
„Was gibt es denn hier?", fragte Sonja einen Kollegen, der schon einer der Ersten am Ort des Geschehens war. Es musste etwas Schreckliches sein, denn Sonja kannte den Kollegen Thomas. So wie er sie anschaute, so einen Gesichtsausdruck hatte sie bei ihm noch selten gesehen. „Ist nicht schön anzusehen", sagte Thomas mit einer Stimme, als sollte kein anderer mitbekommen, was er gesehen hatte. „Ein nackter, toter Junge in einer Streugutkiste, am Rande einer Landstraße, das gab es ja noch nie!" Sie gingen langsam auf die

Streugutkiste zu, ringsherum deutete nichts auf ein schlimmes Verbrechen hin.
Der Deckel der Kiste war aufgeklappt. Holtmann und Sonja schauten hinein.
Im Splitt, der zum Streuen der Straße im Winter bei Glatteis verwendet wurde, war ein zum Teil freigelegter Körper von einer grauen Staubschicht bedeckt, wie in einem Sarg, von der Kiste umhüllt, lag der Körper eines Jungen. Er war an Händen und Füßen gefesselt.
„Wer hat den Jungen überhaupt entdeckt?“, meldete sich Holtmann wieder aktiv in das Geschehen zurück.
„Ein Straßenwärter, der Streugut für den kommenden Winter überprüfen sollte“, erwiderte Thomas, sich wichtige Details in sein kleines Buch notierend.
„Wissen wir schon, wer der tote Junge ist und wie alt er ist?“, wollte Sonja wissen, den Blick auf den leblosen Körper gerichtet. „Name nicht bekannt“, sagte Thomas.
„Marie meinte, nach ersten Erkenntnissen, könnte der Junge zwischen 10 – 12 Jahre alt sein.“ Marie, die Gerichtsmedizinerin, musste die Leiche des Kindes noch genau untersuchen.
Auf der Rückfahrt zum Präsidium sprach keiner ein Wort. Im Büro ging Sonja sofort zielstrebig zur Planungswand, heftete die vorhanden Fakten sichtbar auf.
Für Fred Holtmann war das Betreten der Pathologie immer – und würde auch nie vergehen – ein schreckliches Gefühl, das ihm jedes Mal den Hals zuschnürte und ein elendes Gefühl in der Magengegend erzeugte. Er war ohne Sonja in die Pathologie gekommen, denn Sonja und Thomas hatten einen Gerichtstermin.
Frau Doktor Maria Franzen war seit einigen Jahren die Pathologin in Hannover.
Ihre Mutter stammte aus Ungarn und der Vater ist Deutscher. Er ist auch Arzt und hatte eine kleine Landarztpraxis in der Nähe von Bad Pyrmont.
Sein Wunsch, Maria sollte mit in seine Praxis einsteigen und diese auch mal übernehmen, ging nicht in Erfüllung.
Nun stand Maria, die dunklen, schulterlangen Haare fest im Nacken zusammengebunden. Ihre hübschen, braunen Augen schauten etwas wehmütig, aber mit einem festen Blick auf den toten Jungen.

„Der Tod trat“, ihre Stimme fast militärisch, „vor etwa zwei Wochen ein. Sein Alter liegt zwischen 10 bis 12 Jahren. Südosteuropäischer Typ. Schlechte körperliche Verfassung.“ Einen kurzen Blick auf Holtmann gerichtet, was dieser für sich als den Moment einer Frage nutzte. „Ist er ermordet worden?“ Ein klares Ja war die Antwort von Maria.
„Er wurde mit irgendetwas, vermutlich mit einem dünnen Seil oder auch einem Draht, stranguliert.“ Holtmann traute sich ein weiteres Mal, den Vortrag von Maria zu unterbrechen. „Wurde er missbraucht?“
„Wir fanden auch Sperma in seiner Luftröhre.“ Holtmann schaute nochmals auf das leicht verzerrte Gesicht des toten Jungen. „Ja“, setzte Maria ihren Vortrag fort.
„Es muss ein schreckliches Sterben für ihn gewesen sein.“ Mit einer Hand strich sie über die Stirn des Jungen.
Maria sah traurig und nachdenklich aus. „Gute Arbeit“ betonte Holtmann lobend. „Hat der Junge Familie?“, fragte Maria, dabei den Kopf hebend und ihn mit ihren dunklen Augen neugierig anschauend.
„Da tappen wir noch im Dunklen, vielleicht sollten wir in der Zeitung ein Vermissten-Foto veröffentlichen. Eventuell hat den Jungen ja irgendjemand gesehen.“
Dabei trafen sich ihre Blicke. In diesem Moment hätte er ihr gerne gesagt, was für eine schöne Frau sie doch war.
Aber Maria riss ihn aus seinen Gedanken. „Was meinen Sie, ist das hier ein Einzelfall?“
„Ja“, fiel Holtmann ihr ins Wort, ohne sie ihren Satz beenden zu lassen. „Wir gehen nicht von einem Serientäter aus.“
„Das war erst einmal alles.“ Sie zog das weiße Laken über den Leichnam, schroff sagte sie zu Holtmann: „Den Befund bekommen Sie schriftlich.“
Das Gespräch war für sie beendet und sie wandte sich ab. „Ja, ist in Ordnung“, stotterte Kommissar Holtmann verdutzt und stand da wie ein Schulknabe, der einen Rüffel bekommen hatte.
Holtmann verließ den Raum, das Geräusch seiner Schuhe auf dem Steinboden hallte durch den kahlen Flur. Draußen hatte es angefangen zu regnen.

Kapitel 3 September 1959

Ab dem Jahr 1958 war es für das deutsche Militär wieder möglich, an großen Übungen mit Nationen anderer NATO-Staaten teilzunehmen.
Darüber war Oberst Otto Wolin hocherfreut. Nun konnten die Soldaten der Bundeswehr, besonders die älteren Jahrgänge und Offiziere, die zum Teil schon Kriegserfahrung mitbrachten, ihren ehemaligen Gegnern zeigen, was noch in ihnen steckte. Otto Wolin hatte aber noch eine andere Aufgabe in dieser NATO-Stabsübung mit dem Codenamen „SIDE-STEP“ im September 1959 zu erfüllen.
„Na, Wolin, dann wollen wir mal den Russen schlagen“, prahlte Kurt Walter, Bundestagsabgeordneter, das Cognacglas in der linken Hand und eine stark qualmende, aber gut riechende Zigarre in der rechten Hand. In diesem fiktiven Kriegsspiel fuhren keine Panzer und es wurde keine Manöverpatrone verschossen. Hierbei fand der Krieg nur an Schreibtischen und an riesigen Karten, die an den Wänden hingen, statt. „Wir werden uns schon gut verstehen, nicht wahr Wolin?“, sprach Kurt Walter. „Sie als Verbindungsoffizier von den NATO-Truppen zu ihren Brüdern in der Regierung,“ schon mit einem leicht lallenden Tonfall.
„Selbstverständlich, Herr Minister“, antwortete Wolin und musterte den vor ihm Stehenden. Er hatte über Walter, ein dickleibiger, mit wenig Haaren behafteter Mann, einen vollständigen Bericht über Lebensweise, Privatprobleme, Vorlieben und vieles mehr erhalten. Wie er es so einschätzte, würde er ein leichtes Spiel mit ihm haben.
„Kommen Sie, Wolin, lassen Sie uns einen trinken“, sagte Walter, als er der vorübergehenden Ordonnanz zwei Gläser Cognac vom Tablett nahm. Kurt Walter war verheiratet und hatte aus seiner ersten Ehe eine 15-jährige Tochter. Nach der Scheidung heiratete er ein zweites Mal und er wurde Vater eines Sohnes.
Eigentlich bisher nichts Ungewöhnliches, ging es Wolin durch den Kopf. Aber die angeblich weiße Weste hatte dunkle Flecken. Es war spät geworden. Der Rauch von Zigaretten und Zigarren schwebte im Kaminzimmer des Offizier-Casinos und nahm einem den Atem. Die Ordonnanzen liefen immer noch umher und räumten Gläser und den

Rest des zerfetzten Buffets ab.
Der Oberst ging in ein Nebenzimmer, hier war es angenehmer und frischer. Er ging zu einem großen Schreibtisch, knipste die darauf stehende Lampe an, nahm den Hörer ab und wählte eine dreistellige Nummer. Das leise Schnarren der Wählscheibe, nach der dritten Nummer knackte es am anderen Ende der Leitung.
Eine Stimme meldete sich mit „Ja, bitte." Der Oberst meldete mit ruhiger Stimme: „Der Dachs hat seinen Bau verlassen." Ohne abzuwarten, legte er den Hörer wieder auf die Gabel, löschte auf dem Schreibtisch das Licht, bewegte sich leise zur Tür, öffnete sie einen Spalt. Er wartete, bis kein Mensch mehr zu sehen war, um unbemerkt den Raum zu verlassen.
Minister Kurt Walter war ins Fadenkreuz der Organisation geraten, weil er beste Kontakte zum Bundeskanzler besaß.
Seine erste Frau war sehr vermögend und die zweite Frau die Tochter eines Waffenherstellers. Er liebte ausgefallene Sexpraktiken, vor allem mit jungen Frauen, sehr jungen.
Es wurde sogar hinter vorgehaltener Hand gemunkelt, dass das der Grund für die erste Scheidung war.
Es war später Nachmittag an diesem verregneten Dienstag, als Oberst Otto Wolin den Minister Kurt Walter vor einer großen Karte der Bundesrepublik kopfschüttelnd stehen sah. „Na, Herr Minister, nach einem Sieg sieht das nicht aus, oder?" Enttäuschung über das schlechte Abschneiden der NATO-Armeen gegenüber den Warschauer-Pakt-Truppen konnte Wolin Kurt Walter ansehen.
„Ich schlage vor", sagte Wolin leise, dichter an Walter herantretend, „wir beide machen uns heute einen gemütlichen Abend." Walter schaute erstaunt zum Oberst.
„Leider kann ich meinen Platz hier nicht verlassen. Ich spiele doch den Innenminister", sagte Walter. „Ich habe der Übungsleitung mitgeteilt, dass Sie wegen Magenbeschwerden bis morgen Mittag 12 Uhr neutralisiert werden und Ihr Stellvertreter die Arbeit übernimmt."
„Donnerwetter", antwortete Walter mit einem breiten Grinsen. „Alle Achtung, Herr Oberst mit dieser Überraschung habe ich nicht gerechnet." Sein Gesicht wurde auf einmal hochrot.
Eine schwarze Limousine stand mit laufendem Motor vor der Unter-

kunft des Innenministers. Als die Tür des Gebäudes geöffnet wurde, sprang der Chauffeur aus seinem Fahrersitz, ging um den Wagen herum, öffnete die hintere Wagentür, indem er seine Mütze abnahm.
„Guten Abend, Herr Minister“, sagte der Fahrer.
„Sie wissen, wo es hingeht?“, erwiderte der streng tuende Kurt Walter, ohne den Türaufhaltenden überhaupt anzusehen. Walter nahm im Fond Platz. Er freute sich wie ein kleiner Junge auf das, womit der Oberst ihn überraschen will. Der Duft seines Rasierwassers nahm jeglichen Automobilgeruch.
Er setzte seine Mütze wieder auf, nahm hinter dem Lenkrad Platz, startete den Motor und fuhr los. Es ging Richtung Kasernentor.
Der Wagen verließ, ohne überprüft zu werden, den Kasernenbereich. Am Ende der beiderseits mit Bäumen gesäumten Kasernenzufahrt bog er nach rechts auf eine Bundesstraße. Der Lichtkegel des Scheinwerfers leuchtete schwach den Straßenraum aus. Der Mercedesstern vorn auf der Haube hob sich deutlich ab. Nur das Motorengeräusch war zu hören. Es wurde stockfinster, als keine Straßenlaternen mehr die Fahrbahn ausleuchteten.
Als der Chauffeur nach dem Durchfahren einer kleinen, unbeleuchteten Häuseransiedlung nach links von der Bundesstraße abbog. Die Straße war zwar mit Asphalt bedeckt, aber in einem schlechten Zustand. Immer wieder musste der Fahrer das Fahrzeug um große Schlaglöcher herumlenken.
Im Lichtkegel tauchten Gebäude auf. Das Fahrzeug wurde auf einen kleinen Parkplatz zwischen zwei Häusern gelenkt. Als der Chauffeur den Motor abstellte, wiederholte sich die Prozedur wie beim Einsteigen.
Ohne ein Wort zu sagen, setzte sich der Fahrer wieder in den Wagen und verließ den Parkplatz.
Das Geräusch des wegfahrenden Wagens wurde immer leiser und die Dunkelheit umhüllte den Fahrgast. „Ist hier jemand?“, rief Walter, aber er wartete vergebens auf eine Antwort.
Hinter der Milchglasscheibe der Tür tauchte ein Schatten auf. Die Tür wurde geöffnet und eine Gestalt blieb im Türrahmen stehen. „Guten Abend, Herr Minister, schön dass Sie meiner Einladung gefolgt sind.“ An der Stimme erkannte Kurt Walter die Gestalt. Es war Oberst Wolin.

„Wo sind wir hier?“, fragte Walter. „Hier ist es ja still, wie auf einem Friedhof“, witzelte er, sich dabei eine Zigarre anzündend.
„Ich sagte doch, lassen Sie sich einfach überraschen, Herr Minister“, antwortete Wolin, indem er nach draußen trat und den Eingang freimachte. Nachdem Kurt Walter das Haus betreten hatte, schloss der Oberst die Tür und ein Riegel fiel ins Schloss. Für einen Moment bekam der Minister ein ungutes Gefühl, was sich aber nach dem, was er jetzt sah, sofort änderte. Ein breites Grinsen machte sich auf seinem Gesicht breit und seine Augen wurden größer.
Ein leicht bekleidetes Thai-Girl kam aus einem Seitenzimmer lächelnd auf ihn zu und mit einem „Hallo Süßer“ begrüßte sie ihn.
Er entledigte sich seines Mantels und des Hutes und gab beides der Thailänderin.
Sie war bestimmt nicht älter als siebzehn Jahre, vielleicht sogar achtzehn, glattes, in Scheitel gelegtes Haar und fast mit einem knabenhaften Po. Die kleinen Brüste mit den dunklen Brustwarzen, der braune Teint ihrer Haut, erregten Walter plötzlich.
Er folgte dem Mädchen und sie erreichten einen Raum, in dem eine kleine Bar mit vielen Kerzen stand. Im sparsam ausgeleuchteten Raum saßen zwei weitere Frauen am Tresen. Ein Filmprojektor, der am Ende des Tresens stand, warf einen billigen Pornofilm an die Wand. Der Zigarettenqualm vermischte sich mit dem hellen Lichtstrahl des Filmgerätes. Genau das war es, was er brauchte, das Gefühl des schmutzigen Sexes, die Anonymität, das Ausleben von perversen Vorstellungen Ihm war heiß geworden. Er setzte sich an den Tresen und bestellte ein kaltes Bier. Dabei schaute er gierig auf den Pornofilm, der zwischenzeitlich zurückgespult und wieder von vorne ablief. Mittlerweile war sein Zustand der Erregung immer größer geworden. Eine der beiden Frauen am Tresen kam zu ihm. „Ich hab was für dich“, flüsterte sie ihm ins Ohr, wobei ihre Hand zwischen seine Beine fasste. „Das ist Barbie, sie hat das Alter, auf das du stehst.“ Sie blickte auf das andere Mädchen am Tresen. Jetzt erkannte Walter erst, dass das Mädchen noch sehr, sehr jung war. Der Anblick des Mädchens erregte ihn noch mehr.
Die Frau führte den Minister und das Mädchen in ein Zimmer im Obergeschoß. „Hier darfst du mit ihr alles tun, was du möchtest“, sagte die Frau und verließ das Zimmer.

Das Mädchen saß nackt auf der Couch und starrte vor sich auf den Boden.
Er zog sich aus und an seinem Glied spielend setzte er sich neben sie. Sie zeigte keinerlei Regung, wahrscheinlich hatte man sie ruhiggestellt, ging es Walter durch den Kopf.
Aber egal, ich bin weit weg von zu Hause, keiner weiß, dass ich hier bin und was ich hier treibe, beruhigte er sich. Aber er sollte sich täuschen.

Kapitel 4 Januar 1960

„Wie sind die Aufnahmen, Bilder und Filme geworden?“, erkundigte sich Brutus per Telefon. Brutus war der Deckname des Sektionsleiters Mitte. „Absolut gut“, erwiderte die Stimme einer Frau am anderen Ende. „Ausgezeichnet!“, war die Antwort.
Kurze Zeit später klingelte in einer Rechtsanwalts-Kanzlei in Darmstadt das Telefon. „Rechtsanwälte Dembrock und Schröder“, meldete sich eine freundliche Stimme. „Mein Name ist Engel, was kann ich für Sie tun?“
„Bitte verbinden Sie mich mit Ihrem Chef“, verlangte die Stimme am anderen Ende. Susanne Engel brauchte gar nicht erst nach dem Namen fragen, selbstverständlich kannte sie die Stimme durch sehr viele Anrufe. „Sofort, Herr Baron“, antwortete sie schon fast mit militärischem Gehorsam. „Herr Dembrock, Herr Baron von Neuenhaus möchte Sie sprechen“, meldete sie per Knopfdruck. Dembrock nahm den Hörer auf. „Guten Tag Heinrich.“ Beide kannten sich gut aus der vergangenen Zeit beim Militär und der SS und der vielen Treffen, die der Verteidigung der Bundesrepublik dienten. Viele gemeinsame, schöne Stunden hatten sie zusammen verbracht. „Klaus“ sprach der Baron, seine Stimme wurde ernst. „Dachsjagd!“ Eine kurze Stille trat ein, die für Klaus fast eine Ewigkeit dauerte. Das Gespräch der beiden Männer wurde ohne eine Verabschiedung beendet. Dembrock, den Hörer noch immer in der Hand haltend, starrte auf den vor ihm liegenden Füller, schwarz mit Gravur. Es war ein Geschenk seines verstorbenen Vaters, der, auch wie er, einmal Rechtsanwalt war. Sein Blick wanderte zu einem der großen Fenster. Er legte den Hörer auf die Gabel, erhob sich aus seinem Ledersessel und ging an das Fenster. Er schaute auf einen kleinen Marktplatz und beobachtete die umherlaufenden Menschen. Manche hatten es eilig und andere schlenderten über den Platz.
„Dachsjagd!“, die Stimme des Barons noch im Ohr, schaute er in den mit vielen Wolken bedeckten Himmel, der so friedlich aussah. „Jetzt geht es los!“, dachte er. Der scharfe Klingelton des Telefons riss den Anwalt aus seinen Gedanken.

Kapitel 5 Februar 1960

An einem nebligen und verschneiten Februarmorgen im Jahre 1960 sollte sich das Leben des Politikers Kurt Walter gravierend verändern. Walter saß noch am Frühstückstisch. In der Nacht hatte es stark geschneit. In zwei Stunden war ein Termin mit dem Polizeipräsidenten terminiert.

Nur er und die Haushälterin waren im Haus. Seine Frau war schon in ein Fitnessstudio gefahren. Er las die Zeitung, die Berichte über Sport, Politik und Skandale.

Die Glocke der Haustür läutete zweimal und riss ihn aus seinem Lesefluss. Wer konnte das sein? War es vielleicht Ilse, die Probleme mit dem Auto hatte bei diesem miserablen Wetter? Aber sie besitzt doch einen Hausschlüssel und Besuch war auch nicht angemeldet. Außerdem ist ja auch noch Inge da! Er schüttete sich noch Kaffee nach und wollte weiterlesen.

Inge, die Haushälterin, betrat das Zimmer. Sie hatte ein Kuvert in der Hand. „Wer war das?“, fragte Walter und las derweil die Zeitung weiter. „Es war niemand da, aber dieser Umschlag schaute aus dem Briefkasten.“

„Was für ein Umschlag?“, Walter schaute jetzt auf Inge.

„Er ist an Sie adressiert, aber ohne Absender.“

„Legen Sie ihn auf den Schrank“, sagte er und widmete sich wieder seiner Zeitung.

Nachdem sie tat, was ihr aufgetragen wurde, verließ sie den Raum. Ich sollte wohl etwas früher fahren, bei diesen Witterungsbedingungen, dachte sich Walter, stand auf, faltete die Zeitung zusammen, legte sie auf den Tisch und trank den Rest an Kaffee.

Nun sah er, dass auf dem Umschlag wirklich sein Name, aber keine Adresse und kein Absender zu lesen war. Auch dass kein Bote oder Überbringer sich gezeigt hatte, war schon verdächtig.

Vielleicht sollte er doch mit dem Öffnen des Umschlags warten, denn es kam schon vor, dass auf diesem Weg Anschläge verübt wurden. Aber insgeheim wollte er schon wissen, was in diesem Umschlag steckte. Denn wenn er den Umschlag mit ins Amt nahm, wurde er durchleuchtet. Nein, entschied er sich und ging in sein Arbeits-

zimmer.
Das Arbeitszimmer war im Parterre, gleich neben der Eingangstür. Nach dem Betreten des Arbeitszimmers schloss er die Tür hinter sich und verriegelte sie. Kurt Walter ging an den großen Schreibtisch und setzte sich in den Ledersessel. Er hielt den ominösen Umschlag gegen das Licht der Schreibtischlampe und schüttelte ihn vorsichtig, tastete ihn mit den Fingern ab. Es war nichts Verdächtiges zu erkennen. Also nahm er den Brieföffner und öffnete ganz vorsichtig den Umschlag. Es lag ein weiterer, etwas kleinerer Umschlag im Inneren. Eine plötzlich aufsteigende leichte Unruhe machte sich in ihm breit. Warum denn so geheimnisvoll?, dachte er und zog einen kleineren Umschlag heraus.
Auch an dem zweiten Kuvert war nach erstem Augenschein nichts Ungewöhnliches festzustellen. Außer, dass ein Siegel den Umschlag verschloss. Wie ein großer Blutfleck erschien ihm das rote Wachs des Siegels, auf dem ein Windhund zu erkennen war.
Es war plötzlich still, kein Geräusch war zu vernehmen, nur die Wanduhr – ein Geschenk eines Parteifreundes zu seinem letzten Geburtstag – tickte laut. Mit einem Ruck zerriss die Klinge die obere Seite des Umschlags Walter legte den Brieföffner wieder an seine Stelle zurück. Etwas Hartes, Ovales konnte er ertasten.
Er rückte mit seinem Sessel näher an den Schreibtisch. Das machte er immer, wenn was Wichtiges erledigt werden musste.
Mit einem Blick in den Umschlag, den er mit Daumen und Zeigefinger auseinanderspreizte, sah Walter, dass es Fotos waren. Mit der anderen Hand nahm er die Fotos aus dem Umschlag und legte sie auf den Schreibtisch. Es waren Schwarz/weiß-Bilder. Was aber diese fünf Fotos darstellten, ließ den Minister zur Salzsäule erstarren. Er schob alle Fotos in eine Reihe, wie ein Spieler, der seine Karten zählt. Er spürte wie der Blutdruck anstieg, sein Mund trocken und ein Druck auf der Brust entstand. Das Herz, dachte er, und fasste sich mit der rechten Hand an die Brust. Jetzt bloß keinen Infarkt. Er öffnete seine Krawatte und seine Hände zitterten. Er ließ sich in den Sessel zurückfallen, schaute über den Schreibtisch und sein Blick blieb auf dem Foto seiner Frau Ilse haften. Es kam ihm vor wie eine Ewigkeit. Für einen Moment liefen die schönen Zeiten mit Ilse, wie ein Film vor ihm ab.

Er setzte sich wieder aufrecht in den Sessel und schaute sich die Fotos noch einmal an.
Die Fotos zeigten einen nackten Mann, mit einem kleinen, jungen Mädchen, eher noch ein Kind, der sich auf dem Bett mit ihr vergnügte. Das Gesicht des Mannes auf dem Foto war gut zu erkennen. Walter erkannte sich wieder.
Er, der Minister. Ihn, der nach außen spielende Saubermann, hatte man mit seiner eigenen Schwäche in die Falle gelockt. Kurt Walter lehnte sich wieder in den Sessel zurück.
Langsam wich der erste Schreck und sein Kopf begann, darüber nachzudenken. Was für ein Schwein macht das?, dachte er und öffnete die Zigarrenkiste. Er nahm eine Zigarre heraus, knipste sie am Mundstück ab. Mit einem Streichholz zündete er sie an.
Kurt Walter stand auf, legte die Zigarre in den Aschenbecher, öffnete das Barfach und holte eine Flasche Rémy Martin und schenkte sich einen großen Schluck Cognac in ein Glas. Der Geruch des Cognacs zog ihm in die Nase.
Er brauchte zwei kräftige Schluck, um das Glas zu leeren und er spürte die Schärfe in seinem Magen. Langsam wurde der Kopf wieder klarer. Er goss sich ein zweites Glas ein und ging zurück zum Schreibtisch. Er betrachtete nochmals die Fotos, drehte sie um, aber nirgendwo war eine Mitteilung, um was es hier ging.
Der Rauch der Zigarre breitete sich im Zimmer aus. Der Geruch des Cognacs und die zwei Gläschen zeigten langsam ihre Wirkung. Walter schaute noch einmal in den Umschlag.
Da war doch noch so ein ovaler Gegenstand, schoss es ihm durch den Kopf. Er fasste mit zwei Fingern in den Umschlag, zog das ovale Etwas heraus.
„Was soll das denn?“, murmelte Walter. Eine Erkennungsmarke, wie Soldaten sie immer bei sich trugen, sollte ihnen einmal etwas passieren, damit man die Angehörigen benachrichtigen kann. Was soll denn dieser Unfug, überlegte er.
Es war doch sehr eigenartig. Auf der Marke waren Zahlen eingestanzt. Es war ein Datum: 15.07.1915 – sein Geburtsdatum. Auf der unteren Hälfte stand ein zweites Datum … das heutige, daneben eingestanzt, das Symbol eines Windhundes.

Kapitel 6 Oktober 1961

Ein heftiges Klopfen an der Seitenscheibe riss Geoffrey aus dem Schlaf. Sein Blick schweifte orientierungslos im Wagen umher. Er blickte auf den Umriss einer Person, die neben dem Fahrzeug stand. Den Schlaf aus den Augen reibend, erblickte er die Gestalt eines Soldaten. Geoffrey schaute auf seine Armbanduhr. Die Leuchtzeichen standen kurz vor fünf Uhr. Das Klopfen wiederholte sich, dieses Mal jedoch heftiger als zuvor. Über eineinhalb Stunden hatte er geschlafen. Er öffnete die Tür und während er aus dem Fahrzeug stieg, bemerkte er, wie steif seine Glieder waren. Wie ein Patient, der aus der Narkose erwachte, sondierte er das Umfeld. „Guten Morgen Herr Lieutenant, Sie werden in dreißig Minuten abgeholt und zum Gefechtsstand der Division gefahren.“ Die Stimme kannte Geoffrey, ja, da stand er vor ihm, der Vermisste, nicht auf seinem Posten stehende Wachsoldat. Dessen Name John war. Bevor Geoffrey noch etwas fragen konnte, drehte dieser sich um und verschwand wie ein Dieb im Morgennebel. Er fröstelte. Der Nebel war so dicht, dass die Gebäude nur noch schemenhaft zu erkennen waren. Mit Blick auf seine Armbanduhr sah er, dass er noch fünfzehn Minuten bis zur Abholung Zeit hatte.

Langsam dämmerte es in seinem Kopf und sein Gehirn fing an zu arbeiten, wie ein Motor nach einem Kaltstart, der seine Betriebstemperatur erreicht. Die Bilder setzten sich wie ein Puzzle wieder zusammen und ihm wurde klar, dass es kein Traum gewesen war, was er vor ein paar Stunden gesehen hatte.

Geoffrey bewegte sich zögernd auf das Tor des Seitengebäudes zu, in dem noch vor Stunden ein Fahrzeug der Division stand. Ein Bild, das ihm immer noch wie ein Traum vorkam, einfach irreal. Geoffrey musterte die Umgebung, durch den Dunst war alles wie in Watte gepackt. Das Tor war nicht verschlossen.

Er öffnete es einen Spalt und schaute in die Scheune. Sie war leer, als wenn nie ein Fahrzeug hier gestanden hätte.

Sogar die Reifenprofile, die besonders auffällig die Fahrzeuge der Army besaßen, waren auf dem Erdboden unkenntlich gemacht. Nun ja, das Verwischen von Reifenspuren war in der Armee nichts Neues.

So etwas gehört einfach zur Tarnung, vor allem bei der Luftbeobachtung. Aber hier in der dunklen Scheune hat man wohl einen besonderen Grund gehabt, keine Spuren zu hinterlassen. Als Geoffrey das Tor hinter sich verschloss, verspürte er das erste Mal ein starkes Hungergefühl. Da die Briten als Selbstversorger in der NATO bekannt waren, musste Geoffrey jedoch feststellen, dass die Zeit zu knapp war, noch etwas zu essen.
Er wusste aus Erfahrung, dass bei Stabsbesprechungen immer etwas zu essen abfiel. Also schnell Katzenwäsche, rasieren, Stiefel putzen. Darauf legte man besonders Wert in der Armeeführung. Mit Karte und Schreibunterlagen marschierte der Lieutenant der Nachrichtentruppe dem Ausgang entgegen. Ja, er hatte schon einen recht interessanten Auftrag. Er saß mitunter stundenlang am Funkgerät und lauschte in den Äther, um Funksprüche des Gegners zu entschlüsseln, oder eigene zu verschlüsseln.
Von welch entscheidender Bedeutung solch eine Verschlüsselung war, zeigte die Landung der Alliierten an der Küste der Normandie, die durch eine Strophe von Paul Verlaines Gedicht >Chanson d'Automne< bekannt als Herbstlied, angekündigt wurde und den Niedergang der Nazi-Tyrannei einleitete.
Das alles ging Geoffrey durch den Kopf, als er die Gutseinfahrt erreichte. Der Morgennebel verhüllte die Dorfstraße. Ein anschwellendes Motorgeräusch war zu vernehmen. Ein Linienbus schälte sich aus dem Dunst heraus und fuhr mit quietschendem Keilriemen und nach verbranntem Kraftstoff riechend an Geoffrey vorbei in Richtung Ortsausgang.

Er setzte sich auf ein neben der Einfahrt aufgebautes Holzgerüst, das auf den Dörfern als Milchkannentisch diente. Vorher säuberte er mit einer wischenden Handbewegung die Sitzfläche, dann steckte er sich eine Zigarette in den Mund. Das Feuerzeug, welches sich in seiner linken Brusttasche befand, klickte und der brennende Tabak knisterte. Geoffrey nahm einen tiefen Zug.
Nebel hatte den Bus verschlungen und das Motorgeräusch wurde immer leiser, bis ihn wieder diese friedliche Stille umhüllte. Ja, im Verschlüsseln von Nachrichten hatte man ihn gut ausgebildet. Daher grübelte er darüber nach, ob und wie er die Geschehnisse der Nacht

auch verschlüsseln konnte?
Er war noch in Gedanken versunken, als aus der anderen Richtung ein leises, ihm nur zu gut bekanntes Motorgeräusch zu Ohren kam. Wie er vermutet hatte, tauchte aus dem sich langsam auflösenden Dunst ein Austin-Jeep mit seinem hellen Klang auf. Der Fahrer verlangsamte die Fahrt und bog von der Straße in die Einfahrt ab.
Geoffrey sprang auf, schnippte die Zigarette zur Seite und winkte dem Fahrer zu, dass er die besagte Person war, die er abzuholen hatte.
Der Fahrer parkte den Jeep etwas seitlich der Einfahrt auf einem Grünstreifen und stellte den Motor ab. Er sprang mit einem wahrscheinlich schon öfter ausgeführten Satz aus seinem Sitz. Ein hagerer Mann, etwa Anfang zwanzig, so schätzte ihn Geoffrey, mit blassem Gesicht, baute sich vor ihm auf. Er nahm Haltung an „Corporal Hanks" kam es energisch über die ebenfalls blassen Lippen. „Sir, ich habe den Befehl, Sie zum Brigade-Gefechtsstand zu fahren."
„Sehr schön", Geoffrey nickte.
Es fiel ihm sofort auf, dass sein Gegenüber perfekt geputzte Stiefel trug und die Uniformhose Bügelfalten aufwies.
Nachdem beide Soldaten ihre Plätze eingenommen hatten, startete der Corporal Hanks den Motor und legte mit einem krachenden Geräusch den Gang ein. Mit viel zu hoher Drehzahl und hektischen Lenkbewegungen chauffierte Hanks den Wagen auf die Straße. Es roch stark nach Benzin. So wie die Lenkbewegung, war auch das Einlegen der Gänge. Geoffrey schoss es kurz durch den Kopf. Hatte der Fahrer überhaupt einen Führerschein? Kurze Zeit später passierte der Wagen den Ortsrand, überall auf den Höfen waren Einheiten untergebracht. Leutnant Geoffrey lehnte sich langsam in den Sitz zurück und seine Gedanken waren schon bei den anderen Offizieren, von denen er viele kannte.
Er konnte nicht ahnen, dass er in das kleine Dorf und den alten Gutshof nie zurückkehren sollte.

Kapitel 7 Bude in Cornwall, 1988

Dunkle Wolken von Westen zogen über Cornwall, im Süden Englands. Die Menschen hofften, dass nach einer langen Trockenperiode nun doch der ersehnte Regen das Land wieder zum Atmen brachte.
Auch Lydia, eine attraktive, junge Frau mit hochgesteckten Haaren, blickte von der Terrasse des Herrenhauses ihrer Eltern zu der herannahenden, dunklen Wolkenwand, aus der in immer kleineren Abständen Blitze zuckten.
In dem Haus in der kleinen Ortschaft Bude, nördlich von Plymouth, hatte sie viele Jahre ihrer Jugend verbracht. Hier hatte sie viele Freunde und ihre erste Liebe. Dann entschied sie sich für ein Psychologie-Studium, machte ihren Abschluss und bekam bei Scotland Yard eine feste Anstellung als Psychologin in London.
Sie schaute den Strand entlang, ihr Blick schweifte über die raue See, das Grollen wurde lauter. „Das wird ein heftiges Gewitter geben", erklang eine tiefe, männliche Stimme hinter ihr und riss sie aus ihren Gedanken. Sie drehte sich langsam um. Sie kannte diese vertraute Stimme und ein Lächeln zog über ihr Gesicht.
Es war Bob, ihr Vater, ein großer, stattlicher Mann mit grauen Haaren. „Wir freuen uns, ich ganz besonders, dass du zu diesem besonderen Tag hier bei uns auf Falcon bist."
„Ich freue mich ebenfalls, dass ich diesem Tag bei euch verbringen kann." Lydia lächelte und ging auf ihren Vater zu, der sie fest in seine Arme nahm.
Für einen kurzen Moment hatte Lydia das Gefühl von Geborgenheit und Sicherheit, wie sie es als Kind immer verspürt hatte. Sie war den Tränen nahe.
Sie hatte auf vielen Schulungen bei der Polizei gelernt, mit ihren Gefühlen umzugehen. „Wann kommt eigentlich Mom?" Sie löste sich gekonnt aus der Umarmung.
„Sie ist noch bei einer Ratssitzung, aber ich hoffe, dass sie früh genug bei uns ist." Der Wind hatte an Stärke zugenommen und das Gewitter kam immer näher. Bob ging zum Sideboard mit den Getränken und schenkte sich einen Whisky ein. „Was kann ich dir anbieten?", er musterte dabei Lydia, die im Türrahmen, die die Diele

mit dem Herrenzimmer verbindet, angelehnt stand. „Danke, im Moment möchte ich nichts trinken.“ Sie fühlte sich etwas schlapp von der viereinhalb Stunden langen Autofahrt von London bis Bude. „Ich möchte eigentlich doch etwas trinken, schließlich ist es mein Tag.“ Bob nickte und schenkte ihr Martini mit Eis ein. „Den hast du und deine Mutter immer gern getrunken.“ Ja, morgen war ihr Geburtstag, der 5. Juni, vor sechsundzwanzig Jahren erblickte sie das Licht der Welt. Das Gewitter hatte an Heftigkeit zugenommen und der erhoffte Regen ergoss sich, als wenn himmlische Schleusen geöffnet wurden über Cornwall. „Ich gehe mal nach oben und werde schon einmal auspacken.“

Sie stellte das Glas, an dem sie nur zweimal genippt hatte, auf den Tisch. Sie ging die Treppe hinauf, die ins Obergeschoss führte. Nach ein paar Schritten stand sie vor der Tür ihres Kinderzimmers. Sie öffnete die Tür vorsichtig, als wenn jemand im Zimmer schliefe, und trat leise ein.

Für einen kurzen Moment hielt sie inne, ging dann aber zielstrebig zum Fenster und öffnete es. Sie schaute in den Garten und die Straße entlang. Der Regen peitschte sein Nass an die Fenster. Trotzdem öffnet Lydia einen Fensterflügel. Sie spürte die plötzliche Frische und roch die feuchte Erde. Hier hatte sie als junges Mädchen viel gesessen, geträumt und gemalt.

Eigentlich wollte sie ein Kunststudium beginnen, doch es kam anders. Alles in ihrem Zimmer war wie unberührt, genauso wie vor fünf Jahren.

Es blitzte und donnerte jetzt noch stärker, es war wohl besser, das Fenster zu schließen. Ihr Blick huschte über das Foto vor ihr, das auf dem Schreibtisch stand. Wann war das Bild wohl gemacht worden, vielleicht war sie da vierzehn, aber es wurde auf der Kensington Farm aufgenommen und neben ihr stand ihre beste Freundin Joe. Als sie das Bild genauer betrachtete, sah sie das Gesicht von Will vor sich. Will, eine Holländerin, mit negroidem Äußeren, sie war bei der Kriminalpolizei in Amsterdam Sektionsleiterin. Sie hatten sich bei einer internationalen Weiterbildung der Polizei in Hamburg kennengelernt und angefreundet. Sie spürten beide eine innere Zuneigung füreinander. Das war genau vor zwei Jahren.

Keiner ahnte in Lydias Familie etwas von dieser intimen Beziehung.

Sie hatte sich im Laufe der Jahre verändert. Und ja, sie hatte über vieles nachdenken können und ja, sie betrachtete so manches aus einem anderen Blickwinkel.
„Lydia, Schatz, deine Mom ist gerade mit dem Wagen vorgefahren", klang es den Treppenflur hinauf. „Ich komme runter."
Sie sah sich im Wandspiegel an, der bis auf den Boden reichte, und verließ das Zimmer mit einem stillen Lächeln. Sie hatte Fragen, Fragen, die sie nur ihrer Mutter stellen konnte. Sie musste nur noch den richtigen Moment abwarten.
Ihre Großmutter, die Mutter ihrer Mom, hinterließ Lydia kurz vor ihrem Tod ein Familien-Geheimnis. Ihre Großmutter Paula hatte die letzten Jahre ihres Lebens in einem Altenheim verbracht. Da Lydias Eltern beruflich sehr engagiert waren, blieb ihnen nicht viel Zeit, die Mutter im Heim zu besuchen, nur Lydia war oft bei ihr.
Auch an dem Tag, als Paula verstarb, war Lydia die Einzige, die mit ihr die letzten Stunden zusammen war, bevor sie die Augen für immer schloss.
Das Geheimnis bestand aus einem alten, verknitterten Briefumschlag und einem kleinen, vergilbten Foto, auf dem ein junger Mann in Uniform zu sehen war. „Und das mein liebes Kind, das ist dein Vater." Mit diesen Worten, als wenn eine schwere Last vor ihr gefallen wäre, schloss sie kurze Zeit später die Augen. Es dauerte eine lange Zeit, bis Lydia über den Verlust der Großmutter, die immer für sie da war und eine gute Freundin war, hinwegkam.
Als die Trauer sich langsam abschwächte, wurde ihr klar, dass ihr Gefühl, welches sie immer verspürte, sie nicht getäuscht hatte. Nun war es Realität geworden. Bob ist nicht ihr richtiger Vater. Ein innerer Drang kam in ihr auf, jetzt doch ihren echten Vater zu finden. Die Einzige, die sie nun befragen konnte, war Ann, ihre Mutter.
An diesem besagten 5. Juni des Jahres 1988 hatte Lydia sich vorgenommen, das Geheimnis um ihren richtigen Vater zu lüften. Sie ahnte aber nicht, in welches gefährliche Fahrwasser sie hineinkommen sollte.

Kapitel 8 Oktober 1961

Seit der Abfahrt vom Gutshof waren etwa fünfunddreißig Minuten vergangen, als Hanks von der gut ausgebauten Bundesstraße nach links in eine weniger gut befahrbare Straße abbog. Geoffrey verfolgte die Fahrt auf seiner Karte, die auf einem Klemmbrett auf den Knien lag. An dem am Straßenrand stehenden Richtungsschild erkannte er, dass der Ort, in dem der Gefechtsstand lag, nur noch drei Kilometer entfernt war. Die Fahrt ging bergauf über schmale Serpentinen, die immer wieder durch kleine Waldstücke und an abgelegenen Gehöften vorbeiführten. Nach mehreren Kehren erreichten sie eine Stelle, von der man ausgezeichnet in das hinter ihnen liegende Tal blicken konnte. Der Lieutenant befahl Hanks, den Wagen an den Straßenrand zu fahren und anzuhalten.
"Wir haben noch etwas Zeit", sagte Geoffrey und befahl, den Motor abzustellen. Hanks drehte den Zündschlüssel um, der Motor vom Jeep machte noch einem kurzen Nachlauf und verstummte dann. Geoffrey sprang aus dem Jeep heraus und ging einige Schritte und schaute dabei in das friedliche Tal.
Nach dem Abbiegen von der Bundesstraße bis hierher, war ihnen kein einziges Fahrzeug begegnet. Die ersten Häuser des kleinen Dorfes konnte man schon sehen. Im Osten ging langsam die Sonne auf, an diesem Oktobermorgen. Das wird bestimmt ein schöner Herbsttag, dachte Geoffrey und ging zum Jeep zurück.
„Rauchen Sie?", sprach er den im Sitz zurückgelehnten Hanks an.
„Ja", war die Antwort und dabei setzte er sich aufrecht hin und steckte die ihm angebotene Zigarette in den Mund.
Ohne ein Wort rauchten beide ihre Zigaretten zu Ende, nahmen wieder ihre Plätze ein und setzten die Fahrt fort. Kurz nach den ersten Häusern stoppten Soldaten, die man vorher nicht sehen konnte, mit gezückter Waffe und Stahlhelm das Fahrzeug. Hanks zeigte dem Posten seinen Ausweis und den Fahrbefehl. Ein anderer kontrollierte Geoffreys Dienstausweis. Sie hatten den Eindruck, dass nun wirklich der Ernstfall ausgebrochen sei, denn so genau wurde auch das Fahrzeug durchsucht. Nach zehn Minuten durften sie in das kleine Dorf einfahren und wurden durch aufgestellte Schilder zum Gefechtsstand

geleitet. Dieser lag auf einem großen Bauernhof mit mehreren angrenzenden Gebäuden. Unter den alten Eichen standen gut getarnt eine Anzahl Fahrzeuge. Am Rand des Hofes stieg Geoffrey aus dem Jeep, um den Rest des Weges zum Gefechtsstand, der in einer Scheune untergebracht war, zu Fuß zurückzulegen. Er hatte recht, für alle anwesenden Offiziere hatte man ein echt englisches Frühstück vorbereitet. Das Empire sorgte gut für seine Soldaten. Nach dem Frühstück, bei dem Geoffrey mit alten Bekannten zusammentraf, ging es in einen mit Zeltplanen abgetrennten Raum, den man wie ein Theater hergerichtet hatte.
Eine Menge von Stuhlreihen und eine kleine Empore, auf der eine überdimensionale Landkarte des Manövergebietes angebracht war und mit Scheinwerfern angestrahlt wurde.
Nachdem sich alle nun gesetzt hatten, betrat ein Offizier, in einer tadellos sitzenden Uniform, mit einem gepflegten Äußeren die kleine Bühne.
Geoffrey schätzte ihn auf Ende vierzig. Er schilderte den Anwesenden einen Überblick der Manöverlage.
Es war still geworden und nur Captain Rudi, so hatte er sich vorgestellt, redete und zeigte zwischendurch mit einem langen Zeigestock auf verschiedene Punkte auf der Landkarte. Auch Geoffrey hörte angespannt zu und musterte dabei den Captain. Je länger er ihn betrachtete, desto mehr hatte er das Gefühl, dieses Gesicht vor nicht allzu langer Zeit irgendwo schon einmal gesehen zu haben.
Plötzlich, seine Hände zitterten, er spürte seinen Puls hämmern. Ja, er hatte das Gesicht erkannt. Das Gesicht des Wachpostens am Gutshof, den er gefragt hatte, ob ein Wagen auf den Hof gefahren sei. Was dieser mit „nein“ beantwortet hatte, obwohl doch ein Wagen in die Scheune gefahren wurde. Auch war Geoffrey der Auffassung, dass, als er vom Gerüst geklettert war, er einen Schatten wahrgenommen hatte, der plötzlich in der Dunkelheit verschwand. Das eigenartige Verschwinden des sogenannten Postens machte ihn jetzt stutzig.
Konnte es vielleicht sein, dass Rudi der vermeintliche Posten war und er ihn auch gesehen hatte? Schon beim Empfang hatte Geoffrey so ein Gefühl, das auch Captain Rudi wusste, wer er war. Auch die Antworten des Postens, auf Geoffreys Fragen, waren sehr knapp und

die Schulterklappen eines Offiziers waren gestern durch eine Tarnjacke verdeckt.
Wie sollte er sich nun verhalten? Was wusste der Captain wirklich?
Als Captain Rudi seinen Vortrag beendet hatte, nahm er Haltung an und drehte sich zur Seite.
Ein Mann im Rang eines Generals stand auf, nahm ebenfalls Haltung an.
Dann meldete der Captain „Herr General, Auftrag ausgeführt.“ Der General bedankte sich und schritt zur Karte. „Good morning, Gentleman“, begrüßte der etwas untersetzte General die anderen Offiziere. Dann begann er, einen neuen Übungsabschnitt zu erklären.
Das, was Geoffrey jetzt sah, ließ ihn das Blut in den Adern erfrieren. Da stand er nun vor ihm in Uniform, der Mann, den er vor Stunden noch auf dem Gutshof nackt mit einem kleinen Jungen gesehen hatte. War das nur ein Traum?, schoss es Geoffrey durch den Kopf. Seine Hände zitterten, das Herz schlug ihm bis zum Hals und er hatte das Gefühl, das alle Anwesenden wussten, was er vor Stunden gesehen hatte.
Er spürte ein flaues Gefühl in der Magengegend. Am liebsten wäre er aufgestanden und hätte diesen Ort verlassen.
O. k., dachte er, kein Traum, bittere Realität. Nun spürte er zum ersten Mal ein Gefühl von Angst in sich aufsteigen. Die Angst war begründet, denn Rudi hatte sich so postiert, dass er Geoffrey gut beobachten konnte, was dem Lieutenant nicht entgangen war. Spätestens jetzt war ihm klar, dass sie wussten, was er gesehen hatte.
Man musste jetzt alles tun, damit es nicht an die Öffentlichkeit kam. Ihm war außerdem bewusst, in welch einer großen Gefahr er schwebte. Immer wieder heftete sich Geoffreys Blick auf den General, der auch wie sein Vorredner mit dem Zeigestock auf die Karte tippte. Dieser Mann hatte Sex mit einem kleinen Jungen auf einem Gutshof in der Bundesrepublik Deutschland.
Er hörte schon gar nicht mehr auf die Worte, die gesprochen wurden. Geoffrey war wie in Trance. Was wusste Captain Rudi von der Sache?
Was für eine Rolle spielte die Frau, die plötzlich im Raum aufgetaucht war? Wem sollte er sich anvertrauen? Wer würde ihm das, was er gesehen hatte, überhaupt glauben?

Geoffrey hatte zwar einen guten Freund bei der Pressestelle der Army. Jim Dustin, dessen Frau Patricia eine enge Freundin von Ann war. Mit Jim und Patricia hatten Ann und er schon schöne Urlaubstage verlebt. Aber konnte er Jim diese Scheußlichkeit anvertrauen?
Geoffrey wurde plötzlich misstrauisch und eine innere Stimme warnte ihn mit der Weitergabe dieser doch hochbrisanten, sensiblen Informationen, vor allem von Militär-Angehörigen, noch abzuwarten.
Nach der Besprechung gingen sie gemeinsam zum „Light Lunch“. Anschließend gab es noch eine Lehrvorführung in einem großen Sandkasten.
Danach verließen die Offiziere den Gefechtsstand und wurden durch ihre Fahrer wieder zu ihren Einheiten gebracht.
Als Lieutenant Geoffrey aus der Ortschaft fuhr, ließ er Hanks nochmals an der Stelle stoppen, an der sie vor einigen Stunden schon einmal gehalten hatten. Auch diesmal zündeten sich beide eine Zigarette an. Er hatte recht behalten, es war ein schöner Herbsttag geworden.
Er wandte sich an seinen Fahrer „Hanks“, seine Stimme hatte auf einmal nicht mehr den militärischen Klang, eher verzweifelt und bittend.
„Hanks, diesen Umschlag schicken Sie bitte nach dem Manöver an diese Adresse.“ Auf einen kleinen Zettel hatte Geoffrey Anns Adresse geschrieben. „Egal, was auch passieren mag, Sie müssen diesen Umschlag abschicken!“
Hanks nickte, er spürte, dass der Lieutenant sich seit heute Morgen verändert hatte.
„Sie können sich auf mich verlassen, Herr Lieutenant.“ Er nahm den Umschlag an sich und steckte ihn in die Beintasche seiner Uniformhose.
Kurze Zeit später mussten sie die Fahrtroute ändern, weil ein Umleitungsschild auf eine vor ihnen liegende Baustelle die Weiterfahrt untersagte.
„Die war heute Morgen noch nicht da“, murmelte Hanks und lenkte den Wagen in einen asphaltierten Waldweg. Hier passen ja keine zwei Fahrzeuge aneinander vorbei, dachte Geoffrey, als nach einer scharfen Biegung Hanks voll in die Bremse treten musste.
Die Bremsung war so heftig, dass alles, was Geoffrey auf den Knien

liegen hatte, nach vorne flog und er Mühe hatte, sich an dem Haltegriff festzuklammern. „Was ist das denn?“, fluchte Hanks nach diesem plötzlichen Schreck.
Vor ihnen stand ein Militärfahrzeug, was Hanks zum abrupten Bremsen zwang. Nur durch seine gute Reaktion konnte er ein Auffahren verhindern.
„Diese Idioten!“, fluchte Hanks ein weiteres Mal, „die müssen die Stelle doch absichern!“ Er wollte gerade aus dem Jeep aussteigen, um den Verursacher zur Rede zu stellen. In diesem Moment sprangen mehrere dunkle Gestalten mit getarnten Gesichtern aus den dicht an der Straße stehenden Tannen auf den Jeep zu und zogen Hanks zu Boden. Auch das noch, ging es Geoffrey durch den Kopf. Ein Hinterhalt, was in solch einer Großübung ja keine Seltenheit war! Geoffrey wurde ebenfalls aus dem Sitz gezogen und musste sich auf den Boden legen. Er wurde abgetastet. Dann musste er seine Stiefel ausziehen und wurde an den Händen gefesselt.
Man stellte ihn auf die Füße und bevor ihm jemand einen Leinensack über den Kopf zog, schaute er noch einmal zu dem auf dem Boden liegenden Hanks hinüber. Noch hielt Geoffrey diesen Überfall für einen Teil des Manövers, bei dem gerade Offiziere überfallen und verschleppt werden. Er wurde auf die Ladefläche eines kleinen Lkws gehievt und musste sich in eine Ecke setzen. Dann wurde der Motor gestartet und der Wagen setzte sich in Bewegung.
Nach kurzer unbequemer Fahrt hielt der Wagen mit einem scharfen Ruck an. Jetzt erst hörte Geoffrey, dass die Soldaten sich unterhielten. Was er hörte, war aber kein Englisch, es hörte sich eher an wie aus einem skandinavischen Raum. Geoffrey war bekannt, dass dänische Einheiten an der Übung teilnahmen.
Er spürte, dass zwei Mann ihm unter die Arme griffen, um ihn von der Ladefläche zu zerren. Man führte ihn in eine alte, entlegene Scheune am Rande eines Feldes.
Er musste auf einem Stuhl Platz nehmen und wenig später wurde ihm der Leinensack vom Kopf genommen. Blinzelnd schaute er sich um, es war ziemlich dunkel.
Alle Begleiter waren verschwunden. Draußen fuhr ein Wagen vor, eine Tür wurde zugeschlagen.
Vielleicht war das ja Hanks, der ihn abholte, dachte er. Das Scheu-

nentor öffnete sich und er sah eine Gestalt auf sich zukommen.
Der Mann kam näher und langsam nahm das Gesicht im fahlen und staubigen Licht Kontur an. Es war nicht Hanks, sein Fahrer, der vor ihm stand. Es war Captain Rudi. Eine zweite Person betrat die Scheune, eine Frau. Bei genauem Hinsehen erkannte Geoffrey die Frau wieder, die im Raum des Gutshauses zusammen mit dem General war und Fotos machte.
„Ist er das?“, fragte der Captain die Frau, die ohne zu zögern die Frage beantwortete. „Ja, das ist der Mann, den ich am Fenster gesehen habe.“
„Danke, dass Sie gekommen sind“, sagte er zu der Frau und beide verließen daraufhin die Scheune. Geoffrey hörte noch, wie die Motoren von zwei Fahrzeugen gestartet wurden und wegfuhren. Dann wurden die Geräusche in der Ferne immer leiser und verstummten ganz. Also doch keine Übungseinlage! Er wusste, dass er hier nicht mehr herauskam.
Er sah noch einmal das Gesicht von Ann vor sich, wie sie lächelte, dann spürte er, wie jemand hinter ihm stand und ihm eine Plastiktüte über den Kopf zog. Es dauerte nicht lange, bis der Sauerstoff verbraucht war, dann wurde es um Lieutenant Geoffrey Dellington dunkel.
Geoffrey kam noch einmal zu sich. Immer wieder fragte man ihn, was er alles gesehen hatte. Er wusste nicht, ob er nein sagen oder alles zugeben sollte. Entscheidend war, dass die mysteriöse Frau ihn gesehen und auch wiedererkannt hatte. Er war für die geheimnisvolle Gruppe von Soldaten ein großes Sicherheitsrisiko geworden.
An einem nebligen Herbsttag brachte man ihn in die Nähe eines kleinen Flusses, setzte ihn in ein Kanu.
Dann stellten zwei kräftige Männer das Kanu so lange auf den Kopf, bis alles Leben aus dem jungen Körper des Leutnants Geoffrey entwichen war.

Kapitel 9 Oktober 1961

Gegen 5.30 Uhr klingelte in der Polizeiwache, Polle an der Weser, das Telefon. Ein Angler, der von einem Telefonapparat eines in der Nähe liegenden Bauernhofs anrief, meldete mit aufgeregter Stimme, dass er einen leblosen Körper in der Weser entdeckt hatte. „Wo haben Sie den Toten gefunden?“, wollte der Polizist von dem Angler wissen. „Bei Dölme“, antwortete der Mann, der der Stimme nach schon einem älteren Semester angehörte und der außerdem etwas lallte.

Einen Toten bei uns, ging es dem Polizeibeamten durch den Kopf. Na ja, könnte auch der Scherz eines Besoffenen sein. Trotzdem mussten sie der Sache nachgehen. „In Ordnung, wir kommen und Sie bleiben dort, wo Sie sind“, befahl der Polizeibeamte dem Anrufer und legte den Hörer auf die Gabel.

Der kleine Ort Dölme, lag auf der anderen Uferseite der Weser und etwa drei Kilometer von Polle entfernt. Aber die beiden nächstgelegenen Brücken über den Fluss befanden sich im zwölf Kilometer südlich entfernt gelegenen Holzminden oder im fünfzehn Kilometer entfernten Bodenwerder. Polle hatte zwar eine Weserfähre für Personenwagen, aber die nahm den Fährbetrieb erst ab acht Uhr auf.

Um keine Zeit zu verlieren, informierten die Beamten die Polizeiwache in Bodenwerder über den Vorfall, mit der Bitte, auf der anderen Flussseite zu dem Fundort zu fahren. Gegen sechs Uhr setzten sich die Beamten in ihren grünweißen Streifenwagen vom Typ VW-Käfer und fuhren von Polle los.

Nach kurzer Fahrt über die Bundesstraße 83, sahen sie die Lichter der Fahrzeuge ihrer Kollegen auf dem gegenüberliegenden Weserufer. Sie fuhren mit eingeschaltetem Blaulicht auf der nicht weit vom Fluss verlaufenden Straße.

Derzeit verliefen die Nächte unruhig. Momentan hielten die NATO und die britische Rheinarmee – wie immer in der Herbstzeit – ihr großes Manöver ab. Überall standen schlecht oder überhaupt nicht gekennzeichnete Militärfahrzeuge herum. Dazu kamen noch die verschmutzten Straßen. Für das Militär war diese Gegend besonders

geeignet, um Manöver abzuhalten. Große Teile dieses Landstrichs waren ländlich mit kleinen Dörfern.
Sie erreichten Bodenwerder, bogen nach rechts ab und überquerten den Fluss, um dann an der nächsten Kreuzung auf der anderen Weserseite nochmals nach rechts abzubiegen. Es war kalt an diesem frühen Herbstmorgen, leichter Dunst lag über dem Fluss. Nebelschwaden zogen über die schmale Landstraße und machten ein schnelles Fahren zu einer großen Gefahr. Besonders in diesen Zeiten, wo hier überall Krieg gespielt wurde.
Beide Polizeibeamten überlegten während der Fahrt, wann in dieser Gegend der letzte Tote in der Weser gefunden wurde. Klar waren da die vielen Menschen, die ihr Leben durch Verkehrsunfälle verloren hatten. War das hier wohl ein Selbstmord? Nach fünfundzwanzig Minuten erreichten sie die besagte Ortschaft. Auch hier standen am Straßenrand Militärfahrzeuge.
Nach einer langgezogenen Linkskurve war auf der rechten Seite ein Gasthof, hier mussten sie nach rechts abbiegen, so wie der Angler es geschildert hatte.
Ein schmaler, unbefestigter Weg führte zum Ufer hinunter. Jetzt sahen die beiden Beamten auch die Fahrzeuge der Kollegen. Nachdem sie ihren VW-Käfer abgestellt hatten, gingen sie den Rest des Weges zu Fuß. Mehrere Kollegen standen bereits an einer Stelle und leuchteten mit Taschenlampen den Boden ab. Ein Polizist kam den beiden entgegengelaufen. „Ich hole Verstärkung, da liegt wirklich ein Toter!“ Aufgeregt lief er zu einem der abgestellten Streifenwagen, um mit dem Funktelefon andere Dienststellen zu informieren.
Die zwei Beamten aus Polle gingen weiter zu der Gruppe und hörten, was die Kollegen miteinander sprachen. Etwas abseits saß, rauchenderweise, der Angler, der sie über das Telefon informiert hatte, auf einem Campingstuhl. Er starrte, ohne die beiden wahrzunehmen, auf die Stelle, wo er den Toten gefunden hatte. „Ah, die Kollegen aus Polle sind auch schon da!“, war die flapsige Bemerkung, nachdem man den schon fröstelnden Anwesenden, einen guten Morgen gewünscht hatte. Sie konnten noch sehen, wie drei Männer von der hiesigen Freiwilligen Dorffeuerwehr ein Bündel aus dem Wasser an Land zogen. Im Schein ihrer Taschenlampen sahen sie sich den auf dem Rücken liegenden Mann näher an.

„Das ist ein Soldat“, bemerkte einer der Feuerwehrleute und steckte sich eine Zigarette in den Mund. „Nicht hier rauchen!“ Ein Polizeibeamter sagte dem Mann von der Wehr, dass er weiter weggehen sollte, um zu rauchen. Als die Lichtkegel der Taschenlampen, das, was vor ihnen lag ableuchteten, erkannten sie eine mit Wasser durchtränkte, mit Dreck verschmierte, Uniform eines britischen Soldaten.
„Wo ist der denn wohl ins Wasser gefallen?“, machte sich einer der Beamten Gedanken. „Jedenfalls war der gestern Abend noch nicht da!“, mischte sich jetzt auch der sich langsam aufrappelnde und wieder gefasste Angler ins Gespräch. „Sind Sie sich da sicher?“, erkundigte sich ein Beamter bei dem unrasierten Mann mit der langen Gummihose. Er betrachtete ihn durch Ableuchten mit seiner Taschenlampe.
Es wurden Fotos vom Fundort und von der Leiche gemacht. Mittlerweile war die Szenerie den Dorfbewohnern nicht entgangen und einige standen bereits an der Absperrung, um zu schauen, was hier bei ihnen passiert war.
Langsam wurde es heller. Der leichte Dunst über dem Fluss hüllte alles in eine gespenstische Stille.
Als die Beamten den Toten vorsichtig auf den Rücken drehten, sahen sie ein schmerzverzerrtes, aufgedunsenes Gesicht eines toten jungen Mannes.
„Ist ja eigenartig, der hat ja gar keine Schwimmweste an“, fiel einem fotografierenden Polizisten auf. Einer der Feuerwehrleute bemerkte, dass der Mann keine Stiefel trug. “Alle Soldaten haben doch eine Erkennungsmarke und außerdem wird er doch in einer seiner Taschen Ausweispapiere haben“, erwähnte ein anderer Beamter. Aber sie fanden weder eine Erkennungsmarke noch einen Dienstausweis. Auch ein Namensschild, das viele Soldaten über der Brusttasche haben, fehlte. Aber man konnte an einem dunklen Rand über der Brusttasche erkennen, dass einmal ein solches Schild vorhanden war. Außerdem erkannten die Beamten, dass die Schulterklappen des Toten aufgeknöpft waren, als wären die Dienstgradzeichen absichtlich entfernt worden.
„Vielleicht ist er von einer der Pontonbrücken, die von den Manövereinheiten hier überall über die Weser gebaut wurden, gefallen“, vermutete einer der Feuerwehrmänner, der noch neben dem Toten

kniete. „Das mag schon sein“, antwortete ein Polizist,
„Was mich aber an der ganzen Sache stutzig macht, dass der unbekannte Tote weder Stiefel, Erkennungsmarke oder Ausweis bei sich hat.“ Als sie noch weiter über die mysteriösen Umstände nachdachten, waren Motorgeräusche aus Richtung Dorf zu vernehmen.
Mit ziemlich hohem Tempo näherten sich plötzlich drei Militärfahrzeuge mit eingeschaltetem Blaulicht der Stelle, an dem der tote Soldat gefunden wurde. „Wer hat die denn informiert?“, fragte ein Polizist.
Sie sahen, dass zwei der drei Fahrzeuge der britischen Militärpolizei angehörten und das dritte ein Sanitätsfahrzeug war, welches man schon von Weitem an dem großen, roten Kreuz auf weißem Grund erkennen konnte.
Die Fahrzeuge fuhren sehr nah an den Fundort heran, sodass die Polizeibeamten zur Seite gehen mussten, um nicht umgefahren zu werden.
Die Beifahrertür des ersten zum Stillstand gekommenen Jeeps wurde aufgerissen und ein kantiger Militärpolizist kam auf die Gruppe zu. Er machte den Anwesenden mit einem scharfen Befehlston klar, dass es hier bei dem gefundenen Toten um einen Angehörigen der Army handelt und ab jetzt sie den Fall übernehmen werden. “Wurden irgendwelche Fotos oder Aufzeichnungen gemacht?“, fragte im gebrochenen Deutsch der Militär-Polizist im Rang eines Sergeanten.
Die Polizeibeamten schauten sich verdutzt an. Bevor jemand etwas sagen konnte, trat der Einsatzleiter hervor und beantwortete die Frage des Gegenübers mit einem „Nein, wir hatten noch keine Zeit, Aufnahmen zu machen!“ Mit einem kurzen Nicken nahm der Sergeant die Antwort auf.
„Dann möchte ich Sie bitten, dass Sie mit ihren Leuten den Ort jetzt verlassen, damit wir unsere Arbeit machen können“, war die Antwort des Militär-Polizisten, dessen Stimme auf einmal nicht mehr diesen militärischen Befehlston hatte, sondern fast etwas Freundschaftliches.
„Und sorgen Sie bitte dafür, dass die Zivilisten ebenfalls den Ort verlassen, wir brauchen keine Zuschauer“, ließ der Sergeant, diesmal wieder mit einer energischen Stimme, verlauten. Als die Polizeibeamten die Neugierigen zurückgeschickt hatten, verließen sie eben-

falls mit ihren Fahrzeugen die Stelle.
In aller Stille, ohne einen Befehl zu geben, verrichteten die Soldaten wie Roboter ihre Arbeit. Der leblose Körper des jungen Lieutenant Geoffrey Dellington wurde auf eine Trage gelegt und zwei Soldaten brachten ihn zum Ambulanz-Fahrzeug und schoben ihn in den Transportraum. Währenddessen suchte ein Teil der Militärpolizisten die Umgebung nach Gegenständen ab.
Etwas später stellten sie die Suche ein. Nachdem man nichts mehr gefunden hatte, stiegen sie in ihre Fahrzeuge. So überraschend, wie der kleine Trupp aufgetaucht war, so verließ er auch wieder den Ort. Der Morgennebel war dichter geworden und lag schwer über dem Fluss und verhüllte den geheimnisvollen Vorgang.

Kapitel 10 Juni 1988

Es war eine kleine Geburtstagsfeier auf Falcon. Im engsten Kreis, mit Nachbarn und ein paar Freunden hatte man Punkt Mitternacht das Sektglas erhoben und auf das neue Lebensjahr angestoßen. Lydia blieb noch eine Weile, zog sich aber dann zurück. Die lange Autofahrt hatte sie doch geschafft und es dauerte nicht lange, bis sie tief und fest schlief. Das Erste, was sie am nächsten Morgen hörte, nachdem sie die Augen geöffnet hatte, war das emsige Zwitschern der Vögel. Einen Augenblick blieb sie liegen, schaute sich im Zimmer um.

Mein Geburtstag dachte sie und war doch froh, ihn mit der Familie feiern zu können. Sie stand auf, zog sich den Morgenmantel über und ging zum Fenster. Das Unwetter hatte sich verzogen, ein strahlend blauer Himmel überspannte das Land. Was für ein schöner Tag.

Einen kurzen Augenblick dachte sie an Will, was sie jetzt wohl machte? Der Geruch von Kaffee und Toast schlich sich in ihre Nase und beendete die Gedankenreise. Nun verspürte sie auch ein Hungergefühl, schlüpfte in ihre Hausschuhe und ging nach unten. Ann hatte ihr vorgeschlagen, sollte das Wetter mitspielen, wollte sie mit ihr ausreiten. Wie sie es so oft gemacht hatten, als sie noch ein Teenager war. Ihre Mom saß bereits am Frühstückstisch. „Guten Morgen, meine Kleine, hast du gut geschlafen?“, gut gelaunt schaute sie ihre Tochter an.

„Guten Morgen, Mom, ja ich habe wunderbar geschlafen!“ Lydia nahm Ann in den Arm. „Wo ist Bob?“, fragte Lydia.

„Schon sehr früh zum Stützpunkt gefahren, du kennst ihn ja.“

„Jetzt bin ich aber mal gespannt, ob man Reiten verlernen kann“, sagte Lydia.

„Hast du denn seit damals überhaupt nicht mehr auf einem Pferd gesessen?“, erkundigte sich Ann.

„Nein, seit ich Falcon verlassen habe, saß ich nicht mehr im Sattel.“

„Nun ja, ich glaube, Reiten ist wie Radfahren, wenn man es einmal kann, verlernt man es nicht“, sie lächelte dabei.

Beide verließen nach dem Frühstück das Haupthaus und schlenderten über den Hof zu den Stallungen. Dustin, der Pferdepfleger, hatte für

Ann und Lydia bereits zwei Pferde gesattelt. Beim Anblick der Pferde verspürte Lydia ein flaues Gefühl in der Magengegend. „Du hattest doch noch nie Ängste!“, bemerkte Ann, als sie den fragenden Gesichtsausdruck ihrer Tochter beobachtete. „Das kann schon sein, Mom, aber ich bin auch älter geworden“, sagte Lydia und zog den Kinnriemen ihres Reiterhelms fester. Nachdem sie Falcon im leichten Trab verlassen hatten, ging es sofort abseits der Straße in die Felder. Nach kurzem Ritt rief Lydia ihrer Mutter zu, die natürlich die Führung übernommen hatte. „Du hattest recht, Reiten ist wie Fahrradfahren.“ Nach einem stürmischen Galopp über Wiesen und Felder, trabten beide nebeneinander einer Anhöhe entgegen. “Ist das nicht die Richtung zum Red Lion?“, fragte Lydia.
Red Lion, war der Name des kleinen Ausflugslokals, am Rande einer Verbindungsstraße. Sie banden ihre Pferde fest und gingen zu der unter alten Eichen gelegenen Terrasse.
„Weißt du noch, hier haben wir immer eine Pause eingelegt“, stellte Ann fest. „Ja, es ist wie früher.“ Sie bestellten sich ein Zitronenwasser. Für einen Moment versanken sie beide in Erinnerungen und Lydia hatte das Gefühl, als wäre sie nie fort gewesen. Sie lachten und plauderten über Vergangenes und Berufliches.
„Gibt es eigentlich einen Mann in deinem Leben?“, wollte Ann wissen.
„Nein“, erwiderte Lydia forsch und wurde auf einmal still und nachdenklich.

„Mom“, das Wort kam leise, fast ängstlich über ihre Lippen, „du würdest mich nicht anlügen?“, hauchte sie und schaute Ann in die Augen. „Warum sollte ich dich anlügen?“ Ann legte ihre Hände auf die von Lydia. Sie hatte auf einmal das Gefühl, in einem Gericht auf der Anklagebank zu sitzen und es würde ihr jeden Moment eine schlimme Frage gestellt werden. „Mom“, Lydias Tonfall wurde energischer und sie zog dabei die Hände zurück.
„Wer ist mein Vater?“ Ann hatte immer darauf gewartet, dass diese Frage eines Tages kommen musste. Nur heute hatte sie nicht damit gerechnet, nach einer so langen Zeit. Sie schaute auf ihre Hände, die auf einmal zu zittern begannen.
„Seit wann weißt du es schon?“, sie schaute ihre Tochter fragend an.

Lydia legte eine kleine Tasche vor sich auf den Tisch. Öffnete sie und zog aus einem Umschlag ein Foto heraus, schaute es einen Moment an und schob es über den lackierten Eichentisch ihrer Mutter zu.
Ohne das Foto zu berühren, schaute Ann auf den dort abgebildeten jungen Mann.
Es dauerte einen Augenblick, dann nahm sie das Foto und zog es näher zu sich heran. Sie strich mit einer Hand über das Bild und dabei rannen auf einmal Tränen über ihre Wangen.
„Woher hast du das Foto?", hauchte sie und wischte mit der Hand ihre Tränen aus dem Gesicht. Lydia war ebenfalls den Tränen nahe.
„Von Grandmother, bevor sie für immer die Augen schloss, ich glaube", schluchzte Lydia, „sie wollte das Geheimnis nicht mit ins Grab nehmen."
Es entstand eine eigenartige Stille, nur das Rauschen des Windes und das Knacken der Äste von den alten Eichen war zu hören. Wie in Trance schauten beide auf ihre Hände.
Das plötzliche Geräusch eines sehr tief fliegenden Flugzeuges von dem nahegelegenen Stützpunkt, brachte beide wieder in das Hier und Jetzt zurück.
„Geoffrey war sein Name und wir haben uns sehr geliebt." Ann schaute dabei auf das Bild. Ein Lächeln legte sich auf ihr Gesicht, als wäre sie in Gedanken in die Zeit zurückgekehrt. „Warum seid ihr nicht zusammengeblieben?"
„Es war 1961, im Oktober, als Geoffrey mit seiner Einheit zu einem Manöver nach Westdeutschland abkommandiert wurde. Ich war damals mit dir schwanger und wollte Geoffrey, wenn er wieder aus dem Manöver zurückkehrt, mit der Nachricht überraschen, denn wir wollten im Frühjahr darauf heiraten. Es kam aber ganz anders." Anns vor Kurzem noch zufriedener Gesichtsausdruck wurde schlagartig ernst.
„Es war ein bewölkter Sonntagnachmittag, als die Eltern von Geoffrey mit dem Auto vorfuhren. Meine Mutter sagte sofort, da ist etwas Schlimmes passiert. Sie sollte recht behalten. Dann erfuhr ich von Geoffreys Eltern, dass er zwei Tage zuvor durch einen tragischen Unfall, während des Manövers, ums Leben gekommen war."
„Und wie ist denn mein Dad nun gestorben?", wollte Lydia wissen

und setzte sich aufrechter an den Tisch. „Ja, das war für mich damals, nach der schockierenden Nachricht, etwas komisch. Als Geoffreys Eltern die Nachricht durch eine Abordnung der Army überbracht wurde, konnte keiner sagen, durch welche Umstände Geoffrey das Leben verlor. Sein Vater meinte später, einer der Soldaten hätte vom Tod durch Ertrinken gesprochen. Aber genau das machte mir ja Kopfzerbrechen, Geoffrey war ein ausgezeichneter Schwimmer und außerdem war er ein Kanusportler und so ein Mensch ertrinkt auf einmal?“ Anns Trauer verschwand aus ihrem Gesicht, dabei schaute sie Lydia fragend an. „Und wo in Deutschland ist dieser Unfall geschehen?“, hakte Lydia sofort nach.
„Auch das war merkwürdig“, antwortete Ann, „den Ort des Geschehens konnte niemand genau beschreiben. Es sollte irgendwo an einem Fluss mit dem Namen Weser passiert sein. In der Nähe sollte auch eine Burgruine stehen.“
„An welchem Tag ist das alles geschehen?“, wollte Lydia wissen. Plötzlich, ohne dass sie es bewusst verspürte, war sie in ihrer Polizeiarbeit.
„Es wurde uns gesagt, es wäre in der Nacht vom 9. auf den 10. Oktober 1961 geschehen.“
Lydia zog ein kleines Notizbuch aus ihrer Tasche und machte sich einige Notizen. „Was hast du vor?“, fragte Ann.
Lydia schaute einen Augenblick, nachdem sie ein paar Zeilen geschrieben hatte, Ann in die Augen. Ihr Blick war selbstbewusst und zielstrebig. „Ich möchte gern mehr über meinen Dad erfahren.“
„Wann kam Bob eigentlich ins Spiel?“
„Bob, ja Bob war in derselben Einheit wie Geoffrey und nachdem du geboren warst, hat er sich rührend um mich und dich gekümmert. Als wir dann später geheiratet haben, hat er dich wie seine eigene Tochter großgezogen. Leider blieb uns ein weiteres Kind verwehrt, da Bob keine Kinder zeugen kann.“ Lydia war still und nachdenklich geworden. Vielleicht war es ja besser, alles so zu lassen wie es war und nicht in der Vergangenheit zu suchen, ging es ihr durch den Kopf. Beide fühlten, dass sie sich von einer schweren Last befreit hatten. Sie sprachen noch über dieses und jenes und konnten bald auch wieder lachen.
In dieser Nacht dauerte es lange, bis die Müdigkeit Lydia in den

Schlaf brachte. Immer wieder musste sie an das Gespräch mit ihrer Mutter denken. Bevor sie einschlief, nahm sie sich fest vor, herauszufinden, was für ein Mensch Geoffrey, ihr richtiger Dad gewesen ist, wie er lebte und was er liebte.
Als Erstes wollte sie herausfinden, ob Geoffreys Eltern noch lebten, um sie einmal kennenzulernen und durch sie vielleicht noch mehr über ihn zu erfahren.
Am anderen Morgen war Lydia schon früh auf den Beinen, sie packte schnell ihre Sachen. Besessen von dem Vorhaben, hätte sie fast das Frühstück vergessen. „Lydia lass uns doch wenigstens noch gemeinsam frühstücken, Bob ist extra wegen dir hier geblieben!“, war die Bitte ihrer Mom.
„Ja sicher“, erwiderte Lydia und verstaute ihr restliches Gepäck in den Mini Cooper. Das Frühstück verlief gegenüber den anderen Tagen, an denen Lydia da war, recht kurz. Es wurde kaum gesprochen.
„So, ich muss los!“, unterbrach Lydia die eigenartige Stille.
Bob stand auf und legte die Zeitung beiseite und ging auf Lydia zu. „Du besuchst uns doch bald wieder?“
„Na klar, wenn meine Zeit es zulässt!“ Sie umarmte Bob. „Danke für alles“, kam es leise über ihre Lippen. Dann wandte sie sich Ann zu. „Es waren für mich besonders wertvolle Tage, die ich mit euch verbringen durfte.“ Ann merkte, dass Freude, aber auch ein Hauch von Traurigkeit bei ihrer Tochter zu spüren war. „Fahr bitte vorsichtig und pass gut auf dich auf, meine Tochter“, hauchte Ann ihr ins Ohr, als sie sie in die Arme nahm. Sie spürte den langanhaltenden festen Druck von Lydias Umarmung. „Ich hab dich lieb, Mom“, huschte es über Lydias Lippen, als sie sich abwandte und in ihren Mini stieg. Wie eine junge Dame, die sich etwas vorgenommen hat, startete sie den Motor und mit einem leichten Durchdrehen der Antriebsräder auf dem Splitt entfernte sie sich. Aus dem geöffneten Seitenfenster winkte sie ein letztes Mal.
Bob und Ann winkten so lange, bis Lydias Auto aus ihrem Blickfeld verschwunden war. „Du hast eine attraktive Tochter“, stellte Bob fest. „Ja, das ist sie“ erwiderte Ann.
Als das Motorgeräusch des Minis verklungen war und wieder Stille eintrat, nahm Bob Ann in den Arm. „Was meinte deine Tochter vorhin mit der Aussage, es waren besonders wertvolle Tage für sie?“

Ann schaute Bob mit einem aufrichtigen Blick an, hakte sich unter seinen Arm.
„Als wir ausgeritten sind und eine Pause machten, zeigte sie mir ein Foto von Geoffrey. Ihre Grandmother hat ihr das Foto gegeben und von ihm erzählt. Ich hatte keine Wahl und habe ihr die Wahrheit sagen müssen."
„Was hat sie jetzt vor?", wollte Bob wissen.
„Sie will wohl recherchieren, wer ihr Dad war."
„Sie will nachforschen, wer Geoffrey war?", erwiderte Bob mit lauter Stimme. „Verdammt, wieso ist es dazu gekommen?", schrie Bob und umfasste mit einem harten Händedruck Anns Oberarm. „Was ist mit dir auf einmal los?" Ann riss ihren Arm aus der Umklammerung. „Wir wollten Lydia doch irgendwann sagen, wie es war!"
„Ja irgendwann! Außerdem machst du mir damit vielleicht viel Ärger …"
Er beendete den Satz nicht, wendete sich ab und ging ins Haus. Was war denn auf einmal mit Bob los, ging es Ann durch den Kopf. Warum ist er plötzlich so ausgerastet?
Sie schaute noch einmal zur Auffahrt, wo vor Kurzem Lydia verschwunden war. Es beschlich sie plötzlich eine innere nicht nachvollziehbare Unruhe. Was meinte Bob mit, es würde Ärger geben? Vielleicht war es auch der Stolz eines Mannes, der nun aufgedeckt worden war. Na ja, bei einem Glas Wein würde sie Bob schon wieder besänftigen.

Kapitel 11 Juni 1988

Die Rückfahrt von Falcon zog sich lange hin, Baustellen und mehrere Unfälle nervten Lydia. Es dämmerte bereits, als sie den Vorort von London, die Leonard Road, erreichte. Die Parkplatzsuche erforderte eigentlich starke Nerven, doch dieses Mal fand sie direkt gegenüber ihrer Wohnung einen Platz für ihren Mini, den sie liebevoll „Winston" nannte. Für einen Augenblick blieb sie, nachdem sie den Motor abgestellt hatte, im Auto sitzen.

Regen prasselte auf das Autodach. Die Straßenbeleuchtung verschwamm im Wasserfilm auf der Windschutzscheibe. Im Autoradio wurden gerade die 20-Uhr-Nachrichten beendet und die Verkehrsdurchsage begann mit einer Unfallmeldung, genau auf der Autobahn, die sie gerade noch befahren hatte. Wenn sie etwas später gefahren wäre, vielleicht wäre sie darin verwickelt gewesen. Aber das Schicksal meinte es noch gut mit ihr.

Als der Regen nicht aufhören wollte, entschied sie sich, durch das Nass über die Straße zum Eingang zu laufen.

Nachdem sie die Tür öffnete, vernahm sie einen leichten Tabakgeruch. Will schoss es ihr durch den Kopf. „Will, ich bin da", rief sie und stellte die Taschen auf den Boden des Flurs. Erst jetzt merkte sie, wie nass sie von dem Regen überhaupt geworden war. „Ich bin hier oben", hörte Lydia die tiefe, aber sanfte Stimme von Will. Lydia zog Mantel und Schuhe aus und rannte die Treppe hinauf. Will saß in der Badewanne und zog genüsslich an der Villinger-Kiel-Zigarre, mit dem legendären, gelben Mundstück.

In der anderen Hand hielt sie ein halbvolles Glas Rotwein. Seit beide eine Partnerschaft eingegangen waren, hatte jeder einen Schlüssel für die Wohnung der anderen.

„Komm doch zu mir in die Wanne", hauchte Will mit erotischer Stimme, trank mit einem Schluck den restlichen Rotwein und zog lässig an der Zigarre. Lydia streifte sich ihre Kleider vom Körper, griff die auf einem kleinen Beistelltisch neben der Wanne stehende Rotweinflasche, füllte beide Gläser und stieg behutsam in das warme, dampfende Badewasser. Überall hatte Will viele kleine Teelichter auf dem Boden und am Rand der Badewanne und in den Regalen

aufgestellt. Sie ließen den Raum in einem romantischen Licht erscheinen.
„Erzähl doch mal, wie war eigentlich die Geburtstagsfeier bei deinen Eltern?“, wollte Will wissen. “Es war sehr schön, wieder einmal zu Hause gewesen zu sein. Ich konnte viel Zeit mit meiner Mom verbringen.“ Sie lehnte sich zurück, nachdem sie einen weiteren Schluck getrunken hatte und schaute einen Moment lang auf das flackernde Teelicht. „Dich betrübt doch etwas“, stellte Will fest und berührte mit der Hand Lydias Schenkel. „Ich habe dir nicht alles über mich erzählt“, kam es leise über Lydias Lippen, während ihr Blick immer noch das Teelicht fixierte. „Gibt es jemand anderes?“
„Nein, nein“, kam es schnell über Lydias Lippen, dabei löste sich ihr Blick von der Flamme und sie schaute Will an. Für einen Moment schauten sich beide schweigend in die Augen. Nur das Tropfen des Wasserhahns unterbrach die Stille. „Es geht um Bob“, kam es leise zurück. „Deinen Dad?“
„Er ist nicht mein richtiger Vater“, sagte Lydia und ihr Blick huschte wieder zum Teelicht.
„Ich habe es von Grandmother erfahren, bevor sie starb, sie zeigte mir ein Foto, auf dem ein Mann zu sehen war. Sie sagte, dieser Mann ist dein richtiger Dad. Für einen Moment dachte ich, mein Herz bleibt stehen. Ich hatte eine schöne Kindheit und Bob war immer für mich da. Aber je länger ich darüber nachdenke, fühlte ich nie einen richtigen Bezug zu Bob.“

Will war eine erfahrene Polizistin, die schon viele Verhöre geführt hatte und wusste, dass sie Lydia jetzt auf keinen Fall unterbrechen durfte. „Als ich Mom damit konfrontierte, war sie schon geschockt, aber trotzdem auch gefasst. Sie erzählte mir die Geschichte von Bob und meinem richtigen Dad, der Geoffrey Dellington hieß.“ Will war so beeindruckt von der Geschichte, dass sie vergessen hatte, ihre Zigarre weiterzurauchen.
Sie nahm das Feuerzeug, zündete den Stummel wieder an und fragte dabei: „Was gedenkst du nun zu unternehmen?“
„Als Allererstes werde ich mir eine Woche freinehmen, denn ich habe noch etliche Tage Resturlaub. Dann versuche ich, die Eltern von Geoffrey zu finden, die mir vielleicht mehr über ihren Sohn er-

zählen können. Mom hat mir auch vieles berichtet, was ich in mein rotes Notizbuch geschrieben habe.“
„Das klingt vielversprechend. Wenn du nichts dagegen hast, würde ich dich gerne bei der Suche unterstützen, denn ich habe auch noch offene Urlaubstage, außerdem wären wir wieder einmal ein paar Tage zusammen.“ Ein Lächeln ging über ihr Gesicht, auch Lydia lächelte. „Ja, das wäre schön“ hauchte sie und rutschte tiefer in das Wasser.
An diesem Abend saßen sie noch lange zusammen, tranken Wein, liebten sich, redeten von alten Zeiten und über ungelöste Kriminalfälle.
Als Will die leicht verkaterten Augen am anderen Morgen öffnete, fühlte sie hinter sich und konnte Lydias Körper nicht fühlen. Tatsächlich, Lydia war schon aufgestanden. Bestimmt macht sie für uns beide das Frühstück, dabei schaute sie auf ihre Armbanduhr, kurz nach sechs. War das nicht ein bisschen früh, um aufzustehen, dachte Will, stieg aus dem Bett, zog sich den Morgenmantel an und ging in Richtung Bad. Vielleicht war Lydia auch bereits im Bad. Sie gähnte und rieb sich den Schlaf aus den Augen.
Das Badezimmer war leer, nur die leere Flasche und die Handtücher lagen am Boden. „Lydia, wo bist du?“ Will bekam keine Antwort. Sie fand Lydia schweigend in einem Sessel im Wohnzimmer, den Blick wie gebannt auf eine blaue Wand gerichtet, an der drei kleine Fotos klebten. Auf dem einen war Ann, ihre Mom zu sehen, auf dem zweiten Bob und auf dem dritten ihr Dad. „Lydia, mein Schatz, an dieser Wand hast du immer die besonderen Fälle angeheftet“, meinte Will und legte eine Hand auf ihre Schulter. „Das hier ist aber doch kein Kriminalfall?“ Lydia schaute immer noch wie gebannt auf die Fotos an der Wand. Will setzte sich auf die Lehne des Sessels. Jetzt erst bemerkte sie, dass Lydia geraucht hatte. Lydia rauchte immer, wenn sie nachdachte und sich einen Plan zurechtlegte.
Plötzlich erhob Lydia sich aus dem Sessel, trat an den Tisch heran, auf dem schon eine Anzahl Landkarten lagen. Ganz gezielt nahm sie eine Karte und schnitt mit der Schere ein Stück heraus.
Sie schaute den Kartenausschnitt einen Moment lang an und heftete ihn ebenfalls, etwas tiefer unter die Fotos an die Wand. Danach trat sie langsam zurück und setzte sich wieder wortlos in den Sessel. Jetzt

stand Will auf und ging in Richtung Wand, um den Kartenausschnitt näher zu betrachten.
Sie schaute auf das Stück Landkarte, auf die hatte Lydia mit einem roten Filzstift eine Markierung in Form eines Kreises gemacht. „Dort soll es passiert sein?“ Will tippte mit dem Zeigefinger auf die markierte Stelle. „Lass mich raten“, mit dem Blick auf den Kartenausschnitt, „du willst bestimmt dort hinfahren?“ Lydia lehnte sich im Sessel zurück und zündete sich eine neue Zigarre an.
„Ja, ich will auf jeden Fall zu diesem Ort fahren“, antwortete sie mit ernster Stimme, legte ihre Füße auf den Couchtisch und nahm einen tiefen Zug.
Es war schon eine Weile vergangen, als Lydia und Will den Großraum London über die M3 in Richtung Southampton verlassen hatten. Von ihrer Mom hatte sie erfahren, wo die Eltern von Geoffrey wohnten. Es war ein kleiner Ort mit dem Namen Lockerley und lag zwischen den Städten Salisbury und Winchester.
Es begann leicht zu regnen, als sie die M3 nördlich von Southampton verließen und in Richtung Romsey fuhren. Sie hatten während der Fahrt nicht viel gesprochen. Will wusste nur zu gut, wenn Lydia Auto fährt, durfte sie keiner stören. Also schaute sie aus dem Fenster in die Landschaft und blieb still. Als sie Romsey passiert hatten und Lockerley immer näher kam, spürte Will, dass Lydia unruhiger wurde.
Sie fing an zu erzählen, das war ein klares Zeichen dafür, dass sie nervös war. Sie hielten irgendwo an und rauchten.
Lydia hatte sich vorgenommen, erst einmal den Gemeindepfarrer aufzusuchen, bevor sie sich bei den Grandparents vorstellen wollte.
Die Frage, die sich Lydia stellte, wie werden wohl die Grandparents die Tochter ihres verstorbenen Sohns, ihre Enkeltochter, aufnehmen? Vielleicht würden sie nach jahrelanger Ruhe plötzlich wieder in Traurigkeit verfallen? Was Lydia auf jeden Fall vermeiden wollte. Aber vielleicht würden sie sich auch freuen, ihre Enkeltochter einmal kennenzulernen!
Es war Mittag, als die beiden Frauen über die Lockerley Road, eine schmale teils beidseitig mit Hecken gesäumte Straße, das Dorf erreichten. Nach etwa einem Kilometer kamen sie an einen Abzweig. Lydia lenkte den Wagen an den Straßenrand. An der Ecke war ein

Autohandel. >Lockerley Motors< stand auf einem Schild.
Will sprang aus dem Auto. „Ich werde mal nach dem Weg fragen“, sie rannte über die Straße Richtung Werkstatt. Es dauerte nicht lange und Will saß wieder im Fahrzeug. „Alles o. k., wir müssen nach rechts abbiegen.“ Als Lydia den Wagen um die Ecke lenkte, konnten sie die Turmspitze der St. John’s Church bereits sehen. Nach einer engen Unterführung ging es zwischen Hecken hindurch eine leichte Steigung hinauf.
Jetzt war das erste Ziel erreicht und Lydia lenkte den Wagen von der Straße nach rechts, auf einen vor der Kirche gelegenen Parkplatz. Die Pfarrkirche lag etwas abgelegen inmitten von Feldern und Wiesen, umrahmt mit Hecken und Bäumen. Es hatte aufgehört zu regnen und die Sonne kam schüchtern hinter den Wolken hervor.
Die Unterhaltung mit Father Collin, dort hatte sich Lydia bereits telefonisch angemeldet und grob die Geschichte erzählt, war nicht besonders aufschlussreich. Der Vorgänger, der in den sechziger Jahren hier sein Amt versah, war bereits seit mehreren Jahren verstorben. Doch was er von seinem Vorgänger noch wusste, war für Lydia trotzdem von großer Wichtigkeit.
Father Collin, war so um die Mitte fünfzig, schlank mit grau meliertem Haar und kleiner als Lydia. Er erzählte, dass der plötzliche Tod ihres Sohnes den Eltern schwer zu schaffen machte. Ein zweiter Schicksalsschlag war der plötzliche Tod ihrer Tochter. Die durch einen Motorradunfall, Ende der siebziger Jahre, ihr Leben verlor.
„Danach wollten die Dellingtons von hier wegziehen. Doch dann bekam der Mann einen schweren Schlaganfall und ist seither gelähmt. Es ist eine traurige Geschichte“, sprach der Geistliche und senkte dabei den Kopf. „Seitdem leben die beiden zurückgezogen in einem kleinen Haus nicht weit von hier.“

Schweigend und tief berührt hörten Lydia und Will die Geschichte von Father Collin über die Familie Dellington.
Sie gingen noch ein paar Meter zusammen über den Kies, der unter ihren Schuhen knirschte. Dann blieb der Father stehen und schaute Lydia an. „Leider kann ich nicht mehr für Sie tun“, und sein Blick hatte etwas Hilfloses. „Können Sie mir noch die Adresse der Dellingtons geben?“, fragte Lydia und holte ihr rotes Notizbuch aus

ihrer Umhängetasche.
Der Pfarrer griff in seine Tasche und holte ein zusammengefaltetes Stück Papier heraus und gab es Lydia. „Dort steht alles drauf, was Sie benötigen“, er lächelte dabei. Dann verabschiedete er sich von den beiden Frauen und ging in Richtung Kirche. Das Geräusch seiner Schritte auf dem Kies vernahmen sie, bis er den Eingang der Kirche erreicht und hinter der großen Eingangstür verschwand.
Lydia öffnete das Papier. Es stand darauf geschrieben: Mount Lane 10 und darunter die Worte: viel Glück. Father Collin hatte ihnen vorher noch auf einem Plan die Stelle gezeigt, wo sich die letzte Ruhestätte von Mister Geoffrey Dellington befand. Es war nicht weit bis zu seinem Grab. Unter einer Weide sahen sie den schlichten Grabstein. Lydia trat etwas näher heran und kniete nieder. Nur schwer konnte sie die stark verwitterte Inschrift lesen. Sie tastete die eingravierten Buchstaben und Zahlen mit den Fingern ab. Will trat ebenfalls näher an Lydia heran. Dabei legte sie sanft ihre Hand auf Lydias Schulter. Jetzt erst nahm sie Lydias leise Worte wahr. >Geoffrey Dellington, geboren am 12.04.1932, gestorben am 13.10.1961, hier hast du also deine letzte Ruhe gefunden.<
Sie schaute zu Will und ein zartes Lächeln glitt über ihr Gesicht.
Sie holte ein kleines Herz mit drei Rosen, das sie unterwegs an einem Blumenstand gekauft hatte und legte es liebevoll auf das Grab. Sie verweilten noch einen Augenblick, dann gingen sie zurück. Lydia blickte ein letztes Mal zurück. Ich werde ganz bestimmt wiederkommen, dachte sie. Dann nahm sie den Arm von Will und hakte sich unter. Beide standen noch eine geraume Zeit am Eingang mit den großen Säulen aus Bruchstein und rauchten.
Als sie sich wieder in den Wagen setzten, schaute Will Lydia fragend an, „Du, ich verspüre ein Hungergefühl.“ Will tippte sich auf den Bauch. „O. k., essen wir erst etwas und danach fahren wir zu dieser Adresse.“
Nachdem die Hungergeister vertrieben waren, machten sie sich auf den Weg. Mount Lane war eigentlich ein schmaler, asphaltierter Weg. Zwei entgegenkommende Fahrzeuge hatten schon ein Problem aneinander vorbeizukommen. Die angegebene Hausnummer war ein einzelstehendes Haus, liebevoll hergerichtet und mit einem Lattenzaun umrahmt. Ein zweites, einzelstehendes Wohnhaus grenzte an

das der Dellingtons. Auf der Straße konnte Lydia den Wagen aus Platzgründen nicht abstellen. Das Tor zum Grundstück stand offen. Sie entschloss sich, auf den kleinen Hof zu fahren.

Sie schaute zu Will, „ich bin unheimlich aufgeregt“, sie schaute dabei zur Eingangstür. „Es ist besser, wenn du allein hineingehst.“ Will streichelte dabei mit dem Handrücken Lydias Wange. „Ja, ich glaube, das wäre besser.“ Lydia schaute Will dabei in die Augen. Sie nahm Wills Hand und küsste sie.

Als sie aus dem Wagen stieg und Richtung Haus ging, hatte sie das Gefühl, beobachtet zu werden. Nach einigen Schritten erreichte sie die Eingangstür. Dellington, war mit blauer Farbe liebevoll auf ein Holzbrett gemalt, das neben der Tür an der Wand befestigt war.

Dellington, sie sprach den Namen leise vor sich hin. So würde sie heißen, ging es ihr durch den Kopf, >Dellington<.

Was würde sie gleich hinter dieser Tür erwarten? Sie schaute ein letztes Mal zurück zu Will, wie ein kleines Mädchen, bevor es den Behandlungsraum eines Zahnarztes betritt, mit diesem mulmigen Gefühl.

Will nickte nur, Lydia drehte sich zur Tür und klopfte mit dem Eisengriff zweimal. Der Türklopfer machte ein metallisches Geräusch. Nach dem Klopfen war das Bellen eines Hundes zu vernehmen.

Das Bellen war schrill und aufgeregt, was auf einen kleinen Hund hindeutete. Vielleicht war ja außer dem Hund niemand im Haus? Lydia klopfte noch ein drittes und viertes Mal, jetzt etwas energischer. Das Gebell wurde noch intensiver. Plötzlich verstummte das Bellen und Lydia hörte, wie ein Schlüssel im Schloss gedreht und ein Riegel zur Seite geschoben wurde. Die Tür wurde nur einen Spalt geöffnet, da eine Kette ein weiteres Öffnen verhinderte. Eine Frau mit weißgrauen Haaren schaute Lydia durch den Türspalt an. „Ja bitte“ kam es hinter der Tür hervor. „Mein Name ist Lydia, sind sie Ms. Dellington?“

„Ja, das bin ich.“ Jetzt gab es für Lydia kein Zurück mehr.

„Ms. Dellington, kannten Sie eine Ann Marlow, sie war mit Geoffrey ihrem Sohn, vor langer Zeit einmal befreundet?“ Beide schauten sich an, ohne ein Wort zu sprechen. „Ja, es ist lange her, aber was wollen Sie bei uns?“

„Ms. Dellington, ich bin die Tochter von Ann und Geoffrey und Ihr

Sohn war mein Vater."
„Nein", sprach die Frau hinter der Tür, „das hätten wir gewusst."
„Nein", erwiderte Lydia, „das können Sie nicht gewusst haben, weil Geoffrey es selbst nicht wusste. Meine Mom wollte ihm die Nachricht mitteilen, nachdem er aus dem Manöver zurückgekehrt war. Das war aber nicht mehr möglich, weil er diesen schrecklichen Unfall hatte."
Die Frau wurde nachdenklich und ohne ein Wort zu sagen, schloss sie die Tür wieder. Was habe ich falsch gemacht, ging es Lydia durch den Kopf. Die Sekunden verstrichen, nichts geschah. War es das gewesen? Sie wollte nicht aufdringlich sein und vermied, ein weiteres Mal an die Tür zu klopfen.
Enttäuscht trat sie von der Tür zurück, um wieder zum Wagen zu gehen. Auf einmal hörte sie das Rascheln der Türkette. Lydia drehte sich zur Tür, die geöffnet wurde. „Kommen Sie herein", sagte die Frau mit leiser Stimme und trat beiseite.
Da Lydia recht groß war, musste sie höllisch aufpassen, sich nicht an dem niedrigen Türrahmen den Kopf zu stoßen. Die Frau führte Lydia in einen Raum, der sehr karg eingerichtet war. „Bitte, nehmen Sie doch Platz" und sie fragte sofort „soll ich uns einen Tee zubereiten?"
„Ja, gern." Lydia nahm ihre Tasche von der Schulter und setzte sich. Sie schaute sich um, auf dem Sideboard standen einige Bilder, der Geruch von verbrannten Kerzen lag in der Luft.
„Sie sind also die Tochter von Geoffrey?", fragte die alte Dame immer wieder. Lydia erzählte nun aus ihrer Jugend und von Ann.
Was Lydia aber merkwürdig empfand, die Frau sprach kaum über ihre beiden toten Kinder. Nach einer Weile stand die Frau auf, ging zum Schrank und zündete zwei Kerzen an.
Eine unheimliche Stille durchzog den Raum und jetzt erst vernahm Lydia das laute Ticken der Wanduhr. Nachdem die Frau die Kerzen angezündet hatte, öffnete sie eine Schranktür, sie holte einen Ordner und einen vergilbten Schuhkarton hervor und stellte beides vor Lydia auf den Tisch.
Lydia schaute sie fragend an. „Das ist alles, was von Geoffrey übrig geblieben ist. Es soll ab jetzt Ihnen gehören, Sie haben ein Recht darauf." Sie strich zart mit der Hand über beide Sachen. Sie öffnete den Schuhkarton und holte einen teils verdreckten Umschlag hervor.

„Diesen Umschlag brachte uns damals ein junger Soldat, kurz nachdem wir die Nachricht von Geoffreys Tod erhalten hatten.“ Sie schaute lange auf den Umschlag.
Lydia nahm den Umschlag und sah, dass der Name ihrer Mom darauf stand. „Ja, den sollte wohl Ihre Mom bekommen.“ Sie schaute dabei Lydia in die Augen. „Als ich dem Soldaten erzählte, dass Geoffrey tödlich verunglückt sei, wurde er auf einmal ganz nervös und konnte es einfach nicht glauben. Dass der Offizier, den er noch kurz zuvor gefahren hatte, plötzlich gestorben war. Aus diesem Grund hatte er wohl den Umschlag, den er eigentlich deiner Mom geben sollte, uns gegeben.“
„Der Umschlag ist ja noch verschlossen“, stellte Lydia fest. „Wir haben, nachdem wir die Nachricht erhielten, alles so gelassen wie es war.“
„Können Sie sich noch an den Namen des Soldaten erinnern, der den Umschlag überbrachte?“
Ms. Dellington drehte den Umschlag um. „Ich habe ihn auf die Rückseite geschrieben, der Name war Hanks, Richard Hanks.“
„So, jetzt wissen Sie alles und ich bitte Sie, nun zu gehen“, sagte sie mit freundlicher Stimme.
„Mein Mann und ich wollen unsere Ruhe und ich bin müde.“
„Selbstverständlich, darf ich denn mal wiederkommen?“, fragte sie vorsichtig.
„Bitte kommen Sie nicht wieder“, sagte die Frau mit zittriger Stimme. „Wir haben mit der Sache abgeschlossen und außerdem erinnern Sie mich an meine verstorbene Tochter.“
„Ja, das verstehe ich.“ Sie nahm den Ordner und den Schuhkarton und ging mit der Frau in den Flur. Jetzt erst sah Lydia einen im Rollstuhl sitzenden alten Mann auf der kleinen Terrasse im Sonnenlicht. Als Lydia das Haus verließ, bedankte sie sich noch einmal, stellte Ordner und Schuhkarton auf die Erde und umarmte die Frau, ihre Grandmother. „Mir fällt da noch etwas ein“, sie wurde plötzlich ganz munter.
„Der Soldat erzählte noch, dass sie auf der Rückfahrt in irgendeinen Hinterhalt geraten sind, und als Gefangene getrennt und verschleppt wurden. Von da an hat er keinen Kontakt mehr zu Lieutenant Geoffrey gehabt.“ Lydia schaute etwas überrascht. „Einen Hinterhalt?“, sie

zuckte mit den Schultern. „Ja, das waren seine Worte“, sie drehte sich um und schloss die Tür hinter sich.
Will kam Lydia entgegen, um ihr die Sachen abzunehmen. „Und, warst du erfolgreich?“ Sie war voller Neugier. „Sie hat alles, was sie von ihrem Sohn noch besaß, mir übergeben und ich sollte auf ein Wiederkommen verzichten.“
Lydia war erschöpft. In ihrem Gesichtsausdruck war Enttäuschung und auch ein wenig Traurigkeit zu erkennen. „Gib der Frau ein bisschen Zeit.“ Will nahm Lydia in den Arm. „Versuche es später noch einmal.“
„Vielleicht hast du ja recht. Ich habe eine Visitenkarte von mir auf den Tisch gelegt, vielleicht ruft sie mich ja mal an.“ Später erzählte sie Will, was sie noch alles herausgefunden hatte und welche Schritte sie als Nächstes unternehmen wird.
Noch am selben Abend telefonierte sie mit ihrer Mom und berichtete ihr ausführlich von der Begegnung und dem Gespräch mit Geoffreys Mutter. Zum Schluss erwähnte Lydia noch beiläufig den verschlossenen Umschlag von Geoffrey, der eigentlich an sie gerichtet war. Mit der Bitte, Bob über diese Erkenntnisse nicht zu informieren, beendet Lydia das Telefongespräch.
Nach diesem aufregenden Tag, der Fahrt, den Gesprächen und der Rückfahrt entschied sich Lydia, erst wieder an einem anderen Tag weiterzumachen. So fielen beide, die Eine auf der Couch, die andere im Sessel in einen tiefen Schlaf. Am Tag darauf waren Lydia und Will schon früh auf den Beinen.
Will hatte einen Anruf erhalten und musste daraufhin sofort zurück zu ihrer Einheit. Ein Taxi brachte sie zum Heathrow Airport, von wo sie die erste Maschine nach Amsterdam nehmen wollte.

Als Lydia am nächsten Morgen das Bad betrat, um sich frisch zu machen, entdeckte sie den kleinen Zettel unter einer Kerze. Es waren schöne Stunden mit dir, ich liebe dich, Will. Lydia lächelte. Sie nahm den Zettel und küsste ihn. Der Geruch, das Parfüm von Will. Lydia schloss die Augen und ihre Gedanken waren für einen kurzen Augenblick weit entfernt von dem, was sie sich für heute vorgenommen hatte.
Auf einmal war sie wieder da, die Realität. Als Erstes fahre ich in

das Präsidium, überlegte sie, denn dort hatte sie die beste Möglichkeit, diesen Hanks ausfindig zu machen.
Als Lydia den Fahrstuhl verließ und den Korridor zu ihrem Büro entlang ging, traf sie auf John. John Moore, er war Inspektor und Anfang dreißig.
Er hatte mehrmals versucht, bei Lydia anzukommen, doch immer waren seine Bemühungen vergebens. Sie hatte mit John schon einige Fälle zusammen gelöst und sie waren trotz der Liebesabsagen von ihrer Seite gute Freunde geblieben.
Mittlerweile hatte John aber ein Auge auf die seit Kurzem hier tätige Pathologie-Assistentin geworfen. „Hallo Lydia“, rief John schon von Weitem, „ich denke, du hast Urlaub?“
„Ja, das stimmt, ich bin hier, um in einer privaten Angelegenheit Informationen zu finden.“
„Kann ich dir dabei behilflich sein?“
„Vielleicht, es geht um einen ehemaligen Soldaten, der 1961 in der Army in Westdeutschland seinen Dienst versehen hat. Bitte frag mich jetzt nicht wieso oder warum, ich werde dir diese Geschichte ein anderes Mal erzählen.“
„Dann musst du mich aber zum Essen einladen.“ Da war es wieder, dieses Macholächeln. „Ja das ist o. k., das tue ich.“ Lydia wirkte leicht genervt. „Wie heißt denn nun dein Soldat?“,
„Sein Name ist Richard Hanks“, sagte Lydia. „Was für einen Dienstgrad hatte er?“
„Das weiß ich nicht, aber woran ich mich erinnern kann, ist, dass dieser Hanks Offiziere gefahren hat und dass alles im Herbst 1961 in einem NATO-Manöver in Westdeutschland gewesen ist.“
„Ich werde mal Kontakt mit der British Army of the Rhine aufnehmen“, lächelte John. „Ich habe da nämlich einen guten Bekannten, in Mönchengladbach, der im Army-Führungsstab seinen Dienst absolviert.“
„Ja, das hört sich vielversprechend an.“ Lydia zupfte am Riemen ihrer Umhängetasche. „Ich werde mich bei dir melden, sobald ich etwas herausgefunden habe.“ Mit einem Küsschen auf die Wange verabschiedeten sie sich.
Draußen begann es, langsam zu dämmern, als das schrille Klingeln des Telefons Lydia aus dem Schlaf riss. „Ja bitte“, meldete sie sich,

noch nicht ganz wach.
„Unser gemeinsames Essen rückt immer näher“, sagte eine Stimme am anderen Ende. Sie stutzte einen Moment, doch dann erkannte sie die Stimme, es war John.
„Also, dein Soldat heißt Richard Hanks und ist 1964 wegen mehrerer Alkoholdelikte unehrenhaft aus der Army entlassen worden. Er ist mittlerweile 47 Jahre alt und betreibt eine kleine Kfz-Werkstatt.“
„Langsam, ich muss das notieren.“
John wiederholte es ganz langsam, noch einmal zum Mitschreiben.
„Und?“
„Was und?“
„Ja und wo kann ich diesen Richard Hanks finden?“
„Ach ja“, John lachte. „Die Adresse brauchst du ja auch.
Die letzte Wohnadresse deines Soldaten ist Sudbury, das Städtchen liegt etwa 50 Kilometer westlich von Cambridge.“
„Hast du auch eine Straße?“
„Na klar!“
„Nun lass dir doch nicht alles aus der Nase ziehen“, Lydia klang jetzt etwas säuerlich. John buchstabierte den Straßennamen zum Mitschreiben.
„Danke, gute Arbeit und wegen des Essens werde ich mich melden.“
Lydia beendete mit diesem Satz abrupt das Telefonat. Sofort nahm sie sich eine Landkarte, um zu schauen, wo dieses Sudbury lag. Anschließend rief sie die Auskunft an und erhielt die Telefonnummer von Hanks.
Bevor sie die Nummer wählte, heftete sie einen Zettel, auf dem der Name Richard Hanks stand, an ihre Plan-Wand. Richard Hanks, was wusste er noch von Geoffrey Dellington? An was konnte er sich noch erinnern? Sie schaute auf das Telefon, sollte sie jetzt noch anrufen oder vielleicht doch erst morgen? Sie erinnerte sich auf einmal an den Spruch ihrer Grandmother:
>Was du heute kannst besorgen, das verschiebe nicht auf Morgen<.
Ja, wenn Grandmother wüsste!
Das Telefon klingelte und riss sie aus ihren Gedanken. Es war Ann, sie wollte nur wissen wie es ihr gehe und wie sie vorankomme mit der Suche nach ihrem Dad. Voll Euphorie erzählte Lydia was ihre Recherche bis jetzt schon gebracht hatte und dass sie vorhat, bald

nach Sudbury zu fahren, um sich mit Richard Hanks zu treffen, der damals Geoffreys Fahrer war und von ihm einen Umschlag bekam, den er eigentlich ihr übergeben sollte.
Ein plötzliches Knacken in der Leitung beendete das Telefonat. Lydia versuchte, zurückzurufen, bekam aber keine Verbindung mehr.
Sie schaute auf das vor ihr stehende Telefon. Als wenn eine innere Stimme ihr sagte >Ruf an, ruf an<. Sie nahm den Hörer in die Hand und wählte.
Das Freizeichen ertönte, ein Knacken, eine Stimme „Hanks Autowerkstatt!“
„Spreche ich mit Richard Hanks?“, war ihre Frage.
„Ja, der bin ich!“, antwortete der Mann am anderen Ende.
„Mein Name ist Lydia, es geht um meinen Dad, Geoffrey Dellington, er war Offizier und sie waren wohl sein Fahrer. Er hatte 1961 in einem Manöver einen tödlichen Unfall. Aber vorher gab er ihnen einen Umschlag“, sprudelte es aus Lydia heraus.
Einen kurzen Augenblick, als würden die Gehirnzellen in der Vergangenheit eintauchen, verschwinden und alles wieder ordnen. „Ja, das stimmt, ich kann mich daran gut erinnern. Ich sollte einen Offizier, es war ein junger Lieutenant, von einem alten Rittergut oder Gutshof abholen und zu einer Übungsbesprechung mit anderen NATO-Offizieren fahren. Es war ein junger, netter Offizier. Er gab mir auf der Rückfahrt einen versiegelten Umschlag und bat mich, diesen Umschlag einer Frau zu übergeben, deren Name auf diesem Umschlag geschrieben stand“, erinnerte sich Hanks.
„Können Sie sich noch an dieses Rittergut erinnern, wo es war?“, wollte Lydia wissen.
„Nein, so genau kann ich mich nicht mehr erinnern, aber es muss in der Nähe einer Stadt namens Hameln gewesen sein. An was ich mich aber ausgezeichnet erinnere, war der plötzliche Hinterhalt, in den wir da geraten sind. Das war schon ein bisschen eigenartig, denn an diesem Tag, ich glaube, es war ein Sonntag, war eine Manöverpause befohlen.
Deshalb waren eigentlich sämtliche Übungstätigkeiten einzustellen. Als man den Lieutenant, also Ihren Dad, samt seinen Unterlagen, auf die Ladefläche eines kleinen Lastwagens verfrachtet hatte, verschwand dieser sehr schnell.“

„Und was hat man mit Ihnen gemacht?“, wollte Lydia wissen.
„Ich glaube, Ihr Dad war für die die interessantere Person. Nachdem man mir eine Zigarette angeboten hatte, verschwanden die restlichen Soldaten wieder im Wald und ich bin dann wieder zu meiner Einheit zurückgefahren.“
„Sie sind dann nicht noch einmal zu dem Rittergut gefahren?“
„Nein“, antwortete er, „ich bekam andere Befehle und außerdem war das Manöver auch kurz danach zu Ende – aber was mir noch einfällt,“ fügte Hanks hinzu, „die Waffen von denen, die uns überfallen haben, waren keine englischen, solche Waffen benutzte die dänische Army.“
„Konnte man das denn nicht an der Uniform erkennen?“, bemerkte sie.
„Nein, sie hatten alle blaue Arbeitskombis an und außerdem sprach keiner von ihnen ein Wort.“ „Mister Hanks, Sie können sich an die Militärzeit ja gut erinnern.“
„Ja, es war eine besondere Zeit und besonders große Truppenübungen bleiben für immer im Gedächtnis.“ Hanks Stimme klang verträumt, eine kurze Stille trat ein.
„Darf ich Sie, Mister Hanks, vielleicht einmal persönlich besuchen, wir hätten dann Zeit und sie könnten mir noch etwas mehr über meinen Dad erzählen, den Sie ja, wenn auch nur für wenige Stunden, kennengelernt haben.‘ Lydias Stimme klang schüchtern.
Es wurde wieder still und sie hörte, wie Hanks in Papierseiten blätterte. „Wenn Sie möchten, können wir uns morgen oder übermorgen bei mir treffen, da im Moment nicht viel los ist“, erwiderte Hanks. Sie verabredeten sich für den nächsten Tag gegen siebzehn Uhr, nachdem Hanks ihr den Weg zu der Werkstatt beschrieben hatte. Lydia bedankte sich und legte den Hörer behutsam, als hätte dieses Gespräch nie zu Ende gehen dürfen, wieder auf die Gabel.
Das Knacken, welches das Ende des Telefonats anzeigte noch im Ohr, schaute sie wieder an ihre Wand. Ja, morgen wird der Zettel an der Wand, mit dem Namen Hanks ein Gesicht bekommen. Genau dieser Hanks konnte ihr vielleicht noch mehr über Geoffrey erzählen. Plötzlich spürte sie wieder diese innere Unruhe. Am liebsten hätte sie sich sofort ins Auto gesetzt und wäre auf der Stelle nach Sudbury gefahren, um sich mit Richard Hanks zu unterhalten.

Aber sie spürte, dass sie nicht mehr die Kraft hatte und es doch besser war, dem Körper eine Pause zu gönnen. Ich werde aber Mom noch einmal anrufen und ihr die neuste Entwicklung mitteilen. Als sie Ann das Neuste berichtet hatte, ging sie in die Küche, nahm die angebrochene Flasche Rotwein und ging zurück ins Wohnzimmer.
Auf dem Tisch stand noch das gebrauchte Weinglas. Du hast es noch nicht einmal geschafft, das gebrauchte Glas zu waschen, dachte sie und schüttete den Rotwein trotzdem in das Glas, nahm einen langen Schluck. Mit dem zweiten Schluck war das Glas geleert.
Sie goss sich ein weiteres Glas Wein ein, was sie genauso schnell leerte wie das erste. Sie lehnte sich in ihren Sessel zurück und schaute wieder auf die Wand.
Will, ging es ihr durch den Kopf, soll ich sie noch anrufen? Nein, heute nicht mehr, entschied sie sich! Dann machte der Alkohol das, was man Schläfrigkeit nannte. Eine wunderbare Schwere durchzog nun Lydias Körper und es dauerte nur einen kurzen Augenblick und die Augen fielen ihr zu.
Sie schaffte es noch, die Schuhe abzustreifen und sich in den Sessel zu kuscheln. Dann aber siegte die Müdigkeit.
Lydia war in der Nacht mehrmals aufgewacht. Weil es ihr im Sessel irgendwann zu unbequem wurde, stolperte sie noch schlaftrunken die Treppe hinauf und legte sich ins Bett.
Trotz dieser Schlafunterbrechung wurde sie früh wach und fühlte sich gut ausgeschlafen.
Sie wollte am Vormittag noch einige psychologische Berichte über Aussagen von Straftätern überarbeiten. Aber ihr Hauptinteresse lag auf der Fahrt nach Sudbury. Richard Hanks, was war er für ein Mensch, wie sah er aus, was konnte er noch über Geoffrey erzählen? Was hatte ihr Dad ihm noch alles anvertraut, bis zu seinem Unfall?

Kapitel 12

Richard Hanks legte den Hörer des ölverschmierten Telefons zurück auf die Gabel. „Wer war das?“, fragte Ellen, die ihm gegenüber am Schreibtisch saß und die Einnahmen des Tages zusammenrechnete. Ellen, eine waschechte Irin, mit auffallendem, lockigem, rotem Haar und einer Vielzahl von Sommersprossen im Gesicht. Richard hatte sie vor sieben Jahren auf einer Motorsport-Veranstaltung kennengelernt. Sie war auch eine begeisterte Rallye-Fahrerin. Nachdem ihre Eltern die Werkstatt aus Altersgründen schließen wollten, übernahm Ellen den Betrieb.

Nach ihrer Scheidung lernte sie Richard kennen. Ihr gefiel seine Ruhe und Zurückhaltung und außerdem war Richard ein sehr talentierter Automechaniker. „Das war eine Lydia“, Richard schrieb den Termin mit Lydia in sein Arbeitsbuch. „Eine Kundin?“

„Nein, sie recherchiert wohl den Tod ihres Dad, den ich einmal bei einem Manöver im Jahre 1961 in Deutschland kennengelernt habe.“

„Ja und was wollte sie nun von dir?“, Ellen schaut Richard fragend an. Richard erzählte Ellen von dem geheimnisvollen, versiegelten Umschlag, den er jemandem übergeben sollte. Er erzählte über den plötzlichen Überfall und der, – ja so nannte es Richard auf einmal – der Entführung eines Offiziers.

Er schaute Ellen einen Moment in die Augen, als überlegte er seinen nächsten Satz. „Es ist merkwürdig, dieser Offizier gab mir wirklich einen Umschlag und meinte, wenn ihm etwas passierte, solle ich ihn einer Frau übergeben. Doch er hatte einen tödlichen Unfall und ich übergab den Brief seinen Eltern.“

Dieser Umschlag, der Überfall und der Tod des jungen Offiziers machten ihn auf einmal sehr nachdenklich. War an der Sache doch mehr dran, ging es ihm durch den Kopf. „Ist der Wagen der Brouwns fertig?“ Ellen riss Richard aus seinen Gedanken.

„Ja, morgen wird der Wagen fertig“. Richard war immer noch in Gedanken versunken.

Es war wieder dieses berühmte englische Nebelwetter, als Richard Hanks mit der Tasse Tee in der Hand das Tor der Werkstatt aufschloss. Wie jeden Morgen schaltete er das Radio ein, das er aus einem Unfallwagen ausgebaut und an zwei Lautsprecher montiert hatte. Er arbeitete gerne bei Musik und außerdem war man durch die Nachrichten immer auf dem Laufenden. Ellen war schon früh mit dem Werkstatt-Caddy losgefahren, um fehlende Ersatzteile zu besorgen, damit die Brouwns pünktlich ihren Wagen wiederbekommen konnten. Richard fuhr den Wagen mit der Hebebühne hoch und wollte noch – bevor Ellen wieder zurück war – schnell einen Ölwechsel machen. Durch die Musik aus dem Radio bemerkte er nicht, dass eine Person die Werkstatt betrat. Er spürte, dass jemand hinter ihm stand. Im ersten Moment dachte er, es wäre schon Ellen, was aber nicht sein konnte. Vielleicht ein Kunde? Als er die Ölablassschraube öffnete und das alte Öl in das Auffangbecken lief, drehte er sich um. Vor ihm stand ein kleiner, etwas fülliger Mann, der etwas eigenartig gekleidet war. Er trug eine Motorradhaube aus Leder, mit einer Motorradbrille, die er noch so vor den Augen hatte, als führe er noch Motorrad. Der verwaschene Ledermantel, den er anhatte, war ihm mindestens zwei Nummern zu groß.

„Guten Morgen, was kann ich für Sie tun, Sir?“, fragte Richard freundlich den seltsamen Mann und putzte sich mit einem Lappen über seine Hände. „Sind Sie Richard Hanks?“, fragte der Mann mit leiser, fast kindlicher Stimme. „Ja, der steht vor Ihnen.“ Richard kam langsam unter dem Wagen hervor.

„Das ist sehr schön.“ Der Mann griff mit der rechten Hand unter seinen viel zu großen Mantel und holte eine Waffe hervor. Was dann geschah, ging alles blitzschnell. Richard schaute in den Lauf einer Pistole mit einem Schalldämpfer.

Er hörte noch den Abschuss, als würde jemand in die Hände klatschen. Das Eindringen des Geschosses in sein rechtes Auge verspürte er nicht mehr. Tödlich getroffen fiel Richard rückwärts auf den Werkstattboden und riss dabei das Ölauffangbecken mit zu Boden. Das restliche, schmutzige Öl ergoss sich über den leblosen Körper. Der seltsam gekleidete Mann schaute sich noch einmal in der Werkstatt um, bevor er, so leise wie er gekommen war, den Ort auch wieder im Schutze des dichten Nebels verließ.

Als Ellen mit den benötigten Ersatzteilen zurückkam und die Werkstatt betrat, sah sie Richard auf dem Boden liegen. „Richard“, schrie sie, “was ist passiert?“

Sie wusste, dass Richard schon einmal einen Schwächeanfall hatte. Doch als sie näherkam, sah sie, wie sich sein Blut mit dem schwarzen Öl vermischte und sie ahnte, dass hier etwas ganz Schreckliches geschehen war.
„Hatte ihr Mann Feinde?“, fragte die Polizistin Ellen, die verstört auf dem Stuhl saß und immer wieder auf den leblosen Körper von Richard schaute.
„Wir waren nicht verheiratet!“, erwiderte Ellen. „Vielleicht hätten wir uns ja irgendwann einmal das Ja-Wort gegeben.“
„Also“, fasste die Beamtin die Situation zusammen, „wie es jetzt aussieht, ist Mister Hanks ermordet worden. Nach einem Raubmord sieht es jedenfalls nicht aus, da Geldbörse und auch die Geldkassette im Schreibtisch unberührt sind. Können Sie sich an irgendetwas erinnern, oder gab es etwas, was ihnen bei Mister Hanks aufgefallen ist?“ Die Polizistin klappte eine weitere Seite ihres Notizbuches um.
Dann fiel Ellen das Gespräch vom Vortag ein. „Richard hatte da ein Telefonat mit einer Frau, die er heute treffen wollte. Es ging wohl um ihren toten Vater und einen Umschlag, mehr weiß ich leider nicht“, erzählte Ellen mit schluchzender Stimme. „Kennen Sie den Namen der Frau?“, fragte die Polizistin sofort. „Nein, aber ich glaube, Richard hat ihn in seinen Terminkalender eingetragen. Aber nach dem Telefonat hatte Richard so ein eigenartiges Gefühl, als würde jemand ihn beobachten“, fiel Ellen noch ein.
Am Tatort wurde eine Patronenhülse gefunden, die aus einer Polizeiwaffe stammt. In Richards Terminkalender steht der Name von Lydia.

Kapitel 13

Es war schon dunkel, als die Kimberleys die schmale Mount Lane befuhren. Sie lebten schon viele Jahre in Lockerley und hatten ein gutes nachbarschaftliches, ja fast freundschaftliches Verhältnis zu den Dellingtons. Die beiden älteren Herrschaften taten ihnen ein bisschen leid. Als sie durch die Leute im Dorf erfuhren, welche Schicksalsschläge die beiden hinnehmen mussten.
Früher hatten sie die Dellingtons öfter zum Tee eingeladen und man konnte spüren, dass dadurch bei ihnen wieder etwas mehr Lebensfreude zurückkehrte. Nachdem Mister Dellington einen Schlaganfall erlitt, traf man sich kaum noch. Ein bis zwei Mal pro Woche schauten sie nach dem Rechten oder halfen bei der Gartenarbeit, oder brachten Lebensmittel aus dem Ort mit.
Olivia Kimberley, die noch halbtags als Arzthelferin in Romsey beschäftigt war und ihr Mann Eddy, ein pensionierter Lehrer, holte sie jeden Tag mit dem Auto von dem kleinen Bahnhof ab. Auch heute, obwohl der Zug aus Romsey vierzig Minuten Verspätung hatte, wartete Eddy geduldig, bis seine Olivia in den Wagen eingestiegen war.
Die Mount Lane befuhr Eddy immer vorsichtig, besonders bei Dunkelheit. Nicht selten standen hier plötzlich Tiere im Scheinwerferlicht. Einmal musste er wegen eines Wildschweins ausweichen und ist vor Schreck mit seinem Auto in die Böschung gekracht.
Als sie am Grundstück der Dellingtons vorbeikamen, hielt Eddy kurz an, sie schauten zum Haus herüber. Nirgends brannte Licht. Das Einfahrtstor stand offen.
Die alte Dame achtete immer darauf, dass das Hoftor geschlossen ist. Eddy stellte den Motor ab und kurbelte das Seitenfenster herunter und lauschte in die Dunkelheit. Es war ganz still, nur das Rauschen der Blätter war zu hören.
„Lass uns mal nachschauen“, unterbrach Olivia die Stille. „Vielleicht ist ja was passiert und die beiden brauchen Hilfe.“
„Ja, ist gut!“ Eddy startete den Motor und fuhr ein Stück rückwärts, um mit dem Auto auf den Hof zu fahren. Er schaltete das Fernlicht ein, hierdurch wurde ein größerer Teil des Grundstücks ausgeleuchtet.

Der Wagen rollte langsam über den Kies. Nicht weit von der Haustür stoppte Eddy den Wagen und stellte den Motor ab, ließ aber die Scheinwerfer an. „Komisch“, sagte er zu Olivia, „der Bewegungsmelder für die Hofbeleuchtung reagiert nicht.“ Er hatte ihn selbst einmal installiert. „Vielleicht haben die Dellingtons Stromausfall“, vermutete Olivia „Schon möglich!“ Eddy öffnete dabei das Handschuhfach und kramte eine Taschenlampe hervor. Nach einem Lichttest, der positiv ausfiel, öffnete er die Wagentür. „Ich werde mal nachschauen, was da los ist, bleib du so lange im Wagen.“ Eddy leuchtete dabei Olivia mit der Taschenlampe ins Gesicht. „Auf keinen Fall bleibe ich allein im Auto.“ Olivia stieg ebenfalls aus den Wagen. Eddy ging zur Haustür, der Lichtstrahl der Taschenlampe tastete sich von Fenster zu Fenster. Er klopfte, klopfte ein zweites Mal, diesmal fester.
Aber alles blieb still. Auch Bugsy, der Hund der Dellingtons, der bei jeder Kleinigkeit bellte, blieb stumm. Langsam beschlich Eddy das Gefühl, dass hier doch etwas passiert sein könnte.
Er ging ein paar Schritte von der Tür zurück, nahm die Hände wie einen Trichter vor den Mund und rief: “Ms. Dellington, hier sind Eddy und Olivia, ist bei Ihnen alles in Ordnung?“ Er erhielt aber keine Antwort. Als Eddy im Begriff war, um das Gebäude herum zu gehen, hörte er die Stimme von Olivia. „Komm doch mal und schau dir das an!“ Eddy drehte sich um und sah Olivia etwas abseits stehen und Richtung Hausgiebel schauen.
„Was ist denn da?“ Eddy leuchtete mit der Taschenlampe die Giebelfront ab. „Nein, nicht das Haus, schau mal zu den Baumkronen“, sagte Olivia leise. Eddy blickte zu den hohen und mächtigen Bäumen, die hinter dem Gebäude standen, ein alter Baumbestand aus Eichen. „Ja, jetzt sehe ich es auch.“ Beide blickten gebannt zu dem Flackern, welches die Blätter widerspiegelten.
„Ist das vielleicht ein Feuer?“ Olivia trat etwas näher an Eddy heran. Sie standen ganz still da. Jetzt hörten sie auch ein leises Knistern. „Tatsächlich, da brennt wirklich etwas, das muss hinten auf der Terrasse sein.“ Um die Terrasse zu erreichen, gab es zwei Wege, links um das Gebäude herum, über die Streuobstwiese und dem angrenzenden Garten. Rechts herum war der Weg kürzer, aber der Baumbestand war dichter und teilweise sumpfig und außerdem war es stock-

finster. Es dauerte eine Weile bis Eddy und Olivia, nach mehrmaligem Stolpern und leisem Fluchen, den Rand des Gartens erreichten.
Sie hielten einen Moment inne, denn von hier aus war die Terrasse gut einsehbar. „Da brennt wirklich etwas." Von den Dellingtons war aber niemand zu sehen, auch kein Hund.
Es machte Eddy stutzig, dass keines der Zimmer, die an die Terrasse angrenzten, beleuchtet war. „Irgendetwas stimmt hier nicht", flüsterte Olivia.
„Sollten wir nicht lieber die Polizei alarmieren?"
„Die Polizei?", Eddys Stimme klang zynisch, „und wenn nichts war, lachen die uns am Ende aus. Lass uns einfach mal nachsehen, was da los ist", dann ging er in Richtung Terrasse.
„Ms. Dellington", rief Eddy laut, „wir sind es, Ihre Nachbarn, wo sind Sie?" Das Licht der Flammen hüllte den Garten und die Terrasse in ein gespenstisches Licht und ein seltsamer Geruch stieg den Kimberleys in die Nase. „Oh nein, nein", schrie Olivia hysterisch. „Um Himmels willen!", die Hände vor das Gesicht legend. „Ist das Mister Dellington?"
Ein bis zur Unkenntlichkeit verbrannter Mensch saß vor ihnen in einem Rollstuhl. Den Mund verzerrt, die Hände von der Hitze verkrampft, als wollte er etwas festhalten. „Er muss schreckliche Schmerzen erlitten haben", Eddys Stimme zitterte.
„Und wo ist Ms. Dellington?" Olivia war nun sehr ängstlich und blickte zur offenen Terrassentür. Mittlerweile waren die Flammen erloschen und aus der verkohlten Leiche dampfte es. Jedoch hatte der im Garten verteilte Rindenmulch Feuer gefangen und drohte, das in der Nähe stehende Blockhaus zu entzünden. Olivia schnappte sich einen Eimer und lief zu den großen Wassertonnen, die den Regen vom Dach des Blockhauses auffingen.
Sie nahm den Deckel der Tonne ab und wollte den Eimer in das Wasser tauchen, dabei spürte sie, dass sich etwas im Wasser befand. Sie fasste in das Wasser und erschrak. „Eddy", schrie sie, „komm schnell und leuchte mal."
Eddy, der gerade Richtung Terrassentür gehen wollte, rannte sofort zu Olivia und leuchtete in die Tonne. „Das ist Bugsy, den hat man ertränkt!" Aber wo war Ms. Dellington?
Sie schauten sich fragend an. Dann aber visierte Eddy mit der Ta-

schenlampe die zweite Regentonne an, die nur wenige Meter entfernt auf einer Steinplatte stand. Langsam gingen sie zur zweiten Tonne. In der Nähe eines kleinen Holzstapels lagen Damenschuhe. Olivia nahm vorsichtig den Deckel der Regentonne ab und Eddy leuchtete hinein. In dem trüben Regenwasser war das Gesicht mit den weit aufgerissenen Augen von Ms. Dellington im Schein der Taschenlampe zu erkennen. „Oh nein“, jammerte Olivia, „was ist denn hier Furchtbares geschehen?“ Sie verschloss dabei wieder die Tonne. Beide schauten sich ängstlich an. Olivia hatte plötzlich das Gefühl, sich übergeben zu müssen. Sie würgte, aber nichts kam heraus. Wenn das Einbrecher waren, könnte es ja sein, dass sie noch in der Nähe sind!
Allein der Gedanke machte den beiden so viel Angst, dass sie, ohne viel Lärm zu machen, den Ort des Grauens – so wie sie gekommen waren – auch wieder verließen.
Sie dachten nicht annähernd daran, in das eigene Haus zu gehen, um nachzuschauen, ob dort alles in Ordnung ist. Eddy startete den Motor und fuhr wie der Teufel vom Grundstück der Dellingtons. Die Räder drehten auf dem lockeren Kies durch und es ging in schneller Fahrt Richtung Dorf.
Auch die Gefahr von irgendwelchen Tieren auf der Straße war völlig ausgeblendet. „Wir fahren zum Pub, von dort rufen wir die Polizei an“, sagte Eddy aufgeregt.

Kapitel 14

Lydia hatte genügend Zeit, aber sie wollte die Fahrt ein bisschen genießen. Denn es existierte ja ein Mensch, der ihren Dad Stunden vor seinem Tod noch getroffen hatte. Es ging über die M 11 und A 120, es waren bis Sudbury knapp siebzig Meilen und wenn alles rund lief, benötigte sie etwa zwei Stunden. Die Fahrt nach Sudbury, es war zwar nebelig, verlief aber ohne nennenswerte Störungen. Als Lydia langsam ihrem Ziel näherkam, verschwand wie von Geisterhand der dichte Nebel. Gleich habe ich es geschafft, ging es Lydia durch den Kopf. An der Kreuzung nach links und dann bin ich schon auf der Straße, die einen leichten Bogen nach links macht. Danach kam eine kleine Kreuzung und an der Ecke musste die Werkstatt sein.

Vor ihr fuhren Autos, die auf einmal stehen blieben. Stau!, dachte Lydia, genau wie in London, zu viele Autos. Langsam ging es dann wieder vorwärts und jetzt sah sie, dass ein Polizeiwagen mit Blaulicht die Straße versperrte. Einige der Fahrzeuge vor ihr wendeten auf der Straße und fuhren wieder zurück und ein anderer Teil bog in die Seitenstraße ab. Ein Polizeibeamter zeigte durch eindeutige Handzeichen, dass die Straße nicht weiter zu befahren sei. Aber genau die Richtung, in die sie fahren wollte, war gesperrt. Was ist denn da wohl wieder passiert, ausgerechnet jetzt, dachte sie. Es konnte nicht mehr so weit sein zu Hanks Werkstatt.

Daher entschloss sie sich, ihr Auto in einer Seitenstraße abzustellen und den restlichen Weg zu Fuß zurückzulegen. Sie fand schnell eine geeignete Stelle, um den Mini zu parken.

Sie schnappte sich ihren Mantel und die Tasche. Sie schaute noch einmal in ihre Tasche, ja es war da, das Diktafon, diesmal hatte sie es nicht vergessen. Sie wollte alles, aber auch die kleinste Kleinigkeit aufzeichnen. Nachdem sie den Wagen verschlossen hatte, machte sie sich auf den Weg.

Sie passierte die Straßensperre, an der alle Fahrzeuge, die in diese Straße wollten, umgeleitet wurden. Als sie auf dem Gehweg weiterging, sah sie in einiger Entfernung Menschen vor einem Absperrband stehen. Zwischen diesen Menschen standen Polizisten mit Funkgerä-

ten.
Sie kam dem Menschenauflauf immer näher. „Entschuldigen Sie bitte, was ist denn hier passiert?“, sprach sie eine Frau an. Die Frau ging einen Schritt zur Seite und zeigte genau auf die Stelle, die Lydia eigentlich erreichen wollte, nämlich Hanks Auto-Werkstatt. Jetzt konnte sie erst die vielen Polizeiautos, den Rettungswagen, die blinkenden Lichter und die ganzen Absperrbänder erkennen. Es grenzte genau den Teil ab, den sie aufsuchen wollte, die Werkstatt von Richard Hanks. „Hat es dort gebrannt?“ Lydia und die Frau blickten voller Sorgen auf das hektische Treiben vor der Werkstatt. „Es soll wohl einen Überfall auf den Inhaber gegeben haben!“, erwiderte die Frau. „Einen Überfall?“, Lydia wurde nachdenklich. Sie stellte sich die Frage, warum passierte der Überfall gerade heute? War es ein Zufall? „Ist dem Inhaber denn etwas zugestoßen?“, fragte Lydia ein weiteres Mal die neben ihr stehende Frau. Sie zuckte nur mit den Schultern.
Eine andere Frau, klein und füllig, die die Unterhaltung mitbekommen hatte, mischte sich in das Gespräch. „Ich habe soeben von einem Polizisten erfahren, dass jemand bei diesem Überfall doch ums Leben gekommen sei, aber man weiß nicht wer!“ Eine komische Vorahnung beschlich Lydia. Aber sie war auch ein bisschen enttäuscht. Da mache ich diese lange Fahrt und dann so etwas. Sie entschloss sich aber, die Rückfahrt wieder anzutreten. Morgen würde sie noch einmal anrufen und nachfragen. Vielleicht war es ja nicht ganz so schlimm, was dort geschehen ist. Sie würde auch ein zweites Mal den Weg in Kauf nehmen, um mit Richard Hanks zu reden, um mehr Details über Geoffrey zu erfahren. Etwas betrübt machte sie sich auf den Weg zurück nach London.
Auf der Rückfahrt gingen ihr viele Gedanken durch den Kopf. Was hatte dieser ominöse Umschlag für eine Bedeutung? Warum habe ich ihn noch nicht geöffnet? Was verbarg der Umschlag für ein Geheimnis? Ich könnte ja auf einen Parkplatz fahren und den Umschlag öffnen, ging es ihr durch den Kopf, ich habe ihn ja bei mir. Es waren noch drei Meilen bis zum nächsten Parkplatz. Dann spielten sie im Radio das Lied von Roy Orbison >California-Blue<. Das war unser Lied und auf einmal kam die Erinnerung zurück an die schönen Stunden mit Will. Bei diesem Song hatten sie sich das erste Mal

geküsst. Ja, sie wollten irgendwann einmal nach Amerika reisen, nach Kalifornien. Sie lächelte und nahm das Amulett und küsste es. Will hatte es ihr einmal auf einer Schiffsreise nach Norwegen geschenkt. Ja, Will, wenn ich zu Hause bin, werde ich dich anrufen, dachte sie. Den Umschlag werde ich auch erst dann öffnen.
Nachdem Lydia einige Besorgungen gemacht hatte und etwas zum Essen eingekauft hatte, fuhr sie mit ihrem Mini in die Leonard Road. Mal wieder alles zugeparkt. Sie fuhr so langsam, dass, sollte etwas frei sein, sie sofort einparken konnte. Fast im Schritttempo rollte der Mini. Gegenüber ihrer Wohnung fuhr auf einmal ein Jeep, ohne zu blinken, vom Fahrbahnrand ab. Ein Jeep der Army, was will der denn hier?, überlegte Lydia. Ist ja auch egal, Hauptsache, ich habe einen Parkplatz und nicht weit von der Wohnung entfernt, dachte sie und lenkte ihren Wagen in die Parklücke.
Schwer bepackt mit ihren Einkäufen ging sie zum Haus. Um den Türschlüssel zu suchen, musste sie erst einmal die Einkaufstaschen auf die Erde stellen. Als sie den Schlüssel in das Schloss steckte, fiel ihr auf, dass die Haustür überhaupt nicht verriegelt gewesen ist. Einen Moment stutzte sie, ich habe doch die Tür wie immer zweimal abgeschlossen, ging es ihr durch den Kopf.
Na ja, bei den ganzen Aufregungen kann man ja auch einmal die übliche Routine vergessen, redete sie sich ein. Als sie das Eingekaufte im Flur abgestellt hatte, schloss sie die Eingangstür hinter sich.
Was ist das denn für ein seltsamer Geruch, so hat es hier noch nie gerochen, als hätten Monteure hier im Haus etwas repariert, dachte sie. Es roch irgendwie nach, ja nach Schweiß, menschlichem Schweiß, als wenn sich jemand seit längerer Zeit nicht gewaschen hatte. Mit dem ekligen Schweißgeruch vermischte sich noch ein anderer Geruch, Farbe. Genau, dachte sie, das ist Schweiß und Farbe.
Sie drehte sich um und schaute auf das Türschloss, aber da war nichts Außergewöhnliches.
Lydia machte einen Schritt zur Seite und zog einen Putter aus der mit Bauernmalerei verzierten Milchkanne, die als Schirmständer in einer Ecke neben der Eingangstür stand. Solch ein Putter wird beim Golf spielen benutzt, um auf dem Grün den Ball ins Loch zu schlagen. Ann und Bob spielten Golf und hatten ihr einmal einen Schnupperkurs geschenkt. Aber das Golfen war nichts für sie, da sind zu viele

versnobte Leute. Aber den Putter, den hatte sie sich als Andenken mitgenommen. „Den kannst du auch zur Verteidigung benutzen, wenn einmal ein Einbrecher im Haus ist“, hatte ihre Mom zu ihr gesagt.
Und jetzt glaubte sie, dass dieser Moment gekommen sei. Den Putter fest in beiden Händen haltend, schlich sie sich wie ein Jäger auf der Pirsch, den kleinen Korridor entlang, um das Sportwerkzeug, wenn es sein musste, sofort zum Einsatz zu bringen. „Ist hier jemand im Haus?“, rief sie mit lauter Stimme. So wie man es ihr in solchen Situationen beigebracht hatte. In der Stimme durfte ein Fremder nicht erkennen, dass Angst vorhanden war. Doch Lydia hatte Angst. Immer noch den ekeligen Geruch in der Nase öffnete sie, mit dem Putter in der Hand, die Tür zum Wohnzimmer.
Sie konnte durch den Türspalt erkennen, dass einige Gegenstände auf dem Boden lagen. Sie hielt inne. Jetzt erst merkte sie, wie angespannt sie war. Sie spürte, wie ihr Herz klopfte. Aber kein verdächtiges Geräusch war zu hören, nur das gleichmäßige Ticken der Wanduhr drang an ihr Ohr. Sie schob die Tür noch weiter auf. „Hallo, ich bin bewaffnet!“, rief sie noch einmal.
Mit diesen Worten betrat sie das Wohnzimmer. Was ist denn hier passiert?, schoss es ihr durch den Kopf. Oh nein, warum denn ausgerechnet bei mir, hier gibt es doch nichts Wichtiges zu holen.
Sämtliche Schubladen der Schränke waren herausgezogen und deren Inhalt war auf den Boden verstreut. Bilder waren von der Wand genommen und aus dem Rahmen gerissen. Sitzbezüge und Kissen hatte man aufgeschlitzt. Überall auf dem Boden lag Papier und dazwischen Scherben von Glas und Porzellan. Bei jedem Schritt knirschte es unter ihren Schuhen. Lydia hatte viele Tatorte gesehen, aber nie war es ihr in den Sinn gekommen, dass es sie einmal treffen könnte. Auch die anderen Räume waren verwüstet, besonders ihr Schlafzimmer. Hier war alles in Fetzen gerissen und auf der Seite, wo meistens Will schlief, waren menschliche Exkremente verschmiert. Wer tut denn so etwas? Tränen rollten ihr über die Wangen. Ich habe doch keinem etwas Böses getan. War es etwa ein verschmähter Liebhaber, der aus Wut die Beziehung von Will und ihr rächen wollte? Nein, es gab keinen Menschen, den sie kannte, der so etwas machen würde. Aber wenn es kein Racheakt war, was suchten der oder

die Täter dann bei ihr? Ihr gingen alte Fälle durch den Kopf, in denen Täter verurteilt wurden, die sich dann nach ihrer Verurteilung rächen wollten.

Auch das Badezimmer wurde nicht verschont. Was Lydia aber doch nachdenklich machte, war das Wort, das mit ihrem roten Lippenstift auf den Spiegel geschrieben wurde: >Schlampe<. Vielleicht war sie den Tätern doch bekannt, überlegte sie und betrachtete die Schrift aus der Nähe. Dabei sah sie ihre rot unterlaufenen Augen und das verheulte Gesicht. Doch ganz langsam wurde aus dem ersten Schreck und ängstlicher Unsicherheit Wut. Ihre Gedanken schärften sich und das Gehirn begann zu sortieren und planen. O. k., sagte sie sich, als Erstes mache ich Fotos – alles dokumentieren – und dann John informieren. Mit dem Erdgeschoß fange ich an.

An den Fenstern waren keine Einbruchspuren zu erkennen und auch an der hinteren Terrassentür war nichts zu sehen, dass dort jemand versucht hatte, mit Gewalt hereinzukommen. Also, überlegte Lydia, muss der Eindringling durch die Eingangstür gekommen sein.

Nun bestätigte sich auch, was ihr vorher aufgefallen war, dass sie richtig lag mit der nicht abgeschlossenen Eingangstür! Aber wer auch immer es gewesen ist, er musste einen Zweitschlüssel gehabt haben. Sie hatte an ihrer Tür ein spezielles Sicherheitsschloss anbringen lassen, was wirklich nur mit einem besonderen Schlüssel zu öffnen war. Es existierten nur drei Schlüssel, einen hatte Will, sie selbst hatte einen und ein Dritter lag immer in einem kleinen, versteckten und abschließbaren Sicherheitsfach. Dort schaute sie nun auch nach. Die Schublade lag zwar mit dem gesamten Inhalt auf dem Boden, aber der Schlüssel, den sie in ein Tuch gewickelt hatte, war da. Wie der Unbekannte trotzdem durch die Tür kam, müssen die Kollegen von der Spurensicherung herausfinden, dachte sie.

Immer noch den Geruch von Schweiß und Farbe in der Nase, wobei sich der Farbgeruch beim Betreten des Arbeitszimmers verstärkte. Erschrocken und wie von einem Blitz getroffen blieb sie in der Tür stehen. Ihr Hals war auf einmal ganz trocken und wie zugeschnürt.

Sie hatte das Gefühl nicht mehr schlucken zu können. Für einen kurzen Augenblick erstarrte sie zu einer Salzsäule. Das, was sie jetzt sah, machte ihr Angst, ihre Knie wurden weich, sie musste sich schnell setzen. Sie schaute wie gebannt auf die Arbeitswand. Mit

roter Farbe hatte man einen Kreis, der durchgestrichen war und darunter in großen Buchstaben das Wort „Stopp“ über die Bilder gesprüht.
Etwas tiefer, ebenfalls in roter Farbe, das Symbol eines Galgens. Sie schaute sich eine ganze Weile, vielleicht vier Minuten, diese roten Farbsymbole an, aber diese Minuten kamen ihr wie eine Ewigkeit vor.
O. k., sagte sie sich, du willst also nicht, dass ich herausfinde, wer Geoffrey Dellington war und was mit ihm passierte! Wie ein Blitz schoss ihr der Gedanke durch den Kopf – der Umschlag – . Ja, der Umschlag, dachte sie, so wie es hier aussieht, könnte man denken, die haben hier etwas Bestimmtes gesucht. Plötzlich kreisten ihre Gedanken. Wer und warum wollte jemand verhindern, dass ich Nachforschungen anstelle und wieso sind die Einbrecher so einfach in mein Haus gelangt?
Das Klingeln des Telefons riss sie aus ihren Gedanken. Sie nahm den Hörer ab und rechnete mit einem Anruf der Einbrecher. „Ja hallo“, sagte Lydia zögernd.
„Hey, hier ist John“, meldete sich die Stimme am anderen Ende.
„John?“, war ihre Antwort, „warum rufst du mich an?“
„Hör mir jetzt bitte zu und stell keine Fragen.“ Lydia verspürte eine gewisse Nervosität in Johns Stimme. „Verlass bitte so schnell du kannst das Haus, die Polizei fahndet nach dir. Nimm alles Wichtige mit und packe ein paar Sachen ein. Wir treffen uns in zwanzig Minuten beim Epping Golf Club. Bitte Lydia hab einfach Vertrauen zu mir.“
Ein Knacken in der Leitung und Lydia wusste, John hatte das Gespräch beendet. Was ist denn bloß los?, dachte sie. Erst dieser Überfall auf die Werkstatt in Sudbury, dann der Einbruch in mein Haus. Jetzt der Alarmanruf von John.
Ich konnte ihm nicht einmal mitteilen, dass bei mir eingebrochen und alles durchwühlt wurde. Dabei fiel ihr jetzt erst auf, dass sie den Hörer immer noch am Ohr hielt.
Als sie den Hörer aufgelegt hatte, blickte sie verzweifelt durch das verwüstete Zimmer. Irgendetwas geschieht doch hier!

Kapitel 15

Lydia kannte John Moore seit vielen Jahren. Er war ein ausgezeichneter Kriminalist und er hatte gegenüber vielen anderen Kollegen den sogenannten siebten Sinn. Wenn seine Stimme so klang wie jetzt gerade und er ziemlich kurz angebunden war, dann brannte es wirklich. Lydia schaute auf ihre Armbanduhr, es war weit nach Mitternacht, es wurde Zeit. Na gut, mein lieber John, murmelte sie vor sich hin, dann werde ich ein paar Sachen einpacken und zu dem verabredeten Treffpunkt kommen. Nachdem sie einige Sachen in der Reisetasche verstaut hatte und die Tasche im Flur abstellte, musste sie für einen kurzen Moment schmunzeln. Es sieht ja wirklich so aus, als würde ich in den Urlaub fahren, ging es ihr durch den Kopf.
Doch sie ahnte nicht, was für eine Reise sie noch vor sich hatte. Lydia ging noch einmal zurück zu ihrer Arbeitswand.
Sie richtete den umgekippten Sessel auf und setzte sich kopfschüttelnd hinein. Mit ausgestreckten Beinen und die Hände hinter dem Kopf verschränkt; so als würde sie im nächsten Moment entspannen, blickte sie auf die Wand. Im Moment war ihr aber nach Entspannung nicht zumute. Ihr Blick wanderte über die gesamte Wand. Das alles hier ist mehr als eine Warnung, dachte sie. Wer so etwas macht, der meint es ernst.
John, schoss es ihr auf einmal durch den Kopf. Das Treffen mit ihm hätte sie doch fast vergessen! Schnell sprang sie aus dem Sessel auf, ging achtsam mit langen Schritten, um nicht auf irgendwelche am Boden herumliegende Gegenstände zu treten, an ihre Planungswand. Sie nahm alles ab, was sie in den letzten Tagen zusammengetragen hatte, legte es fein säuberlich in eine Mappe, welche sie dann in einem braunen Aktenkoffer sorgfältig verstaute. Danach schnappte sie sich die Reisetasche, löschte das Licht und ging in Richtung Haustür. Ein letztes Mal schaute sie zurück, bevor sie die Haustür öffnete. Ihr Blick tastete die Straße entlang, aber Lydia konnte nichts Auffälliges erkennen. Leise fiel die Tür hinter ihr ins Schloss. Jetzt nicht in Panik verfallen, dachte sie und marschierte, immer wieder die Umgebung beobachtend, geradewegs zu ihrem Auto.
Der Golf-Club, bei dem sie sich treffen wollten, lag im Nordosten.

Die schnellste Route war über die M 11. Ihr Verstand sagte jedoch – das kannte sie aus der Polizeiarbeit – dass besonders Schnellstraßen im Fokus der Fahnder lagen. Daher entschloss sie sich, über Nebenstrecken den Treffpunkt zu erreichen. Schnell hatte Lydia ihre Sachen im Wagen verstaut. Ein letzter schneller Blick, kein Polizeifahrzeug zu sehen, sie fuhr los. Die Leonard Road war nur in eine Richtung zu befahren. Am Ende musste sie nach links in die Chingford Mount Road einfahren.
Dabei erfassten die Lichtkegel ihrer Scheinwerfer ein auf der gegenüberliegenden Straßenseite abgestelltes Fahrzeug.
War das nicht dieser Army Jeep, der auch vor ihrem Haus parkte und, als sie kam, plötzlich losfuhr? Hatten die etwas mit dem Einbruch zu tun?
Jetzt verfalle bloß nicht in Hysterie, sprach sie laut zu sich und schlug mit beiden Händen auf das Lenkrad. Sie erreichte ohne Zwischenfälle den ausgemachten Treffpunkt.
Sie fuhr den Mini auf den mit Bäumen und Buschwerk eingefassten Parkplatz des Golf-Clubs. Durch kurzes wiederholtes Aufblenden der Scheinwerfer machte sich John bemerkbar. Lydia stellte ihren Wagen etwas abseits ab. Sie hatte noch nicht einmal den Motor abgestellt, als John bereits an ihrem Auto war und die Fahrertür öffnete.
„Ist dir jemand gefolgt?“, Johns Stimme klang erregt.
„Ob mir jemand gefolgt ist?“, Lydia war überrascht. „Ich konnte nichts Auffälliges feststellen.“
„Das ist gut!“ Johns Stimme hatte auf einmal wieder etwas Beruhigendes, obwohl er weiterhin aufmerksam das Umfeld beobachtete.
„Wie geht es nun weiter?“, fragte sie erwartungsvoll. John ging um den Wagen herum, öffnete die Wagentür und setzte sich auf den mit einem Fell überzogenen Beifahrersitz. „Du hast ein großes Problem“ John schaute dabei in den Außenspiegel. Er drehte sich so, dass er Lydia anschauen konnte. „Nach dir fahndet die Polizei!“ Er beobachtete dabei angespannt durch die hinteren Fahrzeugscheiben die Umgebung. „Warum sollte denn nach mir gefahndet werden?“, sie war völlig überrascht und schaute John dabei verständnislos in die Augen. „Kannst du dich vielleicht noch an den Besuch bei den Dellingtons in Lockerley erinnern, oder an einen gewissen Richard Hanks aus Sudbury?“

“Ja klar“, gab sie spontan zu.
In groben Zügen erzählte sie John von Geoffrey, ihrem richtigen Dad, der Anfang der sechziger Jahre bei einem Manöver in Deutschland gestorben ist und sie einfach nur Nachforschungen anstellen wollte, wie er so war! „Aber das ist doch nichts Unerlaubtes?“, bemerkte sie.
„Das ist richtig“, Johns Stimme klang tröstend.
„Aber merkwürdig wird es, dass immer dann, wo du auftauchst, nach kurzer Zeit Menschen ermordet werden.“
„Willst du damit sagen, dass die Dellingtons ermordet wurden?“, Lydias Stimme begann leicht zu beben. „Die Dellingtons waren eigentlich meine Grandparents“, schluchzte Lydia und John sah die Tränen, die über ihre Wangen liefen. „Das habe ich nicht gewusst, es tut mir unendlich leid. Was war mit diesem Hanks?“, fragte er.
„Diesen Mister Hanks habe ich leider nicht kennengelernt“, schluchzte Lydia.
„Als ich mich mit ihm treffen wollte, muss die Tat wohl kurz vorher geschehen sein, denn die Polizei hatte die gesamte Umgebung abgesperrt. Also entschloss ich mich, wieder zurück nach London zu fahren.“
John blickte aus dem Fenster, als ein Wagen auf den Parkplatz gefahren kam. Lydia beobachtete ebenfalls das Fahrzeug. Es war auf einmal ganz still. Der Wagen fuhr auf einen der markierten Parkplätze. Eine Person stieg aus, verschloss die Tür und ging zielstrebig in Richtung Clubhaus.
„Leider muss ich dir das mitteilen“, setzte John das Gespräch fort. „Richard Hanks Tod glich einer Hinrichtung und die Dellingtons sind auf brutale Art getötet worden. An beiden Tatorten fand man deinen Namen. Bei den Dellingtons lag eine Visitenkarte von dir, bei Richard Hanks stand dein Name im Terminkalender. Außerdem“, fuhr er fort, „Hanks ist mit einer Polizeiwaffe erschossen worden. Was dich jetzt noch mehr überraschen wird, dein Schrank ist aufgebrochen worden und die Dienstwaffe von dir ist verschwunden.“
Lydia verschlug es den Atem.
„Meine Dienstwaffe ist verschwunden?“, fragte sie aufgeregt.
Sie spürte, dass plötzlich ihre Hände anfingen zu zittern, das Herz schlug ihr bis zum Hals.

„Als ich von Richard Hanks zurückkam", fiel ihr plötzlich wieder ein, „war jemand in mein Haus eingebrochen und hatte alles auf den Kopf gestellt, so als suche er etwas und dann kam dein Anruf." „Warum hast du mir das nicht gleich erzählt?", fragte John. „Du hast mich ja nicht zu Wort kommen lassen, dann hattest du schon wieder aufgelegt."
John stutzte einen Moment. Das, was hier geschah und die Aussage von Lydia ergaben einfach keinen Sinn. Dass sie mit den Morden nicht das Geringste zu tun hatte, war ihm klar.
„Kannst du dir vorstellen, dass jemand dich in etwas hineinziehen will?", Johns Blick war nachdenklich geworden. „Oder sind es vielleicht verurteilte Täter aus zurückliegenden Fällen?" „Nein", kam es sofort über ihre Lippen.
„Aber langsam glaube ich, dass dieser Umschlag etwas damit zu tun hat!"
„Was für ein Umschlag?", fragte John sofort. Als Lydia sich nach hinten drehte, um den Koffer, in dem der Umschlag lag, nach vorne zu holen, sah sie den Lichtkegel eines Fahrzeugs, das auf den Parkplatz einbog.
Der Wagen fuhr im Schritttempo an den abgestellten Autos entlang. „Da ist ja der Wagen wieder", kam es aus ihrem Mund. „Was für ein Wagen?", fragte John. Er blickte dabei beunruhigt nach hinten. „Dieses Army-Fahrzeug war auch in der Nähe meines Hauses, als bei mir eingebrochen wurde. Und als ich vorhin zu unserem Treffpunkt losgefahren bin, stand genau dieser Wagen unbeleuchtet in einer Seitenstraße am Fahrbahnrand, nicht weit entfernt von der Straße, in der ich wohne."
„Bist du dir wirklich ganz sicher, dass dir niemand gefolgt ist?", wollte John noch einmal wissen. „Ich bin absolut sicher, dass niemand mich verfolgt hat."
„Also, wenn der dir nicht gefolgt ist, wie kommt der ausgerechnet hierher?" Ihn beschlich ein ungutes Gefühl. „Könnte es sein, dass man dein Fahrzeug verwanzt hat?" Mit erstaunten Augen schaute sie John an und zuckte mit den Schultern. Ein Blick nach hinten verriet John, dass der Wagen, den Lydia beschrieben hatte, etwas gezielt suchte.
„Starte den Motor", befahl John. „Schalte nicht das Licht an und

fahre nach rechts, diesen Parkplatz kann man nämlich über einen Versorgungsweg verlassen."

Der Motor des Mini heulte auf, mit durchdrehenden Antriebsrädern lenkte Lydia den Wagen gekonnt um ein Blumenbeet herum, dann ging es einen nicht befestigten Verbindungsweg hinab. Nach etwa fünfzig Metern machte der Weg eine scharfe Linkskehre. John klammerte sich krampfhaft mit beiden Händen am Haltegriff über der Tür fest.

Er schaute sich um, sah nur aufwirbelnden Staub und hörte, wie hochgeschleuderte Steine in die Radkästen schlugen. Die Geschwindigkeit für die Kurve ist zu hoch, ging es John durch den Kopf. Als wenn Lydia die Warnung vernommen hätte, bremste sie den Wagen abrupt ab, um in die Kurve zu lenken. Dabei schleuderte der Mini nach rechts und traf dabei einen Randstein. Ein kurzer heftiger Schlag erschütterte den Wagen. „So ein Mist", fluchte Lydia und hatte Mühe den Wagen unter Kontrolle zu behalten. Sie drosselte das Tempo, es waren noch ungefähr achthundert Meter und man konnte bereits die Lampen der Ausfahrt erkennen.

Jetzt meldete sich auch wieder John. „Unmittelbar nach der Ausfahrt verläuft eine Straße, das Beste wäre, wir fahren nach rechts, die Straße führt nach Epping."

„Wenn du meinst!", antwortete sie.

„Wieso kennst du dich hier so gut aus?" Lydia schaute kurz zu John hinüber, der sich langsam aus der angespannten Haltung löste. „Ich hatte hier vor zwei Jahren einen Mordfall aufzuklären, daher kenne ich diesen Ort ganz gut." Nach einer leichten Rechtskurve hatten sie die Ausfahrt erreicht. Sie trauten ihren Augen nicht, die Ausfahrt wurde durch eine Schranke versperrt. „Verdammt", brüllte Lydia.

„Die war vor zwei Jahren noch nicht da", stellte John aufgeregt fest.

„Und was machen wir jetzt?" John löste seinen Sicherheitsgurt, sprang aus dem Wagen und lief zur Schranke. „Da ist ein Schloss dran", rief er.

In diesem Augenblick sah er die Scheinwerfer eines Fahrzeugs, welches mit hoher Geschwindigkeit in ihre Richtung gefahren kam. Blitzschnell saß John wieder auf dem Beifahrersitz.

„Die sind hinter uns her", schrie er aufgeregt. „Setz zurück und fahr

durch die Schranke, sie ist aus Holz!“ Lydia nahm Anlauf. Dann trat sie das Gaspedal bis zum Boden durch, die Antriebsräder drehten durch.
Ihre Hände umklammerten das Lenkrad. Auch John hatte eine stocksteife Haltung eingenommen. Mit einem lauten Knall durchbrach Lydia den Schlagbaum. Holz splitterte und die Teile der Schranke flogen über den Wagen. Für einen kurzen Augenblick hatte Lydia die Augen geschlossen, dann waren sie durch.
„Nach rechts.“ Johns Stimme hatte wieder diesen gutmütigen Ton angenommen, nur um Lydia in dieser brenzligen Situation etwas zu beruhigen. „Ist alles o. k. bei dir?“, fragte er und schaute zu Lydia. „Ja, alles in Ordnung“ sie rollte an den Fahrbahnrand heran. Weit und breit war auf der Straße kein Fahrzeug zu sehen.
Ohne die Scheinwerfer einzuschalten, bogen sie nach rechts auf die Theydon Road. Lydia schaltete nach einer leichten Linkskurve die Scheinwerfer wieder ein und setzte die Fahrt mit unverminderter Geschwindigkeit fort. Jetzt erst bemerkte sie, dass die Frontscheibe des Minis durch den Aufprall der Schranke in Mitleidenschaft gezogen wurde. Ein breiter, lang gezackter Riss, der die bizarre Form eines Blitzes bei einem Unwetter hatte, verlief quer über die Scheibe. „Mein armer Winston“, murmelte sie.
Nach knapp eineinhalb Meilen erreichten sie die High Road, die sie in nordwestliche Richtung befuhren. Immer wieder schaute sie in den Innenspiegel. Auch John sah ständig nach hinten. Aber kein Fahrzeug folgte ihnen.
„Haben wir sie abgehängt?“, fragte sie vorsichtig. „Es sieht so aus, ich glaube, du kannst wieder normales Tempo fahren.“ Langsam wich bei ihnen die Anspannung. Sie hatten gerade Epping erreicht und fuhren an einer Tankstelle vorbei, als John in einem unbeleuchteten Winkel der Tankstelle ein Polizeifahrzeug entdeckte. Er gab Lydia ein Zeichen an den Fahrbahnrand zu fahren und anzuhalten. Sie beobachteten aus einiger Entfernung das Polizeiauto.
Ein Polizeibeamter, der neben dem Fahrzeug stand, schaute plötzlich in ihre Richtung, öffnete die Autotür und verschwand im Fahrzeug.
Sofort wurden die Scheinwerfer eingeschaltet und der Wagen setzte sich in Bewegung. „Verdammt, die haben deinen Wagen erkannt“, schrie John. Bevor er noch etwas sagen konnte, hatte Lydia den Wa-

gen schon gewendet und fuhr mit Vollgas zurück. Mit eingeschaltetem Blaulicht und Sirene verfolgten die Beamten sie.
„Da wo wir hergekommen sind, können wir nicht wieder hin, da erwarten uns die anderen.“ Johns Stimme klang nun sehr aufgewühlt. Er hatte gerade den Satz ausgesprochen, als Lydia mit einer abrupten Lenkbewegung den Wagen mit quietschenden Reifen in eine abzweigende Straße steuerte.
John hatte wieder seine angespannte Position eingenommen und blieb stumm, um die Fahrerin bei dieser Geschwindigkeit nicht abzulenken. Jetzt machte sich das jedes Jahr wiederholende Fahrsicherheitstraining bemerkbar, dachte Lydia. Die Fahrt führte über kleine Landstraßen und durch menschenleere Dörfer. Mal ging es durch Wälder, mal ohne Licht über irgendwelche staubigen Feldwege. Dann lenkte sie den Wagen von der Straße in einen kleinen Seitenweg, der zu einer Kirche führte. Sie fuhr den Wagen auf den kleinen Kirchenvorplatz und setzte rückwärts neben ein angrenzendes Gebäude. Sofort stellte sie den Motor ab und beide stiegen aus dem Wagen.
Allmählich ließ die Anspannung nach und sie merkten, wie die Müdigkeit in ihre Körper schlich. „Rauchst du noch?“ John schüttelte den Kopf.
„Schon seit zwei Jahren nicht mehr!“, antwortete er mit ein wenig Stolz. „Aber wenn das so weitergeht, werde ich wohl wieder anfangen“, fügte er mit einem Lächeln hinzu. Lydia ging um ihren Mini herum und sah erschüttert den beträchtlichen Schaden an ihrem Wagen.
John hatte sich ein paar Notizen gemacht. „Wir brauchen etwas Ruhe und außerdem habe ich Hunger“ nörgelte er: „Und außerdem“ seine Stimme klang ein wenig verärgert, „würde ich gerne mal wissen, was in diesem geheimnisvollen Umschlag enthalten ist. Für den Inhalt müssen offensichtlich Menschen sterben.“ Er fuhr sich mit beiden Händen durch sein Gesicht. „Ich auch!“ Lydia gähnte herzhaft. „Ich habe bei dir ja noch ein Essen gut“, John lächelte, „dabei öffnen wir dann den Umschlag.“ Lydia strich sich mit der Hand durchs Haar.
Sie schauten sich einen Moment in die Augen. Es war ein Moment, als stünde die Zeit still. Das Geräusch eines näherkommenden Fahrzeugs hätten sie beinahe überhört. Sofort waren sie wieder hellwach.

Lydia rannte zur Einfahrt und schaute in die Richtung, von wo der Wagen kam. Sie konnte die Silhouette eines Wagens im Morgenlicht erkennen, den sie nur zu gut kannte. Der Wagen verlangsamte die Fahrt und bog vorsichtig in den kleinen Seitenweg, und steuerte mit ausgeschalteten Scheinwerfern in Richtung Kirche. „John“, schrie Lydia, „die haben uns gefunden!“ Den Weg weiterzufahren war nicht möglich, weil er an der Kirche endete und gleich im Anschluss Felder angrenzten. Also konnten sie nur auf dem Weg zurück, auf dem sie gekommen waren. Aber auf dem kamen auch die mysteriösen Verfolger.

Es gab nur eine Möglichkeit, sie mussten den Augenblick abwarten, wo das andere Fahrzeug ihnen nicht mehr den schmalen Weg zur Straße versperren könnte.

Sie manövrierte den Mini etwas schräg neben die Hauswand des alten Kirchenschiffes. Von hier aus hatte sie gute Sicht und konnte die Einfahrt auf den kleinen Kirchvorplatz überwachen. Mit laufendem Motor, ohne Licht, standen sie in Lauerstellung.

Ein feiner, leichter Morgennebel entzog die Sicht auf ihren Wagen. Lydia drehte die Seitenscheibe ein wenig herunter.

Sie spürte die frische Morgenluft auf ihrer Haut und schloss die Augen.

Einen kurzen Moment breitete sich ein Gefühl in ihr aus, als ob das alles hier doch nur ein Traum war. „Ich glaube, sie sind da!“, vernahm sie John Stimme und er schubste sie in die Wirklichkeit zurück. „Hast du eigentlich eine Waffe dabei?“, fragte sie und schaute zu ihm herüber. Kopfschüttelnd verneinte er die Frage. „Die liegt im Handschuhfach meines Wagens.“

„Sollten die also bewaffnet sein, haben wir denen kaum etwas entgegenzusetzen. Das auf dem Golfparkplatz ging auch alles so schnell“, verteidigte sich John und schaute wie um Verzeihung bittend zu Lydia. Sie nickte ohne ein Wort. „Sie kommen!“

Durch die Nebelschwaden schälte sich ein dunkler Wagen, der langsam auf den Kirchenvorplatz einbog. Durch das geöffnete Seitenfenster konnten beide das Tuckern des Motors wahrnehmen. Es hörte sich an, als hätte der Auspuff einen Defekt. Lydias Hände umklammerten das Lenkrad, dann legte sie langsam den Gang ein. Düster und bedrohlich stand der Wagen in der Einfahrt. Sie sahen, wie eine

Taschenlampe eingeschaltet wurde. Eine Tür wurde geöffnet und der Schein der Taschenlampe geisterte hektisch umher. „Ich glaube, die da drüben haben uns noch nicht entdeckt“, flüsterte John.
Durch die Nebelschwaden schien der Strahl der Taschenlampe. Mit einem Mal verstummte der Motor. Eine zerreißende Stille trat ein. Das kurze Quietschen einer sich öffnenden Tür verriet, dass jemand den Wagen verlassen wollte. Ein zweites Knacken war ein Zeichen, dass auch eine weitere Person das Fahrzeug verließ. Auch die zweite Person suchte mit einer Taschenlampe die Umgebung ab. Beide Lichtstrahlen entfernten sich langsam von dem abgestellten Fahrzeug.
Plötzlich tastete ein Lichtstrahl in die Richtung, in der Lydia und John voller Anspannung warteten.
Lydia vernahm einige Wortfetzen, konnte sie aber nicht richtig verstehen. „Vielleicht haben die ja das Geräusch unseres laufenden Motors gehört“, flüsterte sie. Ein Lichtstrahl tastete sich immer öfter in ihre Richtung. „Sie haben uns entdeckt.“ John rutschte immer tiefer in seinen Sitz hinein. Lydia duckte sich ebenfalls und schaute versteckt hinter dem Lenkrad auf die Gestalt, die immer näher kam. Dann trat Lydia das Gaspedal voll durch.

Kapitel 16

Tom Scott war mit seinen fast zwei Metern und den rotblonden, kurz geschnittenen, fettigen Haaren das, was man einen waschechten Iren nannte. Aufgewachsen in Derry, der zweitgrößten Stadt Nordirlands, erlebte er im Alter von zweiundzwanzig Jahren in brutaler Weise den Nordirlandkonflikt. Es war ein Januartag des Jahres 1972, als dreizehn Menschen, durch britische Soldaten bei einer Demonstration getötet wurden. Der Tag, der als „Bloody Sunday" in die Geschichte des Landes eingehen sollte. Das veränderte auch das Leben des jungen Tom.

Nach diesem schrecklichen Vorfall meldete er sich als Freiwilliger in der IRA (Irisch-Republikanische-Armee). Hier erlernte er, wie man Bomben baut und zündet, wie man schießt, wie man Menschen tötet. Und er lernte schnell. Bereits im Juli des Jahres – es waren gerade mal fünfeinhalb Monate vergangen, seit seinem Eintritt in die paramilitärische Organisation, gehörte Tom Scott zu den Hauptpersonen, die im Stadtzentrum von Belfast 22 Bomben explodieren ließen und hierdurch eine Vielzahl von Menschen töteten oder schwer verletzten.

Im September 1975 erwischte es ihn. Nach der Zündung einer Autobombe und dem anschließenden Feuergefecht mit Polizei-Einheiten wurde Tom durch einen Schuss in die Schulter verwundet und kam in Gefangenschaft. Im März überführte man ihn nach England in ein Umerziehungslager für Angehörige der Army. Eines Tages, es war ein kalter, grauer Novembertag, erschien dieser geheimnisvolle und doch vertrauenerweckende Offizier. Tom schätzte ihn auf Anfang dreißig.

Mit seiner perfekt sitzenden Uniform und seinem sehr gepflegten Äußeren stellte er sich als Major Robertson vor. Seinem schmalen Aktenkoffer entnahm er eine grüne Mappe und legte diese vor sich auf den Tisch.

Tom erkannte auf der Vorderseite der Mappe das Zeichen des SIS, dem „Secret Intelligence Service". Mit ruhiger Stimme erklärte der Major, dass diese Mappe Toms bisheriges Leben enthalte und er ihm jetzt ein einmaliges Angebot machen werde, um aus dieser missli-

chen Lage herauszukommen.
Der glattrasierte Major griff erneut in seinen Koffer und holte ein Blatt Papier heraus. Dieses legte er so vor Tom auf den Tisch, dass er den Inhalt des Schreibens lesen konnte. Tom zog das Schreiben etwas näher zu sich, um den Text besser lesen zu können.
Vor ihm lag eine Verpflichtungserklärung des SIS. Der Major zog aus der Brusttasche seiner Uniform einen schwarzen Füller. Er streifte die Schutzkappe ab und legte ihn neben das Schreiben. Tom überflog das Schreiben. Dabei erkannte er am oberen rechten Rand des Blattes das Symbol eines Windhundes.
Er hatte keine andere Wahl. Er nahm den Füller und unterzeichnete das Schriftstück.
Der Offizier nahm das Blatt Papier und verstaute es in seinem Koffer, nahm seinen Füller und steckte ihn in seine Uniformtasche. Daraufhin stand er schweigend auf, nahm seinen Koffer und verließ, ohne ein Wort zu sagen, den kleinen Raum. Nach einer Woche konnte Tom das Lager verlassen. In Begleitung von zwei hünenhaften Militärpolizisten in Zivil, brachte man ihn in ein Trainingslager weitab von der Zivilisation im schottischen Hochland.
Seitdem waren viele Jahre vergangen. Nach dem Ende seiner Agentenausbildung hatte Tom eine Menge geheimer Einsätze, weitab jeglicher Legalität, ausgeführt.
Von diesem rätselhaften Major Robertson hatte er, seit dieser merkwürdigen Begegnung, nie wieder etwas gehört.
Nun saß er, versunken in Gedanken der Vergangenheit, in diesem für ihn viel zu kleinen Morris 1000 (Traveller). Auf dem Beifahrersitz, bedeckt mit einem Mantel und zusammengekauert, lag Jan und zersägte im Augenblick einen ganzen Wald.
Jan war Holländer und gehörte ebenfalls wie er einer Sondereinheit an. Sie redeten nicht viel miteinander. Man hatte Jan zu ihm beordert, weil im Zusammenhang mit niederländischen Personen etwas im Gange sei. Der neue Auftrag für ihn war in der „Times“ unter dem Inserat eines Möbelherstellers getarnt. In weiteren Inseraten erfuhr Tom, dass es sich dieses Mal um einen hochbrisanten Fall handelte. Was seinen Verdacht noch erhärtete, war ein Briefkuvert, in dem eine größere Menge an Bargeld steckte. Er staunte nicht schlecht, als er sah, dass es sich bei den Geldscheinen um US-Dollar

handelte … Das alles lag nun schon einige Tage zurück.
Nun standen sie wieder in der Leonard Road und beschatteten das Haus der jungen Frau. Mit einem kleinen, als Reisekoffer getarnten Funkgerät auf der Rückbank, war er mit seinem Verbindungsoffizier – den er nicht persönlich kannte – sondern nur unter dem Decknamen "Foxhound", im ständigen Kontakt.
Vor ein paar Tagen verließen plötzlich zwei Frauen das Haus. Über die zweite Frau, eine dunkelhäutige Schönheit, hatten sie keinerlei Informationen erhalten. Sie hatten nicht gesehen, wie diese Frau in das Haus gelangt war. War sie bereits schon vorher im Haus? Das hieß, dass sie einen Zweitschlüssel besaß.
Sie verfolgten die beiden Frauen bis zu dem kleinen Ort Lockerley. Hier suchten sie als Erstes eine Kirche auf und führten ein längeres Gespräch mit dem Kirchenmann. Daraufhin fuhren sie zu einem abgelegenen Haus, sie stellten den Wagen hinter einer Buschreihe ab und deckten ihn mit einem Tarnnetz ab. Mit einem Fernglas beobachteten sie das Haus. Die Frau mit der weißen Hautfarbe verließ das Auto und ging zum Haus.
Nach einer kurzen Weile wurde die Haustür geöffnet und die Frau verschwand im Haus.
Mit einem Karton unter dem Arm verließ sie nach einiger Zeit das Gebäude. Anschließend fuhren beide Frauen mit dem Wagen davon.
Tom hatte währenddessen einen verschlüsselten Funkspruch an „Foxhound" durchgegeben und wartete ungeduldig auf eine Antwort. Die Nachricht kam kurz danach unverschlüsselt zurück. Sie sollten den Hausbesitzern einen Besuch abstatten und herausfinden, was die junge Frau wollte. Sie betraten das Haus von der Rückseite. Da der Eingangsbereich durch einen Bewegungsmelder immer wieder ausgeleuchtet wurde. Ein kleiner Terrier kam den beiden Männern bellend entgegen.
Da saß ein alter Mann in einem Rollstuhl, der auf der Terrasse stand. Als die alte Frau die beiden dunkelgekleideten Männer sah, erschrak sie und rief schreiend um Hilfe. Sie lief zurück ins Haus zum Telefon.
Der Holländer war sofort bei der alten Dame, legte ihr eine Drahtschlinge um den Hals – die er wohl immer bei sich trug – und zog nur so weit zu, dass die Frau den Hörer auf der Stelle fallen ließ. Die

Frau hatte gegen die Kraft des Mannes keine Chance. Er schubste sie in Richtung Couch, wo sie stolperte und mit dem Körper heftig gegen den Stubentisch prallte. Nach Luft ringend zog sie sich am Tisch hoch und ließ sich röchelnd auf die Couch sinken.
Die Frau musste starke Schmerzen haben. Sofort aber war der blonde Jan wieder bei ihr und setzte sich ganz nah zu ihr. Mit der einen Hand fasste er in die Haare und zog sie zu sich heran. Die andere Hand öffnete das Kleid und entblößte ihren Oberkörper. Er betatschte die Brüste der Frau und lächelte dabei.
Er fragte die alte Dame, mit holländischem Akzent, aus welchem Grund die junge Frau sie aufgesucht hat. Er brauchte die Frage nicht ein zweites Mal zu stellen.
Mit weit aufgerissenen Augen und unter großer Todesangst erzählte sie mit zittriger Stimme, dass es um ihren verstorbenen Sohn gehe und um einen rätselhaften Umschlag. Der große Blonde ließ langsam von ihr ab, setzte sich friedlich neben die Frau und blickte sich wie berauscht im Zimmer um.
Für einen Augenblick hatte man das Gefühl, dass die vorhergehende Spannung nachlassen würde. Auch die Frau lehnte sich schwerfällig zurück und versuchte, mit ihrem Kleid die nackten Brüste zu bedecken. Durch die Aussage der Frau hatten sie ihr Ziel erreicht. Deshalb schlug Tom vor, das Haus so schnell wie möglich wieder zu verlassen.
Außerdem hatten sie, besonders Jan, der Frau so viel Angst bereitet, dass sie erst einmal keinem anderen von diesem Besuch erzählen würde. Der Mann im Rollstuhl, der sich nicht bewegen, geschweige sprechen konnte, von dem ging überhaupt keine Gefahr für sie aus.
Der Holländer saß immer noch wie versteinert auf der Couch neben der Frau.
Mit einem Mal hob er den Kopf und schaute für einen kurzen Moment Tom in die Augen und nickte. Sein Gesicht verzog sich zu einem Grinsen. Ohne seinen Blick von Tom abzuwenden, schlug Jan mit einem extrem schnell ausgeführten und gezielten Handkantenschlag der überraschten Frau an die Kehle.
Ein dumpfes, knackendes Geräusch, das durch Mark und Bein ging, zertrümmerte ihren Kehlkopf. Mit einem gurgelnden Laut fiel der Kopf nach hinten. Dann rutschte der vom Leben ausgehauchte Kör-

per der alten Dame zur Seite und blieb regungslos liegen.
Nach Toms Frage, ob es das jetzt war, erhob sich Jan von der Couch, marschierte an Tom vorbei in Richtung Terrassentür, durch die er verschwand.
Kurz darauf kam er mit einer ziemlich verrosteten Gartenkarre zurück, die er nah bei der Tür abstellte.
Er kam wieder herein, ging zur Couch, nahm die Tote auf die Schulter und ließ dann den leblosen Körper, wie Abfall auf die Karre fallen.
Er schaute wieder zu Tom hinüber und da war es wieder, dieses grässliche Grinsen, als er die Frau über die Terrasse in Richtung Gartenhaus schob. Neben einer großen Wassertonne blieb er stehen, nahm den Körper und versenkte ihn in der Tonne. Danach ließ er die Tonne voll Wasser laufen und verschloss sie wieder.
Das war noch nicht alles! Auf dem Rückweg brachte er einen kleinen Kanister mit Benzin mit, den er am Schuppen hatte stehen sehen.
Ohne ein Wort zu verlieren, ging er zu dem alten Mann im Rollstuhl, schraubte den Verschluss des Kanisters auf und goss den Inhalt über den Körper des Alten. Er trat ein Stück beiseite, nahm einen Lappen, den er zuvor mit Benzin getränkt hatte und zündete diesen mit einem Feuerzeug an. Für Sekunden schaute er auf das brennende Tuch, dann schleuderte er es auf den Mann, der trotz seiner Lähmung mitbekam, was man mit ihm vorhatte. Dann stand der Körper in hellen Flammen. Es war kein Schreien, das in Toms Ohren klang. Es hörte sich eher an wie das Krähen eines kleinen Kindes. Versteinert und fasziniert von der Szenerie stand Jan vor dem Feuer.
Er betrachtete das vom Schmerz verzerrte Gesicht des alten Mannes und da war er auf einmal wieder, dieses hässliche Grinsen.
Langsam kam Tom der Gedanke, dass dieser Jan wohl ein großes Vergnügen daran hatte, Menschen zu töten oder ihnen Schmerzen zuzufügen. Jetzt hatte der Holländer sein wahres Gesicht gezeigt. Jan war vermutlich unberechenbar, er war eine tickende Zeitbombe. Auch den kleinen Hund, der mittlerweile aufgehört hatte zu bellen und nun vor der Tonne saß, in der sein totes Frauchen steckte, packte Jan, ging mit ihm zur zweiten Regentonne, die etwas kleiner war. Er tauchte den Hund so lange unter Wasser, bis er ertränkt war.
Nachdem jegliches Leben im Haus ausgelöscht wurde, zerstörte Jan

noch die Stromversorgung.
Erst jetzt verließen die beiden Männer im Schutz der Dunkelheit den Ort des Verbrechens. Als sie ihren Wagen erreichten, konnten sie beobachten, wie ein Fahrzeug in langsamer Fahrt die schmale Straße vom Dorf hinunterkam. In Höhe des Hauses stoppte der Wagen. Ohne die Scheinwerfer einzuschalten, fuhr Tom den Wagen aus dem Versteck über eine Wiese, dann erreichten sie einen befestigten Weg.

Kapitel 17

Schon am nächsten Tag nach der grauenvollen Tat an dem alten Ehepaar, es war ein regnerischer Dienstag, erhielt Tom Scott einen neuen Auftrag von „Foxhound“. „Dunja spielt wieder mit“, lautete der kurze Funkspruch. „Dunja“ war der Codename für Lydia und mitspielen bedeutete, dass sie nun rund um die Uhr beobachtet werden sollte.
Mit einer weiteren, unmittelbar folgenden Meldung bekam Fresco, alias Tom und „Frogfoot“, damit war Jan gemeint, den Auftrag sich Zutritt in das Haus von Dunja zu verschaffen. Sie sollten nach einem alten versiegelten Umschlag suchen. Außerdem sollte das Objekt ein wenig eingeschüchtert werden. Nach diesem Funkspruch von „Foxhound“ hatte Tom das Gefühl, diese Stimme irgendwann schon einmal gehört zu haben.
Es war schon fast Mittag, als an diesem Dienstag ein Taxi vor das Haus gefahren kam. In das Taxi stieg eine dunkelhäutige Frau ein. Um in das Haus zu gelangen, ohne dass jemand es bemerkte, wäre es ja einfach, der Dunklen den Schlüssel abzunehmen und sie für kurze Zeit außer Gefecht zu setzen. Als das Taxi losfuhr, startete auch Tom den Motor und folgte in einem sicheren Abstand dem Taxi. Sie mussten nur den passenden Augenblick abwarten. Als das Taxi mit ziemlicher Geschwindigkeit auf den Londoner Orbital Motorway in Richtung Süden auffuhr, war klar, dass die Fahrt zum Heathrow Airport gehen musste. Wenn das Taxi einmal den Airport erreicht hatte, war es schwer, an die Frau heranzukommen. Also blieb nur die Möglichkeit, sich vor dem Airport an sie heranzumachen. Diese Möglichkeit ergab sich. In Höhe Iver Heath geriet das Taxi in einen Stau, der durch eine kleine Baustelle verursacht wurde.
Von hier aus waren es noch knapp zehn Meilen bis zum Airport. Im Stopp und Go ging es langsam vorwärts. Während eines kurzen Stopps sprang Jan aus dem Auto und lief zum Taxi. Er öffnete die Seitentür und setzte sich neben die Frau.
Anschließend holte er unter seinem Mantel eine abgesägte Schrotflinte hervor, die er der Frau an den Kopf hielt. Er machte dem Fahrer klar, wenn er alles befolge, wird das alles hier ein gutes Ende

nehmen. Mit einem heftigen Kopfnicken erklärte sich der Taxifahrer einverstanden.
Bei Palmers Moor verließen sie den Motorway, um nach einer halben Meile in ein nahe gelegenes Industriegebiet abzubiegen. Dann lotste Jan den Fahrer in eine schmale, mit Bäumen begrenzte Seitenstraße. Bald erreichten sie ein weitläufiges Grundstück, das von der Straßenseite durch eine Mauer mit aufgeschweißten Metallplatten gesichert wurde. Nachdem der Taxifahrer auf Jans Anweisung mit einem Schlüssel, der rechts unter einem Stein versteckt lag, das schwere Tor geöffnet hatte, fuhren sie langsam auf das Gelände. Dicht gefolgt von Tom im Morris. Jan kannte diese Anwesen gut. Hier standen ein paar abgemeldete Autos und drei bis vier Wohnwagen, in denen Nutten mit ihren Freiern ihr Geschäft verrichteten. Sie fuhren bis fast an das Ende des Grundstücks. Hier waren ein großer und ein kleiner Wohnwagen abgestellt. In dem Kleinen, schon ziemlich heruntergekommenen, sperrten sie den Taxifahrer ein. Die Frau schaffte man in den größeren und moderneren der beiden Wohnwagen.
Jan hatte bereits im Taxi der Frau die Augen verbunden und ihre Hände mit Kabelbinder fest verschnürt, als er die Tasche der Frau durchsuchte und dabei den Polizeiausweis und ein Schlüsselbund fand.
Er sprach sie niederländisch an, als er sah, dass sie eine Landsmännin von ihm war. Doch die Frau sprach kein einziges Wort mit ihm.
Die nicht enden wollenden Geräusche von den Triebwerken landender und startender Flugzeuge, des nicht weit entfernten Flughafens, waren bis hierher deutlich zu hören. „Das hat ja besser geklappt, als ich dachte!“ Tom ging in Richtung Wagen. „Ich hab da noch etwas zu erledigen“, war die Antwort von Jan, der wieder im Wohnwagen verschwand. „Und außerdem haben wir ja noch Zeit!“, hörte Tom noch Jan aus dem Inneren des Wohnwagens reden. Er wusste, was nun geschah. Nachdem der Blonde der Frau eine Menge Wodka eingeflößt hatte, zog er ihr die Kleidungsstücke aus, dann missbrauchte er sie. Anschließend spritzte er der Bewusstlosen einen Drogencocktail und nahm ihr die Fesseln ab.
Es sollte so aussehen, als hätte sich eine Prostituierte den goldenen Schuss gesetzt. Dem Taxifahrer schoss Jan mit der abgesägten

Schrotflinte einfach den Kopf weg. Da in dieser Gegend immer wieder mal Jagd auf Kaninchen gemacht wurde, konnte es sein, dass der abgefeuerte Schuss aus der Waffe eines Jägers stammte. Nach der Exekution wickelte Jan den restlichen Körper in ein Tuch und verstaute das Fleischbündel im Kofferraum eines alten, vom Rost völlig zerfressenen Jaguars aus den sechziger Jahren.
Das Taxi parkten sie hinter dem Wohnwagen und deckten es mit einer Lkw-Plane ab.
Nachdem sie alle auffälligen Sachen in ihrem Wagen verstaut hatten, verließen sie das Grundstück. Sie verschlossen das Einfahrtstor und legten den Schlüssel wieder unter den Stein.

Kapitel 18

Die zwei Männer, in der Dienstkleidung der Stadtwerke, fielen in der kleinen Leonard Road nicht auf. Auch dann nicht, als die beiden die Tür mit einem Schlüssel öffneten und das Haus betraten. Sie durchsuchten die Räume nach dem entscheidenden Umschlag. Die Suche blieb jedoch ohne Erfolg. Um das Objekt „Dunja“ einzuschüchtern, verwüsteten sie die Wohnung. Eine Wand, an der Fotos von irgendwelchen Personen hingen, besprühten sie mit Farbe. Dann verließen sie wieder unerkannt das Haus. Sie machten es sich in ihrem Wagen, der nicht weit entfernt stand, für die weitere Observation bequem. Es war schon spät an diesem Abend, als ein Wagen die zugeparkte Straße hinunterkam und gegenüber dem Haus, welches sie beobachteten, abgestellt wurde. Eine Frau verließ das Auto, ging über die Straße und verschwand in diesem Haus.

Nun war es an der Zeit, an diesem Wagen einen Peilsender anzubringen, um das Fahrzeug nicht mehr zu verlieren. Durch den Sender war es nun möglich, aus einer anderen Entfernung die Bewegung des Autos genau zu überwachen. Sie konnten jede Bewegung des Minis auf ihrem Monitor verfolgen. Bereits nach etwas mehr als eine Stunde fing der weiße Punkt an, sich auf dem Monitor zu bewegen. Sie sahen, wie der kleine Mini aus der Straße kam und sich in schneller Fahrt in nördliche Richtung entfernte. Nachdem beide Männer ihre Hamburger verzehrt hatten, verfolgten sie den Wagen, wie ein unsichtbarer Schatten. Es verging eine Weile, bis Tom sah, dass das Lichtsignal aufgehört hatte, sich zu bewegen. Sie waren noch knapp eineinhalb Meilen vom Objekt entfernt.

Das Gerät navigierte sie außerhalb von London, in die Nähe eines größeren Waldgebietes, als das Signal immer stärker wurde. Sie bogen in eine kleine Seitenstraße ab, die zu einem Golfplatz führte. Sie verlangsamten die Fahrt und es war, als käme das Signal vom Parkplatz des Golf-Clubs.

Die Signalstärke nahm weiter zu. Als sie fast das Ende des Parkplatzes erreicht hatten, fuhr plötzlich ein Wagen, ohne das Licht einzuschalten, eingehüllt in eine Staubwolke rasant vom Parkplatz. Er verschwand in einem Seitenweg. Das Signal bewegte sich nun wie-

der. „Die wissen, dass wir hinter ihnen her sind“, äußerte sich der Holländer. „Wir bleiben trotzdem dran.“ Tom schaute auf das Signal, dessen Distanz schnell zunahm. Die Fahrt ging in Richtung Norden. Dann wurde wieder ein kurzer Stopp eingelegt. Dann ging es wieder weiter, dieses Mal in östliche Richtung. Dann kam aber ein Augenblick, als das Signal stoppte. „Bestimmt legen die eine Verschnaufpause ein.“ Tom schaute aus dem Seitenfenster, „die müssen irgendwo in der Pampa stehen!“, fügte er hinzu.
Er sollte recht behalten. Sie befuhren eine Landstraße, als das Signal wieder an Stärke zunahm. Rechts von der Straße mündete eine Sackgasse in das Feld. „Der Weg führt zu einer alten Kirche“, stellte Tom fest, nachdem er sich auf einer Karte orientiert hatte. “Die stehen bei der Kirche.“ „Diesmal holen wir sie uns!“, fügte der Blonde hinzu und griente.
„Ja, den Fehler dürfen die nicht noch einmal machen“, erwiderte Tom. Aber es machte ihn schon stutzig, warum die Frau gerade in diese abgelegene Gegend gefahren ist.
Mit ausgeschalteten Scheinwerfern fuhren sie in die Sackgasse hinein. Nach etwa dreihundert Metern erkannten sie die schemenhaften Umrisse der alten Kirche. Dann hatten sie die Einfahrt zur Kirche erreicht. Jan schaltete den Motor aus.
Sie stiegen aus dem Fahrzeug und leuchteten mit Taschenlampen die Umgebung ab. Sie gingen über den feuchten Boden. Vereinzelt standen dort noch alte Grabsteine aus Stein und zeugten von einem alten verlassenen Friedhof. Hier musste irgendwo der Wagen sein, ging es Tom durch den Kopf. Auf der Hälfte des Weges trennten sie sich, um die Kirche von beiden Seiten gleichzeitig zu umgehen.
Der feuchte Morgennebel schränkte die Sicht ein. Tom blickte nach rechts, konnte aber nur den schwachen, suchenden Lichtstrahl der Handlampe des Holländers ausmachen.
Ganz in der Nähe flatterten aufgescheuchte Vögel aus dem Gesträuch. Tom blieb kurz stehen und lauschte angespannt in Richtung Kirche. Er war sich nicht ganz sicher, aber er meinte, das Geräusch eines Automotors durch die Nebelschwaden zu hören. Er blickte noch einmal zu Jan hinüber, um ihn zu informieren, was er entdeckt hatte, aber der Blonde war vom Nebel verschluckt.
Langsam ging Tom um einen schief stehenden Grabstein herum.

Nach zwei Schritten war es wieder zu hören, das Geräusch eines im Stand laufenden Motors. Er lenkte seinen Lichtstrahl in die Richtung, aus der er das Geräusch vermutete. Es waren noch etwa dreißig Meter, dann hatte er die Kirchenwand erreicht. Er zog langsam seine 357er-Magnum aus dem Holster.
Da hörte er auf einmal dieses Aufheulen eines Motors und das Durchdrehen von Antriebsrädern. Dann sah er den schnell auf ihn zukommenden, dunklen, unscharfen Schatten. Wie ein in Bedrängnis geratenes Raubtier schoss der Wagen genau dorthin, wo er sich befand. Plötzlich wurden die Scheinwerfer eingeschaltet. Geblendet durch das grelle Licht, schaffte es Tom noch, einen Schuss abzufeuern.
Dann traf ihn der Wagen. Tom spürte, wie die Stoßstange mit einem wuchtigen Schlag sein Bein zertrümmerte, aber irgendwie verspürte er keinen Schmerz. Danach fiel er zurück und wurde durch die Wucht des Aufpralls gegen den mächtigen Grabstein geschleudert. Der Wagen musste zurücksetzen, um mit einem erneuten Lenkmanöver an dem Hindernis vorbeizukommen. Dabei wurde Toms Oberarm, nachdem er zur Seite gestürzt war, in Höhe der Schulter, durch die Räder der linken Fahrzeugseite gewaltsam überrollt.
Er hörte noch die Abschüsse einer Waffe und das sich immer weiter entfernende Motorgeräusch. Dann war es wieder still. Er konnte sich nicht bewegen. Er meinte, dass etwas Warmes aus seinem geöffneten Mund über seine Wange floss. War das Blut? Jetzt hat es mich erwischt! Schoss es ihm durch den Kopf. Auf einmal sah er den Strahl einer Taschenlampe auf dem Boden. Er drehte langsam seinen Kopf und erblickte eine schemenhafte Gestalt, die ihn mit einer Taschenlampe anleuchtete. Er wusste, es war Jan, der ihm helfen wird.
Nachdem Jan das Anfahren des Autos, die abgegebenen Schüsse und den kurz darauf folgenden Zusammenprall mitbekommen hatte, lief er sofort zurück in Richtung Ausgang. Undeutlich, fast gespenstisch sah er das Licht der Scheinwerfer. Ohne groß zu zielen, schoss er blindlings in die Nebelwand.
Ein lautes Scheppern war noch zu hören, als der flüchtende Wagen, das von ihnen abgestellte Fahrzeug streifte und in Richtung Hauptstraße verschwand.
Als wieder Stille einkehrte, vernahm er das leise Röcheln. In weni-

gen Schritten erreichte er einen großen Grabstein. Dahinter sah er im Licht der Taschenlampe den schwerverletzten Tom.
Der Körper lag völlig verdreht am Grabstein. Der linke Oberarm war total zertrümmert und aus seinem Mund pulsierte immer wieder Blut heraus und sickerte in das feuchte Gras. Durch zwei gezielte Schüsse beendete er das Leben des schwerverletzten Tom. Anschließend nahm er alles an sich, was zu einer Identifizierung hätte beitragen können. Für einen kurzen Moment hielt er inne. Hochkonzentriert beobachtete Jan das Umfeld und lauschte aufmerksam in den Nebel. Es blieb aber still. Nur der entfernte Klang eines Traktormotors drang an seine Ohren. Nach einem letzten, kurzen Blick auf den Toten marschierte Jan zu ihrem Wagen, den sie unmittelbar an der Einfahrt abgestellt hatten.
Nachdem er den Wagen einem schnellen Check unterzogen hatte, war klar, das flüchtende Auto hatte die hintere Seite getroffen und die Stoßstange abgerissen. Nach allem Anschein war das Fahrzeug trotzdem fahrbereit. Jan öffnete die Hecktür, um die abgerissene Stoßstange in den kleinen Laderaum zu legen.
Da entdeckte er einen kleinen, mit Gurten festgezurrten roten Kanister. Er öffnet den Verschluss und schon schlug ihm der Geruch von Benzin entgegen. Um alle Spuren zu verwischen, kam ihm der Kanister mit Benzin wie gerufen.
Er hatte gelernt, nichts dem Zufall zu überlassen und übergoss die Leiche mit dem gesamten Inhalt des Kanisters. Dann setzte er den Toten in Brand. Dunkler Qualm stieg auf in den Morgenhimmel, verhüllt durch den noch dichter gewordenen Nebel. Nachdem der Blonde alles wieder im Wagen verstaut hatte, setzte er sich hinter das Lenkrad. Der Schlüssel steckte noch im Zündschloss.
Der im Fußraum auf der Beifahrerseite abgestellte Kontrollmonitor gab indessen weitere Signale.
Jan sah, dass das geflüchtete Fahrzeug sich im Moment immer weiter entfernte. Ehe er den Motor startete, horchte er nochmals durch die geöffnete Seitenscheibe. Ein leises Knistern war noch zu hören und der Geruch von verbrennendem Fleisch.
Dann ließ er den Motor an, wendete das Fahrzeug, um diesen abgeschiedenen Ort eilig zu verlassen und die Verfolgung wieder aufzunehmen.

Kapitel 19

Die Antriebsräder des Minis drehten auf dem feuchten Untergrund durch. Lydia hatte im ersten Moment das Gefühl, als würde sie sich festfahren. Doch die Räder fassten wieder. Dann rauschte der Mini mit voller Fahrt in die Nebelwand, genau in die Richtung der aufleuchtenden Taschenlampe. Reflexartig schaltete sie die Scheinwerfer an. Dann sahen sie die Umrisse einer Gestalt vor sich im Scheinwerferlicht und darauf ein grelles Aufblitzen. „Der schießt auf uns." John duckte sich unwillkürlich nach vorn. Direkt nach dem ersten, erfolgte ein zweiter Lichtblitz. Mit einem klirrenden Geräusch durchschlug ein Geschoss die Windschutzscheibe. Lydia versuchte, mit einem abrupten Lenkmanöver das Hindernis zu umfahren. Doch der Wagen reagierte nicht. Sie verspürten einen dumpfen Aufprall und danach einen harten Schlag, der sie in die Sicherheitsgurte presste. Ich bin gegen irgendetwas gefahren, schoss es ihr durch den Kopf. Ohne lange nachzudenken, legte sie sofort den Rückwärtsgang ein und fuhr, ohne nach hinten zu schauen, zurück. Gleich darauf hatte sie schon wieder den ersten Gang eingelegt und konnte das Hindernis umfahren. Dabei glaubte sie, etwas überrollt zu haben. Sie musste höllisch aufpassen, denn überall standen irgendwelche Grabsteine herum. Plötzlich fielen Schüsse, von denen einer mit einem lauten Schlag in das Metall eindrang.
Dann sah sie durch die Nebelschwaden die Ausfahrt. Sie stoppte, die Verfolger hatten mit ihrem Wagen die Ausfahrt zum Teil versperrt. Du musst jetzt eine Entscheidung treffen, ging es ihr durch den Kopf. Sie fuhr etwas vor und erkannte im Licht der Scheinwerfer, nahe dem abgestellten Fahrzeug, einen Bretterzaun mit einer kleinen Pforte.
„Das müsste ich schaffen", murmelte sie und fuhr zurück, um Anlauf zu nehmen.
Wieder mit Vollgas knallte der Mini in den Zaun und schrappte mit der linken Seite noch das Heck des anderen Wagens. Laut knirschend und Funken fliegend durchbrach sie die Absperrung. Durch den massiven Schwung kam der Wagen unmittelbar vor dem Rand eines angrenzenden Ackers zum Stillstand.

Das Blut in ihren Adern pulsierte, der Kopf dröhnte. Ganz langsam realisierte Lydia, was gerade geschehen war. Sie hatte das Gefühl, in den letzten Minuten überhaupt nicht geatmet zu haben. „Wir müssen weg von hier“, drang eine leidvolle Stimme von der Beifahrerseite an ihr Ohr. Überrascht blickte sie zu John, ihn hatte sie in der Aufregung völlig vergessen. Sie schaute aufgeschreckt zu ihm. Das, was sie jetzt sah, jagte ihr einen gewaltigen Schreck ein. John lag zusammengesunken im Sitz und hielt sich mit der linken Hand und schmerzverzerrtem Gesicht, den rechten Oberarm. Blut floss zwischen den Fingern durch und tropfte nach unten. „Mein Gott, John!“ Lydia war entsetzt. „Du bist verwundet?“
„Ich glaube, es ist nur ein Streifschuss.“ John deutete mit einer Kopfbewegung in Richtung Frontscheibe.
Jetzt sah auch Lydia das kleine Loch im Glas, durch das das Geschoss eingedrungen war und John getroffen hatte. Johns Stimme klang sehr erregt: „Jetzt fahr endlich los, denn da rennt ja noch eine zweite Person herum!“
Ohne ein Wort zu erwidern, lenkte Lydia den Wagen, um sich nicht im feuchten Untergrund festzufahren, behutsam zurück auf den asphaltierten Weg. Sie fuhren im Schutz des Nebels in Richtung Hauptstraße davon.
Erst jetzt begriff sie langsam, was geschehen war. „Ich glaube, ich habe gerade einen Menschen überfahren und vielleicht getötet“, ihre Stimme zitterte. „Dir blieb keine andere Wahl, du hast alles richtig gemacht.“ Ihre Blicke trafen sich.
Ehe Lydia in die Hauptstraße einbog, stoppte sie den Wagen. „Wir müssen uns um deine Wunde kümmern!“ Sie schaute dabei John sorgenvoll an. „Zualererst müssen wir hier weg!“, meinte er. „Wir müssen davon ausgehen, dass der andere Typ uns weiter verfolgen wird.“ Er schaute dabei auf seine Wunde. „Außerdem habe ich so ein merkwürdiges Gefühl“, fügte er hinzu. „Egal wo wir hingefahren sind, kurze Zeit später tauchten diese Typen ebenfalls auf“.
„Du meinst, dass man meinen Wagen verwanzt hat?“, fragte sie.
„Genau das meine ich!“
In der Zwischenzeit war es heller geworden. Sie entschlossen sich, weiter nach Osten in Richtung Küste zu fahren. Nach etwa fünfzehn Meilen lenkte Lydia den Wagen von der Straße auf einen kleinen

Seitenweg, der zu einer Farm führte.
Nach circa dreißig Metern erreichten sie einen Abstellplatz, wo sie einen Halt einlegten. Lydia ging zum Kofferraum und holte den Verbandkasten hervor. Johns Wunde musste versorgt werden. Anschließend schauten sie sich gemeinsam, den stark in Mitleidenschaft gezogenen Mini an. John legte sich auf den Boden und rutschte unter den Wagen.
„Wie ich es mir gedacht habe!“, sagte John. „Hier ist der Übeltäter“, er entfernte den Peilsender vom Fahrzeugrahmen. Sie schauten sich den kleinen Sender an.
Ein kleines, blinkendes Licht zeigte ihnen, dass er noch in Betrieb war und sie damit immer noch entdeckt werden konnten. „Die müssen den vor meiner Haustür angebracht haben“, sagte Lydia. „Sollen wir ihn hier zerstören?“ Er überlegte einen Moment.
Dann hörten sie das lauter werdende Geräusch eines Traktors, der von einer Farm kam. Als der Fahrer den Traktor mit zwei Anhängern abbremsen musste, weil ihm auf der Straße ein Milchwagen entgegenkam, war der Moment gekommen.
Mit einer kurzen Ausholbewegung warf John, ohne dass jemand etwas merkte, den kleinen, schwarzen, eckigen Kasten, mit der kurzen Antenne auf den letzten Anhänger.
Aus Sicherheitsgründen schauten beide nochmals unter den Wagen, ob vielleicht noch ein zweiter Sender angebracht wurde. Aber ein zweites Gerät war nicht zu finden. „Ich hoffe, die sind wir los!“
John setzte sich auf eine Holzbank. „Ja, das hoffe ich auch!“ Lydia ging noch einmal kopfschüttelnd um ihren Wagen herum.
„Aber das Problem mit der Polizei besteht weiterhin“, fügte er hinzu und breitete dabei eine Landkarte vor sich aus. „Ich bin müde, ich habe Hunger und ich möchte duschen“ Lydia setzte sich vor John auf den Boden und ließ den Kopf auf ihre Arme sinken. Schluchzend hob sie den Kopf, „warum passiert das alles?“, sie schaute John dabei vorwurfsvoll in die Augen.
„Okay“, sagte er, „wir brauchen beide etwas Ruhe und einen klaren Kopf. Ich schlage vor, wir fahren in Richtung Danbury, dort hat die Schwester meiner Mutter eine kleine Farm. Bei ihr können wir erst einmal abtauchen“.
„Wie weit ist es noch bis zu dieser Farm?“, ihre Stimme klang wie-

der etwas zuversichtlicher. John schaute noch einmal auf die Karte: „Ungefähr zwölf Meilen".
Daraufhin fuhren sie los und bogen auf die A 1060 ein, die nach Chelmsford führte. Sie waren noch nicht lange unterwegs, als Lydia zwei Polizeifahrzeuge mit Blaulicht und Sirene im Spiegel erkannte. John drehte sich um: „Wo kommen die auf einmal her?" Die Polizeifahrzeuge kamen ziemlich schnell näher. „Die meinen uns!" Lydia verlangsamte das Tempo. Sie lenkte den Mini an den Fahrbahnrand. Doch die beiden Einsatzfahrzeuge preschten mit hoher Geschwindigkeit an ihnen vorbei und verschwanden hinter der nächsten Kurve. Verblüfft schauten sie sich an und dann mussten beide lachen. „Na, dann eben nicht!" Sie fuhren weiter.
Nachdem sie ungefähr zwei Meilen gefahren waren, sahen sie vor sich die Polizeifahrzeuge mit eingeschaltetem Blaulicht am Fahrbahnrand stehen. Es kamen weiter Polizeifahrzeuge zu der Stelle.
Als Lydia näher heranfuhr, erkannte sie den Traktor mit den beiden Anhängern, der rechts auf einem Parkplatz stand. „Ist das nicht der Traktor, auf den du auf den letzten Anhänger den Peilsender geworfen hast?", sie war erstaunt.
„Ja, das ist er!" Aber dann glaubten sie, ihren Augen nicht zu trauen. Zwei Polizeibeamte standen auf dem zweiten Anhänger und es sah so aus, als würden sie dort nach etwas suchen. „Lass uns besser umkehren, ich habe so ein komisches Gefühl", sagte John. Sie drehten unverzüglich um. Nach einer kurzen Wegestrecke verließen sie die Hauptstraße.
Anschließend steuerte sie den Wagen auf den Parkplatz eines Colleges. „So wie das gerade aussah, tippe ich auf einen gezielten Polizeieinsatz", mutmaßte John.
„Du könntest recht haben."
„Es stellt sich nur die Frage, woher wusste die Polizei von diesem Sender?",
„Vor allem, was wollen diese Typen, die uns verfolgen, auf uns schießen und keinen Skrupel davor haben, uns eiskalt zu ermorden?" Lydia wollte gerade weitersprechen, da unterbrach sie John. Er hatte, während Lydia intensiv erzählte, ein Snack Car entdeckt. „Lass uns erst einmal etwas essen und trinken" John stieg aus dem Wagen. Ja, er hat recht, dachte sie, wann hatte sie das letzte Mal etwas geges-

sen? Sie stieg aus, verschloss den Wagen und spurtete hinter John her, der mit eiligen Schritten bereits in Richtung des Snack Cars unterwegs war. Nachdem sie sich gestärkt hatten, machte John den Vorschlag, ab jetzt Hauptstraßen zu meiden und auf Nebenwegen nach Danbury zu gelangen.
Denn schon allein das stark demolierte Auto würde sofort die Aufmerksamkeit der Polizei auf sich lenken. Aus diesem Grund entschieden sie sich erst nach einer längeren Unterbrechung die Fahrt fortzusetzen.

Kapitel 20

Die Pause nutzte John, um von einer Telefonzelle aus seine Tante anzurufen. Er informierte sie, dass er mit einer Kollegin dringend bei ihr untertauchen müsste. Ohne lange zu fragen, warum und weshalb, stimmte die Tante zu.
John erzählte Lydia von Tante Hailey und ihrem verstorbenen Mann Edwin und dass er als Kind oft die Sommerferien auf der Farm verbracht hatte.
Es war bereits Nachmittag, als sie die schmale Zufahrt zur Farm hinauffuhren. Als sie ihr Ziel schließlich erreicht hatten und auf den Hof fuhren, wurden sie bereits von Johns Tante erwartet. Sie waren erleichtert.
John ging es durch den Kopf, dass der Wagen unverzüglich verschwinden müsste. Sie fanden in einer kleinen Scheune ein Versteck. Mit einer Plane deckten sie den Wagen ab. Anschließend wurden noch Strohballen darüber gestapelt. Lydias kleiner Mini war erst einmal von der Bildfläche verschwunden.
„Na, was hat der kleine John mal wieder angestellt?", lächelte Tante Hailey und säuberte ihre Hände an der verschmutzten Schürze, die sie über einen alten verwaschenen Kittel trug. Mit wenigen Worten stellte John seine Kollegin Lydia vor, dabei streifte er sich die umgehängte Jacke von den Schultern. Nun sah auch Tante Hailey den blutgetränkten Verband an seinem Arm. Sie schaute ein wenig erschrocken in Johns Gesicht. „Was zum Teufel habt Ihr gemacht?", fragte sie erstaunt und ihr Blick wanderte zu Lydia.
„Es ist etwas sehr Merkwürdiges geschehen!", sagte John, „aber das alles werden wir dir später noch erzählen. Wir brauchen jetzt erst einmal ein heißes Bad". Dabei schaute er Lydia an, die ohne ein Wort zu sagen, zustimmend den Kopf senkte. „Ich habe dir dein altes Kinderzimmer hergerichtet", sagte die Tante.
„Für deine Kollegin steht das Gästezimmer im Obergeschoss zur Verfügung. Ich freue mich, dich wiederzusehen", fügte sie noch hinzu. „Ich freue mich ebenfalls, nach so langer Zeit wieder hier zu sein", meinte er, „auch wenn die Umstände momentan unerfreulich für uns sind. Wenn ich mich recht erinnere, war ich das letzte Mal

bei Onkel Edwins Beerdigung hier". Hailey überlegte einen kurzen Augenblick, als wäre sie mit den Gedanken an einem fernen Ort. „Ja das ist richtig, das war im Herbst genau vor acht Jahren."
„Du warst damals auch in Begleitung, nicht wahr?" Sie lächelte und sah zu Lydia hinüber. Er nickte. „Dena, war ihr Name und wir waren bereits verlobt."
„Also", Lydia unterbrach plötzlich die Erinnerung an vergangene Tage, „ich würde jetzt wirklich gerne ein Bad nehmen!"
„Oh, selbstverständlich, dann werde ich euch erst einmal die Zimmer zeigen." Tante Hailey ging eiligen Schrittes in Richtung Wohnhaus.
„Hast du alle wichtigen Unterlagen aus dem Wagen herausgenommen?", fragte er.
„Aber natürlich!" Lydia ging sofort hinter Tante Hailey her. John schaute noch einmal über den Hof. Es sah alles ganz friedlich aus. Dann folgte er den beiden Frauen ins Haus.
Es dämmerte bereits, als die drei sich auf der kleinen Terrasse, die direkt an das Haus angrenzte, wieder trafen. In den Büschen zirpten die Grillen. Von einem ganz in der Nähe liegenden Weiher war das Quaken der Frösche zu hören, und weiter im Westen wetterleuchtete es. John und Lydia standen einen Moment lang schweigend am Rand der Terrasse und blickten fast berauscht von den Geräuschen in die Weite der angrenzenden Felder.
Dann betrat Tante Hailey die Terrasse und beendete die Ruhe. „So, jetzt wird erst einmal etwas gegessen!" Sie stellte das überfüllte Tablett auf den Tisch.
„Oh, Tante Hailey", rief John voller Begeisterung, „das ist ja Corned Beef Hash".
„Richtig, John, das war immer dein Lieblingsgericht". Während sie aßen und tranken, unterhielten sie sich, sprachen über Vergangenes und erzählten von alten Zeiten. Die Zeit stand auf einmal still. Mücken tanzten im Schein der Tischlampe.
Von Westen her zog langsam ein Gewitter heran. Die zuckenden Blitze wurden heftiger und das Grollen lauter. Dann fing es an zu regnen. Betäubt von Bier und Schnaps stolperten Lydia und John hinauf in ihre Zimmer.
Es war ein sonniger Morgen, als sie morgens die Treppe herunterkamen. Die Terrassentür war weit geöffnet und Tante Hailey hatte

bereits das Breakfast wieder draußen vorbereitet. Beide betraten die Terrasse, lauschten dem Gezwitscher der Vögel und verspürten die Wärme der Sonnenstrahlen auf der Haut.
Mit Blick auf den liebevoll gepflegten Garten, unterhalb der Terrasse, sagte Lydia: „Wenn ich hier so sitze“, und verschränkte die Arme vor der Brust, „dann habe ich das Gefühl, dass alles was geschehen ist, nur ein böser Traum war“.
„Leider ist es kein böser Traum“, hörte sie hinter sich die Stimme von John, der schon Platz genommen hatte und in der Zeitung blätterte.
Während sie ihr Frühstück zu sich nahmen, erzählte John seiner Tante, was in den zurückliegenden vierundzwanzig Stunden alles passiert war. „Das hört sich ja gefährlich an.“ Tante Hailey griff zu einer Flasche Gin, die vom Vorabend noch auf dem Tisch stand. Sie kippte sich einen mächtigen Schluck in ihre Tasse, die sie, ohne einmal abzusetzen, leerte. „Und was habt Ihr jetzt als Nächstes vor?“, fragte sie neugierig und dabei stellte sie die leere Tasse wieder vor sich auf den Tisch. „Wir müssen ganz von vorne anfangen.“ John legte die Zeitung neben sich.
„Kurz bevor ich dich angerufen habe, da waren Unbekannte“, er schaute Lydia mit einem strengen Blick an, „ohne Gewalt anzuwenden in dein Haus eingedrungen, ist das richtig?“ Lydia bejahte.
„Wird das jetzt ein Verhör?“, fragte sie gereizt zurück und zog ein Gesicht wie ein eingeschnapptes Mädchen. „Natürlich nicht!“, sagte John mit beruhigender Stimme.
„Du weißt ja von meiner Beziehung zu einer Frau“, äußerte sich Lydia. John nickte, ohne sie anzusehen. „Und ja, sie hat alles von Anfang an mitbekommen. Und ja, sie hat einen Schlüssel von meinem Haus.“ Mit einem Mal rannen Tränen über ihre Wangen.
„Ich glaube nicht, dass sie mit der Sache etwas zu tun hat“, fügte sie mit einem Schluchzer hinzu. „Wann habt ihr euch denn getrennt?“
„Sie bekam einen Anruf, dass sie sich umgehend zu ihrer Einheit zurückmelden müsste. Wenn sie bei mir war, hatte sie für alle Fälle meine Telefonnummer hinterlegt!“, erzählte Lydia.
„Hast du denn nach dem Einbruch schon mit ihr gesprochen?“
„Nein, noch nicht!“, sagte sie.
„Wenn ihr telefonieren müsst, dann könnt ihr ruhig meinen Apparat

benutzen“, fiel Tante Hailey in das Gespräch ein und griff dabei ein zweites Mal zur Flasche Gin. „Das ist sehr nett von Ihnen“, bedankte sich Lydia. „Ich glaube, du solltest zu allererst einmal Kontakt mit deiner Freundin aufnehmen, dann sehen wir weiter.“ Lydia nickte, kramte sofort in ihrer Tasche und zog ein kleines Notizbuch heraus. Sie nahm noch einen Schluck Kaffee und ging zum Telefon, das im Eingangsbereich stand. Die erste Nummer, die sie wählte, war Wills Privatanschluss.

Nach zweimaligen vergeblichen Versuchen wählte sie die Nummer von Wills Diensttelefon. Sie verspürte plötzlich eine eigenartige innere Unruhe. Es rauschte und knackte in der Leitung, dann das Freizeichen, immer wieder das Freizeichen. Plötzlich wieder ein Freizeichen und dann war da eine nette männliche Stimme am anderen Ende.

Nachdem der Mann die Dienststelle und seinen Namen genannte hatte, erklärte Lydia ihrem Gesprächspartner, dass sie eine Kollegin aus England sei und in einer wichtigen Angelegenheit Inspecteur Will Verhoeven sprechen müsste. Mit seinem Schulenglisch bat er Lydia um etwas Geduld. Er werde nach Inspecteur Verhoeven suchen lassen.

Ein Knacken mit anschließendem Rauschen, war für Lydia ein Zeichen, dass sie in der Warteschleife stand. Immer wieder wurde das Rauschen durch ein Knacken unterbrochen. Es ist wie bei uns, ging es ihr durch den Kopf. Dann wieder ein Knacken. Nachdem dieses Mal eine weibliche Stimme Namen und Dienstgrad genannt hatte, wiederholte Lydia ein wenig gereizter ein zweites Mal ihr Anliegen.

Nach einer weiteren kurzen Unterbrechung bekam Lydia eine Auskunft, bei der ihr plötzlich ganz schwarz vor Augen wurde. Das Blut pochte in den Adern. Mit zittrigen Händen ließ sie den Hörer auf die Gabel fallen. An der Wand abstützend ging sie langsam zurück in Richtung Terrasse. Als sie ins Freie trat, schauten Hailey und John in ein blutleeres, verzweifeltes Gesicht. „Was ist passiert?“, fragte John erschrocken. Sie stand da, völlig regungslos mit starrem Blick. „Warum, warum?“, kam es über ihre Lippen. „Warum hat sie das gemacht?“ Mit einem Mal begann sie zu würgen.

Wie von der Tarantel gestochen war John von seinem Stuhl aufgesprungen, der nach hinten kippte und auf den Terrassenboden fiel.

Doch bevor er Lydia erreichte, um ihr behilflich zu sein, hatte sie mit zwei schnellen Schritten den Rand der Terrasse erreicht. Sie beugte sich über das Rosenbeet und erbrach sich. John stützte ihren Kopf und begleitete sie wieder zurück an den Tisch.
Nach einer Weile hatte sich Lydia wieder gefangen. Was wohl auch zu einem nicht unwesentlichen Teil an dem guten Cognac von Tante Hailey gelegen haben könnte.
„Was war mit dem Gespräch und was hat dich so aus der Fassung gebracht?“, fragte John mit sanfter Stimme und legte seine Hand auf Lydias Schulter. Sie räusperte sich noch einmal und strich mit den Händen die Tränen aus dem Gesicht.
„Will“, sie unterbrach den Satz, um schluchzend fortzufahren. „Sie ist nicht in Amsterdam angekommen. Es kommt noch schlimmer“, sprach sie mit leiser Stimme. „Ihre Kollegen haben Ermittlungen eingeleitet“, sie machte eine kurze Pause. Dann schaute sie John an. „Sie hat London nie verlassen!“ Wieder rannen Tränen über ihr Gesicht. „Also du meinst, dass sie hinter diesem Einbruch stecken könnte, ist das richtig?“
„Ich weiß nicht, was ich glauben soll!“, antwortete Lydia. „Im Moment sieht es ja so aus; aber ich kann es mir einfach nicht vorstellen, dass Will so etwas machen würde.“
„Fakt ist aber, deine Freundin hat einen Schlüssel und konnte somit zu jeder Zeit dein Haus betreten“, bemerkte er.
„Ja, das ist richtig“, Lydia lehnte sich zurück und strich sich mit den Händen durch das Haar.
„Da war doch dieses merkwürdige Army-Fahrzeug, das hin und wieder in der Nähe meines Hauses stand“, erinnerte sie sich. „Dann die schrecklichen Situationen an der Kirche“, fuhr sie fort. „Wir wissen nicht, wer diese Leute sind und was sie wollen“, fügte John hinzu.
„Was mich aber stutzig gemacht hat“, sie griff zur Tasse, die Tante Hailey wieder mit frischem Kaffee gefüllt hatte, „war die Sache mit dem Peilsender. Woher wusste die Polizei von diesem Gerät? Sind wir vielleicht in die Schusslinie von Geheimdiensten geraten?“, spekulierte Lydia.
„Im Moment tappen wir völlig im Dunkeln“, sagte John.
„Eines ist aber schon mal klar“, und dabei runzelte er die Stirn, „diese Herrschaften sind Profis, die keinerlei Skrupel haben, uns zu tö-

ten.“ Es trat eine seltsame Stille ein.
Aus der Ferne waren Kirchenglocken zu hören. Es war angenehm warm. Beide saßen schweigend am Tisch und man hatte das Gefühl, dass sie diesen kurzen, friedlichen Augenblick festhalten wollten. Doch plötzlich waren sie wieder im Hier und Jetzt. Ihre Aufmerksamkeit galt einem Auto, das von der Hauptstraße abgebogen war und mit ziemlichem Tempo den Zufahrtsweg zur Farm hochgefahren kam. Da Büsche und Hecken den Blick auf den Weg verdeckten, hatten John und Lydia schnell die Terrasse verlassen und waren im Haus verschwunden. „Keine Sorge!“ Tante Hailey ging beruhigend in Richtung Haustür. „Das ist nur die Post.“ Die mit einem Schlag eingesetzte Anspannung ließ langsam wieder nach. John ging in eines der Zimmer, von denen man aus durch das Fenster in den Hof sehen konnte. Seine Tante hatte recht gehabt, es war der Postman.
Als sie die Post in Empfang genommen hatte, verabschiedete er sich freundlich. Mit einem zweimaligen kurzen Hupen verließ das Postfahrzeug den Hof. Mit Briefen und Zeitschriften kam sie wieder ins Haus zurück. John blickte nochmals über den Hof. Nur ein paar Hühner pickten auf dem Boden herum. Er verließ das Zimmer und begab sich wieder in Richtung Terrasse, wo sich die beiden Frauen unter dem Sonnenschirm niedergelassen hatten.
„Das meiste ist Werbung“, wetterte Tante Hailey, zerriss einige Briefumschläge und stapelte sie vor sich auf dem Tisch.
„Verdammt noch mal!“ Lydia klatschte sich mit der Hand an die Stirn. Sie starrte wie gebannt, als hätte ein Blitz irgendwie eingeschlagen auf die Briefe, die auf der Tischplatte verteilt lagen. John und seine Tante blickten Lydia verwundert an. „Das ist es!“ Sie nahm einen Brief in die Hand und hielt ihn hoch.
„Ich glaube, es geht um den rätselhaften Umschlag, den ich bei mir habe!“ Ihr Gehirn arbeitete auf Hochtouren. „Ja, es geht um diesen Umschlag! Erst der Tod von Geoffreys Eltern, die mir den Umschlag gegeben hatten. Dann der Tod von diesem Hanks, der ja auch von diesem geheimnisvollen Umschlag wusste.“ Sie nickte und kaute nervös an ihren Fingernägeln. Plötzlich aber wurde sie kalkweiß im Gesicht. Sie hatte das Gefühl, sie müsste sich wieder übergeben. „Was denkst du?“, kam unvermittelt die Frage von John. „Und das alles hat Will mitbekommen.“ Lydia begann zu weinen. „Also müs-

sen wir davon ausgehen, dass deine Will in diese Sache mit verwickelt ist."
Sichtlich enttäuscht und mit traurigem Blick schaute sie wieder in die Ferne. „Wenn Sie diesen ominösen Umschlag hier haben", ergriff Tante Hailey das Wort, „dann lassen Sie uns doch einmal hineinschauen." Sie füllte die Gläser mit einem Cognac. „Eine gute Idee." John griff sich eins der gefüllten Gläser. Auch Lydia nickte und leerte ihr Glas in einem Zug. Hustend und nach Luft schnappend stand sie auf und verschwand im Haus. Als sie die Treppe hinaufging, hatte sie das Gefühl, dass alles, was geschehen war, mit diesem Umschlag zu tun hatte.
Sie öffnete ihre Tasche. Da waren noch Unterlagen von den Dellingtons, die man ihr anvertraut hatte. Da war der Umschlag. Er lag fein säuberlich zwischen den anderen Schriftstücken. Sie schaute ihn einen Moment lang an. Jetzt war die Zeit gekommen, den Brief zu öffnen.
Irgendwie war sie ein bisschen froh darüber, jetzt nicht allein zu sein. Als sie sich zurück an den Tisch setzte, legte sie den Umschlag behutsam vor sich hin. Fasziniert blickten alle auf das vor ihnen liegende Kuvert, als käme es von einem fremden Stern. Ein grauer, zerknitterter Briefumschlag. Es waren Fettspritzer zu sehen, Schmutz und die Abdrücke von Fingern. Vielleicht waren es ja noch Abdrücke von Geoffrey, ihrem Dad, ging es ihr durch den Kopf.
Dann nahm sie eine Ecke des Umschlags zwischen Daumen und Zeigefinger und drehte ihn auf die andere Seite. Hier hatte ihr Dad den Namen und die Adresse von Ann Marlow aufgeschrieben. Doch war die Schrift stark verwischt und nicht mehr zu entziffern. Am linken Rand war noch eine Notiz mit einem Bleistift zu erkennen: von Lieutenant G. Dellington, Germany, Oct. 61. Daneben Spuren von Schweiß und Blut. Lydia strich mit ihrer Hand sanft über das Papier. Dabei schaute sie Tante Hailey und John mit traurigen Augen an. „Das ist wohl das Letzte, was von Geoffrey Dellington noch übrig geblieben ist", sagte sie mit gedämpfter Stimme und ein sanftes Lächeln zog über ihr Gesicht. Nach einem tiefen Atemzug schob sie den Umschlag zu John hinüber. „Ich bitte dich, ihn zu öffnen!" John zog erstaunt die Augenbrauen hoch. „Warum ich?" Lydia wiederholte ihre Bitte und verdrehte dabei ihre Augen. „Okay", John zog den

Umschlag näher zu sich. Tante Hailey hatte sie aufmerksam beobachtet und fühlte die Nervosität, die in der Luft lag.
„Lasst uns, bevor jemand diesen Umschlag zu öffnen beginnt, noch schnell einen zur Beruhigung trinken.“ Sie holte die Flasche hervor und machte die Gläser voll. „Warte einen Moment“, sie erhob sich und verschwand im Haus. Kurz darauf war sie wieder da und legte einen Brieföffner auf den Tisch. John bedankte sich und schob die Spitze in eine kleine Seitenöffnung des Umschlages. Behutsam zog er die Klinge durch das Papier. Dann legte er den Brieföffner zur Seite.
Als Nächstes zog er ein zusammengefaltetes Blatt Papier hervor und legte es vor sich ab. Er brachte ein weiteres Blatt zum Vorschein. Auf dem einen der beiden Blätter war etwas Geschriebenes. Auf dem anderen Papier waren irgendwelche Zeichnungen zu erkennen. John glättete mit seinen Händen vorsichtig das Papier. Tatsächlich, hier hatte man etwas aufgemalt. Auf der einen Seite des Papiers war ein Haus oder eine Art Gebäude abgebildet.
An einer Stelle war wohl Kaffee verschüttet worden, der dem sonst weißen Papier eine gewisse Alterung verlieh. Ohne sich näher darum zu kümmern, um was es sich hier für ein Gebäude handelte, drehte er das Blatt um. Er legte es so auf den Tisch, dass alle erkennen konnten, was auf der Rückseite sichtbar wurde. Es war eine Art Lageplan oder Landkarte. Namen und Bezeichnungen waren ziemlich verwischt.
John lächelte: „Das ist ja wie in dem Film >Die Schatzinsel<“, er musterte interessiert die Zeichnung.
Tante Hailey hatte in der Zeit schon eine Lupe aus dem Haus geholt und gab sie John – wie eine OP-Schwester dem Arzt das Besteck reicht. Sorgfältig betrachtete er den sehr präzise gezeichneten Lageplan, der sogar einen Nordpfeil hatte. „Ich glaube, das hier soll wohl ein Fluss sein, oder?“ Lydia nahm die Lupe und schaute auf die Stelle, die John meinte.
Es dauerte einen Moment. „Ich glaube, du hast recht!“ Ohne den Blick von der Zeichnung zu nehmen. Sie drehte das Blatt, veränderte immer weiter die Distanz mit der Lupe zum Papier. “Hier steht der Name des Flusses“, sagte sie plötzlich. „Ich kann hier ein ‚W‘, dann ein ‚e‘, ein ‚s‘ erkennen.“ Der Rest war wieder verwischt.

„Hier oben sehe ich“, sie stutzte, „das hier soll wohl ein Ort sein mit dem Namen ‚Hameln‘.“
Sie legte die Lupe beiseite, lehnte sich etwas zurück und schaute die beiden fragend an. „Hameln? Wo liegt dieses Hameln?“ Tante Hailey sprang erneut auf und verschwand sofort im Haus. Es dauerte dieses Mal etwas länger. Dann kam sie zurück und brachte einen Stapel Straßenkarten für Autofahrer von ganz Europa mit und legte sie auf den Tisch. Lydia zog die Karte von Westdeutschland aus dem Stapel hervor und breitete sie vor sich aus.
Am Rand der Karte waren eine Vielzahl von Städten und Orten aufgelistet. „Ich habe Hameln gefunden!“ Ihr Finger glitt über die Karte in das angegebene Planquadrat.
„Da ist Hameln und da ist auch der Fluss, es ist die Weser.“
Mit dem Finger auf der Skizze fuhr sie auf einer Linie entlang nach Süden, bis zu einem Kreis mit einem Kreuz.
An der Linie stand die Zahl 83. Der Blick auf die Karte zeigte, dass es sich hier um eine Straße handeln musste, mit der Nummer 83. Unterhalb der Kreuzmarkierung standen drei Buchstaben ‚OHR‘. Sie verglichen die Skizze mit der Karte. „Das ist eine Ortschaft mit dem Namen ‚Ohr‘“, sagte John. „Ich vermute, dass in diesem Ort auch das abgebildete Gebäude stehen wird.“ Die beiden Frauen nickten.
„Aber was für eine Bedeutung haben das Haus und der Plan. Aus welchem Grund hat dein Dad all das dargestellt?“ Sie griff erneut zur Cognac-Flasche. Lydia winkte ab. „Ich glaube, ich habe schon einen kleinen Rausch.“
„Ich trinke noch einen mit.“ John schob sein Glas zu Tante Hailey hinüber.
„Vielleicht erhalten wir die Antwort hierauf aus dem beigefügten Schreiben.“ John leerte, ohne abzusetzen, das Glas Cognac. Er schob das leere Glas beiseite und nahm das Blatt Papier. Es war wohl eine Art Meldezettel oder so etwas. Den Text hatte der Verfasser von Hand mit einem Bleistift geschrieben. Einige Textstellen waren verwischt oder durchgestrichen.
„Also“, sagte John, als er das Papier grob in Augenschein genommen hatte. „Der das geschrieben hat“, er machte eine Pause und schaute Lydia dabei an, „hat nicht viel Zeit gehabt, oder er stand wohl unter einem enormen Zeitdruck, denn man kann erkennen, dass sehr hastig

geschrieben wurde."
Dann aber begann John in aller Seelenruhe Zeile für Zeile, Abschnitt für Abschnitt zu lesen. Auffallend still war es auf einmal auf der Terrasse geworden. Keine der beiden Frauen traute sich, den lesenden John zu stören. In großer Höhe zog ein Flugzeug seine Bahn. Das leiser werdende Geräusch der Motoren war noch lange zu hören. Bei manchen Sätzen konnte man sehen, wie sich Johns Lippen bewegten. Sein Blick wurde von Mal zu Mal düsterer. Als John das Blatt endlich wendete, fragte Lydia vorsichtig: „Was ist denn geschrieben worden?" Er winkte ab und ohne den Blick von dem Papier zu nehmen, kam die knappe Antwort: „Das musst du einfach selbst lesen!"
Als John die Rückseite gelesen hatte, legte er den Brief auf die Tischplatte und schob ihn, ohne eine Miene zu verziehen, zu Lydia hinüber. „Tante Hailey", sagte er mit leiser Stimme, „schenke mir noch einen Cognac ein, aber einen doppelten." Erstaunt blickte sie ihn an.
Sein Gesicht war blass geworden und in seinem Blick war plötzlich eine gewisse Unsicherheit, ja so etwas wie Panik zu erkennen. Nervös fuhr John sich mit den Händen durchs Gesicht. Mit einem Mal hatte Lydia das Gefühl, dass dieser Brief etwas Schlimmes verbarg. Unruhig hielt John das Glas Cognac in der Hand.
„Nun ließ endlich den Brief", sagte er mit hastiger Stimme. Tante Hailey war sichtlich bewegt und hatte sich etwas abseits gesetzt. Sie vermied es, die beiden auf irgendeine Weise zu unterbrechen.
Als Lydia den Brief zu lesen begann, stand sie auf und wanderte bedächtig auf der Terrasse auf und ab. Mitunter blieb sie stehen und dann hörten die anderen, wie sie in Gedanken versunken den ein oder anderen Satz auch laut vorlas.
Als sie die letzte Zeile gelesen hatte, blieb sie für einen Moment am Rand der Terrasse stehen. Sie schaute über den Garten. Dann drehte sie sich um und setzte sich schweigend wieder an den Tisch.
Entsetzt blickte sie John in die Augen. „Das ist ja schrecklich", ein Gefühl des Ekels stieg in ihr hoch. „Und das alles soll Geoffrey, also dein Dad gesehen haben?" John gab seiner Tante einen Wink, damit sie nachschenken sollte, indem er mit dem Zeigefinger auf das leere Glas deutete. „Das ist aber der Letzte", meinte Lydia entschieden.

„Wir müssen jetzt einen klaren Kopf behalten." „Also, wenn du mich fragst, steckt in diesem Brief hochbrisantes Material", sagte er.
„Dein Dad beschuldigt einen hochrangigen englischen Offizier, mit Unterstützung anderer Militärangehörigen und unter Mitwirkung deutscher Zivilisten, einen kleinen Jungen sexuell missbraucht zu haben. Ich könnte mir vorstellen, dass solches Wissen auf keinen Fall an die Öffentlichkeit gelangen darf."
„Du meinst also", fügte Lydia hinzu, „dass man für so etwas auch Menschen tötet?"
„Genau das meine ich", antwortete John. „Wenn ich nur an die letzten Stunden zurückdenke, dann will man unter allen Umständen an diesen verflixten Umschlag gelangen, koste es, was es wolle."
Wortlos schauten sie auf den Brief. „Ich glaube", unterbrach Tante Hailey das Schweigen, "ich werde uns mal einen starken Kaffee machen!" Lydia und John nickten.
Dann nahm John das Blatt wieder in die Hand und las einen bestimmten Satz auf der Rückseite des Papiers.
„Hier hat dein Dad geschrieben, dass er das Gefühl nicht los wird, dass man ihn dabei gesehen hat, und hier", ergänzte er, „hier schreibt er sogar, dass er so eine Vorahnung hätte, dass diese Leute gegen ihn etwas unternehmen werden. Auch dieser Satz ist sehr aussagekräftig. Hier schreibt er, sollte ihm etwas zustoßen, sollte Ann, also deine Mom, den Brief an einen Captain Jim Dustin von der Pressestelle weitergeben."
„Das könnte ja bedeuten", sagte Lydia erstaunt, „dass mein Dad unter Umständen nicht durch einen Unfall sein Leben verloren hat, stattdessen hat man ihn ermordet und seinen Tod als ein tragisches Unglück dargestellt, oder sehe ich das falsch?"
Lydia war mit einem Mal völlig aufgewühlt, sie erhob sich wieder von ihrem Sessel und stolzierte gereizt auf der Terrasse umher. "Das mag vielleicht sein, aber wer sind die anderen und wie willst du das beweisen?", polterte John heraus. „Und was ist, wenn dein Dad auch in irgendeine Sache verwickelt war?"
Lydia blieb stehen und verschränkte die Arme vor der Brust, sie schaute mit giftigen Blicken zu John herüber. „Das war nur eine Spekulation", verteidigte er sich. Sie nickte.
„Ja, du hast recht", murmelte sie. „Im Moment tappen wir noch völ-

lig im Dunkeln.“ Dann brachte Tante Hailey den versprochenen Kaffee. Es war später Nachmittag und der Wind aus der Ferne trug das Läuten einer Turmuhr herüber.
John machte den Vorschlag, während er genussvoll den heißen und starken Kaffee schlürfte, dass er zuerst einen Kollegen im Police Headquarter anrufen werde, um herauszufinden, wer dieser perverse Offizier war und wo sie ihn finden könnten. Er war sich sicher, dass dieser Mann der Schlüssel zu dieser rätselhaften Geschichte war.
„Aber was machen wir, wenn dieser Typ bereits verstorben ist?“, fragte Lydia. „Denn schließlich liegt die Sache fast dreißig Jahre zurück.“ John zuckte mit den Schultern.
Er drehte sich zu Lydia um und sagte: „Irgendwo müssen wir ja anfangen, ich werde als Erstes telefonieren!“ Dann verschwand er mit der Tasse Kaffee in der Hand.
Allmählich wurde Lydia bewusst, dass sie und alle anderen in ihrer Nähe hochgradig gefährdet waren.
„Möchtest du noch eine Tasse Kaffee“, sie hatte die Kanne schon in der Hand. „Ja bitte“, sagte Lydia. Sie wollte erst abwarten, was das Telefonat von John brachte. Danach wollte sie auf jeden Fall Ann anrufen, um sie zu informieren, was geschehen war.
Nach mehreren Telefonaten kam John deprimiert und fassungslos zurück.
„Du hast über vierzig Minuten telefoniert!“, stellte Lydia erstaunt fest: „Was hast du nun herausbekommen?“ John hatte sich auf einem kleinen Zettel Notizen gemacht und das, was er jetzt erzählte, hörte sich nicht wirklich gut an.
Durch das Gespräch mit einem seiner Kollegen, den auch Lydia von der Arbeit kannte, erfuhr John, dass man ihn verdächtigte, mit Lydia und den Taten in Verbindung zu stehen. Dass aus diesem Grund nach ihnen gefahndet wird. Nach dieser Mitteilung beendete John das Gespräch sofort, damit man das Telefonat nicht zurückverfolgen konnte. Er wählte eine andere Nummer. Er war überzeugt, dass er hier seinen Partner und besten Freund erreichen würde.
„Black Horse“, meldete sich eine junge Frauenstimme. „Hi Linda, hier ist John, ist Duncan bei euch?“ Ein Knacken, im Hintergrund Musik und Stimmen zu hören. Black Horse war ein altes Pub, hier trafen sie sich immer, um Darts und Billard zu spielen. Linda war die

Bedienung und seit er ihr einmal einen Korb gegeben hatte, sprach sie nur das Nötigste mit ihm. Aber sie war einfach nicht sein Typ.
Dann ein kurzes Poltern: „Na du Gesuchter!“, hörte John die Stimme seines Freundes.
Duncan schloss die Tür der kleinen Telefonzelle im Flur des Pubs. Dann erzählte ihm John die ganze Geschichte und was er alles mit Lydia erlebt hatte. Nebenbei erfuhr John dann noch, dass die Fahndung nach ihnen von höchster Stelle angeordnet wurde. Mehr wusste Duncan im Moment auch nicht.
Aus Sicherheitsgründen wollte John in zwei Stunden im Pub wieder anrufen. Dann beendeten sie das Gespräch.
Als die zwei Stunden herum waren, rief John erneut im Pub an. Dieses Mal war nicht Linda am anderen Ende, sondern sofort Duncan, der auf den Anruf schon gewartet hatte. Das Warten hatte sich gelohnt. Es gab wichtige Neuigkeiten.
Als John wieder zurück auf die Terrasse kam und sich setzte, sprach niemand ein Wort. John legte einen kleinen Zettel vor sich hin, auf dem er ein paar Notizen gemacht hatte. „Nun spann uns nicht so auf die Folter“, sagte Tante Hailey neugierig und rutschte mit dem Stuhl näher an John heran. „Nach dem Stand der Dinge“, begann John mit ruhiger und gedämpfter Stimme, „werden wir beide von Scotland Yard im ganzen Königreich gesucht. Anscheinend sind wir durch Zufall in das Räderwerk von irgendwelchen Geheimdiensten geraten. Außerdem beschuldigt man dich und seit Kurzen auch mich, Menschen getötet zu haben. Ich bin der Meinung, dass diese Sache von höchster Stelle gesteuert wird.“ Er berichtete weiter, dass man an der Kirche eine männliche Leiche gefunden hätte, die mit Benzin übergossen und verbrannt wurde.
„Da will jemand keine Spuren hinterlassen“, sagte Lydia.
„Das sind Profis“, fügte John hinzu.
„Was konnte Duncan noch über diesen pädophilen Offizier ausfindig machen?“, fragte Lydia.
„Nun ja, er lebt. Dieser Offizier ist nach seiner Dienstzeit in Deutschland geblieben. Er ist verheiratet und wohnt in einem Bungalow in der Nähe von Hameln.“ Verdutzt blickte Lydia zu John. „Das bedeutet ja, wir müssen, um das hier alles aufzuklären, nach Deutschland, oder?“ John nickte wortlos.

Er schaute wieder auf seinen Zettel. „Ich habe hier noch eine Mitteilung."
Er schaute Lydia dabei an. Als sie diese Nachricht vernahm, wurde sie schlagartig unruhig. Ihr Herz pochte, ihr Hals war ganz trocken. Sie bat John, diese Nachricht ein zweites Mal vorzulesen. Sie war hellwach und doch war es, als würde das, was John ihr erzählte, durch eine dichte Nebelwand gedämpft. Sie konnte es im ersten Moment nicht glauben, was sie da hörte.
Die Polizei hatte vor ein, zwei Tagen auf einem abgelegenen Platz, nicht weit vom Heathrow Airport, in einem Wohnwagen eine schwer verletzte Frau gefunden. Nach der Beschreibung konnte es sich um Will handeln. „In welches Hospital hat man diese Frau denn gebracht?", wollte Lydia wissen. „Du glaubst, dass die Frau Will ist?", fragte John vorsichtig.
„Es deutet jedenfalls vieles darauf hin!", erwiderte sie. „Um Gewissheit zu erhalten, muss ich unbedingt in dieses Hospital und die Frau aufsuchen", fügte sie hinzu.
„Es ist das Hillington Hospital", sagte John. „Dort hat man die Schwerverletzte hingebracht. Das Hospital ist nicht weit vom Heathrow Airport entfernt."
Mit dem beschädigten Mini war es kaum möglich, ohne aufzufallen, quer durch die Stadt zu fahren, überlegte Lydia und strich sich die Haare aus der Stirn.
Dann schauten sie zu Tante Hailey herüber, die stumm wie ein Fisch, aber aufmerksam das Gespräch verfolgt hatte. Als hätte man sie bei irgendetwas ertappt, zuckte sie zusammen. Mit großen Augen und heftigem Kopfnicken bot sie ihnen an, ihren – nun ja – nicht mehr so ganz modernen Wagen zu benutzen. Langsam zog der Abend auf. Sie wollten die Dunkelheit abwarten, um dann zum Hospital zu fahren.
Tante Hailey räumte den Tisch ab. John las noch einige Schlagzeilen in der Tageszeitung. Lydia erhob sich und verschwand im Haus. Sie wollte sich ein wenig frischmachen und dann ihre Mom anrufen, damit sie sich keine Sorgen machte.

Kapitel 21

Am Mittwoch in den frühen Morgenstunden klingelte in der Police Station in Iver, einem kleinen Ort westlich der M25 gelegen, das Telefon. Ein Jäger hatte eine ungewöhnliche Beobachtung gemacht. Als er mit seinem Hund an einem Grundstück vorbeikam, auf dem gerne auch Prostituierte ihre Freier bedienten, hörte er auf einmal Funksprech-Geräusche, die von einem Taxi stammen konnten. Seltsam war jedoch, dass das Fahrzeug, aus dem die Geräusche kamen, mit einer Plane abgedeckt war. Um nach dem Rechten zu sehen, wurde ein Polizeifahrzeug, das zu diesem Zeitpunkt gerade eine Kontrollfahrt an der Brunel-University durchführte, zu der Stelle beordert. Nach kurzer Zeit hatten die Beamten den Ort erreicht. Der Jäger wartete bereits vor dem Grundstück. Das Tor war verschlossen und so musste erst einmal die Einzäunung überwunden werden.
Es war noch dunkel und die Lichter der Taschenlampen leuchteten hektisch von einer Seite zur anderen. Langsam kamen sie an die Stelle, von der der Jäger die Geräusche gehört hatte. „Es ist das abgedeckte Auto“, sagte der Mann mit aufgeregter Stimme. Die Polizisten nahmen die Plane hoch und leuchteten. Tatsächlich, da stand ein Taxi mit nicht verschlossenen Türen. Der Innenraum war leer. Nichts deutete auf etwas Außergewöhnliches hin. Doch das alles hier war schon komisch.
Über das Walkie-Talkie informierte man die Dienststelle und gab Kennzeichen und Taxinummer durch. Kurz darauf hörte man nach einem leisen Knacken und Rauschen die nette Stimme einer jungen Frau.
Das aber, was die beiden Polizeibeamten jetzt mitgeteilt bekamen, hörte sich weniger gut an: „Der gefundene Wagen wird bereits seit mehreren Stunden vermisst, außerdem fehlt von dem Fahrer jegliche Spur und er ist nirgendwo aufzufinden. Seine letzte Fahrt ging von der Leonard Road zum Heathrow Airport und das war gegen zwölf Uhr.“ Mit einem knappen: „Verstanden, Ende“, wurde das Funkgespräch beendet. Sie schauten sich um. Ein paar abgemeldete Autos standen kreuz und quer herum. Was ihnen sofort ins Auge fiel, waren die abgestellten, zum Teil modernen Campingwagen. Sie trennten

sich, damit die Suche schnell abgeschlossen werden konnte. Sie mussten teilweise laut sprechen, wenn Flugzeuge den in der Nähe liegenden Airport anflogen. Sorgfältig durchsuchten sie die Campinganhänger. Zu ihrer Überraschung waren sie unverschlossen, bis auf einen. Langsam dämmerte der Morgen. „Den würde ich auch abschließen", bemerkte einer der Polizisten. „Der sieht ja noch ziemlich neu aus."
Als einer der Beamten vorsichtig um den Wagen schlich, sah er plötzlich das viele Blut, von dem auch eine Menge an die Rückwand des Wohnwagens gespritzt war. Erschrocken rief er seinen Kollegen, der auch sofort zu ihm kam. „Könnte das Blut vielleicht von einem Tier stammen?", fragte einer der beiden. Überrascht schauten sie sich um. „Da ist doch noch der Jäger, der hatte doch einen Hund bei sich", sagte der eine Polizist. „Und du meinst, dass der Hund ...", stotterte sein Kollege. „Ja, das meine ich!"
Der Jäger, der mit seinem Hund in der Mitte des Platzes immer noch wartete, wurde herangerufen.
Als der Jäger um den Wagen herum sich den Bereich des Blutes anschaute, sagte er: "Das hier sieht nicht nach dem Trefferbild eines erlegten Tieres aus." Der Hund fing sofort an zu jaulen und wurde immer unruhiger. Nach kurzer Zeit führte der Hund, der anscheinend Witterung aufgenommen hatte, die drei Männer wieder in Richtung Platzmitte. Nach einigen Bewegungen zur Seite, zog der Hund dann mit gesenktem Kopf zielstrebig auf ein abgestelltes Auto, welches seine besten Jahre allerdings weit hinter sich gelassen hatte.
Als „Dao", so nannte der Jäger den Labrador-Retriever, die Fahrzeugseite beschnuppert hatte, blieb er wie angewurzelt vor dem Kofferraum stehen. „Hier muss irgendwas drin sein!", sagte der Jäger mit aufgeregter Stimme und zog dabei den Hund etwas vom Fahrzeug zurück. Nachdem die Beamten den unverschlossenen Kofferdeckel vorsichtig geöffnet hatten, schlug ihnen sogleich ein ekelhafter Geruch entgegen. Die Lichtstrahlen der Taschenlampen erfassten etwas Verkrümmtes, einen in Stoff verschnürten Klumpen, der an einer Seite sich stark mit Blut vollgesaugt hatte. „Ich gehe mal stark davon aus", unterbrach einer den Polizisten die Szenerie, „dass das der Taxifahrer war!"
Nachdem sie Verstärkung und die Spurensicherung angefordert hat-

ten, marschierte ein Polizist nochmals zu der Stelle, an der die Tat wohl geschehen war, um etwaige Beweisstücke zu sichern. Vertieft in der Suche, bemerkte er in einem Moment, als kein Flugzeug startete und landete, ein Schaben. Erstaunt blieb er stehen. Das Geräusch kam aus dem Inneren eines Wohnwagens. Ein Blick durch die Fenster war nicht möglich, da die Vorhänge zugezogen waren. Die Eingangstür war verschlossen. Durch Treten und Schlagen war es nicht möglich, die Tür zu öffnen. Nur mit einem gezielten Schuss in das Schloss gelang es ihm, sich Eintritt zu verschaffen. Im Osten ging die Sonne langsam auf. Vorsichtig betraten sie das Innere des Wagens.
Der Gestank von menschlichen Fäkalien nahm ihnen fast den Atem. Mit der Pistole im Anschlag erreichten sie den hinteren Wohntrakt. Dann sahen sie den menschlichen Körper in Decken eingehüllt. Auf dem Boden lag ein Drogenbesteck. Daneben ein Kondom und Erbrochenes. Die offenstehenden Augen der dunkelhäutigen Frau und der weit geöffnete Mund deuteten darauf hin, dass hier wohl eine Prostituierte sich einen goldenen Schuss gegeben hat.
Ein Polizist, es war der Jüngere von beiden, hatte den Wagen schnell wieder verlassen und musste sich übergeben. Als der andere herauskam und das Taschentuch von Mund und Nase nahm, wollte er gerade seiner Dienststelle mitteilen, dass sie eine weitere Leiche gefunden hatten. Die Sprechtaste schon gedrückt, hörte er plötzlich ein Röcheln und darauf heftiges Würgen. Aufgeregt brüllte er ins Mikrofon: „Wir brauchen einen Rettungswagen, einen Rettungswagen, schnell, die Frau, sie lebt!“ Dann stürmten beide wieder in den Wagen, vergessen war der Geruch. Jetzt war es wichtig, die Frau am Leben zu erhalten, bis der Notarzt eingetroffen war. Ihr Einsatz war erfolgreich. Kurze Zeit später traf auch das Rettungsteam ein. Es dauerte eine Weile, bis man die Frau stabilisiert hatte und sie transportfähig war.
Inzwischen war ein Großaufgebot der Polizei vor Ort. Auf der Zufahrtsstraße standen mehrere Fahrzeuge mit eingeschaltetem Blaulicht. Überall war Absperrband gespannt. Denn ab jetzt übernahm Scotland Yard den Fall. „Wo bringt ihr die Frau hin?“, fragte einer den Beamten die Sanitäter. „In das Hillington Hospital“, war die Antwort. Dann verließ der Rettungswagen mit langsamer Fahrt das

Grundstück. Auf der Straße wurden das Blaulicht und die Sirene eingeschaltet. Der Fahrer erhöhte das Tempo. Eine Zeit lang war das immer leiser werdende Geräusch der Sirene noch zu hören. Noch stand nicht fest, ob die schwerverletzte Frau überhaupt etwas mit dem Tod des Taxifahrers zu tun hatte. Außerdem, wo war die Tatwaffe geblieben? Es wurde kein Geld im Taxi gefunden, also schien es nach Raubmord auszusehen.
Für Inspektor Martham, der mit diesem Fall beauftragt wurde, sah das hier alles eher nach einer sehr professionellen Tat aus. Er hoffte, dass die junge Frau überlebt und ihm vielleicht entscheidende Details zu dieser Sache mitteilen wird.
Martham holte eine Schachtel Zigaretten aus seinem Trenchcoat und zündete sie mit dem Feuerzeug an. Eigentlich wollte er ja mit dem Rauchen aufhören, aber in den letzten Stunden war viel passiert.
Da hatte sich ein Mann im Hillingtoner Bahnhof, West Ruislip, vor den Zug geworfen. Dann diese schreckliche Tat. Martham verließ das Grundstück. Es waren noch zwei Beamte da, die den Wohnwagen versiegelten, der Rest der Mannschaft war abgerückt. Er schnipste die Zigarette beiseite und setzte sich in seinen Wagen. Mittlerweile hatte es leicht zu nieseln begonnen.
Ach ja, ging es ihm durch den Kopf, da war ja noch die Anfrage von einem Kollegen.
Irgendwo an einer Kirche, er hatte den Namen wieder vergessen, hatte ein Landwirt eine Leiche gefunden, die bis zur Unkenntlichkeit verbrannt war.
Dann fuhr er in Richtung Polizeipräsidium.

Kapitel 22

Es dämmerte bereits, als John in Gedanken versunken über den Hof in Richtung Garage schlenderte. Aus den angrenzenden Stallungen waren die Geräusche von Tieren zu hören.
Seit Onkel Edwin vor acht Jahren verstarb, war es für Tante Hailey einfach unmöglich, den Hof allein zu bewirtschaften. Durch einen Zufall las sie in der Zeitung, dass die Royal Agricultural University (Königlich Landwirtschaftliche Universität) Farmen für Studienzwecke suchte. Sie bewarb sich und konnte die Farm samt Ländereien verpachten. Außerdem war sie nicht so allein, da jeden Tag Studenten anwesend waren.
John öffnete das Vorhängeschloss der alten Scheune, die auch gleichzeitig als Garage diente. Als er das Scheunentor zur Seite schob, sah er ihn, den alten Land-Rover-Geländewagen von Tante Hailey aus den siebziger Jahren. Ein leichter Geruch von Fäulnis, Öl und Stroh lag in der Luft. Mit einem quietschenden Geräusch ließ sich die Fahrertür öffnen. Er nahm Platz auf der stark durchgesessenen Sitzbank. Dann startete John den Leyland-Motor. Eine blaue, stinkende Abgaswolke machte sich in der Scheune breit. Sofort legte er den Gang ein und fuhr schnell ins Freie. Mit knatterndem Motor stand der Geländewagen auf dem Hof. Dann kam Lydia aus dem Haus. Sie unterhielt sich noch einen kurzen Augenblick mit seiner Tante. Nachdem die zwei Frauen ihr Gespräch beendet hatten, kam Lydia mit schnellen Schritten zum Geländewagen. „Tante Hailey hat mir den Haustürschlüssel mitgegeben, falls es später wird."
Mit geringem Tempo lenkte John den Wagen über den Hof, um über den schmalen Zufahrtsweg zur Hauptstraße zu gelangen. Anschließend bogen sie auf die Woodhill Road in Richtung Chelmsford ein. Vor ihnen lag eine Strecke von rund einhundertzehn Meilen. Es gab drei unterschiedliche Routen, um zum Hospital zu gelangen.
Zwei führten größtenteils durch das Zentrum von London. Eine dritte führte nördlich um London herum. Zwar waren diese sechzehn Meilen länger als die anderen. Doch war sie vom Zeitfaktor die kürzeste. Beide entschieden sich für die Route mit der sie das Zentrum meiden konnten.

Tante Haileys Land Rover ließ sich schwer fahren. Bei fast jedem Schaltvorgang rätschte das Getriebe. Darüber hinaus war eine Unterhaltung wegen des lauten Motorgeräusches nahezu unmöglich. Nach einer gefühlten Ewigkeit hatten sie die Field Heath Road erreicht, die sie geradewegs zum Hospital führte. Vorsichtshalber fuhr John das doch ein wenig auffallende Vehikel lieber in eine nicht weit vom Hospital liegende Seitenstraße. In einem Dunkelfeld, welches durch die Straßenbeleuchtung nicht erfasst wurde, parkte er den Wagen. Zu Fuß erreichten sie das Eingangsportal.

Überall waren Kameras angebracht. Entscheidend war jetzt, dass niemand ihre Unsicherheit erkennen durfte, dann wäre alles zum Scheitern verurteilt. Entschlossen marschierten beide zur Anmeldung und bauten sich vor der Glasscheibe auf. Dahinter saß eine Frau mittleren Alters, sie kümmerte sich nicht um Lydia und John, sondern las weiter in ihrem Roman. Als dann Lydia mit einem vorsichtigen Klopfen auf sich aufmerksam machte, schaute die Frau auf. Langsam, ganz langsam legte sie den Roman zur Seite und erhob sich aus ihrem Stuhl.

Sie öffnete einen Spalt die Scheibe und machte den beiden sofort klar, dass die Besuchszeit längst vorbei ist. John und Lydia schauten sich kurz an und als hätten beide denselben Gedanken gehabt, zückten sie ihre Dienstmarken. Erstaunt blickte die Frau auf die vorgehaltenen Marken. „Oh, Polizei!“, äußerte sie sich ein wenig verunsichert. Sie schob die Scheibe weiter zur Seite und fragte mit freundlicher Stimme: „Wie kann ich Ihnen denn behilflich sein?“

„Am Mittwoch ist in dieses Hospital eine schwerverletzte, dunkelhäutige Frau eingeliefert worden, ist das richtig?“, fragte John mit ernster Miene. Sie setzte die Brille auf, die sie an einer Kette um den Hals trug. Sie blätterte mehrere Seiten um und ihr Zeigefinger bewegte sich von Zeile zu Zeile. Dann stoppte die Bewegung, sie nickte. „Ja, richtig, da ist eine Frau, auf die ihre Beschreibung zutrifft, eingeliefert worden.“ Nachdem sie herausgefunden hatte, auf welcher Etage die Frau liegt, eilten beide schnellen Schrittes durch den großen Vorraum in Richtung der Aufzüge. Sie mussten in das vierte Stockwerk. Mit einem leichten Ruck stoppte der Lift. Die Tür öffnete sich und der Geruch von Karbol lag in der Luft. „Ich mag keine Hospitäler!“, kam es über Johns Lippen. „Ich kann mir auch was Besse-

res vorstellen“, erwiderte Lydia und ging zum Stationsraum. Zwei Frauen mit grünen Anzügen waren im Zimmer tätig. Die jüngere der beiden saß am Schreibtisch und füllte Tabellen aus.
Die ältere mit Stethoskop um den Hals und einem Klemmbrett in der Hand, schaute ziemlich genervt zu Lydia und John hinüber. „Was wollen Sie denn hier?“, fragte sie verärgert. Lydia versuchte, ruhig zu bleiben.
„Wir müssen zu der Frau, die man am Mittwoch bei Ihnen eingeliefert hat, bitte“, fügte sie hinzu und zeigte ihre Marke, was John ebenfalls tat. „Sie haben Glück“, sagte die Ärztin und legte das Klemmbrett beiseite. „Die junge Frau, die Sie meinen, war schwer verletzt. Sie wurde vergewaltigt und anschließend hat man ihr einen starken Drogencocktail verabreicht. Ich bin Dr. Olivia Turner“, kam es über die roten, sehr dezent geschminkten Lippen. „Nach meiner Meinung wollte man die Frau mit solch einer hohen Dosierung auf jeden Fall töten. Außerdem ist die Frau kein Junkie, da nirgendwo weitere Einstiche von Nadeln zu finden waren. Bei der Einlieferung kam es immer wieder stöhnend über ihre Lippen: überfallen.“
Lydia schaute zu John. „Können wir zu ihr?“, fragte sie vorsichtig.
„Natürlich“, antwortete Dr. Turner und schob sich elegant zwischen Lydia und John hindurch und schritt den Flur entlang.
Das Zimmer war nicht weit entfernt. Bevor sie die Tür öffnete, schaute sie die beiden nochmals an. “Bitte, sie ist noch sehr schwach!“ John fiel der leere Stuhl neben der Tür auf. „Wird die Frau bewacht?“, fragte er und schaute dabei zu Lydia. „Ja, hier ist sonst immer ein Polizist“, antwortete Dr. Turner. „Er holt sich wohl gerade einen Tee. Es wäre besser, wenn nur einer von Ihnen zu der Frau hineingeht.“ John nickte. Dann öffnete Dr. Turner leise die Tür. Lydias Herz pochte heftig. Der Raum war abgedunkelt.
Nur eine schwache Beleuchtung sorgte trotzdem für ausreichende Sicht. Es war still in dem Zimmer. Lydia trat vorsichtig an das Bett heran. Ihr Blick tastete sich fast wie ein Scanner über die Frau im Bett. Das Gesicht war etwas aufgedunsen. Einige Schürfwunden waren zu erkennen. Die Hände lagen friedlich auf der Zudecke. In einem Handrücken steckte eine Infusion.
Lydia ging etwas näher heran. Die Augen der Frau waren geschlossen. Der Brustkorb bewegte sich ruhig auf und ab.

Trotz der Verletzungen konnte man das hübsche Gesicht der Frau erkennen. Ja, Lydia war sich sicher, die Frau, die hier vor ihr lag, diese Frau war ihre Will. Ein leichtes Lächeln huschte über ihr Gesicht. Sie hätte vor Freude schreien können. Lydia spürte, wie sich eine Hand ganz sanft auf ihre Schulter legte. „Sie kennen diese Frau?“, hörte sie die Stimme von Dr. Turner. „Ja, diese Frau kenne ich sogar sehr gut“, sie streichelte die Hand von Will. Tränen kullerten über ihre Wangen. Vom Flur her drangen Geräusche, wie von einer Rangelei, in das Zimmer. Dr. Turner wollte gerade zur Tür, um nachzuschauen, was da draußen los war.
Da schoss es Lydia wie ein Blitz durch den Kopf, dass der Lärm von John und dem vom Tee holenden, zurückkehrenden Polizisten stammen könnte.
Sie stellte sich rasch der Ärztin in den Weg. „Ich weiß, wer die Frau ist, die hier liegt.“ Dr. Turner hielt inne und schaute ihr Gegenüber verwundert an. „Um wen handelt es sich hier?“, fragte sie. Ein dumpfes Poltern beendete den Lärm vor der Tür. „Also“, begann Lydia zu erzählen, „diese Frau ist eine holländische Polizeibeamtin und ihr Name ist, Will Verhoeven.“
Dr. Turner notierte sich die Information von Lydia sofort in das mitgenommene Krankenblatt. „Ich glaube, dass es bei Ihnen beiden mehr als nur um eine Freundschaft geht, oder?“, meinte Dr. Turner und beobachtete Lydia. Ohne ein Wort nickte Lydia wiederholt, zog ein Taschentuch hervor und räusperte sich. „Kommen Sie“, sagte die Ärztin, „Frau Verhoeven braucht jetzt viel Ruhe.“ Lydia erwähnte noch, dass sie sich in der nächsten Zeit im Ausland befinde und Will nicht besuchen könnte.
„Ich verspreche Ihnen, ich passe schon auf Ihre Freundin auf“, sagte Dr. Turner, lächelte und öffnete die Zimmertür.
Ehe Lydia den Raum verließ, schaute sie noch einmal zu Will. Du wirst wieder gesund werden, meine Liebste.
Der Flur war menschenleer. „Wo ist denn Ihr Kollege?“ Sie zuckte nur mit den Schultern. Auf dem Boden waren Flecken von verschüttetem Tee zu sehen. Dann wurde eine Tür geöffnet. John trat hervor und strich sich mit der Hand durch die Haare. „Wo ist denn der junge Polizist geblieben?“, fragte Dr. Turner und schaute dabei misstrauisch zu John, der sich mit einem Taschentuch die Hände abtrocknete.

„Der hat aus irgendeinem Grund den Tee verschüttet“, sagte John. „Jetzt holt er sich wohl einen neuen Tee.“
In dem Moment, als die Ärztin wieder auf das Krankenblatt schaute, machte John mit einem kurzen Kopfzeichen Lydia klar, dass sie hier verschwinden müssen. Lydia reagierte sofort und bedankte sich bei der Ärztin. „Dann war das hier kein offizieller Besuch?“, fragte Dr. Turner neugierig.
Als sie bereits die Treppe erreicht hatten, drehte sich Lydia nochmals um, zuckte mit den Schultern. „Sorry“. Dann stürmten sie die Treppen hinunter in Richtung des Ausgangs. Sie hatten gerade die Tür erreicht, da kam ein Polizist ihnen entgegen. Instinktiv legte John den Arm um Lydias Schultern und zog sie zur Seite zu einem Verkaufsstand mit Zeitschriften. Sie warteten, bis der Beamte an ihnen vorbei war und schnell in Richtung Aufzüge ging. Dann verließen sie das Hospital.
Vor dem Eingang stand ein Streifenwagen, in dem aber niemand saß. „Wird wohl die Ablösung sein“, murmelte John. Er fasste in seine Tasche und zückte ein Klappmesser. „Was hast du vor?“, fragte Lydia erstaunt.
Ohne auf die Frage zu antworten, stach er in alle vier Reifen. „Die werden uns erst einmal nicht verfolgen können.“ John musste dabei leise lachen. Schon auf dem Weg zum Land Rover, den sie größtenteils im Laufschritt zurücklegten, versuchte Lydia vergebens, herauszubekommen, was dort oben auf dem Flur geschehen war. Abgehetzt und außer Atem erreichten sie den Wagen. Pustend und nach Luft schnappend lehnten sich beide an die Fahrzeugseite. „Was zum Teufel ist im Hospital geschehen, dass wir so rennen müssen?“, sie bekam dabei einen Hustenanfall. „Wir müssen schnellstens weg hier!“, sagte er. „Ich erzähle dir alles auf der Fahrt.“
John wählte nicht den Weg, auf dem sie gekommen waren. Er fuhr dieses Mal einen Umweg, der über einige kleine Ortschaften führte. Nach etwa fünfzigminütiger Fahrt lenkte John den Geländewagen auf einen Parkplatz hinter einer Tankstelle.
„Warte hier“, sagte er zu ihr, „ich hole uns einen Kaffee und Zigaretten.“ Kurze Zeit später war er wieder da. Sie standen draußen am Fahrzeug, tranken den heißen Kaffee und rauchten. „Und?“, fragte John ohne Lydia anzuschauen. „War es Will?“

„Ja, es ist Will“, sagte Lydia, ohne einen weiteren Kommentar abzugeben. Dann begann John von dem Erlebnis mit dem Polizisten zu berichten.
„Du warst gerade mit der Ärztin im Zimmer verschwunden, da öffnete sich die Tür des Fahrstuhls und ein uniformierter Polizist betrat den Flur. Es war ein junger Mann von hagerer Gestalt. Die Mütze, die er auf dem Kopf hatte, war für seinen Kopf viel zu groß und drückte auf die Ohren. Er kam sofort auf mich zu und fragte, was ich hier suche. Ich zeigte ihm meinen Ausweis. Im ersten Moment dachte ich, dass die Situation entschärft war. Doch dann wollte er wissen, wer bei der Patientin im Zimmer sei. Ich sagte ihm, dass eine Ärztin und eine Kollegin bei ihr sind. Daraufhin veränderte sich die Lage. Er wurde plötzlich nervös und fragte mich ein zweites Mal nach meinem Namen. Ich spürte, dass die Situation kippte. Dann griff er zu seinem Walkie-Talkie, musterte mich und meinte, dass ich doch der Polizist sei, nach dem gefahndet würde. Ich musste handeln.
Als er kurz auf sein Funkgerät blickte, schlug ich ihm auf die Hand, in der er seinen Teebecher hielt. Der Tee schwappte über seine Uniform. Gleichzeitig trat ich ihm mit dem Knie in den Unterleib. Anschließend versetzte ich ihm einen Schlag in den Nacken, das brachte ihn außer Gefecht. Danach zog ich ihn in die nicht weit entfernte Toilette. Setzte ihn auf einen Toilettentopf und kettete ihn mit seinen Handschellen an den Heizkörper. Damit er nicht schreien konnte, sobald er wieder zu sich kam, habe ich ihm noch mit einem Taschentuch den Mund verbunden. Alles andere ist dir ja bekannt. Und was hat es bei dir gegeben?“ John schlürfte seinen Kaffee. „Es war gut, dass wir hier waren“, sagte Lydia.
„Es ist Will und sie ist schwer verletzt. Aber sie wird wieder gesund. Außerdem hat sie mit dem Einbruch in meine Wohnung wirklich nichts zu tun“, fügte sie hinzu.
Sie stiegen wieder in den Geländewagen und fuhren in Richtung Danbury zu Tante Hailey, die bestimmt schon auf sie wartete. Durch die weite Umfahrung war das Risiko entdeckt zu werden zwar geringer, allerdings hatten sie viel Zeit verloren. Mit diesem Fahrzeug, so schätzte John, würden sie Home Farm erst weit nach Mitternacht erreichen.
Als sie auf die Woodhill Road einbogen, war es dreißig Minuten

nach Mitternacht. John verspürte ein leichtes Frösteln. Die Schwere seiner Augenlider und das wiederholte Gähnen waren klare Anzeichen dafür, dass sein Körper unverzüglich Ruhe und Schlaf brauchte. Lydia hatte die Müdigkeit längst überwältigt. Ihr Kopf war nach vorne gebeugt und schaukelte hin und her. Noch etwa zweieinhalb Meilen bis Home Farm, ging es John durch den Kopf. Es war stockfinster und Nebelschwaden verschlechterten die Sicht.

Das schwache Licht der Scheinwerfer leuchtete nur dürftig den Verlauf der Fahrbahn aus. Menschenleer wie in der Pampa, standen einige Häuser entlang der Straße. Hier und da schien Licht aus den Fenstern, erhellten schwach den Nebel und zeigten, dass ihre Bewohner noch nicht schliefen.

Die weißen Linien, die den Fahrbahnrand und die Fahrbahnmitte begrenzten, waren bei diesen Lichtverhältnissen überaus hilfreich. Als John an einem langen Gebäude, das rechts der Straße stand, vorbeifuhr, wusste er, bald würde der kleine Zufahrtsweg zur Farm kommen.

Er reduzierte die Geschwindigkeit. Dann lenkte John den Wagen in die Zufahrt. Ein Schlagloch, welches er übersehen hatte, schüttelte sie plötzlich heftig durch.

Das darauf folgende, nicht zu überhörende laute Fluchen von der Beifahrerseite zeigte, dass nun auch Lydia unsanft geweckt wurde. Knurrig und ohne ein Wort saß sie, die Arme vor der Brust verschränkt, wie ein beleidigtes Kind neben John. Das änderte sich, als sie näher an das Gebäude herankamen.

Kapitel 23

Es war ein schöner und erfolgreicher Tag gewesen. Ann und auch Bob hatten während eines Golfturniers gut gespielt und vordere Plätze eingenommen und somit auch ihr Handicap verbessert. Nach der Siegerehrung im Clubhaus haben sie noch einige Golffreunde auf einen Drink auf Falcon eingeladen. Als der letzte Gast das Anwesen verlassen hatte, saßen beide noch auf der Terrasse und genossen die angenehm warmen Temperaturen und den heraufziehenden Abend. Mit einem Streichholz zündete Bob seine zuvor mit Tabak gestopfte und innig geliebte Pfeife an. Ann füllte die leeren Gläser mit einem edlen Tropfen Wein wieder auf.

Dabei wurde sie durch das Klingeln des Telefons unterbrochen und sie beendete abrupt das Nachschenken, stellte die Flasche auf den Tisch und eilte ins Haus. Dabei war sie vor lauter Eile an den Gartentisch gestoßen, sodass der Wein aus den Gläsern schwappte. Das ging alles so schnell, dass Bob sich nicht mehr retten konnte und so traf der gute Tropfen auch seine Hose. „Kannst du nicht aufpassen", schimpfte er und erhob sich aus dem Stuhl. Mit einer Serviette versuchte er, laut vor sich hin fluchend, das Nass abzutupfen. Er hörte Ann mit jemandem sprechen und ging daraufhin näher an die geöffnete Terrassentür. Der Teilnehmer am anderen Ende der Leitung war Lydia.

Bob setzte sich wieder. Sie hatten doch so viele schöne Jahre miteinander verbracht, ging es ihm mit einem Mal durch den Kopf. Er, der charmante, junge, schneidige Offizier ihrer Majestät und sie das verwöhnte Einzelkind aus wohlhabendem Hause. Auf einmal waren sie wieder da, die Bilder aus jenen Tagen, die weit zurücklagen. Auf einem Manöverball hatte er Ann zum ersten Mal gesehen. Es war im Mai 1960. Sie war in Begleitung eines jungen, gut aussehenden Lieutenants, mit dem Namen Geoffrey Dellington.

Dieser Offizier, er versah kurze Zeit später in der gleichen Nachrichten-Einheit seinen Dienst, in der auch er eingesetzt war. Schon früh verspürte er eine große Abneigung gegen diesen Geoffrey. Er sah in ihm sogar einen Rivalen. Immer wenn er die beiden sah, egal wo, dann wurde er zornig. So manches Mal, wenn er wieder allein im

Offizierskasino saß und zu viel getrunken hatte, kamen ihm auch Gedanken, diesen Kontrahenten zu beseitigen. Für ein solches Vorhaben standen ihm eine Reihe von Möglichkeiten zur Verfügung. Durch seine Arbeit im Nachrichtendienst wurde er schon früh in den Sog der finsteren Machenschaften von Geheimdiensten aus aller Welt hineingezogen.
Bereits ein Jahr später, es war im Herbst 1961, bekam er die Chance, diesen Lieutenant der Reserve zu eliminieren. Ein dummer Zufall besiegelte das Schicksal des Geoffrey Dellington. Man fand seinen leblosen Körper am Ufer der Weser. Ein tragischer Unfall, in Ausübung seines Dienstes, war im Unfallbericht vermerkt. Jetzt war auch der Weg zu Ann frei.
Er war so in Gedanken versunken, dass er vergessen hatte, an seiner Pfeife zu ziehen, die in der Zwischenzeit ausgegangen war. Nach erneutem Anzünden und einem kräftigen Schluck aus dem Weinglas, glitt sein Blick über Falcon. Ein arglistiges Grinsen verzerrte sein Gesicht. Er hatte alles erreicht.
Kurz nach Geoffreys tödlichem Unfall haben Ann und er geheiratet. Ann war bereits schwanger, als sie sich das Ja-Wort gaben. Nach vielen Jahren war er seinem Ziel nähergekommen. Der Sprung in die Politik. Das heisere Gekreische der Möwen drang an sein Ohr. Ann telefonierte immer noch.
Nach einem tiefen Zug aus seiner Pfeife wurde sein Gesichtsausdruck wieder ernst. Das Familienidyll aber täuschte.
Lydia hatte nach ihrer Geburtstagsfeier angekündigt, nach ihrem richtigen Dad zu forschen und das musste er unter allen Umständen verhindern. Denn es stand für ihn einfach viel zu viel auf dem Spiel. Wenn Ann nach dem Telefonat zurückkam – das wusste er genau – würde sie ihm sowieso nicht alles erzählen, was sie mit Lydia besprochen hatte.
Aber das brauchte sie auch nicht, denn er war ja über alles, was hier im Haus geredet wurde, immer informiert. Er lächelte wieder. Wenn alles nach Plan lief, dann könnte sich bald sein bisheriges Leben komplett verändern. Er würde eine solche Position einnehmen, die ihm viel Macht, Geld und Ansehen bescherte. Doch alles wofür er so viele Jahre gekämpft hatte, war plötzlich angreifbar geworden.
Auch die Organisation, die sich wie ein Spinnennetz über viele Län-

der der Erde hinwegzog, war gefährdet. Diese weltweit operierende Geheimorganisation – gegen die die Mafia eine untergeordnete Rolle einnahm – stand in der Zwischenzeit vor ihrer Vollendung. Eine Bedrohung ging im Moment von einer einzigen Person aus, ihr Name war Lydia.

Bob stand auf und ging auf der großen Terrasse umher.

Für einen kurzen Augenblick blieb er vor dem Kamin stehen, auf dem sie zuvor noch für ihre Gäste gegrillt hatten. Er hielt die Hände über die restliche Glut, die noch eine angenehme Wärme ausstrahlte, denn von See her wehte bereits eine frische Brise herüber. Sein Blick lag auf der Glut, die immer wieder vom Luftstrom aufflackerte.

Er hatte damals, als er dieser Organisation vor vielen Jahren beigetreten ist, in einem alten Schloss, bei einem gottesdienstähnlichen Ritual, einen Eid ablegen müssen. Alle Anwesenden trugen weiße Kapuzen, bei denen nur die Augen zu erkennen waren.

Nachdem sie alle in diesem riesigen Kellergewölbe, welches nur durch den Schein der Fackeln erhellt wurde, Aufstellung genommen hatten, legten sie einen Schwur ab. Jeder, der der Organisation Schaden zufügte, wird unwiderruflich und ohne Gnade zum Tode verurteilt werden. Durch das Heben des rechten Arms akzeptierten und stimmten sie diesem Gelübde zu.

Tief in der Zeit versunken, bemerkte Bob nicht, dass Ann wieder zurück auf die Terrasse kam. Als sie seinen Namen rief, fuhr er erschrocken herum und es kroch ein Gefühl in ihm hoch, dass sie seine Gedanken mitbekommen haben könnte. „Hallo Liebling“, kam es unsicher über seine Lippen, „ich habe dich nicht kommen hören.“ Nach einem verlegenen Räuspern fragte er, mit wem sie denn telefoniert hätte? Fröstelnd, die Hände an die Schultern reibend antwortete sie: „Es war unsere Tochter.“ Bob nickte stumm. „Ich gehe ins Haus, mir ist kalt“, sagte Ann und verließ die Terrasse. Bevor sie im Haus verschwand, drehte sie sich noch einmal zu ihm um.

„Mir ist aufgefallen, wenn ich mit Lydia telefoniert habe, dass du nach den letzten Gesprächen nie gefragt hast, wie es ihr geht!“

„Oh, entschuldige, wenn ich nicht gefragt habe, ich hatte in der letzten Zeit viel um die Ohren, sorry.“ Ohne ein weiteres Wort zu verlieren, verließ sie die Terrasse und schloss die Tür hinter sich.

Kurz darauf verschwand Bob in seinem Arbeitszimmer, das im Kellergeschoß lag und nur über eine Außentreppe zu erreichen war. Nachdem er die Tür hinter sich verriegelt hatte, knipste er die Schreibtischlampe an und ließ die Außenjalousien herunter. Kein Geräusch von außen drang in den Raum und keines nach draußen. Mit einem hohen Kostenaufwand hatte er durch eine Spezialfirma große Teile des Kellers abhörsicher sowie schalldicht umbauen lassen. Er ging zu einem der alten Schränke, öffnete die Tür und holt eine Flasche Cognac hervor.

Mit einem Glas und der Flasche setzte er sich in den großen Schreibtischsessel aus Leder. Dann füllte er das Glas. Den Cognac hatte er vor gar nicht langer Zeit von einem Mitglied der westdeutschen Bundesregierung geschenkt bekommen.

Nachdem er einen siebenstelligen Zahlencode eingegeben hatte, öffnet sich ein Fach des schweren Schreibtisches. Mit einer weiteren Zahlenkombination, bestehend aus fünf Ziffern, ließ sich eine Abdeckung aus Metall entriegeln. Zum Vorschein kam ein kleines, graues Aufnahmegerät.

Als Nachrichtenoffizier und Geheimagent war es von großer Bedeutung, immer dem Gegner einen Schritt voraus zu sein. Daher war es wichtig, so viel Informationen wie möglich zu bekommen, um dann gezielt Entscheidungen und Maßnahmen zu treffen.

Als Lydia zehn Jahre alt war, fiel Ann in ein schwarzes Loch. Sie litt unter schweren Depressionen. Nach mehreren erfolglosen Behandlungen entschied man sich, sie in eine psychiatrische Klinik einzuweisen, um sie hier, weitab von der Familie, zu therapieren. Sie erlitt immer wieder kleine Rückfälle. Nach sechs Monaten entließ man sie jedoch als geheilt.

In dieser Zeit hatte sich auf Falcon viel geändert. Bob hatte das Anwesen teuer umgebaut. Das Herzstück des Umbaus war das Kellergeschoß. Außerdem, was außer ihm niemand wusste, waren in jedem Raum unsichtbar, die modernsten Abhöranlagen eingebaut. Sogar das Telefon hatte er verwanzt.

Bob drückte eine Taste und das Band wurde zurückgespult. Ein Knackgeräusch beendete den Vorgang. Bevor er die Starttaste drückte, setzte Bob sich Kopfhörer auf und schloss sie an das Gerät an. Gemächlich, als wollte er nur schöne Musik hören, lehnte er sich entspannt in dem großen Ledersessel zurück und schloss die Augen.

Ein leises Knistern, ein kurzes Knacken, dann hörte er Anns Stimme. Kurz darauf die zweite Frauenstimme, die von Lydia.
Bob wusste aus alten Telefonaten, dass Lydia mit einem Kollegen namens John untergetaucht war. All sein Bemühen, die beiden zu fassen, war bisher gescheitert.
Selbst sein langer Arm in die Chefetagen der Polizei und der Einsatz seiner besten Agenten, hatten bis zum jetzigen Zeitpunkt keinen befriedigenden Erfolg gebracht. Vielleicht brachte ja dieses Telefonat Aufschluss darüber, wo sie sich im Moment aufhielten.
Das Vorhaben der beiden, England zu verlassen, um in Westdeutschland Nachforschungen anzustellen, musste er unter allen Umständen vermeiden. Da sonst schwerwiegende Folgen für die Organisation entstehen könnten.
Nach letztem Kenntnisstand, dachte er, mussten sie noch auf der Insel untergetaucht sein. Alle Flughäfen, alle Schiffsverbindungen wurden von der Polizei überwacht. Selbst in der Presse und im Fernsehen wurden sie gesucht. Wer so gejagt wurde, musste irgendwann einen Fehler machen, dachte er. Plötzlich, wie ein Stromstoß, der durch seinen Körper getrieben wurde, vernahm er die Worte von Lydia, die ihrer Mom erzählte, dass sie England verlassen werden und dann der entscheidende Satz ... wo sie sich derzeit versteckt hielten. Das war die Gelegenheit, den Sack zuzumachen. Jetzt durfte nichts mehr schiefgehen. Die beiden redeten noch über dieses und jenes, dann war das Telefonat beendet.
Er schaltete das Gerät ab, nahm die Kopfhörer ab und ging zu einer großen Englandkarte, die an der Wand befestigt war. Sein Finger glitt ganz langsam über die Karte, bis er an einem Punkt, es war eine Ortschaft mit dem Namen Danburry, stehen blieb.
Danburry lag nicht weit von der Küste entfernt, dachte er. Also werden sie mit einem Schiff versuchen zu entkommen. Dann fiel noch der Name eines außerhalb des Ortes gelegenen Farmhauses. Er klatschte in die Hände und ging zurück zum Schreibtisch. Er schenkte sich auf diese gute Nachricht einen kräftigen Schluck Cognac ein und verspürte auf einmal ein Gefühl des Triumphes.
Er holte aus einem anderen Fach des Schreibtisches eine Art Kofferradio hervor und stellte es vor sich hin. Eilig schloss er Kopfhörer und Mikrofon an, dann dreht er einen runden Einstellknopf so lange,

bis er einen bestimmten Kanal gefunden hatte. Mit dem als Radio getarnten Funkgerät, konnte er Verbindung mit einem ihm unterstellten Agenten aufnehmen.

„Foxhound ruft Frogfoot.“ Bob wiederholte den Satz mehrere Male. Dann gab er es auf. Ein kaum hörbares Rauschen war zu hören. Er wollte gerade das Gerät abschalten, als das Rauschen durch ein Knacken unterbrochen wurde. Die Stimme am anderen Ende meldete sich mit: „Hier Frogfoot, kommen“ Bob nannte dreimal das Wort „Dunja“, es war der Codename für Lydia. Mit einem codierten Schlüssel übermittelte er den Aufenthaltsort des Objekts. Mit dem Satz „die Würfel sind gefallen“, beendete Bob das Gespräch.

Mit diesem kurzen, belanglosen Satz hatte er, ohne irgendwie Skrupel dabei zu empfinden, den Auftrag erteilt, das Objekt „Dunja“ zu liquidieren.

Als falle eine schwere Last von ihm ab, lehnte sich Bob zurück in den Sessel. Langsam wich die Anspannung, ein Gefühl der Genugtuung breitete sich aus. Jetzt erst bemerkte er die befremdliche Stille im Raum.

Mit hinter dem Kopf verschränkten Händen, wie ein aufgedrehtes, unartiges Kind, welches Langeweile verspürt, schaukelte er mit dem Stuhl.

Jetzt brauchte er nur noch abzuwarten, bis sich „Frogfoot“ wieder meldete, um ihm die Erledigung des Auftrages mitzuteilen.

Er kannte „Frogfoot“ nicht wirklich. Zwei- oder dreimal hatte er das unangenehme Vergnügen, sich mit diesem gefühlskalten Typen, den er überwiegend aus der Personalakte kannte, zu unterhalten.

Jan Molenaar war sein richtiger Name. Er kam aus einem kleinen, niederländischen Dorf in der Nähe von Zwolle. Jan, von hochgewachsener, magerer, besser gesagt knochiger Figur und blasser Hautfarbe, wurde von allen nur der „Holländer“ genannt. Laut seiner Akte war Jan eine Gefahr für die Allgemeinheit. Er ist ein Mörder, ein Totschläger, er hat Frauen vergewaltigt und Kinder missbraucht und sich an weiblichen Toten vergangen. Für Bob war er immer ein Psychopath gewesen. Jedoch verfügte er über sehr brisante Kenntnisse und wenn es um schmutzige Arbeit ging, konnte man sich auf ihn verlassen. Bedauerlicherweise kam Jans Partner Tom Scott, den Bob persönlich besser kannte, vor ein paar Tagen bei einer Verfolgung

ums Leben.
Er nahm die Flasche Cognac und schüttete sich ein weiteres Glas ein.
In diesen Räumen, die schon so viel gesehen und gehört hatten, genau hier, in diesen gespenstisch wirkenden Räumlichkeiten fühlte er sich sicher.
Von der Außenwelt durch dicke Mauern und Stahltüren geschützt. Er blickte zur Uhr. Quälend langsam verstrich die Zeit.
Er hatte sich einen perfiden Plan ausgedacht. Der Holländer sollte als Erster den Hof erreichen, um den Auftrag durchzuführen.
Anschließend wollte er die Polizei verständigen, die so zeitversetzt den Hof erreichte, um dann einen Tatort vorzufinden, wo etwas Grausames geschehen war.
Nach seiner Berechnung müsste der Holländer zu diesem Zeitpunkt alles erledigt haben und den Ort vor Eintreffen der Uniformierten wieder verlassen haben.
Er musste nur den Telefonhörer abnehmen und eine bestimmte Nummer wählen. Genau jene Personen, die sich dann meldeten, würden schließlich das tun, was er bestimmte. Sein langer Arm reichte bis in die obersten Regierungs- und Polizeietagen hinauf. Über Jahre war es ihm gelungen, von hochrangigen Staatsbeamten brisantes Material zu sammeln, welches sich sogar bis in die intimsten Privatbereiche erstreckte. Alles war akribisch aufgelistet. Diese hochexplosiven Informationen, die von Sex-Affären, Erpressung und Steuerhinterziehung, bis hin zu Mordaufträgen reichten, mit eben diesen Kenntnissen, hatten sich alle von ihm abhängig gemacht. Ja, er war der, der den Schalthebel der Macht bediente. Er war der Puppenspieler, der mit seinen Puppen an den Fäden auf der Bühne spielte.
Bob nahm einen kräftigen Schluck Cognac, dabei schloss er die Augen und spürte, wie das scharfe Getränk durch die Speiseröhre floss.
Ein befriedigendes Aufseufzen entrann seiner Kehle. Er hielt alle Fäden in der Hand und empfand etwas Gottähnliches zu sein.
Erschrocken riss Bob die Augen auf. Er war tatsächlich für einen kurzen Moment eingenickt. Er blickte nervös auf seine Armbanduhr. Beruhigt stellte er fest, dass es noch zu früh war, die Polizei in Marsch zu setzen. Nachdem er alles beiseite geräumt und die schwere Kellertür verriegelt hatte, ging er langsam die Außentreppe hinauf.

Leise betrat er das Wohnzimmer. Ann hatte es sich auf dem Sofa bequem gemacht. Der Fernseher war eingeschaltet. Jedoch musste der Film, der gerade lief, nicht so spannend sein, denn Anns Augen waren geschlossen.
Bob machte es sich im großen Ledersessel ebenfalls gemütlich. Er blickte zu Ann herüber. Sie lag da, ganz friedlich. Die Bewegung des Brustkorbs zeigte ihm, dass sie bereits eine gewisse Schlaftiefe erreicht hatte. Er nahm ihr vorsichtig die Fernbedienung aus der Hand, um ein anderes Programm zu suchen. Er zog die angebrochene Flasche Wein, die auf dem Tisch stand, zu sich und nahm einen kräftigen Schluck direkt aus der Flasche. Mit der Fernbedienung in der Hand, nach Programmen suchend, verspürte er mit einem Mal, wie sich die Müdigkeit auch bei ihm langsam ausbreitete.
Jetzt bloß nicht einschlafen, ging es ihm durch den Kopf. Mach dir einen starken Kaffee, dachte er. Dann schlich er sich, genauso wie er gekommen war, aus dem Zimmer hinaus in Richtung Küche.
Bob wusste, dass der Kaffee, auch wenn er ihn sehr stark zubereitete, nicht lange wirkte. Daher entschloss er sich, ein wenig spazieren zu gehen. Draußen war es still. Nur das Rauschen der Brandung war zu hören.
Das Mondlicht leuchtete die Umgebung so gut aus, dass Bob, ohne die Taschenlampe anzuschalten, alles deutlich erkennen konnte. Immer wieder auf seine Armbanduhr schauend, erreichte er nach einer guten Stunde Marsch wieder das Anwesen. Bevor er das Haus betrat, schaute er noch einmal durch das Wohnzimmerfenster. Ann lag immer noch auf dem Sofa und schlief fest.
Jetzt war es an der Zeit, die Polizei ins Spiel zu bringen. Als Bob die Eingangstür hinter sich zugezogen hatte, marschierte er zielstrebig zum Telefon. Er nahm den Hörer in die Hand. Ein letzter Blick zur Uhr. Die Zeiger standen auf fünfzehn Minuten nach ein Uhr. Dann wählte er die Nummer. Bei einigen Nummern brauchte er schon gar nicht mehr ins Notizbuch schauen, sie waren bereits im Kopf fest gespeichert.
Das Telefonat verlief relativ kurz. Bob gab seinem Gesprächspartner am anderen Ende der Leitung eine genaue Beschreibung der Personen, die gesucht wurden und an welchem Ort sie sich derzeit aufhielten. Er beendete das Gespräch mit dem Hinweis, welch hohe Priorität

dieser Fall besaß. Mit einem: „Sie können sich auf mich verlassen, Sir“, wurde das Gespräch beendet. Einen Moment lang schaute er auf den Hörer in seiner Hand. So einfach war es, wenn man die Kontrolle über andere besaß.
Mit einem Mal verspürte er ein Hungergefühl. Noch in Gedanken vertieft, schlich er, um Ann nicht aufzuwecken, wie ein Dieb in die Küche. Er öffnet die Kühlschranktür, um ein Stück Wurst herauszunehmen. Da vernahm der plötzlich hinter sich die Stimme von Ann. Erschrocken darüber, sie nicht gehört zu haben, drehte er sich zu ihr um.
Sie lehnte lässig am Türrahmen, die Arme vor der Brust verschränkt. „Entschuldige, Darling, ich hatte noch ein wenig Appetit auf etwas Deftiges, möchtest du auch ein Stück?“, fragte er und trennte die Wurst in zwei Hälften. Ann stand immer noch wortlos und mit strengem Gesichtsausdruck in der Tür.
„Hast du was Schlimmes geträumt?“, wollte Bob wissen und reichte ihr das andere Stück der Wurst. Wie ein Wesen aus einer anderen Welt stand sie vor ihm.
Langsam kam ihm der Gedanke, dass hier etwas nicht stimmte. Sein Blick war in diesem Moment auf ihre Lippen gerichtet, als sie mit entschlossener Stimme fragte, mit wem er gerade telefoniert habe.
Sie machte ihm deutlich, dass sie schon lange wach war und das Gespräch mit angehört habe. „Ich kann dir das erklären!“, versuchte er, sich zu rechtfertigen. Aber Ann ließ ihn nicht ausreden und fiel ihm ins Wort.
„Du willst Lydia wirklich durch die Polizei verhaften lassen? Das kann ich einfach nicht glauben“, ihr Tonfall wurde lauter. „Was hat sie dir getan?“ Das, was er jetzt hörte, war für ihn, den charakterfesten und unerschütterlichen Bob Robertson beschämend und blamabel zugleich. Anns Stimme hatte etwas von einer Richterin. „Erklär mit bitte, wie in aller Welt konntest du wissen, wo sich Lydia befindet? Während meines gesamten Telefongesprächs mit Lydia habe ich dich durch das Fenster auf der Terrasse beobachten können. Also verrate mir bitte, wie das funktionieren kann?“,
Sie machte einen Schritt zurück und griff sich mit beiden Händen in die Haare. „Was wird hier gespielt? Wie lange spionierst du uns denn schon nach?“, schrie sie laut und hysterisch. Dann lief sie weinend

aus der Küche.
Vor Wut schleuderte er das Stück Wurst, das er noch in der Hand hielt, gegen die Wand. „Verdammt noch mal!“, schrie er und trat unbeherrscht gegen einen in seiner Nähe stehenden Stuhl, der krachend gegen den Küchenschrank schlug.
Warum konnte das geschehen?, schoss es ihm durch den Kopf. Ann war hinter sein Geheimnis gekommen. Er war Perfektionist, er hatte ihr gegenüber sein Gesicht verloren! O. k., überlegte Bob, hier ist etwas vollständig aus der Kontrolle geraten. Wichtig in solch einer beunruhigenden Lage war, das wurde ihnen in der Ausbildung immer wieder eingeimpft, ruhig zu bleiben, einen klaren Kopf zu behalten, um weitere entscheidende Aktionen vorzubereiten. Er lief sofort zur Spüle, drehte den Wasserkran voll auf und ließ den kalten Wasserstrahl über seinen Kopf laufen. Für einen Moment vergaß er zu atmen. Anschließend fuhr er sich prustend mit den Händen über das Gesicht und durch die Haare.
Wo war Ann geblieben? Sofort lief er immer wieder rufend durchs Haus. So wie es aussah, war sie nach draußen in Richtung Küste gelaufen. Seine Vermutung war richtig.
Wegen des hellen Mondlichts sah er eine Person durch die Wiese laufen. „Ann, Ann, bleib stehen!“, schrie Bob und lief hinter ihr her. Er hatte sie fast eingeholt, als er plötzlich stehen blieb. Ohne sich umzudrehen, taumelte sie langsam weiter in Richtung der Klippen.
Das, was heute hier geschehen ist, das durfte keinesfalls nach außen gelangen, schoss es ihm durch den Kopf.
Die Steilküste? Selbstmord? Nein, das würde ihm kaum jemand abnehmen. Es musste eine andere Lösung gefunden werden. Schnell hatte er sie eingeholt. Sie schrie und wehrte sich. Ann war mit den Nerven am Ende und völlig erschöpft. Bob konnte sie ein wenig beruhigen. Kurz vor Erreichen des Hauses brach Ann zusammen.
Den restlichen Weg musste Bob sie tragen. Anstatt ins Schlafzimmer, brachte er sie ins Wohnzimmer. Er legte sie auf das Sofa und breitete eine Decke über ihren Körper, weil sie immer wieder heftig zu zittern begann. Er ging in die Küche, um ein Glas Wasser zu holen. Als er zurückkam und das Glas auf den Tisch stellte, hatte sich das Zittern abgeschwächt und auch die Atmung war ruhiger und gleichmäßiger geworden.

„Wann bist du nur dahintergekommen?“, murmelte Bob immer wieder und schüttelte dabei den Kopf.
Das Klingeln des Telefons riss ihn aus seinen Gedanken. Auf dem Weg zum Telefon blickte er auf seine Armbanduhr. Es war kurz vor zwei, der neue Tag war fast zwei Stunden alt.
„Robertson“, meldete er sich. Am anderen Ende war Stille. „Hallo, wer ist denn da?“, er hörte jemanden schwer atmen.
„Hier ist Frogfoot, ich bin angeschossen worden und musste …“
„Sind Sie wahnsinnig geworden, hier anzurufen!“, fiel ihm Bob ins Wort, „melden Sie sich zu den festgesetzten Zeiten“, er knallte den Hörer auf die Gabel.
„Verdammt, was ist denn da schiefgegangen?“, murmelte er und schlug mit der Faust gegen die Wand.
Kein Agent sollte über das Telefon mit ihm Kontakt aufnehmen, sondern aus Sicherheitsgründen nur über das Funkgerät und das zu festgesetzten Zeiten. Er spürte, dass die Anspannung größer wurde, nervös betrat er das Wohnzimmer. Er blieb für einen kurzen Augenblick vor dem Sofa stehen. Seine Augen tasteten langsam über den in eine leichte Ohnmacht gesunkenen Körper. Die Situation verlangte ein blitzschnelles Handeln.
Ihm war bewusst, sollte Ann wieder zu sich kommen, bekäme er gewaltige Schwierigkeiten. Es gab für ihn nur den einen Weg. Es durfte von dem, was hier heute geschehen war, nichts nach außen gelangen. Einen Moment lang starrte er wie in Trance auf das Telefon. Genau, das war die Lösung, schoss es ihm durch den Kopf.
Dr. Howard. Howard ist Psychiater und ihm gehört eine Privatklinik ganz in der Nähe von Plymouth.
Sobald es hell ist, werde ich Dr. Howard anrufen und ihm den starken Rückfall von Ann mitteilen, damit man sie abholt und für unbestimmte Zeit dort stationär behandeln kann.
Es war schon ein perfekter Plan, überlegte er. Als er noch darüber grübelte, sah Bob sich im Spiegel, der im Flur an der Wand über dem kleinen Abstelltisch hing. Kein Geräusch war zu hören. Einen Moment betrachtete er sich und dann musste er schmunzeln. So sehen Sieger aus, ging es ihm durch den Kopf. Aus Schmunzeln wurde allmählich ein gequältes Lächeln. Eine Gänsehaut lief über seinen Rücken. Mit einem Mal überkam ihn ein nie dagewesenes Gefühl der

Angst. Angst, sich vor sich selbst zu fürchten. Er sah plötzlich einen Menschen, der trotzdem nicht fehlerfrei war. Einen Mann der vielen Menschen Schmerz und Leid zugefügt hatte. Jetzt sah er ein Gesicht, das nicht mehr lächelte.

Er blickte in ein zerfurchtes, düsteres Antlitz und schaute in leere Augen. Er rieb sich mit beiden Händen durchs Gesicht. Jetzt war der falsche Zeitpunkt über Gut und Böse nachzudenken.

Das schrille Klingeln des Telefons schreckte ihn auf. Instinktiv blickte er auf die Uhr. Es war fast zwei. Das wird wohl die Polizei sein, überlegte Bob, als er zum Hörer griff.

Am anderen Ende war, wie er richtig vermutet hatte, Scotland Yard. Doch die Nachricht, die ihm mitgeteilt wurde, verärgerte ihn so sehr, dass er einen Wutanfall am Telefon bekam. „Wie soll ich das verstehen?“, schrie er laut in den Hörer. „Sie haben keine der gesuchten Personen dort angetroffen?“ Er nahm frustriert den Hörer vom Ohr. Schnell hatte er sich wieder gefasst. Mit etwas gedämpfter, aber doch strenger Stimme antwortete Bob: „Bestellen Sie Sir Oliver, dieser Fall hat absolute Priorität. Er sollte sich schnell etwas einfallen lassen.“ Dann legte er wieder auf.

Er musste sich im Moment zuerst um Ann kümmern. Sie durfte keinesfalls wieder zu sich kommen. Jedenfalls musste Ann so lange außer Gefecht gesetzt bleiben, bis Dr. Howard sie von hier abholt und sie dann so diskret wie möglich in seine Klinik geschafft hat.

Wie aus heiterem Himmel hatte Bob plötzlich eine Eingebung. Er war selbst überrascht von diesem ungewöhnlichen Gedanken. In einem gut versteckten Wandtresor im Keller, von dessen Existenz nur er allein wusste, lagerte ein toxisches Gemisch.

Ein Cocktail aus Psychopharmaka, Neuroleptika und Diazepam. Dieser Mix erzeugte eine verheerende Wirkung auf Geist, Gemüt und Körper, bis hin zur Psychose. Genau das bekamen Personen verabreicht, die man gefügig machen wollte, oder sie für immer zum Schweigen zu bringen.

Er hatte eine große Anzahl von Menschen gesehen, die in Dr. Howards Klinik eingeliefert und dort nie wieder herausgekommen sind. Die Klinik, bestehend aus mehreren Flachbauten, lag in einem militärischen Sperrbezirk, tief im Wald verborgen und weitab jeglicher Zivilisation.

Es werden dort auch – so munkelte man – irgendwelche Versuche an Gefangenen gemacht. Sein Entschluss war gefasst.
Bob hastete den Flur entlang, rannte nach draußen in Richtung Kellertreppe. Er musste sich beeilen, bevor Ann wieder zu sich kam. Nach kurzer Zeit war er wieder zurück. Ein leichtes Röcheln und Husten waren zu hören, als er den Flur betrat. Schnellen Schrittes erreichte er das Wohnzimmer. Ann lag mit geöffneten Augen auf dem Rücken und blickte verstört zur Decke. Als Bob zu ihr trat, schaute sie entsetzt zu ihm auf. In den weit aufgerissenen Augen sah er Angst und Panik. Die Lippen öffneten sich, als wollte sie schreien. Doch er war blitzschnell bei ihr und drückte seine Hand auf ihren Mund. „Es ist alles gut, mein Schatz", versuchte er sie mit sanfter Stimme zu beruhigen. „Gleich ist alles wieder gut!" Anns kraftloser Körper hatte keine Chance, Widerstand zu leisten. Er presste sein ganzes Gewicht auf ihren Körper und spürte, wie Anns Körper versuchte, sich zu wehren. Mit leisen Worten sie zu beruhigen, zog Bob mit der anderen Hand die Schutzkappe von der Nadel. Ein kurzer Sprühstrahl schoss im hohen Bogen aus der Kanüle, dann setzte Bob die Spritze in den Oberarmmuskel und drücke den Kolben nieder. Die Injektionsmischung drang langsam in Anns Körper. Es dauerte nicht lange und er fühlte, wie sich Anns Körper langsam entspannte. Um kein Risiko einzugehen, legte er ihr noch Handschellen an und fixierte die Füße mit einem schmalen Ledergürtel.
Allmählich wich auch bei ihm die Anspannung.
Nachdem er auf die Schnelle zwei Gläser Whisky getrunken hatte, verspürte er eine angenehme Schwere. Als er sich in dem großen Ledersessel niederließ, fielen ihm sofort die Augen zu.
Es dämmerte bereits, als Bob von seinem eigenen Schnarchen erwachte. Sein Schädel dröhnte, als hätte er die ganze Nacht viel zu tief ins Glas geschaut. Wie ein Karussell kreisten seine Gedanken kreuz und quer durch den Kopf. Er schaute verstört zur Decke und bemerkte, dass sein Mund weit offen stand. Schwerfällig, wie ein steinalter Greis, begann sein Gehirn, wieder Gedanken zu ordnen. Er konnte kaum schlucken, so trocken war sein Mund. Langsam tasteten seine Augen das Zimmer ab. Wie in Zeitlupe erhob er sich mit stöhnenden Lauten aus dem Sessel und versuchte, so etwas wie Leben in die steifen Glieder zu bekommen. Wie ein Kind das Laufen lernt,

tapste er durchs Haus. Nach dem Öffnen der Terrassentür drang die frische Morgenluft ins Haus. Nebel war aufgezogen und hatte Falcon wie in Watte gepackt. Das Nebelhorn eines weit entfernten Schiffes drang an seine Ohren. Der feuchte Dunst berührte sein Gesicht. Mit tiefen Atemzügen saugte er gierig die reine Luft in sich auf. Nach zwei gedrehten Runden auf der Terrasse war auch wieder ein gewohnter Bewegungsablauf vorhanden.
Ein kurzer Blick auf die Armbanduhr zeigte ihm, dass es bereits sechs Uhr dreißig war.
Als Allererstes entschied er sich dafür, sofort David Howard anzurufen, um ihn über die Situation zu informieren. Sie kannten sich bereits seit vielen Jahren. Er und Dr. David Howard, der ihm einmal vor ewig langer Zeit bei einem geheimen Treffen der „Organisation" das Du angeboten hatte. Dr. Howard ein geheimnisvoller Mann, von gedrungener, gut genährter Gestalt. Sein ungepflegtes, schütteres, graues Haar reichte bis auf die Schultern, die häufig mit Schuppen bedeckt waren. Eigentlich ekelte ihn Dr. David Howard an.
Jedoch besaß dieser Dr. Howard, dessen Vorliebe besonders kleine asiatische Jungen waren, wichtige Voraussetzungen. Erstens konnte man sich blind auf ihn verlassen und zweitens, war er verschwiegen wie ein Grab.
Erst jetzt bemerkte er, als er wieder ins Haus ging, diesen ekeligen Geruch von Schweiß, Urin und Erbrochenem. Das anschließende Telefonat verlief relativ kurz. Er hatte David persönlich am Apparat, der ihm versprach, so schnell wie möglich zwei seiner Assistenten zu schicken. Es war wohl über eine Stunde vergangen, als Bob das Klopfen an der Haustür vernahm. In der Zwischenzeit war er unter die Dusche gegangen, hatte sich rasiert und gefrühstückt. Er öffnet die Haustür und erblickte einen gut gepflegten jungen Mann in einem weißen Overall. „Guten Morgen Sir", eröffnete der ihm Gegenüberstehende das Gespräch. „Sie haben ein Problem mit dem Abfluss", fragte er. Für einen Moment war Bob unsicher, doch dann begriff er. Dr. Howard hatte ihm gesagt, dass zwei, als Reinigungskräfte getarnte Assistenten kämen. „Ja, ja das ist richtig", stotterte Bob. „Genau, ich habe ein großes Problem mit dem Abfluss". Nachdem der junge Mann sich die Situation angeschaut hatte, gab er dem Fahrer ein Zeichen, den Kleintransporter hinter das Haus zu fahren.

Es lag immer noch dichter Nebel über Falcon. Nachdem sie die Hecktür geöffnet hatten, zogen sie, aus dem als Rohrreinigungsfirma getarnten Krankenwagen, eine Bahre heraus. Ohne ein Wort verrichteten sie ihre Arbeit. Leise, wie sie gekommen waren, verschwanden sie auch wieder. Als das Motorengeräusch des Wagens in der Nebelwand verstummte, ging Bob wieder ins Haus zurück und öffnete alle Fenster, um den Gestank zu entfernen. Dabei fiel ihm jedes Einatmen schwer.
Still war es im Haus der Robertsons geworden und diese Stille schloss der Nebel ein, wie eine Insel in einer fernen Galaxie.
Ein Problem war beseitigt, dachte er. Aber da war noch ein anderes nicht zu unterschätzendes Problem. Das Warten zerrte an seinen Nerven, er griff zum Hörer.
Er brauchte nicht lange zu warten, dann meldete sich Sir Oliver. Das, was Sir Oliver ihm jetzt mitteilte, war schon einmal beruhigend. Ein Großaufgebot von Polizeikräften hatten Farm House umstellt und standen kurz vor dem Zugriff. Alles Weitere lag in den Händen der Polizeibeamten vor Ort. Das war ja schon einmal eine gute Nachricht, dachte Bob und legte den Hörer auf.
Jetzt war er noch aufgedrehter als vorher. Er wollte jetzt unbedingt die Mitteilung bekommen, dass sie Lydia gefasst haben. Er merkte nicht einmal, dass er an seinen Fingernägeln kaute.
Ein Blick auf die Uhr sagte ihm, dass es langsam Zeit wurde, in den Keller zu gehen, um mit „Frogfoot" dem Holländer über das Funkgerät Kontakt aufzunehmen. Dreimal am Tag war es Bob möglich, mit seinen Agenten Kontakt aufzunehmen. Aus Sicherheitsgründen, um ein Abhören zu erschweren, veränderten sich diese Kontaktzeiten nach dem Datum und einem bestimmten Zahlencode. Unterdessen packte Bob ein paar Sachen für sich ein. Denn nachdem er die positive Nachricht von Sir Oliver bekommen hatte, wollte er sich sofort auf den Weg machen, um Lydia zu treffen. Im Keller angekommen stellte er das Funkgerät an. Ein leises Knistern war zu hören. Als die Zeiger auf fünf Minuten nach neun Uhr zeigten, drückte er die Sprechtaste.
„Foxhound", ruft Frogfoot, Foxhound ruft Frogfoot", dann ließ er die Sprechtaste wieder los. Er wiederholte den Funkspruch. Ein Krächzen, dann hörte er die Stimme von Frogfoot. Das, was der Holländer

jetzt berichtete, beruhigte ihn nicht gerade. Nachdem er angeschossen wurde, konnte er mit seinem Wagen fliehen.
In einem kleinen Örtchen sei er in eine Arztpraxis eingebrochen und habe den Doktor gezwungen, seine Wunde zu versorgen. Danach sei er in einem kleinen Hotel untergetaucht. Auf Bobs Frage, was mit dem Arzt geschehen ist, antwortete „Frogfoot" kurz. Da er mein Gesicht gesehen hat, musste ich ihn außer Gefecht setzen. Bob musste nicht weiter nachfragen.
Außer Gefecht setzen, hieß beim Holländer, der Doktor lebt nicht mehr. „Was ist mit Spuren, Blut usw.?", wollte Bob noch wissen.
„Wie lange kennen Sie mich, Sir?", kam sofort die Antwort.
„O. k., wir hören voneinander, Ende", beendete Foxhound das Funkgespräch. Ein kurzes Knacken, dann war nur noch ein leises Rauschen wahrzunehmen. Bob stellte das Funkgerät ab.
Bis jetzt lief alles nach seinen Vorstellungen, dachte er. Vor ihm auf dem Schreibtisch lag eine braune Mappe, die oben und unten mit schwarzen Gummibändern geschlossen war. Mehrere Abdrücke von irgendwelchen Stempeln waren zu erkennen. Was aber sofort ins Auge fiel, waren die großen Buchstaben „TOP SECRET". Bob wusste, wie hoch brisant das Material war, das in dieser Mappe lag, sollten diese Informationen in falsche Hände gelangen. Er schloss für einen Moment die Augen, seine Lider zuckten unruhig. Als er die Augen wieder öffnete war sein Blick auf die vor ihm liegende Mappe gerichtet. Ja, es wäre verheerend, wenn das geschehen würde, ging es ihm durch den Kopf. Ein kleiner Kreis von ausgewählten Männern kannte das Geheimnis. Es war wohl das Mächtigste, was es seit dem Zweiten Weltkrieg gegeben hatte. Es lief ihm kalt über den Rücken, wenn er an diese Sache dachte. Noch schlimmer war die Vorstellung, dass er bald einer der führenden Köpfe sein würde. Er war gerade dabei, die Akte wieder in den Wandtresor zu legen, als das Telefon klingelte. Na endlich, dachte Bob und legte die Akte in ein Fach, das aus Sicherheitsgründen ein weiteres Mal abzuschließen war.
Aufdringlich klingelte das Telefon. „Ich bin ja schon da", kam es laut über seine Lippen. Dann nahm er den Hörer in die Hand und meldete sich mit außergewöhnlich netter Stimme, ohne zu wissen, wer der Anrufer war. „Sir Oliver, ich höre!" Sein Gefühl hatte ihn

nicht getäuscht, es war tatsächlich Sir Oliver. Doch was er ihm mitteilte, war nicht das, was er hören wollte. „Hallo Bob, es tut mir leid, den Gesuchten ist trotz Einsatz von Schusswaffen die Flucht auf einem Motorrad gelungen. Ob wir jemanden verletzt haben, konnten die Beamten nicht erkennen.“ Stille.
„Bob“, versuchte Sir Oliver zu beschwichtigen, „wir haben den demolierten Wagen ihrer Tochter versteckt in einer Scheune gefunden. Die Verfolgung läuft. Die Suche wird ausgedehnt. Wir werden die Presse und auch das Fernsehen mit einbeziehen.“ Trotz dieser schlechten Nachricht blieb er ziemlich gelassen, ja er schmunzelte sogar. „Hallo Bob“, sagte Sir Oliver nach einem weiteren Moment des Schweigens. „Sind Sie noch da? Hören Sie Bob, wir werden alles tun, um sie zu kriegen, Sie können sich auf mich verlassen.“ Tief enttäuscht und ohne ein weiteres Wort zu verlieren, beendete er das Telefongespräch.
Wie ein uralter Mann erhob er sich aus einem Sessel und ging, mit auf dem Rücken verschränkten Armen durch den Raum. Irgendwann blieb er vor der Wand stehen, an der eine große Karte von England angebracht war. Wie ein Feldherr stand er da, um den nächsten Feldzug zu planen. Denn bis jetzt hatten seine Truppen auf ganzer Linie versagt. Sein Blick wanderte über die vielen kleinen Straßen, die sich wie Arterien durch das Land zogen, um sich immer wieder mit neuen Straßen zu verbinden, die dann wieder im Irgendwo endeten.
Wo seid ihr jetzt, überlegte er. Vielleicht war ja auch, durch die Schießerei, von der Sir Oliver vorhin sprach, doch jemand verletzt worden und brauchte irgendwann ärztliche Hilfe? Seine Augen wanderten auf die mit kleinen bunten Fähnchen markierten Punkte, an denen man sie gesehen hatte.
Das letzte Fähnchen, es war ein gelbes, steckte bei einem Ort namens Danbury. Danach verlor sich die Spur. Im Moment konnte er nur abwarten. Vielleicht wendete sich das Blatt ja wieder zu seinen Gunsten.
Nachdem er sein Büro verlassen hatte und wieder das Haus betrat, bemerkte er die eigenartige Stille, die in den Räumen lag. Mit tief in den Hosentaschen vergrabenen Händen schlenderte er durch die Räume. Sein Weg führte ihn durch den kleinen Garten mit den Rosenstöcken, die Ann so sehr liebte. Langsam löste sich der Nebel auf

und durch den Dunst spürte er die Sonne auf seiner Haut. Als er die Einfahrt von Falcon erreichte, schaute er sich um. Sein Blick war auf den großen Stein, rechts neben der Einfahrt gerichtet. Auf einer Gussplatte, die man in den Stein eingebettet hatte, waren zwei sich gegenüberstehende Pferde zu sehen. Das Wappen der Marlows. Paula von Neuenhaus war nach ihrer Flucht und Vertreibung aus Deutschland mit ihrer Tochter Ann nach England geflohen. Später lernte sie den wohlhabenden Sir Marlow kennen. Er heiratete sie und adoptierte ihre Tochter Ann. Sie lebten glücklich auf Falcon, dem Anwesen der Marlows. Nach seinem Tod gingen das Erbe und seine Verpflichtungen an Ann über. Anns Mom wurde sehr pflegebedürftig und übersiedelte in ein gut geführtes Pflegeheim, in dem alles für sie getan wurde.
Sein Blick wurde ernst. Wie ein Film liefen die letzten Jahre vor seinen Augen ab. Die Marlows, eine wohlhabende und gesellschaftlich einflussreiche Familie. Nachdem er Ann geheiratet hatte, ließ man ihn früh spüren, welchen Stellenwert er besaß. Eigentlich war ein anderer für Ann vorgesehen. Ein Herr aus einem guten Hause. Es gab vielerlei Querelen und lange Diskussionen. Ihm bot man sogar eine Menge Geld, um von der Heirat abzusehen.
Irgendwann akzeptierte die Familie den Schritt ihrer Tochter. Doch bis heute war er immer das fünfte Rad am Wagen.
Doch nun war endlich der Zeitpunkt gekommen, um abzurechnen, um Rache an den Demütigungen zu nehmen.
Das, was letzte Nacht geschehen ist, war lange überfällig und durch die entstandene Situation besonders günstig. Langsam schritt er wieder zurück zum Haus. Eine innere Zufriedenheit wallte in ihm empor. Ja, er hatte ab jetzt das Kommando und fühlte sich zum ersten Mal als Sieger.
Endlich war auch der Weg frei zu Debora. Lady Debora war von adeligem Geschlecht und irgendwie mit dem königlichen Hof verwandt. Beide hatten seit dreieinhalb Jahren ein Verhältnis. Einmal in der Woche trafen sie sich in einem kleinen Landhotel. Lady Debora war keine Schönheit, jedoch war sie für die Organisation und für sein weiteres Vorhaben eine wichtige Schlüsselfigur. Um an sie heranzukommen, hatte er alle ihm zur Verfügung stehenden Register gezogen. Der Einzige, der ihm hätte Schwierigkeiten machen können, war

ihr Ehemann. Doch das Problem hatte er vor zwei Monaten durch den Holländer, ohne dass Lady Debora davon wusste, gelöst.
Der Ehemann von Lady Debora, dem man nachsagte, mit schnellen Autos unterwegs zu sein, verlor aus unerklärlichen Gründen auf einer Küstenstraße die Kontrolle über sein Fahrzeug. Er stürzte, nachdem er aus einer Rechtskurve geflogen war, die steilen Klippen hinunter. Die Obduktion ergab, dass der Mann Alkohol getrunken hatte und damit war es ein tragischer Verkehrsunfall mit Todesfolge.
Nun war der Weg frei. Auch war klar, dass Ann nicht wieder zurückkehren durfte. Jedoch gab es noch ein entscheidendes Problem. Das hieß Lydia … Sie konnte ihm außerordentlich gefährlich werden und alles Bisherige zunichte machen.
Der Rest des Samstags verlief ohne besondere Vorkommnisse. Bob hatte die Hauswirtschafterin Miss Davis für die nächsten zwei Tage beurlaubt.
Er hatte die Organisation in Kenntnis gesetzt, was sich im Moment abspielte und dass er alles unter Kontrolle hatte. Aus Richtung Scotland Yard war es ruhig geblieben. Keinerlei Neuigkeiten über die Suche nach Lydia. Er wollte noch ein kurzfristiges Treffen der Sektionsleiter für den morgigen Sonntag vorbereiten und war dabei, alle wichtigen Fakten und Unterlagen bereitzulegen. Bob ahnte aber noch nicht, dass das Treffen aus einem anderen Grund nicht zustande kommen sollte.
Er hatte es sich auf der Couch gemütlich gemacht und hörte gespannt die Meldungen, die der Nachrichtensprecher verkündete.
Seit langer Zeit beobachtete man die Vorgänge in der DDR. Die Organisation hatte viel mehr Informationen darüber, als jeder andere Geheimdienst auf der Welt. Sie wussten bereits, dass der Eiserne Vorhang, die Grenze, die Deutschland teilte, fallen wird. Nur wann dieser Zeitpunkt war, lag noch im Ungewissen.
Das war einer der wichtigsten Gründe, warum sich die Führungsriege treffen musste. Wie sollte es weitergehen? Vor allem in der Organisation, in Westdeutschland und den Niederlanden? Sie waren in ganz Europa tätig. Der Sprung in andere Länder stand bevor. Er merkte nicht, wie seine Augen zufielen und er in einen tiefen Schlaf versank.
Wieder war es das Telefon, das ihn aus dem Schlaf riss. Wie in Trance stolperte er in Richtung Telefon. Jetzt erst bemerkte Bob das

nasse durchgeschwitzte T-Shirt. Bevor er den Hörer abnahm, blickte er instinktiv auf seine Armbanduhr. Es war kurz vor zehn Uhr. „Robertson“, meldete er sich mit verschlafener Stimme. “Guten Morgen Bob“, kam es vom anderen Ende. Es war Sir Oliver. Plötzlich war er hellwach und voll konzentriert. Jetzt musste doch endlich die ersehnte Nachricht kommen, dass man die Flüchtenden gefasst hatte. „Leider sind die beiden spurlos verschwunden.“ Doch was er jetzt hörte, ließ ihn aufhorchen.

Die Kinder einer Bauernfamilie hatten ein in einer Buschreihe verstecktes Motorrad gefunden. Es war genau der Typ Motorrad mit dem Lydia und ihr Begleiter von Farm House geflüchtet waren. „Wo hat man es gefunden?‘, fragte Bob. „Jetzt setzen Sie sich hin“, kam die Antwort. „Jetzt spannen Sie mich nicht auf die Folter.“ Bob war aufgeregt. „Das Versteck liegt in unmittelbarer Nähe einer NATO-Air-Base, nordostwärts einer kleinen Ortschaft namens Wetherfield. Könnte es vielleicht sein“, mutmaßte Sir Oliver „dass die beiden doch auf die Air-Base gelangt sind und …“ plötzlich verstummte er. „Sie meinen, dass sie tatsächlich in den gut bewachten Sicherheitsbereich eingedrungen sind, um dann mit einem Militärflugzeug zu entkommen?“,

„Klingt recht wagemutig und außerdem gefährlich noch dazu, deshalb glaube ich nicht, dass die Flüchtenden auf die Air-Base gelangt sind.“ Mit den Worten, dass sie die Suche weiter ausdehnen würden, beendete Sir Oliver das Telefonat. Schweigend, den Hörer noch in den Händen haltend, stand Bob da.

Er blickte an sich herunter und merkte, dass er barfuß war. Was, wenn es den beiden doch gelungen ist, auf die Air-Base zu kommen, ging es ihm durch den Kopf. So etwas konnte nur gelingen, wenn man Hilfe von besonderer Stelle hatte. Also war es gar nicht so abwegig, was Sir Oliver meinte.

Bob entschloss sich, sich erst einmal frisch zu machen und dann ausgiebig zu frühstücken. Anschließend wollte er den Kontroll-Offizier anrufen, der für sämtliche militärischen Flugbewegungen von und nach England zuständig ist. Um elf Uhr dreißig, nach mehreren Weiterleitungsversuchen, hatte Bob den Kontroll-Offizier endlich am Telefon. Nachdem er seinen Namen, Dienstgrad und das täglich wechselnde Code-Wort durchgegeben hatte, war der Offizier

bereit, Bobs Fragen zu beantworten.
Die sehr junge Stimme, am anderen Ende der Leitung las mehrere Zahlencodes vor. Aus diesen verschlüsselten Zeichen konnte Bob erkennen, dass es in den letzten vierundzwanzig Stunden acht Flugbewegungen gegeben hatte. Sechs von denen waren einsitzige Kampfjets. Ein Hubschrauberflug entlang der Küste. Einen Moment war es still und Bob hörte, wie am anderen Ende jemand auf irgendwelche Tasten hämmerte.

Kapitel 24

„Warum brennt im Hause überall das Licht?“, fragte Lydia. Auch John hatte darauf keine Antwort. Langsam bogen sie um die große Hecke und fuhren auf den Hof. Hier standen ein paar Fahrzeuge und Leute liefen hektisch umher. Auch aus den Stallungen schien Licht auf den Hof. Nachdem sie den Land Rover abgestellt hatten, gingen sie zum Haupthaus.

Vor der Eingangstür standen zwei junge Frauen und rauchten. Auf die von John gestellte Frage, was denn hier passiert sei, kam sofort die Gegenfrage, wer sind sie denn? Darauf erklärte John den beiden, wer er ist und dass Hailey Wilson seine Tante sei. Daraufhin gaben sich die beiden als Studentinnen zu erkennen, die hier auf der Farm Studien über Ackerbau und Viehzucht durchführten. „Und was machen all die anderen Leute hier?“, fragte Lydia.

„Also“ fing die Kleinere, etwas mollige junge Frau an zu erzählen. „Da ist Bounty, Bounty ist eine Stute, die heute Nacht ein Fohlen zur Welt gebracht hat. Aus diesem Anlass sind wir und unser Tierarzt Doktor Adam ist zur Home Farm gekommen, um dieses Ereignis mitzuerleben. Dann wollten wir Ms. Wilson benachrichtigen, ob sie vielleicht auch bei der Geburt dabei sein wollte.“ Mit einem Mal verstummte sie und fing an zu würgen. Schnell drehte sie sich zur Seite, um sich zu übergeben. „Das war alles etwas zu viel für sie!“, setzte die andere Frau das Gespräch fort. „Denn als Ruby Ms. Wilson holen wollte, bemerkte sie, dass die Eingangstür offen stand. Das ist doch richtig, oder?“, fragte sie und schaute zu Ruby, die sich wieder etwas gefangen hatte.

„Und was ist dann passiert?“, fragte John und schaute zur Eingangstür. „Als ich gerade eintreten wollte“, sie zündete sich erneut eine Zigarette an, „da hörte ich diesen Schuss“.

„Was für einen Schuss?“, Lydia blickte aufgeschreckt zu John.

„Ich war bereits im Flur und hatte das Licht angemacht, da kam plötzlich dieser Mann mit schmerzverzerrtem Gesicht aus dem Zimmer gestürmt und rannte humpelnderweise in Richtung Terrasse.“

„Wo ist meine Tante jetzt?“, fragte John erregt.

„Ms. Wilson ist im Haus, Doktor Adam ist bei ihr.“

Daraufhin stürzte John sofort ins Haus. Lydia zeigte den Frauen ihren Polizeiausweis und erklärte, dass auch John bei der Polizei sei. „Demnach war es ja wohl ein Einbrecher, oder?“ Lydia blickte dabei zu Ruby. Sie hatte sich in der Zwischenzeit eine weitere Zigarette angezündet. „Ich weiß nicht, der sah gar nicht so aus wie ein Einbrecher“, antwortete Ruby.
„Wie kommst du darauf?“, hakte Lydia sofort nach.
„Nun ja, es ging alles so schnell und ich dachte im ersten Moment, okay das war es, jetzt tötet er dich. Ich war so geschockt, ich glaube, ich habe vergessen zu atmen.“ Tröstend legte die Freundin den Arm um ihre Schulter. „Warum bist du der Meinung, dass der Mann kein Einbrecher war?“, wollte Lydia wissen. „Also, der sah eher aus wie ein Soldat.“
„Ein Soldat, wie soll ich das verstehen?“, dabei zog Lydia verwundert die Augenbrauen hoch.
„Nun ja, der trug eine Uniform mit einer Tarnjacke darüber und auf dem Kopf hatte er eine grüne Wollmütze“, stotterte Ruby.
„Jetzt wollen sie bestimmt wissen, wie er ausgesehen hat, nicht wahr?“ Lydia schmunzelte und nickte. „Das wäre perfekt!“
„Wie gesagt, es ging alles so schnell und ich hatte Todesangst. Aber eins fiel mir sofort ins Auge. Unter der Wollmütze kamen Haare zum Vorschein und die waren hellblond, fast weiß.“
„Und das Gesicht des Mannes?“, hakte Lydia erneut nach.
„Es sah so aus, als hätte er Schminke aufgelegt.“ Lydia nickte nur.
„Also, wenn ich das richtig verstanden habe, war das Gesicht des Mannes nicht verdeckt?“, bohrte Lydia weiter. „Nein, es war nicht verdeckt!“, antwortete Ruby ziemlich genervt und fing auf einmal an zu weinen.
„O. k., Ruby, das hast du gut gemacht“, sagte Lydia mit aufmunternder Stimme und bat beide noch zu bleiben, sollte ihnen noch etwas einfallen. Dann ging sie auch ins Haus, um nach Tante Hailey zu sehen.
Lydia musste schon ein wenig lächeln, als sie die Hälfte des Korridors erreicht hatte und aus dem Wohnzimmer die dominierende Stimme von Tante Hailey an ihre Ohren drang. Dann sah sie plötzlich das Blut auf dem Boden. Die Spur führte in Richtung Terrasse. Ihr fiel der Schuss ein. Die Spur deutete darauf hin, dass der Einbre-

cher angeschossen und somit verletzt wurde. Dann betrat sie das Wohnzimmer. Tante Hailey lag auf dem alten Sofa und hatte einen Verband um ihren Kopf. John hockte neben ihr und Doktor Adam versuchte, der unaufhörlich redenden Hailey den linken Unterarm zu verbinden.
Eine junge Frau, vermutlich noch eine Studentin, hatte wohl in der Zwischenzeit Tee zubereitet, sie balancierte nun mit großem Geschick das vollgepackte Silbertablett durch das Wohnzimmer und stellte es auf den Couchtisch aus Mahagoni.
„Wie geht es dir?“, fragte Lydia und schaute dabei besorgt auf die Verletzungen an ihrem Kopf. „Mir brummt der Schädel“, kam es zurück.
„Darüber hinaus freue ich mich, dass ihr wieder da seid.“ Lydia legte ihre Hand auf Haileys Schulter. Während alle anderen den heißen Tee schlürften, gab John Lydia, ohne dass es jemand mitbekam, einen Wink, den Raum zu verlassen. Sie bewegten sich fast unauffällig, einer nach dem anderen, in den Flur. John setzte sich mit einem leisen Seufzer auf die Treppe und holte seine Zigaretten aus der Jackentasche. Er steckte sich zwei in den Mund und zündete sie an. Wortlos überreichte er eine davon Lydia. Ein knappes „Danke“ kam über ihre Lippen. Nach zwei tiefen Zügen an seiner Zigarette fing John an zu sprechen. „Also, wenn du mich fragst, sah das hier nicht aus wie ein gewöhnlicher Einbruch.“ Sie nickte.
„Meine Tante sprach von einem Mann in Army-Kleidung, der sie mit einer Waffe bedroht hat“, fügte John hinzu. „Das deckt sich mit der Aussage der jungen Studentin“, antwortete Lydia.
„Was mir aber zu denken gibt, ist die Äußerung von Tante Hailey, dass dieser Typ nach uns gefragt hat.“
„Der hat sich nach uns erkundigt?“, fragte Lydia erstaunt.
„Ja, und als Tante Hailey so getan hat, als wenn sie von nichts wüsste, hat er sie geschlagen und gedroht, sie zu töten. Durch Zufall kamen dann die Studenten. Er war wohl für einen kurzen Moment lang abgelenkt. Diese Unaufmerksamkeit nutzte Hailey und konnte aus der Schreibtischschublade den Revolver herausholen, mit dem sie den Mann in den Fuß geschossen hat, der daraufhin voller Panik und verletzt das Haus verließ.“
„Kann sie den Mann beschreiben?“, fragte Lydia.

„Sehr vage!“, antwortete John. „Sie kann sich nur an ein knochiges, blutarmes Gesicht, welches mit Bräunungsmittel beschmiert war, erinnern. Ach, das hätte ich beinahe ganz vergessen“, erinnerte sich John plötzlich. „Es muss wohl kein Landsmann gewesen sein, erzählte sie noch. Das Englisch dieses Fremden war einfach miserabel, mit auffallend holländischem Akzent.“ Lydia blickte vor sich auf den Boden.
Als erfahrener Ermittler wusste John, was in Lydias Kopf für Gedanken kreisten. „Du denkst, weil Will auch Holländerin ist, besteht zwischen den beiden eine Verbindung?“, Lydia schaute ihn fragend an und zuckte mit den Schultern. „Bei dem Gedanken wird mir unbehaglich zumute“, sie holte tief Luft. „Das ist nicht bewiesen und spekulativ“, entgegnete er.
Ein Lächeln huschte über ihr Gesicht. „Du alter Fuchs, du willst mich nur beruhigen!“ John fühlte sich ertappt und musste ebenfalls schmunzeln. „Okay, du hast ja recht!“, und beide lachten. Dabei hatten sie nicht bemerkt, dass die Studentin ihnen einen Tee servieren wollte. Sie tranken den heißen Tee und schwiegen einen Moment.
Dann unterbrach John das Nachsinnen. „Vielleicht war das ja der zweite Typ von der Kirche? Und wenn ja, woher wusste er, dass wir hier auf Home Farm sind?“,
John zündete sich und Lydia eine weitere Zigarette an. „Da war noch etwas, was mich verunsichert hat und mir nicht mehr aus dem Kopf geht“, sagte er.
Er blies den tief inhalierten Rauch voller Genuss wieder in die Luft. „Nachdem eine der Studentinnen Doktor Adam zur Hilfe holte, wollte man auch die Polizei benachrichtigen. Jedoch, so die Aussage des Doktors, hat Tante Hailey sich vehement dagegen gewehrt.“
„Das kann ich nachvollziehen“, erwiderte Lydia. „Sie wollte uns keine Schwierigkeiten bereiten.“ „Das ist richtig“, sagte John. „Jetzt kommt aber das, meine liebe Lydia, was diese Sache so prekär macht.“
Bevor er weiterredete, stand er auf, nahm einen letzten Zug und drückte die Zigarette in einer flachen Schale aus, die auf keinen Fall ein Aschenbecher war. „Nachdem der Unbekannte geflüchtet war, so erzählte mir Tante Hailey, kamen kurz darauf drei Streifenwagen auf

den Hof gefahren, obwohl keiner der Anwesenden von hier aus den Notruf gewählt hatte." Lydia nickte nachdenklich. „Den Täter können wir wohl auch ausschließen!", ergänzte sie. „Mir ist bewusst, dass nach unserem Auftritt im Hospital der Fahndungsdruck nach uns erhöht wurde. Aber trotzdem kann keiner wissen oder auch nur erahnen, dass wir hier untergetaucht sind", räumte John ein.
Doktor Adam schlich aus dem Wohnzimmer und schloss ganz leise die Tür hinter sich. „Ihre Tante schläft jetzt", sagte er mit flüsternder Stimme. „Ich habe den Hausarzt Ihrer Tante in Kenntnis gesetzt, der wird heute Vormittag nach ihr schauen. Ihre Tante ist eine robuste Frau, aber sie hatte einen Schutzengel."
Mit diesen Worten verabschiedete sich der Tierarzt und verließ das Haus. John und Lydia begleiteten ihn noch bis zur Haustür und atmeten die frische Morgenluft tief ein. Es hatte zu regnen begonnen. Der Regen tropfte klatschend von den Blättern.
Zwei der Studenten hatten es sich als Nachtwachen in Schlafsäcken im Stall bequem gemacht. Stille kehrte ein. Erschöpft gingen sie zurück ins Haus. „Da war noch etwas." John blieb im Flur stehen. Er nahm Lydias Hand und schaute ihr in die Augen.
„Wir müssen jetzt wachsam sein. Ich werde das Gefühl nicht los, dass jemand weiß, dass wir hier sind!"
„Wieso?", fragte sie und zog die Hand zurück. „Tante Hailey und auch Doktor Adam hatten den Eindruck, dass die Polizeibeamten nicht den Einbrecher verfolgten, sondern gezielt nach etwas ganz Bestimmtem suchten."
„Wer sollte es nach deiner Meinung sein, der von unserm Versteck Kenntnis hat?" Lydia verschränkte die Arme vor der Brust. „Ich bin felsenfest davon überzeugt, dass es jemand ist", seine Stimme wurde leise, „der uns ganz nahe steht."
„Du meinst wohl mit uns, der mir ganz nahe steht, nicht wahr?"
„Genau das meine ich!", gab er zurück.
„Lydia", sagte er und sein Tonfall war auf einmal schärfer. „Du hast doch auch ein Telefonat geführt und ich glaube, mich daran zu erinnern, dass es mit deiner Mom gewesen ist, richtig?" Lydia nickte.
„Ja, das ist korrekt!", sie presste dabei die Lippen aufeinander.
„Kannst du dich noch daran erinnern, was du deiner Mom so alles gesagt hast? Und war nicht dein Stiefvater auch in der Army und

sogar in der gleichen Einheit wie dein verstorbener Dad … Und hast du nicht erzählt, dass während der Telefonate es häufig mal in der Leitung geknackt hätte?“ Eine sonderbare Stille lag über Home Farm.
Nur das kraftvolle durchdringende Ticken der alten Standuhr hallte durch den Korridor und machte klar, dass die Zeit nicht stehen blieb. Lydia setzte sich auf einen kleinen Hocker gegenüber der Treppe.
„Du meinst, dass die Telefongespräche gezielt abgehört wurden und dass mein Stiefvater offensichtlich in die Sache verwickelt ist?“ John gab keine Antwort.
Seine Gestik, ein mehrmaliges Kopfnicken, gab Lydia klar zu verstehen, dass so, wie sie den Sachverhalt geschildert hatte, er es auch meinte. Sie lehnte sich zurück an die Wand und schaute nachdenklich vor sich auf den Boden. Sie schüttelte den Kopf: „Und was ist mit meiner Mom?“, fragte sie regungslos. „Vielleicht hat sie mit dem Ganzen hier überhaupt nichts zu tun!“ John zündete sich eine weitere Zigarette an. „Wir haben aber ein großes Problem“, fügte er hinzu. „Wir können überhaupt nichts beweisen. Es sei denn, wir lösen das Rätsel dieses geheimnisvollen Briefes und was sich vor vielen Jahren abspielte. Um das aber herauszufinden, müssten wir nach Westdeutschland. Aber hier kommt das nächste Problem. Da die Polizei nach uns fahndet, werden wir England kaum auf dem normalen Weg verlassen können.“ Lydia stand auf und ging langsamen Schrittes im Flur auf und ab. „Was schlägst du vor?“ Sie hoffte, dass John eine Lösung für ihre missliche Lage parat hatte.
John hatte eine Idee, sie war schon ein wenig abenteuerlich, doch sie konnte klappen. „Ich werde im Laufe des Vormittags versuchen, mit einem Major Rutherford Kontakt aufzunehmen“, er lächelte. „Warum grinst du?“, fragte Lydia erstaunt.
„Nun ja, ich hatte mit Dean beruflich und auch privat viel zu tun. Unter anderem haben wir einmal einen Agenten mit einem verdeckten Militärauftrag außer Landes gebracht.“ Sie schaute ihn mit großen Augen an.
„Du bist der Auffassung, dass wir es ebenfalls mit so einem Militärtransport schaffen könnten?“ „Ein Versuch ist es wenigstens wert.“
„Also, Dean ist wie gesagt ein hoher Offizier im >Joint Headquarters (JHQ)< in Rheindahlen bei Mönchengladbach und vielleicht findet

er eine Möglichkeit, um uns sicher nach Westdeutschland zu bringen."
Sie unterhielten sich noch eine Zeit lang darüber, was sie noch alles mitzunehmen hatten. Dann gingen sie zu Bett. Als das Licht im Haus erlosch, schlug die Glocke der Standuhr die zweite Stunde nach Mitternacht. Draußen hatte der Regen zugenommen, der Wind heulte. Alles auf Home Farm schlief und alles schien friedlich zu sein.
Gegen acht Uhr wird die Idylle durch das knatternde Motorgeräusch eines Autos, was nicht gerade langsam auf den Hof einfährt, unterbrochen. Als der grüne Triumph TRG mit quietschenden Bremsen am Haupthaus zum Stehen kommt, hat der Regen noch einmal an Stärke zugenommen.
Fluchend über das Wetter verlässt der hagere, hochgewachsene, mit einem weiten Regenmantel bekleidete Fahrer seinen alten Sportwagen.
Mit ein paar großen Sätzen erreicht er, mit einem kleinen schwarzen Koffer in der Hand, den Eingangsbereich. Immer noch leise vor sich hin fluchend betätigt er den schwarzen, gusseisernen Türklopfer mit dem Löwenkopf. Der Klang des Eisens schallt über den Hof. Der Mann mit dem Koffer braucht nicht lange zu warten. Ein metallisches Geräusch vom Entriegeln des Türschlosses ist zu vernehmen.
Dann öffnet jemand die schwere Eichentür. Eine junge Frau steht vor ihm. „Guten Morgen, ich bin Doktor Reynolds", stellt sich der Mann vor.
„Ich bin der Hausarzt von Ms. Wilson und möchte nach ihr sehen, weil sie wohl überfallen wurde, so teilte mir es Doktor Adams per Telefon heute Nacht mit."
„Ja, das ist leider wahr", antwortet die Frauenstimme.
„Ich heiße Lydia und bin hier nur zu Besuch." Dann bittet sie den Doktor, einzutreten. Als Doktor Reynolds seinen durchnässten Mantel an der Garderobe aufhängen will, kommt gerade Tante Hailey aus der Wohnstube. „Guten Morgen Antony", sagte sie und lächelte.
Doktor Reynolds hat ihr vor vier Jahren das Du angeboten. Als er sich auf einem Ärztekongress in Schweden befand und seine ältere Tochter Freya vom Pferd stürzte, hatte sich Hailey mehrere Tage lang liebevoll um die kleine Patientin gekümmert.
„Ich denke, du bist überfallen worden?", erwiderte er erstaunt. „Ja

das stimmt“, antwortete sie. „Aber ich glaube, ich habe diesem fiesen Typen eine schlimmere Verletzung zugefügt als er mir.“
„Wir schauen uns das einmal an!“ Mit diesen Worten verschwanden Doktor Reynolds und Tante Hailey in der Wohnstube. Nach einer dreiviertel Stunde öffnete sich die Tür und sie kamen wieder heraus. Lydia bot Doktor Reynolds eine Tasse Tee an. Sie standen noch einen Moment auf dem Flur. Mittlerweile war John dazugekommen und erkundigte sich nach dem Zustand seiner Tante. „Sie hat großes Glück gehabt!“, sagte der Doktor.
„Ich habe ihr etwas aufgeschrieben, was die Apotheke noch im Laufe des Tages vorbeibringt!“ Nachdem der Doktor die Tasse Tee getrunken hatte, zog er sich seinen Mantel an, bedankte sich für die nette Bewirtung und verließ das Gebäude. Draußen regnete es immer noch in Strömen.
Wie ein Geist stand auf einmal Tante Hailey in der Tür.
„Antony“, sagte sie und in ihrer Stimme war Unruhe zu spüren, „hat mich darauf aufmerksam gemacht, dass entlang der Hauptstraße mehrere Polizeifahrzeuge aufgefahren sind und ob die vielleicht noch mit dem Einbruch zu tun hätten?“
„Polizeifahrzeuge?“, John schaute verdutzt zu Lydia hinüber.
Plötzlich riss ein lautes Hupen sie aus ihren Gedanken. „Das ist auf dem Zufahrtsweg.“ John rannte unverzüglich in Richtung Terrasse. Von hier aus konnte man den schmalen Weg, der zum Hof führte, gut einsehen. Das was er nun in einiger Entfernung erblickte, jagte ihm einen mächtigen Schrecken ein.
Erstarrt und völlig regungslos betrachtete er die Kolonne von Polizeifahrzeugen, die in Richtung Hof unterwegs war, jedoch durch den Wagen von Doktor Reynolds auf dem schmalen Weg, an der Weiterfahrt gehindert wurden.
Der erste Polizeiwagen schaltete das Blaulicht ein. Danach ertönte über ein eingeschaltetes Megafon, eine krächzende Stimme, dass sofort der Weg freizumachen sei.
John hatte sich schnell gefangen. Wir müssen hier verschwinden, schoss es ihm durch den Kopf. Er rannte zurück. „Lydia“, rief John, „nimm die Tasche, wir müssen weg.“ Lydia hatte bereits reagiert.
Sofort nachdem sie die Stimme aus dem Megafon hörte, war ihr klar, was hier gleich los sein würde und stand schon in der geöffneten

Eingangstür. John eilte noch einmal in die Wohnstube. Tante Hailey stand an dem großen Schreibtisch. „Passt auf euch auf“, sagte sie. Dann gab sie John eine Tasche. „Was ist da drin?“, wollte John wissen. „Geht jetzt“, sagte sie und strich mit der Hand über sein Gesicht. „Danke, Tante Hailey!“, sagte John und nahm sie in den Arm. „Beeil dich!“, schrie Lydia. Dann stürzte John aus dem Zimmer und erreichte die Eingangstür.
Ein Blick durch den Spalt der geöffneten Tür zeigte, dass im Moment noch kein Polizist den Hof erreicht hatte.

Kapitel 25

„Wir müssen zum Wagen“, rief John und seine Stimme war pure Panik. Sie rannten in Richtung Stallungen, an die ein überdachter Abstellplatz angrenzte, wo auch Tante Haileys Land Rover stand.
Der Regen hatte etwas nachgelassen. „Mit dem Wagen kommen wir hier nicht weg“, meinte Lydia. Denn die einzige Zufahrt war blockiert und das Gelände auf der anderen Seite bestand aus Feldern und Pferdekoppeln, die durch Holzzäune getrennt waren. „Also zu Fuß!“, meinte John. Lydia schaute ein letztes Mal um einen Mauervorsprung. „Sie kommen“, flüsterte sie leise. Sie sahen, wie die Fahrzeuge mit Blaulicht auf den Hof fuhren. Sofort sprangen die Uniformierten aus den Autos und rannten die Stufen hinauf zum Haupthaus. Das verschafft uns ein wenig Luft, dachte John.
An der hinteren Außenwand war ein kleines Tor, durch das man die Pferdekoppeln erreichen konnte. Als sie beinahe die Tür erreichten, blieb er plötzlich stehen. „Was ist?“, flüsterte Lydia. „Schau mal“, meinte John und zeigte auf ein Motorrad, das hinter einem kleinen Planwagen abgestellt war. Beim Näherkommen sah er, dass der Schlüssel steckte. Es war eine Crossmaschine. Er fasste das Motorrad am Handgriff und schüttelte es. „Der Tank ist gefüllt!“ Er schaute Lydia an. „Die gehört bestimmt einem der Studenten, die letzte Nacht hier waren.“
„Ist doch egal, wem sie gehört“, er klappte den Ständer hoch und schob die Maschine in Richtung Tor. „Kannst du denn so ein Ding fahren?“, wollte Lydia wissen.
„Ich war einmal eine Zeit lang auf einem Polizeikrad eingesetzt, reicht das?“
„O. k., du hast mich überzeugt.“
Einige der Polizisten kamen der Stallung immer näher.
Damit sie nicht auf sich aufmerksam machten, schob John das Motorrad durch das Tor, welches er zur Hälfte geöffnet hatte, nach draußen. Er schaute erst einmal, ob die Luft rein war. Von hier aus hatte man eine gute Sicht auf den zweiten Zufahrtsweg, der aus nördlicher Richtung zum Hof führte. Auch auf diesem Weg standen Polizeifahrzeuge. Sie waren eingeschlossen. Hätten sie den Jeep benutzt,

säßen sie jetzt in der Falle.
Das Gelände vor ihnen sah auch nicht gerade einladend aus. Es war leicht abschüssig und vom Regen stark aufgeweicht. Ein kleiner Pfad führte zum Longierplatz. Von dort verlief ein weiterer schmaler Weg zwischen Hecken hindurch zu den Koppeln. Direkt dahinter grenzte ein kleines Wäldchen an.
Wenn sie das erreichten, dann wären sie erst einmal außer Sichtweite. Lydia kam herangelaufen. „Sie sind bereits in den Stallungen." John nickte und deutete mit dem Kopf in Richtung des anderen Zufahrtsweges. Lydia schaute auf die Fahrzeuge und kam aus dem Staunen nicht mehr heraus. „Bist du bereit?", fragte er: „Auf geht's!" John musste zweimal den Kickstarter treten, dann sprang der Motor an. Lydia hatte die Tasche auf dem Rücken, so konnte sie sich mit beiden Armen an Johns Oberkörper festhalten.
Sie bekamen nicht mehr mit wie ein Polizeibeamter, der das Geräusch des Motorrades gehört hatte, sie aufforderte, stehen zu bleiben.
John gab Gas, das Hinterrad des Cross-Motorrads drehte kurz durch. Schlamm spritzte hoch. Dann ging es den kleinen Pfad hinab. Auch den Abschuss aus einer Dienstwaffe eines aufgeregten jungen Polizisten hörten sie nicht mehr, dessen Geschoss ohne einen Schaden anzurichten, im Holz des Pferdegatters stecken blieb.
Geschickt lenkte John die Maschine über den rutschigen Pfad und er passierte den Longierplatz.
Er wusste, ein Sturz hätte alles zunichte gemacht. Daher war es wichtig, das Motorrad mit der richtigen Geschwindigkeit an den Untergrund anzupassen. Er spürte die verkrampfte Umklammerung von Lydia. Dann hatten sie die ersten Strauchreihen, die ein wenig Schutz boten, erreicht. Hier stoppte John. Sie schauten beide zurück und sahen, dass direkt hinter ihnen keine Verfolger zu sehen waren. Sie wussten aber aus Erfahrung, dass in Kürze in der näheren Umgebung Straßensperren errichtet würden. Es war jetzt wichtig, so schnell wie möglich aus dem Suchradius der Polizei herauszukommen.
„Alles okay", fragte er Lydia, die sofort mit einem: „Alles klar", antwortete.
Daraufhin fuhren sie weiter und erreichten bald den Tannenforst, wo

sie im Dunkel des Waldes verschwanden. Hier war der Boden, durch den Schutz der Tannen, nicht mehr so glitschig und besser zu befahren. Außerdem regnete es nicht mehr.
Nach einer ziemlich holprigen Fahrt stießen sie auf einen kleinen Parkplatz. Aus sicherer Entfernung beobachteten sie, ob Polizeifahrzeuge in der Nähe waren. Es waren nur zwei Autos zu sehen.
Das eine Fahrzeug war leer und in dem anderen dicht daneben, saßen zwei Personen. Vermutlich ein Liebespaar.
John erblickte am Rande des Platzes einen Übersichtsplan auf einem Holzgestell. Er lenkte die Maschine nah an die Karte, damit sie sich orientieren konnten. Er schlug vor, zuerst in nördliche Richtung auf Little Baddow zu fahren und von hier aus nach Maldon. Eine kleine Stadt an der Mündung des Flusses Blackwater. „Warum willst du gerade dorthin?“ Lydia blickte über Johns Schulter.
Mit dem Finger auf der Karte versuchte er, Lydia klarzumachen, dass, wenn sie Maldon erreicht hätten, sie erstens sich wahrscheinlich nicht mehr im Suchbereich der Polizei befänden und zweitens, weil Maldon auch einen Hafen besitzt, gäbe es vielleicht die Möglichkeit, von dort aus von der Insel zu kommen. Das hört sich im Moment sehr abenteuerlich an, dachte Lydia. Sie hatten aber keine andere Wahl. „Ich bin mit deinem Vorschlag einverstanden“, sie nickte.
John versuchte immer wieder, über kleinere Seitenstraßen und abgelegene Feldwege vorwärtszukommen. Ein plötzliches Ereignis, womit keiner von beiden gerechnet hatte, trat ein. Eine Brücke über einen Fluss, nördlich von Little Baddow war von der Polizei abgesperrt. John verließ auf der Stelle die Hauptstraße und bog in einen kleinen asphaltierten Weg ein.
Nach einer halben Meile fuhren sie an einem Sportplatz vorbei, auf dem gerade ein Fußballspiel stattfand. Plötzlich klopfte Lydia John auf die Schulter und zeigte mit dem Arm in die Richtung, in der sich die abgesperrte Brücke befand. John verlangsamte die Geschwindigkeit. Jetzt sah er ihn auch, den dunklen Punkt am Himmel. Einen Hubschrauber!
Er schaute wie gebannt zu diesem kleinen Punkt, der langsam größer wurde. Jetzt setzen sie schon Hubschrauber gegen uns ein, dachte er. Für wen waren wir bloß von so großer Bedeutung?

Die Situation spitzte sich zu, als sie von der Ortschaft her ein Polizeifahrzeug sahen, das in Richtung Sportplatz gefahren kam.
Jetzt die Flucht zu ergreifen, wäre in dieser Lage der größte Fehler, schoss es John durch den Kopf. Bei dem ebenen, weit überschaubaren Gelände, würden die Piloten des Hubschraubers skeptisch werden und sie sofort verfolgen.
Des Weiteren würden sie unverzüglich alle Einheiten am Boden informieren. Ohne ein Wort zu wechseln, handelten sie wie Profis.
Lydia stieg vom Motorrad und ging mit der Tasche in der Hand zu den am Spielfeldrand stehenden Zuschauern. John fuhr das Motorrad von der Straße und versteckte es unter einem Gebüsch hinter dem Toilettenhäuschen. Er strich sich durch die Haare.
Dann ging er langsam an den Spielfeldrand und mischte sich unter die Fußballfans. Wo war Lydia geblieben? Er schaute unruhig umher. Da sah er sie, sie saß im Schatten eines Baumes.
John schaute unauffällig zu den Polizeiwagen, die langsam auf den Parkplatz gefahren kamen. In kurzen Abständen flog der Hubschrauber in niedriger Höhe den Weg entlang.
Mitunter schwebte er einen kurzen Augenblick über einer Stelle, als wenn die Besatzung an dieser Stelle irgendetwas entdeckt hatte. Anschließend flog er weiter, um dann erneut in Richtung Brücke abzuschwenken.
Inzwischen hatte ein Polizist den Streifenwagen verlassen und schritt mit einem Funkgerät in der Hand über den Parkplatz zu den abgestellten Mopeds und Motorrädern.
Der Beamte schaute immer wieder auf die Kennzeichen und bei dem einen oder anderen gab er irgendetwas über Funk durch. Ein plötzliches Aufschreien riss John aus seinen Gedanken. Es war ein Tor gefallen und eine wildfremde Frau war so voller Freude, dass sie John um den Hals fiel. „Oh, das tut mir leid!“, sagte die verdutzte Frau, die anscheinend schon etwas getrunken hatte. „Ist schon okay“, meinte John und musste grinsen. Als die Zuschauer sich wieder etwas beruhigt hatten, lenkte John seine Aufmerksamkeit wieder auf die Uniformierten auf dem Parkplatz.
Der draußen Stehende betätigte erneut das Funkgerät. Auf einmal stieg der Fahrer aus dem Wagen und rief seinem Kollegen etwas zu. Daraufhin ging der andere mit eiligem Schritt wieder zurück zum

Auto.
Er hatte gerade seine Tür geschlossen, als der Fahrer zügig den Wagen umdrehte und dann mit durchdrehenden Antriebsrädern den Parkplatz in Richtung Ortschaft verließ.
Langsam wich die Anspannung und John schaute zu Lydia, die wohl ebenfalls die Szenerie beobachtet hatte.
Er schaute sich noch einmal um. Dann ging er zu Lydia. Auf dem Weg musste er an einem Bierstand vorbei. Im Moment gab es ja keine direkte Gefahr, dachte er und bestellte für sich und Lydia zwei gezapfte Bier. Als er mit zwei Biergläsern bei Lydia angekommen war, lachten sie. „Wenn das hier alles einmal vorbei ist", sagte Lydia, „dann lassen wir eine Party steigen." Sie schaute John an. Das Geschrei der Spieler und das Anfeuern der Zuschauer und das immer wiederkehrende, aufdringliche Pfeifen des Schiedsrichters drangen zu ihnen hinüber. Sie tranken einen kräftigen Schluck.
„Das war eine gute Idee." Lydia lehnte sich wieder zurück an den Baumstamm. Auch John hatte es sich bequem gemacht.
Aus der Ferne war immer noch das Geräusch des Hubschraubers zu hören. In all diese Geräusche war das friedvolle Zwitschern der Vögel vermischt. Lydia schloss die Augen. Sie spürte die angenehme Wärme und den weichen Wind auf ihrer Haut. Sie sah das Gesicht von Will an sich vorbeiziehen. Die Geräusche um sie herum wurden schwächer und entfernten sich immer weiter. Dann fiel sie in einen erschöpften Schlaf. Ein knackendes Geräusch riss Lydia aus ihren Träumen. Sofort schaute sie zur Seite. John kniete neben ihr und lächelte. „Na, du Schlafmütze, ich habe in der Zwischenzeit das Motorrad geholt."
Sie rieb sich die Augen, reckte und streckte sich. Überrascht von der Ruhe wollte sie wissen, wo denn all die Menschen geblieben sind.
John machte ihr klar, dass nachdem das Fußballspiel zu Ende war, alle wieder verschwunden sind.
Sie stand langsam auf und ging ein paar Schritte. „Und was ist mit dem Hubschrauber?", sie betrachtete dabei den Horizont.
„Der ist noch ein paar Mal hier rübergeflogen und dann irgendwann verschwunden." Lydia gähnte mehrere Male herzhaft.
„Wie lange habe ich geschlafen?"
„Na, etwa zwei Stunden!", sagte er mit einem Blick auf seine Uhr.

„Wie spät ist es jetzt?“

„Es ist bald halb vier!“ John verstaute noch einige Sachen in der Segeltuchtasche, um sie dann am Motorrad zu befestigen. „Diese Tasche hier“, er hielt eine kleine Umhängetasche der Army in der Hand, „diese Kampftasche gab mir Tante Hailey, bevor wir Home Farm wegen der Polizei verlassen mussten. Sie kam nicht mehr dazu, mir zu sagen, was sie in diese Tasche hineingelegt hat.“ Lydia drehte sich um und blickte auf die Tasche. „Und was ist nun drin?“ John hatte die geöffnete Tasche auf die Sitzbank des Motorrades gestellt. Lydia kam näher und warf einen Blick hinein. „Oh, ein Revolver“, kam es erstaunt über ihre Lippen. „Und mehrere Schuss Munition!“, ergänzte er. „Und noch etwas?“, sie blickte ihn fragend an. Er zog einen größeren Umschlag aus der Tasche, öffnete ihn am oberen Rand und gab ihn Lydia. Nachdem sie den Inhalt gesehen hatte, schüttelte sie ungläubig den Kopf. Erstaunt schaute sie John in die Augen. „Das ist aber eine Menge Geld!“ Sie gab ihm den Umschlag wieder zurück.

„Genau gesagt sind es zweitausend Pfund“, fügte er hinzu und verstaute das Geld in der Tasche. „Sie hat unser Gespräch vor einigen Tagen wohl nicht vergessen.

Als ich ihr unmissverständlich klarmachte, dass wir für dieses riskante Unternehmen Geld benötigen, jedoch unsere Konten entweder gesperrte oder aller Voraussicht nach überwacht werden.“

Sie setzten sich gemeinsam auf eine Holzbank im warmen Sonnenlicht, an die John das Motorrad angelehnt hatte, und rauchten. „Also mit einer so großen Menge Geld hatte ich nicht gerechnet“, sagte John nach einer kurzen Weile.

Lydia nickte. „Was meinst du, wie wir jetzt weitermachen sollen?“, sie schaute ihm unsicher ins Gesicht.

„Also, während du fest schliefst, habe ich mir überlegt, was wir als Nächstes tun.“ Sie hörte aufmerksam zu, ohne ihn zu unterbrechen.

Plan A sah vor, in den Abendstunden in das Hafengebiet von Maldon zu fahren, um nach einer Möglichkeit zu suchen, unbemerkt auf das Festland zu gelangen. Sollte es hier Probleme geben, hatte er einen Plan B. Der sah vor, seinen alten Freund Dean Rutherford anzurufen. Sie hatten im Moment keine andere Chance, dachte Lydia und akzeptierte das Vorgeschlagene mit einem knappen „Okay, so machen

wir es!“
Sie sprachen noch über dieses und jenes und genossen das anhaltende, herrliche Wetter. Von Westen her zogen langsam Wolken auf und schoben sich vor die Sonne. Wodurch es auch früher dämmerte. John schob das Motorrad langsam auf den Asphaltweg. Hier setzte sich Lydia auf den Sozius.
Sie drehte sich um und schaute ein letztes Mal zu diesem abgelegenen Ort. Ein kurzes „alles okay?“, das zweimalige Klopfen mit der Hand auf seine Schulter, war die Antwort. Dann fuhren sie los. Es ging über kleine, schmale Verbindungsstraßen. In dieser Gegend gab es keine Ortschaften, nur kleine Ansiedlungen von mehreren Häusern. Keine Menschenseele war zu sehen.
Sie hatte das Gefühl, sie fuhren durch eine Geisterzone. Als sie sich Maldon bis auf etwa drei Meilen genähert hatten, war die Weiterfahrt durch eine Straßenbaustelle blockiert. Sie mussten einen großräumigen Umweg in Kauf nehmen, der Zeit kostete.
Gegen sieben Uhr hatten sie dann endlich Maldon erreicht. Sie fragten einen Fußgänger, wie sie zum Hafen kommen.
Der ältere Herr mit seinem Hund erklärte dann, wie man am schnellsten dorthin kam, denn er war ja schließlich viele Jahre in Maldon Polizist gewesen und kenne sich hier so gut aus, wie in seiner Westentasche. Lydia musste sich das Lachen verkneifen. John wollte gerade wieder anfahren, da hielt der alte Polizist John am Ärmel fest. „Halt“, sagte er energisch. „Sie machen sich strafbar“, sprach er weiter und schaute beide mit einem bösen Blick an. Lydia war schlagartig das Lachen vergangen und John machte sich für einen Blitzstart bereit. „Sie müssen beide einen Helm tragen! Ihre Mützen sehen ja ganz nett aus, aber es ist verboten, so zu fahren. Sollte die Polizei das sehen, werden Sie sofort gestoppt und das wird teuer.“ John bedankte sich für die Hilfe und den Rat und fuhr in Richtung Hafen.
Es waren kleine, schmale Straßen, die sich durch den Ort schlängelten. Dann sahen sie die kleine Brücke. Wenn sie die überquert hatten, so sagte der ehemalige Polizist, sollten sie die erste Straße nach links benutzen, die führte dann direkt zum Hafen.
John hatte auf einmal so ein komisches Gefühl. Als Polizist wusste er, dass sich besonders im Hafengebiet, gerne Polizei aufhält. Kurz

vor der Flussbrücke, ganz in der Nähe des Hafens, befand sich auf der rechten Seite ein kleiner Pub. Er fuhr das Motorrad in die schmale Seitenstraße und erreichte bald ein kleines Firmengelände.
Er versteckte das Motorrad hinter einem Kleinlaster, damit es von der Straße nicht zu sehen war. Dann gingen sie in Richtung Hafen.
Von der Brücke aus konnten sie weit in den Hafen hineinschauen. Ein Schiff wurde gerade entladen. Nachdem sie die Brücke passiert hatten, nahmen sie die erste Straße, die direkt zum Hafen führte. Auf der linken Seite waren auf einem Parkplatz mehrere Autos abgestellt. Plötzlich spürte Lydia Johns Arm auf ihrer Schulter. „Was soll denn das?“, sagte sie ganz verdattert. „Bleib ganz ruhig! In einem der parkenden Fahrzeuge sitzen zwei Polizisten in Zivil.“ Er fasste sie am Arm und zog sie zu sich. Er zeigte mit dem Kopf auf ein kleines Häuschen am Straßenrand, an dem ein Schild angebracht war: >FOR SALE<. Sie taten so, als wenn sie sich für das Haus interessierten. Sie blieben noch einen Moment lang stehen. Dann gingen sie wieder langsam zurück. Sein Gefühl, dass Polizei in der Nähe des Hafens war, hatte ihn nicht getäuscht.
„Das hätte ins Auge gehen können“, sagte Lydia und klopfte ihm kameradschaftlich auf die Schulter. „Damit wäre dann Plan A gescheitert“, murmelte sie. Sie blieben auf der Brücke stehen und schauten noch eine Weile auf das emsige Treiben im Hafen.
Dann gingen sie weiter und als sie die Straßenseite wechseln wollten, blickte John auf den kleinen Pub an der Ecke.
„Okay“, sagte er, “Plan A war ein Misserfolg, dann werden wir eben Plan B in Angriff nehmen!“ Lydia schaute ihn fragend an. „Wir gehen jetzt in den Pub. Ich gehe mal davon aus, dass man dort auch telefonieren kann. Als Erstes bestellen wir etwas zu trinken und dann werde ich Major Rutherford in Westdeutschland anrufen.“ Sie betraten den kleinen, nett eingerichteten Pub. Eine dunkelhäutige Bedienung kam sofort an ihren Tisch.
Für einen Moment sah Lydia Will vor sich stehen. „Nimmst du auch Kaffee?“, hörte sie Johns Stimme. „Ja, ja, sicher nehme ich auch Kaffee!“, stammelte sie aufgeschreckt. „Ich war mit meinen Gedanken woanders!“ Er schaute der Bedienung nach. „Ich glaube zu wissen, wo du gerade mit deinen Gedanken warst.“ Sein Gesicht verzog sich zu einem breiten Grinsen.

Kurz darauf kam die freundliche Bedienung wieder zurück, stellte den Kaffee auf den Tisch. Lydia schaute ihr in die dunklen Augen. Sie lächelte zurück. Sie könnte Wills Alter haben, dachte Lydia. Sie hatten einen Tisch am Fenster und damit die Möglichkeit, den Verkehr auf der Straße zu beobachten. In unregelmäßigen Abständen fuhren Fahrzeuge der Polizei vorbei.
Nachdem John seinen Kaffee getrunken hatte, stand er auf. Sein Blick streifte Lydia, sie nickte. "Plan B", kam es leise über ihre Lippen. Er ging in Richtung Tresen. Lydia sah, wie er sich mit der Bedienung unterhielt. Kurz darauf zeigte sie auf eine Tür.
Dann verschwand John hinter dieser Tür. Es dauerte nicht lange, dann öffnete sich die Tür einen Spalt und sein Kopf lugte hervor. Er sagte etwas zu der Bedienung. Daraufhin gab sie ihm einen Zettel und etwas zum Schreiben. Dann schloss er wieder die Tür. Lydia zündete sich eine Zigarette an und bestellte eine zweite Tasse Kaffee. Die Minuten verstrichen und als endlich die Tür aufging und John mit einem Zettel in der Hand zurückkam, atmete sie auf. Das alles hatte keine zwanzig Minuten gedauert, doch es kam ihr wie eine Ewigkeit vor. Ehe er sich setzte, bestellte auch er eine zweite Tasse Kaffee. „Nun erzähl schon!", sagte sie neugierig und aufgeregt zugleich. Sichtlich angespannt steckte sich John eine Zigarette in den Mund. „Zu Plan B", sagte er und nahm einen tiefen Zug. „Wir werden England mit einem Flugzeug, noch heute Nacht verlassen."
„Mit einem Flugzeug?", fragte sie erstaunt. „Richtig, von einer Air-Base und mit einem Transportflugzeug der Royal Air Force."
„Und wann soll das denn alles stattfinden?", wollte Lydia wissen.
„Dean wird mich hier zurückrufen und mir weitere Einzelheiten mitteilen." So verstrich die Zeit.
Inzwischen war es dunkel geworden. Der kleine Pub hatte sich mit Gästen gefüllt und eine zweite Bedienung war zur Verstärkung hinzugekommen. Gegen halb zehn klingelte endlich das Telefon.
John sprang auf und ehe eine der Bedienungen merkte, was los war, hatte er die Tür erreicht und war dahinter verschwunden.

Kapitel 26

Für das zweite Telefonat benötigte John mehr Zeit. Nach über dreißig Minuten kam er wieder zurück an den Tisch. Lydia zündete ihm eine Zigarette an. „Wir müssen schleunigst hier weg“, sagte er und seine Stimme ging in ein Flüstern über. Lydia schaute ihn verwundert an. Dann zog John eine Zeitung unter seiner Jacke hervor, die er ihr unter dem Tisch zuschob. Das, was sie jetzt sah, ließ ihr den Schreck in die Glieder fahren. Wortlos blickte sie auf die Seite der Zeitung. „Was ist denn das?“, murmelte sie. Sie konnte es einfach nicht fassen. Man hatte ihre Gesichter und Namen veröffentlicht und dass nach ihnen wegen mehrfachen Mordes gefahndet wird. Kopfschüttelnd gab sie John die Zeitung zurück. „Wir haben ein wenig Glück, dass die beiden Serviererinnen keine Zeitung lesen“, fügte er hinzu. „Ja, das mag wohl sein“, erwiderte Lydia leise und ihr Blick wanderte voller Sorge zu den anderen Gästen.

Sie hatte auf einmal das Gefühl, als würden alle, die hier saßen, wissen, wer sie waren. „Außerdem müssen wir bis ein Uhr die Air-Base erreicht haben, ansonsten kommen wir nicht mehr rein und hätten dann ein riesiges Problem“, erklärte ihr John. Sie bezahlten ihre Rechnung und verließen so unauffällig wie es nur ging den kleinen Pub.

Als sie das Motorrad erreicht hatten, fragte Lydia: „Weißt du denn, wo wir hin müssen?“ Er erklärte ihr, dass er alles notiert habe und außerdem hing im Flur an der Wand eine Karte, die habe er kurz studiert, aber aus Sicherheitsgründen abgenommen und eingesteckt.

„Wenn alles einmal vorüber ist, dann bringe ich selbstverständlich die Karte wieder zurück“, fügte er hinzu und sie lachten.

Kurze Zeit später verließ ein Motorrad in schneller Fahrt das Hafenstädtchen Maldon. Da samstags um diese Zeit kaum Verkehr auf den Straßen war, kamen sie recht zügig voran.

Kurz vor Mitternacht erreichten sie ohne nennenswerte Probleme Wethersfield. Der kleine Ort lag etwa eine Meile südwestlich von der Air-Base entfernt. Aufgrund des ebenen Geländes konnten sie von hier aus bereits das Leuchtfeuer des Towers sehen.

Sie sollten dann weiter auf der B 1053 fahren, bis zu einer Gabelung,

an der sie die Hauptstraße nach rechts verlassen sollten. Auf dieser Straße so lange bleiben, bis ein eisernes Gittertor die Straße versperrt. Unmittelbar vor diesem Tor zweigt ein asphaltierter Weg nach links ab. Direkt am Ende des Weges steht ein leerstehendes Gebäude. Gegenüber diesem Haus befindet sich ein kleiner Stellplatz. John war genau nach den Anweisungen von Dean gefahren und als er das Motorrad auf dem besagten Platz gelenkt hatte, stieß er einen Jubelschrei aus.
Er stellte den Motor ab und klappte den Seitenständer aus. Sie vertraten sich erst einmal die Beine. Schüchtern fragte Lydia: „Du bist dir ganz sicher, dass wir hier richtig sind?"
„Ja, klar!", antwortete er selbstbewusst, „da ist der Zaun, der das Gelände eingrenzt, mit den weißen Warnschildern, dass es sich hier um einen militärischen Sicherheitsbereich handelt." Es war still. Ein leises Zirpen der Grillen lag in der Luft.
John schaute auf seine Armbanduhr. Die Leuchtziffern zeigten ihm, dass sie bis ein Uhr noch zehn Minuten Zeit hatten.
Jetzt musste erst einmal das Motorrad verschwinden. Er überlegte einen Moment. Auf der gegenüberliegenden Seite befand sich eine dicht am Weg stehende Buschreihe. Weit und breit war kein geeigneter Platz, um das Gefährt zu verstecken.
Mit vereinten Kräften schoben sie die Maschine über den Weg ins Gebüsch. Sie begutachteten das, was sie gerade gemacht hatten. Das Motorrad war vom Weg aus nicht mehr zu erkennen.
„Wie läuft es nun weiter?", fragte Lydia als sie wieder zurück, in Richtung des Drahtzauns gingen. John zog den Zettel aus der Jackentasche. Er machte das Feuerzeug an, um das, was er notiert hatte, lesen zu können. „Um ein Uhr soll uns ein Fahrzeug hier abholen und auf die Air-Base bringen. Um überhaupt auf das Gelände zu kommen, müssen wir eine Parole oder eine Art Codewort nennen. Damit die Soldaten auch wissen, dass wir die Richtigen sind."
„Wie lautet dieses Codewort?", fragte sie. „Also die Soldaten werden uns das Wort „Double" nennen, worauf wir mit „Deal" antworten müssen. Sie nickte und murmelte die Worte leise noch einmal nach „Double / Deal." John machte sie darauf aufmerksam, dass die Soldaten Anweisung hätten, sollte das Wort nicht richtig oder gar verwechselt werden, wird das Unternehmen sofort abgebrochen und

man würde sie nicht mehr auf das Gelände lassen. „Das klingt aber hart“, äußerte Lydia. „Nun ja, das, was wir hier tun, ist auch für alle Beteiligten ein hochbrisantes Unterfangen“, stellte er fest. Sie rauchten.
Von weit her klang das tiefe Brummen eines anfliegenden Flugzeugs herüber. Mit einem Mal setzte wieder das Leuchtfeuer des Towers ein. Gespenstisch wanderte der Lichtstrahl durch die Nacht.
Beeindruckt von der Kulisse merkten sie nicht, wie sich ein unbeleuchtetes Fahrzeug, wie aus dem Nichts, langsam dem Zaun näherte. Etwa eine Fahrzeuglänge blieb der dunkle Wagen vom Zaun entfernt stehen. Sie schauten wie gebannt auf das Fahrzeug, in dem der Fahrer gerade den Motor abstellte. Es dauerte eine Weile, dann wurden die Türen geöffnet. Zwei Männer in Uniform entstiegen dem Wagen und kamen mit langsamen Schritten in die Nähe des Zaunes.
In sicherer Entfernung blieben sie stehen. Das Brummen des Flugzeugs war lauter geworden. Eine Taschenlampe blitzte auf und der Lichtstrahl traf beide ins Gesicht. Die beiden auf der anderen Zaunseite musterten sie genau.
Lydia hielt das Schweigen nicht länger aus und wollte gerade etwas sagen, als John sie fest am Arm packte und ihr leise zuflüsterte: „Ruhig bleiben!“ Dann trat einer der Soldaten näher an den Zaun heran. Der zweite blieb stehen. Jetzt verstand John auch, warum der zweite Soldat zurückblieb. Dieser brachte eine Maschinenpistole in Anschlag.
Die Situation war zum Zerreißen gespannt. Lydia und John schauten sich fragend an. War das alles so richtig, was sein Freund Dean ihm am Telefon mitgeteilt hatte? Langsam beschlich auch ihn ein Gefühl von Unsicherheit. In diesem Moment flog in einiger Entfernung das Flugzeug vorbei. Da es schon sehr niedrig flog, waren die Positionslampen gut zu erkennen. Einen Moment später konnte man sehen, dass der Pilot eine Kurve flog.
Lydia blicke aufgeregt zu John und nahm seine Hand. Beide dachten wohl in diesem Moment dasselbe. War das unser Flugzeug? War das unsere Rettung? Aber sie standen immer noch draußen.
Über Johns Gesicht liefen Schweißperlen und sie spürte, wie ihr Herz in der Brust pulsierte.
„Double“ klang es plötzlich an ihre Ohren. Da war es auf einmal, das

ersehnte Wort. Erschrocken und wie gelähmt standen sie da. Jetzt nicht stottern oder Unsicherheit zeigen, schoss es ihnen durch den Kopf. „Deal“ kam es laut, fast gleichzeitig aus John und Lydias Mund.
Erlöst, befreit von einer schweren Last atmeten sie auf. Wie geht es jetzt weiter? Es blieb still. Der dicht am Zaun stehende Soldat dreht sich zu seinem Kollegen um.
Lydia flüsterte leise in Johns Ohr: „Ich glaube, der andere hat mit dem Kopf genickt.“ Dann schaute der vorn Stehende wieder zu ihnen und lenkte dabei den Strahl der Taschenlampe vor sich auf den Boden. Er forderte sie auf, mit ihm entlang des Zaunes zu kommen. Nach ein paar Schritten blieb der Mann stehen. Er zog einen Schlüsselbund aus seiner Uniformjacke hervor und entriegelte mehrere verteilt angebrachte Schlösser. An einer Stelle, wo niemand damit gerechnet hatte, schob er den Draht ein wenig beiseite, sodass Lydia und John hindurchschlüpfen konnten und auf das Gelände der Air-Base gelangten. Ohne ein Wort verschloss der Soldat wieder die Öffnung im Zaun.
Mittlerweile war der zweite Soldat herangetreten, salutierte, indem er die Hand an den Mützenrand legte.
Jetzt erkannte John den Streifen am Oberarm des Soldaten, mit den beiden Buchstaben >MP<, Militärpolizei. Lydia und John bedankten sich. Dann zeigte er mit dem Arm auf den Wagen und sagte: „Please.“ Sie gingen langsam zu dem abgestellten Wagen.
Beide Militärpolizisten öffneten die hinteren Wagentüren, damit John und Lydia auf der Rückbank Platz nehmen konnten. Nachdem die Soldaten ebenfalls im Wagen saßen, wendete der Fahrer und fuhr einen kleinen Zufahrtsweg entlang. Sie passierten mehrere kleinere Gebäude. John fiel auf, dass das Gelände völlig im Dunklen lag. Auch auf der Rückfahrt hatte der Fahrer die Scheinwerfer nicht eingeschaltet. Mit quietschenden Federn steuerte der Fahrer den Chevrolet durch die in der Dunkelheit schlecht zu sehenden Schlaglöcher. Nach einer scharfen Biegung erreichten sie endlich festen und glatten Untergrund. Jetzt schaltete der Fahrer auch die Fahrzeugscheinwerfer ein. Nun sahen sie auch die Ausmaße dieser Air-Base. Sie fuhren an unterschiedlichen Gebäuden vorbei. Eine rege Betriebsamkeit herrschte um diese Zeit. Alles war hell erleuchtet und an verschiede-

nen Stellen leuchteten rote Positionslampen.
Sie bogen in einen Seitenweg ab. In dem schwachen Licht der Straßenbeleuchtung waren rechts und links kleine, einfache Häuser zu sehen. Vor einem solchen Haus, es war eher eine Baracke, hielt der Wagen an. Über der Eingangstür brannte eine Lampe, die nur sehr schlecht den Bereich davor ausleuchtete.
Keiner im Wagen sprach ein Wort.
Die Tür der Baracke öffnete sich und eine Gestalt von hünenhafter Statur stand breitbeinig, mit verschränkten Armen vor der Brust, im Türrahmen. Plötzlich kam Leben in die beiden bis dahin noch recht schweigsamen Militärpolizisten. Sie verließen augenblicklich das Fahrzeug und nahmen Haltung an.
Dann trat der Hüne, wahrscheinlich ein Vorgesetzter, näher an den Wagen heran und versuchte, in das Innere des Fahrzeugs zu schauen. Er wendete sich wieder dem kleineren Militärpolizisten zu, der gestikulierend wohl die Situation schilderte. Kurz darauf nickte der Hüne und verschwand wieder in der Baracke. Nun wurden John und Lydia aufgefordert, das Fahrzeug zu verlassen und in das Gebäude zu gehen, um alles Weitere zu veranlassen.
Als sie den kleinen Flur betraten, war aus einem Zimmer Jazzmusik zu hören. An den Wänden hingen zahlreiche Fotos von Flugzeugen der Royal Air Force. Der Geruch von Zigarettenrauch lag in der Luft. Ein junger Soldat kam aus einem Zimmer auf sie zu, stellte sich vor und forderte sie auf, ihm zu folgen. Sie erreichten eine blau lackierte Tür. Nachdem der junge Soldat zweimal vorsichtig geklopft hatte, wurde die Tür ruckartig aufgerissen.
Da stand er wieder, der große, breitschultrige Typ von vorhin. Mit freundlicher, ja fast charmanter Stimme, die ganz und gar nicht zu seinem Erscheinungsbild passte, bat er Lydia und John, einzutreten.
Bei einer Tasse Tee erfuhren sie, wie es letztendlich weitergehen sollte. Was sie nun erfuhren, hörte sich ziemlich aufregend an. Fast geheimnisvoll, wie in alten Agentenfilmen, dachte sich Lydia.
Sie erhielten Uniformen, das dazugehörige Schuhwerk, ja sogar an Erkennungsmarken hatte man gedacht. Es wurden Passfotos gemacht und ein Ausweis angefertigt. Ihre Vornamen durften sie behalten, nur die Nachnamen waren nicht mehr dieselben.
Als sie nach einer guten Stunde wieder in den tristen Raum zurück-

kehrten, begrüßte sie der stämmige Offizier mit einem breiten Grinsen und einer Zigarre im Mundwinkel, die er, während er redete, nicht herausnahm. Er beglückwünschte John und Lydia zu ihrem neuen Job als Army-Reporter.
Der Offizier erklärte ihnen den weiteren Verlauf und dass sein Auftrag hiermit beendet sei. Er nahm sogar die Zigarre aus dem Mund, als er jedem die Hand gab und ihnen viel Glück und Erfolg wünschte.
Bald darauf wurden sie abgeholt und in den Westteil der Air-Base gefahren. Vor drei, mit einem Tarnanstrich versehenen Wellblechhütten, deren gewölbte Dächer mit der Grünfläche zu verschmelzen schienen, endete die Fahrt. Sie schnappten sich ihre Sachen und marschierten zu der Hütte, über deren Eingangstür auf einem schwarzen Schild in weißer Schrift >Briefing Room< stand.
Zwei Militärpolizisten kontrollierten den Eingang. In einer Ecke des Raumes war ein reichhaltiges Frühstück aufgebaut. Lydia und John stärkten sich erst einmal.
Langsam füllte sich der Raum. Als schließlich jeder auf den Holzstühlen seinen Platz gefunden hatte, betraten zwei Offiziere das Podium.

Mit einem langen Zeigestock und besonderen Übersichtskarten erklärten sie den Anwesenden, es waren meist Journalisten und einige höhere Offiziere, dass die NATO in Westdeutschland eine >Command post exercise< durchführt. Anders ausgedrückt, dieses Manöver findet hauptsächlich in den höheren Stäben an großen Kartenwänden statt. Dazu werden sie, als Angehörige der Presse, auf dem Luftwege nach Westdeutschland befördert. Im Anschluss wurden noch weitere Details besprochen.
Am Ende der Besprechung bedankte sich der Offizier, wünschte allen einen guten Flug und einen interessanten Aufenthalt. Busse brachten sie zum Rollfeld. Kurze Zeit später standen sie an der heruntergelassenen Heckladerampe des viermotorigen Transportflugzeugs. Sie verstauten ihr Gepäck und fanden in einer Ecke einen Platz mit einem kleinen Fenster. Ein Crewmitglied schaute ein letztes Mal, ob alle angeschnallt und alles gut verstaut war. Dann schloss sich mit einem surrenden Geräusch die Heckklappe.

Der Pilot startete ein Triebwerk nach dem anderen. Ein leichtes Vibrieren war zu spüren. Das Flugzeug rollte langsam zu seiner Startposition. Auf einmal war die Kraft der vier Motoren zu spüren. Es rumpelte. Dann war der Moment gekommen, sie hoben ab und verließen englischen Boden. Um 02.45 Uhr hoben sie in den Nachthimmel ab. Langsam gewann das Flugzeug an Höhe und Lydia konnte aus dem Fenster die Lichter von Ortschaften erkennen. Dann tauchten sie in eine Wolkendecke ein. John hatte es sich unterdessen bequem gemacht, indem er die ausgestreckten Beine auf die leere Sitzbank gegenüber abgelegt hatte. Lydia schüttelte ungläubig den Kopf und sah schmunzelnd aus dem Fenster und dachte: Ich kann es nicht fassen, das war nun Plan B und Double Deal. Sie sah zu John hinüber. Doch der hatte von all dem nichts mehr mitbekommen. Die Müdigkeit war so schnell über ihn gekommen, dass er es nicht einmal geschafft hatte, sich loszuschnallen. Auch sie merkte, wie ihre Augenlider immer schwerer wurden.
Das monotone Summen der Motoren, das Empfinden der Schwerelosigkeit und das Gefühl, nicht mehr verfolgt zu werden, ließen ihren Körper langsam zur Ruhe kommen.
Sie schaute wieder aus dem Fenster und merkte, dass der Pilot eine leichte Kursänderung vornahm. Durch kleine Wolkenlücken hindurch waren wieder Lichter unter ihnen zu sehen. Als die Wolkendecke wieder aufriss, so als hätte man sie einfach weggeblasen, war die Landschaft durch den Vollmond gut zu erkennen. In den Flussläufen spiegelte sich das Mondlicht.
Dann reihten sich Bilder zu einem Film. Sie dachte an Will und an ihre Mom. An das was vor ihnen lag. Lydia spürte nicht mehr, wie ein Crewmitglied sie mit ihrer Jacke zudeckte. Nach einer Zwischenlandung auf der NATO Air Base im niederländischen Twente stiegen einige Personen zu. Um vier Uhr fünfzig landeten sie auf dem Flughafen Gütersloh in Westdeutschland.

Kapitel 27

„Das waren fünf Flugbewegungen und was ist mit der sechsten?“, wollte Bob wissen.
„Oh ja Sir“, war wieder die junge Stimme zu hören. „Hier gab es letzte Nacht einen nicht angemeldeten Start.“
„Ja und von wo ist die Maschine gestartet, was für ein Typ und wohin ist sie geflogen.“ Bob wurde langsam ungeduldig. „Tut mir leid, Sir, das kann ich hier nicht erkennen! Es handelt sich aber hier mit Sicherheit um kein Düsenflugzeug.“ Bob hörte wieder das schnelle und hektische Tippen auf einem Tastenfeld. „Es muss sich um ein Propellerflugzeug handeln, da bin ich mir sicher. Vielleicht war es auch eine Transportmaschine, wenn ich die Zeit vom Start bis zum Überfliegen der Küste bei Oxford Ness zugrunde lege.“
„Oxford Ness, wo liegt das?“, wiederholte Bob.
„Der kleine Ort liegt etwa zwanzig Meilen nordöstlich von Ipswich, Sir, Sie wollten doch wissen, wohin die Maschine geflogen ist, nicht wahr?“
„Natürlich, das ist ja das Entscheidende an der Sache.“
„Das Flugzeug nahm Kurs auf die holländische Küste.“
Als Bob diesen letzten aussagekräftigen Satz vernahm, war ihm sofort bewusst, dass es Lydia gelungen ist, England zu verlassen. „Konnte ich Ihnen weiterhelfen?“, hörte er wieder die Stimme am anderen Ende. „Ja“, kam es stotternd über seine Lippen.
„Ja, Sie haben mir sehr geholfen.“ Er verabschiedete sich höflich, was eigentlich gar nicht seine Art war und beendete das Telefonat.
Wer konnte sie jetzt noch aufhalten? Ging es ihm durch den Kopf.
Genau genommen müsste er jetzt einen Tobsuchtsanfall bekommen, müsste Sir Oliver anrufen und ihn für das Versagen und die Pfuscherei zur Schnecke machen. Doch nichts dergleichen geschah. Er selbst war verwundert über seine gegenwärtige Gelassenheit, seine Beherrschtheit. Mit einem Mal sah er sich wieder in dem Spiegel auf dem Flur.
Ja, da war er wieder, der alte Bob, der pragmatische, sachliche Denker, den niemand, aber auch niemand aus der Ruhe bringen konnte. Jetzt war es wichtig, klaren Kopf zu behalten. Er wusste, was Lydia

vorhatte. Vermutlich ahnte sie noch nicht, dass er bereits über die Kenntnis verfügte, dass sie mit einem Flugzeug entkommen konnte, daher war er leicht im Vorteil.
Einzig und allein kam es jetzt auf Schnelligkeit an. Er sah sich immer noch im Spiegel. Dann lächelte er. O. k., dann eröffne ich das Schachspiel mit einer Rochade. Bei diesem Spielzug werden zwei Figuren ausgespielt.
Fünf Stunden später hob ein kleiner silberfarbiger Learjet von der RAF Base St. Mawgan ab. Nachdem das Fahrwerk eingefahren war, flog der Pilot eine scharfe Rechtskurve und nahm Kurs auf die belgische Küste.
Außer dem Piloten und dem Co-Piloten waren drei Männer an Bord.

Kapitel 28

Von weit her drang das Geräusch von Kirchenglocken an ihr Ohr. Das liebevolle Zwitschern von mehreren Vogelarten vermischte sich mit dem Glockenklang. War sie schon im Paradies? Langsam und mit großer Mühe versuchte sie, ihre verklebten Augenlider zu öffnen. Wie durch eine dicke Nebelwand blickte sie zur Decke. Unscharf konnte sie dunkle Flecken von eingedrungenem Wasser und abgeplatzte Farbe erkennen. Nein, ging es ihr durch den Kopf, hier konnte nicht das Paradies sein. Das Geräusch der Glocken wurde immer leiser, bis es ganz verstummte. Das Gezwitscher war intensiver geworden.

Das Schlucken bereitete ihr Schmerzen. Sie spürte, wie ausgetrocknet ihr Rachen war. Jetzt erst nahm sie den ekeligen Geruch wahr, der aus ihrem Mund drang. Sie konnte ihre Finger spüren. Doch als sie ihre Arme bewegen wollte, stellte sie mit Erstaunen fest, dass man sie mit beiden Armen an das Bett geschnallt hatte. Plötzlich, wie eine Welle an den Strand gespült wird, kam Panik in ihr hoch. Voller Entsetzen stellte sie fest, dass sie ab der Hüfte überhaupt kein Gefühl mehr verspürte. War sie vielleicht gelähmt? Was war überhaupt geschehen? Wie kam sie in dieses Bett? Wer hatte sie gefesselt und warum?

Was aber viel schlimmer war, wer war denn um Himmels willen sie selbst? Sie konnte sich noch so sehr anstrengen, jegliche Erinnerung war verschwunden.

Am liebsten würde sie die Augen wieder schließen und für immer in einen tiefen Schlaf sinken, aus dem sie nie wieder erwachen wollte. Doch diesen Punkt hatte sie bereits überschritten. Langsam begann ihr Gehirn zu arbeiten.

Außerdem waren durch das immer wieder Drehen und Reiben der Hände an den Lederschnallen Wunden entstanden, die Schmerzen verursachten.

Den Kopf nur kurz aus dem Kissen hebend sah sie, dass das Bettlaken an den Handgelenken bereits mit Blut verschmiert war. Ihr Kopf sank in das Kissen zurück. Sie sah zu der schmutzigen Decke. Fliegen surrten durch das Zimmer und versuchten, sich immer wieder

auf ihr Gesicht und ihren Mund zu setzen. Sie tastete mit der Zunge behutsam über ihre geschwollenen, aufgeplatzten und verkrusteten Lippen.
„Hilfe, ist hier jemand?“ Sie beugte den Kopf ein wenig nach vorn und wiederholte es noch einmal. Doch es blieb still im Raum, außer dem Summen der Fliegen war nichts zu hören. Erschöpft ließ sie den Kopf wieder zurück in das Kissen fallen. Sie versuchte, etwas länger die Augen aufzuhalten. Mittlerweile war der milchige Schleier vor den Augen etwas durchsichtiger geworden.
Sie konnte mehr Details in dem Raum erkennen. Es musste sich um einen Kellerraum handeln. Hinter dem Fenster war ein Lichtschacht zu erkennen. Es kam wenig Licht von außen herein. Obwohl man eine Hälfte des Fensters, welches von außen vergittert war, geöffnet hatte, war es sehr, sehr stickig. Es roch nach Fäulnis und irgendwie hatte sie das Bedürfnis sich zu übergeben. Ihre Augen tasteten durch den Raum. An einer der kargen Wände in der hinteren Hälfte, mit einer schmutzigen Lampe, war ein kleines Waschbecken.
An der Wand, gegenüber dem Fenster, war eine Tür. Sie blickte zum Fußende. Ihre Füße waren mit einem Laken zugedeckt. Das Bett, in dem sie lag, ähnelte einem alten Krankenhausbett.
Die Farbe von dem alten Metallrahmen war fast komplett abgegriffen. An einigen Stellen war der Rost Sieger. Sie versuchte ein weiteres Mal, auf sich aufmerksam zu machen. Doch nichts geschah. Sie fing an zu weinen. Nein, ging es ihr durch den Kopf, so wollte sie nicht sterben, schon gar nicht in diesem verfallenen Keller. Alle Kräfte mobilisierend, spannte sie ihren Oberkörper an und schrie um Hilfe.
Es musste sie doch irgendjemand durch das geöffnete Fenster hören. Sie schaffte es zwei weitere Male, dann sank sie erschöpft in das Kopfkissen. Schweiß stand auf ihrer Stirn und rann langsam über das Gesicht. Mit der Zunge leckte sie das salzige Nass. Sie war allein, kein Mensch hörte sie, oder wollte sie nicht hören. Sie schloss die Augen. Viele Bilder, die sie einfach nicht einordnen konnte, wirbelten wie Schneeflocken in einem Schneegestöber umher. Sie spürte, wie sie ihre letzte Kraft verließ. Sie wollte nur noch schlafen. Sie hatte aufgegeben.
Sie hörte nicht einmal mehr die Schritte auf dem Gang, die immer

näher kamen. Auch nicht wie jemand die Tür aufschloss und den Raum betrat.
„Ms. Robertson, Ms. Robertson“, hörte sie jemand rufen. Die Stimme forderte sie auf, wach zu werden und die Augen zu öffnen. Es war eine Frauenstimme. Die Tonart hatte etwas Fremdländisches. Ann öffnet langsam die Augen. Dann sah sie schemenhaft die Gestalt, die sich über sie beugte.
„Helfen Sie mir, bitte“, flehte Ann. Sie wiederholte immer wieder den Satz. Dann aber merkte sie, dass die Frau die Riemen an den Handgelenken öffnete. Und da war sie wieder, die Stimme mit dem russischen Akzent.
„Kommen Sie Ann, Sie müssen aufstehen.“ Dabei fasste sie Ann an beiden Oberarmen und zog sie in eine aufrechte Sitzposition. Plötzlich drehte sich um Ann alles. Wenn die Frau sie nicht festgehalten hätte, wäre sie zu Boden gefallen. „Halten Sie sich am Bettgestell fest“, sagte die Frau und massierte kräftig Anns Beine. Sie machte das mit einer solchen Wucht, dass Ann sich mit beiden Händen festhalten musste. Nach einem Moment unterbrach sie ihre Arbeit und bot Ann ein Gefäß mit Wasser an. „Sie müssen trinken, aber langsam. Sie haben lange Zeit keine Flüssigkeit zu sich genommen.“ Ann öffnete den verkrusteten Mund und mit zittriger Hand trank sie.
Hätte die Frau sie beim Trinken nicht unterstützt, hätte sie die Hälfte verschüttet. Ihre Augen tränten, doch allmählich verschwand der Schleier und der Blick schärfte sich. Sie konnte die Frau, die vor ihr kniete, jetzt deutlich wahrnehmen.
„Wo bin ich hier und woher kennen Sie meinen Namen?“ Die Frau hob den Kopf und, ohne die Frage zu beantworten, sagte sie: „Wir müssen hier raus! Ich habe Ihnen etwas zum Anziehen mitgebracht.“
Verdutzt blickte Ann an sich herunter und bemerkte erst jetzt, dass sie völlig nackt war.
Nachdem die Frau Ann geholfen hatte, in den weißen Overall hineinzukommen, versuchte sie, Ann langsam auf die Beine zu stellen. Ann machte den Versuch, ein paar Schritte zu gehen. Immer wieder musste die Frau sie festhalten, sonst wäre sie gefallen.
Wie ein Roboter tapste Ann, unter Hilfestellung, im Raum hin und her. Schleichend, aber immer spürbarer wurden ihre Bewegungsabläufe wieder so, dass sie sich selbstständig bewegen konnte.

Sie verspürte eine innere Kraft. Sie spürte auf einmal, dass sie nicht allein dem Schicksal ausgeliefert war. Noch ein wenig wacklig lehnte sich Ann mit dem Rücken an die Wand. In der Zeit hatte die Frau einige Sachen in ihre mitgebrachte Tasche gepackt. Dann kam sie auf sie zu und stellte sich vor sie. Ann betrachtete die Frau in dem weißen Kittel einen Moment lang. Das schulterlange, gewellte, stark ergraute Haar umschloss ein fahles, knochiges Gesicht. Die großen perlartigen Pupillen lagen in tiefen, dunklen Augenhöhlen. Das Weiße in den Augen war stark gerötet. Auf der blassen, schuppigen Haut waren mehrere, zum Teil stark eiternde Ekzeme zu erkennen.
„Danke“, hauchte Ann und ein kurzes Lächeln huschte über ihr Gesicht. „Wie geht es Ihnen?“, fragte die Frau, ohne das Lächeln zu erwidern. „Noch etwas schlapp, aber schon besser.“
„O. k.“, sagte die Frau: „Ich bin Professor Doktor Olga Semjonow aus Leningrad. Sie können Olga zu mir sagen.“
„Und ich bin …“, den Satz konnte Ann nicht mehr zu Ende bringen, weil Olga sie sofort unterbrach.
„Ich kenne Sie, Ann. Ich kenne Sie länger, als Sie glauben.“ Erstaunt schaute sie Olga an. „Aber“, auch jetzt unterbrach Olga sie wieder und nahm die Tasche. „Kommen Sie schnell, wir müssen von hier verschwinden.“
Bevor beide den Raum verließen, blieb Ann kurz stehen und blickte noch einmal zurück.
„Ja, hier sollten Sie sterben, wie viele andere vor ihnen auch“, kam es leise über Olgas Lippen. Ann schnappte nach Luft. Sie hatte das Gefühl, ohnmächtig zu werden.
„Reißen Sie sich zusammen“, befahl ihr Olga mit scharfem Ton. Als Ann sich wieder gefangen hatte, verschloss Olga hinter ihnen die Tür, als wäre hier niemals etwas vorgefallen. Auch auf dem Gang lag ein ekliger, süßer Geruch nach Fäulnis und Leichen in der Luft. Ann musste sich beherrschen, um sich nicht zu übergeben. Es war ziemlich dunkel. Nur das schwache Licht einer Notbeleuchtung erhellte den Gang. Mit einer Hand an der Wand konnte sie ihr Gleichgewicht halten. Von dem Flur aus konnte man in mehrere rechts und links liegende Räume schauen, deren Türen nicht verschlossen waren. Neugierig wollte Ann schauen, was sich in den Räumen verbarg. „Das würde ich nicht tun“, hörte sie Olgas Stimme. „Was Sie dort

sehen, wird Sie ein Leben lang begleiten.“ Aber Ann hatte bereits in einen Raum hineingeschaut. Es war wie in einem finsteren Horrorfilm. Das hier war aber Realität und es schnürte ihr den Hals zu. Sie machte einen Schritt in den Raum hinein. Der Raum lag in einem diffusen Licht. Wände und Boden waren gefliest. In der Mitte stand ein Tisch, über dem eine große Lampe angebracht war. Es ähnelte einem Operationssaal. Auf dem Boden waren Blutflecken zu erkennen. In einer Ecke, die das schwache Tageslicht ausleuchtete, standen zwei Rollwagen. Auf beiden Wagen lag etwas, was man mit einem Laken abgedeckt hatte. Jedoch war an der Form zu erkennen, dass es sich hier um menschliche Körper handelte. „Oh mein Gott“, stieß Ann hervor.

„Ich hatte Sie gewarnt, nicht in die Räume zu schauen“, flüsterte Olga.

„Und was ist in den anderen Räumen?“, wollte Ann wissen.

„Ja, was schätzen Sie denn?“, kam es von Olga zurück.

„Sie wollen doch nicht sagen“, Ann stutzte einen Moment, „dass hier überall“, sie verzog dabei ihr Gesicht, als hätte sie gerade auf eine Zitrone gebissen, „tote Menschen liegen?“ Sie schaute zu Olga, weil sie eine Antwort von ihr erwartete. Olga saß mit schmerzverzerrtem Gesicht, den Rücken an die Wand gelehnt, in der Hocke und rang nach Luft. Den Hustenanfall versuchte sie, so gut wie möglich zu unterdrücken. Ann war sofort bei ihr: „Kann ich Ihnen helfen?“

„Wer braucht denn von uns die meiste Hilfe?“, zischte Olga und wies Ann mit einer Handbewegung zurück. Nachdem Olga sich wieder aufgerappelt hatte, fuhr sie sich mit den Händen durchs Gesicht. „Auf Ihre Frage zurückzukommen, ja hier liegen überall Leichen. Ja, überall in diesen Räumen liegen Leichen.“ Ein Hustenanfall unterbrach sie wieder. „Es kommt noch grausamer.“ Sie fuhr sich mit der Hand durchs Haar. „In einigen Räumen liegen sogar noch Sterbende.“

„Sie wollen mir tatsächlich weismachen, dass hier Menschen sind, die noch leben?“, erwiderte Ann. Olga schüttelte den Kopf. „Diese Menschen leben nicht mehr, sie vegetieren vor sich hin und nur der Tod wäre eine Erlösung für sie.“

„Was ist das denn hier?“ In Anns Augen stand die Angst. „Ist das hier so etwas wie ein Hospital, oder?“

„Nein, nein hier wurden Menschen hergebracht, die …“ ein erneuter Hustenanfall überfiel sie.
„Also genau gesagt diejenigen, die hier eingeliefert wurden, durften lebend dieses Gebäude nicht mehr verlassen.“
„Das alles hier, haben Sie einfach so mitgemacht?“ Olga schaute vor sich auf den Boden, ein Lächeln huschte über ihr blasses Gesicht.
„Anfang der siebziger Jahre. Der Kalte Krieg zwischen Ost und West hatte den Höhepunkt erreicht. Ich war gerade in einer Forschungsgruppe für atomare und chemische Kampfführung der polnischen Armee in Warschau tätig. Dort erhielt ich vom britischen Geheimdienst das Angebot, für den Westen zu forschen. Es eröffneten sich plötzlich ungeahnte Möglichkeiten. Nach der Flucht leitete ich ein Forschungszentrum in Birmingham.“
Sie hatte wohl ein Geräusch wahrgenommen, denn abrupt hörte sie auf zu reden und legte den Zeigefinger an die Lippen. Stille umgab sie und Ann hatte das Gefühl, dass jeder ihren Herzschlag mitbekommen würde. „Und dann?“, fragte Ann auffordernd.
„Nun ja, dann lernte ich Igor kennen. Er war Lehrer in einer polnischen Schule. Kurz darauf heirateten wir und ich wurde schwanger. Der liebe Gott bescherte uns eine gesunde Tochter.“
„Ich habe auch eine Tochter“, sagte Ann, „sie heißt Lydia.“
„Ich weiß“, erwiderte Olga. „Was geschah dann weiter?“, wollte Ann wissen.
„Wir hatten ein wunderschönes Leben, wir hatten alles, was man sich wünschen konnte, bis zu dem Tag.“
Plötzlich wurde sie nachdenklich und Tränen flossen über ihre Wangen. Sie wischte sie mit der Handfläche weg. „An diesem Tag veränderte sich unser ganzes Leben.
Es war ein Mittwoch, als Igor mich anrief und mir mitteilte, dass man das Kindermädchen und unsere Tochter Tanja, sie war gerade sechs Jahre alt, entführt hatte. Dann kam die Organisation“, schluchzte Olga.
„Was für eine Organisation?“, hakte Ann nach.
„Das weiß ich bis heute nicht. Man zwang Igor und mich, für die Organisation zu arbeiten und versprach uns, dass es Tanja an nichts fehle und sie eine ausgezeichnete Schulausbildung bekam.“
„Durften sie ihre Tochter denn mal sehen?“

„Nein, bis zum heutigen Zeitpunkt gab es kein Lebenszeichen von ihr. Erst wenn die Aufgabe erfüllt war, sollten wir wieder zusammenkommen, hatte man uns versprochen.“ „Und wann ist diese Aufgabe erfüllt?“ Ann rutschte ebenfalls an der Wand hinunter und setzte sich auf den Boden neben Olga.
Auf diese Frage zuckte Olga nur die Schultern. „Ich weiß es nicht“, kam es leise über ihre Lippen. „Nein, nein Olga, so etwas dürfen sie nicht einmal im Traum denken.“ Olga begann zu weinen. Wieder war da der Husten. Plötzlich rann ein dünner Blutfaden aus einem Nasenloch. Das Blut tropfte auf ihren weißen Kittel, wo es sich schnell im Stoff ausbreitete. „Sie bluten aus der Nase!“ Olga fasste in ihre Kitteltasche und zog ein bereits mit Blut verschmiertes Taschentuch heraus und hielt es unter die Nase. „Sind sie krank?“, fragte Ann vorsichtig. Das Taschentuch unter die Nase haltend nickte Olga.
„Ja leider, ich bin sehr krank und werde bald sterben.“ Ihr Gesichtsausdruck wurde nachdenklich. „Wir haben hier Versuche mit radioaktivem Material am Menschen durchgeführt, dabei wurde ich kontaminiert, ich habe die letzte Phase erreicht.“
„Aber vielleicht …“, Olga unterbrach erneut Anns Satz.
Sie rappelte sich stöhnend auf. „Kommen Sie, wir müssen gehen, ich will Ihnen noch etwas zeigen.“ Dann stolperten sie beide der Treppe entgegen, die zum Erdgeschoß führte. Immer wieder drang das Stöhnen der Sterbenden aus den Zimmern auf den Flur. Ann wurde es plötzlich schwarz vor den Augen, sie stolperte und fiel zu Boden. Einfach liegen bleiben und schlafen, dachte sie. „Reißen Sie sich zusammen“, hörte sie Olga rufen.
„Ja, ja ich komme“, flüsterte sie und versuchte, sich mithilfe der Wand wieder auf die Beine zu stellen. Bald hatte sie es geschafft. Das einfallende Tageslicht des Treppenhauses erhellte einen Teil des Kellerflurs. Ann hatte das Gefühl das da, wo das Licht herkam, das Gute ist. Schwer atmend hielt sie sich am Treppengeländer fest, um zu verschnaufen. Olga hatte es bis zum Podest geschafft und versuchte, den Husten zu unterdrücken. Ann blickte noch einmal in den Kellergang. Jetzt erst fielen ihr die kleinen Pakete auf, die verteilt oberhalb der Rohrleitungen angebracht waren. Was sie ein wenig stutzig machte, waren die kleinen roten, blinkenden Lichter an den Paketen.

„Sind das etwa Sprengladungen?“, wollte Ann wissen und schaute dabei Olga fragend an. Olga sagte keinen Ton, schloss ihre Augen und nickte nur mit dem Kopf.

Sie zog sich am Treppengeländer hoch und ging nur langsam die Stufen hinauf. Warum die Sprengladungen, dachte Ann. Aber sie besaß im Moment nicht die Kraft, Olga danach zu fragen.

Sie hatte gerade das Podest erreicht, als das Geräusch, das sie jetzt hörte, ihr wie ein Blitz durch Mark und Bein fuhr. Abrupt blieb sie stehen und lauschte angestrengt. Es war ein Jammern, ja ein Wehklagen und es kam aus dem Keller. Doch dieses Wehklagen hörte sich auf einmal anders an. Die Stimme, die dort jammerte, war jung, ja kindlich. Ann überkam eine böse Vorahnung. Sie blickte entsetzt zu Olga empor, die bereits das Erdgeschoß erreicht hatte.

„Olga“, rief sie und musste sich am Geländer abstützen. „Sind dort unten auch Kinder?“

„Kommen Sie“, sagte Olga mit ernster Stimme. Sie ging Ann ein paar Stufen entgegen und reichte ihr die Hand. „Sind dort unten Kinder?“, schrie Ann hysterisch und fing an zu weinen.

„Hören Sie endlich auf, über das hier nachzudenken.“

„Nein, nein, das kann ich nicht.“ Sie wollte wieder zurück in den Keller.

Mit einem harten Griff am Oberarm hielt Olga sie fest. „Unterlassen Sie das. Gehen Sie auf keinen Fall zurück, bitte.“ Sie schauten sich einen Moment in die Augen. In diesem Augenblick hatte Ann das Gefühl, dass Olga sie nur schützen wollte.

Olga wollte nicht, dass sie das Schlimme und Grausame zu Gesicht bekam. Ann nickte zustimmend und über Olgas Lippen kam ein leises „Danke.“ Schwer atmend setzten sie den Weg nach oben fort. Nachdem beide das Erdgeschoß erreicht hatten, schaute Ann noch einmal die Kellertreppe hinunter. Wieder kreuzten sich ihre Blicke. Olga schloss ihre Augen und schüttelte kurz den Kopf. „Wir können hier niemandem mehr helfen“, kam es kaum hörbar über ihre Lippen. Ann wischte sich mit beiden Händen die Tränen aus dem Gesicht. Olga zog aus ihrer Kitteltasche schnell ein frisches Taschentuch und gab es Ann.

„Kommen Sie, Ann, lassen sie uns die Arbeit vollenden.“ Sie hakte sich bei Ann unter und dann taumelten sie weiter wie zwei, die auf einer Party zu tief ins Glas geschaut hatten. Der schmale Flur schien ein Verbindungskorridor zu einem anderen Gebäude zu sein. Die wenigen Fenster, aus denen man nach draußen in einen mit hohem Gras zugewachsenen Innenhof blicken konnte, waren von außen mit starken Gitterstäben versehen. Am Ende des Flurs versperrte eine mit grauer Farbe gestrichene Eisentür, an der bereits teilweise die Farbe abblätterte, den Weg.

Olga tippte auf einer Tastatur, die oberhalb der Klinke angebracht war, einen vierstelligen Zahlencode ein. Kurz darauf erklang ein metallisches Geräusch und die Tür ließ sich öffnen. Sie hielt Ann hinter sich zurück. Sichernd schaute sie nach rechts und links. Mit einer Handbewegung gab sie Ann zu verstehen, dass hier alles in Ordnung war. Sie standen auf einmal in einem anderen Flur. Die schwere Eisentür fiel hinter ihnen ins Schloss.

Dieser Flur sah viel freundlicher aus, er hatte nicht mehr dieses Bedrohliche des Flurs, den sie gerade verlassen hatten. Die Wände waren in einem hellen Ocker gestrichen und hier und da hingen sogar ein paar Bilder. Von hier aus gelangte man in Räume, die auch nur mit einem Zahlencode geöffnet werden konnten. Es war eigenartig still. Ann empfand es sogar als friedlich.

Nachdem sie einige Meter zurückgelegt hatten, blieb Olga vor einer Tür aus hellem Holz stehen. Auf dem Namenschild war zu lesen, „Professor Olga Semjonow".

Olga holte eine kleine Checkkarte aus der Kitteltasche und steckte sie in einen dafür vorgesehenen Schlitz. Ein leises, kurzes Knacken entriegelt das Schloss. Nach einem kurzen Blick den Flur entlang gingen sie in das Zimmer. „Setzen Sie sich bitte", sagte Olga und zeigte auf einen schwarzen Ledersessel, der vor einem Schreibtisch stand. Während Olga mit einem Schlüssel einen Schrank öffnete und hektisch nach irgendetwas suchte, schaute sich Ann im Zimmer um. Der Raum erweckte den Anschein, als ob es sich hier um ein ganz gewöhnliches Sprechzimmer eines Arztes handelte. Die Wände waren weiß gestrichen. Durch ein Fenster, das fast bis zum Boden reichte, kam viel Tageslicht hinein. Ein recht imposantes Ölgemälde verzierte die Wand hinter dem wuchtigen Schreibtisch aus Eichenholz. Ihr Blick huschte über den mit Parkett verlegten Boden und blieb an einem Paravent haften.

Hinter diesem Wandschirm war eine große Liege zu erkennen. Das laute Fluchen von Olga, in einer Sprache, die sie nicht verstehen konnte, riss sie aus ihren Betrachtungen.
Olga hielt eine Menge Pillen in der Hand, von denen einige zu Boden fielen. Sie nahm alle auf einmal in den Mund und spülte sie mit einem Glas Wasser hinunter. „Sie lindern ein wenig die Schmerzen."
Ann nickte mitfühlend. Dann fiel ihr ein mit einem weißen Holzrahmen geschmücktes Bild auf dem Schreibtisch auf. Ann beugte sich etwas nach vorn.
„Ist das Ihre Tochter?" Olga atmete tief ein, dann nickte sie und ein kurzes Lächeln huschte über ihr Gesicht. „Ja das ist meine kleine Tanja", sie drehte das Bild so, dass Ann es genauer betrachten konnte.
Es war außer Olga und ihrer Tochter noch eine dritte Person auf dem Foto. Ein Mann und was auffiel, alle drei schauten fröhlich drein.
„Das war noch aus einer besseren Zeit", flüsterte Olga. „Darf ich?", fragte Ann vorsichtig, um sich das Foto näher anzusehen. Olga nickte. Ann lächelte, als sie das Bild in den Händen hielt, als wollte sie mit den anderen auf dem Foto die Freude teilen. Doch mit einem Mal verschwand ihr Lächeln und ihre Miene wurde ernst. „Wer ist dieser Mann auf dem Foto?", erstaunt schaute sie Olga an. „Sie erkennen ihn wieder?", fragte Olga mit regungslosem Blick.
„Ist das nicht?", sie unterbrach den Satz und schluckte: „Ist das nicht Dustin, unser Stallmeister und Pferdepfleger auf Falcon?"
„Für sie ist es Dustin, sein richtiger Name ist Igor und er war mein Ehemann."
„Wieso war, ist er tot?", fragte Ann sofort zurück. Ohne die Frage zu beantworten, fuhr Olga fort. „Igor arbeitete für den Westen und für den Osten."
„Ein Doppelagent?", fiel Ann ihr ins Wort.
„Wenn sie es so sehen wollen." Ein plötzlicher Hustenanfall zwang sie zu einer kurzen Unterbrechung. „Ja er war ein KGB-Agent", fuhr sie fort, nachdem sie einen Schluck Wasser getrunken hatte. „Und was hatte er auf Falcon zu suchen?", wollte Ann nun wissen.
„Nun ja, man hatte durch den israelischen Geheimdienst herausgefunden, dass ihr Mann Bob in einer weltweit operierenden und immer mächtiger werdenden Organisation hier in England eine hoch-

rangige Schlüsselfigur ist. Um mehr Informationen zu erhalten, wurde Igor, alias „Dustin“ auf ihren Mann und auch auf Sie, Ann, getarnt als Pferdepfleger, angesetzt.“
„Von dem, was ihr Mann so alles tat, haben sie gewusst?“, fragte Ann und rutschte unruhig im Sessel umher.
„Nein, leider nicht!“, sagte sie energisch. „Nachdem unsere Tochter zur Welt gekommen war, verschwand Igor eines Nachts. Ich habe die Polizei eingeschaltet, aber mein Mann blieb verschwunden.“ Sie drehte sich in dem viel zu großen Ledersessel und schaute aus dem Fenster hinaus.
Es verstrichen ein paar Sekunden, als hätte sie über den nächsten Satz nachgedacht, um ihn richtig zu formulieren. Dann erzählte sie weiter. „Bis vor ein paar Tagen.“ Sie räusperte sich und schaute wie in Trance gebannt aus dem Fenster, als hätte sie draußen ein Gespenst gesehen. „Was geschah dann?“, fragte Ann mit leiser fast flüsternder Stimme.
„Auf einmal nach so langer Zeit stand er plötzlich vor mir. Igor erzählte mir von seiner letzten Aufgabe als Pferdepfleger auf Falcon. Er weihte mich in sein Geheimnis ein. Wenn alles vorbei ist, sagte er, dann hole ich dich hier heraus. Und auf einmal“, ein leichtes Lächeln war in Olgas Gesicht zu erkennen, „keimte ein Gefühl der Hoffnung in mir auf. Vielleicht bekamen wir ja unser Kind zurück und dann wären wir wieder eine richtige Familie.“
„Wo ist Igor jetzt?“
„Er liegt in einem der Kellerräume“, antwortete Olga und drehte sich wieder so, dass sie Ann in die Augen blicken konnte. „Es wurde eine männliche Person gebracht, das Gesicht mit Säure verätzt. Er muss dabei wahnsinnige Schmerzen erlitten haben. Anschließend hat man ihm die Kehle durchtrennt.“ Olgas Gesicht war wie versteinert, die Wangenmuskulatur zuckte. „Woher sind Sie so sicher, dass der Mann, der im Keller liegt, obwohl das Gesicht völlig entstellt ist, dass es sich um Igor handelt?“
„Igor wurde, als er so um die vierzehn Jahre alt war, von einem Hund in den linken Unterarm gebissen. An dieser Narbe habe ich ihn identifizieren können. Ich bin mir ganz sicher, eine solch schlecht verheilte Wunde gibt es kein zweites Mal und außerdem habe ich die Narbe oft genug betrachtet.“

„Aber wer sollte Ihren Mann getötet haben?“
„Bei unserem letzten Treffen erwähnte er, dass es wohl irgendwelche Probleme gab. Um sich abzusichern, hat er mir ein kleines Notizbuch gegeben.“ Olga öffnet eine Schublade des Schreibtisches, sie kramte darin herum. Dann hielt sie ein kleines, abgegriffenes braunes Büchlein in der Hand und legte es vor sich auf den Tisch. „Wer das in die Hände bekommt, kann damit eine Menge Geld verdienen, sagte er und erwähnte aber zugleich, dass derjenige auch nicht mehr lange zu leben hat. Wenn ich so über all das nachdenke“, fügte Olga hinzu, „haben wir nie eine Zukunft gehabt.“
Sie erhob sich langsam aus ihrem Sessel und bewegte sich zum Fenster. Dort blieb sie stehen und blickte wieder nach draußen. Sie verschränkte ihre Arme vor der Brust.
Dann drehte sie sich zu Ann herum. Da war auf einmal etwas in ihren Augen, es war ein Funkeln wie eine aufflackernde innere Kraft. Ihr Körper spannte sich. „Das Böse muss gestoppt werden, es muss ein für alle Mal ein Ende haben.“ Dieser Satz klang für Ann wie eine Prophezeiung. Der Satz hatte etwas Mächtiges, Endgültiges.
„Der Tag ist gekommen“, fügte Olga hinzu, griff dabei zu dem Bild auf dem Schreibtisch und zog es zu sich.
„Was meinen Sie“, fragte Ann mit hochgezogenen Augenbrauen erstaunt, mit dem Satz: „Der Tag ist gekommen?“
„Als Sie vor zwei Tagen hier eingeliefert wurden, habe ich Sie sofort erkannt.“
Dabei ging sie zu einem Aktenschrank, der etwas entfernt vom Schreibtisch stand. Sie öffnete eine Schublade. In einem Hängeregister war eine große Anzahl von Mappen zu erkennen. Ihre Hand glitt suchend über die oben angebrachten Namensschilder. Dann hatte sie das gefunden, was sie suchte. Sie zog einen einzelnen Ordner heraus. Langsam kam sie zurück und setzte sich in ihren Sessel. Mit einer Handbewegung schob sie das Bild mit Igor und Tanja zur Seite und legte die Mappe vor sich auf den Schreibtisch. Behutsam legte sie beide Hände auf den Umschlag.
„Sie waren schon einmal bei uns, Ann. Oder besser ausgedrückt, bei Dr. Howard. Können Sie sich noch daran erinnern?“
Ann begann nachzudenken. „Das muss aber mindestens über zehn Jahre zurückliegen.“

Als würde ein ganz normales Gespräch zwischen Arzt und Patient stattfinden, setzte sich Frau Professor Semjonow ihre Brille auf, die sie an einer dünnen Silberkette um den Hals trug. Sie klappte das Deckblatt auf und schaute einen Moment auf das Schriftstück.
„Genau gesagt war es 1972, als Sie bei Dr. Howard waren“, sie blickte dabei über den Brillenrand. Nach einem kurzen Moment des Nachdenkens sage Ann: „Ja, ich kann mich jetzt an die Sache erinnern! Ich hatte damals einen Nervenzusammenbruch und litt danach an schweren Depressionen.“
Sie spürte plötzlich eine eigenartige Unruhe in sich und rutschte nervös im Sessel herum. Olga versuchte, sich etwas aufrechter zu setzen. Jetzt bemerkte Ann, dass die Brille mit dem schwarzen Rahmen ihr Gesicht noch etwas strenger erscheinen ließ. „So, so“, erwiderte Frau Professor Semjonow, „einen Nervenzusammenbruch mit anschließender Depression hatte man Ihnen gesagt. Ich hatte bei Ihnen damals, ohne dass Dr. Howard davon wusste, heimlich Bluttests durchgeführt.“
„Wie soll ich das verstehen, heimlich?“, fiel Ann ihr sofort ins Wort.
„Nun, ich hatte es zuvor schon einmal erwähnt, dass Menschen, die zu uns gebracht wurden, dieses Gelände nicht mehr lebend verlassen durften.“
„Wollen Sie damit andeuten, dass ich bereits 1972 getötet werden sollte?“
„Allem Anschein nach, ja!“ Olga Semjonow blätterte in der Mappe. Als sie die Seite gefunden hatte, die sie suchte, drehte sie die Mappe, sodass Ann lesen konnte, was dort akribisch aufgelistet stand. Ann überflog das Schreiben. „Tut mir leid, ich kann mit Ihren Ausdrücken und Zahlen überhaupt nichts anfangen.“
Sie schob die Mappe wieder von sich weg, als würde das alles, was hier geschrieben stand, sie nicht betreffen. „Schauen Sie hier, Ann“, sagte Olga und schob die Mappe wieder zurück. Sie tippte mit dem Finger auf eine unterstrichene Zeile. „Diese Blutprobe habe ich Ihnen entnommen, nachdem man Sie zu uns brachte.“ Ann beugte sich weiter nach vorn, um besser lesen zu können. „Sie hatten zu diesem Zeitpunkt bereits Substanzen im Körper, die Depressionen und Vergiftungserscheinungen hervorgerufen hatten. Diese Mittel wurden ihnen nicht injiziert, sondern Sie hatten sie mit der Nahrung aufge-

nommen." Ann fasste sich mit einer Hand an den Kehlkopf. Sie hatte auf einmal das Gefühl, ihr Hals schnürte sich zu und sie könnte nicht mehr schlucken. „Sind Sie sich da sicher, was Sie hier behaupten?"
Frau Professor Semjonow zog die Mappe wieder zu sich und blätterte weiter in den Seiten. Erneut schob sie die Mappe ohne ein Wort wieder zurück. Es waren Fotos zu sehen. Es waren schwarz/weiße Fotos, die eine junge Frau zeigten. Auf einigen Bildern war das aufgedunsene Gesicht zu erkennen. Andere Bilder zeigten den mit blauen Flecken übersäten Körper der Frau. Ann starrte auf die Fotos und auf einmal fing sie an zu weinen.
„Sie erkennen die Frau auf den Fotos?" Ohne den Blick von den Fotos zu nehmen, nickte Ann. „Ja", schluchzte sie, „die Frau auf den Fotos bin ich." Langsam beschlich sie eine schreckliche Vorahnung.
„Sie wollen also damit sagen, dass ich bewusst und gezielt vergiftet werden sollte?" Frau Professor Semjonow nickte nur.
„Sie gehen davon aus, dass mein Mann Bob dahinterstecken könnte?"
„Nicht könnte!" verbesserte Olga, „er ist es gewesen, der Sie töten und loswerden wollte. Weil Sie ihm, schlicht gesagt, im Weg standen." Fassungslos blickte Ann nach diesen Worten wieder auf die Fotos. „Und warum lebe ich noch?"
„Ich habe Ihnen, in einer frühen Phase, bereits ein Gegengift injiziert, von dem keiner wusste. Als Ihr Gesundheitszustand sich immer weiter festigte, wollte man kein weiteres Risiko eingehen, da Sie ja auch in der Öffentlichkeit standen, verlegte man Sie in eine richtige Klinik."
„Also hatte ich keine Depressionen?"
„Nein, die wurden durch das Medikament, das man Ihnen gegeben hatte, hervorgerufen." Ann ließ sich mit einem Seufzer in den Sessel zurückfallen.
„Dann habe ich Ihnen, Professor Semjonow, ja mein Leben zu verdanken. Nicht nur einmal, sondern jetzt ein zweites Mal."
Sie schauten sich einen Moment lang in die Augen. Olga Semjonow setzte die Brille ab. „Sag Olga zu mir", ein Lächeln huschte über ihr Gesicht.
„Wie kann ich das alles wieder gutmachen?", fragte Ann kopfschüttelnd.

„Als man dich ein weiteres Mal an diesen Ort brachte, war mir sofort klar, dass du Ann Robertson, die Auserwählte bist, die eine besondere Mission zu erfüllen hat."
Gebannt schaute Ann auf die sich bewegenden Lippen und vernahm die klar formulierten Worte. „Wäre ich früher gestorben, dann hätte man dich hier getötet und keine Menschenseele würde je erfahren, was seit vielen, vielen Jahren hinter diesen Mauern für schreckliche Sachen geschehen."
Ein plötzlicher Hustenanfall zwang sie wieder zu einer Redepause. Sie erhob sich aus dem Sessel und ging zum Fenster, wo sie sich mit einer Hand abstützte und nach Luft schnappte. Sofort sprang Ann auf, um ihr zu helfen. Aber Olga machte ihr mit einer Armbewegung deutlich, dass sie keine Hilfe brauchte.
„Was meintest du gerade damit, ich hätte eine Mission zu erfüllen?", fragte Ann und blätterte weiter in der Akte. „Komm", sagte Olga, nachdem sie sich mehrere Pillen in den Mund geschoben hatte. „Ich muss dir etwas Wichtiges zeigen."
Durch eine Zwischentür verließen sie das Zimmer und betraten einen laborähnlichen Raum. Überall verteilt standen Flaschen und Reagenzgläser auf den Tischen. „Was ist denn hier passiert?", fragte Ann und blieb stehen.
Eine Menge zerbrochener Gläser und Flüssigkeiten lag auf dem Boden und bei jedem Schritt war ein Knirschen zu hören. „Da ist jemand", flüsterte Ann und zeigte in eine Ecke des Raumes. Sie hatte hinter einem Regal eine Person erkannt. Olga kümmerte sich nicht weiter um die Person und schritt zielstrebig auf einen Stahlschrank zu. Ann ließ es keine Ruhe, sie wollte wissen, wer diese Person ist, die ohne jede Regung auf einem Stuhl saß und aus dem Fenster blickte. Als sie näher trat, sah Ann, dass es sich um eine Frau handelte.
Die Frau machte keinerlei Reaktionen, um zu erfahren, wer da nun auf sie zukommt. „Hallo", sprach Ann sie mit leiser Stimme an. Dann sah sie, dass mit der Frau etwas nicht stimmen musste. Der linke Arm hing schlaff herunter. Vorsichtig ging sie um die Frau herum, dabei trat sie auf ein zerbrochenes Glas. „Oh Gott", kam es erschrocken über ihre Lippen. In der Stirn klaffte ein winziges Einschussloch, aus dem ein dünner Blutstrom, wie ein kleiner Bach,

über das blasse Gesicht in Richtung Hals rann. Der starre Blick, aus dessen Augen der Glanz erloschen war, hatte möglicherweise noch das Gesicht ihres Mörders gesehen.
„Weg vom Fenster“, hörte sie plötzlich Olga rufen. Das riss sie aus ihren Gedanken. Ohne lange zu überlegen, sprang sie zur Seite und presste sich mit dem Rücken an die Wand neben dem Fenster. Sie schaute zu Olga hinüber, die sich auch hinter einen Schrank in Deckung gebracht hatte. Jetzt erst merkte sie, warum sie sich so plötzlich verstecken mussten. Das Geräusch eines näherkommenden Autos war zu hören. „Das sind die Leute vom Wachdienst“, rief Olga. Der Wagen hielt in Höhe des Gebäudes an. Anns Herz pochte. Der Motor lief noch, als würden sie noch weiterfahren. Dann fiel ihr Blick auf die tote Frau auf dem Stuhl.
Sollte einer der Wachleute am Fenster vorbeigehen, würde er die Tote sofort sehen und dann? Dann würde …
Sie musste diesen Gedanken nicht zu Ende bringen, denn ein Aufheulen des Motors sagte, dass das Fahrzeug weiterfuhr. Erleichtert schloss sie für einen Moment die Augen.
„Ann“, hörte sie Olga rufen. Sofort war ihr Blick auf sie gerichtet. Sie winkte sie mit einer Hand zu sich. Noch einmal warf sie einen Blick auf die Tote. Eigentlich sah sie ganz friedlich aus. Man könnte annehmen, dass sie sich an das Fenster gesetzt hatte, um die warmen Sonnenstrahlen zu genießen.
In der Zwischenzeit hatte Olga einen schmalen Ordner aus einem der abschließbaren Schränke herausgeholt und verstaute diesen in eine schwarze Ledertasche. „Gib mir deine Krankenakte“, forderte sie Ann auf. Jetzt erst merkte sie, dass sie die ganze Zeit die Mappe mit der Hand festklammerte. Olga packte die Akte auch in die Tasche.
„Hier drin ist deine Mission!“, flüsterte Olga und klopfte mit der Hand auf das schwarze Leder. „Aber wer hat die Frau erschossen?“, wollte Ann wissen, dabei schaute sie zurück zur Toten. „Lass, wir müssen fort von hier!“, zischte Olga, ohne auf die Frage einzugehen. Sie ging mit kleinen Schritten, um nicht auf den Scherben auszurutschen, Richtung Tür.
„Nun komm endlich!“, rief sie zu Ann herüber, die immer noch, wie eine Betonsäule, in dem verwüsteten Labor stand. „Beeil dich, wir haben nicht mehr viel Zeit“, und sie zeigte auf den Heizkörper unter

dem Fenster. Jetzt war auch Ann klar, warum sie hier weg mussten. Dort stand wieder eines der Pakete, die durch dünne farbige Kabel mit einer Zeitschaltuhr verbunden waren. Sprengstoff, schoss es Ann durch den Kopf und schon war sie auf dem Weg zur Tür. Olga ging mit schnellen Schritten voran.
Wo hatte sie auf einmal die Energie her? Vor nicht allzu langer Zeit machte Olga noch einen sehr kranken und schwachen Eindruck. War es vielleicht ein letztes Aufbäumen vor dem großen Finale? Am Ende des Flurs erreichten sie eine Tür, die wiederum durch einen Code gesichert war und nach draußen führte. Durch die Eile hatte Olga möglicherweise die falschen Zahlen eingegeben, denn nichts rührte sich. Fluchend versuchte sie es wieder. Ann stand hilflos hinter ihr. Sie bemerkte aber in diesem Moment eine offen stehende Tür und machte einen Schritt rückwärts. „Oh nein“, rief sie völlig aufgelöst. „Dort ist ja schon wieder ein Toter.“ Sie hielt sich die Hand vor den Mund. Der Tote war ein Mann in einem weißen Kittel.
Bevor er mit einer breiten Blutspur an der Wand zu Boden gesunken war, hatte man ihm mit einer Schrottladung den Kopf weggeschossen. Neugierig schaute sie in den Raum. Auch hier handelte es sich offenbar um ein Labor. Auf mehreren Tischen standen Mikroskope. Genau wie in dem vorherigen Zimmer hatte irgendjemand auch hier einen Teil des Inventars verwüstet.
Oberhalb des Toten klebten, weit auseinandergespritzt, große Stücke der Gehirnmasse an der Wand. Sie hatte das Gefühl, dass in dieser Fleischmasse ein Auge des Toten hing, unvermittelt musste sie husten und dabei würgen. Das Würgen wurde immer heftiger und sie rang nach Luft. Sie spürte, wie sie jemand am Oberarm packte und auf den Flur zog. Zitternd und immer noch nach Luft schnappend lehnte sie sich an die Wand.
Es wurde dunkel um sie. Sie hatte das Gefühl ohnmächtig zu werden. Plötzlich verspürte sie einen heftigen Schlag ins Gesicht und ein wuchtiges Schütteln an beiden Schultern.
Langsam wurde alles wieder klarer und sie schaute auf die vor ihr stehende Olga. „Reiß dich zusammen!“, hörte sie ihre mahnenden Worte. Sie wischte sich mit der Hand über den Mund und sah das Blut. „Hast du mich gerade geohrfeigt?“
„Es tut mir leid“, entschuldigte sich Olga. „Wir haben keine Zeit,

jetzt darüber zu diskutieren."
In der Zwischenzeit hatte Olga den Code für die Außentür herausgefunden. Durch die geöffnete Tür drang Licht in den kalten und düsteren Flur. Auf einmal standen sie draußen. Beide blieben einen Moment stehen. Vögel zwitscherten, Wärme umhüllte ihre Körper. Ann schaute in den wolkenlosen Himmel und musste blinzeln. Durch die Helligkeit schloss sie die Augen und saugte gierig mit tiefen, langen Atemzügen die frische Luft ein. Es kam ihr so vor, nachdem sie durch die Tür gegangen und das Gebäude verlassen hatte, als wäre sie der Hölle entkommen.
Da waren die Toten, da war sie selbst, wenn Olga nicht gewesen wäre, dann … Und jetzt auf einmal diese Ruhe, dieser Frieden.
Ein dumpfes Geräusch und ein kaum hörbares Röcheln zwang sie, die Augen zu öffnen. Was sie jetzt sah, versetzte sie in Panik. Olga war zusammengebrochen und lag im Gras. Aus Mund und Nase blutete sie. „Olga, Olga!", rief sie und war sofort bei ihr und half ihr, sich zu setzen. Sie setzte sich in eine Art Yogasitz und legte Olgas Kopf auf ihre Schenkel. Ann fiel auf, dass Olga sich dieses Mal nicht wehrte, als sie ihr half.
„Wir müssen weiter", sagte sie leise und tupfte sich mit einem Taschentuch das Blut vom Gesicht. Mühsam gingen beide in Richtung Straße.
„Wo müssen wir denn hin?", wollte Ann wissen. Olga zeigte die Straße entlang und deutete auf einen schmalen Weg, der hinter einem Haus abzweigte. „Es ist nicht mehr weit", sagte sie und ging langsam voraus. Bald hatten sie den kleinen Weg, der beidseitig mit einer mannshohen Buchenhecke begrenzt war, hinter sich gebracht. „Hier sind wir vor dem Wachpersonal erst einmal sicher." Olga lehnte sich erschöpft mit dem Rücken an die Wand eines alten Bruchsteingebäudes. Sie deutete auf eine kleine Brücke, die über einen Graben führte. „Da müssen wir rüber, um auf die andere Seite zu kommen. Wir müssen uns nur beeilen, da man vom Wachturm aus", sie deutete mit dem Kopf in Richtung eines Transformatorenhauses, „den Übergang einsehen kann."
Ann, die sich auch mit dem Rücken an die Wand gepresst hatte, beugte sich etwas nach vorn. Es dauerte etwas, bis sie schließlich den gut versteckten Turm zwischen den hohen Bäumen erkennen konnte.

„Ich werde als Erste über die Brücke laufen!“, sagte Olga. „Du kommst erst, wenn ich dir ein Zeichen gebe“, dabei blickte sie Ann in die Augen, die nichts sagte, aber heftig mit dem Kopf nickte.
Olga schob sich langsam an die Hauskante, blickte kurz zum Wachturm, dann lief sie gebückt über die Brücke und verschwand hinter einer Eibe. Stille … Ann tastete sich mit kleinen Schritten, genau wie Olga, an die Hauskante und schaute vorsichtig um die Ecke. Eine Person in schwarzer Kleidung verließ gerade den Turm über die Treppe.
Ein leiser Pfiff und das hastige Winken von Olga, war das Zeichen, dass es jetzt so weit war. Genau wie Olga rannte sie gebückt in Richtung Übergang. Gleich habe ich es geschafft, dachte sie.
Eine kleine Absenkung im Erdreich, kurz vor dem Brückenübergang, brachte sie zu Fall. Vergeblich hatte sie noch versucht, den Sturz am Brückengeländer abzufangen. Unsanft und sehr schmerzhaft stürzte sie auf den harten Boden. Einen Wehlaut konnte sie nicht zurückhalten und sie schaute sofort zum anderen Ende der Brücke. Sie sah Olga wie wild mit den Armen umher fuchteln. Sie deutete an, sie solle liegen bleiben und zeigte in Richtung des Wachturms. Das Gesicht schmerzte und sie spürte etwas Warmes auf der Haut – Blut! Wahrscheinlich war durch das Geräusch, das sie beim Sturz gemacht hatte, das Personal auf dem Wachturm aufmerksam geworden. Sie blieb wie erstarrt liegen. Jetzt erst hörte sie das leise Plätschern des Wassers unter der Brücke. Sie sah Olga, die mit einer Handbewegung ihr deutlich machte, ruhig liegen zu bleiben und sich nicht zu bewegen. Das Gesicht schmerzte und Ann schloss kurz die Augen.
Dann hörte sie wieder ihren Namen. „Ann, Ann, komm weiter.“ Olga machte ihr mit einer Gestik klar, dass sie nur auf allen vieren die Brücke passieren durfte. Langsam rappelte sie sich auf und krabbelte behäbig wie ein Käfer weiter, Olga entgegen. Die immer wieder in Richtung Wachturm Ausschau hielt.
Durch die Fortbewegung auf dem harten Untergrund begannen beide Knie zu schmerzen. Sie biss die Zähne aufeinander.
Ich schaffe es, gleich bin ich drüben, spornte sie sich immer wieder an. Als sie mehr als die Hälfte der etwa fünfundzwanzig Meter langen Brücke kriechend hinter sich gebracht hatte, musste sie eine Pause einlegen. Das Zittern in ihren Armen durch ihr Körpergewicht

wurde immer heftiger. Die Schmerzen in den Knien waren einfach nicht mehr auszuhalten.
Sie hielt inne und rollte sich zur Seite. Sie atmete schwer, aber die Drehung zur Seite verschaffte ihr eine kurzfristige Linderung. Schweiß rann ihr in die Augen und brannte fürchterlich. Mit dem Ärmel versuchte sie, den Schweiß wegzuwischen. „Los weiter!“, hörte sie Olga rufen. Als feuerte ein Trainer seinen Athleten zur Restleistung an, nahm Ann das Signal an und mobilisierte noch einmal alle ihre Kräfte.
Als sie sich am Ende der Brücke wieder aufrichtete, fiel ihr Blick zufällig in den Graben, in dem der Bach floss. Sie sah ein kleines Wehr, an dem sich das Wasser staute und ein gurgelndes Geräusch verursachte. Sie traute ihren Augen nicht. Lag da nicht ein lebloser Körper im Wasser? Sie zwinkerte mit den Augen, um schärfer sehen zu können. Tatsächlich, sie hatte sich nicht getäuscht. Da lag ein Mensch in einem blauen Overall.
Der Kopf lag im Wasser und der Rest des Körpers in der feuchten Erde am schrägen Hang. Schon wieder ein Toter, ging es ihr durch den Kopf.
„Nun komm endlich!“, drangen wieder die Worte, durch das plätschernde Geräusch des Baches, an ihr Ohr. Olgas Worte klangen nun schon etwas bedrohlich. Sie holte noch einmal tief Luft und robbte weiter, bis Olga ihr die Hand entgegenstreckte.
Zusammen rutschten beide in eine Bodenvertiefung. Sie waren jetzt nicht mehr in Sichtweite des Wachpersonals.
Olga ließ Ann eine kurze Zeit verschnaufen. Dann war sie wieder auf den Beinen. „Wir müssen weiter!“ Sie zog Ann an den Armen aus der Kuhle. Über einen schmalen Pfad, der durch ein kleines Birkenwäldchen führte, erreichten sie eine kleine Anhöhe.
Am Rand des Wäldchens, im Schutze der Bäume, blieb Olga stehen. Ann schlich sich langsam neben sie. Einen Ast, der die Sicht auf ein einzelstehendes Gebäude verdeckte, schob sie beiseite. „Das ist der Bungalow des Doktor Howard“, hörte sie Olgas leise Stimme: „Da wohnt der Teufel.“
Das Haus machte einen gepflegten Eindruck. Geschnittene Hecken, gemähter Rasen, sogar Rosenstöcke zierten das Grundstück. Das Gebäude wirkte verlassen, keinerlei Bewegung war zu erkennen. Es

musste aber jemand im Hause sein, denn vor der Eingangstür war ein Wagen abgestellt. „Wie geht es jetzt weiter?“, fragte Ann ohne den Blick vom Anwesen zu nehmen. Wortlos deutete Olga nach rechts. „Dort steht ein weiterer Beobachtungsturm, von dem man den gesamten Bereich des Gebäudes einsehen kann.“
Dann zeigte sie nach links hinüber. „Der Doktor hat einmal die Idee gehabt, einen Teich anzulegen. Aber das Vorhaben wurde nie realisiert. Übrig geblieben war ein Loch in der Erde und ein Abflussgraben, durch den wir ungesehen an das Gebäude gelangen können. Wenn wir das ausgehobene Teichloch erreicht haben, sind wir in einem, zwar sehr schmalen, aber toten Winkel vom Wachturm.“ „Also du willst unbedingt in das Haus?“, fragte Ann. „Ja, das ist mein Ziel“, sagte Olga mit einem ernsten Gesichtsausdruck. Mit einer Kopfbewegung machte sie klar, dass es losgeht.
Mit kleinen Unterbrechungen erreichten sie, nach einer gefühlten Ewigkeit, das ausgehobene Teichloch. Bis hierhin war der Weg sehr beschwerlich. Um nicht gesehen zu werden, mussten sie den ausgehobenen Graben kriechend hinter sich bringen.
Von der Anstrengung in Schweiß gebadet, verschnauften sie einen Moment.
Dann lugte Olga vorsichtig über den Rand des Grabens und sondierte das Umfeld. Ann wagte ebenfalls einen Blick. „Der Doktor hat aber den Wagen optimal abgestellt“, bemerkte Ann. „Der steht so, dass die Sicht auf den Eingang versperrt wird.“
„Den hat nicht Dr. Howard so hingestellt“, sagte Olga, „das war Janek!“
„Wer ist um Himmels willen Janek?“
„Er ist mein Assistent und für alle Toten, die du gesehen hast, verantwortlich.“
„Dann ist er ja ein Mörder, oder aus welchem Grund hat er all diese Menschen umgebracht?“
Hinter einem der Fenster, die zum Parkplatz zeigten, tauchte plötzlich eine große, dunkle Gestalt auf.
Olga gab ein Handzeichen, welches von der Gestalt am Fenster erwidert wurde. „Ist das Janek?“ Olga nickte. „Komm, wir können jetzt ins Haus.“ Gebückt liefen sie, im Schutz des abgestellten Fahrzeugs, zu einem durch eine Mauer abgegrenzten Seiteneingang.

Kaum hatten sie die Tür erreicht, wurde sie wie von Geisterhand geöffnet. Nachdem sie den Eingang passiert hatten, schloss sich die Tür wieder. „Willkommen im Spukhaus der Hölle“, zischte Olga. Über einen mit Waschbetonplatten verlegten Weg gelangten sie in einen wunderschönen Garten.
Viele bunte Blumen waren dort zu sehen. Eine große Rasenfläche endete an einer leicht erhöhten Terrasse, von der sie in das Haus kamen. Es wirkt alles so unwirklich, dachte Ann. Auf der einen Seite diese friedliche Oase, die inmitten einer grausamen Umgebung lag.
Von der mit Bruchsteinen belegten Terrasse hatte man einen wunderbaren Blick über den Garten. Olga deutete zu einem nicht weit entfernten Waldstück.
„Siehst du dort die alten Bäume?“ Ann nickte.
„Ja, was ist mit den Bäumen?“
„Dieses Waldgebiet ist ein riesiger Friedhof. Dort hat man unzählige Leichen verscharrt, die radioaktiven wurden verbrannt oder in Säurebädern aufgelöst.“
„Das alles hier ist unfassbar“, antwortete Ann. „Wenn ich es nicht mit eigenen Augen gesehen hätte, würde es mir schwerfallen, es zu glauben.“
Ein plötzliches Knacken ließ sie herumfahren. Das, was sie jetzt sah, ließ sie schlagartig das Blut in den Adern gefrieren. Auch wenn es sich jetzt hier um einen Gag gehandelt hätte, wäre sie schockiert.
Den Schrei, der über ihre Lippen kam, konnte sie nicht mehr unterdrücken, so tief fuhr der Schreck ihr in die Glieder. Vor ihr stand eine große, dunkle Gestalt. „Das ist Janek“, hörte sie Olga sagen. „Mein langjähriger Assistent und treuer Weggefährte.“
„Hey, Janek, ich heiße Ann“, kam es stotternd hervor und ein gequältes Lächeln zierte ihr Gesicht. „Er kann dich hören, aber nicht sprechen, man hat ihm vor langer Zeit die Zunge herausgeschnitten.“
„Was hat man ihm noch alles angetan?“
„Man hat an ihm diverse Tests durchgeführt. Man hat seinen Körper mit Säure verätzt. Eine Körperhälfte hat man verbrannt.“
Olga stellte sich vor ihn. Sie wirkte sehr klein gegen den bulligen Janek. „Er hatte wahnsinnige Schmerzen, aber er wollte und wollte nicht sterben. Dann nahm ich ihn zu mir.“ Sie nahm seine verkrüppelte Hand und legte sie zwischen ihre. „Er hat jegliche Gefühle

verloren, er ist wie eine Maschine. Sein letzter Wunsch wird heute in Erfüllung gehen.“ Dabei schaute sie zu ihm hinauf, wie eine Tochter zu ihrem Vater. „Und was ist dieser Wunsch?“, fragte Ann.
„Mit mir gemeinsam zu sterben.“
Mit einem Mal hatte Ann das Gefühl, dass aus dieser Fleischmasse so etwas wie eine Regung hervorkam.
Als würde er sich auf diesen lang ersehnten Augenblick freuen, mit seiner Olga zusammen diese hässliche Welt für immer zu verlassen.
Dann gingen sie gemeinsam ins Haus. Sie durchschritten einen großen Raum, der an die Terrasse anschloss. Durch eine Art Torbogen kamen sie in einen etwas kleineren Raum. Hier hatte man einen Tisch elegant für ein Essen gedeckt, Kerzen brannten. Es war ein grotesker Anblick.
Vier Menschen, drei Männer und eine Frau, saßen an diesem Tisch. Außer der Frau waren alle mit einem Kopfschuss getötet worden. Nur die Frau saß, die Hände auf dem Tisch, als würde sie auf den nächsten Gang warten. Doch Ann erkannte sofort, Janek hatte ihr das Genick gebrochen. „Für wen war das fünfte Gedeck am Kopfende?“, fragte Ann.
„Das war für den Teufel“, antwortete Olga und ein Grinsen verzerrte ihr Gesicht. Auch Janek wurde bei den Worten merklich unruhig.
„Du meinst Doktor Howard, nicht wahr?“
„Ja, für die Bestie“, fügte Olga hinzu.
„Wo ist er jetzt?“
„Er ist in seinem Arbeitszimmer, wo sonst!“
„Was habt ihr mit ihm vor? Ich will diesem Mann in die Augen schauen“, flüsterte Ann.
„Besser nicht, ich möchte dir diesen Anblick ersparen.“
„Er wollte mich töten“, schrie Ann auf einmal. „Ich habe ein Recht, dieses Schwein zu sehen.“
„O. k.“, sagte Olga und schaute zu Janek hinüber und nickte.
Janek ging voraus, einen Flur entlang und blieb vor einer Tür stehen. Langsam öffnete Janek die schwere Eichentür. Ein beizender Geruch stieg ihnen in die Nase und machte das Atmen schwer. Die Augen tränten. In der Mitte des Raumes war ein Duschvorhang, dahinter die Umrisse eines sitzenden Menschen. Jetzt vernahmen sie auch das Röcheln.

Janek schob den Vorhang ein Stück beiseite. Es war ein grausamer Anblick, den Ann jetzt ertragen musste.
Da saß ihr Peiniger auf einem Stuhl, die Füße in zwei mit Säure gefüllten Kübeln. Auch das Gesicht zeigte Verätzungen. Selbst helfen konnte er sich nicht, er hatte keine Hände mehr.
Janek hatte sie ihm, nachdem er sie abgetrennt hatte, vor ihm auf den Schreibtisch gelegt. Dann schloss er den Vorhang wieder.
„Wie gesagt, den Anblick wollte ich dir ersparen." Eine eigenartige Kälte ging von Olga aus. „Nein, es ist gut", waren Anns Worte und sie verließ den Raum. Ruhig stand sie auf dem Korridor und blickte aus dem Fenster. Sie merkte nicht einmal, dass Olga ihre Hand auf ihre Schulter legte.
„Es tut mir so leid, dass wir uns unter diesen Umständen kennengelernt haben. Wir sind beide, Janek und ich, keine bösen Menschen gewesen. Uns wurde hier das Böse eingeimpft. Komm, lass uns auf die Terrasse gehen, ich muss dir noch etwas sehr Wichtiges mit auf den Weg geben."
Sie gingen nebeneinander den Flur entlang, als Ann in einem abgedunkelten Zimmer plötzlich Kerzenlicht sah.
„Bitte nicht", flüsterte Olga und versperrte mit ihrem Körper die Tür.
„Was willst du mir nach diesen schrecklichen Ereignissen noch ersparen?", fragte Ann erstaunt. Olga zögerte einen Moment, sie nickte und gab den Weg frei. Gegenüber der Tür stand ein französisches Bett. Rechts und links standen kleine Nachtschränkchen, auf denen eine Kerze brannte. Auf der einen Seite war ein Bild von Olga, ihrem Mann und ihrer Tochter.
Auf dem anderen Nachtschränkchen, das Bild eines jungen gut aussehenden Mannes neben einer ebenfalls jungen, hübschen Frau. „Ist das Janek?", fragte Ann. „Ja, das war Janek", kam es schluchzend zurück. „Die junge Frau war seine Freundin, die er durch einen tragischen Autounfall verlor."
Ann bekam eine Gänsehaut. Sie ahnte, was in diesem Zimmer in Kürze geschehen wird Um Olga ihren Stolz nicht zu nehmen, entschied sie sich zu schweigen und keine Fragen mehr zu stellen. Auch in diesem Gebäude waren, überall verteilt, Sprengladungen aufgestellt. Sie gingen Richtung Terrasse. Auf dem Weg dorthin bekam Olga einen schweren Hustenanfall. Sofort strömte Blut aus Nase und

Mund und sie stürzte zu Boden. Mithilfe von Ann rappelte sie sich wieder auf. „Geh schon mal vor, ich wasche mir nur das Blut vom Gesicht“, dann verschwand sie ins Badezimmer.
Ann musste, um zur Terrasse zu gelangen, durch das Zimmer, in dem die vier Toten am Tisch saßen. Einen Moment blieb sie stehen, dann setzte sie sich auf den Stuhl, der für Doktor Howard vorgesehen war. Jeder Platz war mit einer Tischkarte versehen. Ihr Blick richtete sich jetzt auf die Kärtchen, auf denen man mit verschnörkelter Schrift, die Namen und den Titel geschrieben hatte. Es waren zwei Abgeordnete der Regierung am Tisch. Die Frau, sie mochte wohl so um die fünfzig Jahre gewesen sein, sie hatte einen Doktortitel. Der dritte der Männer, er hatte fast schon weiße Haare, saß mit zurückgelehntem Kopf auf seinem Stuhl. Ein kleiner Blutstrom rann aus dem Einschussloch in der Stirn, über das Gesicht in den ungepflegten Vollbart. Ann erhob sich und ging zu dem Toten, da sie nicht erkennen konnte, was auf dem Kärtchen geschrieben stand.
Ann staunte nicht schlecht, als sie das Geschriebene las. Es war ein Richter und er führte unter anderen den mächtigen Titel „Sir“. Hier saß also eine hochkarätige Führungsriege, ging es ihr durch den Kopf.
Außerdem, was machte ein Richter bei solch einer Bestie? Dann fiel ihr wieder das sechste Gedeck ins Auge. Es war der Platz genau gegenüber Doktor Howard.
Das Tischkärtchen lag unter dem Tisch. Ann hob es auf und stellte es wieder auf den dafür vorgesehenen Platz.
Sie zeigte keinerlei Regung, als sie den Namen las: Professor Olga Semjonow. Mit einem Mal war sie über sich selbst erschrocken. Sie empfand plötzlich kein Gefühl des Ekels mehr, obwohl sie hier mit vier Toten an einem Tisch saß. War sie inzwischen so kalt und abgestumpft, dass der Tod ihr nichts mehr ausmachte?
Sie erschrak, eine Hand berührte ihre Schulter. Es war Olga, die sie, vertieft in ihre Gedanken, hatte nicht kommen hören. „Komm weg von diesem Ort“, sagte sie und geleitete sie behutsam auf die Terrasse.
Dort setzten sie sich an einen kleinen runden Tisch, auf dem bereits die schwarze Ledertasche lag. Janek stand am Ende der Terrasse mit einem Gewehr in der Hand. Verwundert musterte Ann die vor ihr

sitzende Olga. Vor ihr saß nun eine ganz andere Frau. Sie hatte ihren Kittel abgelegt und trug eine scharlachrote Bluse. Ihr dunkles, streng nach hinten gestecktes Haar, hatte sie geöffnet und es fiel ihr über die Schultern. Sie hatte sich geschminkt und dunkelroter Lippenstift brachte ihren wunderschön geformten Mund zur Geltung.
„Woher hast du das alles, die Bluse …" Olga ließ Ann den Satz nicht zu Ende bringen. „Ich habe hier gewohnt!"
„Willst du damit sagen, dass du mit diesem Teufel, wie du ihn nanntest, hier in diesem Haus gelebt hast? Aber …" auch diese Frage wurde durch Olga unterbrochen, indem sie den Zeigefinger auf ihre Lippen legte. Eine beklemmende Stille breitete sich aus.
„Jetzt zu deiner Mission." Olga eröffnete das Gespräch und zog die schwarze Ledertasche näher zu sich heran.
„Ja, ich habe mit Doktor David Howard hier gelebt. Ich hatte keine andere Wahl. Ich musste diesen Schritt tun, da ich sonst keine Möglichkeit hatte, an wichtige Unterlagen und geheime Treffen heranzukommen." Sie presste die Lippen aufeinander und nach einem kurzen Augenblick fuhr sie fort. "Irgendwann hatte David so viel Vertrauen zu mir, dass ich hier machen konnte, was ich wollte."
Sie schluckte und schaute in den Garten. „Leider habe ich zu spät erkannt, dass David mit der Entführung meiner Tochter zu tun hatte. Als ich es endlich herausfand, hatte man mich bereits seit längerer Zeit vergiftet." Ann nickte schweigend.
„Dein Mann Bob war ein gern gesehener Gast in diesem Hause." Ann fuhr sich mit den Händen durch die Haare.
„Also gut, dann erkläre mir meine Aufgabe", sie nahm eine aufrechte Sitzposition ein. „Auf diesem Gelände wurde mit Gelbfieber, Ebola- und Lassafieber experimentiert. Es wurden politische Gefangene bewusst mit dem HI-Virus infiziert. Es wurden drogenabhängige Prostituierte nachts auf das Gelände gebracht, die mit den Infizierten Geschlechtsverkehr hatten. Danach ließ man sie wieder in die Öffentlichkeit. „Und wer wusste alles davon?"
„Nun, du hast doch gesehen, wer alles dort am Tisch saß. Führungskräfte aus der Pharmaindustrie, Mediziner, hochrangige Politiker, ehrenwerte Richter und nicht zu vergessen das Militär und damit meine ich auch Bob."
„Sie alle wussten, was hier geschah?"

„Nun ja, irgendwie schon, aber es war ihnen eigentlich egal. Es ging, wie immer im Leben, um Macht und Geld.“ Ann schüttelte fassungslos den Kopf. „Ich habe das Gefühl, dass ich dies alles hier nur träume.“

„Nein, meine liebe Ann, das hier ist leider kein Traum, das hier ist bittere Realität.

Nur du kannst dafür sorgen, dass alle Menschen von dieser bösen Sache erfahren.“ Sie blickte Ann in die Augen und schob die schwarze Ledertasche zu ihr. Ann nahm die Tasche und hielt sie mit beiden Händen vor ihrer Brust.

„Du kannst dich auf mich verlassen Olga, ich schwöre bei meinem Augenlicht, ich werde deinen Wunsch erfüllen.“

„Wenn du in Sicherheit bist und die Tasche öffnest, hast du hochbrisantes Material in der Hand. Sei wachsam und vorsichtig, für diese Unterlagen würde man dich auf der Stelle töten. Zeige es nur den Personen, die ich dir auf einer Liste aufgeführt habe, sonst darf niemand von diesen Unterlagen erfahren.“ Ann schluckte, ihr war noch nicht bewusst, was sie da für eine Bombe in den Armen hielt. Sie blickte etwas unsicher in der Gegend herum. Sie wollte etwas sagen, aber ihr fehlten einfach die Worte.

„Auf einem Konto in der Schweiz liegt genügend Geld. Wenn du es brauchst, um die Wahrheit ans Licht zu bringen, findest du alle Zugangsdaten und Passwörter in den Unterlagen.“ Olga machte einen tiefen Atemzug.

„Bitte finde Tanja! Auch über sie habe ich Unterlagen, wo sie sich aufhalten könnte, zusammengestellt.“

„Ich werde deine Tochter finden, da bin ich mir ganz sicher“, antwortete Ann. „Ich werde ihr sagen, dass sie stolz auf ihre Mutter sein kann.“ Sie lächelten beide. „Bestelle ihr, ich habe sie immer geliebt.“ Ann wollte noch etwas sagen, als Janek auf die beiden zukam und schweigend neben ihnen stehen blieb. In der Hand hielt er einen weißen Kittel und einen schwarzen Herrenhut. Ann bemerkte eine gewisse Unruhe und eine sichtbare Nervosität bei Olga.

„Es muss alles so veröffentlich werden“, sagte sie mit strengem Tonfall.

„Damit Rechtsanwälte und Richter keine Chance mehr haben, durch irgendwelche Gesetze und Paragrafen die Verantwortlichen zu ent-

lasten."
Olga erhob sich langsam aus ihrem Stuhl. Sie blickte zu Janek, der nur mit dem Kopf nickte.
„Es ist Zeit", kam es leise über ihre Lippen. „Du ziehst den Kittel über und setzt den Hut auf. Du fährst mit Davids Wagen den Weg, den ich dir erkläre. Das Wachpersonal wird denken, dass Doktor Howard wie gewöhnlich, mit seinem Wagen wegfährt."
„Aber die Wachen …" Olga unterbrach sie mit einer Handbewegung. „Es gibt einen Notausgang, den nur David und ich kennen. Von dem man unerkannt das Gelände verlassen kann." Sie half Ann in den Kittel und setzte ihr den Hut auf. Ein Lächeln huschte über ihr Gesicht. Dann hakte sie sich bei Ann ein und sie gingen zum Seitenausgang.
Ann blieb stehen und drehte sich noch einmal um. Sie sah, wie Janek mit einem Tablett auf dem eine Flasche Wein und zwei Gläser standen, im Haus verschwand.
Sie schaute Olga in die Augen. „Stilvoll wollen wir diese böse Welt verlassen", sagte Olga zynisch.
Als sie die Seitentür erreichten, erklärte ihr Olga, wie sie zu fahren hatte. Dann gab sie Ann den Schlüssel des Geländewagens. „Pass auf dich auf, wir wären gute Freundinnen geworden!" Tränen liefen über ihr Gesicht. Auch Ann konnte die Tränen nicht zurückhalten. „Warum kommst du nicht mit?" „Das habe ich dir schon erzählt und außerdem werde ich Janek nicht allein lassen."
„Und das ist endgültig?" Olga schloss die Augen und nickte. „Ja, das ist endgültig!" Sie umarmten sich, sie schauten sich ein letztes Mal in die Augen, dann küssten sie sich.
„Jetzt geh endlich", sagte Olga und drehte sich um und verschwand durch den Seiteneingang. Laut fiel die Tür hinter ihr ins Schloss.

Kapitel 29

Einen Moment lang stand Ann wie angewurzelt da. Am liebsten wäre sie zurück ins Haus gelaufen und hätte Olga mitgenommen. Aber es war zu spät, die Uhr war abgelaufen. Sie wischte sich die Tränen aus dem Gesicht. Dann ging sie zu dem Wagen, öffnet die Tür und setzte sich hinter das Steuer. Von hier aus konnte sie den Wachturm gut erkennen. Sie steckte den Zündschlüssel in das Schloss und startete. Der kräftige Motor war kaum zu hören. Sie entdeckte in Höhe des Aschenbechers ein Bild von Olga. Dann legte sie die Wahlstufe ein und rollte langsam, so wie Olga es ihr gesagt hatte, mit einem weiten Bogen, am Gelände vorbei in Richtung Ausfahrt. Sie warf einen letzten Blick zum Haus. Standen dort nicht zwei Gestalten, die sie beobachteten? Ihr gingen Olgas letzte Worte nicht aus dem Kopf. Ja, sie wären gute Freundinnen geworden.

Sie brach in Tränen aus. Damit sie nicht vom Weg abkam, hielt sie lieber an. Sie schaute auf das Foto im Wagen. Olga verdankte sie ihr Leben. Olga hatte ihr eine Aufgabe gegeben. Sie hatte eine Mission zu erfüllen. Diese Mission würde nur funktionieren, wenn sie einen klaren Kopf behielt. Sie schlug mit beiden Händen auf das Lenkrad und schrie: „Reiß dich zusammen, Ann!“

O. k., ging es ihr durch den Kopf, jetzt nicht auffallen. Sie fuhr weiter einen leichten Hang hinunter, nach einer Biegung erreichte sie eine Querstraße. Hier sollte sie links abbiegen. Nach etwa einer Meile kam sie an eine kleine Kreuzung, hier ging es nur nach rechts und links.

An dieser Stelle sollte sie aber geradeaus in einen schmalen, unbefestigten Weg einfahren. Immer wieder schaute sie sich um, ob ihr jemand folgte. Sie fuhr sehr langsam auf diesem Sandweg. Nach einer leichten Kurve sah sie das kleine Stromhäuschen auf der linken Seite stehen. Ihr Herz schlug ihr bis zum Hals, ihre Sinne waren zum Zerreißen gespannt.

Da war auch der Holzschuppen, den Olga meinte, wo sie den Wagen verstecken konnte. Der Wagen passte soeben in den Unterstand. Sie stellte den Motor ab. Dann nahm sie die schwarze Tasche und zog den Zündschlüssel ab. An dem Schlüsselbund war auch der Schlüs-

sel, den sie benötigte, um in das kleine Transformatorenhäuschen zu kommen. Sie hatte den Wagen schon fast verlassen, als ihr Blick auf Olgas Bild fiel. Sie nahm es aus der Halterung. Nein, dich lasse ich nicht hier, dachte sie und steckte es in die schwarze Tasche. Vorsichtig schaute sie nach allen Seiten. Jetzt bloß keinen Fehler machen. Aber weit und breit war kein Mensch zu sehen.
Langsam ging sie über den Sandweg und stand bald vor der Tür. Ein leises Summen klang aus dem Inneren des Stromhäuschens. Direkt dahinter verlief der hohe Sperrzaun, den man je nach Bedarf, so hatte Olga ihr gesagt, unter Strom setzen konnte. Sie hielt den Schlüsselbund in der Hand und suchte nach dem passenden Schlüssel. Da war er, ein bronzefarbener Schlüssel, der Schlüssel zur Freiheit.
Sie hatte gerade die Tür geöffnet, als plötzlich eine riesige Detonation die Erde erbeben ließ. Der Luftdruck war so heftig, dass die Dachziegel von dem Schuppen durch die Luft wirbelten und Ann vor Schreck in das Stromhaus hineinstolperte.
Sie war bei dem Sturz auf die Schulter gefallen und spürte einen stechenden Schmerz. Sie brauchte unbedingt den Schlüsselbund, an dem noch andere Schlüssel waren, um die Schleusentür zu öffnen. Eine erneute Detonation ließ sie zusammenzucken. Unmittelbar neben der Tür fand sie den Schlüsselbund im Sand. Durch die starke Detonation waren wohl einige Stromkabel zerstört und überall fielen Funken auf die Erde. Da war auch die schmale Treppe. Die weiter nach unten zur Schleusentür führte. Es war auf einmal stockfinster, sämtliche Notbeleuchtung war ausgefallen.
Neben der Tür sollte an der Wand ein kleiner Kasten hängen, hatte Olga ihr eingehämmert. Dort befände sich eine Taschenlampe. So war es auch. Sie nahm die Lampe aus der Halterung und sie funktionierte. Sie stieg die schmale Eisentreppe hinab und erreichte die Schleusentür. Ihre Hände zitterten. Aber auch diesen Schlüssel fand sie an dem Schlüsselbund. Nachdem sie die Tür geöffnet hatte, blickte sie in einen Tunnel. Der Strahl der Lampe erfasste den lehmigen Boden, der ziemlich glitschig aussah. Wände und Decken waren aus Beton. Vorsichtig betrat sie den Gang.
Fast aufrecht konnte sie sich fortbewegen. Dann erreichte sie einen Schacht, in dem eine Eisenleiter nach oben führte. Sie leuchtete den Schacht hinauf und sah den Schachtdeckel. Behutsam, um nicht ab-

zurutschen, kletterte sie Sprosse für Sprosse nach oben. Der Deckel war mit zwei Eisenbügeln verriegelt. Sie musste all ihre Kräfte aufbieten, um die Bügel zu bewegen. Dann hatte sie es geschafft. Mit letzter Kraft klappte sie die Metallplatte zurück.
Sie schaute in Baumkronen und konnte den Himmel sehen. Der muffige Geruch des Tunnels wurde von dem frischen Waldgeruch verdrängt.
Sie ließ sich erschöpft auf den weichen Waldboden fallen. Sie saugte gierig die frische Luft in ihre Lungen.
Langsam rappelte sie sich auf und schaute dahin zurück, wo sie vor Kurzem noch war. Über dem Gelände des Doktor Howard stand eine riesige schwarze Rauchsäule, die einem Mahnmal glich. Immer wieder waren kleine Explosionen zu hören.
Ann musste weinen. Ich habe es geschafft, ich habe es geschafft. Sie wiederholte diesen Satz immer und immer wieder. Sie fasste in die Tasche und zog Olgas Bild heraus.
Sie hielt es in der Hand und flüsterte leise: „Olga ich habe es geschafft“, dann küsste sie ein letztes Mal das Foto.

Kapitel 30

Nicht gerade weich war die Landung auf der Air Base Gütersloh. Das Transportflugzeug rollte langsam in seine Parkposition. Das kraftvolle Summen der Motoren ebbte langsam ab. Ein kurzer Ruck war zu spüren, dann stand die Maschine. Nach der Ruhe während des Fluges, entstand auf einmal ein hektisches Treiben im Transportraum. Alle packten ihre Sachen und bereiteten sich vor, das Flugzeug zu verlassen.

Lydia hörte Johns Stimme: „Ist alles o. k. bei dir?“ Der nach oben gerichtete Daumen zeigte ihm, dass bei ihr alles klar war. Sie rafften sich auf. Dann erfüllte ein Surren den Raum. Langsam öffnete sich die große Heckklappe und frische Morgenluft war zu spüren. Mit Rucksack und Tasche beladen stiefelten Lydia und John die breite Laderampe hinunter. Sie gesellten sich zu einem halben Dutzend anderer Passagiere, die bereits hinter dem Flugzeug auf dem Rollfeld standen. Es war ein düsterer Morgen. Der wolkenverhangene Himmel machte den Ankommenden klar, dass sie in den nächsten Stunden mit einem Sommerregen zu rechnen hatten.

Lydia fröstelte es. Am liebsten wäre sie jetzt in einem Bett unter eine Decke gekrabbelt und hätte die Augen wieder zugemacht. Auch John blieb das Verhalten von Lydia nicht verborgen. Er legte freundschaftlich den Arm um sie. „Hey, guten Morgen Miss Robertson, willkommen in Germany“, er grinste dabei. Für Lydia war alles noch etwas zu früh.

Mit einem mürrischen Blick und einem kurzen Kopfnicken machte sie John klar, dass sie im Moment keine Unterhaltung führen wollte. Er bot ihr eine Zigarette an, die sie aber kopfschüttelnd ablehnte.

Aus Richtung des Towers kam ein Bus auf sie zugefahren. „Na endlich“, kam es leise über Lydias Lippen. John war so erstaunt über diese Worte, dass er vergaß, weiter zu rauchen. Er sah witzig aus, die Zigarette in der Hand und sein erschrockener Blick, denn Lydia lachte auf einmal. „Ich will mich frischmachen und ich habe Hunger“, knurrte sie laut. Einige Passagiere drehten sich zu ihr um, lächelten und nickten zustimmend.

Als der Busfahrer die Türen öffnete, strömten alle wie wild in den

Bus, denn es hatte zu regnen begonnen. Nachdem sie über Gepäck und Koffer gekrabbelt waren, fanden sie auch endlich einen Platz. Mit einem harten Ruck fuhr der Fahrer an. „Der macht wohl gerade seine erste Fahrstunde", murmelte John. Der Regen wurde stärker. Das laute Geräusch des Motors, das Quietschen der eingeschalteten Scheibenwischer, ließ keine Unterhaltung zu. Vom Flugplatz war durch die schnell beschlagenen Scheiben wenig zu sehen. Der Fahrer lenkte den Bus in einen großen Flugzeug-Hangar. Genauso wie er angefahren war, so stoppte er das Gefährt.
Als der Fahrer den Motor abstellte, erhob sich ein neben ihm sitzender Soldat. Nach den Sternen auf seinen Schulterklappen musste es sich um einen Offizier handeln, dachte sich Lydia. Der Soldat griff zu einem Mikrofon.
Nach mehrmaligen Versuchen hatte er dann, unter Mithilfe des Fahrers, erreicht, das Mikrofon in Funktion zu bringen. Das löste unter den Mitfahrenden ein Gelächter aus.
„Sorry", kam es über die Lautsprecher. Der Soldat nannte nun seinen Namen und Dienstgrad. Er begrüßte die Anwesenden recht herzlich auf der Air Base in Gütersloh. Weiter führte er aus, dass es für alle eine Möglichkeit gäbe, sich nach dem Flug ein wenig frisch zu machen. Ein plötzlicher Hustenanfall unterbrach seine Ansage. Anschließend, fuhr er fort, wartet auf alle ein echt englisches Frühstück auf sie. „Sie haben mich erhört", kam es über Lydias Lippen. Dabei schaute sie zu John hinüber und lächelte.
„Nachdem sie gefrühstückt haben, findet ein Vortrag mit einer Einweisung statt." Er schloss mit den Worten: „Ich wünsche Ihnen einen interessanten und schönen Aufenthalt in Germany." Mit einem kurzen, heftigen Applaus bedanken sich die Ankommenden.
Nachdem sich alle frischgemacht hatten, brachte sie der Bus zur Offiziers-Messe, wo das versprochene Frühstück serviert wurde. Langsam wurde die Stimmung besser. Unter den Teilnehmern fanden mehr Gespräche statt und man lernte den einen oder anderen besser kennen. Gegen neun Uhr dreißig versammelten sich alle in einem großen Nebenraum, indem der weitere Ablauf den Teilnehmern erklärte wurde. Gespannt rutschte Lydia ein wenig ungeduldig auf ihrem Stuhl herum. Dann betraten drei Offiziere den Raum. John stieß Lydia mit dem Ellenbogen an. „Der Große, Schlanke", flüsterte

er, „das ist Dean, Major Dean Rutherford.“
„Der, dem wir das alles hier zu verdanken haben?“, flüsterte Lydia zurück.
„Ja“, sagte John, „der das alles hier ermöglicht hat.“
Nachdem einer der Offiziere den weiteren Ablauf bekanntgegeben hatte, nahm ein anderer die Einteilung der einzelnen Gruppen vor. Am Ende fielen auch ihre Namen. Der Offizier bat sie, sich anschließend bei Major Rutherford zu melden.
Der Major gab den beiden mit einer Handbewegung zu verstehen, sitzen zu bleiben. Es dauerte eine Zeit, bis alle anderen den Raum verlassen hatten.
Als die Tür sich schloss und niemand außer Lydia, John und der Major im Raum waren, ergriff John als Erster das Wort. „Mensch, Dean, dass wir uns unter solchen Umständen wiedersehen, hätte ich im Traum nicht gedacht.“ Er reichte dem Major die Hand. „Es sind viele Jahre vergangen, John, als wir uns das letzte Mal gesehen haben“, erwiderte er. „Aber jetzt stell mir endlich deine attraktive Kollegin vor“, dabei ging ein breites Lächeln über sein Gesicht.
„Das also ist Lydia …“, weiter kam John nicht. Dean machte einen Schritt zur Seite und reichte Lydia, die etwas abseits stand, die Hand und verbeugte sich, wie es sich für einen Gentleman gehört. „Danke, Sir“, kam es stotternd über ihre Lippen, „ich …“ Major Rutherford unterbrach sie. „Bitte, Dean Johns Freunde sind auch meine Freunde.“ Sie schauten sich einen Moment in die Augen. Ein auffallend kurzes Husten von John sorgte dafür, dass Lydia ihren angefangenen Satz zu Ende bringen konnte. „Ich weiß nicht wie ich Ihnen … eh, dir danken soll, für das was du für uns getan hast.“ Ihre Blicke trafen sich ein zweites Mal.
„Nun ja“, unterbrach John die Stille, „wie ich das sehe, geht es hier wohl erst richtig los.“ Er zündete sich eine Zigarette an.
„Ich kann es mir einfach nicht vorstellen, sollten unsere Verfolger herausgefunden haben, dass wir England bereits verlassen haben, werden sie wohl die Suche nach uns nicht so mir nichts, dir nichts einstellen.“
„Da kannst du recht haben“, sagte Dean. „Wir wissen überhaupt nicht, was uns hier noch alles erwartet“, fügte Lydia hinzu.
„Wie ist denn euer Plan?“, wollte der Major wissen und schaute da-

bei abwechselnd zu John und Lydia. „Also“, begann Lydia und holte einen Zettel aus der Brusttasche der Uniform hervor.
„Ich würde gerne zuerst zu der Stelle, an der man meinen Dad gefunden hat.“
„O. k., das ist kein Problem, wo ist diese Stelle?“, fragte der Major. Lydia war etwas eingeschüchtert und verunsichert. „Man hat mir gesagt, es wäre an der Weser gewesen und nicht weit von dieser Stelle soll eine alte Burgruine stehen.“
Der Major trat zur Seite und ging zu einem Tisch, auf dem eine recht große Mappe lag. Diese Mappe hatte er bereits zu Beginn der Besprechung mitgebracht.
Er zog eine große, zusammengefaltete Karte aus der Mappe, die er auf dem Tisch auseinanderbreitete. „Also, vor euch liegt die Originalkarte des Manövers „Spearpoint“ aus dem Jahre 1961.“ Er stützte sich mit den Händen auf der Karte ab. „Diese farbige Linie begrenzt den Übungsraum der Truppen.“ Er deutete auf eine Fläche, die einem Trapez ähnelte. Mit einem schnellen Griff zog er eine Art Kugelschreiber aus der Brusttasche, der sich als ein Zeigestock entpuppte.
„Das hier“, sagte er und die Spitze seines Zeigestocks glitt über den Verlauf einer blauen, mit vielen Kurven aufgemalten Linie, „ist die Weser. Die einzige Burgruine in diesem Abschnitt, die an dem Fluss liegt, ist hier!“
Er tippte mit dem Finger auf einen Punkt. John und Lydia beugten sich über die Karte, um mehr sehen zu können.
„Polle!“, kam es fast gleichzeitig aus ihrem Mund. „Polle an der Weser“, murmelte John.
„Genau an dieser Stelle wurden Pontonbrücken gebaut, über die dann die Manöver-Einheiten den Fluss überquerten. Dort ist auch die Burgruine“, sagte der Major, stellte sich aufrecht und verschränkte seine Arme vor der Brust. Lydia blickte schweigend auf die Karte.
Ohne einen Blick von dem Wort „Polle“ zu nehmen, sagte sie: „Aber wo ist die Stelle, wo man ihn gefunden hat?“ Ein Moment des Schweigens trat ein. John steckte sich eine neue Zigarette an. „Ich würde jetzt auch gerne eine rauchen!“, sagte Lydia schüchtern. John steckte eine zweite an und gab sie ihr. Aus Höflichkeit bot er Dean auch eine Zigarette an, der dankend und kopfschüttelnd ablehnte. „Seit der Geburt meiner Tochter bin ich rauchfrei.“

„Wie alt ist sie jetzt?“, fragte John.
„Sie wird in zwei Monaten sechs Jahre.“
„Donnerwetter, wenn ich daran denke, was wir damals alles so geraucht haben, oder?“ Beide Männer mussten auf einmal lachen. Sie hätten gerne über die alten Zeiten weitergeplaudert.
Lydias Blick machte beiden aber schnell klar, dass jetzt nicht der richtige Zeitpunkt war, sich über alte Zeiten zu unterhalten.
„Ihr solltet als Erstes einmal mit der dortigen Polizei Kontakt aufnehmen, denn so ein Vorfall muss ja wohl aufgenommen worden sein, oder liege ich da falsch?“ John nickte. „Ich glaube auch, dass die Polizei in diesem Fall über Unterlagen verfügt.“
Alle schauten wie gebannt auf die vor ihnen liegende Karte. „O. k.“, begann der Major das Gespräch, „Ihr solltet als Erstes zu diesem kleinen Ort Polle, um mit der Polizei ein persönliches Gespräch zu führen, richtig?“ John und Lydia nickten. „Gut, dann schlag ich folgendes vor. Ich versuche, einen Hubschrauber zu organisieren. Mit dem wir von hier aus zu dem rund fünfzehn Meilen entfernten Truppenübungsplatz Sennelager fliegen. Alles Weitere erkläre ich Euch während des Fluges, mir schwebt da so ein gewisser Plan vor.“ Er klappte die große Kartentasche zusammen und ging eiligen Schrittes zur Tür, drehte sich um und sagte: “Geht doch so lange ins Casino und lasst euch dort verwöhnen, bis ich wieder da bin“, er grinste und verschwand.
Lydia und John schauten sich erstaunt an und mussten grinsen. „Ja“, sagte John, „das ist Dean, immer freundlich, immer hilfsbereit und sehr spontan.“
„Wie lange kennt ihr euch?“, fragte Lydia und setzte sich auf einen der Tische. „Wir haben als Kinder in einer Fußballmannschaft gespielt. Dann trafen wir uns an der Uni wieder, wir haben zusammen studiert. Danach trennten sich unsere Wege. Dean meldete sich bei der Army und ich ging zur Polizei.
Einmal im Jahr haben wir uns immer mit noch zwei anderen Freunden in Brighton getroffen und haben dort ein richtiges Männerwochenende verbracht.“ John schaute vor sich auf den Boden. Lydia hatte das Gefühl, als schäme er sich ein wenig für das, was bei diesen Treffen so alles geschehen ist. „So, so, ein Männerwochenende!“, murmelte sie und schmunzelte. „Aber der Artigste von allen“, sagte

John und lächelte verschmitzt, „das war Dean Rutherford."
„Na dann, gehen wir an die Bar und lassen uns von den Ordonnanzen verwöhnen."
Es dauerte und dauerte, aber nichts geschah. Inzwischen waren, nach dem Gespräch mit dem Major über zwei Stunden vergangen. Alle Ordonnanzen kannten sie bereits mit ihren Vornamen. Am Billardtisch versuchten sie, mit einem Spiel nach dem anderen die Zeit totzuschlagen. Sie hatten es sich auf der Terrasse in den dort aufgestellten Liegestühlen bequem gemacht. Dort dauerte es nicht allzu lange und sie schliefen beide tief und fest. Lydia war als Erste wach, als sie die Stimme des Majors hörte.
„Hey, ihr Schlafmützen", er zog einen Stuhl heran, um näher bei ihnen zu sein. Auch John nahm die Unruhe in seiner Nähe wahr und öffnete langsam die Augen. „Ich hatte schon befürchtet, du hättest uns vergessen", er gähnte dabei herzhaft.
„Sorry, es hat wirklich lange gedauert", entschuldigte sich Dean. „Aber es gab leider nicht vorhersehbare Probleme." Eine Ordonnanz kam heran, um zu fragen, ob die Herrschaften etwas wünschten.
Doch bevor er höflich fragen konnte, machte der Major eine deutliche Handbewegung: „Nicht jetzt!", sofort blieb der Soldat stehen. Mit den Worten „Jawohl, Sir" drehte sich er sich auf dem Absatz um und verschwand.
„Also", fuhr der Major fort, „der versprochene Hubschrauber steht uns nicht zur Verfügung."
„Und nun?", fragte John und setzte sich langsam aufrecht. „Du hast doch bestimmt eine Alternative?" Der Major nickte. „Ja, die habe ich." Auch Lydia setzte sich aufrecht und hörte gespannt zu, was der Major jetzt sagte.
„Nach langem Hin und Her und zähen Telefonaten habe ich die Freigabe eines Verbindungsflugzeuges des Army-Air-Corps erreichen können." Bevor er weitererzählte, faltete er eine Karte auseinander und legte sie vor sich auf den Boden.
„Der Pilot bringt euch zu einem kleinen Flugplatz in die Nähe der Stadt Bad Pyrmont." Er tippte mit dem Finger auf eine Stelle der Karte, wo das Symbol eines Flugzeugs abgebildet war. „Auf dem Gelände steht der Wagen eines Freundes, der in dem dortigen Aero-Club Mitglied ist." Lydia und John nickten. „Das klingt geheimnis-

voll“, murmelte John und strich sich mit der Hand durch die Haare. „Was ist das für ein Fahrzeug?“, fragte Lydia. Der Major machte eine kleine Pause und lächelte.
„Es ist ein alter VW-Bus!“
„Ein Bus?“, erwiderte Lydia, „was sollen wir mit einem Bus?“
„Nun ja, er ist eigentlich kein Bus, sondern eher ein umgebautes Wohnmobil.
Leider konnte ich für euch kein anderes Gefährt auftreiben, außerdem“, fuhr er fort, „was ich als Vorteil ansehe, hat der Wagen westdeutsche Kennzeichen und fällt nicht so leicht auf, als wenn Ihr mit englischen Nummernschildern durch die Gegend fahrt.“ John und Lydia stimmten ihm zu. Er griff in seine Uniformtasche und zog ein rotes Lederetui heraus und legte es auf die Karte. „Darin befindet sich der Zündschlüssel und die Fahrzeugpapiere.“ Alle drei schauten sich für einen Moment schweigend an.
„Ach ja, begann der Major weiter zu erzählen, als hätte er nach den richtigen Worten gesucht.
„Ihr müsst mit dem Bus von dem Flugplatz und dann weiter hier entlangfahren“, dabei zeigte er mit dem Finger auf den Weg, den sie fahren sollten. „Durch den nächsten Ort und ihr erreicht nach etwa eineinhalb Meilen eine Gabelung, genau hier. Direkt an der Straße befindet sich ein Landgasthof“, er überlegte kurz. „Ich bin mir nicht ganz sicher, aber das hat irgendetwas mit einer Mühle zu tun.“ „Warum dieser Gasthof?“, fragte John sofort. “Deine Frage ist berechtigt. Ich habe dabei an folgendes gedacht; erstens ist es ein ruhiger Ort, wo ihr euch zurückziehen könnt. Zweitens ist es von dort aus nicht mehr weit zu der Stelle, wo du Lydia zuerst hinwolltest, nach Polle.“ Er tippte auf die angesprochenen Punkte auf der Karte. Beide nickten zustimmend. Sie bestellten sich noch einen letzten Tee.
Dann war das Geräusch eines näherkommenden Flugzeuges zu hören. Der Major begleitete sie noch bis zur Maschine, die mit laufendem Motor nicht weit vom Casino entfernt stand.
Als Lydia und John ihr Gepäck, mithilfe des Piloten, verstaut und sich in das Flugzeug gezwängt hatten, gab der Major John noch einen Umschlag.
„Wenn ihr Hilfe braucht“, rief er laut gegen das Motorengeräusch, damit John ihn verstand. „Passt gut auf euch auf!“ Dann verschloss

er die Tür und gab dem Piloten das „O.-k.-Zeichen". Das kleine Flugzeug rollte langsam zu seiner Startposition. Der Motor wurde lauter, die Geschwindigkeit höher und mit Vollgas hob die Maschine von der Startbahn ab. Wie ein kleiner Vogel, der in das Ungewisse fliegt, kletterte das Flugzeug in den wolkenverhangenen Himmel. Major Rutherford blieb so lange stehen, bis er den immer kleiner werdenden Punkt am Horizont aus den Augen verlor. Es begann zu regnen.

Der Flug war alles andere als angenehm. Der Regen wurde heftiger. Die Sicht war stark eingeschränkt.

Als sie über die Bäume des Teutoburger Waldes flogen, erfassten Windböen das kleine Flugzeug. Der Pilot musste all sein Können aufbieten, um die Turbulenzen auszugleichen. Hoffentlich überlebe ich diese Tortur, ging es Lydia durch den Kopf.

Irgendwann, es war eine gefühlte Ewigkeit, gab der Pilot mit der Hand ein Zeichen und zeigte nach unten. Lydia deutete die Geste, dass sie wohl das Ziel erreicht hatten, und atmete erleichtert auf. Der Pilot ging nach einer langgezogenen Kurve in den Sinkflug über. Durch den Regen, der gegen die Seitenscheiben prasselte, war die Umgebung nur schwer zu erkennen. Noch ein kurzes Schaukeln, dann hatten sie Bodenberührung. Langsam ließ der Pilot das Flugzeug auf der nassen Graspiste ausrollen.

Das Gebäude des Flugplatzes war zu sehen. Das Flugzeug holperte in Richtung eines kleinen Hangars. Dann stoppte die Maschine.

Lydia warf einen schnellen Blick zu John hinüber, der die Hände wie zu einem Gebet gefaltet hatte und damit wohl andeutete, dass sie es endlich überstanden hatten. Nachdem der Pilot ihnen ein Zeichen zum Aussteigen gegeben hatte, luden sie zügig ihr Gepäck aus. Sie winkten dem Piloten noch einmal zu, der gleich darauf wieder durchstartete, um den Rückflug anzutreten.

Weil der Regen noch stärker geworden war, nahmen sie ihre Sachen und rannten zum nicht weit entfernten Hangar. Unter einem kleinen Vordach an der Seitentür fanden sie Schutz. Sie setzten sich auf ihr Gepäck. John zündete für sie beide Zigaretten an. Tief inhalierten sie den Rauch. Beide schwiegen und horchten auf das Prasseln des Regens, der auf das Vordach fiel.

Kapitel 31

Da waren sie nun in einer fremden Umgebung, auf sich allein gestellt, ohne zu wissen, was sie erwartete. Lydia rieb sich mit der Hand die Nässe aus dem Gesicht. Sie schnippte die Kippe weg und rappelte sich auf. „Wo steht denn bloß dieser verfluchte Wagen?“, unterbrach sie die Stille und John spürte, wie gereizt sie war. „Bleib du hier, ich werde mal nachschauen, wo das Vehikel rumsteht.“ Er verschwand hinter einer hohen Hecke.

Sie lehnte sich mit dem Rücken an die feuchte Steinwand des Hangars und schloss für einen Moment die Augen. Der Regen ließ langsam an Heftigkeit nach. Ganz weich fielen die Tropfen auf die Erde. Sie atmete tief ein und aus.

Auf einmal waren da wieder die Gesichter von Ann, Paula und Will vor ihrem inneren Auge, die verschwommen in eine Nebelwand eintauchten. Sie sah die Gesichter der Toten und das von Geoffrey, er lächelte ihr zu.

Doch plötzlich veränderte sich sein Gesichtsausdruck schlagartig. Ängstlich schaute er zu ihr. Seine Lippen bewegten sich, als wollte er ihr etwas mitteilen. Doch sie konnte nichts verstehen. Er deutete mit seinem Arm auf einen dunklen Schatten, der aus dem Nichts auftauchte. Dann drehte er sich langsam um und verschwand. Lydia wollte ihm noch zurufen, er solle warten, aber sie bekam einfach keinen Ton heraus. Der Schatten ging Geoffrey nach. Ehe er verschwand, drehte er sich noch einmal zu Lydia um. Das Gesicht, das sie jetzt vor sich sah, kannte sie sehr gut, es war Bob.

Warum bist du hier?, wollte sie ihn fragen. Doch es kam nur ein lautes Lachen aus seinem Mund, dann war er verschwunden.

Sie wollte irgendwie schreien, ja schreien, doch dann riss ein Geräusch sie aus der Trance wieder zurück in die Wirklichkeit. Als sie die Augen öffnete, war sie kurz verwirrt.

Doch da war das Geräusch, das immer lauter wurde. Es kam von einem Motor. Auch wenn sie nicht viel von Motoren verstand, hörte sich der Klang doch ein wenig stotternd und unruhig an. Als eine Hupe ertönte, war ihr sofort klar, wer das nur sein konnte. Jetzt sah sie ihn, den kleinen Bus, der vom Zufahrtsweg zum Hangar abbog.

Mit quietschenden Bremsen stoppte John den Wagen dicht neben ihr. Die Scheibenwischer liefen, obwohl es nicht mehr regnete und der Gummi machte bereits eigenartige Geräusche. John stieg aus und kam grinsend um den Wagen herum. „Sie hatten ein Taxi bestellt?"
„Willst du denn nicht erst einmal den Motor abstellen? Er ist laut, die Scheibenwischer machen auch Lärm und es stinkt fürchterlich nach Benzin." John schüttelte den Kopf, während er das Gepäck in dem Bus verstaute. „Ich hatte schon Probleme beim ersten Starten und es kann sein, wenn ich den Motor abstelle, dass er nicht wieder anspringt."
Lydia nickte, er hatte sie überzeugt. Es knarrte ganz fürchterlich, als sie die Beifahrertür öffnete. „Na, so oft wird der Wagen wohl nicht bewegt!", murmelte sie und breitete eine Karte aus und legte sie auf ihre Knie.
Nach einem kurzen Moment des Orientierens tippte sie mit dem Finger auf die Karte. „Wir sind hier", ihr Finger wanderte über die Karte, „wir müssen nach dort."
„Das ist ja ganz in der Nähe." John legte den Gang ein und fuhr in langsamer Fahrt den leicht abschüssigen, vom Regen stark aufgeweichten Weg hinunter.
Bald erreichten sie den asphaltierten Parkplatz vor dem Flugplatzgebäude. John stoppte den Wagen und schaute noch einmal zurück. Einsam und verlassen lag der Flugplatz da und kein Mensch war zu sehen. Also, wird auch keiner mitbekommen haben, dass man sie vor Kurzem hier abgesetzt hat. „Nun fahr doch endlich!", hörte er Lydia sagen. Er nickte bloß und fuhr los.
Über eine sehr schmale Straße erreichten sie bald eine kleinere Ortschaft. Auch hier war nirgendwo ein Mensch zu sehen. Lydia dirigierte John aus dem Dorf hinaus. Sie machte ihn mit einem Grinsen darauf aufmerksam, dass er ab jetzt auf der rechten Straßenseite fahren muss.
„Gleich müssen wir eine Kreuzung erreichen", sagte sie mit einem Blick auf die Karte. „Was ich dich schon lange fragen wollte." John schaute kurz zu ihr herüber.
„Kannst du eigentlich Deutsch sprechen?" Sie hob den Kopf und blickte zu John. „Guck du auf die Straße und ja, meine Grandmother war eine Deutsche und wir haben uns sehr oft in ihrer Muttersprache

unterhalten, und du?“, fragte sie zurück. „Nun ja, es wird wohl reichen, außerdem bist du ja bei mir!“
Sie erreichten die Kreuzung. Auf der einen Seite lag ein Bauernhof und auf der anderen Seite das besagte Gasthaus. John lenkte den Bus auf den kleinen Parkplatz vor dem Gebäude und stellte ihn neben einem verschmutzten Geländewagen ab. „Dean hat recht gehabt“, sagte John, als sie vor dem Eingang standen. „Er sprach von einer Mühle.“ Über der Tür hing ein Schild, auf dem stand in verschnörkelter Schrift >Zur Windmühle<. „Aber ich habe hier weit und breit keine Windmühle gesehen, oder hast du vielleicht eine gesehen?“ Lydia zuckte nur mit den Schultern.
Als sie die Gaststube betraten, wurde das rege Gespräch von den Männern, es schien sich wohl um Jäger zu handeln, abrupt beendet. Es war auf einmal ganz still. Die Männer an dem Tisch begutachteten voller Neugier die Fremden in den Uniformen.
„Einen guten Tag“, wünschte Lydia mit freundlicher Stimme und lächelte dabei. Fast wie im Chor kam der Gruß vom Tisch zurück. Sie setzten sich an einen Tisch am Fenster, von dem man die Straße und die Kreuzung beobachten konnte.
„Und, wie gefällt es dir hier?“ Lydia lächelte und nickte. „Wir sollten hier bleiben.“
Im Laufe des Abends haben dann die Jäger Lydia und John gebeten, sich an ihren Tisch zu setzen. Es wurde erzählt, getrunken und gelacht. Es war spät geworden.
„Einen wunderschönen guten Morgen.“ Mit diesen Worten betrat Lydia, den Frühstücksraum. Dort saßen zwei weitere Personen. „Wie kann man nur zu dieser Zeit so gute Laune haben?“, sagte John mürrisch. „Ja, mein Lieber das liegt wohl daran, dass ich weniger getrunken habe und früher auf mein Zimmer gegangen bin als du, oder?“
„Das wird es wohl sein“, murmelte John, nicht ganz überzeugt von den Worten. Sie frühstückten lange und ausgiebig. Ein schöner Tag sollte es werden, so hatte es die Wirtin vorhergesagt. Sie standen eine Zeit lang noch auf dem Parkplatz und rauchten. Knatternd sprang der Motor des VW-Busses an. „Kannst du denn überhaupt schon fahren?“, fragte Lydia mit einem vorwurfsvollen Blick. John unterließ es, auf diese Frage zu antworten. „Dann auf nach Polle“,

sagte Lydia und schnallte sich an.

Durch die Unterhaltung mit den Jägern hatten sie viele Informationen erhalten, vor allem wie man schnell wohin kommen konnte. Die Fahrt ging über einsame Landstraßen. Sie durchfuhren kleine Dörfer, die den Anschein erweckten, als hätten alle Bewohner den Ort verlassen. Nach dreizehn Kilometern sahen sie das gelbe Schild, auf dem mit schwarzen Buchstaben >Polle< stand. John fuhr langsam auf der kurvigen, schmalen Straße. Es war ein größerer Ort mit Läden und Geschäften, auch waren mehr Menschen unterwegs. Dann sahen sie die wuchtige Burgruine mit dem Turm, die drohend und erhaben auf einer Anhöhe stand.

Sie fuhren in Richtung Weser-Fähre. Den Bus stellten sie auf einem Parkplatz ab und gingen zu Fuß weiter. Dann standen sie vor der Polizeistation. “Gib mir mal bitte eine Zigarette.“ Lydia blieb an der Ecke des Hauses stehen. John spürte die große Anspannung bei Lydia. „Wir werden denen nicht auf die Nase binden, wer wir wirklich sind“, sagte sie und zog hektisch an der Zigarette.

„Wenn wir unsere richtigen Namen angeben und die sollten nachfragen, haben wir ein großes Problem.“ John nickte.

Lydia betrat als Erste die Polizeiwache. Jetzt bloß keine Unsicherheit zeigen, ging es ihr durch den Kopf. Sei freundlich aber beherrscht.

Es war kein allzu großer Raum, der durch eine Art Tresen abgetrennt wurde. In einer Ecke, hinter dem Tresen, saß ein korpulenter, grauhaariger Polizeibeamter an einem kleinen Tisch und tippte. Nach Lydias Auffassung ziemlich unprofessionell auf einer wohl seinem Alter entsprechenden Schreibmaschine herum. Dann ein zweiter Polizist, er war schlank und jünger als sein Kollege, aber bereits mit viel weniger Haare auf dem Kopf.

Er hielt den Telefonhörer am Ohr und führte wohl ein wichtiges Gespräch. Er würdigte die beiden, die gerade die Wache betreten hatten, keines Blickes. Der Ältere bemerkte John und Lydia, er unterbrach das Schreiben. Wortlos deutete er mit der Hand auf die unter einem Fenster stehende Holzbank, dann tippte er seelenruhig weiter. „Hier möchte ich auch Polizist sein“, flüsterte John. „Ich glaube, Stress ist für die ein Fremdwort“, antwortete Lydia und schmunzelte.

So verstrich die Zeit. Das Warten hatte auch etwas für sich. Lydia wurde von Minute zu Minute entspannter. Sie registrierte, wie sie es von ihrer Arbeit her gewohnt war, jede Bewegung der beiden. Sie kam zu dem Schluss, dass sie mit ihnen keinerlei Probleme haben wird.

Nachdem der Telefonierende das Gespräch beendet hatte, notierte er etwas auf einem vor ihm liegenden Blatt Papier und murmelte etwas nicht zu Verstehendes vor sich hin. Noch in Gedanken versunken nahm er plötzlich, doch ein wenig erschrocken, die beiden auf der Holzbank wahr.

Lydia erhob sich und stellte sich direkt vor ihn an den Tresen. Einen Moment schaute sie ihm tief in die Augen und spürte sofort die Unsicherheit, die der junge Polizist ausstrahlte. Noch bevor er etwas sagen konnte, hatte sie sich vorgestellt und legte ihren Presseausweis auf den Tresen. „Ah, Sie sind von der Army Presse“, lächelte er verlegen. „Ich denke, Sie sind wegen des NATO-Manövers hier?“ Lydia nickte. „Da gibt es aber noch etwas.“ Sie erzählte ihm den Vorfall, der sich im Herbst 1961 hier ereignet hatte. Als sie das Jahr erwähnte, unterbrach er sofort ihre Ausführungen.

„Da bin ich wohl der falsche Ansprechpartner“, er blickte zu seinem Kollegen an der Schreibmaschine. „Du Kalle, das hier könnte in deiner Zeit passiert sein, oder?“

Der Angesprochene machte, ohne den Blick vom Geschriebenen zu nehmen, klar, dass er das Angefangene zu Ende schreiben wird. Der Jüngere zuckte mit den Schultern.

„So ist er halt.“ John, der inzwischen auch zum Gespräch hinzugekommen war, murmelte, nur für Lydia hörbar: „Ja, das ist nun mal unser Kalle!“, und ein breites Grinsen lief über sein Gesicht.

Dann war es endlich so weit. Kalle zog das Geschriebene mit einem kurzen, heftigen Ruck aus der Schreibmaschine und entfernte das Blaupapier. Nach gezieltem Suchen schmetterte er den Dienststempel auf das Papier. Nach der zackigen Unterschrift auf dem Schriftstück stand Kalle vor ihnen. Er machte eher einen gemütlichen, ja väterlichen Eindruck.

Der Jüngere erklärte ihm kurz den Vorfall aus der bereits weit zurückliegenden Zeit. Kalle, er kam mit seinem Körperbau nahe an die Formen eines Pyknikers heran, nickte und musterte ohne ein Wort, mit einem strengen Blick, die vor ihm Stehenden. „Warum interessieren Sie sich für diesen Vorfall?", wollte er wissen und trat näher an den Tresen heran. Kalle war kleiner als Lydia. Um das auszugleichen, verschränkte er die Arme vor der Brust und wippte dabei mit den Füßen. „Bei dem toten Offizier, den man gefunden hat, handelt es sich um meinen Vater."

„Ihren Vater?", wiederholte er und beendete das Wippen. „Und woher kommt ihr Interesse nach so langer Zeit?" Lydia überlegte einen Moment. „Es gibt Anzeichen, dass der Tod meines Vaters kein Unfall gewesen ist!"

„Sie wollen also damit sagen, dass man Ihren Vater ermordet hat, ich das richtig?" Sie schaute zu John hinüber, der nickte nur. Dann zog sie den Umschlag von Geoffrey aus ihrer Tasche und gab dem Beamten den Brief zu lesen.

Der musste sich erst einmal seine Lesebrille holen. Es dauerte eine Weile.

Nachdem er den Brief gelesen hatte, nahm er langsam die Brille ab und schaute in Lydias Augen. „Ja, ich kann mich an diese Sache erinnern. Im Landkreis fand gerade ein Manöver statt." Er blickte aus dem Fenster. „Wir bekamen einen Anruf, dass ein Angler nicht weit von hier, einen Toten am Weserufer gefunden hat. Wir und eine weitere Streifenwagenbesatzung sind dann zu der Stelle gefahren. Tatsächlich fanden wir an einem Bootsanleger diesen Toten, der dort angeschwemmt worden war. Nachdem wir ihn an Land gezogen hatten, stellten wir fest, dass es sich um einen britischen Soldaten handelte."

„Und was haben Sie dann gemacht?", fragte Lydia. Der Polizist überlegte einen kurzen Moment. „Wir haben überhaupt nichts gemacht, denn es tauchten aus heiterem Himmel diese Soldaten auf, ja, es waren sogar Militärpolizisten, wenn ich mich recht erinnere."

„Woher wusste denn das Militär, dass genau an dieser Stelle ein toter Soldat am Ufer gefunden wurde?", fiel John in gebrochenem Deutsch in das Gespräch ein. Der Polizist guckte etwas erstaunt zu John hinüber. „Oh, entschuldigen Sie, das hier ist mein Kollege und er ist ebenfalls wie ich Journalist." Der Beamte nickte freundlich. „Also, von uns wussten die das nicht. Wir waren selbst von dem Auftauchen der Soldaten überrascht." Das Klingeln des Telefons unterbrach das Gespräch. Der kleine Dicke gab seinem Kollegen ein

Zeichen, er solle den Anruf annehmen.
„Sie erwähnten, dass die Stelle, an der der Tote entdeckt wurde, nicht weit von hier entfernt ist.“ „Das ist richtig!“
„Wenn Sie nichts dagegen haben, kann ich Sie zu der Stelle, an der Ihr Vater gefunden wurde, hinfahren.“
„Oh, das wäre aber sehr freundlich von Ihnen.“ Lydia lächelte. Er setzte sich noch schnell seine Mütze auf. Jetzt sah man die Schwitzflecken unter seinen Achseln. Irgendwie hatte Lydia das Gefühl, dass Kalle sich freute, einen Grund zu haben, aus diesem stickigen Polizeirevier herauszukommen.
Kurze Zeit später saßen sie in einem deutschen Streifenwagen. Mit einer Fähre setzten sie über den Fluss. Nach etwas dreißig Minuten erreichten sie den kleinen Ort mit dem Namen Dölme.
In der Nähe eines Gasthauses stellte der Beamte den Wagen ab, um den Rest des Weges zu Fuß zurückzulegen. Ein schmaler Weg führte zu dem Anleger. Es ging noch ein kurzes Stück über eine Wiese, dann standen sie am Wasser.
Lydia schaute sich um. Alles sah so friedlich aus. „Hier hat man ihn gefunden?“
Nachdem der kleine Dicke verschnauft hatte, seine Mütze absetzte und mit einem Taschentuch den Schweiß abgewischt hatte, nahm er Lydia am Arm und ging noch ein paar Meter. Er deutete auf eine Betonplatte, die aus dem Wasser ragte.
„Hier haben wir den Toten aus dem Wasser gezogen.“ Als Geste der Ehre unterließ er es, die Dienstmütze wieder aufzusetzen. Es war still, das Wasser kräuselte sich an am Ufer liegenden Steinen von dem träge dahinfließenden Fluss. Die Sonne brannte. „Es tut mir sehr leid“, unterbrach der Polizist, dessen Hemd mittlerweile auch auf dem Rücken Schwitzflecken aufwies, „was mit Ihrem Vater damals geschah. Wenn ich Ihnen irgendwie helfen kann, lassen Sie es mich wissen.“
Lydia lächelte und nickte dankend. Sie schaute über das Wasser. „Was geschah, nachdem die Soldaten hier waren?“
„Nun ja, wir mussten alle die Stelle sofort verlassen.“ Man merkte ihm an, dass, was er da erzählte, ihm sichtlich peinlich war. Er schluckte und blickte vor sich auf den Boden. „Wer hat das angeordnet?“, wollte John wissen.

„Wer das angeordnet hat? Na, der Militärpolizist!“, kam es empört zurück. „Das hier wäre eine rein militärische Angelegenheit, gab man uns zu verstehen.“
„Dann haben Sie und ihre Kollegen den Ort verlassen, oder?“ Vorwurfsvoll schaute er zu Lydia. „Uns blieb nichts anderes übrig!“ Es war ein wenig Wut in seinen Worten zu hören. „Was wir aber noch sehen konnten, obwohl es an diesem Morgen sehr nebelig war. Sie haben den Toten in einen Sanitätswagen geladen.“
„Dann sind Sie auch weggefahren?“, hakte John nach.
„Na ja, nicht ganz“, druckste er herum. „Wir von der deutschen Polizei sind natürlich immer misstrauisch. Wir haben in sicherer Entfernung gewartet, bis die Militärfahrzeuge den Ort verlassen hatten. Anschließend haben wir den Konvoi bis in das rund fünfzig Kilometer entfernte Hameln verfolgt. Leider endet die Verfolgung an einem Kasernentor, hinter dem die Kolonne dann verschwand.“
Lydia schaut sich ein letztes Mal um. Sie wird irgendwann an diesen Ort zurückkehren und einen Kranz niederlegen.
Sie zog den Brief aus der Tasche und hielt das Bild von Geoffrey in der Hand. Was hat man bloß mit dir gemacht? Ging es ihr durch den Kopf. Sie machte noch ein Foto von der Stelle, dann gingen sie langsam zurück zum Wagen.
„Darf ich euch zu einer kleinen Erfrischung einladen?“, fragte John, als sie an der Terrasse des Lokals vorbeigingen. “Ja, das ist eine gute Idee“, sagte Lydia und Kalle war auch nicht abgeneigt.
Es war schon später Nachmittag, als sie auf dem kleinen, gepflasterten Zufahrtsweg standen, um auf die Fähre zu warten, die sie zurück nach Polle bringen sollte. Sie lehnten am Auto, im Schatten eines Baumes, als der Polizist sich an die Stirn fasste.
„Natürlich, ja natürlich, jetzt fällt es mir wieder ein. Ein Kollege hatte damals mehrere Fotos von der Umgebung und von der Leiche gemacht. Weil einiges darauf hindeutete, was doch auf einen gewaltsamen Tod schließen ließ. Als die Soldaten uns fragten, ob wir etwas verändert oder sogar fotografiert hätten, verneinten wir die Frage.“
Lydia wurde hellhörig.
„Das heißt also, es existieren Bilder von meinem toten Vater?“ Der Beamte nickte. „Wo können wir die Bilder finden?“, fragte John.
„Nun, die Sache liegt fast dreißig Jahre zurück. Wahrscheinlich wird

die verstaubte Akte in irgendeinem Archiv liegen.“
„In einem Archiv und wo ist dieses Archiv?“ Beide Männer spürten auf einmal, wie gereizt Lydia war. „Ich werde es herausfinden, das verspreche ich Ihnen. Heute ist es leider schon zu spät, rufen Sie mich morgen Vormittag auf der Wache an, dann sehen wir weiter.“
Er gab Lydia eine Visitenkarte von sich. Bevor sie sich von Karlheinz Oerke, so hieß Kalle mit vollständigem Namen, trennten, ließen sie sich noch den Weg zu dem kleinen Ort an der Weser erklären, den Geoffrey in seinem Brief erwähnte.
An einem kleinen Imbiss-Wagen, der etwas abseits der Straße stand, hielten sie an. Seit dem Frühstück waren viele Stunden vergangen und Lydia, wurde, sobald sie nichts im Magen hatte, immer unausstehlicher.
Es verging noch eine Weile, bis sie ihr Ziel erreichten. Sie kamen nur sehr langsam voran. Die Straßen wurden durch viele landwirtschaftliche Fahrzeuge genutzt, die sich ziemlich langsam fortbewegten. Daher war es auf der kurvenreichen Strecke mit dem nicht so PS-starken VW-Bus schon eine Herausforderung, gefahrlos zu überholen. Doch dann war es so weit. John fuhr wieder einmal hinter solch einem langsamen Fahrzeug her und war schon sehr gereizt, als Lydia vom Beifahrersitz sagte: „Wir sind da!“
Sofort fiel ihnen das Gut ins Auge, das direkt an der Hauptstraße lag. Es war ein kleines Dorf mit dem Namen „Ohr“. Unmittelbar neben dem Gut grenzte eine größere Fläche an. Auf einem großen Schild, das am Eingang stand, war in Englisch und Deutsch zu lesen: „Militärischer Übungsplatz – Betreten verboten“. John lenkte den Bus auf den kleinen Parkplatz der Kneipe, die dem Guthofeingang gegenüberlag.
„Wie fühlst du dich?“, fragte er, als sie die Hofeinfahrt durchschritten, die rechts und links mit breiten Steinpfeilern begrenzt wurde. Ohne ein Wort ging Lydia langsam weiter auf den Hof. Von irgendwo her, drang das Knattern eines Traktors an ihr Ohr. Es war das helle Klackern von Pferdehufen zu hören. Da war der Geruch von Stall und Land. Den Geruch, den sie von zu Hause gut kannte. Sie war so in ihren Gedanken vertieft, dass sie nicht bemerkte, dass John plötzlich neben ihr stand.
„Genau so hat er den Ort beschrieben“, flüsterte sie. Da war das

Haupthaus, daneben das Einfahrtstor, hinter dem der Wagen des Offiziers verschwand.
Irgendwo in der oberen Etage war dann das Furchtbare geschehen, das ihr Dad in jener Nacht, im Oktober des Jahres 1961, beobachtet hatte. Das ihm wahrscheinlich das Leben gekostet hat.
Sie spürte ein flaues Gefühl in der Magengegend. „Möchtest du eine rauchen?“, fragte John mit fürsorglicher Stimme. Sie nickte mehrmals, ohne den Blick von dem Gebäude zu nehmen. „Was denkst du jetzt?“, fragte John. „Ich möchte am liebsten jetzt dort hineingehen und die Leute zur Rede stellen.“ Ihre Stimme klang wütend.
„Der Zeitpunkt ist nach meiner Meinung nicht günstig, wir sollten die Ergebnisse aus der Polizeiakte abwarten. Außerdem wäre es vielleicht ratsam, dass wir diesen ominösen Offizier, den dein Dad gesehen hat, ausfindig machen und ihn mit den Fakten konfrontieren.“
„Du hast ja recht, ich habe einfach zu voreilig reagiert. Da ist der Hof, da ist das Gefühl, dass es hier war.“ John legte seinen Arm um ihre Schulter. „Tut mir leid, ich muss einfach sachlich bleiben“, er nickte.
„Ich verstehe dich.“ Langsam verließen sie den Hof.
Am Eingang blieben sie stehen und blickten noch einmal zurück. „Wir kommen wieder“, kam es über ihre Lippen und es klang schon sehr bedrohlich. Sie stiegen in den Bus. Inzwischen zog bereits die Dämmerung herauf. Als sie von der breiten Bundesstraße, auf der nur mäßiger Verkehr herrschte, in eine andere schmale Straße einbogen, kamen ihnen kaum noch Fahrzeuge entgegen. „Ja“, sagte John, „willkommen am Arsch der Welt“, er grinste dabei.
Sie mussten beide herzhaft lachen. Die Straße schlängelte sich bergauf. John konnte nur im zweiten Gang die Steigung befahren. Die Scheinwerfer des alten Busses leuchteten nur schwach die Fahrbahn aus. Immer wieder wechselten Tiere über die Straße. Einmal fuhren sie ganz nah an einem Reh vorbei, das dicht am Straßenrand stand.
Die kleinen Dörfer, die sie durchfuhren, wirkten in der Dunkelheit noch geisterhafter als am Tag. Dann endlich sahen sie die Lichter des Gasthauses, deren Außenwerbung den Parkplatz und einen Teil der vor dem Gebäude verlaufenden Straße ausleuchtete.
Sie waren noch ungefähr einhundertfünfzig Meter entfernt, als Lydia auf einmal John am Oberarm anstieß. „Was hast du?“, fragte er er-

staunt.
„Da stand gerade ein unbeleuchtetes Fahrzeug auf dem Feldweg."
„Bist du jetzt paranoid?", fragte John und lachte. „Ich war in Gedanken schon bei einem gepflegten Glas Bier." Er verlangsamt aber das Tempo, weil er merkte, dass Lydia auf einmal immer unruhiger wurde. „O. k.", sagte er und wendete auf dem Parkplatz.
Langsam fuhren sie die Strecke wieder zurück. Dann sahen sie den Feldweg. John lenkte den Bus in den Weg und blendete die Scheinwerfer auf. Nichts! Er stellte den Motor ab. Die Scheinwerfer leuchteten bis zu einer gewissen Entfernung den Feldweg aus. Aber von einem Fahrzeug war weit und breit nichts zu sehen. Es war still, auch ein Geräusch von einem Motor war nicht zu hören. Nur das laute Zirpen der Grillen aus dem Gras drang an ihre Ohren. „Also noch einmal, hier hat eben noch ein unbeleuchteter Wagen gestanden", versuchte sich Lydia zu verteidigen.
„Das glaube ich dir ja auch, aber könnte das vielleicht der Wagen von Jägern gewesen sein, die um diese Zeit zur Jagd fahren?"
„Ja, kann schon möglich sein, lass uns zurückfahren." Ein wenig enttäuscht setzte sie sich wieder in den Bus. In dieser Nacht fiel es ihr schwer, in den Schlaf zu kommen.
Ihr ging der Wagen einfach nicht mehr aus dem Kopf, der nicht weit von ihrer Unterkunft in einem Feldweg gestanden hatte und dann plötzlich verschwunden war. Es war ein unangenehmes Gefühl in ihr aufgekommen.
Sogar im Traum sah sie in dieser Nacht die zugeparkte Leonard Road zu Hause in London. Dann tauchte immer wieder dieses Auto auf, mit den unheimlichen Gestalten darin, die sie verfolgten.
Das laute und aggressive Bellen des Hundes der Wirtsleute riss sie aus dem Schlaf. Instinktiv schaute sie auf die Armbanduhr, die auf dem Nachtschränkchen lag. Es war kurz nach drei Uhr. Der Hund bellte immer noch. Sie hörte, wie eine Tür geöffnet wurde, danach Schritte. Dann verstummte das Gebell, Ruhe trat ein. Sie rieb sich die Augen und fluchte leise dabei. Sie wusste, wie schwer es ihr fallen wird, wieder einzuschlafen, wenn sie einmal wach war. Ihr Mund war ganz trocken. Langsam stieg sie aus dem Bett und tappte zu dem kleinen Waschbecken neben der Tür, um ein wenig Leitungswasser zu trinken. Dabei musste sie an dem Fenster vorbei, von dem aus

man auf den Parkplatz hinunterblicken konnte.
Zwischen den abgestellten Fahrzeugen der Gäste auf dem Parkplatz schlich eine Gestalt umher. Mit Daumen und Zeigefinger kniff sie sich sofort ins Ohrläppchen und als sie den Schmerz spürte, war ihr klar, dass sie nicht träumte.
Trotz der Dunkelheit hob sich die Gestalt von dem mit hellem Schotter bedeckten Parkplatz ziemlich deutlich ab. Als die Wolken den Mond freigaben, war die Sicht noch besser. Es war eher eine kleine, gedrungene Gestalt, die in aller Ruhe jedes Fahrzeug genau in Augenschein nahm. Vielleicht ist es ja ein ganz gewöhnlicher Dieb, oder es ist einer der Gäste, überlegte sie. Aber wenn sie so zurückdachte, war unter den Gästen keine so kleine Person. Sie überlegte kurz, ob sie John wecken sollte, der gegenüber sein Zimmer hatte.
Sie entschied sich, ihn schlafen zu lassen, denn sie kannte ihn gut genug, den Macho, der launisch und ungehalten gewesen wäre, wenn sich herausstellte, dass man ihn wegen etwas Unwichtigem aus dem Schlaf gerissen hatte. Außerdem würde er es ihr immer wieder vorhalten.
Vielleicht war ja alles hier ganz harmlos, dachte sie und bewegte sich langsam zu dem Waschbecken. Das Mondlicht durchflutete den Raum und projizierte die Sprossen des Fensters, wie ein drohendes Kreuz an die Wand. Lydia ließ das Wasser in die hohle Hand laufen, aus der sie das erfrischende, kühle Nass gierig trank. Auf dem Weg zum Bett blieb sie am Fenster noch einmal stehen und schaute hinaus. Es hatten sich Wolken vor den Mond geschoben. Der Hund bellte wieder.
Sie wollte sich gerade wieder ins Bett legen, als urplötzlich diese geheimnisvolle Gestalt wieder auftauchte. Wahrscheinlich durch das Gebell des Hundes. Sie rannte zur Straße. Kurz darauf wurde mit einer Taschenlampe ein Lichtsignal gegeben. Aber wem gab die Person auf der Straße ein Signal und warum? Eines stand aber fest, die Gestalt dort unten war nicht allein, es gab noch jemand anderen.
Das alles hier wirkte sehr geplant. Lydia war jetzt hellwach. Sie spürte die innere Anspannung. Wer war die zweite Person? Ihre Handflächen waren ganz feucht. Sie öffnete behutsam das Fenster, nur einen kleinen Spalt. Ein leichter Luftstrom war zu spüren. Der Mond war immer noch durch die Wolkenwand verdeckt.

Ein leises Brummen war zu hören. Sie vergrößerte den Spalt und drehte den Kopf, um besser hören zu können. Dann tauchte ein Wagen auf. Ganz langsam rollte er auf der Straße. Der Fahrer hatte kein Licht eingeschaltet. Trotz großer Anstrengung konnte Lydia nicht erkennen, um welchen Fahrzeugtyp es sich hier handelte. So ein Mist, fluchte sie leise vor sich hin, warum verdecken gerade in diesem Moment die Wolken den Mond. Die Gestalt auf der Straße stand neben der Fahrertür, sie unterhielten sich. Gesprächsfetzen drangen an ihr Ohr. Vorsichtig versuchte sie, den Fensterflügel noch weiter zu öffnen. Sie lauschte, dabei fiel ihr auf, dass sie den Mund dabei weit geöffnet hatte.

Wenn mich jemand so sehen könnte, dachte sie und musste grinsen. Obwohl sie nicht verstehen konnte, was dort unten gesprochen wurde, drangen doch ein paar Wortfetzen an ihr Ohr. Es waren keine deutschen Worte, die sie hörte. Die geheimnisvollen Typen, ja, sie redeten Englisch. Spätestens jetzt war ihr bewusst, dass dieses hier kein Zufall war. Eine große Unruhe machte sich breit. Sie schluckte, ihr Mund war wieder ganz trocken. Ihr Herzschlag wurde schneller und nahm an Intensität zu. Für einen Augenblick glaubte sie, dass die Fremden auf der Straße ihren Herzschlag genauso hören konnten, wie sie selbst. Mit einem Mal veränderte sich die Szenerie.

Die Person, die das Lichtsignal gegeben hatte, setzte sich in das Fahrzeug und schloss bewusst sehr leise die Wagentür. Einen Augenblick später rollte der Wagen, mit kaum hörbarem Motorgeräusch, rückwärts in die Richtung, aus der er gekommen war. Das war die Richtung, in der der Feldweg lag.

Sie hatte sich also nicht getäuscht. Das konnte dieser Wagen gewesen sein, den sie am Abend gesehen hatte und der dann plötzlich nicht mehr da war.

John war ja der Ansicht, es wären Jäger gewesen. Als sie aber später den Wirt danach fragten, verneinte er: „Heute Nacht ist niemand auf der Jagd.“

Sie öffnete das Fenster und lehnte sich ein wenig hinaus. Die Wolken hatten den Mond wieder freigegeben. Sie konnte ein Stück die Straße hinuntersehen. Von dem Wagen war nichts mehr zu sehen. Da war auf einmal wieder diese unheimliche Stille. Die Bäume, die entlang der Straße standen, warfen durch das Mondlicht lange Schatten auf

die Erde. Ihr Blick schweifte über die angrenzenden Wiesen und Felder, alles sah so friedlich aus.
Doch ihr war heute etwas klar geworden. Sie waren wieder in Gefahr.
Lydia ließ das Fenster noch einen Spalt auf und legte sich wieder ins Bett. Die Uhr zeigte kurz vor vier. Unter diesen Umständen war es ihr nicht möglich, wieder einzuschlafen. Als sie auf dem Rücken lag und die Decke anschaute, fiel ihr dieser Kurs über autogenes Training wieder ein. Man sollte sich auf die Atmung konzentrieren bei den Entspannungsübungen, hatte der Kursleiter immer gesagt. Das war leichter gesagt als getan.
Es dauerte eine ganze Weile, dann aber versank Lydia in einen tiefen Schlaf. Als um halb acht der Wecker klingelte und sie die Augen aufschlug, war es ihr so, als wäre das, was sie vor Kurzem gesehen hatte, nur ein Traum gewesen. Sie setzte sich etwas aufrechter. Nein, es war kein Traum. Das wusste sie, als sie das offene Fenster sah, das sie in der Nacht nicht geschlossen hatte. Sie war noch in Gedanken versunken, als jemand an die Tür klopfte. Erschrocken blickte sie zur Tür und sah, dass sich die Klinke nach unten bewegte. Doch sie hatte die Tür abends abgeschlossen. „Wer ist denn da?“, rief sie ein wenig gereizt. „Oh, sorry!“, klang es von außen, „ich wollte nur hören, ob du schon wach bist.“ Lydia lächelte.
Es war John, der da vor der Tür stand. Er ließ keine Gelegenheit aus, mit ihr zu flirten. Aber was er jetzt machte, nun ja, das war ziemlich plump. Sie stieg aus dem Bett, ging zur Tür und öffnete sie einen Spalt. Da stand er vor ihr, wie ein Macho, dem, nach seiner Meinung, alle Frauen verfallen. Mit freiem Oberkörper und einem Badehandtuch, welches die wichtigsten Teile eines Mannes verdeckte. Sie sagte: „Wir sehen uns beim Frühstück und außerdem habe ich dir etwas Wichtiges zu erzählen.“ Sie schloss ihre Zimmertür wieder und verriegelte sie demonstrativ. Spätestens jetzt musste John klar sein, dass sie kein Verlangen nach ihm hatte.
Als sie den Frühstücksraum betrat, saß John schon am Tisch und las die Zeitung.
Keiner der beiden verlor ein Wort über das vorhin Geschehene. Nach der ersten Tasse starken Kaffees erzählte sie, was sie in der Nacht beobachtet hatte.

Er las die Zeitung weiter und hörte ihr dabei zu. Einen Moment lang schaute er sie an, dann legte er die Zeitung zur Seite. „Das klingt ein wenig verworren. Du bist wirklich sicher, dass es kein Traum war?" Ein strafender Blick machte ihm klar, dass es ernst war. „Ja, entschuldige bitte, aber warum hast du mich denn nicht geweckt?", fragte er mit ungläubigem Blick. Lydia nickte: „Ja, das hätte ich vielleicht tun sollen", murmelte sie und biss in das mit Erdbeermarmelade belegte Brötchen.
Mit einem Mal, als hätte man einen Schalter umgelegt, wurde John nervös. „Du sagtest, dass die Gestalt eine Weile um die geparkten Fahrzeuge herumgeschlichen ist?" Da Lydia immer noch genussvoll kaute, kam nur ein „hm" aus ihrem Mund, das von einem Kopfnicken begleitet wurde. Sie nahm einen Schluck Kaffee und tupfte sich mit der Serviette über die Lippen. „Worauf willst du hinaus?"
„Ich weiß es nicht", erwiderte John und erhob sich vom Tisch. „Ich habe ein komisches Gefühl", er kratzte sich nachdenklich am Hinterkopf. Ohne ein weiteres Wort verließ er den Frühstücksraum. Lydia schaute ihm verwundert nach. Sie konnte sehen, dass er in Richtung der abgestellten Fahrzeuge ging. Was hat er bloß vor?, dachte sie und stand ebenfalls auf. In der einen Hand eine Tasse Kaffee, in der anderen die zweite Hälfte des Brötchens, ging sie zum Fenster. Von hier aus konnte man den Platz vor dem Haus gut überblicken. Sie beobachtete, wie John immer wieder sehr langsam um den VW-Bus herumging. Immer wieder blieb er stehen und sah sich Stellen auf dem Boden an. Ab und zu kniete er sich hin und berührte mit der Hand den losen Splitt. Was suchte er denn da?, ging es ihr durch den Kopf und was glaubt er zu finden?
Ja, das war John. Sie musste lächeln, wie sie ihn da so in Aktion sah. Wenn er einmal was entdeckte oder vermutete, war er einfach nicht mehr zu halten. Dann war er bissig, dann war er wie ein Terrier. Das war schon immer sein Steckenpferd, das machte ihn zu einem ausgezeichneten Ermittler.
„Ist bei Ihnen alles in Ordnung?" Lydia drehte sich etwas erschrocken um. Vor ihr stand die Wirtin. Sie hatte sie nicht kommen hören. Sie war dabei, die Tische abzuräumen. „Danke, es ist alles o. k. Darf ich Sie etwas fragen?" Die Wirtin schaute sie an und lächelte. „Ja, wie kann ich Ihnen helfen?" „Nun ja", Lydia druckste etwas herum:

„Ich bin letzte Nacht von dem Gebell eines Hundes wach geworden und wollte fragen, ob es etwas gegeben hat, warum er anschlug?" Die Wirtin blickte sie verwundert an. „Das passiert schon mal, besonders wenn an den Hühnerställen ein Fuchs herumschleicht." Lydia nickte: „Ah ja, ein Fuchs."
„Manchmal kommen auch Waschbären in die Nähe des Hauses, dann bellt unser Hasso auch wie wild. Aber wenn Sie vielleicht Einbrecher meinen", dabei räumte sie das Geschirr auf das Tablett. „Wir liegen hier ziemlich abgelegen, aber eingebrochen wurde hier noch nie."
Das energische Klopfen an der Fensterscheibe unterbrach das Gespräch der beiden Frauen. Es war John, er hatte mit beiden Händen die Augen abgeschirmt, um besser durch die blendende Scheibe in den Raum sehen zu können. „Komm bitte mal nach draußen", dabei zeigte er auf den Bus. Lydia bedankte sich bei der Wirtin, bevor sie zu John ging, der bereits wieder am VW-Bus stand. Sie füllte sie sich noch eine Tasse Kaffee ein, die sie mit nach draußen nahm.
Es war schon angenehm warm. Ein Postbus kam die Straße entlanggefahren und blieb an der gegenüberliegenden Haltestelle stehen. Mit einem Geräusch, als würde die Luft aus einem Reifen entweichen, öffnete sich die Tür. Dann war das Geräusch erneut zu hören und die Tür schloss sich wieder.
Kurz darauf fuhr der Postbus wieder an. Eine alte Dame war ausgestiegen und ging langsam und schwerfällig zu dem nicht weit entfernten Bauernhof. Lydia hatte das alles aus dem Augenwinkel beobachtet. Sie trank einen Schluck Kaffee und schaute einen Moment auf die alte Frau, die mit ihrem schwarzen Stock in der Hand den Zufahrtsweg zum Hof entlanghumpelte. „Also ehrlich gesagt, hier möchte ich auch nicht alt werden", flüsterte sie leise vor sich hin. Dabei schaute sie der alten Dame so lange nach, bis sie hinter einer schmalen Tür im Gebäude verschwand.
Sie vernahm ein diskretes Husten hinter sich und drehte sich sofort zu John um. „Ja, ich habe es verstanden!", sagte sie und lächelte. „Du warst ganz in Gedanken versunken, richtig?"
„Als ich die alte Dame so sah, musste ich sofort an meine Grandmother denken." Dabei blickte sie noch einmal zurück zum Bauernhof. Ein Fluchen brachte ihre Aufmerksamkeit wieder zu John zurück. Der war auf dem Rücken liegend unter das Heck des

Wagens gekrochen. „Wie ich es vermutet hatte“, hörte sie ihn schnaufen. Langsam krabbelte er unter dem Wagen hervor. Lydia reichte ihm die Hand und half ihm auf die Beine. Er klopfte sich den Staub von der Kleidung. „Leider habe ich keine guten Nachrichten“, er strich sich mit den Händen durchs Haar. „Also, die Gestalt, die du letzte Nacht gesehen hast, war wohl ganz gezielt an unserem Fahrzeug“, dabei deutete er auf die Fußabdrücke, die auf dem Boden zu sehen waren.
„Und jetzt kommt etwas, was mir Kopfzerbrechen bereitet, denn unter dem Bus hat der Typ einen Peilsender angebracht.“
„Einen Peilsender?“, erwiderte Lydia erstaunt.
„Ja, Du hast richtig gehört, einen Peilsender. Was mich aber beunruhigt“, er schaute Lydia mit ernstem Blick an. „Genau so eine Art Sender hattest du auch unter deinem Mini.“
„Willst du damit sagen, dass diese hier dieselben Leute sind, die uns schon in England verfolgt haben?“ John nickte: „Ich denke schon.“
Sie lehnten sich an den Bus und zündeten sich eine Zigarette an.
„Wie in aller Welt haben die so schnell herausgefunden, dass wir hier sind?“, fragte Lydia nach einer kurzen Weile. John zuckte mit den Schultern. „Eines ist aber klar“, meinte er und ließ die Zigarette auf den Boden fallen, um sie mit dem Absatz auszutreten. „Da die Herrschaften nun wissen, wo wir uns aufhalten, müssen wir hier schleunigst verschwinden.“
„Könnte es möglich sein, dass eventuell der Major etwas …“
„Meinst du, dass Dean uns verraten hat?“, fiel John ihr sofort ins Wort. „Er war es doch der, der dafür gesorgt hat, dass wir überhaupt England unerkannt verlassen konnten.“
„Aber er ist auch der Einzige, der unseren Aufenthaltsort kennt“, gab sie zu bedenken. John schüttelte ungläubig den Kopf. „Ich kann mir das nicht vorstellen. Erst der ganze Aufwand mit dem Flug nach Westdeutschland, den falschen Namen, den Presseausweisen und dann sollte er uns auf einmal verraten! Warum sollte er das tun?“ Er schaute sie verständnislos an.
Ein auf der Straße zum nahen Nachbarort fahrendes Auto erregte plötzlich ihre Aufmerksamkeit. Misstrauisch beobachteten sie den Fahrer.
Hinter dem Lenkrad saß aber ein älterer Herr mit Hut. „Konntest du

überhaupt erkennen, was es für ein Fahrzeug war, das in der Nacht auf der Straße stand?“

„Ich bin mir nicht ganz sicher, weil in diesem Moment der Mond von den Wolken verdeckt wurde, aber es könnte sich um eine Art Pick-up-Truck gehandelt haben.“ John zündete beiden eine neue Zigarette an. Schweigend rauchten sie eine Weile. „Könnte es vielleicht irgendwo eine undichte Stelle gegeben haben?“, fragte Lydia und blickte vor sich auf den Boden. John kam nicht mehr dazu, ihr darauf eine Antwort zu geben, weil ein forsches Klopfen an der Fensterscheibe sie aus den Gedanken riss. Es war die Wirtin, die ihnen wild gestikulierend klarmachen wollte, dass jemand für sie am Telefon sei.

Kapitel 32

„Sie sind wieder zu Hause, Ms. Robertson!“, hörte Ann eine junge Frauenstimme. Sie öffnete langsam ihre Augen und fand sich im Fond eines Streifenwagens wieder. „Sie haben die gesamte Fahrt über geschlafen“, sagte die Polizistin auf dem Beifahrersitz, drehte sich zu Ann um und lächelte. „Wie fühlen Sie sich?“, wollte die Beamtin jetzt wissen.

„Ich lebe“, kam es über Anns Lippen. Sie rieb sich die Augen und setzte sich aufrecht in den Sitz. Ihr Rücken schmerzte, vermutlich durch die schiefe Lage während der Fahrt. „Wie spät ist es?“, fragte Ann. „Es ist kurz nach Mitternacht“, sagte der männliche Beamte, der den Wagen fuhr. Ann sah, wie das Licht der Scheinwerfer das Gebäude anleuchtete. Immer wieder waren Funksprüche aus dem Lautsprecher zu hören, die vermutlich von anderen Streifenwagenbesatzungen gesendet wurden. Dann stoppte der Fahrer den Wagen und die Beamtin teilte der Zentrale mit, dass sie ihr Ziel erreicht hatten. „Sie bleiben bitte im Wagen“, wurde Ann aufgefordert. „Wir schauen uns erst einmal hier um, o. k.?“ Ann nickte wortlos. Die Polizisten betraten vorsichtig das Grundstück. Die Lichtstrahlen ihrer Taschenlampen bewegten sich hektisch durch die Dunkelheit. Die Lichtkegel geisterten an der Hauswand entlang, um manchmal für einen Moment auf einem bestimmten Punkt zu verharren. Als die beiden Beamten aus Anns Blickfeld verschwunden waren, löste sie den Anschnallgurt, öffnete die Wagentür und stieg aus. Sie reckte und streckte sich wie eine Katze, die gerade aus ihrem Korb herausgekrochen ist. Sie griff mit beiden Händen seitlich in den Rücken, der immer noch schmerzte.

Es war still. Von den Polizisten war nichts mehr zu hören oder zu sehen. Ein warmer Wind vom Land her strich ihr über das Gesicht. Düster und bedrohlich lag Falcon vor ihr. Durch das Licht der Scheinwerfer wirkte die Szenerie noch gespenstischer. Nirgendwo im Haus war Licht zu sehen.

Sie spürte die plötzliche Nervosität, die sich in ihr ausbreitete. Sie hatte das Gefühl, jeden Moment ohnmächtig zu werden und stützte sich mit den Händen an der offenen Wagentür ab. Es schien so, als

hätte hier nie ein Mensch gelebt. Immer wieder wurde die Stille durch die Durchsagen des Polizeifunks unterbrochen. Ann atmete tief und biss die Zähne aufeinander. Sie ging um den Wagen herum und setzte sich auf die Haube des Streifenwagens. Sie hatte jegliches Zeitgefühl verloren. Es war so viel geschehen. Sie konnte es im Moment überhaupt nicht einordnen.
Da war wieder dieser Tunnel, durch den sie geflüchtet ist und dann diese ohrenbetäubenden Detonationen. Mit einem Mal sah sie Olga am Eingang von Falcon stehen, sie winkte ihr zu. Sie kniff sofort mit aller Macht die Augen zu, um dieses Trugbild zu verscheuchen. Sie schlug sich mit der flachen Hand ins Gesicht. Reiß dich zusammen, du musst bei der Sache bleiben, bloß nicht schlappmachen, ging es ihr immer wieder durch den Kopf. Da war der Waldweg, den sie nach der Explosion entlanggestolpert war, bis sie schließlich zu einer Straße gelangte. Ein Bauer, der mit seinem Traktor die Straße befuhr, hielt an und nahm sie mit in das nächste Dorf. Auf der Fahrt begegneten ihnen eine Vielzahl von Feuerwehr-, Polizeifahrzeugen und Rettungswagen. „Da muss wohl etwas Schlimmes passiert sein“, meinte der Landwirt.
Kurz vor dem Ort hatte die Polizei eine Straßensperre errichtet, an der bereits einige Fahrzeuge standen und kontrolliert wurden. Zu ihrem Erstaunen wurde der Bauer mit seinem Traktor einfach durchgewinkt. Einige der Uniformierten kannten sogar den Mann auf dem Trecker und grüßten ihn mit seinem Namen. Daraufhin grüßte der Bauer, nahm seine Mütze ab und schwenkte sie freudig, als wäre es ein Festumzug. Im Gegensatz zu dem, was sie noch vor Kurzem ganz in der Nähe erlebt hatte – wo das Böse allgegenwärtig war – ging es hier recht friedlich zu.
Sie redete mit dem Bauern nicht viel auf der Fahrt, weil man durch das laute Motorengeräusch sein eigenes Wort kaum verstehen konnte.
Sie erreichten einen kleinen Dorfplatz, hier befand sich eine Art Hauptquartier. Eine Menge Fahrzeuge standen hier. Einige hatten lange Antennen ausgefahren. Hier und da waren sogar Zelte aufgestellt. Genau hier ließ sich Ann absetzen. Mit quietschenden Bremsen kam der Traktor zum Stehen. Sie bedankte sich noch einmal bei dem Bauern. Mit lautem Getöse und einer dunklen Abgaswolke fuhr

er mit seinem Gefährt die Dorfstraße hinunter.
Die Polizeibeamten staunten nicht schlecht, als sie sich vorstellte und ihre Erlebnisse von dem Ort berichtete, der vor Kurzem in die Luft geflogen war. Anfangs hatte Ann das Gefühl, dass man sie nicht besonders ernst nahm und die Geschichte nur erfunden sei. Doch als sie mit immer mehr Details herauskam und diese glaubhaft beschrieb, wurde man hellhörig. Hier gab sie auch zu Protokoll, dass ihr Mann Bob Robertson den Auftrag gab, sie ermorden zu lassen.
Es begann ein Marathon von Befragungen, der sich über Stunden hinzog. Sie wurde untersucht und medizinisch betreut. Immer wieder folgten Fragen und Verhöre. Am Ende entschied man sich, Ann Robertson nach Hause zu bringen und dort unter Polizeischutz zu stellen.
„Es scheint, dass niemand zu Hause ist“, hörte Ann die Polizistin sagen, die mit ihrem Kollegen zurück zum Streifenwagen kam. „Wir konnten nichts Auffälliges entdecken“, fügte der Polizist hinzu und leuchtete Ann mit der Lampe ins Gesicht. Mit einer abwehrenden Bewegung machte sie ihm klar, dass er das lassen sollte. „Oh, sorry“, entschuldigte er sich.
Also war Bob nicht auf Falcon, dachte sie. „Wie kommen wir jetzt in das Haus?“, fragte die Beamtin.
Ann lächelte ein wenig und nickte. Für solch einen Fall hatten die Robertsons vorgesorgt. An einer Ecke im Gartenbeet – die nur sie und Bob kannten – hatten sie unter einem ordentlich geschnittenen Kugelbuchsbaum, eine kleine Blechdose vergraben. Dort wurde der Reserveschlüssel vom Haus aufbewahrt. Zielstrebig ging Ann zu dem kleinen Holzschuppen. Die Uniformierten leuchteten den Weg aus. Sie schob den Metallriegel zur Seite und öffnete die Tür. Mit einem Griff holte sie, ohne Licht zu machen, einen Spaten hervor. Dann gingen sie zu der besagten Stelle. Mit einem Spatenstich legte sie die Dose frei. Hier waren in ein mit Öl getränktes Tuch die Reserveschlüssel eingewickelt.
Nach dem Öffnen der Eingangstür blieb Ann kurz stehen, sie spürte, wie ihr Herz pochte. Sie hatte keine gute Erinnerung an diese Umgebung. Die beiden Polizisten durchsuchten Raum für Raum.
„Alles gesichert“, meldeten sie nach einer Weile. Ann hatte sich derweil keinen Fußbreit von der Stelle gerührt. Langsam, ganz lang-

sam ließ die innere Anspannung nach. Auf einmal konnte sie wieder normal durchatmen.
„Wo könnte sich Ihr Mann momentan aufhalten?“, fragte die Beamtin. Ann zuckte mit den Schultern. „Wie spät ist es jetzt“, fragte Ann.
„Halb zwei durch!“
„Ich könnte Ms. Davis, unsere Hauswirtschafterin anrufen. Vielleicht weiß sie, wo der Kerl steckt.“ Sie zögerte einen Moment: „Aber um diese Uhrzeit?“
„Bitte versuchen Sie es“, mahnte die Beamtin. „Nach Ihrem Mann wird immerhin wegen versuchten Mordes gefahndet.“
„Sie haben recht!“, erwiderte Ann und ging zum Telefon.
Es dauerte eine Weile, dann ein kurzes Knacken und die leise, zaghafte Stimme von Ann: „Hallo, Ms. Davis, hier ist Ann Robertson. Es tut mir schrecklich leid, Sie um diese Zeit zu belästigen, aber …“
„Sind Sie wieder da?“, wurde Ann von ihr unterbrochen. „Wie soll ich das verstehen, wieder da?“, fragte Ann ein wenig überrascht.
Ein Moment der Stille trat ein. „Nun ja, Ihr Mann hat mich beurlaubt, weil Sie eine längere Reise angetreten hätten.“
„Ich, eine Reise?“, fragte Ann noch einmal nach und schaute verwundert die Beamtin an, die neben ihr stand und das Gespräch verfolgte. „Also können Sie mir jetzt auch nicht sagen, wo sich mein Mann zurzeit aufhält?“
„Leider kann ich Ihnen da nicht weiterhelfen. Ist Mr. Robertson etwas zugestoßen?“, wollte Miss Davis noch wissen. „Nein, nein es ist alles in Ordnung“, antwortete Ann. „Danke, Sie haben mir sehr geholfen und schlafen Sie gut weiter.“
Dann beendete sie das Gespräch. Völlig erstaunt blickte sie zu der Beamtin. „Ich habe eine Reise angetreten, eine Reise, von der ich nicht wieder zurückgekommen wäre.“
Ja, das stimmt, diese Reise hätte ich nicht überlebt, wenn, ja, wenn da nicht Frau Professor Olga Semjonow gewesen wäre. Ann wurde nachdenklich. Sie schaute den Flur entlang. Da war auf einmal wieder die verschwommene Gestalt, die Olga so ähnelte. „Ms. Robertson“, hörte sie die Polizistin fragen, „ist alles o. k. mit Ihnen?“
„Ja, es ist alles in Ordnung, ich war nur kurz mit meinen Gedanken woanders“, entschuldigte sich Ann und setzte sich auf einen der Stühle, die im Flur standen. „Ist das Ihr Mann auf dem Foto?“ Der

männliche Beamte kam den Flur entlang und zeigte Ann das Bild. „Das Bild hing in der Küche an der Wand.“ Sie nahm das, mit einem weißen Rahmen umrandete Bild in ihre Hand und schaute es einen Moment lang an. Es war ein Foto aus guten Tagen. Sie und Bob saßen auf einer Decke am Strand. Das Foto; ja, erinnerte sie sich, das Foto hat Lydia gemacht in ihren wenigen, miteinander verbrachten Ferien.
„Gibt es noch andere Fotos von Ihrem Mann?“, fragte der Beamte.
„Sie meinen ein Bild für die Fahndung?“
„Genau, Ms. Robertson“, fiel die Beamtin ins Wort: „Für die Suche nach einem sehr, sehr gefährlichen Mann, der Menschen tötet.“
Ann erschrak über den Wortlaut und schaute die Frau ein wenig verunsichert an. „Habe ich recht?“, fragte die Beamtin und rüttelte sie an ihrer Schulter. „Kann es sein, dass Sie auf einmal schwach werden und für den Mann so etwas wie Mitgefühl empfinden?“
Sie schaute Ann mit strengem Blick an. „Sie haben recht“, antwortete Ann und rieb sich mit den Händen durch das Gesicht.
„Wir hatten auch eine schöne Zeit und meine Tochter …“
„Sie haben eine Tochter?“
„Ja, ich habe eine Tochter und sie müsste so alt sein wie Sie. Ihr Name ist Lydia und sie ist auch bei der Polizei.“
„Wenn Ihre Tochter auch bei der Polizei ist, warum informieren Sie sie nicht über diese Situation?“, fügte die Beamtin hinzu. „Weil ich schlicht und einfach nicht weiß, wo sich meine Tochter im Moment aufhält.“ Die Polizistin schaute sie fragend an. „Nein, nicht was Sie jetzt denken, Lydia und ich haben ein gutes Verhältnis. Aber ich weiß momentan nicht, wie ich es Ihnen erklären soll.“ Ann bekam plötzlich einen Weinkrampf. Sie zitterte am ganzen Körper.
„Ich hole Ihnen einen Schluck Wasser“, sagte die Beamtin und verschwand in der Küche. „Beruhigen Sie sich bitte, Ms. Robertson“, sagte der Beamte und legte beruhigend seine Hand auf ihre Schulter. „Meine Kollegin meint es nicht so, aber sie hat leider auch schlechte Erfahrungen mit Männern gemacht, deshalb reagiert sie besonders gereizt auf solche Situationen.“ Er gab ihr ein Taschentuch. Sie rieb sich die Tränen aus dem Gesicht und ganz langsam beruhigte sie sich wieder. „O. k.“, sagte die Beamtin, „lassen Sie uns das mit Ihrer Tochter später bereden. Konzentrieren Sie sich jetzt darauf, wo wir

Ihren Mann finden könnten.
Auch wenn es jetzt von mir gemein klingt, hat Ihr Mann eine Geliebte?“ Ann fuhr sich mit den Händen durchs Haar und nickte dabei.
„Ja, er hat schon seit geraumer Zeit ein Verhältnis.“
„Und wer ist dieses Verhältnis?“, fragte sie und zog dabei einen Stuhl heran, um sich direkt vor Ann zu platzieren.
Ann erzählte mit ruhiger Stimme über Lady Debora und deren naher Verbindung zum Königshaus. Sie blieb in ihrer Aussage sehr sachlich und hatte während ihrer Aussage keinerlei Gefühlsregungen.
„Seit wann wissen Sie schon von dem Seitensprung Ihres Mannes?“, wollte nun der Polizist wissen. Ann schaute ihn ungläubig an und dachte einen Moment lang nach. Sie kam nicht mehr dazu, seine Frage zu beantworten, denn seine Kollegin mischte sich plötzlich in das Gespräch.
„Warum haben Sie sich nicht von Ihrem Mann getrennt?“ Verunsichert von der forsch gestellten Frage, blickte Ann abwechselnd von einem zum anderen. Ihr Blick blieb an der Beamtin hängen, die ihr gegenübersaß. „Ja, wie ich schon sagte, hatten Bob und ich auch mal schöne Zeiten. Außerdem haben wir beide einen großen Freundeskreis und beruflich hatte jeder bereits höhere Ziele erreicht.“ „Wie soll ich das verstehen?“, fragte die Beamtin überrascht und zog dabei die Augenbrauen hoch.
„Zum Beispiel hat Bob eine hohe Position bei der Army …“ sie stutzte und überlegte: „Sie haben vorhin gefragt, wo sich mein Mann noch aufhalten könnte, nicht wahr?“ Die Polizistin nickte.
„Ja, das ist richtig.“ Ann lehnte sich auf ihrem Stuhl zurück und nahm eine etwas entspannte Haltung an. Ihre Augen wanderten zur Decke und den Korridor entlang. Als hätte jemand auf einen bestimmten Kopf gedrückt. Sie nickte mehrmals. „Er ist oft, und auch mitten in der Nacht zur Basis gefahren!“ Ann erklärte, dass Bob bereits ein hohes Tier beim Militär sei und einen wichtigen Posten beim Nachrichtendienst hat.
„Sie können sich vorstellen, dass Ihr Mann sich zu diesem Zeitpunkt, auf der von Ihnen erwähnten RAF-Station aufhält?“ Ann zuckte nur mit den Schultern. „Ich bin mir da nicht sicher, aber denkbar wäre es schon.“
„Dann informiere ich jetzt über Funk die Einsatzzentrale, die werden

mehrere Streifenwagenbesatzungen dorthin schicken“, meinte der Beamte und ging zum Polizeifahrzeug. „Was geschieht dann mit meinem Mann?“
„Wenn die Kollegen ihn dort antreffen, werden sie ihn erst einmal festnehmen, dann sehen wir weiter.“
„Ich glaube, jetzt könnten wir einen Tee gebrauchen“, sagte Ann und erhob sich von ihrem Stuhl. „Bitte, wenn es Ihnen nichts ausmacht, ein starker Kaffee wäre mir jetzt lieber!“, antwortete die Beamtin, indem sie auf einen kleinen Notizblock ein paar Zeilen schrieb. Als Ann in der Küche stand und den Kaffee zubereitete, gingen ihr viele Gedanken durch den Kopf. Sollte die Polizei wirklich Bob auf St. Mawgan antreffen und festnehmen, das wäre die eine Sache. Was hatte sie denn in der Hand, um zu beweisen, dass er sie umbringen wollte.
Die Kaffeemaschine knackte. Sie lehnte sich mit dem Rücken an den Hängeschrank. Sie schaute in der Küche umher. Eigentlich hatten sie beide sich vorgenommen, die Küche noch dieses Jahr neu zu streichen und der Kühlschrank, ja, der Kühlschrank! Bob hatte gemeint, der hat es wohl auch hinter sich! Für einen Moment hatte sie das Gefühl, dass das alles hier doch noch ein gutes Ende finden könnte.
Dann aber fiel ihr Blick auf die Tasche, die sie auf dem Küchenstuhl abgestellt hatte, als sie mit den beiden Polizisten das Haus durchsuchte. Blitzschnell verwarf sie den Gedanken. Nein, es wird kein gutes Ende geben, ging es ihr durch den Kopf. In die Tasche hatte sie die Mappe von Olga hineingesteckt. Nicht ein einziger Polizist hatte sie gefragt, was sie in der Tasche mit sich führte. Sollte sie vielleicht die Mappe der Polizei übergeben?
Aber Olga hatte sie gebeten, sich mit einer Journalistin in Verbindung zu setzen und außerdem, war sie noch nicht dazugekommen, die Aufzeichnungen selbst zu lesen. „Wo bleibt der versprochene Kaffee?“, die Beamtin stand in der Tür.
„Oh ja, richtig, der Kaffee ist fertig, wie möchten Sie ihn?“
„Schwarz.“
„Und ihr Kollege?“
„Auch schwarz!“
Ann servierte den Kaffee auf einem Tablett. Der junge Kollege kam gerade durch die Tür und betrat den Korridor. Der Funkspruch hat

aber lange gedauert, dachte Ann und stellte das Tablett auf den kleinen Beistelltisch. Oder hatte er noch eine Zigarette geraucht?
Er blieb auf einmal stehen und gab seiner Kollegin ein Handzeichen, dass sie zu ihm kommen sollte. Sie tuschelten miteinander. Danach war ihr Verhalten befremdlicher als zuvor. Mit einem Mal wurde nicht mehr so viel miteinander gesprochen. Ann hatte das eigenartige Gefühl, dass sich nach dem Funkgespräch, das der Polizist geführt hatte, sowohl die Situation, als auch das Verhalten der beiden ihr gegenüber verändert hatte.
„Wann haben Sie denn das letzte Mal mit Ihrer Tochter gesprochen?“, fragte der Mann und schaute dabei immer wieder zu seiner Kollegin hinüber. Ann erzählte ihm, dass es schon eine Weile her sei, dass sie telefoniert hatten. „Sie wissen wirklich nicht, wo Ihre Tochter sich befindet?“, fragte die Frau erneut.
„Sie sagten, sie ist auch bei der Polizei, dann müsste sie ja erreichbar sein, oder?“ Ann fiel plötzlich auf, dass die Fragen, die von den Beamten gestellt wurden, sich nicht mehr um den Aufenthaltsort ihres Mannes richteten, sondern gezielt nach dem Verbleib von Lydia. „Möchten Sie noch einen Kaffee?“ Sie lehnten mit einer Handbewegung dankend ab. Ann ging mit dem Tablett in die Küche und stellte es auf dem alten Holztisch ab.
Sie lärmte bewusst mit den Tassen und Tellern, als würde sie in der Küche aufräumen. Sie schlich sich an die Küchentür und lauschte. Es waren Wortfetzen zu hören, aber über was die beiden sich genau unterhielten, war nicht zu verstehen.
Dann aber bemerkte sie an der Wand den Spiegel zum Klavierzimmer. In dem konnte sie einen Teil des Korridors einsehen. Sie musste sich ein wenig aus der Tür nach vorne beugen, um die beiden im Spiegel zu sehen. Sie unterhielten sich sehr angeregt und schauten dabei immer wieder den Flur entlang. Ihr war bereits aufgefallen, wie nervös der Beamte nach seiner Rückkehr war. Mit einem auffälligen Husten verließ Ann die Küche und ging langsam auf die beiden zu, die umgehend ihre Unterhaltung einstellten.
„Gibt es was Neues?“, fragte Ann mit freundlicher Stimme die Beamtin. Ohne ein Wort schüttelten sie den Kopf. „O. k., ich bin sehr müde und werde jetzt nach oben in mein Schlafzimmer gehen und versuchen, etwas Schlaf nachzuholen. Sie bleiben noch hier?“, wollte

sie noch wissen. „Ja, wir haben Order, noch bei Ihnen zu bleiben.“
„Gut, Sie können es sich unten bequem machen, Sie wissen, wo die Küche ist. Ich glaube, im Kühlschrank ist auch noch etwas Essbares zu finden.“
Sie straffte noch einmal den Riemen der Umhängetasche, dann ging sie langsam die Treppe hinauf. Sie schaute sich noch einmal um und sah, wie die zwei hochemotional ihre durch sie gestörte Unterhaltung fortsetzten.
Nachdem was alles geschehen war, den schrecklichen Ereignissen, die hinter ihr lagen, war Ann sehr misstrauisch geworden. Als sie die oberste Etage erreichte und den Flur entlangging, fiel ihr auf einmal das zweite Telefon ein, das in Lydias Zimmer stand und von dem die Polizisten nichts wussten. Leise schloss sie die Tür, nachdem sie das Zimmer betreten hatte. Sie unterließ es, das Licht einzuschalten, da man vom Hof aus dieses Fenster sehen konnte.
Vorsichtig durchquerte sie den Raum, um an das Telefon zu gelangen, das auf dem Schreibtisch stand. Sie war so oft in diesem Raum gewesen. Man hätte ihr die Augen verbinden können, sie wusste genau, wo was zu finden war. Dann stand sie am Schreibtisch und sie setzte sich in den davor stehenden Drehstuhl. Ganz still war es auf einmal. Nur das leise Ticken des Weckers war zu hören.
Lydias Wecker, wie oft hatte sie über ihn geschimpft, wenn sie früh aufstehen musste. Sie schaute aus dem Fenster in die Nacht. Am Himmel waren Sterne zu sehen, einige funkelten wie kleine Brillanten. Sie dachte an Lydia, ihr kleines Mädchen. Wo war sie jetzt wohl und vor allem, ging es ihr gut? Ann spürte auf einmal eine innere Unruhe, oder war es Angst, oder vielleicht doch schon Panik?
Hör auf zu träumen, du musst jetzt handeln, ging es ihr durch den Kopf. Ja, ich muss handeln, sie gab sich einen inneren Ruck.
Momentan war sie unter Beobachtung, genau genommen war sie festgesetzt. Ich muss als Erstes, ohne dass die beiden Beamten es mitbekommen, Falcon so schnell wie möglich verlassen. Das Problem war, dass die nächsten Orte meilenweit entfernt waren. Vielleicht mit einem der Pferde? Nein, kommt nicht infrage. Hier aus dem Zimmer würde sie noch unbemerkt über das Dach des angrenzenden Anbaus verschwinden können. Aber mit einem Pferd das würde auffallen. Bei stockfinsterer Nacht zu reiten, einfach eine ab-

surde Idee. Denk nach, denk nach, flüsterte sie sich leise zu. Ohne lange nachzudenken, griff sie mit einem Mal zum Telefon und zog es näher zu sich heran. Sie hob den Hörer ab, es war intakt. Aber wen sollte sie anrufen, und wen sollte sie über ihre missliche Lage informieren? Sie legte den Hörer wieder auf die Gabel.

Sie zuckte zusammen. War da ein Knacken gewesen? Sie ging vorsichtig zur Tür und legte lauschend das Ohr an die Tür.

Sie hatte sich nicht getäuscht. Leise schlich jemand den Flur entlang. Da war es wieder. Ein leises Ächzen der alten Holzdielen. Jetzt musste die Person direkt vor der Tür stehen. Langsam wurde die Klinke heruntergedrückt. Sie hielt die Luft an. Sie hatte das Gefühl, dass jeder Atemzug, den sie machte, auf dem Flur zu hören war. Ihr Herz pochte. Sie vermied es sogar zu schlucken. Die Tür war verschlossen. Sie hatte wohl beim Betreten des Zimmers instinktiv die Tür hinter sich verriegelt. Es musste einer der Polizisten gewesen sein, der vor der Tür stand. Als sie aber merkte, dass die Tür verschlossen war, entfernte sich die Person. Ann konnte deutlich hören, wie die Person die Treppe hinunterging. Langsam wich die Anspannung und sie glaubte, wieder atmen zu können.

Durch das rätselhafte Verhalten der Beamten war ihr klar geworden, dass sie für irgendjemand eine wichtige Person darstellte. Einen Augenblick stand sie regungslos mit dem Rücken an der Tür und überlegte.

Immer wieder hörte sie Olgas Worte, wie sie von einer mächtigen Organisation sprach, deren Verzweigung bis in alle Etagen reichte. Ganz bestimmt war die Polizei dabei nicht ausgenommen. Sie zermarterte sich den Kopf.

Wen könnte sie anrufen? Wer würde ihr helfen? Wer war von dem Bösen noch nicht infiziert? Mit einem Mal musste sie lächeln. Da war jemand, mit dem sie in Kontakt treten könnte, der noch nicht, sie war sich da ziemlich sicher, auf der Seite des Bösen stand. Sie musste für die Telefonnummer nicht ins Verzeichnis schauen, diese Nummer war im Kopf gespeichert. Ein kurzes Knacken und eine Frauenstimme sagte: „Hallo, wer ist da bitte?“

„Hier ist noch einmal Ann Robertson, bitte entschuldigen Sie, Ms. Davis, dass ich Sie noch einmal belästigen muss. Ich brauche dringend Ihre Hilfe.“

Ann flüsterte und hielt eine Hand als Schutz vor die Sprechmuschel. Manchmal musste sie einen Satz wiederholen, weil er bei Ms. Davis nicht deutlich angekommen war. Nachdem Ann ihren Plan Miss Davis vorgetragen hatte, fragte sie aus Sicherheitsgründen noch einmal nach. „Haben Sie wirklich alles verstanden, Ms. Davis?“
Also, das wäre schon einmal geschafft, Ann lehnte sich zurück. Ms. Davis war nicht die Schnellste, aber das, was sie tat, tat sie gewissenhaft. Sie hatte noch etwas Zeit.
Ms. Davis kam aus dem gut zwei Meilen entfernten kleinen Ort Puoghill. Da sie immer vorschriftsmäßig fuhr, würde sie unter diesen Umständen auch nicht schneller fahren, das wusste Ann.
Auf einmal hörte sie jemanden lachen und dieses Lachen kam vom Hof.
Vorsichtig schob sie die Gardine ein Stück zur Seite, um besser hinausschauen zu können. Es waren die beiden Polizisten, die auf dem Hof standen und rauchten. Sie hatte sie wegen der Dunkelheit erst nicht erkannt. Der Zeitpunkt war jetzt günstig, dachte sie. So wie sich die zwei miteinander unterhielten, werden sie wohl kaum Verdacht schöpfen. Schnell verließ sie Lydias Zimmer, huschte über den Flur und verschwand in ihrem Schlafzimmer. Sie packte schnell ein paar Sachen in eine Reisetasche, dann war es so weit. Behutsam, um ein Geräusch zu verhindern, öffnete sie die Tür und lauschte. Die beiden standen noch immer draußen, denn aus dem Erdgeschoß war nichts zu hören.
Kaum hörbar fiel die Tür hinter ihr ins Schloss. Um das Flurfenster zu erreichen, durch das sie dann auf das etwas tiefer liegende Dach des Anbaus gelangte, musste sie einige Schritte den Gang entlanggehen. Die auf der Fensterbank stehende Pflanze stellte sie vorsichtig auf den Boden.
Da das Fenster nicht so oft benutzt wurde, musste sie schon etwas Kraft aufwenden, um die Flügel zu öffnen. Trotz aller Bemühungen, jedes Geräusch zu vermeiden, war doch ein kurzes Knacken nicht zu verhindern. Für einen Moment hielt sie inne, aber es war nichts zu hören.
Sie hatte gerade ihre Tasche auf das etwa einen Meter tiefer liegende Dach fallen lassen, als plötzlich die Eingangstür aufgerissen wurde. Hustend betrat die Beamtin als Erste den Korridor und stellte sich

vor den Spiegel, um sich die Haare zu richten. Kurz darauf erschien ihr Kollege. Er stellte sich hinter sie und legte beide Arme um ihren Körper. Dann küsste er ihren Hals, was sie mit einem leisen, hingebungsvollen Stöhnen beantwortete. Ann hatte sich sofort, als die Polizisten den Flur betraten, flach auf den Boden des Treppenpodests gelegt. Dieser Teil des Treppenaufgangs wurde durch das Flurlicht nicht ausgeleuchtet. Es war vom Standort der Beamten nicht einzusehen. Ruhig und ohne sich zu bewegen, blieb sie auf dem Boden liegen. Deutlich spürte sie ihren beschleunigten Herzschlag. Hoffentlich kommt jetzt keiner von ihnen auf die Idee einen Kontrollgang zu unternehmen, dachte sie und atmete dabei ganz flach weiter.
Im Moment sah es so aus, als hätten die beiden etwas viel Wichtigeres zu tun. Die Polizistin hatte sich jedoch schnell wieder unter Kontrolle. „Hör auf, nicht jetzt!“, hörte Ann sie sagen. Sie befreite sich aus der Umarmung. „Sei doch kein Spielverderber“, maulte er. „Wir haben es doch schon einmal gemacht, weißt Du noch? Es wäre für dich ein richtiger Kick gewesen, hast du hinterher gesagt.“
„War es auch, aber das hier ist etwas anderes. Wenn Sir Oliver mit uns schon persönlich spricht, wird die Sache hier wohl einen besonderen Stellenwert haben, oder meinst du nicht?“ Sir Oliver, überlegte Ann, war ein hohes Tier bei der Polizei. Bob hatte einmal ihn und seine Frau zu einem Dinner hier auf Falcon eingeladen.
Er war ein unsympathischer, schleimiger Typ dieser Sir Oliver. Obwohl seine Frau bei ihm stand, machte er geschmacklose Anspielungen. Vermutlich lag es wohl an seinem Dienstgrad und der Position, die ihm das Recht dazu gab, sich so niederträchtig zu verhalten. Die Worte, die jetzt aber an ihr Ohr drangen, ließen sie aufhorchen.
Die beiden Polizisten sollten auf einmal nicht mehr nach Mister Robertson fahnden, sondern sollten sie auf direktem Weg zu diesem grauenvollen Sir Oliver bringen.
Sie musste schleunigst von hier verschwinden. Das plötzliche Zuschlagen einer Tür riss sie aus ihren Gedanken. Auf dem Korridor entwickelte sich eine leichte Unruhe. „Ist hier irgendwo ein Fenster auf?“, hörte sie den Mann fragen. Ann blickte zum Flurfenster. Einer der Flügel war ganz geöffnet. Wenn die das merken, bin ich geliefert, durchzuckte es sie. Erschrocken von dem Geräusch schauten beide zur Eingangstür. Das war der Moment, jetzt musste sie handeln. Sie

stand auf, blieb aber in der Hocke und beobachtete. Einer der beiden ging zur Eingangstür, der andere in das Wohnzimmer. Mit einem Satz war sie am Fenster, stemmte sich mit beiden Händen auf der Fensterbank ab, kam auf die Knie. Ein kurzer Schwung, dann berührten ihre Füße das Dach. Ein letzter Blick in den Flur. Im Augenblick war niemand zu sehen. Damit man nicht sofort bemerkte, dass jemand aus dem Fenster gestiegen war, zog sie beide Flügel wieder zu sich heran und schloss sie, so gut es ging. Sofort griff sie ihre Tasche und rutschte auf allen Vieren auf dem Dach entlang. Sie krabbelte bis zum Rand, warf die Tasche hinunter, die im Gartenbeet landete.
Mit beiden Händen hielt sie sich an der Dachrinne fest und ließ sich fallen. Der Anbau war sehr flach gehalten, daher stellte die Höhe keine unmittelbare Gefahr dar. Sie schnappte die Tasche und schlich an die Ecke des Anbaus. Von hier hatte sie einen guten Überblick auf den Hof.
Direkt am Eingang zum Gebäude stand das verlassene Polizeiauto. Einen Augenblick beobachtete sie den Hofbereich. Die Szenerie hatte irgendetwas Gespenstisches an sich. Ganz leicht fing es an zu regnen. Hätte der Regen früher eingesetzt, hätte sie wahrscheinlich auf den rutschigen Dachpfannen große Schwierigkeiten bekommen. Im Licht der Hofbeleuchtung wirbelte der Regen. Sie presste sich mit dem Rücken an die Steinwand. Durch den Überstand des Daches war sie nicht direkt dem Regen ausgesetzt.
Mit Erstaunen stellte sie fest, als sie auf ihre Armbanduhr blickte, dass es bereits kurz nach vier war. Ein neuer Tag hatte begonnen. Sie lehnte den Kopf an die Wand und schloss die Augen. Der Regen prasselte nun auf das Dach und rauschte danach durch das Fallrohr nach unten. Wassertropfen rannen über ihr Gesicht. Plötzlich, als würde ein Stromschlag durch ihren Körper fahren, erschrak sie. Rief da nicht jemand ihren Namen? Oder hatte sie sich das nur eingebildet? Angestrengt, mit geöffnetem Mund, lauschte sie in den regnerischen Morgen. Da, da war es wieder. Sie war sich jetzt ganz sicher, jemand rief ihren Namen. Das Rufen drang vom Haupthaus herüber. Langsam ging sie zur anderen Ecke des Anbaus, von der sie hinter das Haus sehen konnte. Jetzt sah sie die Lichtstrahlen der Taschenlampe, die aus dem offenen Flurfenster über das Dach streifte. Sofort lief sie wieder zu der alten Stelle zurück und schaute vorsichtig um

die andere Ecke.
Sie rieb sich mit der Hand die Nässe aus dem Gesicht. Vor dem Hauseingang lief der Polizist hektisch umher, fuchtelte wie wild mit seiner Taschenlampe und rief immer wieder ihren Namen. Sie hatten gemerkt, dass sie das Haus heimlich verlassen hatte. Die auffallende Nervosität der beiden Beamten zeigte ihr aber, dass es wohl mächtig Ärger geben wird, sollten sie sie nicht finden.
Es wurde Zeit, von hier zu verschwinden um pünktlich an dem vereinbarten Treffpunkt, den sie Ms. Davis geschildert hatte, zu sein. Sie nahm ihre Tasche und schlich wir ein Dieb durch den Garten, um in der Dunkelheit unterzutauchen. Es war zwar stockdunkel, doch hier kannte sie jeden Stein. Einen kurzen Augenblick blieb sie an einem offenen Fenster der Stallungen stehen. Der Geruch der Pferde drang in ihre Nase. Irgendwann komme ich wieder, dachte sie und werde mit Lydia ausreiten, wie in alten Zeiten. Irgendwann, sie atmete schwer. Ja, irgendwann, aber was lag noch vor ihr?
Du musst weiter zum Treffpunkt. Vielleicht ist Ms. Davis schon da und wartet bereits. Der Plan, den sie sich ausgedacht hatte, musste einfach funktionieren. Ms. Davis sollte mit ihrem Wagen bis an die Stelle fahren, wo ein Feldweg von der Zufahrtsstraße zur Küste hin abzweigt. Dieser Abzweig lag ungefähr eine Viertelmeile von Falcon entfernt. Sie sollte vermeiden, die Scheinwerfer einzuschalten. Ann schaute auf ihre Uhr. Es war bereits zehn Minuten über die vereinbarte Zeit. Jedoch hatte sie ihr ans Herz gelegt, auf jeden Fall fünfundzwanzig Minuten zu warten. Wenn sie in dieser Zeit nicht am Treffpunkt war, sollte sie wieder zurückfahren. Der Regen peitschte ihr ins Gesicht.
Immer wieder schaute sie zurück. Sollten die Polizisten wider Erwarten auf die Idee kommen, mit dem Auto die Straße entlangzufahren, musste sie sich in dem Wassergraben, der links der Straße verlief, verstecken. Es war immer noch dunkel. Nichts deutete darauf hin, dass ein Fahrzeug kam. Wahrscheinlich suchten sie die beiden immer noch im Haus. Sie musste sich wieder und wieder mit der Hand den Regen aus dem Gesicht wischen.
Auf einmal sah sie die Umrisse eines Autos. Ms. Davis, ging es ihr durch den Kopf, wie immer war die Frau pünktlich. Ein Stein fiel ihr vom Herzen.

Vorsichtig, um sie nicht zu erschrecken, klopfte Ann an die Seitenscheibe. Sofort wurde die Tür geöffnet. „Kommen Sie, Ms. Robertson, kommen Sie schnell. Sie sind ja ganz durchnässt.“ Nachdem Ann die Tasche auf den Rücksitz gestellt hatte, ließ sie sich mit einem tiefen Seufzer in den Sitz fallen. „Ich bin glücklich, Sie zu sehen!“, sagte Ann und ein Lächeln huschte über ihr Gesicht. „Ich freue mich ebenfalls, Sie heil und gesund zu sehen, Ms. Robertson. Es muss ja wohl etwas Schlimmes passiert sein!“ Ann nickte.

„Aber wir sollten ganz schnell von hier verschwinden.“ Ms. Davis startete den Motor, natürlich mit viel zu viel Gas. Der Motor heulte auf. „Bitte machen Sie nicht das Licht an“, mahnte Ann. Die Fahrerin nickte und setzte sich näher an das Lenkrad. Ann versuchte, vom Beifahrersitz aus, so gut es ging, sie bei der Fahrt zu unterstützen. Sie hatten fast die Anhöhe erreicht, als Ms. Davis meinte, nachdem sie in den Innenspiegel geschaut hatte, dass ihnen ein Fahrzeug folgte. Ann drehte sich sofort um und schaute nach hinten. Sie hatte recht, es waren Scheinwerfer von einem Auto. Es konnte nur ein Auto sein, nämlich der Streifenwagen.

„In einer halben Meile kommt die Farm der Langleys auf der rechten Seite. Fahren Sie den Wagen auf den Hof, aber nicht das Licht anmachen!“ Bald hatten sie die Hofeinfahrt erreicht. Ann dirigierte die Fahrerin so, dass der Wagen hinter einem abgestellten Traktor verschwand. Dann stieg sie aus dem Wagen und lief zur Einfahrt zurück. Hinter einer Hecke versteckt, beobachtete sie das herannahende Auto. Sie musste sich ein wenig ducken, damit man ihr helles Gesicht nicht sah.

Plötzlich wurde der Wagen langsamer und genau in Höhe der Einfahrt hielt er an. Vorsichtig richtete Ann sich auf, um gerade noch so über den Rand der Hecke schauen zu können. Sie hatte recht behalten, es war das Polizeiauto.

Die Silhouetten der Einsatzleuchten auf dem Dach waren deutlich zu erkennen. Aber warum blieben sie stehen? Die Seitenscheibe wurde geöffnet und mit einer Taschenlampe über den Hof geleuchtet. Durch das geöffnete Fenster war der Polizeifunk zu hören. Dann fuhr der Wagen an und verschwand. Was wäre geschehen, wenn die Polizisten auf den Hof gefahren wären? Ms. Davis kannte keiner, aber ihre Tasche auf der Rückbank hätte sie verraten. Es goss in Strömen.

Waren die Polizisten deshalb nicht ausgestiegen?
Jetzt merkte sie auch, als die Anspannung langsam nachließ, dass sie durch und durch klatschnass war. Sie musste schnell aus den nassen Klamotten heraus, sonst holte sie sich möglicherweise noch eine Erkältung. Eine Erkrankung in der jetzigen Situation würde fatale Folgen nach sich ziehen.
„Oh, ist das ein Mist", fluchte Ann, als sie wieder am Wagen war.
„Kommen Sie", sagte Ms. Davis, "ziehen Sie die nassen Sachen aus. Auf der Rückbank liegt eine Decke, damit wickeln Sie sich ein und außerdem habe ich die Wagenheizung angemacht." Ann zog ihre nassen Sachen aus und wickelte sich in die Decke.
Jetzt spürte sie die angenehme Wärme, die sich im Innenraum ausbreitete. Sie warteten noch eine Weile. Das Warten hatte sich gelohnt. Plötzlich tauchten wieder Scheinwerfer eines Autos auf, aus der Richtung, in die der Streifenwagen verschwunden war. Unmittelbar dahinter folgten zwei weitere Fahrzeuge, sie aber hatten das Blaulicht eingeschaltet. "Donnerwetter", murmelte Ms. Davis, „jetzt wird es aber interessant. Sie müssen für die aber eine große Nummer sein!" Sie konnte sich dabei ein Lachen nicht verkneifen. Mit hoher Geschwindigkeit fuhr die Polizei in Richtung Falcon.
Als die Fahrzeuge verschwunden waren, lenkte Ms. Davis, ohne das Licht einzuschalten, ihren Wagen vom Hof herunter.
"Ich kenne da einen kleinen Schleichweg, der ist zwar schmal und ziemlich mit Büschen zugewuchert, aber den Weg befährt kaum jemand", sagte sie. Nachdem sie mit dem Wagen aus dem Sichtbereich der Polizei herausgefahren waren, schaltete sie das Licht wieder ein. Sie hat wirklich nicht übertrieben, dachte Ann, als sie fast im Schritttempo den Schleichweg entlangfuhren. Dann waren die ersten Lichter von Poughill zu sehen. Nachdem sie die Hauptstraße verlassen hatten, lenkte Ms. Davis den Wagen in eine schmale Einfahrt.
„So, meine Liebe, wir sind da." Es war ein kleines Haus aus hellen Bruchsteinen, das versteckt hinter einer Bruchsteinmauer lag.
Durch die vielen Büsche und Sträucher, die hinter und teilweise über die Mauer ragten, war nur wenig von dem Haus zu sehen. „Ich glaube, hier sind Sie erst einmal in Sicherheit", sagte Ms. Davis und nahm die nasse Kleidung aus dem Wagen. Ann musste den Kopf einziehen, um nicht an den Türrahmen zu stoßen, als sie das Haus

betrat. „Ach ja“, sagte sie, „achten Sie bitte auf Ihren Kopf, die Türrahmen sind sehr niedrig.“ Ann musste ein wenig lächeln. Die Warnung war nett gemeint, aber es wäre zu spät gewesen. „Erst einmal werde ich Ihnen ein heißes Bad einlaufen lassen, das wird Ihnen guttun.“

Kapitel 33

Die Nacht lag wie ein schwarzes Tuch über dem Land. Es regnete, als hätte jemand alle Schleusen des Himmels geöffnet. Die Scheibenwischer der schwarzen Limousine, die mit hoher Geschwindigkeit die Chaussee entlangfuhr, quälten sich förmlich, um die Frontscheibe vom prasselnden Regen freizuhalten. „Fahren Sie bitte langsamer!", befahl der Offizier im Fond des Wagens. „Sir", war die knappe Antwort und sofort drosselte der Angesprochene das Tempo.
Eigentlich hatte es vom Ablauf gut geklappt. Bis das Wetter ihm einen Strich durch die Rechnung gezogen hatte. Starkregen und Bodennebel veranlassten den Piloten nicht wie geplant in Gütersloh, sondern in den sechsunddreißig Kilometer südlich gelegenen Flughafen Paderborn-Lippstadt zu landen. Aber der Zeitverlust störte ihn keineswegs, es lief trotzdem alles nach Plan. Er hatte durch seine Informanten erfahren, dass die zwei zusätzlich in der Transportmaschine mitgeflogenen Passagiere Lydia und John sein mussten. Bob wusste aber nicht, wo sie sich jetzt aufhielten. Diese Flucht wurde ihnen von einem britischen Offizier im Rang eines Majors ermöglicht. Sein Name: Dean Rutherford.
Er hatte noch mehr herausgefunden. Seine Spitzel waren fleißig, sie waren unermüdlich und gierig in ihrer Arbeit. Dieser Major Rutherford hatte eine weiche Stelle. Das waren seine Frau und vor allem seine sechsjährige Tochter.
Er schaute aus dem Fenster, an das der Regen peitschte.
Auf einmal sah er Anns Gesicht vor sich, verschwommen und ohne ein Lächeln. Er dachte zurück an die schrecklichen Stunden auf Falcon. Er atmete ganz tief ein und aus. Es ist vorbei. Er musste endlich einen Schlussstrich ziehen, alles was zurücklag, ausblenden, vergessen. Alles andere erledigt Dr. Howard.
Ein abruptes Bremsmanöver riss ihn aus seinen Gedanken. „Sorry, Sir! Da standen Rehe auf der Straße", entschuldigte sich der Fahrer.
Sein Plan musste einfach klappen. Der Holländer war bereits mit dem anderen Typen nach Bielefeld unterwegs, wo Rutherford am Stadtrand ein kleines Reihenhaus bewohnte. Die beiden sollten sich als Freunde des Majors ausgeben und sich so Zutritt zum Haus ver-

schaffen. Er hatte beiden ausdrücklich untersagt, irgendwelche unsauberen Sachen mit der Frau oder der Tochter zu machen. Vorerst … Er wusste aber auch, dass Jan ein unkalkulierbares Risiko darstellte. Über den anderen hatte er kaum Informationen. Man sagte, er mache gute Arbeit. Dieses Mal musste es gelingen. Er wollte nicht so kläglich versagen, wie Sir Olivers Beamte. Lydia und ihr Kollege konnten ihnen immer wieder entwischen, trotz modernster Polizeitechnik, unfassbar. Aber jetzt war er am Zug. Wichtig, dass diese Operation gelingt, war die zeitliche Koordination mit dem Holländer bei der Familie Rutherford. Einen Moment überlegte er, wie er vor dem Major auftreten wird. Schließlich war er älter und vom Dienstgrad höhergestellt. Der Wagen wurde spürbar langsamer und der Fahrer bog von der Straße ab. Irgendwie war es, als hätte der starke Regen nachgelassen.
Wie würde er reagieren, wenn sich der Major nicht auf seinen Deal einlässt? Ging es ihm durch den Kopf.
„Wir sind in zehn Minuten da, Sir!“, mischte sich der Fahrer in seine Überlegungen ein. Durch die Seitenscheibe waren die ersten Lichter der Stadt zu erkennen. Sie fuhren eine lange, mit Laternen begrenzte, breite Straße entlang. Das Licht der Straßenbeleuchtung huschte in schnellen Abständen vorbei und erhellte immer wieder kurz das Wageninnere. In diesen kurzen Augenblicken konnte Bob das blasse, kranke Gesicht des jungen Fahrers erkennen.
Bereits am Flugplatz, als er abgeholt wurde, wollte er den Soldaten fragen, ob mit ihm alles in Ordnung sei. Doch ein plötzliches Telefonat hatte ihn von seinem Vorhaben abgebracht. Nun tauchten große Häuserblocks neben der Straße auf. Hier und da schien Licht durch die Fenster nach draußen. Diese Häuser waren durch einen hohen Metallzaun von der anderen Bebauung abgegrenzt. Dann hörte Bob das klickende Geräusch des Blinkers. Diesmal lenkte der Fahrer den Wagen behutsam von der Straße in eine mit Kopfsteinpflaster verlegte Einfahrt. Mit einem kurzen, heftigen Ruck stoppte der Wagen. Ein großes Eisentor versperrte die Einfahrt. Plötzlich wurden mehrere Scheinwerfer eingeschaltet, die den vorgefahrenen Wagen mit grellem Licht anleuchteten. Der Fahrer stellte den Motor ab und schaltete die Scheinwerfer aus. Regungslos saß der junge Soldat hinter dem Lenkrad, es war still. Es vergingen einige Sekunden, bis eine Eisen-

tür mit einem langen, quietschenden Geräusch geöffnet wurde. Durch das grelle Licht der Scheinwerfer waren nur die Umrisse zweier Gestalten zu erkennen, die durch die Tür traten.
Eine der Gestalten ging hinten um den Wagen herum. Die andere blieb in Höhe der Fahrertür, mit einem Abstand von rund zwei Metern, stehen. Langsam, ja fast wie in Zeitlupe, öffnete der Fahrer die Wagentür und stieg aus. Nach der Übergabe der Mappe, dauerte es eine Weile, bis die Gestalt das Dokument gelesen hatte. Anschließend stieg der Fahrer, genauso langsam. wie er ausgestiegen war, wieder in den Wagen und blieb wortlos hinter dem Lenkrad sitzen.
Dieses Prozedere war ihm nicht unbekannt. So wurde immer verfahren, wenn Personen militärischen Sicherheitsbereich betreten wollten und vor allem in der Dunkelheit. Durch das Klopfen an der Scheibe wurde er aufgefordert, auszusteigen. Auch er hatte bereits ein Dokument in der Hand, welches er der zweiten Gestalt zur Einsicht übergab. Doch diesmal war es anders.
Mit einer hastigen Armbewegung wurde die erste Gestalt herangeholt. Nach kurzem Tuscheln verschwand die Gestalt mit dem Schreiben in der Hand. Bald darauf kam er mit einem Dritten zurück und schlagartig veränderte sich die noch kurz vorher fremde, kalte Situation.
„Herzlich willkommen in Gütersloh, Sir!“, klang es laut, aber freundlich durch die Nacht. „Wir haben Sie schon erwartet.“ Jetzt konnte Bob auch die schwarze Armbinde erkennen, auf der die Buchstaben „MP“ in Rot zu erkennen waren. Die Militärpolizei bewachte das große Kasernengelände der britischen Rheinarmee.
Man schickte den jungen Mann mit dem blassen, kranken Gesicht wieder zurück.
Bob blickte ihm noch einmal nach, als er den für ihn viel zu großen Wagen wendete und dann in der Dunkelheit verschwand.
Der Geruch von Benzin lag noch in der Luft. In der Zwischenzeit hatte ein anderer Soldat der Wachmannschaft, das Gepäck von Bob aus dem Kofferraum entladen und es bereits auf das Kasernengelände gebracht. “Der Fahrer wird Sie zu Ihrer Unterkunft bringen, Sir“, meldete der Wachhabende und baute sich vor Bob auf, dabei salutierte er.
Nachdem die Eisentür mit einem harten Krachen ins Schloss gefallen

und man sie sofort wieder verriegelt hatte, entfernten sich die Wachsoldaten. Bis auf einen, der in dem kleinen, mit einer schmutzigen Cremefarbe gestrichenen Wachgebäude verschwand. Die Armee ihrer Majestät schirmte sich von der Außenwelt ab. Was hinter diesen Mauern geschah, ging keinen etwas an. Hier lebte man nach einem anderen Tagesrhythmus. Der Fahrer, der Bob zu seiner Unterkunft bringen sollte, kam ihm sofort entgegen und bat ihn, das Gepäck zum Wagen bringen zu dürfen.
Mit einem knappen: „Oh, thanks", erlaubte Bob dem Fahrer, der ebenfalls noch recht jung war, die Sachen zu verstauen. Kurz darauf lenkte der Fahrer den Wagen über das Kasernengelände. Es glich einem riesigen Stadtteil. Auch bei dieser Fahrt spürte Bob sofort, dass der Fahrer hinter dem Lenkrad keinesfalls über ausreichende Fahrerfahrung verfügte. Mit kantigen Fahrmanövern erreichten sie schließlich einen kleinen Parkplatz. Der Soldat sprang sofort aus dem Wagen und öffnete die Tür, damit Bob aussteigen konnte.
„Sorry, Sir", kam es leise über die Lippen des Soldaten, der in strammer Haltung an der geöffneten Tür stand. Bob schaute ihn erstaunt an und setzte sich dabei seine Mütze auf. „Wegen der unschönen Fahrt", fügte der Soldat hinzu. Bob sagte schmunzelnd: „Jeder hat mal angefangen!"
Danach widmete er sich dem großen, dunklen Gebäude. Nachdem der Fahrer seine Sachen dem Kofferraum entnommen hatte, marschierte er in großen Schritten zu dem Gebäude. Über eine breite Treppe, die von dicken Bruchsteinen an jeder Seite begrenzt war, standen sie vor der großen Eingangstür. Sobald sich der Soldat von seiner Last befreit hatte, holte er einen Schlüsselbund aus seiner Uniformjacke hervor und öffnete die schwere Tür und knipste das Licht an. Vor ihnen erstreckte sich ein langer Flur. Es roch nach Bohnerwachs.
„Ich geh mal vor, Sir", sagte der Soldat und nahm das abgestellte Gepäck wieder auf. Ihre Schritte hallten von den Wänden, als schritten sie durch eine große, alte Kirche zum Altar. Am Ende des Korridors blieb der Soldat vor einer Tür stehen und stellte alles auf den Boden. „Hier ist Ihr Zimmer, Sir." Er gab Bob den Schlüsselbund. „Ich stehe Ihnen ab jetzt zu Ihrer Verfügung, Sir." Bob nickte, „Sie holen mich um sechs Uhr dreißig hier wieder ab." Der Soldat wie-

derholte den Auftrag und meldete sich dann ab.
Als er das Gebäude verließ und die wuchtige Eingangstür mit einem heftigen Knall hinter ihm zugeschlagen war, öffnete Bob die Tür und betrat das spartanisch eingerichtete Zimmer. In einer Ecke stand ein Bett, daneben eine Art Kleiderschrank. Vor dem Fenster ein Schreibtisch. Neben der Tür ein kleines Waschbecken. Er zündete sich eine Zigarette an und öffnete dabei das Fenster. Nach einem kräftigen Zug blies er den Rauch in Richtung Fenster, der sofort durch die einströmende, frische Morgenluft verwirbelt wurde.
Für einen kurzen Augenblick beschlich ihn das Gefühl von Abgeschiedenheit, so als hätte man ihn abgeschoben und er müsste nun für eine unbestimmte Zeit in diesen vier Wänden bleiben. Das Geräusch eines vorbeifahrenden Autos brachte ihn wieder zurück in die Realität. Er beugte sich aus dem Fenster und schaute dem Wagen nach. Es handelte sich wohl um ein Fahrzeug der Wachmannschaft, das auf einer Kontrollfahrt war. Nach weiteren drei tiefen Zügen schnippte er den Rest der Zigarette ins Freie und schloss das Fenster. Ein Blick zur Armbanduhr zeigte ihm, dass er noch Zeit hatte, bis er abgeholt wurde. Diese Zeit wollte er nutzen, um eine Mütze Schlaf zu nehmen.

Kapitel 34

Es begann bereits langsam hell zu werden, als die beiden Männer in ihrem Wagen durch die Straße einer ruhigen Wohnsiedlung am Stadtrand von Bielefeld fuhren.
„Hier ist es“, sagte der Mann auf dem Beifahrersitz und deutete mit einer Kopfbewegung auf die an der Straße stehenden Häuser. „Bist du sicher?“, fragte der andere hinter dem Lenkrad und fuhr noch langsamer. „Ja, ich bin mir ganz sicher. Aber wenn du noch langsamer fährst, dann weiß bald jeder in dieser Straße, dass wir hier etwas ganz Bestimmtes suchen.“
„Na und!“, erwiderte der Fahrer, „Wir sind doch ganz offiziell hier, oder habe ich das falsch verstanden?“
„Wenn ich so darüber nachdenke, hast du recht“, kam es zurück. „Wir sind mit einem Fahrzeug der Army unterwegs und außerdem tragen wir noch Uniformen.“ Der Fahrer nickte und lächelte dabei. „Siehst du, nun hast du es auch kapiert.“
Nicht weit von dem Haus entfernt stellten sie den Wagen ab und gingen den Rest des Weges zu Fuß. „Du humpelst ja“, stellte der Kleinere der beiden fest. „Halb so schlimm, war ein Sturz mit einem Motorrad“, war die knappe Antwort. Über eine schmale Steintreppe, bei der mehrere Platten locker waren, erreichten sie die Eingangstür. „Wir sind richtig“, sagte der Kleinere, nachdem er den Namen auf dem Türschild gelesen hatte. Sie schauten sich noch einmal um. Es war ruhig in der Straße. Es schien, als würden alle noch in tiefen Träumen liegen. Die Straßenbeleuchtung war noch eingeschaltet und presste ihr Licht durch den morgendlichen Dunst. Ein kurzer, leichter Druck auf den Klingelknopf und ein heller Ton war hinter der Eingangstür zu hören.
Doch nichts regte sich im Haus. „Vielleicht ist ja niemand zu Hause“, sagte der Kleine, mit der gedrungenen Gestalt, „und wir sind umsonst hierher gefahren!“ Sie klingelten ein zweites und ein drittes Mal. Auch jetzt blieb alles still.
Es schien wirklich, als würde niemand zu Hause sein. „Das wird den Chef nicht freuen!“, sagte der Dünnere und fluchte auf Holländisch vor sich hin. „Dann warten wir besser im Auto“, meinte der andere

und ging bereits die Treppe hinunter. „Hey“, rief plötzlich der Lange. Langsam wurde die Tür geöffnet und ängstlich schaute der Kopf einer Frau durch den Spalt. „Ja, bitte“, fragte sie zögernd. Als sie aber den Mann in Uniform sah, trat sie langsam vor die Tür. Nur mit einem Morgenmantel bekleidet, stand die Frau vor dem Soldaten, der sich sofort als Kamerad und guter Freund von Major Rutherford vorstellte. „Ist etwas mit Dean passiert?“, fragte sie sofort besorgt. Inzwischen war auch der kleine Dicke wieder zurückgekommen. „Können wir das vielleicht auch im Haus besprechen?“, kam es ziemlich forsch über seine Lippen. Die Frau nickte und öffnete die Tür, ohne zu ahnen, wen sie jetzt ins Haus ließ.
Sie führte die beiden Männer ins Esszimmer, an dem das Wohnzimmer angrenzte, von dort konnte man eine kleine überdachte Terrasse erreichen. „Sie wohnen hier sehr schön“, begann der Lange das Gespräch und wanderte dabei seelenruhig durch den Raum. Dabei betrachtete er die vielen an der Wand hängenden Fotos. „Eine kleine Tochter haben Sie auch?“ Dabei schmunzelte er und musterte die Frau, die ängstlich mit den Händen den Ausschnitt des Morgenmantels zuhielt.
„Was ist mit meinem Mann?“ Trotz der Angst war in ihrer Stimme etwas Bestimmtes, etwas Kämpferisches. „Sie sagten, Sie seien Freunde von meinem Mann, Dean hat Sie aber nie erwähnt. Also, wer sind Sie und was wollen Sie?“
Die Situation drohte umzuschlagen. „Setzen Sie sich sofort hin“, befahl der Lange und deutete auf das Sofa an der Wand. „Tun Sie einfach das, was wir Ihnen sagen, dann geschieht Ihnen nichts. Außerdem, wo ist überhaupt Ihre kleine Tochter?“ Jetzt spürte die Frau, in welcher Gefahr sie und ihre Tochter waren und wollte mit einer schnellen Drehung den Raum verlassen. Dabei hatte sie nicht mehr auf den anderen geachtet. Der stellte ihr ein Bein und sie stolperte und landete unsanft auf dem Fußboden. Jammernd vor Schmerz oder auch vor Schreck richtete sie sich langsam wieder auf. Der Kleine griff ihren Oberarm und mit der anderen Hand fasste er in ihre langen, schwarzen Haare und zog ihren Kopf in den Nacken. „Es wäre besser für dich, wenn du das tust, was wir sagen.“ Dabei zerrte er sie durch den Raum und warf sie brutal auf die Couch. Einen Moment lang blieb sie liegen. Langsam richtete sie sich wieder auf, dabei

strich sie sich mit der Hand die Haare aus dem Gesicht. Sie lehnte sich zurück, sie nickte und schloss die Augen.
„O. k., was verlangen Sie von mir", fragte sie leise. Beide Männer rückten näher an sie heran. „Es wird gleich Ihr Telefon klingeln. Am anderen Ende wird Ihr Mann sein. Sie müssen ihm nur sagen, dass zwei Freunde bei Ihnen sind und dass es seiner Familie gut geht, solange er das macht, was man von ihm verlangt. Haben Sie das begriffen?"
Ohne ein Wort machte sie den Männern klar, dass sie verstanden hatte.
Der Lange zündete sich eine Zigarette an und stellte das Telefon so, dass die Frau schnell den Hörer abnehmen konnte. Eine zerreißende Stille trat ein. Regungslos saß die Frau auf dem Sofa.
Jetzt erst merkten die beiden Männer, wer vor ihnen saß. Eine Thai! Sie war so um die dreißig. Ihr schwarzes Haar war zerzaust und lag wild über ihren Schultern. Die Oberschenkel waren nicht mehr vom Morgenmantel bedeckt und die zarte, dunkle Haut kam zum Vorschein. Der Ausschnitt war verrutscht und ermöglichte einen Blick auf die kleinen Brüste. Ihre großen, dunklen Augen verfolgten jede Bewegung der beiden Männer. „Wo ist denn überhaupt Ihre kleine Tochter?", fragte der Dicke und schaute dabei lächelnd seinen Kollegen an. „Lassen Sie meine Tochter aus dem Spiel, sie hat Ihnen doch nichts getan. Wenn Sie was wollen, dann nehmen Sie mich."
Dabei zog sie den Morgenmantel etwas zurück und öffnete ihre Schenkel. Mit einer Hand fasste sie sich an die Brust. Der Dicke hatte bei dem Anblick und ihrem Verhalten bereits die Hose geöffnet und fuhr mit der Hand hinein. „Hey, hör auf damit", schimpfte der Lange, „merkst du denn nicht, dass sie damit nur von ihrer Tochter ablenken will."
„Nein, nein, nein", schrie sie plötzlich wie in Panik. In ihrem Gesicht und ihren großen, dunklen Augen sah man die Angst. Der Lange setzte sich neben sie auf die Couch und legte seinen Arm um ihre Schultern.
„Wie schon gesagt, wenn alles so läuft, wie wir es uns vorstellen, sind wir bald wieder verschwunden und keinem hier im Haus wird etwas geschehen." Er rutschte näher an sie heran und strich mit seiner Hand das Haar aus ihrem Gesicht.

Die Männer schauten sich einen Moment lang an und fingen an zu grinsen. „Ja, genau“, erwiderte der Dicke und schaute dabei gierig auf ihre Schenkel, „tue einfach das, was wir dir gesagt haben und du bist uns schnell wieder los.“ Die Frau vermied es, mit ihrem Gegenüber Blickkontakt aufzunehmen. Das runde Gesicht und die feuchte, unreine Haut waren ihr zuwider. Langsam nahm er seine Hand aus der Hose und setzte sich aufrecht in den Sessel. Er murmelte etwas und strich sich mit der Hand das fettige Haar aus der Stirn.

Währenddessen war der dünne Blonde noch näher an sie herangerückt. Sie spürte seinen Atem. Ein ekeliger, abscheulicher Geruch aus verdautem Essen, Tabak und Alkohol schlug ihr entgegen. Seine Hand streichelte ihre Wange und glitt langsam am Hals hinunter, bis sie an ihrer Brustwarze endete. „Siehst du“, hauchte der Blonde, „jetzt entspannst du dich, wir wollen es uns ein wenig bequem machen, nicht wahr?“ Bei jedem Atemzug drang das pfeifende Geräusch seiner Bronchien an ihre Ohren.

Ab jetzt war ihr klar, was diese beiden Typen vorhatten, auch wenn alles, wie sie sagten, nach Plan laufe. Sie wusste auch dass sie, oder wenigstens einer von ihnen, ihre Tochter sexuell missbrauchen würden. Wie konnte sie nur Ling warnen? Nein, sie wollte nicht darüber nachdenken, was geschehen würde, wenn … ja wenn! Dann zerriss das durchdringende Klingeln des Telefons die Szenerie.

Es kam so unerwartet, dass alle in dem Raum zusammenzuckten. Sie schauten gebannt auf das Telefon. Ein zweites Klingeln, ein drittes Klingeln. „Gehen Sie doch endlich ans Telefon!“, kommandierte der Lange und hatte schnell seine Hände von der Frau genommen, als hätte man ihn bei etwas Schlimmem ertappt. „Nun machen Sie schon“, wiederholte er aufgeregt.

Wie in Zeitlupe griff sie zum Hörer. Ein leichtes Klicken zeigte, dass die Verbindung hergestellt war. Es dauerte einen kleinen Moment. Sie machte einen langen und tiefen Atemzug, „bei Rutherford“, ihre Hände zitterten. Am anderen Ende hörte sie die Stimme ihres Mannes und bevor er etwas sagen konnte, fiel sie ihm ins Wort: „Oh Dean“, rief sie aufgeregt ins Telefon, „was passiert hier und was haben die beiden Männer bei uns zu suchen?“ Sie bekam aber keine Antwort mehr auf ihre Frage. Mit einer schnellen Handbewegung riss der Lange ihr den Hörer aus der Hand und schupste die Frau zur

Seite. „Sie wissen hoffentlich, was auf dem Spiel steht?“
Mit dieser Drohung beendete er das Telefongespräch. „Ihr Mann ist doch ein intelligenter Offizier, oder nicht? Wenn er das tut, was wir wollen, wird keinem etwas geschehen.“ Mit einem Mal sprang der kleine Dicke aus dem Sessel auf. „Mensch, die Tochter!“, rief er aufgeregt und deutete mit dem Daumen zur Decke. „Die Kleine hätte ich jetzt ganz und gar vergessen.“
Wie eine Furie sprang die Frau von der Couch auf, schubste mit einem lauten Schrei den Dicken zur Seite, der völlig überrascht wie ein Mehlsack zwischen die Stühle auf den Boden plumpste. „Du alte Fotze“, schrie er wutentbrannt. „Warte, wenn ich dich kriege, dann kannst du was erleben!“ Er rappelte sich ziemlich schwerfällig unter lautem Stöhnen wieder auf. „Lass sie nicht abhauen!“, schrie er den Langen an. Der hatte das Geschehene zu spät registriert. Aber auch er hatte ein Handicap. Vor ein paar Tagen hatte ihm eine Farmersfrau mit einem Revolver in den Fuß geschossen. Er konnte in dieser Nacht glücklich und unerkannt entkommen. Die Wunde hatte sich wieder entzündet und es waren höllische Schmerzen. Die Frau war zu flink und eine Verfolgung unter diesen Umständen leider unmöglich.
Sie hatten beide versagt. Sie waren geblendet von der Schönheit dieser Thai-Frau und deshalb einen Augenblick nicht bei der Sache gewesen. Aus dem Obergeschoss waren Schreie eines Kindes zu hören, das Zuschlagen von Türen und dann das laute Klirren einer Scheibe. Dann war es auf einmal still. Kurz darauf kam der kleine Dicke mit einer Waffe in der Hand die Treppe herunter. „So eine Scheiße“, fluchte er und setzte sich auf eine Treppenstufe. „Die sind über den Balkon auf das Nachbargrundstück entkommen“, hechelte er, noch völlig außer Atem. „Dabei muss sich aber jemand schwer verletzt haben, oben ist überall Blut. Und was jetzt?“, wollte er von dem Langen wissen. Der lehnte mit dem Rücken an der Wand und starrte vor sich auf den Boden.
Also, das hier war völlig aus dem Ruder gelaufen, ging es ihm durch den Kopf. Eigentlich sollten sie die Frau und das Kind als Geiseln behalten, bis sein Chef „Foxhound“ von diesem Major Rutherford erfahren hatte, wo sich die beiden Gesuchten aufhielten. Es war bis ins kleinste Detail geplant, es konnte nichts schiefgehen und jetzt das

… Er hatte seinen Chef schwer enttäuscht.
„Ich glaube, wir sollten von hier schleunigst verschwinden“, unterbrach der Dicke seine Gedanken. Er nickte und humpelte ohne ein Wort den Flur entlang. „Aber zuerst muss ich ‚Foxhound‘ über den Vorfall unterrichten.“ Auf einem kleinen Zettel, den er aus seiner Uniformtasche zog, war eine Rufnummer gekritzelt. Der Angerufene meldete sich mit Major Rutherford.
„Geben Sie mir den Offizier, der neben Ihnen steht“, forderte er den Mann am anderen Ende auf. Mit einem kurzen und knappen „ja“ meldete sich „Foxhound“.
„Hier ist „Frogfoot, Sir >der Reifen ist geplatzt<.“ Für einen kurzen Moment war es ruhig. Ein Klicken beendete das Gespräch. Gleichzeitig galt es als Alarmcode, wenn etwas schiefgelaufen war. Aber man hatte auch für diese Situation einen Notfallplan.
Anschließend verließen die beiden Gestalten das Haus der Rutherfords, als wäre hier nie etwas geschehen.

Kapitel 35

Die tiefhängenden, dichten Wolken verhinderten das Durchdringen der Sonnenstrahlen, als das Army-Fahrzeug vor dem großen Stabsgebäude stoppte. Der Offizier auf dem Rücksitz schloss seine Aktentasche, in die er den Revolver verstaut hatte. Dann öffnete der Fahrer die Tür. Seine Uniform zurechtrückend, schaute er dem Soldaten mit ernstem Blick in die Augen. Der nahm sofort Haltung an. Bevor Bob die Stufen zum Stabsgebäude betrat, schaute er auf seine Armbanduhr. Wenn alles nach Plan läuft, dachte er, mussten seine Leute das Haus der Rutherfords erreicht haben.
Dann hatte er das Portal des Gebäudes, das mit großen, runden Säulen den Eingang markierte, erreicht. Es herrschte bereits reges Treiben, als er in dem großen, einer Bahnhofshalle ähnelnden Saal stand. Lange Flure gingen nach rechts und links. Über eine breite Steintreppe gelangte man in die obere Etage. Er ging zu einem Militärpolizisten, der mit verschränkten Armen auf dem Rücken, breitbeinig wie ein Ringer, in der Mitte der Halle stand. „Wie kann ich bitte Major Rutherford finden?“ Der Angesprochene nahm, nachdem er den Dienstgrad erkannt hatte, sofort eine straffe Haltung an. Er erklärte ihm, dass Major Rutherfords Geschäftszimmer die Treppe hinauf, im ersten Stock zu finden sei. Freundlich, wie es sich für einen Offizier Ihrer Majestät gehört, bedankte sich Bob und marschierte gelassen die breite Treppe hinauf.
Major Rutherfords Arbeitszimmer lag am Ende des Flurs. Bob hielt einen Moment lang inne. Aus dem gegenüberliegenden Zimmer drang das Hämmern einer Schreibmaschine zu ihm auf den Flur. Nach dem Klopfen öffnete ein junger Soldat die Tür und Bob betrat den Raum. Außer dem Soldaten war niemand anwesend. Ohne seinen Namen und Dienstgrad zu nennen, machte er ihm klar, dass er umgehend den Major sprechen muss. Der Soldat nickte und ging zu einer Tür, an die er sachte anklopfte.
Als ein „ja“ aus dem Zimmer ertönte, öffnete er vorsichtig die Tür: „Hier ist ein Offizier, der Sie unbedingt sprechen will.“
Es vergingen ein paar Sekunden, dann stand ein großer, sportlicher Mann im Türrahmen. „Sie wollen mich sprechen!“, fragte er und

stellte sich mit Dienstgrad und Namen vor. Bob unterließ es, sich auch hier mit seinem Namen vorzustellen. „Ich hätte Sie gerne unter vier Augen gesprochen, Major Rutherford“, erwiderte Bob und dabei traf sein strenger Blick den etwas schüchtern wirkenden Soldaten, der neben dem Major stand. „Soll ich Ihnen vielleicht einen Tee holen, Sir?“, fragte er zaghaft.

„Ja, das ist eine gute Idee“, antwortete der Major. Als der Soldat das Zimmer verlassen hatte, bat der Major seinen Besucher, Platz zu nehmen. Bob setzte sich in einen massiven Ledersessel und betrachtete das auf altenglische Art eingerichtete Arbeitszimmer.

An einer Seite des Raumes überspannte eine Karte des norddeutschen Gebietes die gesamte Wandfläche. Überall waren kleine Fähnchen und taktische Zeichen von Truppen angebracht. Rote Pfeile verliefen wie die Arme eines Kraken von der DDR über die Zonengrenze, hinein in das Gebiet von Westdeutschland und weiter nach Holland. Die schwere Ledergarnitur gab dem Raum das Flair, als sei man auf einem adligen Anwesen in England.

Da saß er nun, der jugendlich wirkende Major Dean Rutherford hinter seinem alten Schreibtisch aus Kirschholz.

Hinter ihm an der Wand hing ein großes Gemälde, auf dem die Queen zu sehen war. „Was führt Sie denn nun zu mir?“, wollte der Major endlich von dem vor ihm stehenden Offizier wissen, der trotz seines Angebotes sich zu setzen, stehen geblieben war.

„Major Rutherford“, begann er. Seine Stimme war klar und hatte was Anklagendes. „Sie haben ein schwerwiegendes Problem.“ In diesem Moment klopfte es an die Tür. Beide Männer verharrten einen kurzen Augenblick. “Ja“, rief der Major. Die Tür wurde geöffnet und der Soldat brachte auf einem Tablett den Tee. „Stellen Sie alles dort auf den Tisch und machen Sie anschließend eine Pause.“

Schweigend beobachteten die beiden Offiziere den Soldaten, der langsam den Raum verließ. Bob vergewisserte sich noch einmal, indem er die Tür öffnete und nachschaute, ob der Soldat wirklich verschwunden war. „Also bitte, was soll ich denn für ein, wie Sie es nennen, schwerwiegendes Problem haben?“

„Major Rutherford, durch Sie ist es zwei gesuchten, hochkriminellen Personen gelungen, das britische Staatsgebiet zu verlassen. Außerdem wird den beiden Spionage und Hochverrat vorgeworfen.“ Sie

schauten sich an wie Pokerspieler, um den nächsten Zug des Gegners zu erahnen. „Zuerst einmal sagen Sie mir, wer Sie sind und wer Sie schickt.“ Der Major erhob sich dabei aus dem Sessel und baute sich hinter dem Schreibtisch auf, um vielleicht durch seine Körpergröße ein wenig Eindruck zu schaffen.
Bob, der wesentlich kleiner war, merkte sofort, dass er diesem Major durch seine Argumente nicht einschüchtern konnte. Er lief sogar Gefahr, dass die Situation umschlug und der Major, den er einfach unterschätzt hatte, gefestigter war, als er gedacht hatte, und ihn am Ende noch festsetzte. „Sie sollten jetzt besser gehen, oder ich rufe die Militärpolizei.“
Bob nickte und lächelte dabei. „O. k., Major Rutherford, wie Sie wollen.“ Er öffnete seine Aktentasche, zog einen Revolver mit Schalldämpfer hervor, richtete ihn auf den Kopf des Majors und spannte den Hahn. „Setzen Sie sich wieder hin!“, befahl er und deutete mit der Waffe auf den Sessel. Erschrocken von der plötzlichen Situation, setzte sich der Major wieder hin. „Sagen Sie mir doch endlich, warum Sie hier sind?“ Und zum ersten Mal sah Bob in ängstliche Augen.
„Halten Sie den Mund und tun Sie einfach das, was ich Ihnen sage, haben wir uns verstanden?“ Der Major nickte schweigend. Bob ging zu dem Tisch, auf dem der Soldat das Tablett mit dem Tee abgestellt hatte und füllte zwei Tassen. „Wie trinken Sie ihn?“ Er bekam keine Antwort. Er schüttete etwas Milch und drei Löffel Zucker in den Tee. Dann stellte er die Tasse auf den Schreibtisch. „Jetzt werden Sie sich fragen, woher ich weiß, wie Sie den Tee trinken? Nicht wahr? Wir wissen noch eine Menge mehr über Sie.“ Dabei schob er die Tasse in Richtung des Majors.
„Wer sind wir?“, wollte der Major wissen und schob die Tasse wieder zurück. „Das werde ich Ihnen zu einem späteren Zeitpunkt erklären“, dabei schaute er auf seine Armbanduhr. „In genau acht Minuten werden Sie Ihre Frau anrufen.“
„Was hat meine Familie mit dieser Sache zu tun?“, schrie der Major und sprang aus dem Sessel. Durch das plötzliche Aufstehen war er an den Schreibtisch gestoßen und durch den Ruck ergoss sich der Tee über dem Tisch. „Sie sollen sich wieder hinsetzen und ruhig bleiben. Wenn Sie das tun, was ich Ihnen sage, wird keinem etwas geschehen,

haben Sie verstanden?“ Der Major nickte. Sein Gesicht war ganz blass geworden. In den Augen war Angst zu erkennen. Ja, es war Angst, vielleicht auch Hilflosigkeit und Panik.
Jetzt hatte er wieder das Zepter in der Hand. Bob spürte einen Hauch von Genugtuung in sich aufsteigen. „So, die acht Minuten sind um, rufen Sie jetzt bei sich zu Hause an.“
Sofort griff der Major zum Hörer und drehte die Wahlscheibe. Bob konnte das Freizeichen in der Leitung hören. Es dauerte … Der Major wurde unruhig. Er strich sich mit der Hand durch die Haare.
Endlich knackte es und er vernahm die leise, unsicher wirkende Stimme seiner Frau. „Darling, hab keine Angst, es wird …“ er brachte den Satz nicht zu Ende, weil plötzlich eine Männerstimme mit einem holländischen Akzent, sich in das Gespräch einmischte und ihm klar machte, wie ernst die Lage war. Er wollte etwas sagen, kam aber nicht mehr dazu, denn der andere hatte das Gespräch beendet.
„O. k., was wollen Sie wissen?“, fragte der Major und legte behutsam den Hörer auf die Gabel. „Wie ich schon sagte, wenn Sie kooperieren, wird das hier für alle Beteiligten gut ausgehen. In welchem Ort halten sich die Gesuchten im Moment auf?“ Der Major zögerte kurz und schüttelte den Kopf.
„Ihnen ist ja wohl klar, dass ich Sie vor ein Kriegsgericht bringen kann. Wobei aber das Ihr geringeres Problem im Augenblick wäre.“ Er spürte, dass es hier um ein viel größeres Problem ging.
Ihm blieb keine andere Wahl, dem geheimnisvollen Offizier zu sagen, wo sich die beiden aufhielten, wollte er seine Familie nicht in Gefahr bringen. Eventuell gab es ja doch noch eine Möglichkeit, John und Lydia zu warnen.
„Also, Major Rutherford“, wurde er in seinen Überlegungen unterbrochen, „wo befinden sich Lydia und ihr Begleiter?“ Nachdem er tief Luft geholt hatte, stand der Major auf und ging langsam zu der großen Karte an der Wand. Es dauerte einen Augenblick, bis er mit dem Finger auf einen Punkt auf der Karte zeigte. „Genau hier halten sich die beiden auf.“
Bob stand ebenfalls auf und stellte sich, mit dem Revolver auf den Major gerichtet, vor die Karte. „Und weiter“, bohrte er weiter. „Es ist ein kleiner Gasthof mit dem Namen >Zur Windmühle<.“ Als er den Namen des Verstecks genannt hatte, fühlte er sich wie ein Verräter.

Er hatte soeben seinem besten Freund und dessen Kollegin womöglich ihr Todesurteil ausgesprochen.
„Ich hoffe für Sie und Ihre Familie, dass Sie mir den richtigen Ort genannt haben, sonst kann ich für nichts garantieren.“ Der Major nickte. „Sie können sich darauf verlassen, dass es der richtige Ort ist.“ Jetzt erst bemerkte er, dass sein Finger immer noch auf dem Punkt auf der Karte lag Bob zeigte mit dem Revolver in Richtung Schreibtisch und dass er sich wieder setzen soll.
„Wie soll es jetzt weitergehen?“, fragte der Major und nahm in seinem Sessel Platz. „Nun ja“, antwortete Bob und blickte wieder auf die Karte. „Als Erstes müssen wir klarstellen, ob sich die Gesuchten tatsächlich an dem besagten Ort aufhalten, dann sehen wir weiter.“ Bob schaute auf seine Uhr. Alles lief nach Plan, so wie er es sich vorgestellt hatte.
Wenn es der richtige Ort war, konnten sich seine Agenten sofort auf den Weg machen, um die beiden zu suchen und das Problem endlich aus der Welt zu schaffen.
Ja, so einfach war es auf einmal. Das was die englische Polizei über Tage mit einem Großaufgebot nicht erreicht hatte, lag nun zum Greifen nahe. Er brauchte nur den Hörer abzunehmen, die Nummer der Rutherfords zu wählen und Frogfoot informieren.
Dann riss das laute, schrille Klingeln des Diensttelefons des Majors Bob aus seinen Gedanken. Beide Männer blickten auf den schwarzen Apparat. Man hatte das Gefühl, jedes weitere Klingeln wurde um eine Stufe lauter. Bob ging näher an den Schreibtisch und richtete die Waffe auf den Major. „Denken Sie an Ihre Familie!“, dann nickte er und gab damit zu verstehen, dass er das Gespräch annehmen sollte. Der Major meldete sich und seine Stimme klang dieses Mal leiser als zuvor. Dann blickte er zu Bob: „Für Sie“, sagte er und hielt Bob den Hörer hin. Erstaunt und auf alles gefasst nahm Bob den Hörer.
„Ja“, meldete er sich knapp. Es war Frogfoot. Was der Holländer ihm aber jetzt über einen verschlüsselten Code mitteilte, hörte sich nicht besonders erfreulich an.
Es musste irgendetwas im Hause Rutherford vorgefallen sein, was den ursprünglichen Plan durchkreuzt hatte. Sofort beendete Bob das Telefonat, indem er den Hörer zurück auf die Gabel legte. „Was ist passiert?“, fragte der Major, der sofort merkte, dass etwas nicht

stimmte. „Ich will sofort meine Frau sprechen!“, fügte er hinzu und sprang aus dem Sessel. „Wenn meiner Frau etwas zustößt, werde ich Sie töten.“ Er stand zum Sprung bereit, seine Wangenmuskeln traten pulsierend hervor. „Setzen Sie sich sofort wieder hin, es ist alles unter Kontrolle“, erwiderte Bob. Der Major nahm langsam wieder Platz.

Er wusste genau, dass dieser Offizier vor ihm nicht davor zurückschreckte, ihn auf der Stelle zu erschießen.

Auch Bob bemerkte, dass die neue Situation für ihn zum Nachteil umschlagen konnte. „Kommen Sie“, forderte er den Major auf, „wir fahren zu Ihrer Familie.“ Völlig verblüfft von der aus heiterem Himmel veränderten Lage, stand der Major auf. „Wo steht Ihr Wagen?“, fragte Bob.

„Neben dem Stabsgebäude auf dem Parkplatz.“

„O. k., wir gehen jetzt zu Ihrem Fahrzeug, anschließend verlassen wir den Kasernenbereich und fahren zu dem Ort, an dem Ihre Frau und Ihre Tochter auf uns warten. Ich rate Ihnen, nichts zu unternehmen, was Ihrer Familie schaden könnte.“ Bob nahm seinen Mantel und legte ihn so über die auf den Major gerichtete Waffe, dass man von der Geiselnahme nichts mitbekam. Dann verließen sie das Zimmer. Bob ging leicht versetzt hinter dem Major. Sie hatten über die breite Steintreppe bereits die Vorhalle erreicht. Es waren nur noch wenige Schritte bis zur Eingangstür.

„Major Rutherford, Sir“, rief plötzlich jemand von hinten. Der Major wollte das Rufen ignorieren und ging weiter. „Bleiben Sie stehen“, befahl Bob und drehte sich dabei um.

Es war der junge Soldat aus dem Vorzimmer des Majors, der aufgeregt näherkam und sich vor den beiden Männern aufstellte. „Sir, Sie denken doch an das Treffen mit Colonel Baily?“ Die beiden Offiziere schauten sich einen Moment lang an. „Major Rutherford begleitet mich freundlicherweise noch zu meinem Wagen.“ Der Major nickte nur.

Ein zufriedenes Lächeln huschte über das blasse Gesicht des Soldaten, der daraufhin sofort auf dem Absatz kehrt machte und eilig die Treppe hinauflief. Bob beobachtete ihn so lange, bis er hinter einer Tür verschwunden war. Mit einer Kopfbewegung machte er klar, dass sie weitergehen sollten.

Bevor er das Gebäude verließ, schaute er sich ein letztes Mal um. Alles schien normal zu sein. Selbst der streng dreinschauende Militärpolizist salutierte freundlich.
Das war schon einmal geschafft, dachte Bob. Jetzt mussten sie nur noch, ohne aufzufallen. an der Torwache vorbei. Schnell hatten sie den Parkplatz erreicht. Ohne ein Wort startete der Major den Wagen und fuhr in Richtung Kasernentor. Es waren mehrere Fahrzeuge vor ihnen, die zum Teil von den Wachsoldaten durchsucht wurden. Dann waren sie dran. Bob spürte, wie sein Herze klopfte. Er drückte den Lauf der Waffe dem Major in die Hüfte. Nur hier hatte man die Möglichkeit, sie noch aufzuhalten. Dann kam einer der Wachsoldaten an den Wagen heran.
Plötzlich rief jemand aus dem Wachgebäude dem Soldaten etwas zu. Der ging sofort zu dem Schlagbaum, öffnete ihn und winkte den Wagen des Majors durch.
Am Fenster des Wachgebäudes stand winkenderweise ein Soldat, der den Wagen des Majors erkannt hatte. Daraufhin machte der Major ebenfalls eine Handbewegung und bedankte sich.
„Das ging ja schneller, als ich vermutet hatte“, sagte Bob und zog die Waffe zurück. „Wie geht es jetzt weiter?“, fragte der Major nach langer Zeit des Schweigens.
„Machen Sie sich darüber keine Gedanken, konzentrieren Sie sich auf das Fahren.“
Major Rutherford fiel auf, dass dieser Offizier sich hier in dieser Umgebung bestens auskannte. Schon nach kurzer Zeit hatten sie den Stadtbereich verlassen und die Fahrt ging über abgelegene Landstraßen in östliche Richtung.
Solange er nicht wusste, was mit seiner Frau und der Kleinen war, musste er alles über sich ergehen lassen. Er war diesem Mann völlig ausgeliefert.
Ein Gefühl, das er zuvor noch nie erlebt hatte. Sein Schicksal und das seiner Familie lag in den Händen dieses Mannes. Es kam ihm sogar der Gedanke, ob er irgendwie noch John und Lydia warnen konnte. Jedoch verwarf er diesen Gedanken schnell wieder. Es wäre im Moment ein riskantes Vorhaben ohne Aussicht auf Erfolg.
Je länger sie fuhren, desto mehr wich das Gefühl von Furcht in ein anderes Gefühl. Es breitete sich immer mehr Wut und Zorn aus. Ihm

fiel auf, dass er die Zähne aufeinander biss. Er durfte aber auf keinen Fall die Beherrschung verlieren.

In einem Antistresskurs hatte er gelernt, wie man sich schnell beruhigen konnte. >Konzentrieren sie sich auf ihre Atmung< hatte die Trainerin oft und immer wieder gesagt. Dann verliebte er sich über beide Ohren, in seine aus Thailand stammende Trainerin.

Bald darauf heirateten sie; die zierliche Dao, was so viel heißt wie „Stern“ und der Offizier der englischen Krone. Etwas später wurde Dao schwanger und schenkte ihm eine gesunde Tochter.

Ihr Leben verlief eigentlich harmonisch, bis heute. Mit einem Schlag hat sich alles verändert. Weil irgendwas nicht zusammenpasste und sie in das Räderwerk dunkler Machenschaften geraten sind, hing ihr Leben an einem seidenen Faden. Was für ihn aber unerträglich ist, war der Gedanke, dass Dao und seine kleine Tochter unschuldig in eine Sache hineingezogen wurden, die er im Grunde selbst in Gang gebracht hatte.

Wenn er jetzt mit hoher Geschwindigkeit gegen einen Straßenbaum fahren würde? Könnte er damit das Leben seiner Familie retten? Er würde es tun, er war jetzt bereit dazu.

„Hier müssen wir rechts abbiegen!“, zerriss die Stimme des Beifahrers seine Gedanken. Wie unter Trance verringerte er das Tempo und lenkte den Wagen in die abzweigende Straße. Da er schon stark die Geschwindigkeit verringert hatte, konnte er doch noch den Straßennamen erkennen: >Schlossstraße<. Kein einziges Fahrzeug kam ihnen auf der Fahrt entgegen. Nachdem sie ein größeres Waldgebiet durchfahren hatten, konnte man über Baumkronen hinweg Türme eines Schlosses erkennen.

Bob gab dem Major die Anweisung, die Zufahrt zum Schloss hinauf zu fahren. Sie überquerte eine kleine Brücke, da das Schloss von einem Wassergraben umgeben war und wie auf einer Insel stand. Ein mächtiges Eisentor versperrte die Weiterfahrt. „Lassen Sie den Motor laufen“, befahl Bob und blickte gebannt auf das Eisentor. Mit einem Mal öffneten sich wie von Geisterhand die schweren Torflügel. Das Quietschen der Scharniere war bis ins Innere des Wagens zu hören. Bob dirigierte den Major durch den Innenhof zum Portal. „Jetzt können Sie den Motor abstellen.“

Die eintretende Stille wurde nur durch das Quietschen des sich wie-

der schließenden Tores, unterbrochen.
Ein dunkler Wagen, mit getönten Scheiben, näherte sich von hinten und blieb in sicherem Abstand hinter ihrem Fahrzeug stehen. Drei in grünen Overalls gekleidete Gestalten stiegen aus dem Wagen und kamen langsam näher. Sie blieben neben dem Fahrzeug regungslos stehen. „Betrachten Sie es als Hausarrest", sagte Bob und stieg aus dem Wagen. Der Major wurde höflich gebeten, das Fahrzeug zu verlassen. Doch ließ die Situation nicht über den Ernst der Lage hinwegtäuschen. Alle drei waren schwer bewaffnet.
Das zeigte Major Rutherford wie angespannt, ja wie brisant der Stand der Dinge war. „Sie tun gut daran, mir keine Fragen zu stellen", empfahl Bob und betrachtete den Major von der Seite. Der daraufhin durch ein kurzes Nicken bestätigte, dass er verstanden hatte.

Kapitel 36

Ann genoss das heiße Bad, nachdem der Regen sie so durchnässt hatte. Das ätherische Öl im Badewasser sollte dafür sorgen, dass sie sich keine Erkältung zuzog, das sagte Ms. Davis. Sie bemutterte Ann regelrecht und irgendwie war es ein angenehmes Gefühl. Da war jemand, der sich um sie kümmerte. Hier fühlte sie sich im Moment sicher und geborgen.
Langsam kam der Körper zur Ruhe, sie schloss ihre müden Augen und nickte ein. Doch das Erlebte der zurückliegenden Stunden und Tage lief wie ein Stummfilm vor ihrem inneren Auge ab. Einmal erschrak sie sich und blickte mit aufgerissenen Augen zur Badezimmerdecke. Durch den heftigen Herzschlag erbebte ihr ganzer Körper. Wieder und wieder quälte sie die Frage, wie es denn nun weitergeht. Was war mit Bob? Und was ist mit Lydia, geht es ihr gut, oder …? Sofort verwarf sie den Gedanken, nein sie war sich sicher, dass Lydia nicht in Gefahr war. Sie kannte Gefahren und sie war nicht allein. Ein Kollege von der Polizei war bei ihr, das beruhigte sie ein wenig.
Nach dem wohltuenden Bad schlüpfte sie in einen flauschigen Bademantel, den Ms. Davis auf das Waschbecken gelegt hatte. In der Zwischenzeit hatte ihre Retterin eine kleine Mahlzeit für sie beide zubereitet. „Was haben Sie als Nächstes vor?“, fragte sie und schenkte ihnen ein Glas Rotwein ein. „Das ist eine gute Frage“, erwiderte Ann und dabei fiel ihr die Mappe ein, die Professor Olga Semjonow ihr anvertraut hatte.
„Ich müsste einmal die Unterlagen durcharbeiten“, dabei deutete sie auf die Tasche, die auf dem kleinen, runden Abstelltisch lag. „Kann ich Ihnen dabei eventuell behilflich sein?“, fragte sie und lächelte. „Vier Augen sehen doch mehr als zwei, oder?“ Ann nickte und lächelte zurück.
Das ist doch wirklich eine gute Idee von Ms. Davis, dachte sie und lehnte sich zufrieden in dem großen, altertümlichen Ledersessel zurück. Es dauerte nicht lange, bis ihr die Augen zufielen und sie in einen tiefen Schlaf versank.
Erst durch das laute Klopfen an der Haustür wurde Ann unsanft geweckt. Nachdem sie in den Tiefschlaf versunken war, hatte Ms. Da-

vis sie mit einer Wolldecke zugedeckt. Sie war noch in Gedanken versunken, als sich die Türklinke langsam nach unten bewegte. Voller Schreck zog sie die Decke übers Gesicht. „Ah, Sie sind ja doch wach geworden!“, sagte sie und entschuldigte sich sofort für das laute Klopfen an der Tür. „Es war nur der Milchmann“, beruhigte sie Ann. „Ich werde uns erst einmal ein kräftiges Frühstück zubereiten und danach werden wir uns an die Arbeit machen“, verkündete sie, bevor sie den Raum verließ. Der Gong der Standuhr hallte durchs Zimmer. Die Zeiger der Uhr standen auf halb zehn. Ann war völlig überrascht, dass sie trotz aller Ereignisse, wieder einschlief.
„Das Frühstück ist fertig!“, hörte sie die auffordernde Stimme aus der Küche. Das Frühstück von Ms. Davis war wie immer erstklassig. Wenn sie so zurückdachte, dann war es schon eine Weile her, dass sie an so einem liebevoll gedeckten Tisch gesessen hatte.
Inzwischen war es so warm geworden, dass beide Frauen es sich auf einer Holzbank im Schatten eines Kirschbaumes bequem gemacht hatten und mit der Arbeit begannen.
Bereits die ersten Seiten der Aufzeichnungen, die teilweise mit Fotos dokumentiert wurden, waren so erschütternd, dass beide sich immer wieder wortlos anschauten und den Kopf schüttelten. „Das ist ja unfassbar“, begann Ms. Davis auf einmal und nahm die Brille ab. „Jetzt brauche ich unbedingt etwas Hochprozentiges, Sie auch?“ Ann nickte zustimmend. „Dass es so schlimm wird, habe ich mir einfach nicht vorstellen können. Hier öffnen sich menschliche Abgründe.“
Ms. Davis kam mit einer Flasche Gin und zwei Gläsern zurück und stellte sie auf den Tisch. Es blieb nicht bei einem Glas. „Was mir große Angst macht, dass Ihr Mann Bob in dieser bösen Sache eine Schlüsselposition einnimmt“, sagte Ms. Davis.
Ann blickte nach oben in die Baumkronen, deren Blätter sich vom leichten Wind geräuschlos hin und her bewegten. Sie stand auf und ging in Gedanken versunken ein paar Schritte. Sie drehte sich um. „Stellen Sie sich einmal vor, dass dieser Mann, dessen Name nie mehr über meine Lippen kommt. Dieser Mann hat mich jahrelang betrogen. Dieses Monster eines Menschen wollte mich für immer aus dem Leben reißen.“ Tränen rannen über ihr Gesicht. „Wenn da nicht …“ sie verstummte. „Wenn da nicht Olga gewesen wäre“, sie bekam einen Heulkrampf. Ms. Davis sah sofort, dass Ann Hilfe brauchte.

Sie stand auf, ging zu ihr und umarmte sie. Dabei versuchte sie, Ann zu beruhigen. Es dauerte eine Weile, bis Ann sich etwas gefasst hatte.
„Stellen Sie sich vor, wenn da nicht Olga Semjonow gewesen wäre, hätte wohl niemand erfahren, auf welch erbärmliche Art und Weise Ann Robertson in einem schmutzigen Keller ihr Leben verlor. Anschließend hätte man mich, neben vielen anderen, in einem Erdloch verscharrt." Allmählich beruhigte sie sich und begann, wieder klar zu denken. „Sollten wir vielleicht mit diesen Unterlagen zur Polizei gehen?"
„Nein", antwortete Ann spontan auf diese Frage. „Selbst die Polizei ist in diese Sache involviert, wir können niemandem, aber auch niemandem trauen." Sie ging zurück zum Tisch. In der Zwischenzeit hatte Ms. Davis die Gläser wieder mit Gin gefüllt. „Und was sollen wir Ihrer Meinung nach jetzt unternehmen?"
Ann blätterte in den Akten. Ziemlich schnell überflog sie das Geschriebene. „Kann ich Ihnen helfen?"
„Nein, äh ja doch … es muss in der Akte irgendwo die Adresse einer Journalistin aus Dänemark oder Schweden geben."
Trotz intensiver Suche tauchte nirgendwo in den Seiten ein skandinavisch klingender Frauenname auf. „Vielleicht handelt es sich um keinen nordischen Namen", meinte Ms. Davis und lehnte sich etwas zurück, um ihre Nackenmuskeln ein wenig zu entspannen. „Ich bin mir ganz sicher, dass Olga mir gegenüber einmal den Namen erwähnte." Doch solch einen Namen fanden sie nicht.
„Wir sollten eine kleine Pause einlegen", schlug Ann vor, lehnte sich ebenfalls zurück und schloss die Augen. Nachdem Ms. Davis ihnen einen starken Kaffee gekocht hatte, machten sie sich wieder ans Werk.
Es sollte noch eine geraume Zeit vergehen, bis Ms. Davis die Brille abnahm und eines der Blätter auf denen Fotos aufgeklebt waren, zu Ann hinüberschob.
Ann blickte auf die Seite und schaute sie dann mit hochgezogenen Augenbrauen etwas ungläubig an. „Schauen Sie doch einmal unter das Foto mit dem kleinen Kreuz oben in der Ecke." Ann zog das Papier näher zu sich heran. Es war unglaublich. Das Foto war nur am oberen Rand auf dem Blatt festgeklebt, dadurch war es möglich, den

unteren Rand der Aufnahme anzuheben. Es war unfassbar. Mit einem Bleistift, kaum noch lesbar, stand dort geschrieben, wonach sie so fieberhaft gesucht hatten: >Emmelie Mortensen< darunter waren Zahlen zu erkennen. „Könnte sich eventuell um eine Telefonnummer handeln“, murmelte Ann. Ms. Davis stand auf und ging ins Haus. Kurz darauf war sie wieder da und hatte das Telefon mit einer langen Schnur in der Hand, welches sie direkt vor Ann auf den Tisch stellte. „Wählen Sie doch einfach die Nummer, vielleicht ist das der Anschluss dieser Frau Mortensen und sollten wir Glück haben, ist diese Dame unsere gesuchte Journalistin.“
Ann starrte auf das vor ihr stehende Telefon. Was wird der Anruf wohl bringen? Was geschieht weiter?
Für einen Moment wurde sie unsicher. Sie schaute zu Ms. Davis hinüber. Plötzlich sah sie vor ihrem geistigen Auge, undeutlich Gestalten im Nebel. Sie tauchten kurz auf und verschwanden wieder. Bei einer Gestalt sah sie Lydia und bei der anderen erkannte sie Olga. „Alles in Ordnung?“, vernahm sie die Stimme von Ms. Davis. Ann nickte etwas erschrocken. „Ja, alles o. k.“ Die Stimme von Olga klang ihr noch in den Ohren, die sie angefleht hatte, alles ans Licht zu bringen.
Die Öffentlichkeit musste einfach erfahren, was man Schlimmes mit Menschen machte, die anders denken. Ihr Tod durfte nicht umsonst gewesen sein und da war auch noch Lydia.
Entschlossen griff sie zum Hörer. Nach der Zahlenkombination musste es sich um eine Telefonnummer außerhalb von England handeln. Dann erklang ein Freizeichen. Ein kurzes Knacken und eine Verbindung wurde hergestellt. Nachdem Ann ihren Namen genannt hatte, fragte sie nach Emmelie Mortensen. Ms. Davis verfolgte aufmerksam, jedoch sichtlich nervös das Telefonat. Sie wurde noch aufgeregter, als Ann mit der flachen Hand die Sprechmuschel zuhielt und sie nach ihrer Rufnummer fragte. Ohne lange zu überlegen, spulte sie die Nummer herunter. Das war schon beachtlich, denn mit der Vorwahl von Groß-Britannien, war es immerhin eine vierzehnstellige Zahl. Gleich darauf war das Gespräch zu Ende und Ann legte den Hörer auf die Gabel. Dabei schaute sie mit ernster Miene zu Ms. Davis. Die traute sich nicht zu fragen, doch dann gab sie sich einen Ruck. „Und?“, begann sie zurückhaltend und mit ruhiger Stimme

ihre Frage. Ein kurzes Lächeln huschte über Anns Gesicht. Sie stand auf und ging auf der Terrasse hin und her. „Hinter der Telefonnummer verbirgt sich eine regionale Wochenzeitung, in einer kleinen dänischen Stadt mit dem Namen >Fredericia< und die weitere gute Nachricht: Es existiert eine Emmelie Mortensen, die bei der Zeitung als freie Journalistin arbeitet."

„Das ist ja eine gute Nachricht", sagte sie und füllte erneut die Gläser mit Gin.

„Sie haben aber mit dieser Dame nicht reden können, oder?"

„Leider nein, man sagte, sie sei zu einem Pressetermin unterwegs. Daraufhin habe ich Ihre Rufnummer hinterlegt, damit sie zurückrufen kann."

Ms. Davis verschwand im Haus, um etwas Gebäck und Tee zu holen. Nach einer Verschnaufpause setzten beide ihre Arbeit fort.

Ann machte sich einige Notizen, besonders dann, wenn sie einen bestimmten Namen las: Bob Robertson.

Sie war entschlossen, den Kampf aufzunehmen. Den Kampf David gegen Goliath. Ihr war bewusst, dass es sehr schwer werden würde. Vielleicht würde sie dabei sogar ihr Leben verlieren. Je mehr Schrecklichkeiten sie in den Aufzeichnungen von Olga erfuhr, desto größer und stärker wurde ihr Wille, dem im Augenblick noch unsichtbaren Gegner eine Niederlage zuzufügen. Doch dieses Ungeheuer, das spürte sie aus tiefster Seele, diese zu allem bereite Bestie, mochte sie noch so mächtig sein, unterliefen auch Pannen. Wer Fehler macht, der war auch verwundbar.

Plötzlich zerriss das schrille Klingeln des Telefons die wortlose Stille. Ann fasste sofort nach dem Hörer. „Bei Davis", ihre Stimme war laut und erregt. Es war eine Frau, ihre Stimme klang jung. Mit leichtem Akzent nannte sie ihren Namen: „Emmelie Mortensen."

Ann fühlte, wie ihr Herz in der Brust heftig zu schlagen begann. Ihre ersten Worte, nachdem sie ihren Namen genannt hatte, kamen etwas stotternd über ihre Lippen. Doch mit einem Mal hatte sie sich gefangen. Ihre Haltung straffte sich. Ihre Stimme wurde ruhiger. Sie musste vorsichtig sein, schoss es ihr durch den Kopf.

War die Frau am anderen Ende der Leitung wirklich Emmelie Mortensen? Oder gehörte die freundliche Stimme einem Menschen, der auf der falschen Seite steht?

Langsam und sachlich begann Ann über das Geschehene zu berichten. Sie legte dabei immer eine kleine Pause ein. Sollte die Journalisten eine Frage haben. Aber es blieb still in der Leitung. Das änderte sich schlagartig, als Ann den Namen Professor Olga Semjonow erwähnte.
„Wie geht es Olga?“, fragte sie sofort. Schweigen! Dann war ein leichtes Rauschen in der Leitung zu hören. „Hallo, sind Sie noch da?“
„Ja, ich bin noch da“, antwortete Ann und erzählte von den Vorkommnissen. Als sie jedoch erwähnte, dass Olga nicht mehr lebt, wurde das Gespräch abrupt unterbrochen. Überrascht blickte Ann auf den Hörer in ihrer Hand. „Hallo, hallo“, rief sie noch einmal in den Hörer hinein, doch niemand antwortete. Sprachlos legte sie den Hörer zurück auf die Gabel. Fassungslos schaute sie zu Ms. Davis, die ebenfalls ziemlich ratlos dreinblickte.
„Sie hat einfach aufgelegt!“, hauchte Ann, „einfach aufgelegt.“ Mit einem Schlag hatte sich die spürbare Begeisterung, die noch zuvor wie ein unsichtbarer Schleier in der Luft lag, einfach aufgelöst. Sie wählte nach einem Moment wieder die Nummer der Zeitungsredaktion. Nichts geschah! Auch weitere Versuche waren erfolglos. Die von ihr gewählte Nummer blieb durchgehend besetzt. Irgendwie war es unlogisch, einfach aufzulegen, dachte Ann. Je länger sie über das Telefonat nachdachte, desto mehr keimte in ihr der Gedanke auf, dass es der Frau ebenso ergehen müsste wie ihr.
Da ruft aus heiterem Himmel eine unbekannte Person an, erzählt irgendeine wilde Geschichte, bei der noch erwähnt wird, dass eine Bekannte zu Tode gekommen ist. Da wäre ich auch ganz bestimmt misstrauisch geworden
Sie setzte sich wieder an den Tisch, schaute auf das Telefon und hoffte, dass es endlich wieder klingelte.
Nach zwanzig Minuten war es so weit. „Miss Mortensen, sind Sie es?“, meldete sich Ann. Ohne zu bestätigen, dass sie es ist, stellte sie Ann eine Frage. „Wenn es wirklich Olgas Wunsch gewesen ist, dass Sie mit mir Kontakt aufnehmen“, für einen kurzen Moment schwieg sie, „dann hat Professor Semjonow Ihnen bestimmt eine Nachricht mitgegeben, oder?“
Jetzt fiel es Ann wie Schuppen von den Augen. Ja, Olga erwähnte es

immer wieder. Sie sprach davon, dass ich dieses Gedicht – es war von Alexander Puschkin >Die Schönheit vor dem Spiegel< unbedingt auswendig lernen müsse. Denn die Zeilen waren wie ein Code, ein besonderer Schlüssel, mit dem man wichtige Türen öffnen konnte, hinter denen sich entscheidende Informationen versteckten.
Es vergingen einige Sekunden. Ann hatte die Augen geschlossen, um sich zu konzentrieren. Dann sprudelte es aus ihr heraus, wie ein Schulkind, dass eine gute Note für das Gedicht bekommen wollte:

Sieh auf die Liebliche, wie sie vor ihrem Spiegel
das stolze Haupt mit frischen Blumen schmückt,
mit ihren Locken spielt und wie im treuen Spiegel
der Stolz, der schlaue Blick, das Lächeln ausgedrückt.

Es verstrichen Sekunden. Ann verspürte wieder das heftige Pochen ihres Herzschlages. Dann hörte sie die Stimme der Frau, die einen ernsten Tonfall in sich trug. „Ich werde mich wieder melden!“ Es knackte und das Gespräch war zu Ende.
Jetzt verstand Ann die Welt nicht mehr. Sie war gerade noch der Auffassung, sie habe Frau Mortensen von sich überzeugt. Enttäuscht ließ sie sich auf den Stuhl fallen.
Ms. Davis kam zu ihr und setzte sich neben sie. „Nicht den Kopf hängen lassen, es wird sich bestimmt zum Guten entwickeln.“ Sie nickte lächelnd. „Es ist immer ein Vorteil, wenn jemand positiv denkt!“ Sie sammelte alle Unterlagen, die auf dem Tisch verstreut lagen wieder zusammen und verstaute sie in der Mappe. Das Einzige, was ihr jetzt noch übrig blieb, war abzuwarten. Ob diese dänische Journalistin wirklich Interesse zeigte und wieder anruft!
Doch sie zeigte Interesse. Ann sortierte noch die losen Blätter, da klingelte erneut das Telefon. Diesmal nahm sie nur den Hörer auf, aber meldete sich nicht mit ihrem Namen.
„Ann sind Sie es?“, fragte die Stimme.
„Ja, ich bin es. Sind Sie denn auch Frau Mortensen, die Journalistin, die Olga in ihren Dokumenten erwähnt?“ Ann schwieg.
„Sie glauben mir nicht, richtig?“
„Wie sollte ich, wir telefonieren, Sie legen plötzlich und unerwartet auf, um sich dann später wieder zu melden. Was meinen Sie, sollte ich wohl davon halten?“

„O. k., sorry“, entschuldigte sich die Frau. „Ich hatte meine Gründe!“ Ann hörte ihr aufmerksam zu. „Also, das erste Telefonat führte ich aus der Redaktion und ich bin mir sicher, dass dort mitgehört wird. Deshalb habe ich das Gespräch beendet und rufe jetzt aus einer Telefonzelle an.“

Für Ann klang das alles ehrlich und nachvollziehbar, was sie zu hören bekam. „Was schlagen Sie vor, Ms. Mortensen, wie soll es jetzt weitergehen? Wenn es geht, sollten wir uns so schnell wie möglich treffen, was auch in Olgas Sinn gewesen wäre.“ Sie antwortete: „Es wäre besser, wenn wir uns hier in Dänemark treffen, das wäre nicht so auffällig, als wenn ich zu Ihnen reise.“

„Sie denken, dass ich hier in England nicht so auf dem Präsentierteller stehe wie Sie.“

„Genau das meine ich!“

„Gut, dann machen Sie einen Vorschlag wie wir beide zusammenkommen.“

Emmelie Mortensen schlug ihr vor, einen Flug zu finden, der sie in die Nähe von Fredericia bringt. Von dort würde sie dann abgeholt. Nach kurzer Überlegung stimmte Ann dem Vorschlag zu. Als sie den Hörer aufgelegt hatte, schaute sie zu Ms. Davis hinüber. „Sehen Sie, ich wusste, dass alles gut wird!“ Sie lächelte.

Es waren gerade fünfzehn Minuten vergangen, als das Telefon erneut klingelte. Schnell war Ann am Apparat und notierte die Flugdaten, die die Journalistin ihr durchgab. Dann wünschte sie Ann eine gute Reise.

Kapitel 37

Es war nun doch alles ganz anders gekommen, als er sich es gedacht hatte. Sein eigentlicher Plan, die Frau und die Tochter des Majors als Geisel zu nehmen, um ihn unter Druck zu setzen, war gescheitert.
Nach Aussage von „Frogfoot“ war alles schiefgelaufen. Was da in der Wohnung der Rutherfords letztendlich geschehen war, darüber konnte er nur spekulieren. Fakt war aber, dass er sofort handeln musste. Im Moment war es von großer Wichtigkeit, dass dieser Major nicht merken durfte, dass es ein Problem gab.
Eigentlich sollten seine zwei Agenten, nachdem sie Frau und Tochter unter dem Vorwand eines Unfalls aus ihrem Haus gelockt hatten, in ein nicht weit entfernt gelegenes Jagdschloss bringen. Er kannte den Besitzer von mehreren Veranstaltungen. Ein vornehmer Mann, von altem deutschem Adelsgeschlecht, der ebenfalls der Organisation angehörte. Denn in einem ausgedehnten Waldgebiet hier und dem ziemlich abgelegenen Schloss sollten die beiden so lange festgehalten werden, bis alles erledigt war. Dann wollte er weitersehen. Anstatt der Frau und Tochter war aber nun Major Rutherford als Gefangener in dem Schloss.
Die Männer in den Overalls legten dem Major Handschellen an, sie brachten ihn in eines der Nebengebäude, die wie ein Schutzring um das eigentliche Hauptgebäude, gebaut waren.
Einer der drei ließ den Wagen des Majors in einer angrenzenden Scheune verschwinden.
Vom Portal kam eine Frau auf Bob zu. „Hallo Bob, willkommen im Schloss-Hotel“, sagte die hochgewachsene Frau mit angenehm freundlicher Stimme. Sie war auch in einem eng anliegenden Overall gekleidet, dessen Ausschnitt sehr weit geöffnet war. Man konnte ahnen, was der Overall noch so alles verbarg.
Das noch jugendliche Gesicht wirkte durch die zu einem dicken Zopf zusammengebundenen blonden Haare sehr streng und gab ihr einen ernsten Ausdruck. „Diana“, sagte Bob und schaute dabei in ihre blauen Augen. „Du siehst wie immer bezaubernd aus, meine Liebe.“
Sie umarmten sich und gaben sich einen Kuss auf die Wange. „Wie lange ist es her, dass du das letzte Mal bei uns im Schloss gewesen

bist?“ Er überlegte einen Augenblick. „Wenn ich mich recht erinnere, war es wohl vor zwei Jahren.“
Ja, sie kannten sich. Diana, so nannte man die Göttin der Jagd. Als er sie vor sechs Jahren hier im Schloss zum ersten Mal kennenlernte, geschah das, was bei dem größten Teil der Männer stattfindet. Er wollte sie haben, er musste sie unbedingt verführen. Doch Diana, diese tolle Frau, sie machte sich nichts aus Männern. Sie waren ihr schlicht und ergreifend egal. Er hatte nie herausgefunden, wie ihr Nachname war und woher sie stammte.
Doch in einer Nacht, es war im Dezember, da zeigte sie ihr wahres Gesicht. Es schneite, als sie mit ein paar Leuten eine Nachtbar verließen. Alle hatten reichlich Alkohol zu sich genommen. Nur nicht Diana, was sich aber erst später herausstellte! Auf der Fahrt zurück zum Schloss wurde der Wagen von einer Polizeistreife gestoppt. Nachdem der Beamte starken Alkoholgeruch im Wagen festgestellt hatte, forderte er alle Insassen auf, auszusteigen. Diana, die neben dem Fahrer saß, bot dem Polizisten Geld an, dass er die Sache vergessen und sie einfach weiterfahren lässt. Daraufhin wurde der Beamte lauter und unfreundlicher. Die Situation drohte zu eskalieren.
Plötzlich hatte Diana eine Waffe mit Schalldämpfer in der Hand und zielt auf den Beamten. Alle dachten im Moment, es handelt sich um einen Scherz. Doch nach einem kurzen, dumpfen „Plopp“ zuckte der Kopf des Polizisten nach hinten und sein lebloser Körper sank langsam in den weichen Schnee. Dann ging Diana zu dem wartenden Polizeiwagen.
Sie öffnete die Tür und erschoss auch den zweiten Beamten. „Fahr endlich los, du Idiot“, schnauzte sie den Fahrer an, als sie im Wagen wieder Platz genommen hatte.
Diana, ja sie ist die rechte Hand des Barons. Sie ist gefühllos, unberechenbar und eine eiskalte Killerin. „Komm, ich bringe dich auf dein Zimmer, da kannst du dich noch ein wenig ausruhen und dich frischmachen. Es ist noch genügend Zeit, bis der Baron dich empfängt.“
Nachdem die schöne Diana ihn zu seinem Zimmer begleitet hatte, entschloss er sich, doch ein wenig auszuruhen. Tatsächlich war er wohl tief eingeschlafen. Durch das Quietschen des Eisentores wurde er wach und stolperte in Richtung Fenster. Von hier aus konnte er

direkt auf das Hoftor blicken. Ein Army Jeep wurde hereingefahren und durch das Wachpersonal zu einem Nebengebäude geleitet. Zwei Männer in Uniform stiegen aus.
Einen der beiden erkannte er sofort, diese dürre, große Gestalt des Holländers war unübersehbar. Dann sah er auch den anderen, der um den Wagen herumkam.
Den kleinen Dicken, dessen Namen er bis heute immer noch nicht wusste. Den Frogfoot jedoch als einen guten Ersatz für den getöteten Tom ansah.
Es war bereits später Nachmittag, als er mit dem Baron zusammentraf.
Zuvor konnte er sich mit seinen beiden Agenten noch über die misslungene Operation im Hause Rutherford unterhalten. Bob bekam einen Tobsuchtsanfall, als er hörte, was geschehen war. „Ich bin davon ausgegangen, dass ihr die Frau und das Kind getötet habt. Jetzt höre ich, dass die beiden entkommen sind. Ist Ihnen bewusst, dass Sie mit Ihrem Versagen das gesamte Unternehmen gefährdet haben!“
Ohne ein weiteres Wort ließ er sie stehen; sie standen wie gescholtene Schuljungen mit gesenktem Kopf im Zimmer. Langsam ging er zu der geöffneten Balkontür und blickte in den Schlosshof hinunter. Ein Moment der Stille trat ein, dann drehte sich Bob zu den beiden um, die sich nicht getraut hatten, ihre Position zu verändern.
„Verschwinden Sie jetzt“, seine Stimme klang wieder gefasster. „Ich werde Sie zu einem späteren Zeitpunkt in Kenntnis setzen, wie wir weiter vorgehen.“ Schweigend verließen sie das Zimmer.
Nachdem Bob im Beisein von Diana dem Baron die desaströse Situation geschildert hatte und allen klar wurde, wie brisant die Lage war, bot der Baron ihm jegliche Unterstützung an.
„Versuchen Sie noch so viele Informationen wie möglich aus dem Major herauszubekommen.“ Er wanderte dabei durch sein Arbeitszimmer. „Eines sollte Ihnen dabei aber klar sein, dieser Major muss anschließend von der Bildfläche verschwinden. Am besten, Sie lassen es wie einen Unfall oder Selbstmord aussehen. Diana wird Sie dabei, so gut es geht, unterstützen, nicht wahr, meine Liebe?“
Er blickte mit einem Lächeln zu ihr herüber, die mit verschränkten Armen, lässig am Kaminsims lehnte. „Es wird mir eine große Freude

sein“, kam es postwendend zurück. Sie unterhielten sich noch bei einem guten Glas Cognac und einer Zigarre über dies und das. Über die politische Lage und was verändert werden musste.
Etwas später informierte Bob seine beiden Agenten über den Aufenthaltsort von Lydia und John. Der Baron stellte ihnen hierfür ein spezielles Fahrzeug zur Verfügung. Ebenfalls anwesend bei diesem Gespräch war Diana, die schweigsam auf einem Stuhl in der Ecke Platz genommen hatte und der Unterhaltung aufmerksam zuhörte.
Mit den mahnenden Worten: „Es darf Ihnen jetzt kein Fehler mehr unterlaufen“, beendete Bob das Treffen. Er blickte ihnen noch so lange nach, bis sie das Schlossgelände verlassen hatten.
Für die Fahrstrecke bis zu dem Landgasthof benötigten sie eine gute Stunde. Dabei schaute Bob auf seine Armbanduhr. Es war achtzehn Uhr.
Er nutzte die Zeit bis zum Abendessen mit dem Baron und Diana für einen kurzen Abstecher zu Major Rutherford. „Wie geht es meiner Familie?“, fragte er aufgeregt.
„Es sieht gut aus!“, antwortete Bob. „Nach Stand der Dinge werden Sie voraussichtlich morgen wieder bei Ihrer Frau und Tochter sein.“
„Was heißt voraussichtlich?“
„Nun ja, gibt es da vielleicht noch etwas, was Sie mir sagen wollen?“
Major Rutherford, der auf einem alten Bettgestell saß, mit dem Rücken an der Wand, wurde nervös. Er fuhr sich mit der Hand durch die Haare.
„Vielleicht ist es für Sie ja wichtig, mit welchem Fahrzeug die beiden unterwegs sind?“
„Ja, durchaus!“
„Sie fahren einen VW-Bus.“
„Das ist gut, das ist sehr gut“, murmelte Bob leise vor sich hin. Ich werde morgen früh wieder nach Ihnen sehen, vielleicht ist Ihnen bis dahin noch etwas eingefallen.“ Bevor er den Raum verließ, drehte er sich noch einmal um. „Sie sollten sich vorher noch etwas frischmachen, es riecht hier streng.“ Dann fiel die Tür mit lautem Knall ins Schloss. Das anschließende laute, metallene Geräusch zeigte an, dass die Wachen die Tür verriegelt hatten. Jeglicher Gedanke an einen Ausbruch war hiermit überflüssig geworden.
Am Abend tauschte Bob mit seinen Agenten noch ein wichtiges

Funkgespräch mit neuen Informationen aus. Für ihn von höchster Wichtigkeit war, dass man die Gesuchten gefunden hatte.
Im Raucherzimmer des Barons wurde noch bis weit nach Mitternacht diskutiert. Diana hatte sich bereits etwas früher verabschiedet und war zu Bett gegangen.
„Und, wie hast du geschlafen?", fragte Diana, die bereits ihren morgendlichen Waldlauf hinter sich hatte. Sie füllte sich am Frühstückstisch ein Glas Orangensaft ein. „Ausgezeichnet, danke der Nachfrage", antwortete Bob und schnitt sich dabei ein Brötchen auf. „Was war denn der Auslöser für den guten Schlaf?"
„Nun ja, es waren zwei. Zum einen, dass wir die Gesuchten endlich gefunden haben und zum anderen, mit welchem Fahrzeug sie unterwegs sind." Er zeigte ihr auf einer Karte die Stelle, wo sich dieser Gasthof befindet, in dem sie untergetaucht sind. „Sie stehen ab jetzt unter ständiger Beobachtung. Jeden Schritt, den sie machen, können wir sehen."
Er nahm einen Schluck Kaffee. „Wir haben einen Peilsender an ihrem VW-Bus angebracht." Nachdem er die Tasse abgestellt und sich mit einer Serviette den Mund abgetupft hatte, lehnte er sich zufrieden zurück. Ein breites Grinsen verzerrte sein Gesicht. „Wir müssen jetzt nur noch auf den richtigen Augenblick warten, um zuzuschlagen und die Sache endgültig zu Ende zu bringen." „Das ist ja wirklich eine gute Nachricht", sagte Diana und trank das zweite Glas Saft.
„Wann sollen wir das mit diesem Major Rutherford erledigen?" Bob räusperte sich.
„Ich hatte heute Morgen so eine gute Idee", er überlegte einen Moment. „Wie sieht die Idee aus?" Ein unterdrücktes und trotzdem noch hörbares Rülpsen begleitete ihre Frage. Sichtlich erschrocken schaute Bob ungläubig zu Diana. „Oh, Verzeihung, tut mir leid!"
„Nun, ich dachte mir, dass der Major in meinem Beisein in dem Gasthof einmal persönlich anrufen sollte. Er sollte sich nach dem Stand der Dinge erkundigen und ob sie vielleicht etwas benötigen."
Mit hochgezogenen Augenbrauen und hinter dem Kopf verschränkten Armen schaute er zu Diana und musterte sie in ihrem roten Sportanzug. Sie schenkte sich ein drittes Glas Saft ein. „Würde das nicht etwas auffällig wirken, wenn dieser Major bei denen auf einmal telefonisch anklopft? Oder wie siehst du das?"

„Ja, du hast recht“, sagte er und schaute dabei aus dem Fenster. „Es müsste einen plausiblen Grund für das Telefonat geben!“
„Den Grund, den haben wir!“, seine Stimme klang mit einem Mal hell und selbstsicher. „Die Gesuchten wissen bis jetzt nicht das, was wir von ihnen wissen.“
Diana nickte zustimmend und ging sofort zum Telefon, sie wählte eine zweistellige Nummer. Es dauerte einen kurzen Moment.
„Bringen Sie den Major in dreißig Minuten in das Arbeitszimmer.“
In der Zwischenzeit hatte Diana sich umgezogen und stand gestiefelt und gespornt wieder im Arbeitszimmer. Sie erwartete voller Spannung den Major. Bald darauf klopfte es an der Tür. Schnellen Schrittes ging Diana zur Tür und öffnete diese ganz behutsam, als würde sie mit einer besonderen Überraschung rechnen.
Dann brachten zwei Männer mit Sonnenbrillen den in Handschellen gelegten Major Rutherford herein. „Nehmen Sie dem Mann die Handschellen ab“, befahl Bob einem der Bewacher. Der daraufhin den Major sofort von den Handschellen befreite. „Nehmen Sie Platz!“, sagte Bob und zeigte auf einen der Ledersessel. Kraftlos, fast apathisch setzte sich der Major. Er schaute mit großen Augen fast erwartungsvoll auf Bob.
„Es sieht bisher sehr gut aus“, begann Bob das Gespräch. “Bevor wir Sie zu Ihrer Familie bringen lassen, haben Sie eine letzte Aufgabe zu erfüllen.“ Dabei ging er zu dem kleinen Tischchen, auf dem das Hochprozentige stand. Er füllte ein Glas mit Whisky und reichte es dem Major. „Das ist doch die Marke, die Sie so gern trinken, habe ich recht?“
Wie in Zeitlupe ergriff der Major das Glas mit beiden Händen und leerte es in einem Zug. Mit zittrigen Händen hielt er es vor der Brust.
„Lecker, nicht wahr, Herr Major?“, sagte Bob mit einem breiten, abfälligen Grinsen auf dem Gesicht.
Er nahm ihm das Glas aus den Händen und stellte es auf den Schreibtisch. „Erst müssen wir ein Telefonat führen, dann gibt es die Belohnung.“
Bob stellte den Telefonapparat so, dass der Major den Hörer problemlos in der Hand halten konnte. Bevor Bob die Nummer wählte, machte er ihn noch einmal darauf aufmerksam.
„Denken Sie an Ihre Familie. Das Gespräch ist von großer Bedeu-

tung!“ Auf einem Zettel hatte Bob wichtige Fragen notiert, die er seinem Freund John stellen sollte.
„Sind Sie bereit?“ Es dauerte einen Moment, bis der Major nickte. Dann wählte Bob die Nummer des Gasthauses. Das Telefon war so eingestellt, dass alle Anwesenden im Raum mithören konnten, was gesprochen wurde. Der Ton des Freizeichens schallte durch das Zimmer. Gespannt blickten alle auf den Major, der sich zitternd den Hörer ans Ohr hielt. Eine Frauenstimme beendete den Ton des Freizeichens. Die Wirtin des Gasthauses übergab den Hörer an John. Wo John war, da war Lydia bestimmt nicht weit entfernt.
Alle hörten aufmerksam zu. Das Telefongespräch brachte Bob keine neuen Erkenntnisse und er wollte die beiden schon trennen. Plötzlich wurde über eine Akte gesprochen, die mit dem zurückliegenden Fall zu tun hatte. Sofort wurde er hellhörig und schaute erschrocken zu Diana hinüber. Diese Akte konnte alles zunichte machen, sollte sie in die falschen Hände geraten. Durch hektische Handzeichen versuchte er, dem Major klarzumachen, dass er herausfinden sollte, wo sich diese so bedeutsame Akte im Augenblick befindet. Sie brauchten nicht lange zu warten, da fiel der Name eines Ortes.
Jetzt war es an der Zeit, das Gespräch zu beenden. Der Major machte alles genau so, wie sie es besprochen hatten. „Das war gute Arbeit, mein Lieber!“, sagte Bob. „Jetzt haben Sie sich Ihren Whisky verdient.“ Er schenkte ein neues Glas voll. Er gab dem Wachpersonal ein Zeichen und als Dean sein Glas geleert hatte, brachten sie ihn zurück in seine Zelle.
Der noch vor nicht allzu langer Zeit so stattlich wirkende Offizier verließ als gebrochener Mann schweigend mit gesenktem Kopf den Raum.
Bob wusste, dass das die Drogen bewirkten, die man ihm heimlich mit dem Trinkwasser verabreicht hatte. Um alles Weitere sollte sich Diana kümmern. Damit war das Schicksal von Major Dean Rutherford endgültig besiegelt.
Es beunruhigte Bob sehr, dass plötzlich, wie aus dem Nichts, eine Akte aufgetaucht war, die dieser Sache, die viele Jahre zurücklag, eine entscheidende Wende geben konnte. Den Vorteil, den er hatte, war, dass er wusste, wo sich diese Akte befindet. In einer kleinen Polizeistation in einem Ort namens „Polle“. Ihm war bewusst, dass

diese Akte keinesfalls in die Hände von Lydia kommen durfte.
Mit den Worten: „Dann werde ich mich mal um den Major kümmern!“, verließ Diana den Raum. Bob schenkte sich ein Glas Whisky ein, zündete sich eine Zigarette an und ging in Richtung Balkon. Er schaute auf den Hof, trank und rauchte. Auch das Problem werde ich lösen. Als er die Zigarette nach wenigen tiefen Zügen im Aschenbecher ausdrückte, hatte er seinen Plan gefasst. Nachdem er sein Glas geleert hatte, ging er sofort zum Funkgerät. Er musste nicht lange warten, bis sich der Holländer über Funk meldete.
Ruhig erklärte Bob ihm seinen Plan. Es waren noch ein paar Einzelheiten zu klären. Dann beendete er das Funkgespräch.
Der Plan an sich hatte schon etwas Wagemutiges, ja Brisantes. Er musste jedenfalls alles auf eine Karte setzen. Die Situation war einfach zu brenzlig. Er konnte auf niemanden Rücksicht nehmen. Sein Vorhaben war gut vorbereitet. Diana hielt ihm mit dem Verschwinden des Majors den Rücken frei. Er konnte sich jetzt voll auf Lydia und ihren Begleiter konzentrieren.
Ja, er hatte diesmal ein gutes Gefühl, er war sich sicher, dass die Sache bald ein Ende haben würde. Nach einem letzten Blick in das mit feinen Rauchschwaden durchzogene Zimmer machte er sich auf den Weg.
Die schwere Standuhr im Arbeitszimmer des Schlosses, mit ihren dumpfen, tiefen Schlägen, die langsam wie Gewitterrollen verstummten, erinnerten die Anwesenden, dass es bereits Mitternacht war. Diana erhob sich aus dem Sessel und ging zum Telefon. „Bringen Sie den Major zum Wagen“, war ihre knappe Anweisung. Sie blickte zum Baron, der wortlos nickte, dann verließ sie das Zimmer. Als sie den Schlosshof erreichte, hatte die Wachmannschaft bereits alles vorbereitet. Der Major lag betäubt von Drogen und Alkohol im Kofferraum seines Wagens, den einer der Wachen fuhr. Zwei andere Fahrzeuge begleiteten den Wagen. Im langsamen Tempo verließ der mysteriöse Konvoi das Schloss und verschwand in der Dunkelheit.
Feuchtigkeit stieg aus den Wiesen empor und hüllte die Umgebung in einen dichter werdenden Nebelschleier. „Wir sind gleich da“, sagte Diana zum Fahrer.
Er lenkte das Fahrzeug sofort an den Straßenrand. Sie waren den anderen vorausgefahren, um den ausgesuchten Ort in Augenschein

zu nehmen. Das Licht einer Straßenlaterne beleuchtete nur schwach den im Dunklen liegenden Bahnübergang. Kein Laut war zu hören. Im nahegelegenen Wald knackte es.
„Das ist nur aufgescheuchtes Wild“, meinte Dianas Begleiter und zog wie ein Macho an seiner Zigarette. Dann sahen sie die Scheinwerfer der herannahenden Fahrzeuge, wie sie sich durch den dichter werdenden Nebel kämpften.
Ihr Begleiter ging den Fahrzeugen entgegen und schwenkte eine Taschenlampe mit rotem Licht. Dies war für die anderen das Signal. Auch sie hatten die abgesprochene Position erreicht.
Als die Motoren abgestellt wurden, trat wieder diese beklemmende, geheimnisvolle Stille ein. „Das ist ja hier wie auf einem Friedhof!“, gab einer der Männer von sich. „Das wird einer!“, antwortete Diana und schaute dabei ungeduldig auf ihre Armbanduhr.
Es blieb noch etwas Zeit bis zum Eintreffen des Nachtexpress von Hamburg nach Wien. Die Stelle war ganz bewusst ausgewählt worden. Der Bahnübergang lag sehr ländlich und weitab von bewohntem Gebiet. Ein weiterer Vorteil war, dass auf der schmalen Landstraße um diese Uhrzeit kaum Fahrzeuge fuhren. Diana gab den Männern ein Handzeichen, die daraufhin den Wagen des Majors näher an den Übergang heranfuhren. Zwei andere öffneten die Klappe des Kofferraumes und hatten sichtbar große Mühe, den Bewusstlosen herauszubekommen. Sie zogen ihn über den unebenen Asphalt, wobei er einen seiner Schuhe verlor.
Anschließend setzten sie ihn so hinter das Lenkrad, als wolle er, sobald er wieder zu sich gekommen ist, mit seinem Auto hier fortfahren. Hinter den Wagen des Majors stellten sie einen schweren Geländewagen in Position. Der Fahrer fuhr den Wagen fast im Schritttempo näher heran, bis er das vor ihm stehende Auto mit der Stoßstange berührte. Unruhig spielte der Mann mit dem Gaspedal. Mit einem kurzen Pfiff und der dazu verständlichen Geste forderte Diana den Mann am Steuer auf, den Unsinn zu unterlassen. Er musste sich nicht mehr lange gedulden.
Kurz darauf bekam er das Zeichen, dass der Zug sich näherte. Das Rauschen des herandonnernden Zuges schwoll rasch an.
Jetzt war der Moment gekommen, dass der Mann im Geländewagen das Gaspedal voll zu Boden trat.

Mit durchdrehenden Antriebsrädern und enormer Wucht wurde der Wagen des Majors durch die geschlossene Schranke auf die Gleise geschoben. Unverzüglich setzte der Fahrer den Geländewagen wieder zurück. Es waren nur noch Sekunden, dann krachte die Lok in den Wagen. Ein kurzer, durch Mark und Bein gehender Aufprall, Scheiben splitterten. Unzählige scharfe Glassplitter flogen wie Geschosse umher.
Die Luft war erfüllt von den knirschenden Geräuschen verformten Metalls und dem lauten, nicht enden wollenden Quietschen der Zugbremsen, die nach einer gefühlten Ewigkeit das schwere Ungetüm zum Stehen brachten. Die Geschwindigkeit, mit der sich die Lok in das Auto gebohrt hatte, war fürchterlich. Major Rutherfords Körper wurde regelrecht zermalmt. Schlagartig war sein Leben ausgelöscht. Jedoch hatte er von alledem nichts mitbekommen. Er war mit dem Gedanken, bald seine Familie wieder zu sehen, in die Bewusstlosigkeit gefallen.
Später, wenn sein zerschundener Körper geborgen wurde, wird man einen Abschiedsbrief im Fahrzeug finden. In diesem Brief gibt er zu, mit der Situation als Offizier nicht mehr fertig geworden zu sein. Sodass es für ihn nur noch diesen Ausweg gab. Gleich neben dem Brief fand man eine Münze mit einem Windhund-Symbol in dem zertrümmerten Wrack.
„Gute Arbeit, Jungs“, hörte man die Stimme von Diana über das Walkie-Talkie. Ohne die Scheinwerfer einzuschalten, fuhren sie die Fahrzeuge zurück, drehten und verschwanden in der
Dunkelheit.

Kapitel 38

Lydia und John schauten sich erstaunt an. „Wer in aller Welt ruft uns hier am Ende der Welt an?“ John zeigte mit dem Finger auf Lydia. Die Wirtin hatte die Gardine zur Seite geschoben und verneinte, dabei zeigte sie auf John. John ließ die Zigarette zu Boden fallen und eilte ins Haus.

„Hallo, wer ist denn dort?“ Sofort erkannte John die Stimme. „Hey Dean, wie geht’s und warum rufst du hier an?“ Einen kurzen Moment schien es, als wäre die Verbindung unterbrochen, doch dann war Dean wieder zu hören. Seine Stimme klang müde. „Hast du etwa gefeiert?“, wollte John wissen. Denn in der Army, besonders bei den Offizieren, fanden oftmals heftige Partys statt. Dean ging überhaupt nicht auf seine Frage ein. „Ich wollte nur wissen, ob bei euch alles in Ordnung ist, oder ob ihr etwas benötigt?“ John fand es o. k., dass Dean sich nach ihnen erkundigte.

Ganz nebenbei erwähnte John, dass sich bei ihnen das Gefühl breitgemacht hatte, die Verfolger kannten ihren Aufenthaltsort. Dean beruhigte ihn. Er wüsste von keiner Gefahr von außen und wenn, könnte es sich nur um einen Zufall oder eine Überreaktion von euch handeln. Diese Aussage machte John ein wenig stutzig, denn so kannte er seinen Freund nicht.

Dean Rutherford, er war kein Draufgänger, er war eher der schüchterne, zurückhaltende, ja vorsichtige Mensch. „O. k.“, hörte er Dean sagen, „wenn bei Euch alles in Ordnung ist, dann …“ John unterbrach ihn.

„Wenn du dir schon Sorgen um uns machst“, einen Moment überlegte John, „dann sollst du auch das Neueste erfahren.“

In knappen Sätzen informierte er Dean über das plötzliche Auftauchen dieser ominösen Mappe, die sie im Laufe des Tages bei der Polizei abholen sollten. Eine kleine Pause trat ein. „Dean, bist du noch da?“

„Ja, das ist fabelhaft“, antwortete Dean. „Zu welcher Polizeidienststelle müsst ihr, um die Mappe abzuholen?“

„Der Ort heißt Polle, aber … Dean, hallo Dean?“ John hörte nur noch ein Knistern. Er tippte mehrmals auf die Telefongabel, doch

nichts geschah. Das Gespräch war unterbrochen. Vergeblich wartete er auf ein erneutes Klingeln, jedoch das Telefon blieb stumm. Dean unterließ es wohl, ein weiteres Mal zurückzurufen.
Noch in Gedanken bei seinem Gespräch mit Dean, wäre er beinah über den Putzeimer der Wirtin gestolpert. Nur ein schneller Schritt zur Seite verhinderte einen Sturz. Lydia sah John sofort an, dass das Telefonat ihn ein wenig nachdenklich gemacht hat. „Wer war nun der Anrufer?“, wollte sie wissen. „Es war Dean.“
„Also unser Major Rutherford!“, sagte sie und schaute ein wenig ungläubig drein. John nickte. An seinem Gesichtsausdruck war aber deutlich zu erkennen, dass ihm etwas Sorge bereitete. Sie zündeten sich erst einmal Zigaretten an. „Was denkst du, aus welchem Grund hat er dich wohl angerufen?“ Er zuckte mit den Schultern. „Ehrlich gesagt, ich weiß es nicht.“
„Hast du eine Vermutung?“, kopfschüttelnd verneinte er. „Aber“, hakte Lydia nach „Dean fragte, ob bei uns alles in Ordnung sei und wir etwas benötigten.“ Lydia nickte.
„Ist ja eine nette Geste von ihm, oder?“
„Eigentlich schon!“ Er machte einen langen Zug an seiner Zigarette.
„Was mich doch ein wenig irritiert, als ich ihm sagte, wir hätten so ein Gefühl, dass unser Versteck aufgeflogen sei.“
„Wie hat er reagiert?“
„Nun ja …“, John unterbrach den Satz und schaute auf den Boden. „Er reagierte anders, als ich es von ihm kannte.“ Nach einem tief inhalierten Zug und ausgestoßenen Rauch aus Mund und Nase fuhr er fort. „Er ging überhaupt nicht darauf ein, er verharmloste sogar, die von mir geschilderte Situation.“
Lydia hörte aufmerksam zu und nickte hin und wieder. „Irgendwie, ich weiß nicht warum, habe ich ihm von der besagten Mappe erzählt.“ Dabei schaute er ihr verunsichert in die Augen. „Ja, und?“ John druckste herum, als wollte er nicht mehr weitererzählen, weil es anschließend eventuell Ärger geben könnte. „Nachdem er von der Mappe wusste, fragte er mich, wo diese Unterlagen aufgetaucht sind.“ Lydia stutzte. „Du hast doch wohl nicht etwa …“ John nickte mehrmals. „Doch, ich habe ihm den Namen des Ortes genannt, sorry!“ Lydia schüttelte empört den Kopf. „Du bist doch Polizeibeamter, nicht wahr?“, ihre Stimme klang vorwurfsvoll, „kein Grünschna-

bel. Außerdem ist dir ja wohl bewusst, wie man mit brisantem Material umzugehen hat, oder?“ John unterbrach sie. „Ja, du hast ja recht, aber er ist ein Freund und wie gesagt, Dean hat uns dies alles erst ermöglicht.“ Beide schauten wie dickköpfige Kinder, jeder in eine andere Richtung.

„Sollte ich vielleicht noch etwas wissen?“, begann Lydia nach einer kurzen Pause das Gespräch. John holte tief Luft. „Nachdem ich Dean das alles erzählt hatte, wurden wir getrennt.“

„Wie soll ich das verstehen, ihr wurdet getrennt?“

„Ja, es knackte in der Leitung und dann war Schluss.“ Ihr Gesichtsausdruck nahm ernste Züge an. „Hat er noch einmal versucht, zurückzurufen?“ Wortlos schüttelte John den Kopf. „Was meinst du, was das wohl zu bedeuten hat?“, fragte sie und verschlang die Arme vor der Brust. „Ich habe keine Ahnung!“ Er zuckte dabei mit den Schultern.

„O. k.“, sagte Lydia, „das was geschehen ist, können wir nicht mehr rückgängig machen. Wir sollten aber ab jetzt besonders wachsam sein.“ Bei der anschließenden Unterhaltung wich ihre Anspannung langsam. Sie entschlossen sich, als nächste Aktion die Polizeistation in Polle aufzusuchen, um sich dort mit Wachtmeister Karl-Heinz Oerke zu treffen. Er hatte versprochen, ihnen die wichtigen Unterlagen zu besorgen.

„Bevor wir losfahren, werde ich mit dem Polizisten telefonieren, damit wir nicht umsonst dorthin fahren.“ John nickte zustimmend. Das Telefonat schien wohl sehr aufschlussreich gewesen zu sein. Das konnte John an Lydias Gesichtsausdruck erkennen, als sie aus dem Haus kam. „Wie geht es jetzt weiter, ihr habt recht lange miteinander gesprochen!“ Sie baute sich breitbeinig, beide Hände in den Gesäßtaschen ihrer Jeans vergraben, vor John auf und grinste.

„Wir haben Glück, unser kleiner, übergewichtige Wachtmeister >Kalle< ist fündig geworden.“

„Das hört sich gut an!“, murmelte John. „Er sagte noch etwas“, ergänzte sie. Sie presste ihre Lippen fest zusammen, als wolle sie darüber mit niemandem sprechen. „Nun spann mich nicht auf die Folter!“

„Er sagte“, sie machte einen tiefen, ja fast befreienden Seufzer, „der Inhalt enthält sehr interessante Aufzeichnungen sowie einige aussa-

gekräftige Fotos."
„O. k., dann sollten wir uns schleunigst auf den Weg machen", schlug John vor. „Was machen wir mit dem Peilsender unter unserem VW-Bus?"
„Den lassen wir erst einmal da, wo er ist. Die sollen ruhig wissen, wo unsere Fahrt hingeht. Vielleicht schrecken wir sie auf und sie werden nervös. Möglicherweise machen sie dann Fehler."
Ohne sich weitere Gedanken über das zurückliegende Telefonat mit Dean zu machen, bereiteten sie die Fahrt nach Polle vor.
Es war ein schöner Sommertag, die Luft war klar und angenehm warm. Die Sicht war so gut, dass sie von der kurvenreichen Höhenstraße weit in das Tal der Weser schauen konnten, die sich träge durch Felder und Wiesen schlängelte. Lydia hatte das Seitenfenster heruntergekurbelt, wodurch sich der Innenraum des Wagens schnell erwärmte. Ihr Blick streifte über das Land und sie spürte den warmen Wind im Gesicht.
Wie in Trance schloss sie die Augen. Als würde sich mit einem Mal alles um sie herum immer weiter entfernen.
Vor ihrem inneren Auge tauchte plötzlich schemenhaft das Gesicht von Ann auf. Sie spürte nicht, wie sich ein zufriedenes Lächeln auf ihrem Gesicht ausbreitete. Das ruckartige Herunterschalten vor einer Kurve riss sie aus ihrem Traum.
„Sorry", hörte sie John sagen. „Das wollte ich eigentlich vermeiden, du warst für einen Moment weggetreten, dann sah ich aber dein Lächeln. Da hast du wohl gerade an mich gedacht!" Lydia lächelte, dabei schüttelte sie aber unmissverständlich den Kopf. „Du bist ein Spinner, manchmal habe ich das Gefühl, dass du nie erwachsen geworden bist."
Dann tauchten die ersten Häuser von Polle auf. John kannte sich inzwischen in dem kleinen Ort mit der Burgruine recht gut aus. Als würde er immer schon hier gewohnt haben, lenkte er den Bus in eine schmale Seitenstraße, um zu parken. Von hier aus war es nicht mehr weit bis zur Polizeistation.
„Bist du ein wenig aufgeregt?", fragte er Lydia, als sie gerade dabei war, sich eine Zigarette anzuzünden. „Nicht unbedingt aufgeregt, aber wahnsinnig gespannt, was in der Akte ist." John nickte. „Ich ebenfalls!" Ohne Eile schlenderten sie, als würden sie shoppen ge-

hen, die leicht abschüssige Straße hinunter. Vom Fluss her war das Geräusch einer ans Ufer fahrenden Fähre deutlich zu hören.
Nach der vor ihnen liegenden Biegung müssten sie das Gebäude der Polizei sehen, dachte Lydia. John stöhnte leise vor sich hin, als er mit einem Taschentuch versuchte, den Schweiß von der Stirn abzutupfen. In der Zwischenzeit war die Temperatur gestiegen. Es ging kaum ein Luftzug. Zwischen den dicht zusammenstehenden, zumeist recht alten Fachwerkhäusern, staute sich die Mittagshitze.
Sie hatten es gleich geschafft. Von irgendwo her flogen aufgeschreckte Tauben in den Himmel. Lydia blieb stehen, um ihnen nachzuschauen.
Jetzt bemerkte sie auch die seltsame Stille, die sie umgab, als würde außer ihnen niemand mehr hier sein. Sie blickte zurück und sah John, wie er langsam auf sie zukam. „Heute macht dir aber die Hitze mächtig zu schaffen, oder?" Kopfschüttelnd blieb er neben ihr stehen.
„Ist wohl mein Kreislauf!" Dabei lachten beide. Langsam gingen sie weiter. Jetzt konnte sie das mit dem Gerüst versehene Gebäude sehen. „Ich bin ja mal gespannt auf ..." Sie kam nicht mehr dazu, den Satz auszusprechen.
Eine ohrenbetäubende Detonation erfüllte die Luft und ließ den Boden unter ihren Füßen erzittern. Die Druckwelle war so heftig, dass sie Lydia und John zu Boden warf. Als Lydia die Augen wieder öffnete, lag sie mit dem Rücken auf dem Asphalt und schaute in den blauen Himmel. Da waren sie wieder die Tauben, die nun zurückflogen. Sie haben wohl gespürt, dass etwas Schlimmes passiert. Sie blieb ganz still liegen. Vielleicht war es ja doch nur ein Traum.
Jetzt bemerkte sie das Dröhnen und Hämmern in ihrem Kopf. Es roch nach Schwefel und Verbranntem. Nein, sie träumte nicht! Das hier war schreckliche Wirklichkeit. Steh auf, schoss es ihr durch den Kopf. Du musst aufstehen, nicht hier liegen bleiben. Langsam rappelte sie sich auf. Dabei spürte sie einen stechenden Schmerz in der Schulter. Die heftige Druckwelle der Explosion hatte sie gegen eine Hauswand geschleudert, bevor sie auf das Kopfsteinpflaster schlug. Sich ausbreitender Rauch verdeckte den noch vor kurzem wolkenlosen Himmel. Auch am Boden erschwerten umherziehende Rauchfetzen die Sicht. Nach dem Aufrichten lehnte sich Lydia mit dem Rü-

cken an eine Hauswand. Sie betrachtete einen Moment ihre zitternden Hände.
Ihr Blick war immer noch auf die Hände gerichtet, als jemand leise ihren Namen rief. John, kam es ihr in den Sinn. Wo ist John? Durch den Rauch sah sie eine Gestalt auf Händen und Füßen langsam auf sie zukriechen. „John, mein Gott John!“, rief sie und streckte ihm die Hände entgegen. Auch John lehnte sich mit dem Rücken an die Wand und legte behutsam seine Hände auf ihre. Er spürte, dass Lydia am ganzen Körper zitterte.
„Hey, Darling“, hauchte er und rückte näher an sie heran. „Alles o. k.?“ Ohne die Augen zu öffnen, nickte sie verhalten. Tränen kullerten aus den geschlossenen Augenlidern über ihre Wangen. „Alles wird gut!“, versuchte John beruhigend auf sie einzuwirken. Sie schluckte und holte tief Luft. Ungläubig schüttelte sie den Kopf und griente vor sich hin, was John sofort bemerkte. „Weshalb schmunzelst du?“
„Darling!“, dabei öffnete sie die Augen und blickte in sein vertrautes Gesicht.
„Warum in drei Teufels Namen nennst du mich Darling?“
„Aber ich wollte doch nur …“
Der Hilfeschrei eines Menschen drang plötzlich zu ihnen herüber und beendete schlagartig ihren Wortwechsel. Für einen Augenblick waren sie mit sich selbst beschäftigt. Doch die grausame Realität riss beide wieder in das Hier und Jetzt zurück. Sie schauten zu dem zerstörten Gebäude hinüber.
„Ich habe zuerst geglaubt, es handelt sich um eine Autobombe, die gezündet wurde. Aber das sieht ja so aus, als wäre die Polizeistation das Ziel des Anschlags.“ John nickte.
„Du könntest recht haben, aber warum gerade jetzt?“ Noch immer fassungslos von dem Ereignis richteten sie sich auf. Mit leicht verzerrtem Gesicht und noch etwas wacklig auf den Beinen, klopften sie sich den Staub von der Kleidung, der wie feiner Puder überall im Umkreis verteilt lag. Leicht schwankend gingen sie näher an das Haus heran.
Durch die massive Detonation wurden die Eingangstür und mehrere Fenster herausgerissen. Wo einmal der Eingang der Polizeistation war, klaffte nun ein großes Loch.

Weit verstreut lagen Mauerbrocken und Glassplitter der zerborstenen Fensterscheiben auf dem Boden. Sie mussten höllisch aufpassen, sich nicht an herumliegenden Gegenständen zu verletzen. Durch die Detonationswelle waren auch Ordner nach draußen geschleudert worden. Unzählige Blätter lagen überall zwischen den Trümmern.
Als Lydia das ganze Papier auf dem Boden herumliegen sah, beschlich sie ein komischer Verdacht. „Könnte unsere Mappe vielleicht der Auslöser dieses grauenvollen Anschlags sein?" John zuckte wortlos mit den Schultern. Da war plötzlich wieder dieses Stöhnen. Vielleicht gab es ja Überlebende, die Hilfe brauchten.
Vorsichtig betraten sie über die Außentreppe das Haus. Durch ihre Polizeiarbeit wussten sie, dass es auch manchmal zu weiteren Detonationen kommen konnte. John fasste Lydias Arm. „Warte hier, ich schau nach, was da los ist." Er kam nicht weit. Ein Teil der Decke löste sich und krachte mit lautem Getöse zu Boden. Der aufwirbelnde Staub, der das Atmen erschwerte, veranlasste John, das Gebäude wieder zu verlassen. Nachdem der Staub sich langsam gelegt hatte, versuchte er es erneut.
Dann hörte er wieder dieses Jammern. „Das kommt hier aus dem Raum", rief er Lydia zu. Er kletterte über einen Haufen Schutt und erblickte den unter Büroschränken eingeklemmten Körper. „Hier liegt einer", schrie er. Lydia eilte, so schnell sie konnte, zu ihm. „Das ist ja unser Kalle!", stammelte sie, als sie das blutverschmierte Gesicht erkannte.
„Komm, hilf mir mal", rief John, der vergeblich versuchte, den schweren Schrank zur Seite zu schieben. Auch mit Lydias Hilfe war es unmöglich, das wuchtige Teil zu bewegen.
Sie kniete sich neben Kalle. „Halten Sie durch, wir holen Sie hier raus", versuchte sie ihm Mut zu machen. „Hey", rief John ihr leise zu. So als ob es Kalle nicht mitbekommen sollte. Er deutete auf das viele Blut und einen abgerissenen Fuß, dabei schüttelte er den Kopf, der andeutete, dass Kalle wohl keine Überlebenschance hätte. Sicherlich hatte der schwere Stahlschrank auch seine inneren Organe verletzt. Lydias Herz blieb fast stehen. Sie blickte hilflos in seine weit aufgerissenen, verstörten Augen. Seine Lippen bewegten sich, als wollte er ihr etwas sagen. „Frag ihn nach der Mappe", hörte sie John sagen. Er versuchte inzwischen nicht mehr, den Mann aus dieser

ausweglosen Lage zu befreien.
Lydia bewegte sich näher heran. Sie vernahm ein kurzes Röcheln, des Sterbenden. „Kalle“, hauchte sie, „wo ist die Mappe?“ Seine Lippen bewegten sich. „Wo ist die Mappe?“, fragte sie erneut. Sie musste mit ihrem Ohr ganz nah heran, um zu verstehen, was er sagte. Als sie sich wieder aufrichtete, schaute sie John an. „Ich glaube, er hat etwas von einem Auto gesagt.“
„Frag ihn welches Auto?“
Doch auf diese Frage konnte der Polizeiwachtmeister Karl-Heinz Oerke keine Antwort mehr geben. Nach einem letzten Atemzug, blieb sein Herz für immer stehen. Mit einer sanften Handbewegung streifte Lydia über seine Augenlider und schloss den starren Blick.
„Es ist besser so für ihn.“ John legte tröstend die Hand auf ihre Schulter. Sie nickte. „Ja, das ist es wohl. Eventuell ist er ja wegen dieser geheimnisvollen Mappe gestorben. Aber was muss dort so Wichtiges zu finden sein, dass man so etwas Grausames verübt?“
Plötzlich hörten sie Sirenen von näherkommenden Rettungsfahrzeugen.
„Wir müssen hier schleunigst weg“, mahnte John. Sie entschieden sich, aus einem zerstörten Fenster zu steigen, das zum Hinterhof zeigte. Hier standen mehrere Fahrzeuge, unter anderem auch zwei Einsatzfahrzeuge der Polizei. „Schau du in den Polizeiwagen nach, ich kümmere mich um die anderen Autos“, schlug John vor. Dann begann die Suche nach der Mappe.
Unterdessen drangen Stimmen der alarmierten Rettungs-Mannschaften, die bereits im Gebäude waren, nach draußen. Um nicht gesehen zu werden, sprangen sie geduckt von Auto zu Auto. Sie mussten jeden Moment damit rechnen, dass das Hoftor geöffnet würde. „Ich glaube, ich habe sie gefunden!“, rief Lydia verhalten und ruderte mit den Armen, damit John zu ihr kommt.
„Ja, das könnte sie sein“, murmelte er und versuchte dabei, die Tür zu öffnen. Vergeblich … der Wagen war verschlossen. Um sich blickend sah er mehrere von einer Baumwurzel hochgedrückte Pflastersteine.
Auf allen Vieren krabbelte er zu der Stelle und kam mit einem schweren Brocken zurück. Trotz des schweren Steines, musste er all seine Kraft aufwenden und mehrmals gegen die Scheibe schlagen,

bis sie endlich zersplitterte. Dann ging alles sehr schnell.
Das Glück war auf ihrer Seite, denn es war wirklich die Akte, die sie gesucht hatten. Es war ein grauer Schnellhefter aus Pappe, den Kalle zwischen der Handbremse und den Beifahrersitz gesteckt hatte. Auf der Vorderseite stand in schwarzen Druckbuchstaben „Unbekannter Toter in der Weser“ darunter das Jahr „Oktober 1961.“
Sie schauten sich beide an. Sie hielten etwas ganz Besonderes in den Händen. Etwas, für das andere Menschen brutal töteten. Ihre Neugier war jetzt so groß, dass sie am liebsten auf der Stelle den Inhalt gelesen hätten. Doch das heftige Schlagen an der Hoftür lenkte ihre Aufmerksamkeit dorthin.
„Das sind die Rettungskräfte!“, meinte John und fuhr sich mit der Hand durchs Gesicht. „Die müssen uns nicht unbedingt hier finden.“
Es würde nicht mehr allzu lange dauern, bis sie es geschafft hatten, die schwere Holztür aufzubrechen. Eine große Auswahl an Fluchtmöglichkeiten gab es nicht. Suchend blickten sie sich um. Dann hatte John die Stelle gefunden. Er deutete mit dem Kopf zur Seite. Dort war ein Maschendrahtzaun, hinter dem ein kleiner Gemüsegarten angrenzte. Hier sah er eine Möglichkeit, aus dieser Falle zu entkommen. Unmittelbar nachdem sie über den Zaun geklettert waren, betraten die Retter den Hinterhof. Sie legten sich flach auf den Bauch.
Das hektische Stimmengewirr machte ihnen deutlich, dass man von einem zweiten Sprengsatz ausging, den vermutete man in einem der abgestellten Fahrzeuge.
Auf dem Bauch robbten sie zu einem Geräteschuppen. Hier waren sie erst einmal außer Sichtweite. John richtete sich langsam auf, um sich ein Bild von dem Grundstück zu machen.
Hinter dem kleinen Schuppen verlief eine Mauer aus Ziegelsteinen, die die Sicht auf den Hinterhof verhinderte. Durch den Garten zu laufen, war nicht mehr möglich. Durch das Spektakel der Explosion waren die Bewohner aufgeschreckt und standen vor ihren Häusern, um dem in der Zwischenzeit in Flammen stehenden Polizeigebäude entsetzt zuzusehen.
Es gab nur noch eine Lösung, sie mussten sich zwischen der Mauer und der davorstehenden Buschreihe mühsam durcharbeiten. Vorsichtig blickte John nach beiden Seiten. Es wirkte sehr chaotisch, was er jetzt sah. Einige Menschen rannten kopflos umher. An- und abfah-

rende Rettungswagen mit Blaulicht und Sirenen vervollständigten das Durcheinander. Polizisten hatte alle Mühe, die Neugierigen und Schaulustigen fernzuhalten.
Eine Gruppe von Kindern, in Begleitung ihrer Lehrerin, ging brav und geordnet in Richtung der alten Burgruine. Kurz entschlossen mischten sich John und Lydia mit in die Gruppe, die zwar ein wenig verwundert dreinschaute, aber sich nicht weiter um sie kümmerte.
Sie hatten es geschafft, vorerst …
In der Zwischenzeit tauchten immer mehr Polizeibeamte auf, die damit beschäftigt waren, die Zufahrtsstraßen abzuriegeln. Man hatte auch die Straße, in der ihr VW-Bus parkte, mit Absperrband versehen.
„Ich denke, dass es besser wäre, erst einmal abzuwarten. Ich gehe davon aus, dass man eine Ringfahndung eingeleitet hat." Lydia bestätigte das mit einem knappen Nicken.
„Ich schlage vor, wir suchen uns erst einmal ein Lokal, wo wir draußen sitzen können."
„Eine gute Idee!", meinte John. „Ich könnte jetzt einen Drink gebrauchen." Sie schlenderten in aller Ruhe eine schmale Gasse entlang. Etwas später legte John seinen Arm um ihre Schulter. Sie ließ es zu.
Es war bereits früher Abend, als John und Lydia immer noch auf der Terrasse saßen. Im Schatten, unter dem dichten Blätterdach der alten Eichen, die sie vor der Sonneneinstrahlung schützten, war es erträglich. In der Zwischenzeit hatte sich auch das hektische Durcheinander der letzten Stunden spürbar verändert. Auch sie selbst waren allmählich zur Ruhe gekommen. Durch die Besucher des Lokals und der recht unterhaltsamen Bedienung, waren sie immer auf dem neusten Stand des Geschehens. So erfuhren sie auch, dass die gesperrten Straßen wieder zum Teil zu befahren waren.
Die Wartezeit hatten sie genutzt, um den Inhalt der Polizeiakte genauer in Augenschein zu nehmen. John ließ Lydia den Vortritt beim Durchlesen des Inhalts.
Sie nahm sich viel Zeit und schaute sich Seite für Seite, Zeile für Zeile genau an. Eine bestimmte Seite betrachtete sie besonders lange. Immer wieder drehte sie das Blatt herum, um es aus verschiedenen Perspektiven anzuschauen. „Ist das eines der Fotos, die Kalle mein-

te?“, fragte John.
„Ja, es ist eines der Bilder.“ Obwohl sie sich dagegen wehrte, konnte sie es nicht verhindern. Tränen kullerten über ihr Gesicht.
„Es ist so furchtbar dieser fremde, leblose Körper auf dem Foto, der Mann, der dort liegt, ist mein Dad.“
Seitdem Lydia die Akte studierte, rauchte sie eine Zigarette nach der anderen, dazu in gewissen Abständen einen hochprozentigen Drink. Einen Moment lang befürchtete John, dass Lydias Gemütszustand aus den Fugen geraten könnte. Dann schloss sie die Mappe und schob sie von sich. „Darf ich?“, fragte er vorsichtig und deutete auf die Mappe. Ohne ihn anzuschauen, nickte sie. John überflog den mit einer Schreibmaschine geschriebenen Text. „Steht ja nicht unbedingt viel auf den Seiten, oder?“ Lydia schaute ihm in die Augen. „Ich hatte mir mehr davon versprochen!“
„Nun ja“, fügte John hinzu, „es sind zwar nur fünf Seiten, jedoch finde ich die Aussage der Beamten sehr wichtig. Sie gingen von einem Fremdverschulden aus. Nicht wie behauptet wird, von einem Unfall.“ Er schaute sich die Fotos noch einmal genau an. „Auf einem Foto waren klare Fesselspuren an den Handgelenken zu sehen. Auf einem anderen sind eindeutige Würgemale in der Halsgegend zu erkennen.“
„Es macht mich sehr, sehr traurig“, unterbrach ihn Lydia. „Wegen ein paar geschriebener Seiten und vier Fotos werden Menschen ohne Skrupel umgebracht.“
„Das sehe ich auch so“, stimmte John ihr zu. „Ich bin inzwischen fast davon überzeugt, dass der Anschlag auf die Polizeistation mit Deans Telefonat in Verbindung zu bringen ist.“
„Vielleicht haben wir auch einen kleinen Vorteil“, erwiderte Lydia und steckte sich eine neue Zigarette zwischen die Lippen. „Der oder die Täter gehen sicher davon aus, dass die alten Unterlagen durch die Explosion zerstört wurden. Nehmen wir einmal an, es wäre so, dann könnte es sehr wahrscheinlich sein, dass die Attentäter sich noch in der Nähe aufhalten. Vielleicht werden wir in diesem Moment von denen beobachtet!“ Lydia zog erstaunt die Augenbrauen hoch und blickte ein wenig aufgescheucht um sich herum.
Allerdings erweckten die Menschen an den anderen Tischen nicht den Eindruck, dass sie vor nicht allzu langer Zeit einen Sprengsatz

gezündet hätten. John schmunzelte. „Das war ein Scherz von mir.“ Doch Lydia sah es ganz anders.“ So abwegig ist der Gedanke nicht“, ihr Blick wurde strenger. „Angenommen, dass diese Typen uns wirklich im Auge haben, was sollen wir nach deiner Meinung dann unternehmen?“ John leerte seine Cola, holte seine Geldbörse aus der Tasche, rief der Bedienung zu, dass sie zahlen möchten. „Mein Vorschlag wäre, von hier schleunigst zu verschwinden!“
„Das sehe ich auch so, aber erst einmal muss ich für kleine Mädchen.“ Damit verschwand sie im Haus.
John hatte bereits bezahlt, als Lydia zurückkam. Sie setzte sich stumm an den Tisch. Ihm fiel sofort ihr verstörter Blick auf. „Ist was passiert?“, fragte er sofort. Sie beugte sich etwas vor, als sollte das, was sie sagen wollte, niemand mitbekommen. „Als ich von der Toilette kam, stand auf dem Parkplatz ein ähnliches Fahrzeug, wie ich es in der Nacht beim Landgasthof gesehen habe.“
„Bist du sicher?“ Lydia schüttelte den Kopf. „Nein, das bin ich nicht.“ Sie blickten ein letztes Mal auf die Terrasse, auf der sie die letzten Stunden verbracht hatten.
Es zogen dunkle Wolken auf. Die Kellnerin hatte recht. Sie sagte, es gäbe bald ein Gewitter.
Sie gingen in Richtung Ausgang. „Wo ist der Wagen, den du gesehen hast?“ Er schaute vorsichtig aus der Tür, nach allen Seiten. „Der muss gleich nebenan auf dem Parkplatz stehen.“
„Da stehen zwar einige Fahrzeuge, aber keines nach deiner Beschreibung“, ungläubig schaute John zu ihr herüber.
„O. k., o. k.“, kam es sofort zurück, „du kannst von mir denken, was du willst. Ich bin mir jetzt ganz sicher, dass noch vor Kurzem dieses geheimnisvolle Vehikel hier stand.“ Ihre Stimme klang nun ganz energisch.
Das Grollen des herannahenden Gewitters wurde stetig lauter und es verdunkelte sich der Himmel. Es kam Wind auf. Ohne auf das Gespräch weiter einzugehen, nahm er Lydia an die Hand. “Komm, wir müssen uns beeilen, gleich wird es regnen.“ In der Luft lag noch immer der Geruch von Verbranntem.
Die Blitze wurden heftiger und es begann zu regnen. Der stärker werdende Regen zwang sie, die letzten Meter zu ihrem Wagen im Laufschritt zurückzulegen. „Das war aber knapp“, sagte Lydia, als

sie im schützenden Innenraum angekommen waren, dabei strich sie sich die nassen Haare aus dem Gesicht.
Mit enormer Wucht prasselte der Regen auf das Dach des Wagens. Es wurde so laut, dass eine Unterhaltung nicht möglich war. Auch Blitz und Donner hatten an Intensität zugenommen. Fast ununterbrochen erhellten Blitze die Umgebung, auf das sich das laute Krachen des Donners anschloss.
„Das ist ja ein richtiges Unwetter!“, schrie John und zündete sich eine Zigarette an. Sie entschlossen sich, bei diesem Wetter und den miserablen Sichtverhältnissen nicht zu fahren. Sie wollten lieber abwarten, bis das Unwetter sich abgeschwächt hatte. Bis das Gewitter weiterzog und der Regen nachließ, dauerte es beinah eine Stunde. Bevor John auf die Hauptstraße fuhr, hielt er kurz an.
Sie schauten noch einmal zu dem zerstörten Haus, dessen angebrannte Dachsparren gespenstisch in den von Blitzen erleuchteten Abendhimmel zeigten. Es war bereits weit nach zwanzig Uhr, als sie den Gasthof erreichten.
„Was sollen wir mit dem Peilsender unter unserem VW-Bus unternehmen?“, fragte Lydia, indem sie die knarrende Beifahrertür öffnete. „Wir lassen ihn erst einmal da, wo er ist“, schlug John vor. „Die wissen eh, wo wir sind, ob mit oder ohne Peilsender.“
Es hatte aufgehört zu regnen. Durch das Fenster konnten sie in die Gaststube schauen. Ein paar Gäste saßen an der Theke. Auch einige Jäger saßen am Stammtisch in der Ecke. „Noch mal auf den Peilsender zurückzukommen“, meinte John, ohne den Blick von den Jägern zu nehmen, „habe ich so eine Idee.“
Nachdem sie geduscht und sich frischgemacht hatten – John wartete auf dem Flur, bis Lydia auch fertig war – gingen sie nach unten. Lydia hakte noch einmal nach. „Du hast vorhin über so eine Idee gesprochen?“
„Ja, eine Idee bezüglich des Peilsenders. Vielleicht ist es vernünftiger, den Bus wieder zum Flugplatz zurückzubringen und auf ein anderes Fahrzeug umzusteigen.“
„Ein anderes Fahrzeug, wie hast du dir das vorgestellt?“
„Der Wirt des Lokals hat uns vor Kurzem angeboten, seinen Wagen zu benutzen. Da fiel mir sofort ein, dass wir den Bus mit dem Peilsender dorthin zurückbringen, wo wir ihn übernommen haben.“

Lydia war mit dem Vorschlag einverstanden. Sie gingen in die Gaststube zum Abendessen. Doch der Abend sollte anders verlaufen, als sie es sich vorgestellt hatten. Während sie aßen, erklärte John dem Wirt sein Vorhaben. Wie der Zufall so spielte, bekam einer der Jäger ihre Unterhaltung mit. Sofort bot er seine Hilfe an. Er könne den Bus zum nahen Flugplatz fahren und danach sollte ihn dort jemand abholen.
Er erzählte, dass er als junger Mann auch so einen VW-Bus besaß und jetzt noch einmal die Chance bekam, das alte Fahrzeug zu fahren. John konnte den Mann gut verstehen und willigte ein.
Dann ging alles recht schnell. Ein Freund des Jägers wollte unter allen Umständen auch dabei sein und bot sich als Mitfahrer an. Das ausgesprochen geräuschvolle Anfahren war nicht zu überhören. John wollte sich ebenfalls auf den Weg machen. Der Wirt setzte ihn aber in Kenntnis, dass er sich Zeit nehmen könnte. Die beiden Jäger würden auf jeden Fall einen größeren Schlenker machen, um die Fahrt auszukosten. Das konnte John verstehen. Sie unterhielten sich noch über dies und das. Die Explosion in Polle war das Gesprächsthema. Man spekulierte, weshalb und warum. Doch niemand von ihnen ahnte, dass zwei von ihnen eine tragende Hauptrolle bei diesem Attentat einnahmen.
Lydia bot an, mitzufahren, doch John meinte, dass er das allein schaffte. Es war ja nicht so weit entfernt. Er würde mit den beiden Jungens schnell zurück sein.
Es war stockfinster, als John das Gelände des Flugplatzes erreichte. Er drehte ein paar Runden, um mit dem Scheinwerfer alles abzuleuchten. Aber egal wo er hinfuhr, es war weit und breit nichts von den beiden Männern und dem Bus zu sehen. Jetzt übertreiben sie aber ein wenig, ging es ihm durch den Kopf. Immerhin war, seitdem sie losgefahren waren, beinah eine Stunde vergangen. Er hielt an und stellte den Motor ab. Da war sie wieder, diese Stille. Die mit der Dunkelheit vereint, ihn wie mit einem schweren Mantel umhüllte. Vielleicht hatten die beiden sich irgendwo versteckt und wollten ihm nur Angst einflößen! Nostalgie gut und schön, aber man kann es auch übertreiben. Als er seine dritte Zigarette rauchte und sie immer noch nicht auftauchten, beschlich ihn ein komisches Gefühl.
Er beschloss, erst einmal zum Lokal zurückzufahren. Vielleicht hat-

ten sie eine Panne und waren irgendwo liegen geblieben. Schließlich hatte der Bus bereits eine Menge Kilometer auf dem Tacho und gehörte nicht mehr zu dem neuesten Baujahr. Frustriert und auch ein wenig sauer auf die beiden – die ihn wie einen dummen Schuljungen warten ließen – fuhr er den Weg zurück.

Schon von Weitem sah er das von Pyrmont in schneller Fahrt kommende Fahrzeug. Das hektisch blinkende Licht zeigte ihm, dass es sich um ein Einsatzfahrzeug der Polizei handelte. Mit einem Mal wurde er neugierig und erhöhte das Tempo. Er hatte gerade die Einmündung erreicht, als das Fahrzeug mit Blaulicht an ihm vorbeiraste. An der Kreuzung, an der John zum Gasthaus einbiegen müsste, fuhr der Rettungswagen geradeaus und verschwand hinter einer Kuppe.

John fuhr langsamer und zögerte einen Moment. Dann entschied er sich, dem Rettungswagen zu folgen. Nicht weit entfernt kam eine Ortschaft. Eine schmale Straße schlängelte sich zwischen den Häusern entlang.

Nach einer Biegung sah er die blinkenden Lichter. Er lenkte den Wagen in eine Hofeinfahrt.

Den Rest des Weges legte er zu Fuß zurück. Beim Näherkommen war klar, dass es sich hier um einen Verkehrsunfall handelte. Die Unfallstelle befand sich in einer scharfen Kurve am Dorfausgang. Im Schein der Straßenbeleuchtung waren Bremsspuren zu erkennen, die in Richtung Kurvenausgang führten. Was John aber sofort stutzig machte, war, dass vor der Kurve bereits eine Menge Glassplitter und Teile von Zierleisten auf der Fahrbahn verstreut lagen.

Es hatten sich bereits außer den Rettungskräften einige Schaulustige eingefunden.

Der Fahrer hatte wohl die Kontrolle über das Fahrzeug verloren und war mit enormem Tempo aus der Kurve geflogen. Anschließend hatte er einen Zaun durchbrochen und war, wie John jetzt erst sehen konnte, einen steilen Abhang hinuntergestürzt.

John trat langsam an die Stelle heran, an der der Wagen aus der Kurve kam. Nachdem der Wagen sich mehrfach überschlagen hatte, fing er Feuer. Der Schein der Flammen leuchtete die Umgebung aus. Es knisterte und der Wind trug den Geruch von verbranntem Gummi herüber. In das Knistern der Flammen mischte sich noch ein anderes Geräusch. Es waren Schreie, Schreie eines Menschen, der furchtbare

Schmerzen ertragen musste. Außer den Rettungskräften waren noch andere Leute zur Hilfe geeilt.
Plötzlich erschrak John, er glaubte zu träumen. Er war entsetzt über das, was er jetzt sah. Vergeblich suchte er in seinen Taschen nach Zigaretten. Ein Mann mittleren Alters bekam sein hektisches Verhalten mit und streckte John eine Schachtel Zigaretten entgegen. Dankend nahm er an. Als der Mann ihm noch Feuer anbot, bemerkte er, wie Johns Hände zitterten. „So etwas haben Sie wohl noch nie gesehen?", fragte er und blickte dabei auf das brennende Fahrzeug. John nickte und ging näher an den Abhang heran. Er konnte es immer noch nicht fassen.
In der stark abschüssigen Wiese lag brennend der Bus, mit dem sie vor Kurzem noch gefahren sind.
„Der ist bestimmt zu schnell in die Kurve gefahren", sagte der Mann.
„Vielleicht war der Fahrer auch betrunken. Die fahren doch hier wie die Idioten", schimpfte ein anderer, ohne den Blick von der schrecklichen Szenerie abzuwenden. In der Zwischenzeit waren auch Polizei und Feuerwehr eingetroffen. Einer von zwei jungen Polizisten machte sich sofort auf den Weg zum Wrack. Der andere, mit einem Notizblock in der Hand, befragte die herumstehenden Leute.
John schaute immer noch wie gebannt in das schwächer werdende Feuer. Im Lichtschein sah er, dass einige der zur Hilfe Geeilten, sich um etwas im Gras Liegendes knieten. Mit einem Mal war das Schreien verstummt. Eine unheimliche Stille trat ein. Alle schauten wie gebannt dorthin, wo sich gerade ein Drama abgespielte. Auch der junge Polizist unterbrach geschockt seine Befragung. Es dauerte noch eine geraume Zeit, bis die Sanitäter – sichtbar außer Atem – unter Hilfe mehrerer Feuerwehrleute, die Bahre auf den Asphalt abstellten. Mit einer Decke bedeckt, waren die Konturen eines Körpers zu erkennen.
„Es waren wohl zwei Personen im Wagen", hörte John einen der Sanitäter sagen. „Der Fahrer, der vermutlich eingeklemmt wurde, ist bis zur Unkenntlichkeit verbrannt."
„Und der hier?", fragte einer der Polizisten und deutete auf den leblosen Körper.
„Nach unserer Meinung muss er aus dem Fahrzeug geschleudert worden sein. Er lag etwas abseits vom Wagen. Er hat keinerlei Ver-

brennungen, jedoch schwere Kopfverletzungen, das hat er nicht überlebt.“
„Weiß jemand, wer die beiden waren?“, nahm der Beamte seine Befragung wieder auf. Stille. Kopfschütteln.
„Können wir vielleicht das Gesicht von dem mal sehen?“, fragte einer der Herumstehenden. Der Sanitäter schüttelte den Kopf. „Besser nicht, es ist ein schrecklicher Anblick, sein Gesicht wurde völlig entstellt.“
Vielleicht sind sie ja wirklich zu schnell gefahren, ging es John durch den Kopf. Er entschloss sich, zum Lokal zurückzufahren, um dort die traurige Nachricht zu überbringen. Mit einem letzten Blick auf den Toten, drehte er sich um. Er wollte gerade gehen, als Wortfetzen einer Unterhaltung an sein Ohr drangen und ihn aufhorchen ließen. Eine Frau erzählte, sie habe einen dumpfen Knall gehört, danach war es wieder ganz still.
Sie wollte gerade die Tür zum Hof öffnen, um nachzuschauen, was auf der Straße passiert ist, als sie das Motorgeräusch eines wegfahrenden Autos hörte. Auf die Frage, ob sie den Wagentyp erkennen konnte, verneinte sie. Es sei alles ganz schnell gegangen.
John dachte nach. So wie die Frau es schilderte, waren auf jeden Fall zwei Fahrzeuge im Spiel. Dieses unbekannte Auto muss wohl auf den Wagen der beiden Jäger aufgefahren sein. Das zeigten auch die Splitter auf der Straße in der Kurve. Wahrscheinlich hatte daraufhin der Fahrer des VW-Busses die Kontrolle über den Wagen verloren. Anscheinend hatte der Verursacher den Unfallort verlassen. Eine klassische Fahrerflucht.
Als John zurück zum Wagen kam und seine Zigaretten in der Mittelkonsole wiederfand, entschloss er sich, auf die Schnelle noch eine zu rauchen. An den Wagen gelehnt blickte er in den sternenklaren Himmel. Langsam spürte er, dass er ruhiger wurde und die Nervosität nachließ.
Er hatte gerade ein paar Züge gemacht, als ein langsam fahrendes Auto aus Richtung Dorf die Straße hinunterfuhr. Als der Wagen an ihm vorbeigefahren war, sah er, dass es sich um einen Leichenwagen handelte. Die armen Schweine, ging es ihm durch den Kopf. Es war noch nicht lange her, da saßen sie noch fröhlich am Tisch und haben Witze gerissen. Er schaute dem Leichenwagen nach, sah noch die

Bremsleuchten, ehe er hinter der Kurve verschwand.
Es war einer dieser Blitzgedanken, die nur ein hochsensibler Ermittler haben konnte. Was, wenn der Unfall gar kein Zufall war, sondern in voller Absicht geschah, um Menschen zu töten? Sein Herz begann schneller zu schlagen, er schnappte nach Luft. Vielleicht sollten ganz andere sterben? Es war dunkel, niemand konnte sehen, wer in dem Bus saß. Der Bus, den zuvor Lydia und ich gefahren haben.
Innerlich stark aufgewühlt über die Vorstellung, dass zwei Menschen für sie sterben mussten, trat er den Rückweg an. Er war so außer sich, dass ihm erst nach einigen Metern auffiel, dass er vergessen hatte, die Scheinwerfer einzuschalten. Es kam noch schlimmer. In seine Gedanken vertieft, hätte er beinah den Wagen eines Gastes auf dem Parkplatz des Lokals gerammt. „Reiß dich zusammen“, schrie er laut und schlug immer wieder mit den Händen auf das Lenkrad. Er musste die Kontrolle behalten. Keiner durfte merken, was geschehen war und was er wusste.
Nachdem er sich auf der Toilette etwas frischgemacht hatte, betrat er den Gastraum. Den Gesprächen war zu entnehmen, dass von den Anwesenden niemand ahnte, was einige Kilometer von hier geschehen war. „Wo sind die beiden?“, fragte der Wirt und zapfte eine neue Runde Bier.
John zuckte mit den Schultern. „Es war keiner am Flugplatz und irgendwann bin ich dann gefahren.“ Die anderen am Tisch lachten herzhaft. „Hab ich doch gewusst, wenn die zwei erst einmal auf Tour sind“, meinte ein Jäger und leerte sein Glas in einem Zug.
Ohne dass jemand es mitbekam, gab John Lydia ein Zeichen. Unauffällig verließ er den Raum, in dem Tabakdunst die Sicht vernebelte und die Unterhaltung lauter wurde.
Bald darauf erschien Lydia. Verwundert schaute sie ihn an. „Warum so geheimnisvoll?“ Er fasste sie am Arm und zog sie Richtung Ausgang. Völlig fassungslos schaute sie ihm in die Augen. Sie konnte einfach nicht fassen, was John ihr gerade erzählte. „Und du bist sicher, dass es kein gewöhnlicher Unfall war?“ John nickte. „Je länger ich darüber nachdenke, desto sicherer bin ich, dass man uns meinte. O. k., wir tun so, als wäre nichts geschehen und warten erst einmal ab.“ Lydia druckste ein wenig herum, stimmte aber zu. „Gibt es etwas, was ich wissen sollte?“ Dabei schaute er Lydia fragend an.

„Also", sie schluckte, „ich habe dem Wirt erzählt, warum wir wirklich hier sind."
John war entsetzt. „Warum hast du das getan?"
„Er meinte, seitdem wir in diesem Haus Gäste sind, geschehen hier merkwürdige Dinge." „Daraufhin hast du ihm unsere Geschichte erzählt?" Sie nickte. „Er hat mir hoch und heilig versprochen, dass er alles für sich behalten wird. Außerdem hat er uns seine Hilfe angeboten."
„Ist er vertrauenswürdig?"
„Ja, ich denke schon!" Aber von der neuen Situation erfährt erst mal keiner etwas."
„Yes, Sir", antwortete Lydia lächelnd und nahm die rechte Hand zum Salutieren an die Stirn.
Gegen dreiundzwanzig Uhr betrat ein Mann den Raum, bei dem es sich wohl um einen Bauer aus der Gegend handelte. Er ging zum Tresen, bestellte sich ein Bier und berichtete von dem Unfall, bei dem es zwei Tote gegeben hatte. Für einen kurzen Moment war es still. Daraufhin verließen einige der Jäger das Lokal und machten sich sofort auf den Weg zur Unfallstelle.
Ängstlich auf eine Antwort wartend, schenkte der Wirt John ein neues Bier ein. Ihre Blicke trafen sich. John nickte kurz. Damit war die stumme Frage beantwortet.
Plötzlich klingelte das Telefon. Automatisch schaute der Wirt auf die Wanduhr. „Wer ist das denn?" Kurz darauf kam er zurück. „Da will jemand einen von Euch sprechen!" John und Lydia schauten sich fragend an. „Wen von uns will derjenige sprechen?"
„Das hat der Mann nicht gesagt!" John sprang vom Hocker: „Vielleicht ist es ja Dean?" Eilig lief er zum Telefon. „Ja, hallo", meldete er sich. Ein leises Knistern, dann ein Knacken, Stille …
„Hallo, wer ist denn da?" Es blieb stumm. Nachdenklich setzte er sich wieder neben Lydia.
„Nun sag schon, wer wollte uns sprechen?" Er zuckte nur die Schultern. „Er hat einfach aufgelegt." Sie schauten sich ratlos an. „Wer sollte uns um diese Uhrzeit, außer dem Major, hier anrufen?"
John überlegte, konnte aber auf die Frage keine Antwort geben. „Sag doch mal", wandte er sich dem Wirt zu, „was wollte der Anrufer überhaupt?" Bevor er antwortete, verteilte er eine neue Runde Bier.

„So, nun zu dem Anruf. Es war eine männliche Stimme mit holländischem Akzent. Er wollte wissen, ob ihr hier seid. Worauf ich mit ja geantwortet habe. Dann würde er gerne einen von euch sprechen."
Sie zermarterten sich noch lange den Kopf, wer wohl dieser unbekannte Anrufer gewesen ist.
„Wollte da vielleicht jemand herausfinden, ob wir noch am Leben sind?"
„Das könnte gut möglich sein!", antwortete John. Mit einem Mal wurde Lydia ganz still und nachdenklich. „Was geht dir gerade durch den Kopf?", fragte John vorsichtig.
„Der Wirt erwähnte doch, der Mann am Telefon redete so ähnlich wie ein Holländer!" John nickte. „Das ist wahr, aber worauf willst du hinaus?"
„Kannst du dich noch an den Überfall auf Home Farm erinnern? Sprach da nicht Tante Hailey auch von einem Holländer?"
Allmählich beschlich sie das Gefühl, dass der Unfall und der Anruf in enger Verbindung standen. Ihnen war nun klar, dass die andere Seite alles unternehmen wird, um sie auszulöschen. „Wir sollten wenigstens den Wirt über die neue Situation in Kenntnis setzen, oder?" John war nach kurzer Überlegung mit Lydias Vorschlag einverstanden.
Ein Teil der Gäste war zu Bett gegangen, andere hatten den Heimweg angetreten. Sie unterhielten sich mit dem Wirt bis weit nach Mitternacht. Sie machten ihm klar, dass wohl in dieser Nacht noch etwas geschehen konnte, aber was, das wussten sie auch nicht. Bevor sie sich trennten, holte der Wirt aus seinem Waffenschrank eine Schrotflinte und einen Revolver. „Hier in der Tasche ist die dazugehörige Munition. Dem Anschein nach werden Sie die Waffen wohl bald brauchen." In dieser Nacht bekam Lydia kein Auge zu.
Der letzte Gast hatte weit nach ein Uhr das Gasthaus verlassen. Der Wirt war noch auf. Dann war alles ruhig im Haus.
Sie wälzte sich unruhig im Bett herum. Irgendwann war sie ein wenig eingeschlummert.
Als sie ein Auto auf der Straße vorbeifahren hörte, schaute sie auf die Uhr. Es war kurz nach drei. Hoffentlich wird es bald hell, dachte sie.
Langsam wurden ihre Augenlider schwerer und schwerer. Alle Ge-

danken verschwammen auf einmal und tauchten in eine dichte Nebelwand ein, wo sie verschwanden.
Ein heftiges Poltern an der Zimmertür riss sie aus dem Schlaf. Irgendjemand rief ihren Namen. War es im Traum? Sie schaute zum Fenster.
Da flackerte etwas und erhellte den Nachthimmel. Mit einem lauten Krachen wurde die Zimmertür aufgebrochen. „Es brennt, die haben an mehreren Stellen Feuer gelegt!“, schrie John, „wir müssen hier weg!“ Lydia schnappte kurzerhand ihre Sachen. Sie hatte geahnt, dass etwas passiert, deshalb hatte sie ihre Kleidung anbehalten. Sie hörte, wie die anderen Gäste schreiend den Flur entlang zur Treppe liefen.
Sie schaute noch einmal aus dem Fenster. Auf dem Parkplatz befanden sich bereits Leute, die hektisch hin und her rannten. Rauch drang in ihr Zimmer. Dann sah sie den Wagen, der nicht weit entfernt vom Gasthaus am Straßenrand stand und vom Schein des Feuers angeleuchtet wurde. Plötzlich stand John wieder im Zimmer. „Komm, auf was wartest du?“, rief er. Lydia zeigte nach draußen. „Die haben Feuer gelegt und warten, bis wir alle das Haus verlassen.“
„Los wir verschwinden über die Rückseite“, schlug John vor.
Der Rauch war inzwischen ins Treppenhaus eingedrungen. Hustend erreichten sie den Schankraum, an den die Küche grenzte. Von der Küche aus, über einen kleinen Flur, erreichten sie die schwere Eichentür, durch die man in den Hinterhof gelangte.
Es fielen bereits brennende Funken auf den Boden. Der Wagen stand in der Nähe eines Holzschuppens, der im Bereich des brennenden Wohngebäudes abgestellt war.
„Ich hole den Wagen, bleib du hier“, rief er und rannte über den Hof.
Dann ging alles sehr schnell. John wendete den Wagen, Lydia warf die Sachen hinein. „So, und jetzt? Wenn wir über den Parkplatz fahren, sehen die uns!“ John grinste. „Lass dich überraschen.“ Er lenkte den Geländewagen durch Obstbäume hindurch, vermied es aber, die Scheinwerfer einzuschalten.
„Woher weißt du, wo du hinfahren musst?“
„Ich hatte mir das Umfeld von dem Lokal gestern schon angeschaut und das zahlt sich jetzt aus.“ Am Ende eines schmalen Wirtschaftsweges versperrte ein Holzgatter die Weiterfahrt. John fuhr einfach

durch. Krachend flogen die Holzteile durch die Luft, dabei schleuderte ein Brett an die Frontscheibe, richtete aber keinen Schaden an. Danach überquerten sie einen Fußballplatz, an dessen Ende ein asphaltierter Weg verlief. Als sie eine kleine Anhöhe erreichten, stoppte John den Wagen hinter einer Buschreihe. Sie stiegen aus und gingen ein paar Meter zurück. Von hier aus konnten sie die Flammen des brennenden Gasthofs sehen. Auf der Straße vom Nachbarort brausten zwei Einsatzfahrzeuge der Feuerwehr mit Blaulicht zur Brandstelle.
„Die dummen Gesichter von denen möchte ich sehen, wenn sie merken, dass wir nicht unter den Gästen sind." John stimmte Lydia zu. „Die werden aber nicht locker lassen, um uns zu finden", fügte er hinzu. Sie blieben noch einen Moment stehen, rauchten und sahen zu, wie das Feuer von Minute zu Minute zusammenschrumpfte, bis nur noch der Rauch an einen Brand erinnerte.
„Wie soll es jetzt weitergehen?", fragte Lydia ängstlich.
„Nicht weit von hier soll es eine Jagdhütte geben, hat der Wirt mir gesagt. Der Schlüssel liegt hinter der Hütte unter einem Stein versteckt. Dorthin sollten wir jetzt fahren, würde ich vorschlagen. Bis Ruhe eingekehrt ist und es hell geworden ist." Nachdem sie den dichten Tannenwald erreicht hatten, schaltete John die Scheinwerfer an. Etwas später zweigte ein unbefestigter Weg von der Asphaltstraße ab. Im Scheinwerferlicht tauchte die Hütte auf.
John fuhr den Wagen hinter die Hütte, damit man von der Straße aus nicht sofort sehen konnte, dass jemand hier ist. Sie nahmen nur das Nötigste mit hinein. Die Waffen lagen griffbereit. Im Wechsel schliefen sie. Einer war immer auf dem Posten, sollte etwas Ungewöhnliches passieren. Vorerst waren sie hier erst einmal sicher.
Es war bereits Mittag, als ein vorbeifahrender Traktor ihre Aufmerksamkeit auf sich zog. Es begann zu regnen.

Kapitel 39

Frau Mortensen hatte wirklich gute Arbeit geleistet. Das Flugzeug sollte um fünfzehn Uhr dreißig vom Exeter International Airport starten. Nach einer Flugzeit von neunzig Minuten auf dem Flughafen Billund in Dänemark landen. Von Billund sollte sie dann von einem Kollegen aus der Redaktion abgeholt und nach Fredericia gefahren werden. Den jungen Mann würde sie gut erkennen. Er trägt eine orangefarbene Kappe und liest auffällig eine Tageszeitung aus dem Städtchen. Ann musste sich um nichts kümmern und das hörte sich für sie gut an.

In gespannter Erwartung stand Ms. Davis neben ihr. Die Lesebrille wie ein Teenager in die Haare geschoben. Nun wollte sie endlich erfahren, wie es weiter geht. Ruhig und in allen Einzelheiten erläuterte Ann, was sie soeben von Miss Mortensen erfahren hatte.

Ms. Davis nickte und meinte, es sei kein Problem, Ann mit dem Wagen zum Airport zu fahren. Da sie die Strecke schon mehrmals gefahren war, benötigte sie für die zweiundsechzig Meilen etwa eine gute Stunde. Ann schaute auf ihre Armbanduhr. Es war kurz vor halb zwölf Uhr Mittag. Es blieb noch ausreichend Zeit.

Ann war gerade dabei, einige Blätter aus Olgas Unterlagen zu sortieren, als Ms. Davis mit ernster Miene die Stube betrat. „Ich glaube, wir haben ein Problem!“ Ann schaute sie verwundert an.

„Was für ein Problem?“

„An der Gartenmauer zu den Millers parken immer wieder andere Autos. Seit acht Uhr, heute Morgen steht die ganze Zeit über ein dunkelblauer Wagen, in dem zwei Personen sitzen.“

„Ist das denn so ungewöhnlich?“

„Nein, nicht unbedingt, aber die zwei Personen – ich glaube, es sind Männer – sie schauen ziemlich auffällig zu meinem Haus herüber.“

Ann wusste, dass Ms. Davis sehr misstrauisch war, trotzdem überzeugte sie sich persönlich.

Als sie die Treppe vom Dachboden herunterkam, wartete Ms. Davis bereits im Flur. „Und, was meinen Sie?“

„Ich konnte vom Dachfenster den Wagen gut beobachten und ich gebe Ihnen recht, die überwachen Ihr Haus.“ Ann fuhr sich mit der

Hand durch die Haare. „Ich bin auf der Flucht, Sie arbeiten bei mir, da ist es naheliegend, dass Sie mir Unterschlupf gewähren, oder?“ Sie schauten sich an. „Wie kommen wir, ohne dass die da draußen im Auto uns bemerken, ungesehen aus dem Haus?“
Ms. Davis ging zügig zum Telefon und wählte hastig eine Nummer. „Hey, Amylee, hier ist Baylee“, hörte sie sie sagen. Ann ging an das Stubenfenster und blickte in den Garten. Kurz darauf stand Ms. Davis wieder neben ihr. „So, das hätten wir geregelt“, sagte sie siegessicher. „Wir werden das Haus gleich durch den kleinen Obstgarten verlassen, den kann man von der Straße nicht einsehen. In dem Haus dahinter wohnt Amylee Reynolds. Amylees Mann ist vor ein paar Jahren verstorben …“
„Ms. Davis“, unterbrach Ann den Vortrag. „Ja, ja, das ist alles unwichtig. Also Amylee leiht mir ihren Wagen, weil mein Auto derzeit nicht anspringt, o. k.?“ Ann grinste. „Ms. Davis, Sie sind ein Schlitzohr. Das bedeutet aber, wir kämen, ohne dass es auffallen würde, aus dem Ort, richtig?“ Ms. Davis nickte.
Sie schafften es wirklich, Poughill unerkannt zu verlassen und erreichten ohne Zwischenfälle ihr Ziel.
Die Maschine mit Ann an Bord, hob mit zehnminütiger Verspätung von der Piste ab. Ann schaute auf die kleinen Häuser, Straßen und Waldstücke unter ihr. Sie dachte noch einmal zurück. Zurück an Ms. Davis, die zur richtigen Zeit am richtigen Ort gewesen war. Wenn sie nicht … sie versuchte, diesen Gedanken schnell zu verdrängen. Sie hatte Ms. Davis aber noch gebeten, sollte sich vielleicht Lydia bei ihr melden, dass sie sie über den Stand der Dinge in Kenntnis setzen soll.
Sie lehnte sich zurück und ganz langsam fielen ihre Augen zu. Leichte Turbulenzen rissen sie aus ihrem Schlummer, dabei schaute sie auf die Uhr. Es war kurz vor siebzehn Uhr. Eigentlich müssten sie bald da sein. Als sie noch darüber nachdachte, merkte sie, wie das Flugzeug langsam in den Sinkflug überging.
Um siebzehn Uhr dreißig betrat Ann über die Bordtreppe dänischen Boden. Sie ging mit den anderen Passagieren in Richtung Flughafengebäude. Es hatten sich bereits im Gebäude mehrere Menschen versammelt, um den einen oder anderen abzuholen. Sie waren zwar mit Verspätung in Billund gelandet, doch sie hoffte, dass Miss

Mortensens Mitarbeiter nicht wieder fortgefahren und den Airport verlassen hatte.
Nachdem sie ihr Gepäck in Empfang genommen hatte, schlenderte sie langsam in Richtung Ausgang. Sie hielt Ausschau nach einem Mann mit einer orangefarbenen Kappe. Sie beobachtete den Vorplatz und merkte nicht, wie sich eine Person von hinten näherte.
„Ann Robertson?“, hörte sie plötzlich eine Stimme. Überrascht drehte sie sich um. Vor ihr stand ein junger Mann, so etwa Mitte zwanzig.
Er war kleiner als sie. Er wiederholte ihren Namen und als sie nickte, setzte er sich die orangene Kappe auf. Dabei zog er hinter seinem Rücken auch noch eine Zeitung hervor.
Ann lächelte und gab ihm die Hand. „Woher wussten Sie, dass ich die Person bin, auf die Sie warten?“
„Emmelie hat mir aufgetragen, mich nicht sofort zu erkennen zu geben. Dann sprach sie von einer einzelnen Frau. Sie waren die einzige Frau, die ohne Begleitung aus dem Flieger stieg.“
Nachdem er sich höflich mit Malte vorgestellt hatte, gingen sie zu seinem Fahrzeug. Malte war ganz stolz auf seinen alten Volvo. Er hatte bereits eine Menge Kilometer auf dem Tacho. „Wie weit ist es von hier bis nach Fredericia?“, fragte Ann.
„Etwa fünfzig Kilometer!“, erwiderte Malte.
Auf der Fahrt versuchte Ann, mit Malte eine Art Unterhaltung anzufangen. Doch der Sound mit der dazugehörenden Lautstärke ließ dieses Vorhaben kläglich scheitern. Daher schaute sie sich die friedliche Landschaft an, durch die sie fuhren. Sie war noch so erschöpft, dass trotz der Musik, ihr die Augenlider zufielen. Erst als sie einen Ruck verspürte und die Musik schlagartig verstummte, öffnete sie ihre Augen. Etwas überrascht sondierte sie das Umfeld. Es sah so aus, als wären sie mitten auf einem Bauernhof gelandet. Das Gebäude sah zwar etwas heruntergekommen aus, doch zeigte es noch immer den Charme der vergangenen Jahre. „Wo sind wir hier?“, wollte Ann wissen. Doch Malte war nach zweimaligem kurzem Hupen aus dem Fahrzeug gesprungen und öffnete ihr, wie ein Kavalier der alten Schule, die Wagentür. Sie war noch nicht ganz ausgestiegen, als ein großer, dunkler Hund sie mit wedelndem Schwanz begrüßte.
„Willkommen in Dänemark“, hörte sie die Stimme einer Frau, die

aus dem Gebäude auf sie zukam. „Sie müssen Ann Robertson sein, richtig?“ Vor Ann stand eine sehr attraktive junge Frau mit zerzausten, blonden Haaren. Ihrem Outfit nach zu urteilen, kam sie gerade von einem Ausritt zurück. Für einen Moment sah sie Lydia, ihre Tochter, vor sich stehen. Vom Alter hätte es in etwa zutreffen können.
„Und Sie sind Miss Mortensen?“
„Ja, das bin ich, für Sie aber Emmelie.“ Sie reichten sich die Hände. „Ich habe für Sie eines unserer Gästezimmer herrichten lassen. Malte wird Ihr Gepäck auf das Zimmer bringen.“ Emmelie deutete auf die dunkle Mappe, die an der Reisetasche lehnte. „Ist das von Olga?“ Ann nickte.
„Die würde ich an Ihrer Stelle ab sofort nicht mehr aus den Augen lassen.“ Für einen Moment nahm ihr eben noch so freundliches Gesicht einen strengen Ausdruck an.
Auch ihr Tonfall wurde auf einmal ernst und hatte sogar etwas Angsteinflößendes. Während Malte das Gepäck auf das Zimmer schaffte, zeigte Emmelie Ann das Anwesen. Sie machte Ann aber auch deutlich, dass mit ihrem Erscheinen und den hochbedeutenden Unterlagen eine besondere Situation eingetreten sei, die eigentlich Professor Olga Semjonow vorbehalten war. Sie gingen einen staubigen Weg entlang, der sich in mehreren Biegungen um die Stallungen schlängelte. Weit im Westen versank hinter einem Waldstück die Sonne. Es gab Momente, in denen sie kein Wort wechselten. Beide blickten stumm in die Natur. Ganz nah bei Emmelie lief immer die Labradorhündin Toscha. „Toscha klingt nicht gerade skandinavisch, oder?“ Emmelie antwortete nicht sofort. Ann unterließ es, nachzufragen, als sie die Tränen auf ihrem Gesicht sah. „Es war Olgas Hund, Toscha kommt aus dem Russischen und bedeutet so viel wie Tanja.“
Sie rieb sich mit der Hand die Tränen aus dem Gesicht. „Hatte Olga einen bestimmten Grund dafür, den Hund so zu nennen?“ Ein Schmunzeln huschte über Emmelies Gesicht. „Ja, den hatte sie. Sollte ich jemals ein Kind bekommen und es ist ein Mädchen, werde ich ihr den Namen Tanja geben.“
Ann verspürte so eine innere Unruhe, ja eine langsam aufsteigende Anspannung. Sie fühlte, dass etwas Großes bevorstand. Sie hatte

aber keinerlei Vorstellungen davon, wie die Geschehnisse ihr bisheriges Leben verändern würden.

Während Emmelie einen recht umfangreichen Fischteller zubereitete, deckte Ann den großen rechteckigen Eichentisch ein. Toscha lag auf ihrer Decke, am Kopfende des Tisches, wo Emmelie ihren Sitzplatz hatte. Zum Essen tranken sie Bier. Sie unterhielten sich über ihre Länder, über die Menschen, die dort lebten und irgendwann bat Emmelie, dass Ann etwas über sich erzählte. Das gute dänische Bier zeigte bereits bei Ann erste Auswirkungen.

Sie erzählte all das, was sich vor nicht so langer Zeit in ihrem Leben zugetragen hatte und das in aller Ausführlichkeit. Als dann Emmelie nach dem Essen einen Schnaps anbot, merkte Ann, dass sie bereits einen leichten Schwips hatte. Emmelie hörte ihr aufmerksam zu. Sie war es gewohnt, Bier und Schnaps zu trinken. Sie konnte es besser vertragen als Ann, die vorwiegend Wein gewohnt war. Doch hatte der Alkohol auch eine positive Seite. Denn manchmal mussten beide über das, was sie erzählten, herzhaft lachen.

„Die Geschichte ist sehr traurig und bedauerlich“, meinte Emmelie, nachdem Ann ihre Erzählung unterbrach, um die Tränen aus dem Gesicht zu wischen. „Sie wissen wirklich nicht, wo sich Ihre Tochter momentan aufhält?“

„Nein, das ist ja das Schlimme. Aber was mir besonders Angst macht, ist der Gedanke, dass dort draußen noch ein Irrer herumläuft, der sie töten will, sie aber davon nichts ahnt.“

„Mit dem Irren meinen Sie wohl Ihren Mann Bob.“ Ann nickte nur. „Ich glaube, ich werde uns einen starken Kaffee kochen.“ Sie stand auf und verschwand in der Küche, gefolgt von Toscha. Nachdem Emmelie wieder am Tisch saß und sie Kaffee tranken, sagte sie: „Danke, dass Sie so offen über sich erzählt haben.“ Ann lächelte, „Sie kennen jetzt mein Leben.“

Nachdem sie sich einen Schnaps eingeschenkt hatten, prosteten sie sich zu, >skol<, sie hoben die Gläser. Emmelie sah Anns erwartungsvollen Blick. „Jetzt würden Sie gerne meine Geschichte hören und in welcher Verbindung ich zu Olga stand.“

„Ich glaube, das sind Sie mir schuldig“, sagte Ann und trank einen Schluck Kaffee. „Zum einen hat Olga mir das Leben gerettet und zum anderen war ich wohl die Letzte, die Olga Semjonow noch le-

bend gesehen hat."
Emmelie erhob sich und ging wortlos in Richtung Fenster. Sie blickte eine Weile hinaus, als würde sie jemanden erwarten.
Es war zwischenzeitlich so dunkel geworden, dass die angrenzenden Gebäude des Hofes nicht mehr zu erkennen waren. Schwungvoll zog sie die schweren Vorhänge zu. „Der Wind hat zugenommen, es wird bald Regen geben", sagte sie und ging zu einem alten Schrank mit mehreren Schubladen. Es war eine Art Sekretär. Sie öffnete eine der Schubladen und zog ein in Leder gefasstes Album heraus. Sie kam an den Tisch zurück, zog einen der Stühle heran, um näher bei Ann zu sitzen. Ihre Hand strich sanft über das brüchige Leder.
„In diesem Album ist ein Teil meines Lebens." Behutsam, als könnte etwas die Bilder beschädigen, blätterte sie Seite für Seite langsam um. Auf den meisten Fotos war ein kleines Mädchen mit langen blonden Zöpfen zu sehen. „Das sind Sie, nicht wahr?"
Emmelie lächelte. „Ja, das bin ich. Viele Fotos wurden auf dem Hof meines Großvaters gemacht. Andere an unserem Sommerhaus auf Seeland."
„Auf den meisten Fotos lächeln Sie und machen einen ganz zufriedenen Eindruck", stellte Ann fest. „Das haben Sie gut erkannt. Ich hatte eine sehr schöne Kindheit. Meine Eltern haben mich vor den lauernden Gefahren der bösen Welt wie ein unschuldiges Küken umsorgt und behütet."
Sie blätterte ein paar Seiten zurück. Auf einem größeren Foto waren ein stattlicher Mann in einer schicken Marineuniform und eine elegante, gutaussehende Frau zu sehen. „Hier sehen Sie meinen Vater und meine Mutter. Sie waren für mich die besten Eltern der Welt."
Ein Moment der Stille trat ein und man konnte den Wind um das Haus pfeifen hören. „Wieso leben Ihre Eltern nicht mehr?" Tränen rannen mit einem Male über Emmelies Gesicht. Dabei tropfte eine Träne auf eine Albumseite. Sie lehnte sich zurück und wischte sich die Tränen aus dem Gesicht. Als Ann sie in den Arm nahm, um sie zu trösten, bekam Emmelie einen so heftigen Weinkrampf, dass es Ann mit der Angst zu tun bekam.
Trotz Anns gutem Zureden, dauerte es eine Weile, bis sie sich langsam beruhigte. Zwischendurch war sie in einem völlig desolaten Zustand geraten, bei dem Ann glaubte, es allein nicht zu schaffen, sie

zu beruhigen. „Es tut mir leid“, entschuldigte sich Emmelie. „Es ist einfach so über mich gekommen, als Sie mich in den Arm nahmen, da konnte ich mich einfach nicht mehr beherrschen.“ Sie nahmen nun erst einmal einen Schluck aus der Flasche.

„Was ist mit Ihren Eltern geschehen?“, wollte Ann wissen. Emmelie atmete tief ein. Schweigend blätterte sie weiter die Seiten um. Bis sie die entscheidende Seite fand. Ann rutschte etwas näher heran, um die Personen auf den Bildern besser sehen zu können. „Ist das auf dem Bild nicht …“ sie stutzte kurz. „Ja, Sie sehen richtig, das ist Olga Semjonow, meine Stiefschwester.“

„Olga war Ihre Stiefschwester?“, wiederholte Ann überrascht. Emmelie nickte. „Olga war fünf Jahre älter als ich. Anfang der achtziger Jahre lernte Olga einen Dr. Howard kennen, mit dem sie nach England ging und der eine …“ sie machte eine abwertende Handbewegung: „Klinik für psychisch Kranke leitete.“

„Es tut mir unendlich leid, was Ihrer Schwester zugestoßen ist“, dabei legte sie ihre Hand auf die von Emmelie.

„Sie müssen entschuldigen, wenn ich Sie frage, was mit Ihren Eltern geschehen ist.“ Emmelie zog die Hand zurück und strich sich durch die Haare. „Kommen Sie“, forderte sie Ann auf und erhob sich von ihrem Stuhl. „Kommen Sie, irgendwann hätte ich es Ihnen sowieso gezeigt.“ Am Ende des Zimmers gelangten sie über eine kleine Treppe auf den Dachboden. Die alten Holzstufen knarrten. Ann war erstaunt von der Größe des Dachbodens. Die eine Hälfte war liebevoll mit alten Möbeln eingerichtet. Die andere Hälfte mit einer Wand abgetrennt. Die Tür war mit einem Zahlencode versehen.

„Als Kind habe ich immer hier oben gespielt, das hier war mein Reich. Wenn wir gleich durch diese Tür gehen, werden Sie viel Böses sehen.“

Emmelie tippte einen fünfstelligen Code ein. Ein kurzes Klicken und die Tür öffnete sich. Als sie das Licht eingeschaltet hatte, kam Ann aus dem Staunen nicht mehr heraus. Es war ein großer, langer Raum. An der Giebelwand gab es zwei Fenster und vor einem stand ein Schreibtisch. Es hingen mehrere Landkarten von verschiedenen Ländern an den Wänden, in denen kleine, farbige Nadeln steckten. Überall verstreut lagen ausgeschnittene Zeitungsartikel. Da wo noch ein wenig Fläche frei war, hingen Fotos von Häusern und irgendwelchen

Grundstücken und viele Bilder auf denen Personen zu erkennen waren. So wie Ann es erkennen konnte, hatte man die Menschen wohl ohne ihr Wissen fotografiert. An einer Stellwand waren Bilder von Leichen zu erkennen. Einige der Toten waren verstümmelt und andere zeigten Zeichen von starker Verwesung.

„Donnerwetter“, rutschte es Ann über die Lippen. Sie schaute sich alles in Ruhe an. „Wenn ich das hier sehe, gruselt es mich und ich bekomme eine Gänsehaut.“ Sie setzten sich auf ein Sofa. Von hier aus hatte man den gesamten Raum im Blick. Toscha war ihnen gefolgt und legte sich so, dass sie Emmelies Füße berührte.

„Über mehrere Jahre“, begann Emmelie ihre Erzählung, „wurde ein kommunistischer Abgeordneter des dänischen Parlaments in seiner privaten Wohnung abgehört. Eine Aktion, mit dem Decknamen >the firm – die Firma<.

Wie der Zufall es wollte, war die Person, die abgehört wurde, ein Freund meines Vaters.

Diese Aktion bestand aus Mitgliedern einer streng geheimen, antikommunistischen Organisation aus den Nachrichtendiensten von Dänemark und den USA.

Beide Nachrichtendienste hatten offensichtlich unterschiedliche Vorstellungen von der zwischen ihnen getroffenen Vereinbarung.

Die Dänen dachten, dass sie im Falle einer sowjetischen Invasion selbst eine geheime Organisation zum Einsatz bringen könnten. Sie waren überrascht, als sie herausfanden, dass die Amerikaner beabsichtigten, die Organisation ohne dänische Beteiligung zu betreiben. Schließlich akzeptierten die Dänen, dass zwei ihrer Landsleute die Organisation leiten sollten. Einer von beiden war mein Vater.“

Einige Augenblicke schaute Emmelie auf die vor ihr liegenden Zeitungsausschnitte. „Die Schaffung einer solchen Organisation erforderte umfangreiche Vorbereitungen“, fuhr sie fort. „So mussten Landezonen ausgewiesen, Flucht- und Ausweichorte festgelegt, sowie Codes erstellt werden. Die Firma richtete auch einen Informationsdienst ein, damit die Bevölkerung während einer militärischen Besetzung illegale Nachrichten empfangen konnte. So wurde die psychologische Kriegsführung zu einem wichtigen Werkzeug. Bald kam man in der Firma auf die Idee, die durch die Abhöraktionen gewonnenen Informationen zu nutzen. Man begann, sogenannte „schwarze

Briefe“ zu schreiben. Die angeblich von einem unzufriedenen Parteimitglied der KP stammten. Eine Mischung aus Tatsachen, Fiktionen, Lügen und Gerüchten bildeten den Inhalt. Sie hatten stets führende Personen der Partei zum Ziel.“ Ann lehnte sich zurück, die Sache hörte sich spannend an.
„Im Laufe der Jahre war die Firma so groß geworden, dass sie ohne finanzielle Unterstützung der Amerikaner unmöglich existieren konnte.“
„Mit den Amerikanern meinen Sie den CIA?“ Emmelie nickte.
„Dann kam der Tag, es muss wohl Mitte der siebziger Jahre gewesen sein, als ein dänischer Minister die Abhöraktionen ausplauderte. Plötzlich waren die Zeitungen voll mit Artikeln über diese Geheimorganisation. Nach dem Bekanntwerden forderte der Leiter des dänischen Nachrichtendienstes die Firma auf, eine Erklärung abzugeben. Es wurde eine Untersuchung eingeleitet, jedoch war nicht gestattet, die Verbindung zwischen führenden Politikern und der Firma zu durchleuchten. Letztendlich wurde ein Hauptverantwortlicher bekannt, aber strafrechtlich verfolgt wurde niemand.“
Ihre Blicke trafen sich und ein Lächeln huschte über ihre Gesichter.
„Der Verantwortliche“, fragte Ann, „das war dann wohl Ihr Vater?“
Emmelie nickte nur. „Er wurde gezwungen, ein Dokument zu unterzeichnen und auf alle künftigen, nachrichtlichen Aktivitäten zu verzichten und ein neues Leben zu beginnen. Er blieb jedoch politisch aktiv und führte heimliche Sicherheitslehrgänge für das dänische Militär durch.“
„Was wurde aus der zweiten Person, die neben Ihrem Vater die Organisation leiten sollte?“
Das plötzliche Schlagen eines Fensterflügels unterbrach das Gespräch. Emmelie ging zum Fenster und schloss es.
Es war stockdunkel draußen und der stärker gewordene Wind peitschte den Regen an die Scheiben. Sie ging zu einem Schrank, der fachmännisch in die Schräge des Dachstuhls hineingebaut war. Sie holte ein Flasche Rotwein und zwei Gläser heraus.
„Mir ist jetzt nach Rotwein“, sagte sie und setzte sich neben Ann. „Sollten wir nicht du zueinander sagen?“, fragte sie vorsichtig, nachdem sie die Gläser gefüllt hatte.
Ann lächelte und nahm das Glas. „Ja, unbedingt!“ Der helle Klang

der zusammentreffenden Gläser hallte durch das Zimmer. Ein wenig unsicher begann Emmelie zu sprechen. „Also Sie, oh entschuldige du hattest vorhin nach dem anderen Mann gefragt?“ Einen Augenblick überlegte Emmelie. „Ja, dieser zweite Mann, den niemand so richtig kannte, war plötzlich wie vom Erdboden verschwunden.“

„Nach dem Tod seiner ersten Frau, es waren zwischenzeitlich einige Jahre vergangen, lernte mein Vater auf einem politischen Empfang eine Frau kennen. Sie war Dolmetscherin und kam aus Leningrad. Es war wohl Liebe auf den ersten Blick, so erzählte sie es immer. Sie heirateten und etwa ein halbes Jahr später kam ich zur Welt.“ Sie griff neben sich und holte ein Album hervor, in dem liebevoll Bilder ihres Lebens eingeklebt und mit netten Sprüchen versehen waren. Mit einem Mal hörte sie auf, weiter zu blättern. Da waren zwei schwarz/weiße Fotos. Auf einem der Bilder waren mehrere Menschen zu sehen. Emmelie tippte mit dem Finger auf eine der Personen.

Es war ein junges, hübsches Mädchen, vielleicht sechzehn oder siebzehn Jahre mit dunklen, langen Haaren.

„Wer soll das sein?“, fragte Ann. „Das ist …“ Sie schluckte, „das war Olga Semjonow, meine Stiefschwester. Meine Mutter brachte Olga mit in die Ehe. Mein Vater hat Olga als Tochter sofort anerkannt.“

„Aber was ist dann passiert?“ Emmelie klappte das Album zu und stellte es wieder an die Stelle, an der es vorher gestanden hatte, so als wollte sie mit dieser Sache ein für alle Mal abschließen. Sie griff zu dem noch vollen Glas Wein, leerte es ohne abzusetzen in einem Zug aus.

Mit verschränkten Armen lehnte sie sich zurück und starrte auf einen Punkt im Raum. Ann hatte das Gefühl, dass es ihr sichtlich schwerfiel, über die Geschehnisse der Vergangenheit zu reden. „Wenn du nicht darüber reden willst“, sagte Ann leise, „Dann musst …“

„Doch, doch, ich muss darüber reden“, fiel Emmelie ihr ins Wort.

„Du bist der erste Mensch und bleibst wohl auch die Einzige, mit der ich über das Schreckliche reden kann und mich dir anvertraue.“

„Es berührt mich so sehr, dass du, liebe Emmelie, mir so viel Vertrauen entgegenbringst.“ Sie füllten erneut ihre Gläser mit Wein und prosteten sich zu. Nach jedem weiteren Glas wurde Emmelie redseli-

ger.
„Dann begann die schlimmste Zeit meines Lebens." Wortlos stand sie auf und ging Richtung Fenster. Dort blieb sie einen Moment lang stehen und schaute schweigend in die Dunkelheit, als wollte sie ihren nächsten Satz formulieren. „Ich war erst dreizehn, noch ein Kind, als das Furchtbare geschah. Ich kann mich an diesen Tag noch genau erinnern. Es war Herbst. Es war ein besonders milder Herbst gewesen. Ich hatte mit den Nachbarkindern Laub zusammengefegt und heruntergefallene Äste aus dem alten Baumbestand zusammengetragen und einen großen Haufen errichtet. Mit einem langen Streichholz zündete Ole den Haufen an. Er war unser Gärtner und kam zweimal in der Woche, um Gartenarbeiten zu erledigen. Sofort fingen das Laub und die Äste an zu brennen. Hell zitternde Flammen schlugen aus dem Haufen empor. Es knisterte und der Rauch wirbelte umher. Plötzlich kam Svenja, unser Hausmädchen in den Garten gelaufen. An ihrem Gesicht erkannte ich, dass etwas geschehen sein musste.
Die beiden unterhielten sich auffallend hektisch. Dann schauten sie zu mir herüber und ich wusste, dass es mit unserer Familie zu tun hatte. Svenja rannte wieder zurück ins Haus. Ole kam zu mir und sagte, er gehe kurz ins Haus und ich sollte in der Zeit auf das Feuer achten. Als Ole im Haus verschwunden war, lief ich auch zum Haus. Vorsichtig schlich ich durch den Flur. Ich verspürte eine beklemmende Stille. Dann hörte ich Stimmen und ein anderes Geräusch mischte sich ein, so als würde jemand weinen. All das, was ich hörte, musste aus Richtung der Terrasse kommen. Langsam ging ich weiter.
Wenn ich heute an dieses Bild denke, habe ich noch immer das Gefühl, mein Atem bleibt stehen. Ole und die weinende Svenja standen fassungslos vor dem alten Kirschbaum. Auf der Erde ein umgekippter Stuhl. Darüber hing an einem Seil, der Körper eines Menschen. Dieser Mensch, der dort hing und leicht hin und her pendelte, hatte das graue Kostüm an, das meine Mutter gerne trug."
Emmelie verstummte und blickte vor sich auf den Boden. „Es war deine Mutter, nicht wahr?" Sie nickte.
„Hat man den Grund für dieses Handeln herausgefunden?", fragte Ann sofort, damit Emmelie nicht in eine depressive Stimmung verfiel und weiter erzählte. Sie ging im Zimmer umher. Wenn sie er-

zählte, blieb sie stehen.
„Später erfuhr ich von Olga, dass der Grund, warum sich unsere Mutter das Leben nahm, wohl ein Liebesverhältnis meines Vaters mit einer anderen Frau war. Er war acht Jahre älter als unsere Mutter. Die Hochzeit meiner Eltern stand von Anfang an unter einem ungünstigen Stern. Eine Dolmetscherin aus Leningrad und ein hochrangiger Offizier, da wurde sofort von Spionage und Geheimdienst gemunkelt."
„War deine Mutter eine Ostagentin?" Emmelie zuckte mit den Schultern. „Wie geht die Geschichte weiter?" Ann war neugierig geworden.
„Als ich Journalistin wurde, habe ich heimlich Nachforschungen angestellt. Mein Vater hatte sich nach dem Tod meiner Mutter ganz und gar zurückgezogen. Als ich ihn einmal, ich glaube, es war zu seinem Geburtstag, mit Olga besuchte, saß vor uns ein gebrochener Mann. Nichts erinnerte mehr an den großen, schicken Offizier. Zuerst vermuteten wir, es handle sich um eine Krankheit. Als wir aber seinen Hausarzt befragten, bekamen wir die Antwort, dass dieser Mann völlig gesund sei. Hatte er vielleicht den Tod seiner Frau noch nicht verwunden? Gab es wirklich diese heimliche Geliebte, die der Auslöser für den Selbstmord seiner Frau war? Manchmal haben wir daran gedacht, ob es vielleicht doch kein Suizid gewesen ist und es sich um Mord handelte. Wir dachten an irgendwelche Geheimdienste. Wir hatten auch meinen Vater in Verdacht, er hätte mit der Sache zu tun gehabt."
Wieder leerte Emmelie mit einem kräftigen Schluck das nächste Glas Wein, so als hätte sie noch eine Menge zu berichten.
Sie wanderte unruhig in dem großen Raum auf und ab. Mal blieb sie an einer Wand mit vielen Fotos stehen, mal stand sie am Fenster und schaute schweigend hinaus. Ann fiel auf, dass sie immer unruhiger und gereizter wurde, je mehr sie über diese alten Geschichten sprach. Immer wieder stand sie am Fenster. „Erwartest du noch jemanden?"
Erschrocken drehte sie sich um, als hätte man ihre Gedanken erraten. In ihren Augen war plötzlich so etwas wie Angst. „Wann ist dein Vater gestorben?", fragte Ann mit ruhiger Stimme und löste damit für einen kurzen Moment Emmelies Anspannung. Sie trat an die Wand und nahm ein Bild davon ab. Einen Augenblick betrachtete sie

das Foto. „Ja, mein Vater, dieser angeblich hochdekorierte Offizier, dieser Mann hat sich mit seiner Pistole erschossen." Sie schaute völlig aufgelöst zu Ann herüber. „Kannst du dir das vorstellen, ein Mensch der alles hat, Geld, Erfolg, eine Familie, so jemand erschießt sich doch nicht einfach?"
„Du bist also fest davon überzeugt, dass auch der Tod deines Vaters kein Selbstmord gewesen ist?" Emmelie schritt wieder durch den Raum. „Mein Vater und auch meine Mutter waren beide starke Persönlichkeiten. Es ist einfach schwer, sich vorzustellen, dass solch starke Menschen den Freitod wählen." Sie blieb in der Mitte des Raumes stehen und verschränkte die Arme vor der Brust.
„Hier war eine andere Macht im Spiel."
„Was hat denn die örtliche Polizei zu dieser Sache herausgefunden? Oder gab es irgendwelche Fakten, die einen Selbstmord widerlegen konnten?" Emmelie schüttelte heftig den Kopf. „Die Polizei war selbst in dubiose Sachen verstrickt und war wie andere Behörden bis hinauf in politische Ebenen von subversiven Kräften unterwandert. Oder wie Olga es einmal ausdrückte: Verpestet."
„Ist das nicht ein Vorurteil?", wollte Ann wissen.
Mit einem Mal veränderte sich Emmelie. Ihr Körper straffte sich, die Stimme wurde ruhiger, nahm aber an Stärke zu. Sie bat Ann, zu ihr zu kommen. Ann spürte, dass die Situation sich änderte.
Vor ihr stand nicht mehr die Frau, die noch vor Kurzem über den Tod ihrer Eltern weinte. Nein, vor ihr stand plötzlich eine junge, selbstbewusste, kampfbereite Frau. Sie hakte sich bei Ann ein und zog sie langsam zu einer anderen Stellwand, die in der Nähe des Fensters stand. Auf dieser wie auch auf den anderen Wänden waren Bilder, Fotos, Zeitungsartikel und Kopien von Briefen angeheftet. Doch als Ann näher an die Wand herantrat, war da etwas, was sie auch von ihrem Mann kannte. Auf der rechten Seite hing an einer Kette eine Metallplatte, auf der Zahlen und Buchstaben eingestanzt waren. „Das ist ja eine Erkennungsmarke für Soldaten!"
„Genau, diese Marke gehörte meinem Vater", erwiderte Emmelie.
„Die hast du sozusagen als ein Erinnerungsstück an deinen Vater aufbewahrt?"
„Ja richtig, diese Marke lag in einer Mappe mit anderen Dokumenten zusammen. Was aber niemand aufgefallen war, dass auf der Rücksei-

te bereits der Tag, an dem er angeblich Selbstmord verübte, ganz klein und kaum sichtbar eingestanzt war. Das war für mich schon ein Indiz dafür, dass an der These „Selbstmord“ etwas nicht stimmen konnte.

Ich recherchierte nun noch intensiver und stieß in einem geheimen Wandfach auf Kontoauszüge meines Vaters, auf denen, es waren mehrere Konten, beachtliche Geldsummen lagerten.“

„Hatte dein Vater, so wie mein Mann Bob, auch zwei Gesichter? Soll ich uns noch einmal ein Glas Wein einschenken?“, fragte Ann, denn sie spürte langsam, dass die Sache so geheimnisvoll war und je mehr Emmelie erzählte, desto mehr Parallelen entdeckte sie zu Bob.

Bestand vielleicht doch mit den Vorkommnissen hier in Dänemark ein Zusammenhang mit denen in England, ging es Ann durch den Kopf.

Nein, dachte sie und verwarf diesen Gedanken sofort wieder, das wäre ja eine reine Katastrophe und wir säßen alle auf einem Pulverfass. „Was ist aus dem Geld geworden?“

„Nun, ich habe versucht, an das Geld zu kommen, aber es war durch ein Passwort geschützt.“

„Das bedeutet“, fragte Ann neugierig, „das viele Geld liegt immer noch auf der Bank?“ Emmelie schmunzelte. „Eine Woche nach meinen Erkundigungen waren plötzlich alle Konten aufgelöst und das Geld spurlos verschwunden.“

„Was hast du dann gemacht?“

„Ich lernte auf einer Party einen netten Mann kennen. Kurz darauf bekam ich eine super Anstellung bei einer großen Zeitung in Kopenhagen. Ja, es war ganz eigenartig, auf einmal verlief mein Leben in normalen Bahnen. Ich hatte einen tollen Job bei dem Verlag und konnte ziemlich frei und selbstständig arbeiten. Paul und ich verstanden uns so gut, dass wir Zukunftspläne schmiedeten.“ „Dieser Paul, er ist aber kein Landsmann?“, fragte Ann.

„Paul ist Deutscher und kam aus Hannover, eine Stadt in Norddeutschland. Ich war auf einmal richtig glücklich und entfernte mich langsam immer weiter von der Vergangenheit und hörte auf, noch weitere Nachforschungen anzustellen.

Bis zu jenem Tag, der mein bisheriges Leben auf den Kopf stellte. Es war der 31. Dezember 1986 – mein Vater war zu diesem Zeitpunkt bereits elf Monate tot – als es gegen einundzwanzig Uhr an der Wohnungstür klingelte. Paul und ich wohnten in einer kleinen, aber recht schönen Wohnung in Kopenhagen. Ich war noch dabei, mich zurechtzumachen, da wir auf eine Silvesterfeier eingeladen waren. Nachdem ich die Sicherungskette entfernt hatte, öffnete ich die Tür. Vor mir stand ein Mann. Sein Alter konnte ich schlecht schätzen. Er trug eine Brille und das Gesicht war von einem grauen Vollbart bedeckt. Der Hut und der Lodenmantel waren noch von Schnee bedeckt. Er sagte:

„Entschuldigen Sie bitte, sind Sie Fräulein Mortensen, Emmelie Mortensen?“ Seine Stimme hatte einen ausländischen Akzent. „Ja, habe ich geantwortet, ich bin Emmelie Mortensen.“

Er öffnete eine alte, braune Aktentasche, die er in der Hand hielt und zog einen großen Umschlag hervor. Er wollte ihn mir geben. Was soll ich mit diesem Umschlag, habe ich gefragt und trat dabei einen Schritt zurück.

Bitte, sagte der Mann, der Inhalt ist für sie von äußerster Wichtigkeit. Ich nahm den Umschlag und wollte hineinschauen.

Bitte nicht jetzt, sagte der Unbekannte, nickte höflich und ging in Richtung Treppe. Hallo, rief ich dem Mann hinterher, der bereits die ersten Stufen erreicht hatte und wer sind sie? Er blieb kurz stehen, drehte sich noch einmal um. Nennen sie mich „Gladio“. Dann verschwand er einfach. Das Licht im Treppenhaus ging aus und ich hörte noch, wie die Haustür mit einem lauten Schlag ins Schloss fiel. Das alles war so unwirklich, dass ich Paul nicht sofort sagen konnte, was da eben vor der Tür geschehen war.

Ich setzte mich in einen Sessel, legte den Umschlag auf den Tisch und schaute ihn schweigend an.

Hey, beeil dich, riss mich Paul wieder in die Wirklichkeit zurück, unser Taxi kommt gleich.“

„Das klingt ja alles sehr geheimnisvoll“, sagte Ann. „Was war nun in diesem Umschlag den ‚Gladio‘ dir übergeben hat?“

Wortlos ging Emmelie zu einer Stelle im Raum, klappte eine Ecke des Teppichs zur Seite, nahm ein Stück der Holzdiele heraus. Unter dem Holzfußboden war eine Art Tresor eingelassen. Diesem recht interessanten Versteck entnahm sie einen größeren Umschlag.

Nachdem sie den Inhalt, es waren diverse Fotos, auf dem Tisch aus-

gebreitet und mit der Hand verteilt hatte, ging sie zum Fenster, wo sie schweigend ausharrte.
Ann blickte auf die Fotos. Einige Aufnahmen waren schwarz/weiß und andere in Farbe.
Das was sie jetzt aber sah, erschütterte sie, ja, sie verspürte so etwas wie Ekel in sich aufsteigen. Die Bilder zeigten Mädchen und Jungen, einige sichtbar unter fünfzehn Jahre, in eindeutigen Posen mit erwachsenen Männern. Auf einigen der Bilder war Emmelies Vater zu erkennen.
„Sie machten nicht einmal vor Kindern halt", murmelte Emmelie, ohne sich dabei umzudrehen. „Das ist einfach pervers", fügte Ann hinzu. Sie sammelte alle Fotos wieder ein und steckte sie in den Umschlag. „Also wollte dieser Unbekannte, in der besagten Silvesternacht dir mitteilen, dass dein Vater doch zwei Gesichter hatte und nicht der war, den er nach außen anderen vorspielte. Könnte es vielleicht auch sein, dass deine Mutter bereits früher von diesen Heimlichkeiten ihres Mannes wusste und sich daher vor Scham das Leben nahm?"
„Hör auf, hör endlich auf!", schrie Emmelie mit einem Mal und hielt sich die Ohren zu. „Ich kann es einfach nicht mehr hören." Ann sprang auf und umarmte sie.
„Entschuldige bitte, das wollte ich nicht!"
„Egal was passiert ist, es waren doch meine Eltern."
Langsam konnte Ann sie wieder beruhigen. „Da war noch etwas", stammelte Emmelie und löste sich aus der Umarmung. Zwischen Büchern versteckt, die in einem Wandregal standen, zog sie einen kleinen, ziemlich vergilbten Umschlag hervor. „Dieser Umschlag lag ebenfalls bei den Bildern." Sie gab ihn Ann. Von außen war nichts Auffälliges zu erkennen. Im Inneren drei gefaltete Blätter. Auf den Seiten war fein säuberlich, mit Schreibmaschine, sehr akkurat eine Vielzahl von Namen und Orten aufgelistet, die aus unterschiedlichen Ländern stammten.
Unter anderem wurden mehrere Orte mit ihrer genauen Lage benannt. Ann überflog die Namen und Daten nur, weil es so viele waren. „Das was ich hier in der Hand halte, ist möglicherweise hochbrisantes Material, meinst du nicht auch?"
„Und ob!", sagte Emmelie sofort.

„Als ich Paul die Listen zeigte, fielen ihm sofort die deutschen Namen auf. Außerdem lagen viele der Orte auf dem Gebiet von Westdeutschland. Was ihn stutzig machte, war ein Zeichen, eine Art Wappen auf der letzten Seite."
Ann holte das Blatt hervor. Tatsächlich, da war so eine Art Wappen abgebildet. „Das sieht aus wie ein springendes Tier, oder?" Ja, es handelte sich um ein Tier. „Es soll ein Windhund sein."
„Ja, doch!", stimmte Ann zu, „hier könnte es sich bei dem Tier um einen Windhund handeln."
„Es ist ein Windhund!", antwortete Emmelie mit sicherer Stimme.
„Mit einem Mal fing Paul an, sich ebenfalls für die Sache zu interessieren. Er fand heraus, dass es ein Wappen einer Einheit der deutschen Wehrmacht im Zweiten Weltkrieg war, die in den letzten Kriegsjahren aufgestellt wurde. Diese Windhund-Abteilung bestand wohl aus besonders loyalen und tapferen Kämpfern." Ann hörte gespannt zu.
„Was hatte nun diese ominöse Abteilung hier zu tun?"
„Genau das haben sich Paul und ich auch gefragt."
„Was aber auffällig war, dass man in der Nähe bei einigen Toten immer eine Münze mit dem Windhund-Zeichen fand."
„Das hört sich aber unheimlich an", murmelte Ann. „Hat man bei deiner Mutter auch so eine Münze gefunden?"
„Nicht die Polizei, aber als ich nach Jahren das Kaminholz umschichten wollte, fand ich diese Münze, nicht weit entfernt von dem Baum, an dem sich meine Mutter angeblich erhängte."
„Und bei deinem Vater?"
„Da lag sie auf einem Blumentopf auf der Fensterbank."
„Das heißt ja, dass deine Eltern keinen Selbstmord begangen haben, sondern sie …" Emmelie fiel ihr ins Wort. „Sie wurden kaltblütig und gezielt getötet. Komischerweise hat die Polizei diese Münze nicht gefunden."
„Was ist aus Paul geworden?" Emmelie holte tief Luft. Sie öffnete ein Herz, das sie an einer Kette um den Hals trug. Auf der einen Seite war ein Bild von ihr und auf der anderen Seite ein Bild von Paul. „Wir haben uns sehr geliebt, aber irgendwie haben wir uns auseinandergelebt. Er ging wieder nach Deutschland zurück und arbeitet als Anwalt in einer Kanzlei. „Habt ihr denn noch Kontakt miteinander?"

Emmelie nickte und lächelte verschämt. „Ja, hin und wieder treffen wir uns mal bei mir, mal bei ihm, auch mal in einem Hotel. Es war Pauls Idee, sich an unterschiedlichen Orten zu treffen. Eines Tages sagte er mir, er würde das Gefühl nicht los, verfolgt zu werden. Außerdem glaubt er, dass man seit längerer Zeit seine Telefongespräche abhöre. Paul ließ diese Sache auch nicht mehr los und er recherchierte weiter.

Immer wenn wir uns trafen, tauschten wir unsere gewonnenen Informationen aus. Er fand heraus, dass es auch in Westdeutschland bei Toten solche Münzen gab.

Auch dass bei der einen oder anderen Leiche eine Erkennungsmarke vorhanden war, bei der der Sterbetag bereits eingestanzt war.

Wir fanden heraus, dass die Windhund-Organisation aus Westdeutschland sehr eng verknüpft ist mit der „Firma“ hier in Dänemark. Noch etwas fand Paul heraus, dass Geheimorganisationen in anderen Ländern wie ein Spinnennetz miteinander verbunden sind.

Als wir die Liste mit den Namen uns einmal genauer anschauten, ließ mich ein Name besonders aufhorchen, >Dr. Howard, England<. Hier handelte es sich bestimmt um den besagten Dr. Howard, mit dem Olga nach England ging. Nachdem ich anschließend Olga damit konfrontierte, war sie bestürzt. Kurz nach unserem Telefonat besuchte sie mich für ein paar Tage. Sie betonte sehr deutlich, dass niemand, absolut niemand herausfinden durfte, dass sie hier bei mir in Kopenhagen sei.

Ich war ein wenig überrascht über diese Aussage. Als sie jedoch über das erzählte, was dort in dieser Klinik so alles Furchtbares geschieht, merkte ich, wie stark das alles Olga belastete. Am Tag ihrer Abreise, wir saßen in einem kleinen Lokal, ließ sie durchblicken, dass sie aussteigen will. Ihr würde nur noch ein Teil des Puzzles fehlen. Sie hätte eine große Menge an brisantem Material zusammengetragen und ich sollte es dann veröffentlichen. Mit dieser Story wirst du einen Vulkan auslösen. Das waren ihre letzten Worte in dieser Sache.“

„Diesen Vulkan habe ich jetzt mitgebracht“, sagte Ann lächelnd. Emmelie nickte und verschränkte ihre Arme vor der Brust. „Das wäre für dich eine Riesenstory, du würdest mit einem Mal eine berühmte Journalistin.“ Emmelie presste ihre Lippen aufeinander.

„Das schon, doch ich bin fest davon überzeugt, dass sich mein bishe-

riges Leben total verändern würde."
„Du wirst eine Menge Freunde finden, aber genauso viele Feinde haben und dein Leben würde gefährlicher."
Emmelie ging zum Tisch und füllte zwei Gläser mit Wein. Sie kam zu Ann und gab ihr eins. „Du kannst ja immer noch aussteigen. Ich bin das Olga einfach schuldig und werde es veröffentlichen, skol! Wenn ich das alles so betrachte, warst du auch sehr fleißig mit der Sammlung an Informationen. Es war bestimmt nicht einfach, das alles herauszubekommen, oder?" Sie lachte. „Eine gute Journalistin hat überall Quellen. Außerdem habe ich die Erfahrung gemacht, dass jeder käuflich ist. Es kommt letztendlich auf die Höhe der Summe an."
Einen Moment war es still. Man konnte den Regen hören, wie er auf das Dach prasselte.
„Aber da war noch etwas!", fiel Emmelie ein. Sie nahm die Blätter, auf denen die Namen standen. Sie überflog die Seiten. Dann hatte sie offenbar gefunden, was sie suchte. Sie tippte mit dem Finger auf den Namen und zeigte ihn Ann. Ann zwinkerte mit den Augen. Das Licht war für das Lesen von Texten nicht gerade ideal. Regungslos stand sie da, das Blatt mit beiden Händen haltend, als wollte sie die aufgelisteten Namen auswendig lernen.
„Bob Robertson", kam es über ihre Lippen. Sie blickte zu Emmelie hinüber. „Als du über dich erzähltest und den Namen nanntest, wusste ich gleich, dass ich diesen Namen schon einmal gelesen hatte."
„Dass Bob ein böser Mensch ist, das weiß ich. Es hat mich jetzt doch ein wenig überrascht, dass er sich bereits so hochgearbeitet hat." Sie schaute auf ihre Armbanduhr. Es war kurz vor Mitternacht. "Wir sollten langsam zu Bett gehen", schlug Emmelie vor. Ann war mit dem Vorschlag einverstanden. Bevor sie die Listen aus der Hand legte, betrachtete sie sie noch einmal.
„Soll ich dir vielleicht noch ein heißes Bad einlassen?", fragte Emmelie und wunderte sich darüber, dass sie keine Antwort erhielt. Sie drehte sich zu Ann herum. Die stand wie vom Blitz getroffen und schaute auf das Papier in ihrer Hand. „Ann, ist alles in Ordnung?" Es dauerte, bis Ann den Kopf hob und sie anschaute. Sie war ganz blass geworden. In ihrem Blick war plötzlich so etwas wie Entsetzen und Panik. Ihre Hände zitterten. „Was steht da, das dich so erschreckt

hat?", fragte sie und ging auf sie zu. „Hier ist noch ein Name", stammelte sie. Ihr Finger glitt über die Buchstaben. „Den Mann, der diesen Namen trägt, diesen Menschen kenne ich", sie schluckte. „Wer ist dieser Mann, dessen Name dir so viel Angst einflößt?"
Eine Antwort bekam sie nicht mehr, denn mit einem Schlag ging das Licht aus und sie standen im Dunklen.
„So ein Mist", fluchte Emmelie, „das ist bestimmt die Sicherung", sie stolperte in Richtung Fenster, wo der Schreibtisch stand.
Während sie in der Schreibtischschublade tastend nach der Taschenlampe suchte, schaute sie aus dem Fenster auf den Hof. Der Schreck fuhr ihr in die Glieder.
In dem gegenüberliegenden Gebäude bemerkte sie hinter einem der Fenster einen schwachen, unruhig hin und her gleitenden Lichtstrahl einer Taschenlampe. Es war das Zimmer, in dem Ann schlafen sollte.

Kapitel 40

Nachdem der Traktor die Jagdhütte passiert hatte und sein Motorgeräusch in der Tiefe des Waldes verklungen war, betraten sie die überdachte Veranda. Von den herabfallenden Regentropfen, die durch das Blattwerk der Laubbäume auf den trockenen Waldboden fielen, lag ein modriger Geruch in der Luft. Es roch auch nach Verbranntem, diesen Geruch trug der leichte Wind zu ihnen herüber. Sie standen schweigend da und lauschten auf das Gezwitscher der Vögel. Es war, als wären sie weitab von allem, an einem Ort, an dem es nichts Böses gab.

„Ich verspüre Hunger“, unterbrach John die Stille und schmunzelte, als Lydia ihn mit einem grimmigen Blick anschaute. „Sorry, dass ich dich gestört habe, aber mir hängt der Magen in den Kniekehlen.“ Lydia schaute ihn ungläubig an. „Wo bitte gibt es hier etwas zu essen?“

„Der Wirt hat mir noch gesagt, sollten wir die Hütte erreichen und hier bleiben, würden wir auch etwas Essbares finden.“ Tatsächlich wurden sie fündig. In einem Nebenraum stand sogar ein gut gefüllter Kühlschrank. An der Decke hingen Schinkenstücke. Es war alles vorhanden. Bier, Schnaps, eben die Hütte eines Gastwirtes. „Hier können wir es ein paar Tage aushalten“, meinte Lydia und hielt eine Flasche Wein in der Hand. Sie deckten den Tisch, aßen von den Vorräten des Wirtes und tranken einen guten Rotwein dazu. Im Moment war es so, als dachte keiner von ihnen mehr an das, was vor ihnen lag. Aus der Ferne war das Läuten der Kirchenglocken zu hören. John schaute auf die Uhr, es war Punkt zwölf Uhr.

Als sie gegessen und dabei die Flasche Wein geleert hatten, zündeten sie sich Zigaretten an. John lehnte sich bequem zurück. „Wie Gott in Frankreich“, kam es über seine Lippen. Als sie zu Ende geraucht hatten, legte Lydia den Polizeiordner vor sich auf den Tisch und blätterte darin herum. John sah mit halb geöffneten Lidern zu ihr herüber.

“Ich hatte eben so etwas wie eine Erleuchtung“, sagte Lydia und hielt den aufgeschlagenen Ordner hoch. „In der Verteilerliste ist der Name eines Kommissars aufgeführt, der wohl damals mit dem Fall zu tun

gehabt hat.“ John rieb sich die Augen und rückte näher an den Tisch heran. „Ein Kommissar Holtmann, Fred Holtmann“, sagte Lydia und klappte die Landkarte auf. „Seine Dienststelle war in Hameln.“ Sie tippte mit dem einen Finger auf die Stadt Hameln und mit dem anderen Finger auf die Stelle, an der die Jagdhütte stand. „Die Stadt ist von hier gar nicht so weit entfernt.“
„Du meinst also, wie sollten diesen Kommissar Holtmann aufsuchen?“ Lydia nickte. John war mit dem Vorschlag einverstanden. Wenn Holtmann schon auf der Verteilerliste stand – das kannte er von seiner eigenen Polizeiarbeit her – dann war er mit Sicherheit in den Fall eingebunden.
Sie entschlossen sich, die Jagdhütte als Unterschlupf und Rückzugsort weiter zu nutzen, verstauten aber alle anderen Sachen im Wagen. Bevor sie losfuhren, raute John mit einer Harke den Waldboden vor den Treppenstufen bis zur Veranda auf und glättete anschließend den Bereich wieder. „Wenn wir später zurückkommen, kann man erkennen, ob ungebetene Gäste an der Hütte waren.“ Dann machten sie sich auf den Weg. Es dauerte nicht lange, bis sie auf eine stark befahrene Straße stießen.
„Wir müssen nach rechts“, sagte Lydia, die die Karte in der Hand hielt und als Navigator fungierte. Sie waren richtig. Auf der ersten Hinweistafel war Hameln bereits ausgeschildert. Es hatte aufgehört zu regnen. Nach einer halben Stunde waren die ersten Häuser der Stadt zu sehen. Sie hatten sich bereits dazu entschieden, zuerst zur Polizeistation zu fahren. Dank einer guten Beschilderung, fanden sie das Gebäude recht schnell. John parkte den Wagen in einer Seitenstraße. Die letzten Meter legten sie zu Fuß zurück. Sie hatten abgesprochen, dass Lydia hineingehen sollte, um sich nach Fred Holtmann zu erkundigen.
John hatte sich auf einer Bank niedergelassen und beobachtete aufmerksam das Umfeld. Es waren etwa fünfzehn Minuten vergangen, als Lydia mit einem Lächeln auf den Lippen zurückkam und sich neben ihn auf die Bank setzte. „Nun spann mich nicht auf die Folter und sag schon, wie es gelaufen ist!“
„Da ich wohl ein nettes und freundliches Mädchen bin, hat mir der Polizist an der Anmeldung, ohne nach meinem Namen zu fragen, erklärt, dass der Kommissar bereits im Ruhestand sei. Ich muss in

diesem Moment traurig dreingeschaut haben, denn er holte einen Zettel hervor und schrieb bedenkenlos Holtmanns Wohnadresse darauf. Außerdem hat er mir den Weg beschrieben, wie ich das Anwesen am schnellsten finde."
„Was für ein Anwesen?"
„Er sprach von einem etwas baufälligen Anwesen. Was aber leicht zu finden ist, weil davor ein ebenso altertümlicher, verschmutzter, schwarzer Mercedes stehen würde." Nach einem Blick auf die Karte fuhren sie los. Holtmann wohnt in einem kleinen Dorf, etwa neun Kilometer von Hameln entfernt. „Es ist ja auf jeden Fall ein Vorteil, dass dieser Kommissar noch am Leben ist."
Lydia nickte. „Ach so, der Polizist meinte, der Kommissar wäre schon ein etwas merkwürdiger Mensch. Aber das würde ich ja bald selbst erfahren."
Sie fanden schnell den kleinen Ort. Genau wie der Beamte es beschrieben hatte, stand vor dem Haus, etwas eigenartig abgestellt, der besagte schwarze Mercedes. Es sah etwa so aus, als hätte der Fahrer in Panik das Fahrzeug verlassen und sei getürmt. Das Haus machte wirklich einen maroden Eindruck. In dem von Rost übersäten Briefkasten, steckte noch eine Zeitung. Nur auf einem von drei angebrachten Namensschildern der Name: Holtmann. Lydia drückte auf den Klingelknopf, aber nichts geschah. Sie versuchte es ein weiteres Mal und noch einmal, vergebens. Sie gingen um das Gebäude herum, an dem sich ein Hof anschloss, sowie Stallungen und eine Scheune.
Vor einem der angrenzenden Gebäude stand eine Bank. Hier saß eine alte Frau mit zerzausten, grauen Haaren, die mit einem kleinen Messer Kartoffeln schälte. Lydia ging näher auf sie zu. Die Frau machte einen abwesenden Eindruck. „Guten Tag", sprach Lydia sie behutsam an und ging in die Hocke, um mit ihr auf Augenhöhe zu sein. Langsam hob die Frau den Kopf und schaute sie ein wenig überrascht an. Lydia stellte sich und John vor. Als sie jedoch die alte Dame nach Fred Holtmann fragte, unterbrach sie Lydia sofort. „Der sitzt bestimmt wieder in der Kneipe und lässt sich wie immer volllaufen", dabei schaute sie wieder auf die Kartoffel in ihrer Hand und schälte weiter, als wären sie überhaupt nicht da.
Lydia sah zu John hinüber, der ihr mit dem Kopf ein Zeichen gab, dass es wohl besser wäre zu gehen.

Lydia bedankte sich und bevor sie den kleinen Hof verließen, schaute sie noch einmal zu der alten Frau zurück. Sie hatte anscheinend nicht mitbekommen, was soeben geschehen war. John merkte sofort, dass Lydia die alte Frau leidtat.
„Komm jetzt“, seine Stimme klang forsch. „Wenn es in diesem Ort eine Kneipe gibt, werden wir sie schnell finden.“ Das war auch so, die Hinweisschilder waren nicht zu übersehen. Das Lokal mit dem schönen Namen „Weserblick“ lag etwas erhöht am Rand des Ortes und man konnte von der angrenzenden Terrasse tatsächlich einen kleinen Teil des Flusses erkennen.
Drinnen waren außer dem Wirt noch drei Männer anwesend. Einer der Männer, er hatte stark verschmutzte Gummistiefel an und sah so aus, als wäre er ein Bauer. Er stand vor einem piepsenden Spielautomaten und schaute gebannt auf die sich drehenden Zahlen. Ein zweiter stand am Tresen, war gut gekleidet, hatte einen Koffer neben sich stehen und unterhielt sich mit dem Wirt. Der dritte saß in einer Ecke am Tresen – bestimmt war es sein Stammplatz – vor sich eine Tageszeitung. Seine ungepflegten, grauen Haare berührten seine Schultern. Der ebenfalls stark ergraute Bart ließ erkennen, dass er bereits in einem fortgeschrittenen Lebensalter war. Er musterte mit einem Blick über seinen Brillenrand die zwei neuen Gäste, die das Lokal betreten hatten. Vor ihm standen zwei leere Gläser, ein Schnaps- und ein Bierglas.
„Was darf es für Sie sein?“, unterbrach der Wirt sein Gespräch mit dem gut gekleideten Herrn.
John bestellte zwei Wasser, dabei schaute der Wirt zu dem Mann mit dem grauen Bart. Dieser nickte nur, das hieß wahrscheinlich: beides wieder auffüllen. Wer von den drei Männern war nun Kommissar Holtmann und fuhr einen alten, schwarzen Mercedes?
Sie grinsten, es kam nur einer infrage. Lydia trat näher an den Tresen heran. „Sie sind bestimmt Fred Holtmann?“ Der Angesprochene tat so, als hätte er die Frage nicht gehört. Lydia blickte überrascht zu John, der nur mit den Schultern zuckte. Sie wollte gerade ihre Frage wiederholen, als der Mann eine Gegenfrage stellte. „Wer will das wissen?“, dabei blätterte er, ohne aufzuschauen, weiter in der Zeitung. Lydia stellte sich und John vor. Sie gaben sich als englische Polizisten zu erkennen. Sie zeigten ihre Ausweise und Polizeimar-

ken. „Ich wusste gleich, als Sie hereinkamen, dass Sie kein normales Ehepaar sind.“
„Woran haben Sie das erkannt?“, fragte Lydia und lächelte.
„Nun, ich sah Ihren Blick, als Sie dort standen und jeden genau beobachteten, dafür habe ich einen Riecher.“ Er nahm die Brille ab und auch über sein Gesicht huschte ein Lächeln. Der Wirt stellte die neuen Getränke vor ihm auf den Tresen und machte auf dem Bierdeckel, der bereits mit Strichen dekoriert war, zwei weitere. „Die Herrschaften sind meine Gäste!“, rief er dem Wirt zu. Der versah sofort den Bierdeckel mit zwei weiteren Strichen.
„Was für ein besonderes Interesse haben zwei Beamte von Scotland Yard an einem deutschen Kommissar, der bereits seit Jahren im Ruhestand ist?“ Dabei leerte er in kurzer Zeit die vor ihm stehenden Getränke und blickte sie erwartungsvoll an.
Mit einem Griff zog Lydia eine Mappe aus ihrer Umhängetasche hervor und legte sie direkt vor ihm auf den Tresen. Er musste rülpsen. „Entschuldigung!“
Er zog die Mappe näher zu sich heran und musterte sie. „Das ist ja eine Polizeiakte!“, murmelte er. „Wie in aller Welt sind Sie an diese Akte gekommen?“ Er klappte die Akte wieder zu und schob sie von sich weg. „Der Fall liegt bald dreißig Jahre zurück“, sagte er.
„Sie können sich also noch an diese Sache erinnern, Kommissar Holtmann?“, fiel John in das Gespräch ein und sein Ton klang einer Vernehmung ähnlich. Holtmann nickte und zog die Akte wieder näher heran.
„Es war eigentlich kein richtiger Fall. Es ging um einen in der Weser ertrunkenen britischen Soldaten. Man hatte mich zu dem Fall hinzugezogen, weil es ein paar Ungereimtheiten gab.“ Holtmann schaute zu dem Wirt und machte ihn darauf aufmerksam, dass seine Gläser leer waren. Mit der Hand strich er über die Mappe. „Noch am Fundort der Leiche übernahm die Militärpolizei den Fall. Damit waren wir raus. Alles was mit dieser Sache zu tun hatte, steht in diesem Bericht.“
Holtmanns Blick wurde ernst, als er das Dienstsiegel auf dem Umschlag sah. „Hat diese Sache etwa mit dem Anschlag auf die Polizeistation in Polle zu tun?“ Lydia nickte.
„Wir gehen stark davon aus, dass dieses schreckliche Attentat hier-

mit zu tun hat.“ Holtmann strich sich mit der Hand durch seine ungepflegten Haare. „Wir sollten vielleicht unsere Unterhaltung an einem anderen Ort fortsetzen“, schlug Lydia vor. Holtmann nickte zustimmend.
Dann gab er dem Wirt ein Zeichen, dass er seine letzte Bestellung dem Mann am Spielautomaten geben sollte.
Er pustete, als er sich erhob und mit unübersehbar schwankenden Schritten das Lokal verließ. „Ein kleiner Spaziergang wird uns bestimmt guttun“, schlug Lydia vor.
„Wie sind Sie eigentlich auf die Idee gekommen, mich hier im Lokal anzutreffen?“
„Da saß eine alte Dame …“
“Alles klar“, sagte Holtmann, „die alte Dame, sie ist meine an Demenz erkrankte Mutter.“ Langsam entfernten sie sich vom Dorf, dabei erzählte Lydia ihm ihre Geschichte.
Nach einer Weile kehrten sie um und brachten Holtmann mit dem Wagen nach Hause, wo er sie zu einer Tasse Kaffee einlud. „Eine starke Tasse Kaffee bringt mich wieder zurück aufs Fahrrad.“ Er blickte dabei zu Lydia und John, die mit diesem Spruch nichts anfangen konnten und sich ungläubig anschauten. „Das sagt man so, hier in Deutschland, wenn man langsam wieder nüchtern wird.“
„Sie sind sich wirklich sicher, dass der Tote von damals Ihr Vater gewesen ist?“
„Ja, ich bin mir da ganz sicher!“ Langsam begann Holtmanns Gehirn wieder zu funktionieren, dabei wurde er immer nervöser. Er ging zu einem Schrank, nahm mehrere Ordner heraus und verteilte sie wild auf dem Wohnzimmertisch. Lydia lächelte. Es sah überall sehr wirsch aus, so wie wenn ein Mann ohne Frau lebt. Holtmann zog eine bestimmte Akte hervor. „Dieser Fall hier“, er blätterte hektisch in den Seiten herum, „das war auch im Herbst 1961, als man in einer Streugutkiste einen toten Jungen fand.“ Er zündete sich eine Zigarette an, seine Hände zitterten.
„Ein Zeuge hat damals ausgesagt, dass er ein Fahrzeug an der Stelle gesehen habe, an der man später den toten Jungen fand und dass dieser Wagen zum Rittergut gehörte.“
Holtmann stand auf und ging zum Wohnzimmerschrank und holte eine Flasche Whisky hervor. Er bot den beiden ein Gläschen an, sie

lehnten dankend ab.
„Erzählen Sie weiter, die Geschichte wird langsam spannend“, meinte Lydia und zündete sich eine Zigarette an. „Also“, fuhr Holtmann fort, „alle Indizien sprachen dafür, dass jemand vom Gutshof darin involviert war.“ Sein Tonfall wurde lauter und er ging in der Stube auf und ab, dabei strich er sich immer wieder die fettigen Haare aus dem Gesicht.
Lydia und John merkten an seinem Verhalten, dass dieser Fall ihm mächtig an die Nieren gegangen ist. „Wir wollten gerade eine Verhaftung vornehmen, als man mir diesen Fall plötzlich entzog.“ Sein Gesicht war vor lauter Aufregung gerötet. Das Glas Whisky leerte er in einem Zug.
„Angeblich, so hatte man es damals dargestellt, wurde ich wegen Alkoholproblemen beurlaubt und musste eine Entzugstherapie durchführen. Völliger Schwachsinn“, schimpfte Holtmann und sein Blutdruck stieg weiter an. „Gut, ich habe getrunken, zu der Zeit gab es Reibereien mit meiner Partnerin, aber ich war kein Alkoholiker. Ich bin fest davon überzeugt, dass jemand nicht wollte, dass diese Sache aufgeklärt wird.“
„Wurde der Fall denn weiter verfolgt?“, wollte John wissen. Holtmann lachte laut. „Verfolgt? Kurze Zeit später wurde der Fall zu den Akten gelegt, weil der Hauptzeuge bei einem Autounfall ums Leben kam.“
„Man könnte meinen, dass hier ganz bewusst etwas vertuscht werden sollte“, meinte Lydia. Ein Moment des Schweigens breitete sich in dem vom Rauch der Zigaretten vernebelten Raum aus. „Nach siebenundzwanzig Jahren“, unterbrach Holtmann die Stille und seine Stimme klang wieder ruhiger und gefasster, „tauchen mit einem Mal Beweise auf, die meine Theorie verstärken.
Ich habe damals recht gehabt, eine Frau vom Gut war tiefer in diese Sache verwickelt, als sie immer behauptete.“ John und Lydia hatten das Gefühl, dass in dem Mann vor ihnen ein Sinneswandel seinen Lauf nahm.
Der Mann, der vor Kurzem noch teilnahmslos in sich versunken dem Alkohol ausgeliefert war, veränderte sich von Minute zu Minute. Es sah so aus, als würde Holtmann eine Blitztherapie durchlaufen. Mit einem Mal flackerte das bereits erloschene Feuer eines Polizisten

wieder auf. Bilder formten sich, Geschehnisse sortierten sich und Gesichter von Menschen – die ihm einmal sehr nahe standen und denen er vertraut hatte – sie zogen wie in einem Film vor seinem inneren Auge vorbei. „Da war meine Kollegin Sonja, sie hatte wenig Frauliches an sich und legte nicht viel Wert auf ihr Äußeres. Mit ihrer schmuddeligen Lederhose und ihrem uralten Porsche – der wegen irgendwelcher Motorprobleme mehr in der Werkstatt stand, als sie ihn auf der Straße bewegte – aber“, Holtmann hob den Zeigefinger, „sie war eine ausgezeichnete Ermittlerin.“
Dabei blätterte er wie ein emsiger Bücherwurm in dem Polizeibericht.
„Weshalb erwähnen Sie ihre Kollegin Sonja?“, fragte Lydia und musterte den Kommissar von der Seite. „Entschuldigen Sie bitte, Lydia“, sagte Holtmann, ohne seinen Blick von den Seiten zu nehmen, „was sagten Sie, was machen Sie noch bei der Polizei?“
„Ich bin Polizeipsychologin, warum?“ Holtmann nickte. Er hob den Kopf und schaute sie an. „Als ich den Namen meiner Kollegin nannte, haben Sie bei mir sofort etwas spüren können, nicht wahr?“ „Ehrlich gesagt“, kam es über ihre Lippen, „Sie haben den Namen der Kollegin als Erstes genannt und haben dabei sehr emotional in den Seiten gesucht, richtig?“
„Sie sind eine ausgezeichnete Beobachterin!“, erwiderte Holtmann und schmunzelte.
„Ja, Sie haben recht.“ Er fuhr sich wieder mit der Hand durch die Haare. „An dem Tag, als man den toten Jungen fand, hatte ich wieder einmal eine schlechte Nacht gehabt und ziemlich tief ins Glas geschaut. Sonja rief mich an, um mir zu sagen, dass man ganz in der Nähe die Leiche eines Jungen gefunden hätte und sie gleich zu mir käme, um mich abzuholen.“ Holtmann zündete sich eine neue Zigarette an. Was aber besonders auffiel, er schenkte sich keinen weiteren Whisky ein. „Nachdem ich in ihrem Wagen Platz genommen hatte und sie mich darauf aufmerksam gemacht hatte, dass ich fürchterlich nach Alkohol stinke, fuhren wir zum Fundort.“ Er nahm einen tiefen Zug und lehnte sich zurück. „Was mir aber damals überhaupt nicht aufgefallen ist, dass Sonja, ohne sich zu verfahren, die Stelle sofort fand.“
„Den Weg hatten die Kollegen ihr sicher vorher durchgegeben,

oder?“, fragte John.
„Der Meinung war ich auch, bis jetzt …“ Holtmann stand auf und wanderte durch das Zimmer. „Als ich mich später mit den Kollegen unterhielt, die uns zu dem Einsatzort schickten, hatte keiner von ihnen die Stelle genau beschrieben. Sie wollten Sonja den Ort während der Fahrt über Funk durchgeben. Und noch etwas war mysteriös.“ Er blieb stehen und schaute aus dem Fenster. „Niemand, aber auch niemand, wusste zu diesem Zeitpunkt, dass es sich um einen Jungen handelte.“ Er lief weiter unruhig hin und her. „Als die Meldung einging, so erzählte später ein Kollege, hieß es lediglich, dass man irgendwo eine Leiche gefunden habe. Von einem kleinen Jungen war nie die Rede.“ Wütend schlug er mit der Faust auf den Tisch. „Wie konnte mir das nur entgehen, es ist unverzeihlich.“
„Sie können die Zeit nicht zurückdrehen“, versuchte Lydia ihn zu beruhigen. Nach dem Wutausbruch musste Holtmann seine Haare wieder aus dem Gesicht entfernen. „Was schlagen Sie als Nächstes vor?“, wollte John wissen. Holtmann dachte nach.
Jetzt zum Rittergut zu fahren, um der Besitzerin den neuen Sachverhalt vorzulegen, dafür waren die Beweise zu dürftig. Auch ohne offizielle Rückendeckung gab es so gut wie keine Erfolgsaussichten. „Was sollten wir denn nach ihrer Meinung tun?“, fragte er die beiden und schob ganz diplomatisch ihnen den Schwarzen Peter herüber.
„Wenn Sie mich so fragen, sollten wir schleunigst diesen Offizier finden, der den kleinen Jungen missbraucht und vielleicht auch getötet hat.“ Der alte Kommissar wurde auffällig nervöser, seine Bewegungen deutlich unruhiger.
Er verhielt sich wie ein Fuchs, der kurz davor war, den Satz in den Hühnerstall zu wagen. „Was haltet Ihr davon, dass ich meine frühere Kollegin Sonja aufsuche und sie mit den neuen Beweisen konfrontiere. Sonja muss noch im Dienst sein, denn sie war einige Jahre jünger als ich. Sie bekam, nachdem man mich in den frühzeitigen Ruhestand versetzt hatte, eine sehr interessante Position beim Bundeskriminalamt.“ John zog erstaunt die Augenbrauen hoch. „Donnerwetter, das war ein ziemlicher Karrieresprung.“
„Vielleicht für die Verschwiegenheit!“, fügte Holtmann hinzu.
„O. k.“, sagte Lydia und stand mit vor der Brust verschränkten Armen breitbeinig vor Holtmann. „Sie nehmen Kontakt zu ihrer ehema-

ligen Kollegin Sonja auf. John und ich versuchen, den Aufenthaltsort dieses pädophilen Offiziers herauszufinden."
Als Holtmann die zwei nach ihrem Hotel fragte, musste Lydia laut lachen. John erklärte ihm, dass sie in einer Jagdhütte mitten im Wald untergekommen sind und diese Hütte als Versteck vorerst ausreichend sei. „In einer Jagdhütte!", äußerte sich Holtmann ziemlich erbost. „Das geht auf keinen Fall. Sie wohnen ab sofort hier bei mir im Haus. Zum einen sind Sie hier sicherer als in der Wildnis. Zum anderen sind wir nah beieinander und können besser zusammenarbeiten. Ab jetzt sind wir ein Team, eine Sonderkommission!" Sie lachten.
Sie stießen auf die neue „SOKO" an, mit Holtmanns Lieblingsgetränk: Jonny Walker. Rasch verstauten Lydia und John ihr Gepäck auf die von Holtmann zugewiesenen Zimmer und machten sich danach ein wenig frisch.
In der Zwischenzeit war es Holtmann gelungen, per Telefon seine ehemalige Kollegin Sonja zu erreichen.
Er war ein wenig erstaunt darüber, dass Sonja, als er sie über neu aufgetauchte Erkenntnisse von damals informierte, sofort bereit für ein persönliches Treffen war. Sie wollte ihn bald zurückrufen. Kurze Zeit später klingelte das Telefon. „Holtmann", seine Stimme klang selbstbewusst. "Verstehe, die Stelle kenne ich." Er nickte dabei und sah zu Lydia hinüber. Dann schaute er auf seine Armbanduhr. „Ja, das schaffe ich." Danach legte er den Hörer auf. „Die Dame ist trotz der zurückliegenden Jahre doch sehr daran interessiert, was es da wohl Neues gibt", war Lydias Kommentar. „Auch das schnelle und vor allem persönliche Treffen zeigt deutlich eine hohen Wichtigkeitsgrad", meinte John.
„Sie sollten sich nicht allein mit dieser Dame treffen", schlug Lydia vor.
„Das sehe ich auch so!", fügte John hinzu. „Diese Sonja ist beim BKA und die Sache ist anscheinend brisanter, als wir uns vorstellen."
Holtmann überlegte und strich sich dabei immer wieder mit der Hand durch seinen Bart. Er stand wie angenagelt am Fenster und schaute nach draußen.
„Sie haben recht", kam es über seine Lippen, „ich kann mir einfach nicht vorstellen, dass Sonja …" dabei drehte er sich zu den beiden

um und stutzte kurz. „Ich bin mit Ihrem Vorschlag einverstanden. Sie haben doch gesagt, wir wären ein Team, oder?“ Holtmann ging hinüber und legte seinen Arm auf Johns Schulter. „Ja, wir sind ein Team.“

Nachdem sie ihr Vorgehen besprochen und einzelne Details geklärt hatten, machten sie sich auf den Weg. Bis zu dem besagten Treffpunkt war es eine gute Stunde Fahrt.

Sie wollten früher an der Stelle sein, um sich mit den Örtlichkeiten vertraut zu machen. Holtmann in seinem schwarzen Mercedes vorweg und Lydia und John folgten in einem sicheren Abstand. Dunkle Wolken zogen von Westen herauf. Es wird wohl ein Gewitter geben, ging es Holtmann durch den Kopf. Als er den Wagen auf den Parkplatz des kleinen, abgelegenen Friedhofs lenkte, hatte das Gewittergrollen an Stärke zugenommen. An den Friedhof konnte er sich gut erinnern. Dort war damals der erste gemeinsame Mordfall für ihn und Sonja geschehen. Genau auf diesem Parkplatz wurde im Kofferraum eines abgestellten Wagens die Leiche einer jungen Frau gefunden, die dort bereits seit mehreren Wochen lag.

Wind kam auf, Blitze zuckten wie wild umher, danach das Krachen des Donners. Regen klatschte auf die Scheiben und das Trommeln der Wassertropfen auf dem Wagenblech schwoll an. Von Lydia und John war weit und breit nichts zu sehen, doch er wusste, sie waren in der Nähe.

Dann sah Holtmann das unscharfe Licht von Autoscheinwerfern durch die Regenwand. Der Wagen bog von der Straße ab und fuhr langsam auf den Parkplatz. Nach einem kurzen Halt kam der Wagen näher und wurde dicht neben Holtmanns Mercedes abgestellt. Seine Beifahrertür wurde plötzlich aufgerissen und jemand ließ sich stöhnend in den Sitz fallen, um gleich darauf die Wagentür zu schließen.

„Hallo Sonja“, waren Holtmanns erste Worte. „So sieht man sich wieder!“ Er musterte Sonja, die sich die nassen Haare aus dem Gesicht strich. „Hast du deinen alten Porsche nicht mehr oder parkt er wieder einmal in irgendeiner Werkstatt?“ Dabei musste er grinsen.

„Damit wir uns verstehen Holtmann, ich will mich nicht mit dir über alte Zeiten oder andere unwichtigen Dinge unterhalten, ist das klar?“

Holtmann war von Sonjas Reaktion ein wenig enttäuscht, jedoch kam es für ihn nicht überraschend.

„Wo sind denn nun deine angeblich aus dem Nichts aufgetauchten Beweise und vor allem, wie bist du an sie herangekommen?“, wollte Sonja wissen und kam damit sofort auf den Punkt. Er spürte etwas Zynisches in ihrer Stimme.
Ruhig und sachlich erzählte er die Geschichte so, wie Lydia sie ihm von jenen Geschehnissen damals auf dem Rittergut berichtet hatte. Sonjas Verhalten wurde nervöser. Ihre angezündete Zigarette rauchte sie hektisch und schnell. „Was du mir gerade erzählt hast, soll ich dir glauben, trinkst du noch?“ Sie zog die Augenbrauen hoch und ein breites Grinsen verzog ihr Gesicht. „Du meinst, ich habe mir das alles nur ausgedacht? Nein Sonja, das habe ich mir nicht ausgedacht, die Beweise liegen im Kofferraum.“
„Du hast die Unterlagen wirklich mit hierhergebracht?“ Holtmann nickte.
„Du bist aber ein braver Kollege!“ Dabei legte sie ihre Hand auf seinen Oberschenkel. „Schade, wir wären bestimmt ein gutes Paar geworden, nicht wahr Fred Holtmann?“, sie lachte.
Der Regen hatte nachgelassen. „Komm, dann zeig mir mal die schönen Sachen, die du im Kofferraum hast.“
Holtmann nahm seinen Schirm mit nach draußen und bot Sonja an, mit unter den Schirm zu kommen. Doch sie blieb im Regen stehen und machte ihm mit einer Kopfbewegung klar, endlich den Kofferraumdeckel zu öffnen. Sofort fiel ihr der beigefarbene Ordner ins Auge. „TOP SECRET“ stand auf dem Deckel. Erstaunt schaute sie Holtmann an, der nur nickte. „Und in dieser Mappe soll nun die Aufklärung des Falls sein, den du vor vielen Jahren nicht lösen konntest und dabei kläglich versagt hast?“ Ihre Blicke trafen sich. „Ja, ich habe damals wirklich versagt“, kam es über seine Lippen. „Ich war blind, ich habe nicht erkannt oder erkennen wollen, dass du diesen Fall schlichtweg boykottiert hast. Alle meine Ergebnisse wurden von dir immer wieder angezweifelt und als irgendwelche Hirngespinste eines Trinkers dargestellt.“
Der Regen begann wieder stärker zu werden. Die Tropfen klatschten auf den Schirm und liefen herunter zum Boden. „Der Inhalt dieses Ordners zeigt aber auch, dass ich damals auf der richtigen Spur gewesen bin. Es fiel mir nach so vielen Jahren plötzlich wie Schuppen von den Augen, dass du in diese schreckliche Sache mit verwickelt

warst.“
Sie atmete schwer und presste ihre Lippen fest aufeinander. Holtmann spürte, dass er sie mit einem Schlag bloßgestellt hatte. Mit einem Mal tat sie ihm doch etwas leid, so wie sie durchnässt im Regen stand.
Plötzlich veränderte sich die Situation. Ihr Gesicht wurde ernster, ihre Wangenknochen arbeiteten heftig, ihr Atem ging schneller. „Also gut, du hast diesen Ordner und wie geht es jetzt weiter?“ Holtmann räusperte sich.
„Ich überlasse dir die Unterlagen, denn ich kann ja leider nichts mehr damit anfangen.“ Sonja ergriff den Ordner und klappte den Deckel beiseite. Sie blickte auf ein verschmutztes Blatt Papier, auf dem in englischer Schrift etwas geschrieben stand. „O. k.“, sagte sie, „und was ist der Preis für diese Aufzeichnungen. Willst du vielleicht mit mir schlafen?“ Überrascht blickte Holtmann sie an. „Nein, nein, daran habe ich überhaupt nicht gedacht. Ich gehe mal davon aus, dass du es mit jedem so machst, um deine Ziele zu erreichen.“ Wieder hatte Holtmann das Gefühl, als hätte er bei Sonja einen Finger in die offene Wunde gelegt. „Komm endlich auf den Punkt. Wenn du schon mit mir nicht ins Bett willst!“, sagte sie forsch. „Das Einzige was ich wissen will, wer waren damals deine Auftraggeber?“ Sonja trat näher heran, um Schutz unter seinem Schirm zu finden.
„Ich wurde auf eine andere Dienststelle versetzt, um in diesem Fall falsche Spuren zu legen. Da du für einige Leute gefährlich wurdest, musste man sich etwas einfallen lassen.
Da kam für diese Typen dein Alkoholproblem genau zum richtigen Zeitpunkt.“
„Wer wusste außer dir noch von dieser Sache?“
„Von unserer Dienststelle war außer mir niemand in den Vorgang eingeweiht.“
„Aber von irgendjemand hast du doch deine Order bekommen, oder?“
„Ich bekam meine Befehle verschlüsselt, es gab nie ein persönliches Gespräch. Es muss aber eine mächtige Organisation dahinterstecken.“
Auf seine Frage bekam Holtmann nicht die richtige Antwort. Sonja trat einen Schritt zur Seite und zog dabei eine Pistole unter der Jacke

hervor. „Schluss jetzt mit der Fragerei." Ihr Tonfall war bestimmend und kalt. Holtmann blickte erschrocken auf die Waffe in ihrer Hand.
„Von unserem Treffen hier wird niemand etwas erfahren, das verspreche ich dir", kam es leise fast flehend über seine Lippen. „Nein, tut mir leid, das kann ich nicht zulassen, außerdem wissen nur wir beide von unserem Treffen, oder?" Er nickte stumm. „Gut, dann steige in den Kofferraum!", forderte sie ihn auf und hielt die Waffe näher an seinen Kopf. Das war es jetzt, schoss es Holtmann durch den Kopf, als er in den Kofferraum kletterte. Er hatte zwar mit Reaktionen von Sonja gerechnet, dass sie ihn aber kaltblütig umbringen würde, auf diese Idee wäre er niemals gekommen. „Sonja können wir nicht …"
„Halt endlich den Mund", hörte er sie sagen und dabei fuchtelte sie mit der Waffe, dass er sich beeilen sollte. Holtmann legte sich auf die Seite. Ein letztes Mal schaute er Sonja in die Augen. Jetzt hoffte er nur noch, dass ein gezielter Schuss sein Leben schnell beendete und er nicht lange leiden musste. Holtmann schloss seine Augen in Erwartung auf den Abschluss und das Eindringen der Kugel in seinen Körper.
Plötzlich rief eine männliche Stimme „Stopp!" Holtmann riss die Augen auf und sah, wie Sonja sich von ihm abwandte und sich in Richtung der Stimme umdrehte.
Sie sah die schemenhaften Umrisse von zwei Personen. Instinktiv ging sie mit ihrer Waffe in den Anschlag. Doch sie kam nicht mehr dazu, den Abzugsbügel zu betätigen. Ein kurzer heller Blitz, kurz darauf schlug das Geschoss in ihre Stirn. Durch den Aufprall wurde ihr Kopf nach hinten geschleudert. Immer noch hatte sie die Waffe in der Hand, dann sank sie langsam zu Boden. Für einen kurzen Augenblick hielt sie sich noch auf ihren Knien, als wolle sie gegen das Geschehene mit letzter Kraft ankämpfen.
Wie in Zeitlupe kippte ihr lebloser Körper zur Seite und fiel in den vom Regen aufgeweichten Sandboden.
Behäbig, schwerfällig und noch völlig benommen von der Situation krabbelte Holtmann aus dem Kofferraum. Er zitterte am ganzen Körper und hatte das Gefühl, dass er gleich den Boden unter den Füßen verlieren würde. Mit einer Hand stützte er sich am Wagen ab und setzte sich sofort auf den Rand des Kofferraums. Mit gesenktem

Kopf saß er da und blickte vor sich auf die Erde.
„Geht es?", hörte er die Stimme von Lydia, die ihre Hand auf seine Schulter legte und ihm eine Zigarette anbot. „Die wird dir jetzt guttun!" Er hob den Kopf und ohne Lydia anzuschauen, nahm er eine Zigarette aus der Schachtel. Auch als Lydia ihm Feuer anbot, schaute er immer noch wie in Trance vor sich hin. Nach ein paar Zügen richtete er sich auf. „Eigentlich wäre ich jetzt bereits tot. Doch wie das Schicksal es so will, sitze ich hier und rauche." Ein kurzes Lächeln huschte über sein Gesicht und dabei schüttelte er ungläubig den Kopf.
„Ich weiß zwar nicht, wer von euch geschossen hat", Holtmann atmete schwer, „aber er hat mir mein armseliges Leben gerettet."
„John war es, John hat geschossen", hörte er Lydia sagen. „Er hat dafür gesorgt, dass du noch bei uns bist." Nach ein paar tiefen Zügen stand Holtmann auf und ging auf John zu, der noch die Waffe in der Hand hielt.
Er kniete neben der toten Sonja. „Lydia sagte mir, du hast geschossen!" John nickte nur. „Ich hatte keine andere Wahl, sie hätte eiskalt abgedrückt."
Fred Holtmann kniete sich ebenfalls neben die Tote. In ihren weit aufgerissenen Augen spiegelten sich die letzten Gedanken ihres Lebens.
„Meine Herren", hörten sie Lydia rufen, „wir sollten schnellstens diesen Ort verlassen." Dabei hatte sie schon den Kofferraum von Sonjas Wagen geöffnet. „Den Rest müsst ihr schon machen!" Die beiden nahmen die Tote auf, Holtmann die Füße, John nahm die Arme. Sie trugen sie zu ihrem Wagen und legten den toten Körper in den Kofferraum.
Holtmann wollte noch ihre Augen schließen, doch John hielt seinen Arm fest und schüttelte den Kopf. „Sie ist es nicht wert!" Holtmann blickte ein letztes Mal in Sonjas Gesicht. So spielt das Leben, dachte er, jetzt liegst du tot im Kofferraum wie damals die junge Frau bei unserem ersten Fall. Dann schloss er den Deckel.
Der Regen wurde wieder stärker, als sie sich in Holtmanns alten Mercedes setzten. „Ich habe während eurer privaten Trauerfeier den Wagen der Dame durchsucht. Dabei fand ich einen Ausweis und einen Schlüsselbund. Wahrscheinlich ist ein Schlüssel von ihrer

Wohnung dabei.“ Holtmann blätterte in einem kleinen, roten Notizbuch, welches John in ihrer Manteltasche gefunden hatte. Es waren ein paar Namen eingetragen und dahinter die Adressen mit Telefonnummern.
Sie entschlossen sich, nicht zu Sonjas Wohnung zu fahren, um nicht unnötig aufzufallen.
Kurz darauf verließen zwei Fahrzeuge mit nicht eingeschalteten Scheinwerfern den kleinen Parkplatz. Der starke Regen war ihr Verbündeter. Er verwischte alle Spuren.

Kapitel 41

Gebannt schaute Emmelie auf die Lichtbewegungen. „Hey“, flüsterte sie, als könnte ein Fremder mitbekommen, was sie Ann sagen will. „Komm mal zum Fenster, ich glaube, wir haben Besuch!“ Dabei nahm sie die gesuchte Taschenlampe aus der Schreibtischschublade. Beide Frauen schauten schweigend aus dem Fenster. Hinter einem faden Lichtschein war der spukende Umriss eines Menschen sichtbar. „Man könnte meinen, der da unten sucht gezielt nach etwas.“ Ann fiel es mit einem Mal wie Schuppen von den Augen. „Die Mappe – Olgas Mappe mit den Aufzeichnungen!“ „Du könntest recht haben“, zischte Emmelie. „Wenn das so ist, müssen wir davon ausgehen, dass noch eine zweite Person in der Nähe ist. Wo hast du denn die Mappe gelassen?“

„Ich habe sie mit nach hier oben gebracht. Du sagtest doch, ich solle sie nicht mehr aus den Augen lassen, richtig?“ Emmelie machte kurz die Taschenlampe an. Der Lichtstrahl zeigte in Richtung Sofa. Ja, da lag sie, Olgas Mappe. „Das ist gut“, hörte Ann sie leise sagen. „Was sollen wir denn jetzt machen?“, fragte Ann. Doch sie bekam auf ihre Frage keine Antwort. Ein lautes Knacken, das vom Treppenhaus kam, ließ sie beide herumfahren. Instinktiv legte Emmelie den Zeigefinger auf die Lippen. Es knarrte wieder, das war eindeutig. Jemand kam die Treppe herauf. Emmelie zeigte mit der Taschenlampe in eine Ecke des Raumes, in der ein Sessel stand, hinter dem sich Ann verstecken sollte.

Ann blieb wie angewurzelt stehen. Sie wollte wohl noch etwas fragen, doch das kurze und scharfe: „Los geh jetzt, für Fragen ist es jetzt zu spät!“, veranlasste sie zu tun, was man von ihr verlangte.

Emmelie wartete noch einen Moment, bis aus der Ecke in der Ann verschwunden war, kein Geräusch mehr kam. Sie entschied sich für die Stellwand in der Nähe der Fenster. Mittlerweile hatten sich ihre Augen an die Dunkelheit angepasst und aus der Position hinter der Wand konnte sie den Raum gut einsehen.

Ein erneutes Knarren des Fußbodens zeigte ihr, dass der Unbekannte die Etage erreicht hatte. Ein feines Quietschen des Scharniers begleitete das Öffnen der Tür. Sie hatte Angst, der Herzschlag, den sie so heftig spürte, könnte sie verraten. Atme, ging es ihr durch den Kopf, atme!

Hoffentlich verrät Ann sich nicht. Der Lichtstrahl einer Taschenlampe huschte durch das Zimmer. Der Unbekannte ging weiter und näherte sich dem Schreibtisch. Der Lichtkegel fiel auf die Blätter mit den vielen Namen, die Ann wohl dort abgelegt hatte. Dann schien es so, als würde er mit jemandem leise reden. Sie konnte es jetzt deutlich hören. Da war ein Rauschen, die waren mit einem Funkgerät miteinander verbunden. Mit einem Mal veränderte sich die Stimmlage, er redete hektischer und lauter. Das hier waren keine Landsleute von ihr, das waren eindeutig Deutsche. Jetzt hörte sie den Akzent. Dieser Typ musste aus Süddeutschland stammen, da war sie sich ganz sicher.

So wie sie es verstehen konnte, teilte er seinem Kollegen mit, das gefunden zu haben, was sie suchten.

Plötzlich drang ein Geräusch an ihr Ohr und die Stille wurde durch ein lautes: „Hey, kommen sie da raus!" zerrissen. Emmelie schloss die Augen. Er hatte Ann entdeckt.

„So eine Scheiße", fluchte sie leise vor sich hin. Jetzt sind wir geliefert, schoss es ihr durch den Kopf.

Die werden uns auf der Stelle töten. Sie beugte sich langsam vor und lugte um die Ecke. Der Lichtschein war in die Ecke gerichtet, aus der Ann langsam hervorkroch.

„Komm, komm, das geht auch etwas schneller", rief der Mann ihr zu. Emmelie erkannte im Schein der Taschenlampe, dass er in der anderen Hand eine Waffe mit Schalldämpfer hielt.

Der Unbekannte ging jetzt einen Schritt zurück und stand jetzt direkt vor dem Fenster. Ann hatte ihr Versteck verlassen und stand mit erhobenen Händen vor dem Mann.

„Auf die Knie", befahl er, „wo ist die andere Frau?" Ann wimmerte und schüttelte den Kopf. „Wo ist die andere Frau?", fragte er erneut und seine Stimme klang ärgerlich und wütend. Emmelie war klar, wenn sie jetzt nichts unternimmt, würde er Ann eiskalt erschießen. Ihr Gehirn arbeitete. Im Moment war er mit Ann beschäftigt und somit abgelenkt. Sie hatte nur die große Taschenlampe, doch er hat eine Waffe.

Sein Kollege im anderen Gebäude war noch nicht informiert. Daher ahnte der andere nicht, was für eine Situation sich hier entwickelt hatte. Sie atmete noch einmal tief ein, sah Olgas Gesicht, die Mutter, den Vater.

Dann kam sie blitzschnell hinter der Stellwand hervor und gab dem Mann mit ihrem gesamten Körpergewicht einen heftigen Stoß in die Seite.

Überrascht von diesem wuchtigen Stoß verlor er das Gleichgewicht und prallte mit seinem Kopf in die Fensterscheibe, die klirrend zerbrach.

Dieser Fremde hatte wohl mit allem gerechnet, nur nicht mit solch einem Ende. Ein Teil der zersprungenen Fensterscheibe hatte ihm die Halsschlagader durchtrennt. Das Blut strömte aus seinem Hals die Außenfassade hinunter.

Noch im Todeskampf schaffte er es, zwei Schüsse aus seiner Waffe abzugeben, die ohne etwas anzurichten, in die Decke eindrangen. Dann war der Kampf für ihn vorbei. Mit aufgerissenen Augen und geöffnetem Mund hing der leblose Körper im Fenster. Die von der Situation immer noch unter Schock stehenden Frauen betrachteten den Toten. „Es war genau der richtige Zeitpunkt“, sagte Ann, „es hätte nicht mehr lange gedauert und der Mistkerl hätte mich eiskalt erschossen. Danke, du hast mir das Leben gerettet.“ Emmelie atmete tief durch. „Ich glaube, das hättest du genauso für mich getan.“

Ein Knacken und Rauschen im Funkgerät ließ sie aufhorchen. Der andere machte sich wohl Sorgen und fragte, ob alles in Ordnung sei. Seine Stimme wurde immer nervöser, als er keine Antwort bekam.

Jetzt erst fiel Emmelie auf, dass Toscha nicht mehr im Zimmer war. Durch die ganze Aufregung und Hektik musste der Hund wohl unbemerkt den Raum verlassen haben, die Treppe hinunter gelaufen sein in die erste Etage. Was sie nicht verstand, dass Toscha gar keinen Laut von sich gegeben hatte, obwohl doch eine fremde Person im Haus war.

Auch ihr wiederholtes Rufen brachte keinen Erfolg. Toscha blieb verschwunden. Emmelie schaute aus dem Fenster, auf den Hof hinunter. Alles war still, von der zweiten Person war nichts zu sehen.

„Was mir doch sehr merkwürdig vorgekommen ist, dass der tote Mann mich nach einer zweiten Frau fragte und woher hatte er diese Information?“

„Der Einzige, der von meiner Ankunft hier bei dir wusste, das war doch Malte." Emmelie nickte. „Ja, Malte war wirklich der Einzige, der von unserem Treffen wusste. Aber ich kann mir einfach nicht vorstellen, dass Malte …" Ein plötzliches Geräusch vom Hof her ließ die beiden herumfahren. „Wir müssen hier weg!", flüsterte Emmelie, „der andere sucht bestimmt nach seinem Kollegen." Bevor sie das Zimmer verließen, blickte Ann noch einmal zu dem Toten, der beinahe ihr Leben ausgelöscht hätte. Im Licht der Taschenlampe war eine große Blutlache zu sehen, die sich unter seinem Körper auf den Holzdielen ausbreitete. Vorsichtig schlichen sie sich die Treppen hinunter.
Um sich nicht zu verraten, hatte Emmelie, die vorausging, das Licht der Taschenlampe nicht eingeschaltet.
Verdammt, schoss es ihr durch den Kopf, ich hätte die Waffe des Toten mitnehmen sollen. Mit einem Mal stieß sie mit dem Fuß gegen etwas Weiches, das vor ihr auf dem Boden lag. Sofort tastete sie mit der Hand. Es fühlte sich an wie Fell.
Toscha? Sie knipste sofort die Taschenlampe an. Ja, sie hatte recht, vor ihr lag Toscha. Man hatte ihr in den Kopf geschossen. „Was liegt da?", hörte sie Ann hinter sich.
Plötzlich bemerkte sie einen Schatten neben sich. Vor Schreck warf sie die Taschenlampe in diese Richtung und flüchtete. Sie stolperte zur offenen Haustür. „Hol dir die Waffe von dem da oben", rief Emmelie.
Noch im Hinauslaufen hörte sie, die dumpfen Abschüsse aus seiner Waffe. Die Geschosse verfehlten ihren Körper, sie schaffte es nach draußen. Keine Kugel hatte sie getroffen. Die verzweifelten Schreie von Ann drangen an ihr Ohr.
Ann hatte alles mitbekommen und wollte zurück nach oben. Doch der Mann hatte mit einem festen Griff ihr Fußgelenk gepackt und zog Ann die Treppe wieder hinunter. „Bitte tun Sie mir nichts", flehte sie den Mann an. Im Licht der am Boden liegenden Taschenlampe sah sie die schwarze Maske, die sein Gesicht verdeckte, nur die Augen und der Mund waren zu erkennen. Auf ihr kniend legte er seine Hände um ihren Hals und drücke zu. Nach Luft schnappend merkte sie, dass ihr langsam die Sinne schwanden. „Was habt ihr mit Franz gemacht?", hörte sie ihn immer wieder rufen.

So also fühlt es sich an, wenn das Leben langsam aus dem Körper weicht, dachte Ann. Plötzlich veränderte sich etwas. Ein Ruck ging durch seinen Körper. Für einen kurzen Moment erschauerte er. Seine Augen spiegelten auf einmal nicht mehr die Gewalt, das kalte Töten wieder. Es war vielmehr Überraschung, Hilflosigkeit und Schmerz. Der feste Griff seiner Hände wurde kraftlos.
Blut sickerte aus seinem Mund über das Kinn und tropfte nach unten. Sein Körper schwankte und fiel zur Seite. Mit einem kräftigen Hieb hatte Emmelie die Strohgabel, die zufällig draußen neben der Tür stand, dem Mann mit enormer Wucht in den Rücken gerammt.
Ann fasste sich an den Hals und schnappte nach Luft. Sie bekam einen heftigen Hustenanfall. Als sie sich wieder gefangen hatten, kam sie mühsam auf die Füße und setzte sich auf eine der Treppenstufen.
Sie blickte zu Emmelie hinüber, die mit dem Rücken an der Wand lehnte. „Diese feigen Schweine haben Toscha erschossen, einfach erschossen.“
„Es tut mir so leid um Toscha“, flüsterte Ann, „aber du hast mir wieder einmal das Leben gerettet. Langsam glaube ich, dass du ein Engel bist.“ Emmelie musste über diese Äußerung lächeln.
„Ich bin ab jetzt dein himmlischer Wächter! Wir sollten uns erst einmal um das Licht kümmern.“
Sie nahmen jeder eine Waffe der Toten an sich. Vielleicht waren noch andere Personen in der Nähe. Dann gingen sie zum Sicherungskasten. „Die haben doch tatsächlich die Hauptsicherung herausgeschraubt.“ Emmelie drehte sie einfach wieder in die Halterung, der Strom war wieder da.
Es dauerte noch eine ganze Zeit, bis sie das Geschehene realisiert hatten. Alles was gerade geschehen ist, war so unwirklich. Irgendwie konnten sie es nicht fassen.
„Wir müssen einen klaren Kopf behalten“, sagte Emmelie und schaute auf Toscha. Sie lag so da, als ob sie schlief.
„Bist du der Meinung, dass wir das alles hier Malte zu verdanken haben?“ Ann zuckte mit den Schultern. „Du sagtest, keiner außer Malte wusste, dass ich hier bin, oder gab es doch noch jemanden?“ Emmelie vergrub ihr Gesicht in den Händen. Nach einer Weile stand sie auf. „Nein, von deinem Eintreffen hier wusste kein Mensch, au-

ßer Malte!“
Ein merkwürdiges Gefühl beschlich Emmelie. Sie wollte es einfach nicht glauben, dass Malte … Er war doch einer von ganz wenigen Menschen, dem sie wirklich blind vertraute. Sie versuchte, ihn per Telefon zu erreichen, doch niemand nahm ab. „Vielleicht ist ihm etwas zugestoßen?“
Emmelie versuchte es ein weiteres Mal und ließ es lange klingeln, doch ohne Erfolg. „Das kommt mir aber komisch vor“, sagte sie und schnappte sich den Wagenschlüssel, der an einem Haken an der Wand hing. „Komm, wir fahren zu Maltes Haus, das ist nicht weit von hier entfernt. Ich will wissen, was da los ist.“ „Aber was ist mit den zwei toten Polizisten?“, wollte Ann wissen. „Polizisten?“, antwortete Emmelie erzürnt. „Die tragen zwar Uniformen, sind aber nicht das, für die man sie hält oder wir sie halten sollten.“
Sie drehte den Toten auf den Rücken und legte mit ein paar gekonnten Handgriffen seinen linken Arm frei. Mit der Taschenlampe leuchtete sie auf eine Stelle der Innenseite seines Arms, in der Nähe der Achselhöhle. Dort, wo ursprünglich die Blutgruppentätowierung von SS-Angehörigen zu finden war, hatte man das Zeichen eines Windhundes eintätowiert. „Dieselben Zeichen waren auf den Münzen, die man bei den Toten fand.“
„Der andere dort oben gehörte bestimmt auch zu dieser Organisation?“
„Ja“, sagte Emmelie, „da bin ich mir ganz sicher!“
Zwischenzeitlich war es zwanzig Minuten nach Mitternacht. Vorsichtig durchsuchten sie das Gebäude und die Umgebung. In einem kleinen Weg, nicht weit vom Hof entfernt, fanden sie dann auch das Fahrzeug, das den Unbekannten gehörte.
Sie hatten den Wagen zwar mit einer Art Tarnnetz abgedeckt, doch durch das helle Mondlicht waren die Konturen, auch aus einiger Entfernung gut zu erkennen.
Nachdem sie sich vergewissert hatten, dass sich außer den zwei unbekannten Toten wirklich keine weiteren Personen mehr auf dem Hof befanden, fuhren sie mit Emmelies altem Toyota-Jeep zu dem rund zwei Kilometer entfernten Haus, in dem Malte wohnte. Es war ein kleines, abseits der Straße gelegenes Haus, dessen baulicher Zustand zu wünschen übrig ließ. Emmelie lenkte den Geländewagen so,

dass die Scheinwerfer den Hauseingang ausleuchteten und stellte den Motor ab. Sie stiegen aus dem Wagen. Vorsichtshalber hatten sie die Schrotflinte des Großvaters samt Munitionspaket dabei. Man wusste ja nicht, was noch so alles passierte.
Eine gespenstische Stille lag über dem Anwesen. Aus dem naheliegenden Wald drangen Geräusche von aufgeschrecktem Wild – das ängstlich flüchtete – herüber. Malte war immer ein Eigenbrötler und er liebte die Abgeschiedenheit. Er hörte gerne Musik, aber laut musste sie sein. „Hier kann ich meine Musik so laut hören, wie ich will und keinen stört es“, hatte er immer gesagt. Seit er das Mädchen aus Kolding kennengelernt hatte, ging eine Veränderung mit ihm vor. Er lachte häufiger und schmiedete Pläne. Ja, das war neu, sie wollten zusammen in die Stadt ziehen, weg aus der Einsamkeit. All das ging Emmelie durch den Kopf, als sie langsam auf den verfallenen Schuppen zuging, den Malte Garage nannte. Genau hier stand immer der Grill. Hier haben sie mit Freunden gefeiert. Dort hinten war der Platz des Lagerfeuers, an dem sie so manche Sommernacht bis zum Morgen gesessen haben.
Der Lichtstrahl ihrer Taschenlampe tastete über eine alte Plane, die man wie eine Gardine zur Seite schieben konnte und die als eine Art Garagentor fungierte.
Durch einen kleinen Spalt leuchtete sie in das Innere. Da stand Maltes alter Volvo. Also musste er doch zu Hause sein. Sie ging zurück zu ihrem Wagen und nahm die Schrotflinte, die auf dem Rücksitz lag, heraus. „Komm bitte, hier stimmt etwas nicht“, forderte sie Ann auf. Langsam näherten sie sich dem Haus, das dunkel und bedrohlich vor ihnen stand. Wie Indianer auf dem Kriegspfad schlichen sie, das Gewehr im Hüftanschlag, die knarrenden Stufen der alten Holztreppe hinauf. An der Eingangstür gab sie Ann ein Handzeichen, dass sie nicht nachkommen soll. Nicht nur die Treppe war alt, sondern auch die Haustür. Es roch irgendwie nach Fäulnis. Mit dem Flintenlauf drückte sie auf den Klingelknopf. Ein lautes schrilles Geräusch, das einer Fahrradklingel ähnelte, drang an ihre Ohren. Nichts rührte sich im Haus. Ein zweites und drittes Klingeln, es blieb still. Sie entschloss sich, um das Gebäude zu gehen, schließlich kannte sie sich hier bestens aus.
Auf der anderen Gebäudeseite, zum Wald hin gelegen, befand sich

eine Terrasse. Auch hier konnte sie nichts Auffälliges feststellen. Durch das Fenster der Terrassentür leuchtete sie in das Innere des Raumes. Es wunderte sie, dass Flaschen auf dem Boden lagen. Auf dem Tisch und im Raum sah es unordentlich aus, das kannte sie von Malte nicht. An den anderen Fenstern waren die Vorhänge zugezogen. Auch das war eigentlich auch nicht so seine Art. Emmelie klopfte mehrmals an die Scheibe und rief seinen Namen. Sie bekam jedoch keine Antwort.
„Vielleicht ist er wirklich nicht zu Hause“, hörte sie Ann hinter sich sagen. „Du hast recht, eventuell sind die beiden tatsächlich irgendwo unterwegs.“
Emmelie hatte die Waffe bereits wieder auf dem Rücksitz verstaut und wollte gerade hinter dem Lenkrad Platz nehmen, als Ann in Richtung Haus zeigte. Im ersten Moment wusste sie nicht, was Ann meinte. Doch dann sah auch sie es.
Eines der Fenster in der oberen Etage stand offen. Der Wind hatte wohl die weiße Gardine nach außen geweht, die jetzt im Licht der Scheinwerfer wie eine Kapitulationsfahne an der Fassade hing. Genau in diesem Moment war ihr klar geworden, dass hier etwas Schlimmes vorgefallen war.
Mit der geladenen Schrotflinte lief sie zurück zum Haus, Ann folgte ihr. Sie trat mit einem kräftigen Tritt gegen die marode Haustür, die nach dem zweiten Versuch aufsprang.
Sie betraten den Flur. Das Licht der Taschenlampe tastete überall entlang. Emmelie betätigte einen Lichtschalter. Vergebens, der Strom war unterbrochen. Sie gingen weiter. „Schau mal hier!“, hörte sie Ann, die den Lichtstrahl auf das aus der Wand gerissene Telefonkabel richtete. „Malte!“, rief Emmelie. „Malte!“, doch es gab ihr niemand Antwort.
Sie durchsuchten die unteren Räume, die stark verwüstet waren, so als hätte man etwas gesucht. Jedoch von Malte keine Spur. Als sie den Treppenaufgang erreichten, um auch oben weiter zu suchen, entdeckten sie Blutspritzer auf dem Holzgeländer und an der Wand. Emmelie fühlte plötzlich, dass sich ihre Vorahnung wohl bewahrheitete. „Malte, bist du hier?“, rief sie und ging weiter die Treppe hinauf.
Vor der Badezimmertür blieb sie stehen, sie war nur angelehnt. Mit

dem Fuß stieß sie die Tür auf und leuchtete in das Innere. Ann stand direkt hinter ihr. „Oh nein, bitte nicht“, hörte sie Emmelie sagen. Hier musste etwas sehr Schlimmes passiert sein. Am Wannenrand und der gefliesten Wand dahinter sahen sie größere Blutflecken. Ann leuchtete auf den Boden. „Sieh mal, hier ist eine Blutspur den Flur entlang.“ Sofort lief Emmelie durch den Flur, bis sie vor einer Tür stehen blieb. Ann sah, wie sie die Tür öffnete und hineinleuchtete. Dann machte sie einen Schritt zurück. „Oh mein Gott!“, hörte sie Emmelie immer wieder sagen.
Es war furchtbar, was sie jetzt sahen, einfach bestialisch. „So etwas, das macht doch kein Mensch“, Ann war ganz außer sich. „Aber sicher doch! Das hier ist durch Menschenhand gemacht und wir wissen auch, wer dafür verantwortlich ist.“
Emmelie war Journalistin und eine gute dazu. Sie hatte stets einen Fotoapparat an einer Gürteltasche dabei. Eine kleine Kamera, die Olga ihr einmal geschenkt hatte. Es sei eine Kamera die Agenten und Spione benutzen, hatte sie gesagt. Sie machte vom Tatort mehrere Fotos. Man konnte nie wissen, für was man sie verwenden konnte.
„Du meinst, das hier waren unsere beiden Toten?“
„Mit absoluter Sicherheit“, sagte Emmelie. „Wenn wir hier weitersuchen, finden wir bestimmt irgendwo ein oder zwei von den Münzen. Das hier kann nicht nur einer gemacht haben“, sie fotografierte weiter.
So wie es aussah, hatten sie Maltes Freundin vor seinen Augen im Bett vergewaltigt. Davon zeugten eindeutige Spuren und die Lage des nackten Mädchens.
Ihn hatten sie wahrscheinlich gefoltert, um an irgendwelche Informationen zu gelangen. Sein Körper war übersät mit blauen Flecken und Blut und an der rechten Hand hatten sie ihm drei Finger abgetrennt. Um keine lästigen Zeugen zu hinterlassen, durchtrennten sie den beiden mit großer Brutalität den Kehlkopf.
Ann und Emmelie verließen diesen Ort der Grausamkeit. Keiner sprach auf der Rückfahrt ein Wort. Sie lenkte ihren Wagen auf die Mitte des Hofes und stellte den Motor ab. Ann leuchtete mit der Taschenlampe zu der Stelle, an der man den Kopf des Toten in der zersplitterten Fensterscheibe erkennen konnte.
„Hier zwei Tote und in zwei Kilometer Entfernung nochmals zwei

Menschen, die man auf schreckliche Art und Weise aus dem Leben gerissen hat. Man wird sie vermissen.
Es werden Leute kommen, die sie suchen werden. Hast du für dieses Problem einen Plan?“ Emmelie lehnte mit verschränkten Armen am Wagen und blickte hinauf zum Fenster und dachte nach.
Als wäre sie aus einem bösen Traum erwacht, zuckte sie nach einer Weile des Schweigens plötzlich zusammen. Selbst Ann war ein wenig irritiert.
„Komm, ich werde uns erst einmal einen starken Kaffee brühen, dabei erzähle ich dir, wie wir vorgehen sollten, o. k.?“ Ann nickte zustimmend. Auf dem Weg zum Haus blickte sie auf ihre Armbanduhr, es war kurz nach ein Uhr. Zum Kaffee hatte Emmelie mit Anns Unterstützung noch ein paar Sandwiches gezaubert. Es war eine milde Nacht. Daher entschlossen sie sich, auf der alten Holzbank, die direkt vor dem Wohnhaus stand, Platz zu nehmen.
„Eigentlich eine wunderbare Nacht“, begann Emmelie die Unterhaltung, lehnte sich zurück und betrachtet den Sternenhimmel. „Wie geht es nun weiter?“, fragte Ann. Emmelie zögerte kurz, dann setzte sie sich aufrecht hin. „Wir sollten zuerst auf dem Hof alle Spuren beseitigen, die auf die Anwesenheit der beiden Typen hinweisen. Ich gebe dir recht, es wird nicht lange dauern, dann werden wir Besuch bekommen und man wird uns Fragen stellen.“ Ann hörte ihrem Plan gespannt zu. Das was Sie von sich gab, war einleuchtend.
Als Erstes bekam Toscha ihre letzte Ruhestätte im Garten, gleich hinter dem Haus, am Rande eines Rosenbeetes.
Dann begann der schwere Teil. In einem Bettlaken eingewickelt, zogen sie gemeinsam den Toten von oben die schmale Holztreppe hinunter. Ann fand es ekelig und verzog immer ihr Gesicht bei dem dumpfen Geräusch, wenn der Kopf des Mannes auf die Treppenstufen aufschlug. Den zweiten Toten zogen sie ebenfalls mithilfe eines Lakens aus dem Haus und sie legten ihn neben den anderen auf den Hofasphalt.
Das hatte Kraft gekostet, deshalb setzten sie sich auf die Bank. Emmelie steckte sich eine Zigarette an. „Kann ich bitte auch eine haben?“ Verdutzt blickte sie zu Ann. „Aber du rauchst doch gar nicht!“
„Eigentlich nicht, aber jetzt ist so ein Moment gekommen, da würde

ich gerne eine Zigarette mit dir zusammen rauchen.“ Als Ann sich nach einem leichten Hustenanfall wieder beruhigt hatte, hielten beide Frauen einen Moment inne.
Der Mond ließ den Hof in einem gleißenden Licht erstrahlen und die angrenzenden Gebäude warfen lange Schatten auf die Erde. Die Bettlaken, in denen die Toten lagen, strahlten wie Skulpturen aus hellem Marmor. Es sah alles so unwirklich aus, bis auf die dunklen Stellen in den Tüchern, die sich allmählich mit dem Blut der Leichen gefärbt hatten. Der nächste Teil ihrer Arbeit war abstoßend und löste bei Ann einen heftigen Brechreiz aus. „Rauch dir eine, ich mach das schon!“ Sie durchsuchte die Taschen der Männer. Sie war sehr gewissenhaft bei ihrer Suche. Alles was sie in den Hosen- und Jackentaschen fand, legte sie fein säuberlich auf den schweren Holztisch bei der Bank ab. In der Zwischenzeit sortierte Ann die Fundsachen so, dass sie nachher leichter feststellen konnten, was zu welchem Toten gehörte.
Beide hatten dänische Polizeiausweise bei sich, unterhielten sich aber auf Deutsch. Einer der beiden hieß wohl auch Franz, aber dieser Name tauchte auf keinem Ausweis auf. Bei dem einen, es musste sich wohl um den Fahrer des versteckten Wagens handeln, fand Emmelie einen Zündschlüssel. Sie staunten nicht schlecht, als sie den Wagen abdeckten. Statt eines dänischen Polizeifahrzeugs, kam ein ganz anderes Auto zum Vorschein. Ein ziemlich neues BMW-Modell mit deutschem Kennzeichen. Emmelie startete den Motor und fuhr den Wagen zum Hof und stellte ihn nah bei den Toten ab. Die Durchsuchung des Wagens brachte sehr interessante Dinge zum Vorschein.
Außer einem randvollen Benzinkanister fanden sie zwei Maschinenpistolen, zwei Revolver, Munition für die Waffen und unter einer Decke versteckt in einer schuhkartongroßen Holzkiste lagen Handgranaten.
„Donnerwetter“, sagte Ann, „die hätten ja einen kleinen Krieg vom Zaun brechen können.“
„Ich glaube, die hatten etwas Größeres vor“, fügte Emmelie hinzu und durchsuchte den Innenraum. Auf dem Boden lagen Plastikflaschen mit Trinkwasser und Essensrationen, wie sie bei der Armee üblich waren, sowie für jeden einen Schlafsack. Im Handschuhfach

fanden sie eine weitere Pistole und eine Anzahl von Landkarten. An einer der Karte, sie zeigte einen Ausschnitt von Westdeutschland, war ein Zettel angeheftet. Im Inneren des Handschuhfachs, in einem separaten Geheimfach, entdeckte Emmelie ein kleines schwarzes Notizbuch. Hier waren verschiedene Zahlenkombinationen und auf mehreren Seiten eine Vielzahl von Codenamen notiert. Auf der letzten Seite war eine Art von Kompass aufgemalt. Es sah so aus, als würde es sich um irgendwelche Zielpunkte von Orten in unterschiedlichen Regionen handeln. Alles, was den Anschein erweckte, auf eine besondere Weise rätselhaft zu wirken, nahm Emmelie sofort an sich. Auch die Metallschatulle, in der sich Münzen befanden, auf denen das Windhund-Symbol aufgedruckt war.
Nachdem Emmelie den Kanister mit Benzin im Kofferraum vorgefunden hatte, entwickelte sich sofort ein drastischer Plan in ihr. Aus dem Geräteschuppen holte sie den Traktor mit Frontlader. Der Motor des Gefährts war dermaßen laut, dass Ann befürchtete, alle Nachbarn würden aus dem Schlaf gerissen und auf den Hof gelaufen kommen. Doch alles lief so, wie Emmelie es sich vorgestellt hatte. Nachdem sie einen der Toten in die Schaufel des Frontladers gelegt hatte, fuhren sie zu der Stelle des Hofes, an der der Stalldung lagerte.
Unter diesen beachtlichen Haufen Mist, der noch von zwei Höfen aus der Nachbarschaft genutzt wird, befand sich ein großräumiger Auffangbehälter für die Gülle, die seitlich abgepumpt werden konnte. Mit dem Bau dieses Beckens verfolgte man vor vielen Jahren einen anderen Zweck. Es sollte eine Art Versorgungsbunker sein, in dem Nahrungsmittel und andere Dinge vor einem Nuklearangriff geschützt werden sollten. In das Innere gelangte man nur über einen Einstieg, von deren Existenz noch kaum jemand wusste. Dieser Zugang lag in einer Ecke, die mit Stalldung bedeckt war. Diese Stelle musste Emmelie freilegen. Obwohl sie die Lage des Einstiegs genau kannte, war noch die Abdeckplatte zu entfernen und das alles nahm Zeit in Anspruch. Nach dem Verschwinden der Leiche im Gülle-Becken, ging alles Weitere ziemlich rasch. Niemand würde ahnen, was sich für ein Geheimnis unter diesem Haufen Mist verbarg.
Jetzt begann der zweite Teil des Plans. Dazu wollte sie den zweiten Toten in dem Fahrzeug, mit dem sie hier angekommen waren, zum Grundstück von Malte fahren. Ann sollte mit dem Jeep folgen. Auf

der Fahrt begegnete ihnen kein einziges Auto, nur einige aufgescheuchte Wildtiere huschten im Licht der Scheinwerfer über die Straße und verschwanden im Dunklen. Es wirkte alles so friedlich, als sie den BMW auf Maltes Grundstück fuhren und ihn bewusst hinter dem Haus abstellten, dass man ihn von der Straße nicht sehen konnte. Sie verzichteten darauf, ein weiteres Mal Maltes Haus zu betreten, zu furchtbar war das, was man vor nicht so langer Zeit zwei jungen Menschen angetan hatte. Einen ihrer Mörder hatte sie nun zum Tatort zurückgebracht, er lag tot im Kofferraum seines Autos.
Er hat genau wie seine Opfer ein hässliches Ende gehabt. Was jetzt noch geschah, davon merkte er nun nichts mehr, es sollte eher symbolisch gemeint sein.
Emmelie bereitete den Tatort vor. Sie schüttete den Inhalt des Kanisters über den Wagen, den Rest des Benzins goss sie in den Innenraum. Sie griff in ihre Tasche und holte eine der Handgranaten hervor, die sie im Kofferraum entdeckt hatte. Sie gab Ann ein Zeichen, dass sie sich hinter die Hauswand stellen soll. Dann entfernte sie den Sicherungsstift. Einen Moment zögerte sie, dann warf sie die Granate durch die geöffnete Fahrertür in den Wagen. Sie stieß die Tür des Wagens zu und rannte zur Hausecke, hinter der Ann bereits in Deckung stand. Beide pressten sich dicht aneinander und hielten sich die Ohren zu. Dann erfolgte eine kurze, dumpfe Detonation, die sie viel lauter eingeschätzt hatten. Sofort entzündete sich der verschüttete Kraftstoff und das Fahrzeug stand lichterloh in Flammen. „Komm“, sagte Emmelie und zeigte auf ihren Jeep, „wir müssen von hier verschwinden.“ Die Flammen des brennenden Wagens erhellten einen Teil des Hofes. Sie nahm auf der Rückfahrt nicht den Weg über die Straße. Es gab einen schmalen Waldweg, der von hier aus durch den Wald wieder auf eine befestigte Straße mündete, sodass sie unerkannt diesen Ort verlassen konnten. Ohne eingeschaltete Scheinwerfer fuhren sie in Richtung Waldrand. Bevor sie den Wald erreichten, erschütterten mehrere Detonationen die Luft. Sie schauten sich beide noch einmal um und sahen, wie Leuchtgeschosse umherflogen. „Das ist die Munition und die Handgranaten im Kofferraum, die jetzt explodieren“, sagte Emmelie. „Mehr kann ich für dich leider nicht mehr tun, Malte.“
Dann gab sie Gas und tauchte unter in der Dunkelheit des Waldes.

Sie entschloss sich, nicht auf direktem Weg zum Hof zurückzufahren, sondern einen kleinen Umweg in Kauf zu nehmen. Nach einer knappen Stunde erreichten sie den Hof. Bei der Einfahrt blickten sie schweigend auf den Misthaufen. „Eigentlich sieht es aus, als wäre auf dem Hof nie etwas Schlimmes passiert", sagte Ann und gähnte dabei herzhaft.
„Wir sollten uns erst einmal hinlegen und etwas schlafen, dann sehen wir weiter", schlug Emmelie vor.
Das wiederholte, ja aufdringliche, schrille Geräusch der Haustürklingel riss Emmelie aus dem Schlaf. Noch ein wenig benommen schaute sie sich um. Auf dem alten Sofa lag in einer Decke eingewickelt, vom Klingeln unbeeindruckt, tief schlafend, Ann. Sie wollte nach diesen zurückliegenden Ereignissen auf keinen Fall allein in ihrem Zimmer schlafen. Aus diesem Grund hatten sie aus dem Keller, um nicht auf dem harten Fußboden schlafen zu müssen, ein Campingbett geholt.
Es klingelte wieder. Wie ein sehr alter Mensch quälte sich Emmelie ganz langsam von der Liege, was ein wenig Zeit in Anspruch nahm. „Ja, verdammt, ich bin unterwegs", fluchte sie und legte sich eine Jacke über die Schultern. In der Zwischenzeit war auch Ann von dem Lärm erwacht. Emmelie gab ihr mit der Hand ein Zeichen, sie solle noch liegen bleiben.
Sie drehte den Schlüssel im Schloss herum und öffnete, die Sicherungskette noch eingehakt, die Haustür einen Spalt. Den Mann, der vor der Haustür stand, den kannte sie nur zu gut. Es war Alex Larsen, ihr Chef aus der Redaktion.
„Alex … was willst du denn um diese Zeit hier?" Alex war ein kleiner Mann mit einem hervortretenden Wohlstandsbauch. Durch die wenigen Haare auf seinem Kopf, wirkte er einige Jahre älter. Wie es sich für einen Chefredakteur gehört, rauchte er wie ein Schlot. Das hatte ihm bereits einige Bypässe beschert. „Ich habe vergeblich versucht, bei dir anzurufen", sagte er und zog hektisch an seiner Zigarette. „Ich habe es mehrmals versucht, aber die Leitung war tot."
Mit Sicherheit hatten die Typen von heute Nacht die Telefonleitung gekappt, ging es ihr durch den Kopf.
„Kann durchaus eine Störung gewesen sein, das kommt hier draußen auf dem Land schon mal vor. Aber was war denn so wichtig, dass du

versucht hast, mich zu erreichen?"
„Es ist etwas Schreckliches passiert!" Sein aufgedunsenes Gesicht war blass und er tupfte sich mit einem Taschentuch die Schweißtropfen von der Stirn. „Malte ist tot!" Sie musste jetzt sehr überzeugend wirken, wie überrascht und fassungslos die Nachricht sie machte.
„Wie meinst du das, Malte ist tot?" Sie öffnete die Tür und trat ihm entgegen. „Hatte er einen Verkehrsunfall?" Axel hatte sich bereits eine neue Zigarette angesteckt und nahm einen tiefen Zug. Er schüttelte den Kopf. „Nein, keinen Unfall. Die Polizei geht davon aus, dass er in seinem Haus von einem Unbekannten überfallen und getötet wurde."
„Wer sollte denn einen Grund haben, unseren Malte zu ermorden?" Axel zuckte mit den Schultern. „Ich weiß es nicht. Ich kann mir nicht vorstellen, dass Malte überhaupt Feinde hatte." Für einen kurzen Moment standen beide schweigend da.
„Was hat die Polizei noch gesagt?"
„Nichts weiter, nur dass man ihn tot in seinem Haus gefunden hat."
„Wer hat ihn denn gefunden?"
„Darüber schwieg die Polizei!"
Sie redeten noch eine Weile über Malte und die furchtbare Tat. Dann fuhr Axel zur Redaktion zurück. Er war etwas überrascht über Emmelie. Sonst hatte sie ihm immer Kaffee angeboten, wenn er auf den Hof kam. Heute unterließ sie es.
In der Zwischenzeit war Ann aufgestanden und hatte begonnen, das Frühstück vorzubereiten. Emmelie berichtete, was sie soeben von ihrem Chef erfahren hatte. „Er hat mit keinem Wort erwähnt, dass es noch eine zweite Leiche gab?" Mit einem leichten Kopfschütteln beantwortete sie die Frage. „Er hat auch nicht über das verbrannte Auto mit dem Toten darin gesprochen?"
Emmelie nahm einen Schluck Kaffee und stellte die Tasse vor sich ab. „Eigenartig, er redete nur über Malte. Entweder, die Polizei will nichts nach außen lassen, oder … verschweigt ganz bewusst etwas."
„Außerdem haben unsere beiden Besucher in der letzten Nacht das Telefonkabel zum Wohnhaus durchtrennt", fiel es Emmelie nun wieder ein. „Das heißt, dass wir von hier aus niemanden telefonisch erreichen können?"
„Ja und nein!" Emmelie ging zum Telefonapparat und hob den Hörer

ab … Nichts. „Die haben zwar die Leitung vom Wohnhaus totgelegt, aber hinter der Werkstatt gibt es ein Büro mit einem separaten Anschluss. Ich kann mir nicht vorstellen, dass sie diesen auch zerstört haben.“ Sie sollte recht behalten, das Telefon in dem unscheinbaren, ein wenig verstaubten Raum war funktionstüchtig.
Gegen zehn Uhr tauchte plötzlich ein Polizeifahrzeug auf. Zwei Polizisten stiegen aus und schauten sich auf dem Hof um. Emmelie öffnete die Tür. „Sie kommen bestimmt wegen der schlimmen Sache in der letzten Nacht, nicht wahr?“
„Woher wissen Sie davon?“, fragte die Beamtin. Emmelie erzählt alles, was ihr Axel berichtet hatte und das eine gute Freundin bei ihr zu Besuch wäre und dass sie gestern sehr lange ferngesehen und daher nichts gehört haben. Nach kurzer Zeit verließen die Beamten wieder den Hof.
„Ich hoffe, es bleibt bei der Polizei“, Emmelie schaute zu Ann.
„Du meinst, dass noch jemand kommt, der die Typen vermisst?“ Ann presste die Lippen aufeinander. „Ja, genau das meine ich und die werden wohl nicht so friedlich und harmlos den Hof wieder verlassen.“
„Du meinst also, dass wir von hier schnellstens verschwinden sollten?“ Ann nickte. Sie sprachen noch eine Weile über das Für und Wider eines Aufbruchs und vor allem, wohin sie gehen sollten. Zunächst entschieden sie sich, dass alle Unterlagen, alle wichtigen Aufzeichnungen für eine spätere Veröffentlichung in Sicherheit gebracht werden müssen. Sie fassten den Entschluss, diese Arbeit bei den angenehmen Temperaturen, nach draußen zu verlegen.
Dabei fiel Emmelie die Liste mit den Namen auf, bei der Ann gestern eine sehr auffällige, emotionale Reaktion gezeigt hatte. Es war ihr nicht mehr möglich, sie nach dem Auslöser zu fragen, weil in diesem Moment plötzlich das Licht ausgegangen war. Sie schob die Seiten wortlos zu Ann herüber, sodass sie direkt vor ihr lagen.
Nach einem kurzen Blick auf die Namen schaute Ann sie fragend an.
„Irgendein Name auf der Liste hat mich gestern aufmerksam gemacht. Ich gehe mal nicht davon aus, dass es sich um Bob Robertson handelte?“ Ann zog ein bestimmtes Blatt hervor und gab es Emmelie. „Es ist der fünfte Name von oben!“
„Ein Baron Heinrich von Neuenhaus“, kam es über Emmelies Lip-

pen, dabei schaute sie verwundert zu Ann hinüber. „Der Name klingt sehr Deutsch. Aber was hast du mit diesem Baron zu tun?“ Ann erhob sich und zündete sich eine Zigarette an. In der Zwischenzeit wusste Emmelie, wenn Ann zu rauchen begann, bedrückte sie etwas. Während sie immer hektischer an der Zigarette zog, ging sie hin und her. Mit einem Mal blieb sie stehen und schaute in den wolkenlosen Himmel. Ihre Bewegungen wurden auffallend ruhiger.
„Heinrich von Neuenhaus, dieser Mann ist mein Vater!“ Sie drehte sich herum und schaute ihr in die Augen. „Er ist aber nicht mein leiblicher Vater.“ Sie nahm noch einen tiefen Zug und drückte den Rest der Zigarette im Aschenbecher aus. „Und wer ist nun dein richtiger Vater?“ Ann setzte sich wieder zurück auf die Bank. „Der Name meines richtigen Vaters ist, Fritz von Neuenhaus. Er war der jüngere Bruder von Heinrich.“ Ein Lächeln huschte über Anns Gesicht und Emmelie spürte, dass es ihr guttat, über das Vergangene zu reden. „Du sagtest, er war der jüngere Bruder, ist er denn gestorben?“
„Ich war zu klein, um ihn kennenzulernen.
Mutter erzählte später oft von ihm. Wie sie sich kennengelernt und sich unsterblich ineinander verliebt hatten.
Nach den Wirren des Krieges kam er nicht mehr aus der amerikanischen Kriegsgefangenschaft zurück und blieb verschollen. Um mir und meiner Mutter ein Zuhause zu geben, verlangte Heinrich, dass sie ihn heiratete. Jahre später bekam Mutter heraus, dass man Fritz getötet hatte und dass der Mordauftrag von Heinrich kam. Heinrich stand in dieser Zeit bereits in enger Verbindung zu mehreren Geheimdiensten und hatte politisch eine recht gute Position erreicht. Daher war es ihr unmöglich, Heinrich mit dem Mord in Verbindung zu bringen.“
Emmelie hörte den Erzählungen gebannt zu und machte sich ein paar Notizen. „Erzähl weiter, bitte.“ Nachdem sich Ann eine weitere Zigarette angezündet hatte, fuhr sie fort.
„Heinrich war unfruchtbar und er berührte mich häufig unsittlich. Als Mutter das herausfand, stellte sie ihn zur Rede. Daraufhin zwang er Mutter, das Land zu verlassen oder er würde uns beide töten. Wir hatten keine Chance, uns gegen so einen Tyrannen zu wehren. Um mich nicht weiter in Gefahr zu bringen, entschied sich Mutter, sofort

alle Zelte abzubrechen.
Durch die Unterstützung guter Freunde flüchteten wir bei Nacht und Nebel nach England. Vielleicht kam noch ein anderer Grund hinzu. Meine Mutter hatte angeblich auch jüdische Wurzeln, davon hatte Heinrich wohl erst später erfahren und dies entsprach nicht seiner Ideologie."
Ann lehnte sich entspannt zurück und strich sich mit den Händen durch die Haare. „Jetzt kennst du den entscheidenden Teil meiner Kindheit."
„Also, wenn ich deine Geschichte höre und sie mit der von deiner Tochter Lydia vergleiche, ähneln sie sich im Grunde, nicht wahr?"
Ann überlegte, dann nickte sie. Ja, sie erkannte auch Parallelen in den Abläufen der Geschichte.
„Sollten die Nachforschungen von Lydia und John in Westdeutschland in bestimmten Kreisen Staub aufwirbeln, oder es werden schlafende Hunde geweckt, dann würden sie in akuter Lebensgefahr schweben." Ann wurde sichtlich nervöser. Sie griff wieder zu der auf dem Tisch liegenden Zigarettenschachtel. „Ich gehe davon aus, dass Lydia und ihr Kollege keinerlei Kenntnis über die Existenz eines Barons von Neuenhaus und seiner weitverzweigten Organisation besitzen?", fragte Emmelie.
Ann zog an der Zigarette. „Du hast mir jetzt doch Angst gemacht." Sie ging wieder erregt hin und her. „Außerdem verfolgt Bob sie ebenfalls und wir müssen davon ausgehen, dass er und seine Helfer bereits dort sind." Sie schwiegen eine Weile und es schien, dass jede für sich versuchte, die Gedanken zu ordnen, um dann die richtige Entscheidung treffen zu können.
Emmelie stand auf und beugte sich über den Tisch, um aus einem Stapel Papiere das kleine, schwarze Notizbuch hervorzuholen. Sie hielt es hoch – so wie ein Lehrer vor seiner Schulklasse – um ihnen mitzuteilen, dass in diesem Büchlein alle Schüler standen, die unangenehm aufgefallen waren. „In diesem Büchlein, das eine der Gestalten, die uns überfallen haben, verloren hat, sind mehrere Telefonnummern eingeschrieben." Sie blätterte und blätterte, dann hatte sie die Seite gefunden, die sie gesucht hat.
„Als ich dieses Büchlein durchsah, fiel mir sofort eine bestimmte Telefonnummer ins Auge. Mir war, als hätte ich diese Nummer

schon einmal irgendwo gelesen. Es dauerte eine Weile, dann war ich mir ganz sicher.
Es ist die Nummer der Anwaltskanzlei, in der auch Paul arbeitet."
Ihre Blicke trafen sich. Ann sah in ihrem Gesicht einen Ausdruck von Unsicherheit. „Glaubst du denn, dass Paul auch in diese Sache verwickelt ist?"
„Ehrlich gesagt, bin ich mir da nicht mehr so sicher." Auch sie zündete sich eine Zigarette an. „Ich würde noch keine voreiligen Schlüsse ziehen", sagte Ann.
„Du willst mich nur beruhigen!", erwiderte Emmelie und lächelte dabei.
„Aus all den Unterlagen sehe ich, dass ein großer Teil unserer Verdächtigen aus Westdeutschland stammt!" Emmelie nickte. „Ja, es sieht jedenfalls so aus!"
„Du willst also damit sagen, dass wir uns auf den Weg in die Höhle des Löwen wagen sollten?" „Genau so sehe ich es, denn wir haben immerhin mehrere Gründe dorthin zu fahren."
Nachdem sie den Entschluss gefasst hatten, bereiteten sie sich auf die Reise vor. Ann musste nicht mehr packen. Nach der Ankunft bei Emmelie hatten sich die Ereignisse überschlagen, da war sie nicht dazu gekommen, den Koffer auszupacken. Das Zusammentragen der brisanten Papiere nahm die meiste Zeit in Anspruch. Sie verstauten alles in einem schwarzen, abschließbaren Pilotenkoffer.
Zu ihrer Verteidigung versteckte Emmelie die Waffe von einem ihrer Angreifer im Fahrzeug so geschickt, dass sie bei einer Grenzkontrolle nicht sofort aufzufinden war.
Nach einem kleinen Imbiss war die Zeit gekommen, um die Reise anzutreten. „Was geschieht mit dem Hof?", wollte Ann wissen, als Emmelie Fenster und Türen verriegelte. „Alle unsere Pferde sind mit dem Personal auf einem Reitturnier und kommen spätestens am Sonntag wieder zurück."
Ohne einen Blick auf den Misthaufen zu werfen, verließen sie den Hof.
Ihr Weg führte sie noch einmal am Haus von Malte vorbei. Es wirkte so friedlich, wenn da nicht noch das Absperrband der Polizei gewesen wäre.
Ohne das Tempo zu verlangsamen, preschten sie die Landstraße

entlang und ließen den Ort schnell hinter sich.
Noch ahnten sie nicht, in welch gefährliches Fahrwasser sie sich nun begaben.

Kapitel 42

Aus sicherer Entfernung beobachtete Bob Robertson, mit einem speziellen Nachtsichtgerät, welches nur die Army verwendet, das Geschehen. Das fahle Licht des Mondes erhellte die Umgebung so gut, dass er die Umrisse des Gasthofes auf diese Entfernung noch mit bloßem Auge erkennen konnte. Er zündete sich eine Zigarette an. Es war ganz still, als würde außer ihm kein anderes Leben existieren. Er schaute wieder durch das Okular. Alles sah so friedlich aus. Das sollte sich aber bald ändern. Er nahm einen tiefen Zug und blies den Rauch in die Nacht. Ein warmer Wind verwirbelte den Rauch sofort.
Es war bereits viel Zeit verstrichen, seit dem Telefongespräch des Major Rutherford mit diesem John, dem Partner von Lydia. Im Gespräch wurde von einer Akte gesprochen, die von Polizeibeamten, die damals vor Ort waren, angelegt wurde. Die Akte, von deren Existenz bisher niemand etwas ahnte, konnte jetzt gefährlich werden. Und noch etwas sehr Wichtiges kam bei dem Telefonat heraus. War es nun Gleichgültigkeit oder blindes Vertrauen, dass dieser John dem Major erzählte, wo diese Akte abzuholen ist. Nachdem er und seine Helfershelfer wussten, wo sich diese Akte befand, sollte die Polizeistation samt den Unterlagen durch eine heftige Explosion vernichtet werden.
Jetzt war es an der Zeit, Lydia und John endlich aus dem Weg zu schaffen. Der provozierte Unfall mit dem VW-Bus gelang von der Durchführung, doch es stellte sich heraus, dass in dem Wagen nicht John und Lydia saßen. Das alles ging Bob durch den Kopf. Jetzt sollte ein anderer Plan zum Erfolg führen. Der Holländer sollte sich mit dem kleinen Dicken an den Gasthof heranarbeiten und einen Brand legen. Entweder werden Menschen durch das Feuer sterben, oder durch die entstehende Panik werden die Gäste – somit auch Lydia und John – das Haus verlassen und sich auf dem Parkplatz sammeln. Genau in diesem Augenblick sollten seine Agenten die beiden erschießen.
Er blickte noch einmal durch das Glas. Zwei dunkle Gestalten huschten über den Hof und verschwanden hinter dem Gebäude. Ein Hund bellte. Bob schaute auf die Uhr. Es war Viertel nach drei. Er zündete

sich, kurz nachdem er die eine Zigarette ausgeraucht hatte, die nächste an. Er spürte auf einmal die innere Anspannung. Die beiden waren ihm so oft entwischt, doch dieses Mal musste er es schaffen, mussten Lydia und John eliminiert werden.
Er nahm das Glas wieder an seine Augen und justierte die Schärfe. Hinter dem Gebäude sah er plötzlich, wie sich der Himmel rötlich färbte und er sah auch die ersten Flammen. Zwei Gestalten rannten in Richtung der Büsche und verschwanden. Schnell fraßen sich die Flammen vorwärts und dabei veränderte sich ihre Form. Immer bedrohlicher leckten sie in den Nachthimmel. Rauch stieg auf und umhüllte das Gebäude. In einigen Zimmern gingen die Lichter an. Erste Schreie waren zu hören. Bob nahm das Glas herunter und ein Lächeln huschte über sein Gesicht. Genussvoll zog er an der Zigarette. Genauso hatte er sich das Szenario vorgestellt, militärisch geplant. Die beiden Agenten mussten jetzt nur noch seinen Plan vollenden.
Bob entschloss sich, nicht mehr länger hier zu warten und zum Schloss-Hotel zurückzukehren.
„Frogfoot“ würde ihm über Funk die Erledigung des Einsatzes mitteilen. Er spürte auf einmal, wie müde er war. Wenn er ein wenig geschlafen hatte, wollte er sich nach einem guten Frühstück noch einmal mit Major Rutherford zusammensetzen. Der Major war ein guter Offizier der Krone, so wie er selbst und vielleicht konnte er ihn ja überzeugen, sich auf seine Seite zu stellen. Das alles ging Bob auf der Fahrt zum Schloss durch den Kopf. Doch es sollte alles ganz anders verlaufen.
Bereits gegen kurz nach acht Uhr – Bob hatte ein paar Stunden geschlafen – meldete sich „Frogfoot“ über Funk.
Was der Holländer ihm berichtete, hörte sich mal wieder nicht gut an. „Wie konnte das passieren?“, schrie er in den Hörer, „der Plan hätte einfach funktionieren müssen!“
„Sie hatten wohl mit so etwas gerechnet“, fügte der Holländer hinzu. „Wie es aussah, war die Flucht vorbereitet.“
„Wie soll ich das denn verstehen, war vorbereitet?“, schrie Bob in den Hörer.
„Also, nach Aussage eines Gastes, entfernte sich kurz nach dem Feueralarm ein Fahrzeug von dem Gasthof und fuhr in nördliche Richtung davon.“ Ohne einen weiteren Kommentar beendete Bob das

Gespräch.
Wütend vor sich hin fluchend stampfte er durch den Raum. Er spürte nicht einmal, wie er sich in Rage hochgeschaukelt auf die Lippe biss. Erst nachdem Blut in seine Mundhöhle lief, merkte er, was passiert war.
Irgendwann blieb Bob vor einem großen, an der Wand hängenden Ölgemälde stehen, die in diesen Gemäuern dutzendweise in Zimmern und Fluren die sonst kahlen, hohen Wände schmückten. Er schaute auf den Mann in Uniform, der auf einem Schimmel saß.
Verdammt, ging es ihm durch den Kopf, wieder einmal sind sie davongekommen. Wieder einmal waren sie ihm entwischt.
Langsam begann Bob, an sich zu zweifeln. Waren hier möglicherweise höhere Mächte im Spiel? Er schüttelte den Kopf, natürlich nicht! Er wird sie schon kriegen – ganz bestimmt – er war sich sicher. Jetzt wollte er erst einmal frühstücken, dann das Gespräch mit Major Rutherford führen. Er hatte sich vorgenommen, gegen Mittag noch jemanden einen Besuch abzustatten.
Als er den Frühstücksraum betrat, saß bereits eine Gruppe von fünf Männern an einem der Tische. Was auffallend war, als er den Raum betrat, wurde die bis dahin sehr rege Unterhaltung schlagartig beendet.
Auf einem Nebentisch lagen mehrere Mappen. Im Vorbeigehen sah er bei einer aufgeklappten Mappe, dass es sich um eine Landkarte handelte. Schweigend musterten ihn die Anwesenden. Bob spürte eine gewisse Spannung. Ihre Blicke waren abweisend. Er glaubte sogar, in ihren Augen eine Feindseligkeit zu erkennen. Nachdem er sich am Büffet bedient und Platz genommen hatte, wurde die Unterhaltung fortgesetzt. Nun aber erheblich dezenter, es wurde bei manchen Sätzen sogar getuschelt, sodass er nichts mitbekam. Bald darauf erhoben sie sich von den Stühlen, nahmen ihre Sachen und verließen den Frühstücksraum.
Die machten nicht den Eindruck, als gehörten sie zu einer Wandergruppe, ging es ihm durch den Kopf. Auch sahen sie nicht aus wie Geschäftsleute. Er hatte eher das Gefühl, dass es sich bei den Männern um Soldaten handelte. Nicht um einfache Soldaten. Nein, er hatte ein Auge dafür, das waren hochrangige Offiziere.
„Wer waren diese Herren?“, fragte Bob neugierig die Bedienung, die

den Tisch abräumte. „Das kann ich Ihnen nicht sagen“, antwortete das Mädchen schüchtern. „Die Herrschaften habe ich noch nie vorher gesehen.“ Er steckte dem Mädchen etwas Trinkgeld zu, worauf sie sich mit einem Knicks bedankte. Die Antwort des Mädchens kam direkt und doch war eine gewisse Unsicherheit zu spüren. Bob war sich sicher, das Mädchen wusste mehr, als es zugab. Auf dem Weg zum Büffet kam er an einem Fenster vorbei, von dem man in den Schlosshof schauen konnte. Er beobachtete, wie die fünf Herren in zwei wartende Fahrzeuge, jedes mit einem dazugehörenden Fahrer, einstiegen. Unmittelbar darauf verließen die Fahrzeuge in zügiger Fahrt den Hof.
„Ich hätte da noch eine Frage an Sie.“
„Wie kann ich Ihnen helfen?“, fragte das Mädchen mit freundlicher Stimme, ohne die Arbeit zu unterbrechen. „Hat der britische Offizier schon sein Frühstück zu sich genommen?“
„Meinen Sie den netten Herrn aus dem Gästehaus?“
„Ja, den meine ich!“ Mit einem gekonnten Schwung legte sie eine neue Tischdecke auf.
„Für diesen Gast musste ich heute Morgen kein Frühstück zusammenstellen.“
„Und warum heute nicht?“
„Man sagte mir, der Gast hätte das Hotel verlassen.“ Bob erschrak.
„Wie soll ich das denn verstehen, der Gast hat das Schloss-Hotel verlassen?“ Das Mädchen glättete mit ihren Händen das Tischtuch und drehte sich zu Bob. „Er ist nicht mehr da!“
Bob beschlich ein komisches Gefühl. Hatte man den Major, ohne sein Wissen, einfach gehen lassen? Nein, das konnte er sich nicht vorstellen.
Ist möglicherweise Rutherford die Flucht gelungen? Unwahrscheinlich, bei der Bewachung. Außerdem wurde er durch Drogen ruhiggestellt. Bob verließ den Raum. „Kann ich Ihnen noch helfen?“, rief das Mädchen ihm nach. Doch Bobs Gedanken waren im Moment ganz woanders.
Schnellen Schrittes eilte er die massive, geschwungene Steintreppe hinunter, an deren Seitenwänden unzählige Trophäen von erlegten Tieren hingen, die wie Götzen auf ihn hinabschauten. Im großen Foyer angekommen, fielen ihm sofort zwei abgestellte Koffer auf.

Sonst war kein Mensch zu sehen. Bob ging zur Rezeption und tippte mehrmals auf die Klingel, die auf dem Tresen stand. Der helle, durchdringende Klang schallte durch den Vorraum. Um dieses Gemäuer zu unterhalten, hatte man es in ein Hotel umgebaut. Genau wie in England, dachte Bob. Er wollte gerade erneut die Klingel betätigen, als plötzlich, wie herbeigezaubert, ein Mädchen im Türrahmen erschien. Über ihr jugendliches Gesicht huschte ein Lächeln. Auf einem Schild an ihrer schönen weißen, perfekt gebügelten Bluse, stand … Anna.

„Wie kann ich Ihnen helfen, mein Herr?“, kam es gut trainiert über ihre dezent geschminkten Lippen. Einen Moment lang schaute er ihr wie gebannt in die Augen.

Dieses junge Mädchen, das dort vor ihm stand, sie erinnerte ihn an jemanden. Ja, es war so, als würde Lydia als junges Mädchen vor ihm stehen. „Entschuldigung …“, hörte Bob ihre Stimme, sie riss ihn aus seinen Gedanken. „Oh ja“, sagte er und tauchte aus seinen Gedanken der Vergangenheit auf. „Wo kann ich Frau von Waldeck finden?“

„Einen Augenblick bitte!“

Das Mädchen verschwand in ein hinter der Rezeption liegendes Büro. Bob hörte, dass sie ein Telefonat führte. Dann ein zweites. Nach einem dritten, aber sehr kurzen, kam sie zurück und hielt einen Zettel in der Hand. „Frau von Waldeck ist nicht im Hause, sie hat einen Außentermin.“

„So, so, Frau von Waldeck hat einen Außentermin“, murmelte Bob vor sich hin. „Und wo findet dieser Außentermin statt?“

„Das darf ich Ihnen leider nicht mitteilen!“

„Oh, sorry“, reagierte er, griff in seine Hosentasche und zog einen Geldschein hervor und schob ihn dem Mädchen diskret zu. Sie schaute erstaunt auf den Schein und nach kurzem Zögern verschwand er sehr rasch in ihrer Hand. „Sie werden Frau von Waldeck hier antreffen“, dabei kritzelte sie etwas auf ein Stück Papier und schob es zu Bob herüber. Sie hatte ihm eine Adresse aufgeschrieben.

„Sie sind sicher, dass ich die Dame dort antreffe?“

„Ganz sicher! Sie wird dort über Nacht bleiben“, dabei nickte sie. Bob bedankte sich bei dem Mädchen für die Auskunft und verließ sogleich das Hotel.

Sein Weg führte ihn zu den Garagen. Schon von Weitem sah er, dass auf keinem der Abstellplätze ein Auto stand. Auch die Garage, in die man Rutherfords Wagen abgestellt hatte, war leer. Er überlegte einen Moment.
Es könnte ja die Einheit des Majors angerufen haben, um sich nach ihm zu erkundigen. Die Idee verwarf er sofort wieder. So ein Anruf würde zu viel Staub aufwirbeln. Also blieb nur noch Diana übrig. Sie wusste ganz bestimmt, wo sich der Major derzeit aufhielt.
Über das Funkgerät nahm er mit seinen Agenten Kontakt auf. Er gab dem Holländer Anweisung, ihn abzuholen.
In der Zwischenzeit studierte er eine Landkarte, um den Ort zu finden, der auf dem Zettel stand. Etwas außerhalb des Ortes in einem Hotel, dort konnte er Diana finden.
Diana von Waldeck, ging es ihm durch den Kopf. Als er sie das erste Mal traf, war ihr Name nicht der, den sie jetzt trug. Schließlich hatte sie es weit gebracht. Wobei, er musste schmunzeln, ihre weiblichen Reize eine nicht unerhebliche Rolle spielten. Wie auch immer, ihr war es gelungen, in eine wichtige Position aufzusteigen.
Er war den beiden Agenten entgegengegangen und lehnte an der Wand der Steinbrücke vor dem Schloss, als der Wagen die Straße heraufgefahren kam. Ohne über das letzte missglückte Unternehmen ein Wort zu verlieren, fuhren sie sofort los. Nach einer Stunde erreichten sie den kleinen Ort und das gesuchte Hotel. Es war durch die Ortsbeschilderung leicht zu finden. Nachdem der Holländer von der Hauptstraße abgefahren war, befuhren sie einen schmalen, asphaltierten Weg, der auf einer Seite von Bäumen begrenzt war. Nach einigen hundert Metern war das Hotel zu sehen. Bob befahl, den Wagen in einen kleinen Seitenweg zu fahren.
Die beiden Agenten sollten zuerst das Objekt zu Fuß in Augenschein nehmen, solange wollte Bob im Fahrzeug bleiben. Nach etwa zwanzig Minuten, die dem wartenden Bob wie eine Ewigkeit vorkam, kamen sie zurück. Sie berichteten ihm, dass mehrere Fahrzeuge gleichen Typs, aber mit unterschiedlichen Kennzeichen, dort parken. Bob horchte auf. „Was für eine Lackierung haben die Fahrzeuge?“
„Ein dunkles grau-grün“, antwortete der Holländer.
„Vielleicht ist das hier ja ein Firmentreffen“, meinte der Dicke.
Bob überlegte kurz. „Sie haben nicht unrecht“, dabei schaute er den

Kleinen an. „Hier trifft sich tatsächlich eine Art Firma, abseits vom Großstadtlärm, an einem ruhigen, abgelegenen und verschwiegenen Ort. Hier findet ein Treffen der ‚Deutschen Organisation‘ statt.“
Eigentlich nichts Schlimmes, ging es ihm durch den Kopf. Er gehörte ja selbst dazu. Er konnte sich auch ausweisen. Doch es gab ein wichtiges Problem, er war kein Deutscher!
Er instruierte seine Begleiter. Schließlich wollte er ja nur kurz mit Diana reden. Irgendwie schaffte er es, Diana aus einem Vortrag zu holen. „Woher weißt du, dass ich hier bin?“, fragte sie erstaunt und unterließ es, Bob auf die übliche Art zu begrüßen. Bob schüttelte nur den Kopf, er wollte das Mädchen Anna nicht in Schwierigkeiten bringen.
„Diana“ begann er, wurde aber sofort von ihr unterbrochen. „Wenn du schon nicht preisgeben willst, wer dir das zugesteckt hat, dann sag mir, warum du hier bist?“ Dabei schaute sie nervös auf ihre Armbanduhr. „O. k.“, sagte Bob, „wo ist Major Rutherford?“
„Wieso willst du das wissen?“ Sie schaute sich um.
In einer Ecke saßen ein paar Leute, die durch das Gespräch der beiden aufmerksam geworden waren. „Lass uns nach draußen gehen“, schlug sie vor und zupfte an dem Riemen ihrer Umhängetasche. Sie verließen schnellen Schrittes das Foyer.
„Warum ist das für dich so wichtig, was mit diesem Major geschehen ist?“
„Er ist wie ich ein englischer Offizier. Er könnte wissen, was Lydia vorhat. Vielleicht könnte ich ihn überreden, auf unsere Seite zu kommen.“
Einen Moment lang schwiegen sie. „Der Major ist letzte Nacht durch einen tragischen Unfall ums Leben gekommen.“
„Einen tragischen Unfall“, schrie er aufgeregt. „Ihr habt ihn eiskalt umgebracht!“
„Er hätte uns sehr gefährlich werden können“, versuchte Diana sich zu verteidigen. „Außerdem werden wir Lydia und ihren Begleiter auch noch finden.“ Bob stutzte.
„Soll das heißen, ihr Aufenthaltsort ist euch bekannt?“
„Nun“, erwiderte Diana mit ruhiger Stimme, „wir sind hier in Westdeutschland, lieber Bob und das Informationsnetz hier, funktioniert!“
Bob setzte sich auf eine Holzbank, die direkt am Weg stand. „Wa-

rum hast du mir das alles vorenthalten?“ Dabei schaute er sie ungläubig an.
„Warum fragst du?“, erwiderte sie und baute sich mit verschränkten Armen vor ihm auf. „Wir sind die Herrenrasse, in unseren Adern fließt germanisches Blut.“ Das erste Mal in seinem Leben begann Bob, an dem, was er tat, zu zweifeln. „Und wenn ihr Lydia und John gefunden habt, werden sie wahrscheinlich auch durch einen tragischen Unfall sterben, sehe ich das richtig?“
Diana stand immer noch breitbeinig, wie in einer Siegerpose vor ihm. „Verrate mir noch eins“, dabei lehnte er sich langsam zurück. „Gewiss weißt du schon, wie ich sterben werde, oder?“ Ein kurzes Lächeln huschte über ihr Gesicht. „O. k., Bob, du wolltest es ja nicht anders!“ Dabei griff sie in ihre Umhängetasche und eine Pistole kam zum Vorschein. „Ich habe keine andere Wahl. Ich könnte dich jetzt auf der Stelle erschießen, aber wir gehen jetzt zusammen ins Haus und da übergebe ich dich den Wachleuten.“ Bob erhob sich langsam. „Diana, lass uns reden, bitte!“
„Los, geh endlich, wir haben schon genug geredet.“
Der hinter dem Haus liegende Lieferanteneingang war noch etwa fünfundzwanzig Meter entfernt. Die Tür stand offen. Bevor sie den kleinen Hinterhof betraten, um zu der Tür zu gelangen, passierten sie einen kleinen Lagerschuppen.
O. k., das war es, schoss es Bob durch den Kopf. Jetzt noch einen Fluchtversuch zu unternehmen, wäre tödlich.
Diana würde ihn sofort erschießen. Er sah, dass in dem Raum, auf den sie zugingen, Licht brannte.
Wie in Zeitlupe wanderten die Gesichter von Ann und Lydia an ihm vorbei. Plötzlich vernahm er hinter sich ein dumpfes Geräusch, worauf ein kurzes Stöhnen folgte. Als er sich umblickte, sah er noch, wie Diana in sich zusammensackte und zu Boden fiel. Der blonde Holländer hatte alles beobachtet und sich hinter dem Schuppen versteckt, um dann im richtigen Augenblick der Frau einen gezielten Schlag zu versetzen, der sie zu Boden warf. Beide schauten auf die am Boden liegende Diana. Wie sie so dalag, sah sie eigentlich ganz harmlos aus, dachte er.
„Das war knapp!“, kam es über seine Lippen. Der Holländer grinste. „Mit mir hat sie nicht gerechnet!“ Sie mussten schnell verschwinden.

Das Küchenpersonal oder eine der Wachen könnten jederzeit aus der Tür kommen. Der Blonde nahm sie mit einem gekonnten Griff auf seine Schulter. Bob nahm die Tasche und die Waffe an sich. Den Blutfleck auf dem Boden, der aus ihrer Kopfwunde stammte, hatte Bob mit Erde zugedeckt. Dann verschwanden sie im Gebüsch und nichts erinnerte mehr an das, was hier geschehen war.
Nach etwa fünfzig Metern trafen sie auf einen kleinen Waldweg. An dessen Rand legten sie die Bewusstlose ab. Zur Sicherheit fixierten sie ihre Hände und Füße. Ein Streifen Klebeband verhinderte, dass sie schreien konnte. Nachdem sie den Wagen näher herangefahren hatten, wurde die immer noch bewusstlose Diana in den Kofferraum gelegt. Zuvor hatte Bob aus ihrer Tasche ihren Wagenschlüssel genommen. Das Auto war schnell zu finden, auf dem Anhängerschild stand das Kennzeichen. „Ich nehme Dianas Wagen, wenn der fehlt, geht man erst einmal davon aus, dass sie das Hotel verlassen hat."
„Was machen wir mit der Frau?", wollte der lange Blonde wissen.
Bob holt eine Karte aus dem Fahrzeug und breitete sie auf der Motorhaube aus. Er tippte auf einen Punkt. „Hier, genau hier ist eine stillgelegte Baustelle. Sie ist mir auf der Hinfahrt bereits aufgefallen. Für diesen Zweck ein idealer Ort. Der mehrgeschossige Rohbau steht nicht weit von der Straße entfernt. Dort werden wir uns treffen."
Im Schutz des Waldes wartete Bob so lange, bis seine Leute mit dem Wagen die Straße erreichten. Aufmerksam beobachtete er das Umfeld des Hotels. Alles blieb ruhig.
Es sah so aus, als hätte niemand von dem Vorfall etwas mitbekommen. Trotzdem war er wachsam. Von seinem Standort war der Haupteingang des Hotels gut einsehbar. Vor der Tür standen zwei dunkel gekleidete Typen und rauchten. So wie sie aussahen, gehörten sie zum Wachpersonal. Einer der beiden schlenderte wenig später zwischen den parkenden Fahrzeugen herum. Nachdem er sich einen Wagen genauer angeschaut hatte, ging er zu seinem Kollegen zurück. Sie unterhielten sich noch einen Augenblick und verschwanden dann im Hotel.
Jetzt sah Bob den Moment gekommen, sich in Richtung Parkplatz zu begeben, um den Wagen von Diana zu suchen. Damit er nicht gesehen wurde, schlich er in gebückter Haltung durch die Reihen der abgestellten Autos. Noch zwei Reihen musste er in der Gangart hin-

ter sich bringen, bis er den Wagen fand, dessen Kennzeichen mit dem auf dem Schlüsselanhänger identisch war. Vorsichtig um sich schauend, in der Hocke bleibend, öffnete er die Fahrertür und krabbelte hinter das Lenkrad. Als er nichts beobachtete, das für ihn gefährlich werden konnte, startete er den Motor. Langsam rollte er vom Parkplatz und erreichte bald die Asphaltstraße. Er schaute immer wieder durch den Rückspiegel, ob ihn eventuell doch jemand gesehen hatte und ihm folgte. Aber kein anderes Auto war hinter ihm zu sehen.
Nach einiger Zeit erreichte er die Stelle, an der er sich mit seinen Leuten treffen wollte.
Düster und drohend ragte der einem Skelett ähnelnde Rohbau in den Himmel. Von dem Fahrzeug seiner Agenten war von der Straße her nichts zu sehen.
Bob lenkte den Wagen in einen Feldweg, der etwa fünfzig Meter neben der Baustelle verlief. Über diesen konnte er das Gelände hinter der Baustelle erreichen. Hier standen ein paar ungenutzte Baufahrzeuge herum. Neben einem Bauwagen hatten seine Schergen ihren Wagen so abgestellt, es sollte den Eindruck erwecken, dass er zum Wagenpark der Baufirma gehörte. Auch Bob fand einen geeigneten Platz, direkt hinter einem Baucontainer. Auch diese Stelle war von der Straße her nicht einsehbar.
Bevor er den Wagen verließ, schüttete er den Inhalt von Dianas Tasche auf dem Beifahrersitz aus. Neben den üblichen Utensilien, die eine Frau bei sich hatte, war nichts Auffälliges zu finden. Bis auf ein kleines, ledernes Notizbuch, das in einem unscheinbaren Seitenfach der Tasche steckte. Er blätterte ein wenig in den Seiten des Büchleins. Es waren dort mehrere Zahlencodes notiert und jede Zahl endete mit zwei Buchstaben. Es waren mehrere Seiten, auf denen diese Codes notiert waren. Aber beim besten Willen konnte er sich keinen Reim darauf machen, was die Zahlen und Buchstaben zu bedeuten hatten. Er wollte gerade das Büchlein schließen und es in seiner Jackentasche verschwinden lassen, als ihm eine Zahlenreihe auffiel, an deren Ende ihn die Buchstaben „SO“ aufmerksam machten. Immer wieder überflog er die Zahlen, mal von links und dann von rechts. Tatsächlich, ging es ihm plötzlich durch den Kopf, hinter den Zahlenreihen verstecken sich Telefonnummern. Wenn man die ersten

sechs und die letzten fünf Zahlen wegließ, ergaben die Zahlen eine bestimmte Rufnummer. Und die Zahlen dieses Anschlusses waren ihm bestens bekannt. Jetzt machten auch die Buchstaben am Ende der Zahlenreihe Sinn.
Es handelte sich hier um den Teilnehmer „SO". Er konnte es nicht glauben, aber alles passte zusammen. Hier stand die Telefonnummer von „Sir Oliver". Was in Gottes Namen hatte Diana mit „Sir Oliver" zu tun? Und in welcher Verbindung standen die beiden?
Mit einem Mal tauchten viele Fragen auf. Und was er bis dahin nicht kannte, er spürte auf einmal, wie sich ein Gefühl von Unsicherheit in ihm breitmachte. Doch er hatte noch einen Trumpf in der Hand, Diana …
Seine beiden Helfershelfer würden schon alles aus ihr herausbekommen, darauf waren sie spezialisiert.
Als Bob zu dem Pick-up kam, sah er, dass Diana gefesselt und mit einem Leinensack über dem Kopf, auf dem Rücksitz lag. „Was schlagen Sie vor, Sir?" Jans Frage beantwortete Bob kurz und knapp: „Sie ist uns einige Antworten schuldig!"
Er wusste, dass Diana unter einer extremen Höhenphobie litt. Alle ihre Therapieversuche waren bisher erfolglos geblieben. „Schafft sie in die oberste Etage." Der Holländer nickte. In der Zwischenzeit ging Bob um das Gebäude herum, um sicher zu sein, dass niemand in der Nähe war. Es schien wirklich alles verlassen zu sein, ringsherum nur Wiesen und Felder. Auf der anderen Straßenseite, aber weit von ihnen entfernt, fuhr ein Traktor am Waldrand entlang.
Dann machte er sich auf den Weg ins obere Stockwerk. Bestimmt hatten sie Diana schon nach oben geschafft. Ziemlich außer Atem erreichte er über die stellenweise bröckelige Betontreppe das obere Geschoß. Auf mehreren Stahlstützen ruhte das Flachdach.
Ansonsten war hier oben alles offen und man musste schon sehr aufpassen, um nicht in die Tiefe zu stürzen. Fast in der Mitte der Fläche war eine rechteckige Öffnung in der Betondecke. Offensichtlich war hier ein Aufzug vorgesehen.
Ein idealer Ort für Menschen mit Höhenangst, dachte Bob. Seine Leute hatten in der Zeit Diana auf einen Stuhl gesetzt, den sie wahrscheinlich aus einem Bauwagen mit hinaufgebracht hatten. Der kleine Dicke zog ihr den Sack vom Kopf und schlug mit der flachen

Hand mehrmals auf ihre Wange. Langsam kam sie zu sich und öffnet die Augen. Ängstlich und erschrocken schaute sie um sich. „Was habt ihr Hunde mit mir vor?“, schrie sie wie eine Furie und versuchte, sich von den Fesseln zu befreien.
Daraufhin versetzte der Dicke ihr einen heftigen Schlag ins Gesicht. Dabei schleuderte ihr Kopf zur Seite und sofort tropfte Blut aus ihrer Nase auf die zerrissene Bluse.
Bob trat in ihr Sichtfeld. „Hätte ich mir denken können“, murmelte sie vor sich hin.
„Wenn du kooperierst, wird diese Sache für uns alle hier gut ausgehen“, sagte er und seine Stimme hatte etwas Väterliches. „Und wenn nicht?“, schrie Diana.
„Ich glaube, du bist eine intelligente Frau und hast noch eine große Zukunft vor dir, nicht wahr?“ Diana schüttelte nur den Kopf. Bob gab den beiden ein Zeichen, worauf sie den Stuhl näher an den Rand des Aufzugschachtes schoben. Langsam kippten sie den Stuhl in Richtung der Öffnung.
Voller Panik schreiend, den Kopf immer wieder zur Seite drehend, schrie sie: „Was willst du wissen?“
Bob nickte und seine Helfer zogen den Stuhl wieder von der Kante zurück. Diana atmete heftig und Bob konnte sehen, dass etwas den Boden feucht gemacht hatte. Sie hatte sich vor Angst in die Hose gemacht.
„Was weißt du über Lydia?“ Es dauerte einen Moment, bis sie von einem abgehörten Telefonat zwischen einer BKA-Beamtin und einem gewissen Holtmann erzählte. Bei dem Gesprächsinhalt handelte es sich um einen schon länger zurückliegenden Vorfall.
„Und da wir eins und eins zusammenzählen können, wussten wir, um was es sich handelte.“
„Das würde bedeuten, dass Lydia mit diesem Holtmann Kontakt aufgenommen hat, richtig?“ Diana nickte. „O. k., jetzt beantworte mir eine andere Frage, was hast du mit ‚Sir Oliver‘ zu tun?“
Auf diese Frage schaute sie Bob mit strengem Blick in die Augen. „Darauf bekommst du von mir keine Antwort!“ Er überlegte kurz. Noch größere Angst hatte Diane vor tiefen, dunklen Schächten. Er stülpte ihr den Sack wieder über den Kopf und gab dem Holländer ein Zeichen, dass sie die Frau mit dem Rücken zum Aufzugschacht

stellen sollten. Diana wurde unruhiger und sie spürte, dass ihr etwas Schlimmes bevorstand.
Für Bob war es von großer Wichtigkeit zu erfahren, in welcher Verbindung Diana und „Sir Oliver“ standen. Solange sie sich in seinen Händen befand, hatte er besonders gute Karten. Bevor er aber Diana den Blick auf den Aufzugschacht freigab, wollte er sie noch etwas quälen. Ein kaltes Lächeln verzerrte sein Gesicht. Ja, genau das wollte er, es war für ihn ein starkes Bedürfnis, diese dominante Frau zu erniedrigen.
Bob winkte den Dicken zu sich und flüsterte ihm etwas ins Ohr. Darauf nickte er sofort und grinste ziemlich schadenfroh. Bob erinnerte sich an ein Gespräch mit Diana, in dem sie sich sehr abwertend über das männliche Geschlecht geäußert hatte. Ihm war es so vorgekommen, als ob sie einen regelrechten Hass auf Männer hatte, besonders wenn sie dick und von kleiner Statur waren.
Bob zog Diana den Sack vom Kopf. Sie musste husten und zwinkerte dabei mit den Augen. „Ihr Drecksäcke, ihr widerlichen Schweine“, schrie sie und versuchte immer wieder, den Kopf abzuwenden. Der Dicke stand mit heruntergelassener Hose dicht bei ihr und befriedigte sich. Seine Handbewegung wurde schneller, sein Stöhnen lauter.
Bob genoss es, Diana zu demütigen. „Nun meine Liebe, willst du mir vielleicht doch etwas über ‚Sir Oliver‘ berichten?“ Dabei verschränkte er die Arme vor der Brust. „Meine Leute werden euch finden“, schrie sie. „Sie werden euch häuten und die Kadaver anschließend an Straßenbäumen aufhängen und zur Schau stellen.“ Bob zündete sich eine Zigarette an.
„So, so, die wollen uns also häuten?“ Er schaute zum Holländer, dann fingen beide an zu lachen. Gleich, gleich, kommt es mir!“, stöhnte der kleine Dicke und der Schweiß tropfte ihm von der Stirn. Mit letzter Kraft bäumte sich Diana im Stuhl auf, um mit dem Kippen des Stuhls die Ejakulation nicht mit ansehen zu müssen.
Was dann passierte, ließ allen das Blut in den Adern gefrieren. Es ging plötzlich alles ganz schnell und doch war es so, als liefe es in Zeitlupe ab. Bob sah, wie sich ihr Körper aufzurichten versuchte, sah, wie der Stuhl langsam zur Seite fiel.
Wie ein Blitz schoss es ihm durch den Kopf, der Schacht! Doch es war zu spät, ihr Körper stürzte direkt in die Tiefe. Diana war wohl

selbst überrascht, denn sie hörten keinen Schrei von ihr. Nur dieses dumpfe Geräusch, als ihr Körper auf dem Betonboden aufschlug.
Langsam begriff Bob, was soeben geschehen war. Ihm kam es so vor, als wäre es nur ein Traum gewesen. Er ging an den Rand des Schachtes und blickte hinunter. Es war zwar dunkel, doch Dianas verkrümmter Körper war schemenhaft zu erkennen. Da war sie wieder, diese eigenartige Stille, diese Stille, die er so hasste.
„So ein verdammter Mist“, fluchte er und fuhr sich mit den Händen durch die Haare. Der Tod von Diana kam für ihn zu diesem Zeitpunkt recht ungelegen. Sie hätten sich mit ihr einfach mehr Zeit nehmen müssen, ging es ihm durch den Kopf. Denn ohne Zweifel war sie über die westdeutsche Organisation bestens im Bilde.
Vielleicht wäre es mit den Methoden des Holländers gelungen, weitere brisante Informationen aus ihr herauszubekommen.
Doch diese Gedanken musste er sich nun von der Backe putzen. Sie lag nun mit aufgeplatztem Schädel und gebrochenen Knochen fünf Stockwerke tiefer auf dem Betonboden. Wahrscheinlich vermisste sie momentan noch niemand. Doch die Suche nach ihr würde nicht lange auf sich warten lassen. Deshalb musste als Allererstes ihre Leiche verschwinden. Da bot sich eine verlassene Baustelle als ein idealer Ort an.
Die Entsorgung der Toten übernahmen seine Agenten.
Viele Jahre später fanden Bauarbeiter durch einen Zufall in einem abgelegenen Entwässerungsschacht Teile eines Skeletts. Durch die Obduktion fand man heraus, dass es sich bei dem Fund um eine weibliche Person handelte. Wer aber die Tote war, das konnte nie ermittelt werden.
Noch auf der Rückfahrt zum Schloss-Hotel legte sich Bob einen Plan zurecht. Er wusste, dass es für ihn jetzt schwerer und gefährlicher werden würde. Ihm war auch klar, dass er sich nun keine Fehler mehr erlauben durfte.

Kapitel 43

Nachdem Emmelie und Ann das Haus von Malte noch einmal in Augenschein genommen hatten, sprachen sie lange Zeit kein Wort miteinander. Gegen Mittag erreichten sie den Grenzübergang bei Tonder. Sie hatten diesen Grenzübergang ganz bewusst ausgewählt, weil gemunkelt wurde, dass die Grenzpolizei hier nicht so genau hinschaut. Je näher sie dem Übergang kamen, desto nervöser wurde Emmelie. Es waren noch einige Fahrzeuge vor ihnen.

„Es wird alles gut gehen!“, sagte Ann mit ruhiger Stimme und zog ihren Ausweis aus der Tasche. „Und nicht zu freundlich sein, denn so etwas kann auffällig wirken“, war ihr Tipp. Bei Emmelie hatten sich bereits ein paar Schweißperlen auf der Stirn gebildet, sie nickte wortlos. Dann waren sie an der Reihe. Emmelie stoppte den Wagen und starrte gebannt auf die geschlossene rotweiß lackierte Schranke.

„Wir können fahren“, hörte sie auf einmal Anns Stimme neben sich. Für einen Moment war sie nicht bei der Sache gewesen. Ihr ging durch den Kopf, was sie dem Beamten wohl für eine Geschichte erzählen würde, sollte er die Waffen und die Munition in ihrem Auto finden.

Doch es ging alles ganz schnell. Jetzt erst nahm sie den Mann in Uniform wahr, der immer wieder mit dem Arm wedelte, um ihr klarzumachen, dass sie doch fahren sollte.

Auf der deutschen Seite lief es ähnlich ab. Sie wurden einfach durchgewinkt.

Nach der Grenze löste sich auch Emmelies Anspannung und sie lenkte den Wagen auf einen kleinen, direkt an der Straße gelegenen Rastplatz. Sie verließen den Wagen und schritten langsam einen schmalen Weg entlang, an dessen Ende im Schutz einiger junger Bäume sie eine Bank entdeckten. Von hier aus konnten sie ausgezeichnet den Parkplatz überblicken.

Außer ihrem Fahrzeug waren noch einige andere abgestellt, die ebenfalls eine Pause einlegten. Weil die Sitzfläche der Bank einen recht schmutzigen Eindruck machte, setzten sie sich oben auf die Rückenlehne und rauchten erst mal eine Zigarette.

„Das was in den letzten Stunden so alles geschehen ist, kommt mir

so vor, als wäre alles nur ein schrecklicher Albtraum gewesen“, begann Emmelie das Gespräch. „Mir geht es nicht anders als dir“, erwiderte Ann. Doch mit einem Mal war sie wieder da, die Realität und warf sie abrupt auf den Boden der Tatsachen zurück. Ihr Augenmerk war auf ein Polizeifahrzeug gerichtet, das von der dänischen Seite kommend die Straße verließ und langsam über den Parkplatz rollte. „Das ist dänische Polizei“, erkannte Emmelie sofort. In der Nähe eines Toilettenhäuschens hielt der Wagen an. „Ach ja, auch Polizeibeamte müssen mal“, sagte Ann. Sie lächelten und die Anspannung ließ nach.
Keiner der Beamten verließ den Wagen. Kurze Zeit später bog ein deutsches Polizeifahrzeug auf den Parkplatz ein und fuhr auffallend nah an die Dänen heran. Keiner der Insassen stieg aus, aber sie unterhielten sich.
Bis zu diesem Zeitpunkt sah alles ganz normal aus und nichts deutete auf etwas Außergewöhnliches hin. Plötzlich veränderte sich die Situation.
Die beiden Streifenwagen setzten sich wieder in Bewegung. Beide fuhren auffällig langsam an Emmelies Jeep vorbei. Die Deutschen blieben sogar eine Weile in der Nähe des Jeeps stehen.
Nun war ihnen klar, dass das, was hier und jetzt geschah, mit einem Zufall nichts zu tun hatte. Vor allem war auffallend, dass die Beamten gezielt nur Emmelies Wagen in Augenschein nahmen, obwohl auch noch andere Fahrzeuge auf dem Parkplatz standen.
Spontan fiel Emmelie das Gespräch mit dem Polizisten von heute Vormittag auf ihrem Hof wieder ein. „Die haben kaum Fragen gestellt, haben sich nur kurz umgeschaut und sind wieder verschwunden.“
„Du hast recht“, ergänzte Ann. „Wenn ich an die zwei Typen denke, die uns ganz gezielt überfallen haben und an den ermordeten Malte und seine Freundin.“ Ann blickte Emmelie in die Augen. „Möglicherweise war Malte doch tiefer in diese Sache verwickelt, als wir bisher glauben. Außer ihm wusste niemand von meiner Ankunft in Dänemark.“ Emmelie blickte kopfschüttelnd vor sich auf den Boden. „Malte“, stammelte sie, „ich begreife es einfach nicht.“
Etwas später setzte sie sich aufrecht hin, es fiel ihr wie Schuppen von den Augen. Das Undeutliche war auf einmal verschwunden, der

Blick jetzt klar.
„Es mag vielleicht ein halbes Jahr zurückliegen, als eine Veränderung in Malte vorging. Er trug mit einem Mal teure Markenkleidung, unternahm mehrere kurze Reisen und war im Besitz einer nagelneuen, hochwertigen Kameraausrüstung."
„Willst du damit sagen, dass Malte korrupt war und von jemand Unbekanntem für bestimmte Dienste Geld bekam?"
Mit einem wortlosen Nicken beantwortete sie Anns Frage. „Warum hat man ihn und seine Freundin dann so bestialisch getötet?"
„Nun, da gibt es mehrere Möglichkeiten. Vielleicht wurde er ja gierig und wollte mehr Geld? Vielleicht wurde er diesen Leuten zu gefährlich? Aber warum dann das Mädchen?" Emmelie zündete sich eine Zigarette an. „Das Mädchen war ein Kollateralschaden. Sie war eventuell zum falschen Zeitpunkt am falschen Ort."
Ein erneut auftauchender Wagen der deutschen Polizei beendete ihre Spekulationen. Nachdem er einmal über den Parkplatz gefahren war, verschwand er wieder. Misstrauisch hatten sie das Fahrzeug beobachtet.
„Ich werde das dumme Gefühl nicht los, dass man uns, seitdem wir auf deutschem Boden sind, sehr genau beobachtet."
„Da gebe ich dir recht", antwortete Emmelie.
Sie sprachen über ihr weiteres Vorgehen und spielten mehrere Möglichkeiten durch. Ihnen war bewusst, sollten sie auf der Straße weiterfahren, dauerte es bestimmt nicht lange bis sie von der Polizei gestoppt und kontrolliert werden. Ein großes Fragezeichen bestand noch darin, warum suchte man so gezielt nach ihnen? Noch entscheidender war die Frage, was man mit ihnen machen würde, wenn sie erwischt werden?
Um mit Paul Kontakt aufzunehmen, müssten sie zuerst diesen Parkplatz so unauffällig wie möglich verlassen.
Emmelie hatte dafür einen ganz ausgefallenen Vorschlag. Sie verließen die Bank und gingen, gedeckt durch eine Hecke, am Rande des Parkplatzes entlang. Der Platz war von einem Metallzaun umgeben.
An einer bestimmten Stelle blieb Emmelie stehen. „Hier, genau hier, werden wir uns aus dem Staub machen." Ann schaute ein wenig ungläubig und zog dabei die Augenbrauen hoch. Die Stelle, die Emmelie ausgesucht hatte, lag günstig, da sie von der Straße schlecht

einzusehen war. An diesen Platz grenzte ein kleines Waldstück, neben diesem befand sich durch einen Weg getrennt, ein Weizenfeld. Einziger Nachteil, sie mussten eine kleine Böschung hinunter. „Für einen Jeep kein Problem, für die Polizeifahrzeuge schon!"
„Und der Zaun?", fragte Ann und ließ ein wenig Unsicherheit durchblicken.
„Ich habe eine Drahtzange im Auto, die brauche ich zu Hause, wenn ich Zäune repariere", antwortete Emmelie lächelnd.
Der Plan war gefasst, sie mussten nur den richtigen Zeitpunkt abpassen und nicht gerade abfahren, wenn die Polizei auf den Parkplatz kam. Um keine Wartezeit zu haben, wollte Emmelie den Zaun vorher öffnen.
Eine Stunde später, nachdem die Polizei noch zweimal den Parkplatz kontrolliert hatte, waren sie unerkannt entkommen … Vorerst!
Ann war von Emmelies Fahrkünsten beeindruckt. Vor allem wie sie die Böschung hinuntergefahren ist. „Ich bin eben ein Mädchen vom Land", sagte sie und lachte dabei. Nach etwa zweistündiger Fahrt, die über abseits gelegene Straßen führte, erreichten sie eine Anzahl von Gebäuden. Einige der Häuser sahen marode aus und waren von den Bewohnern verlassen.
„Wir sind nicht mehr weit von Hannover entfernt", bemerkte Ann und schaute dabei auf die vor ihr liegende Landkarte. „Wäre es nicht angebracht, Paul schon einmal zu informieren, dass wir zu ihm auf dem Weg sind?" Emmelie war mit dem Vorschlag einverstanden.
Neben einem baufälligen Fachwerkhaus, in dem anscheinend noch Leute wohnten, stand eine Telefonzelle. Schnell fanden sie einen Platz für ihr Auto, den man von der Straße aus nicht sehen konnte. Sie legten den Weg zur Telefonzelle zu Fuß zurück. Die Nummer, die Emmelie jetzt wählte, war ihr gut bekannt. Sie hatte sie so häufig gewählt, dass sie sie auswendig kannte. Doch dieses Mal war es anders, als sie die Wählscheibe drehte. Genau diese Nummer befand sich im Notizbuch bei einem der Typen, die sie überfallen hatten. War es vielleicht Zufall? Aber an Zufälle glaubte sie nicht. Da war auf einmal das Freizeichen. Kam es ihr lauter vor als sonst? Sie spürte plötzlich eine innere Nervosität.
War wohl Paul …? Ein lautes Knacken beendete ihre Gedanken. „Rechtsanwälte Dembrock und Schröder", drang eine junge Frauen-

stimme aus dem Hörer. „Mortensen, Emmelie Mortensen, könnte ich bitte Paul Walter sprechen?“
„Einen Augenblick, bitte!“ Ein Knacken, dann Stille. Sie musste vorsichtig sein, denn Paul erwähnte einmal, dass er das Gefühl habe, man überwache seine Telefongespräche.
Emmelie atmete schwer. Auch Ann, die dicht neben ihr stand, fiel die Anspannung auf. Ein weiteres Knacken. „Hallo Emmelie, wie geht es dir?“ Auf diese Frage gab sie keine Antwort. „Paul wir müssen uns unbedingt treffen!“ Er lachte, „hast du so große Sehnsucht nach mir?“
„Paul bitte!“ Emmelies Stimme klang anders als sonst. Paul spürte sofort, dass sie etwas bedrückte und es sich hier um keine gewöhnliche Bitte handelte. „Vielleicht um sieben bei mir?“, schlug er vor. Ann schüttelte den Kopf. „Nein, nicht bei dir!“ Einen Moment war es still in der Leitung.
„O. k., dann gleiche Zeit beim >Alten Fritz<.“
„Ja, das ist gut, um sieben beim >Alten Fritz<“ wiederholte Emmelie und beendete das Telefonat. „Alter Fritz?“, fragte Ann überrascht. Emmelies Anspannung löste sich. „Paul hatte die Idee, wenn wir uns trafen, gab er den Treffpunkten immer irgendwelche Namen von Rittern oder Königen. So wusste niemand, wo wir uns wirklich trafen.“
„Und der Alte Fritz?“ Sie lächelte.
„Der >Alte Fritz< ist ein Hotel und liegt in der Nähe des Steinhuder Meeres.“
Als sie wieder im Fahrzeug saßen, schauten sie erst einmal auf die Karte. Dieses Meer, besser gesagt, es war ein großer See. Er lag rund zwanzig Kilometer nordwestlich der Stadt Hannover. Um zu diesem Hotel zu kommen, mussten sie noch eine beträchtliche Wegstrecke zurücklegen. „Wir sollten uns, wenn wir angekommen sind, ein Zimmer nehmen. Ich möchte mich duschen und ich habe Hunger.“
„Das ist eine gute Idee“, sagte Ann. Sie machten sich auf den Weg und hatten gegen sechs Uhr das Hotel erreicht. Emmelie war schon einmal hier und kannte sich einigermaßen aus.
Natürlich war der Name des Hotels nicht >Alter Fritz<. Das kleine Strandhotel, mit seinem mediterranen Flair, lag von Bäumen umgeben, nicht weit vom Ufer entfernt. Das letzte freie Hotelzimmer

mussten sie sich teilen.
Nachdem beide ausgiebig geduscht und in frische Sachen geschlüpft waren, nahmen sie im Speiseraum Platz.
Vorsorglich hatte Emmelie ein drittes Gedeck hinzubestellt. Sie wusste, wie unregelmäßig Paul aß, aber wie gerne er auch mit Vorliebe in netter Umgebung speiste. Es war bereits weit nach sieben Uhr. Um den ersten Hunger zu stillen, bestellten sie schon einmal vorab einen Salatteller. Die große Tür zum Restaurant öffnete sich und ein großer, schlanker Typ im Easy-Rider-Look betrat den Raum. An Emmelies Gesichtsausdruck war sofort zu erkennen, um wen es sich hier bei diesem Mann handelte. Augenblicklich erhob sie sich und ging auf ihn zu. Sie umarmten sich. „Das ist Paul!“, sagte sie und Ann verspürte ein wenig Stolz in ihrer Stimme. „Das ist meine Freundin Ann!“ Paul gab Ann die Hand und setzte sich.
„Oh, ihr habt an mich gedacht“, meinte Paul, als er auf das dritte Gedeck schaute. Emmelie war wie ausgewechselt, wie befreit. Sie lachte, als wären die zurückliegenden Stunden nie da gewesen. Sie bestellten eine gute Flasche Wein.
„Sie fahren Motorrad?“, fragte Ann und deutete auf den Helm, den er auf den Boden gelegt hatte. Er lachte, „sieht man mir das an?“ Seine leicht melierten Schläfen und das schillernde Grau in seinem Bart, waren ein Zeichen, dass er bereits ein bestimmtes Alter erreicht hatte. Die helle Jeans, die abgewetzte Lederjacke, seine Stiefel und das weiße Halstuch waren ein Indiz dafür, dass Paul einen gewissen Stil in Anspruch nahm, der aber zu ihm passte. „Um diese Zeit kommt man mit dem Motorrad schneller durch den Stadtverkehr und außerdem ist Biker-Wetter.“ Sie lachten. Paul nahm Emmelies Hand, sie schauten sich in die Augen. Ann lächelte. Ja, es war unverkennbar, sie liebten sich.
Nach einem guten Essen unternahmen sie einen kleinen Spaziergang am Ufer des Sees. „Wie habt ihr euch kennengelernt?“
Pauls Frage war der Auslöser einer lang dauernden, schaurigen Unterhaltung. Sie setzten sich an einen etwas abgelegenen Tisch auf der Hotel-Terrasse.
Nach geraumer Zeit begann Emmelie, die Geschichte von Ann und sich zu erzählen und die grauenvollen Ereignisse, die hinter ihnen lagen. Paul war zutiefst ergriffen und zugleich geschockt, über das,

was sie ihm berichteten.
„Diese Leute schrecken vor nichts zurück“, sagte Paul. „Und seitdem haben Sie keinen Kontakt mehr zu ihrer Tochter Lydia?“, fragte er Ann. Sie schüttelte nur wortlos den Kopf.
„Wenn ich das alles so höre, dann könnte Lydia in etwas hineingeraten sein, von dem sie überhaupt nichts ahnt, und sich mit ihrem Partner in großer Gefahr befindet.“ Ann war ziemlich ratlos. „Ich weiß überhaupt nicht, ob sie noch am Leben sind.“
Manchmal unterbrachen sie ihre Unterhaltung und sahen sich schweigend an. Aber auch Paul war zwischenzeitlich nicht untätig und hatte wichtige Informationen gesammelt. Er erzählte, dass diese besagte Kanzlei in der er tätig ist, mehrere über die BRD verteilte Filialen besaß und mit entsprechenden Kreisen in Verbindung stand. Im Laufe des Gesprächs kam noch etwas sehr Interessantes, das besonders Ann betraf, heraus. In dem Moment, als der Name „Neuenhaus“ fiel, wurde Paul auffallend nervös. Er schaute sich immer wieder, fast schon ängstlich, um, ob auch niemand mithörte, über was sie sprachen. Paul rückte mit seinem Stuhl näher an den Tisch. „Woher haben Sie diesen Namen?“, flüsterte er und zog erstaunt die Augenbrauen hoch.
„Dieser Name“, antwortete Emmelie, „stand mit mehreren anderen Namen auf einem Zettel, den einer der Typen, die uns überfallen haben, bei sich trug. Als Ann später diesen Namen las, wurde sie aufmerksam.“ Paul schaute Ann an. „Sie kennen diese Person, die hinter diesem Namen steht?“ Ann nickte. „Ja, ich bin mir sicher, den Mann zu kennen!“
„Hast du etwas mit diesem Baron von Neuenhaus zu tun?“, fragte Emmelie Paul mit leiser Stimme. Es dauerte eine Weile. Es schien, als müsse er darüber nachdenken, ob er das, was er über diesen Mann wusste, ihnen erzählen durfte.
Ein warmer Wind aus Süden strich sanft durch die Baumwipfel. Ann bestellte eine neue Flasche Wein. „Nun erzähl schon, was weißt du alles über diesen Baron?“, wollte Emmelie neugierig wissen. „Darf ich mir eine Zigarette anzünden?“, fragte Paul höflich.
„Ich denke, du wolltest mit dem Rauchen aufhören?“ Ann legte ihre Hand auf Emmelies Schenkel und schüttelte kurz den Kopf. Eine Geste, Paul jetzt nicht zu unterbrechen. Er nahm einen tiefen Zug.

„Baron Heinrich von Neuenhaus, eine hochdekorierte Nazigröße unter Hitler, mittlerweile ein führender Kopf der Organisation, der häufig in unserer Kanzlei auftaucht. Leider habe ich diesen Baron noch nie zu Gesicht bekommen.“ Fasziniert schauten sie zu, wie genussvoll Paul seine Zigarette rauchte, als wäre sie der Auslöser seines Redeflusses. „Es finden regelmäßig Treffen des sogenannten ‚Oberkommandos‘ statt, die man aus Gründen der Verschleierung in verschiedene, meist abseits gelegene Hotels oder Klöster verlegt.“

„Was steckt hinter dieser Organisation, die ja bereits bedrohliche Ausmaße angenommen hat?“ Auf diese Frage schaute Paul Ann einen Augenblick lang in die Augen, als wollte er sich davor drücken, diese utopische Geschichte zu erzählen. Paul zündete sich erneut eine Zigarette an und trank einen Schluck Wein. Der Klang leiser Musik drang über die Terrasse und ein paar Gäste standen auf und tanzten. Paul holte noch einmal tief Luft.

„Man will eine dritte Macht einrichten!“

„Eine dritte Macht, wie soll ich das denn verstehen?“, fragte Ann.

„Die Organisation will durch einen Putsch mit Unterstützung amerikanischer Geheimdienste, auf der einen und russischen auf der anderen Seite, die Bundesregierung stürzen, um sich mit der DDR zu einem Deutschland zu vereinen. Aber mit der Prämisse, das Kontroll- und Überwachungssystem der SED für sich zu übernehmen.“ Paul zog die Augenbrauen hoch und grinste. Nach diesen Worten hatten die beiden Frauen das Gefühl, als wäre eine schwere Last von ihm gefallen. „Dann würde ganz Deutschland eine Diktatur?“ Ohne auf die Frage zu antworten, erzählte er weiter.

„Als ich zehn Jahre alt war, so erzählte mir später meine Mutter, nahm sich mein Vater mit einer Zyankali-Kapsel das Leben.“ Paul unterbrach seine Erzählung und starrte auf die Glut seiner Zigarette. Die Frauen hörten gebannt zu und schwiegen. „Kurt Walter, er war Minister und gehörte auch dieser Organisation an. Er war für diese Leute eine wichtige Person. Zum einen war er Politiker und zum anderen war seine Frau die Tochter eines Waffenherstellers. Ein Glücksfall, die Typen bekamen alles, was sie wollten.“

Er nahm sein Glas und trank einen Schluck. „Mutter wusste von nichts. Als er aussteigen wollte, erpresste man ihn mit Fotos, auf denen er mit kleinen nackten Mädchen und Jungen zu sehen war. Als

er keinen Ausweg mehr sah, nahm er das Gift."
„Das tut mir leid um deinen Vater", sagte Ann und schaute ihn mit traurigem Blick an.
„Nein, das muss es nicht, Kurt Walter, er war kein guter Mensch. Nach diesem Vorfall erkrankte Mutter schwer und erholte sich davon nicht wieder. Genau zwei Jahre später, es war auch im Februar, verstarb sie. Vorher gab sie mir noch den Umschlag mit den Fotos und der Erkennungsmarke."
„Was für eine Marke?", fragte Ann erstaunt.
„So eine Marke trugen alle Soldaten. Sollten sie im Kampf fallen, wurde die eine Hälfte der Marke abgetrennt, um sie später zu identifizieren. „Aha und so eine Marke hatte auch dein Vater?" Paul nickte.
„Auf der oberen Hälfte war sein Geburtsdatum eingestanzt und auf der unteren Hälfte sein Todestag."
„Sein Todestag?" Ann stutzte einen Moment. „Das würde bedeuten, wenn dein Vater das Gift nicht genommen hätte, wären Killer gekommen, um ihn an diesem Tag zu töten."
Paul nickte. „Ja, da bin ich mir ganz sicher." Einen Moment entspannten sie sich, lehnten sich in den Stühlen zurück und lauschten der Musik.
„Fand man auch eine Münze mit einem Windhund-Symbol bei deinem Vater?" Paul strich sich mit den Händen durchs Haar. „Ich kenne die Bedeutung der Münze und soviel ich weiß, wurde auf der Marke auch ein derartiges Zeichen gefunden."
„Wo können wir diesen geheimnisvollen Baron von Neuenhaus finden?", mischte sich Emmelie wieder in das Gespräch ein.
Paul fragte: „Wieso ist das für euch so wichtig?" Emmelie schaute zu Ann hinüber, die den Blick sofort verstand.
„Baron von Neuenhaus ist", sie machte eine kurze Pause, „er ist mein Stiefvater."
„Donnerwetter!", platzte es aus Paul heraus. Dabei konnte er den Schreck in seinem Gesichtsausdruck nicht verbergen. „Der Typ ist Ihr Stiefvater?" Seine Stimme klang vorwurfsvoll. „Könnt Ihr endlich einmal das ‚Sie' lassen?" Beide schauten erschrocken zu Emmelie. Sie mussten lachen. Paul sprach einen Toast und dann stießen sie die Gläser zusammen.

„Ich wollte dich nicht verunsichern, Paul“, sagte Ann und lächelte. „Ich habe diesen Mann seit ich mit meiner Mutter Deutschland verlassen musste, nie wieder gesehen und würde ihn bestimmt nicht wieder erkennen.“
„Oh, entschuldige bitte, so habe ich das eben nicht gemeint“, sagte Paul.
„Es wird schwierig werden, diesen Baron zu finden. Er hat eine Vielzahl von Möglichkeiten, unterzutauchen. Oft sind es kleine abgelegene, gut bewachte Anwesen in ländlicher Umgebung.
Der einzigen Person, der er vertraut – so habe ich einmal mitbekommen – ist seine Schwester.“
„Heinrich von Neuenhaus hat eine Schwester?“ Ann war wie vor den Kopf geschlagen und hätte sich vor Schreck beinah am Wein verschluckt. „Wenn beide ein so gutes Verhältnis untereinander haben, wäre es ja möglich, den Baron bei seiner Schwester anzutreffen!“
Paul nickte. „Ich denke schon.“ Ann zündete sich eine Zigarette an. „Wo finden wir diese Schwester?“ Paul überlegte eine kurze Zeit. „Das habe ich alles in meinen Unterlagen stehen. Aber ich meine, sie betreibt eine Pferdezucht auf ihrem Besitz, einem Rittergut irgendwo an der Weser.“ Ann nahm einen tiefen Zug und sah Emmelie an, sie lächelte. Als hätte Paul die Gedanken der beiden lesen können, sagte er: „Aber bitte, ich flehe euch an, unternehmt keine Alleingänge dorthin. Diese Leute sind unberechenbar und gefährlich.“ Dabei schaute er mit ernster Miene. „Habt ihr das verstanden?“ Sie nickten. „Ja, Daddy, wir haben verstanden!“, kam es von Emmelie mit verstellter, kindlicher Stimme. Ein spontanes und herzhaftes Lachen war die Reaktion auf diese Antwort.
„Du Paul“, begann Emmelie wieder das Gespräch und ihre Stimme klang jetzt anders, ernster und kälter, „in diesem Notizbuch entdeckte ich unter vielen Telefonnummern auch eine, die mir sofort ins Auge fiel, eine Nummer, die ich oft gewählt habe, nämlich dann, wenn ich mit dir reden wollte.“
Der Wind hatte mit einem Mal an Stärke zugenommen. „Die Nummer ist von Dembrock und Schröder, nicht wahr?“ Ein kurzes Nicken war die Antwort.
„Ich weiß, Emmelie, ich bin da in etwas hineingeraten. Als ich es endlich merkte, war es bereits zu spät.“ Er zündete sich eine Zigaret-

te an. „Du musst mir aber glauben, ich stehe auf deiner Seite und versuche, alles zu tun, gegen diese Organisation zu arbeiten. Das bin ich schon meiner toten Mutter schuldig."
„Paul, ich mag dich sehr, aber wie kann ich dir jetzt noch vertrauen?"
Paul wurde zunehmend nervöser, seine Wangenmuskeln arbeiteten.
„O. k., o. k.", er drückte die Zigarette im Aschenbecher aus und griff in die Innentasche seiner Lederjacke, die über der Stuhllehne hing. Eine dunkelbraune Brieftasche kam zum Vorschein, die Paul vor sich auf den Tisch legte und sie lässig aufklappte. Aus einer der Seitenfächer zog er eine Visitenkarte heraus, hielt sie sich vor das Gesicht und las leise das Aufgedruckte. Es sah so aus, als ob er noch einmal darüber nachdachte, ob er diesen Schritt wagen sollte. Doch dann stand sein Entschluss fest. Er nahm einen Kugelschreiber aus seiner Jacke und schrieb etwas auf die Rückseite. Dann schob er die Karte zu Emmelie hinüber. „PEGASUS?", fragte sie verblüfft. Er nickte: „Ja PEGASUS, auf der anderen Seite steht der Name und die Adresse eines guten Freundes von mir, der auch Anwalt ist. Ihm habe ich meine Dokumente anvertraut. Mit dem Codewort „PEGASUS" weiß er, dass diese Person Zugang zu diesen Schriftstücken erhält. Alles ist in einem Metallkoffer deponiert, der nur durch einen Zahlencode geöffnet werden kann."
„Das hört sich geheimnisvoll an", erwiderte Ann.
„Wo finde ich den Zahlencode?"
Paul lachte. „Dreh die Visitenkarte einmal um, dort stehen Zahlen. Im ersten Anschein sieht es so aus, als handele es sich um eine Telefonnummer, nicht wahr? Es sind sechs Zahlen. Bei den ersten drei Ziffern handelt es sich um den Tag und den Monat deines Geburtsdatums, die zweiten Zahlen sind meine Geburtsdaten. „Das hört sich alles hochinteressant an", meinte Emmelie.
„Ich will dir damit zeigen, dass du mir vertrauen kannst." Paul zündete sich erneut eine Zigarette an. „Sollte mir etwas zustoßen, findest du alles bei dieser Adresse." Keiner sprach ein Wort.
„Was ist so Wichtiges in dem Koffer?", wollte Ann wissen. Paul war so aufgeregt, dass er durch den Rauch einen Hustenanfall bekam.
„Also", fuhr er fort, nachdem er sich wieder beruhigt hatte. „Dort findest du hochbrisante Unterlagen über die Organisation, die ich im Laufe der Jahre zusammengetragen habe." Emmelie wurde nach-

denklich. Machte er ihr etwas vor oder erzählte er die Wahrheit? „Du hast jetzt alles in der Hand“, fügte Paul hinzu. Das klang irgendwie glaubwürdig und ein Lächeln lag auf ihrem Gesicht.
Sie hatten durch die intensive und emotional geführte Unterhaltung überhaupt nicht mitbekommen, dass ein Unwetter aufzog. Mit einem Mal erhellten Blitze den Himmel, Sturm kam auf, dann begann es zu regnen. Der Regen wurde so heftig, dass sie die Terrasse fluchtartig verlassen mussten. Die anderen Gäste hatten sich ebenfalls in das Hotel begeben. Die drei nahmen an der Hotelbar Platz. „Dieses Unwetter war gar nicht angesagt“, war die Aussage des Herrn hinter der Bar, der jetzt wohl mehr Arbeit auf sich zukommen sah.
Paul schaute auf die Uhr. „Es ist schon nach elf Uhr!“ Er schaute nach draußen, es sah aus, als wollte die Welt untergehen. „Ich habe mich dummerweise mit dem Motorrad nicht auf Regen eingestellt.“ Sie lachten.
„Da habe ich eine gute Idee“, entgegnete Emmelie und zog dabei ihren Autoschlüssel aus der Hosentasche. „Nimm meinen Jeep“, dabei hielt sie ihm die Schlüssel vor das Gesicht.
„Wir wollen uns erst einmal ausruhen und wenn es deine Zeit erlaubt, bringst du uns den Wagen zurück.“ Paul war mit diesem Vorschlag einverstanden. So kam er noch früh genug und trocken nach Hause.
Für eventuelle Fälle gab er ihnen den Schlüssel vom Motorrad. „Kannst du ein Motorrad fahren?“, fragte Ann erstaunt.
Emmelie legte den Kopf in den Nacken: „Ich bin doch ein Mädchen vom Lande und kann auch Motorradfahren!“ Dann verabschiedete sich Paul. Eine Hotelangestellte gab ihm noch einen Regenschirm, denn bis zu den Parkplätzen waren es einige Meter und er wäre bei diesem Regen klatschnass geworden.
Für einen Moment blieb Paul noch an der Eingangstür stehen. Er drehte sich noch einmal um und ging auf Ann zu. „Für Sie, entschuldige bitte, für dich habe ich noch etwas ganz Entscheidendes, was mir gerade noch eingefallen ist. Es gibt Informationen, dass Leute aus der britischen Organisation sich in Westdeutschland befinden und hier für Unruhe sorgen. Könnte es sich bei denen um deinen Mann handeln, der aus irgendwelchen Gründen deine Tochter verfolgt?“

Ann zog die Schultern hoch und schaute ziemlich verwirrt drein. „Diese Männer wurden in der Nähe von Paderborn observiert." Paul machte eine kleine Pause und schaute sich um.
„Wenn es sich um gute Agenten handelt, gehe ich davon aus, dass sich Lydia bestimmt in der Nähe befindet."
Ann atmete schwer. „Du meinst, sie ist noch am Leben?" Paul nickte und lächelte.
„Solange der Typ noch umherrennt, hat er sie noch nicht gefunden."
Es goss in Strömen. Paul schaute zu Emmelie: „Wir sehen uns!" Dann formte er mit seinen Lippen einen stillen Kuss, um danach in der nassen Dunkelheit einzutauchen.
Sie standen noch eine Weile in dem überdachten Hoteleingang und lauschten ohne ein Wort den Geräuschen des herabfallenden Regens. Fast wie in Trance. Ann schloss die Augen. Es tat ihr gut und es machte Hoffnung – die Aussage von Paul – dass Lydia noch am Leben war.
Fasziniert beobachtete Emmelie die zuckenden, grellen Blitze am Himmel.
Paul hatte sich vorgenommen, morgen pünktlich zum Mittagessen hier zu sein. Morgen war Freitag und Freitag gab es Fisch. Paul aß gerne, was aus dem Wasser kam.
Ein ohrenbetäubender Knall zerriss die Luft. Erschrocken schaute Ann zu Emmelie, die erstarrt vor Schreck in die Dunkelheit schaute. „War das ein Blitzeinschlag?" Sie schüttelte den Kopf.
„Ich glaube nicht, da war kein Blitz zu sehen!" Jetzt sahen sie einen Feuerschein durch die Bäume, Flammen waren zu erkennen. „Vielleicht war es doch das Gewitter!" Sie blickten regungslos zu dem Feuerschein. Einige Gäste tauchten neben ihnen auf. „Da ist bestimmt ein Blitz eingeschlagen", rief eine ältere Dame.
„Keinesfalls", hörten sie die Stimme eines Mannes, „das klang eher nach einer Explosion." Das Mädchen von der Rezeption kam herangelaufen. „Ich habe bereits die Feuerwehr alarmiert", rief sie und blickte zu dem Feuerschein. „Das ist bei den Parkplätzen!", murmelte sie.
Emmelie erstarrte und blickte verzweifelt zu Ann hinüber. Paul ... schoss es ihr durch den Kopf. Dann liefen beide los. Ann hörte Emmelies Stimme, wie sie immer wieder rief: „Nein, nicht Paul,

bitte nicht Paul!“ Sie erreichten den Parkplatz. Einige der Gäste waren ihnen trotz des Regens gefolgt.
Der Mann hatte recht, als er von einer Explosion sprach. Sie blieben in sicherer Entfernung stehen und blickten geschockt auf die gespenstische Szenerie. Zwei der abgestellten Fahrzeuge brannten lichterloh. Ein Fahrzeug hatte keine Ähnlichkeit mehr mit einem Auto.
Die Wucht der Detonation hatte es in zwei Stücke gerissen. Überall verstreut lagen Blechteile. Emmelie verschlug es die Sprache. Entsetzt blickte sie auf das, was einmal ihr Jeep gewesen ist. Einer der Gäste rief plötzlich aufgeregt: „Dort liegt etwas, ist es ein Mensch?“ Dann sahen sie es auch.
Im Schein der Flammen war so etwas wie ein menschlicher Körper zu erkennen. Da lag auf dem nassen Asphalt ein verkohlter Rumpf eines Menschen, dem die Beine fehlten. „Sag, dass es nicht wahr ist“, jammerte Emmelie und hielt sich die Hand vor den Mund. Ann nahm sie sofort in den Arm und versuchte, sie zu trösten. Ohne Erfolg, Emmelie bekam einen Weinkrampf.
In der Aufregung bemerkte sie nicht, dass sie klatschnass geworden waren. Erst als das Geräusch des Einsatzhorns der herannahenden Feuerwehr zu hören war, beruhigte sie sich etwas.
„Komm, lass uns zum Hotel zurückgehen. Wir sind ja völlig durchnässt und holen uns noch eine Erkältung.“ Emmelie blieb noch einen Moment stehen und beobachtete, wie die Feuerwehrleute das Umfeld mit der Taschenlampe ableuchteten und ein weißes Tuch über Paul ausbreiteten.
Nachdem sie sich trockene Sachen angezogen hatte, setzten sie sich noch einmal an die Bar. Sie bestellten einen doppelten Cognac und rauchten. Langsam erholte sich Emmelie von dem Schock, aber Paul war tot, richtig begreifen konnte sie es noch nicht.
„So schlimm es auch klingen mag“, sagte Ann. „Paul ist tot, er ist durch eine Bombe ums Leben gekommen, wahrscheinlich durch eine versteckte Sprengladung in unserem Wagen.“ Emmelie blickte zu Ann. In ihren Augen waren viele Fragen. „Willst du damit sagen, dass das alles hier nur ein dummer Zufall gewesen ist und man Paul gar nicht meinte?“
Sie schluckte, würgte und bestellte noch einen Drink, den sie fast in einem Zug leerte. Sie zündete sich eine neue Zigarette an und nickte.

„Ja, wenn ich genau nachdenke, könntest du recht haben. Nicht Paul war gemeint, sondern uns wollte man in die Luft jagen.
Das heißt, dass wir, seitdem wir die Grenze überschritten haben – ohne dass wir es merkten – unter ständiger Beobachtung waren, oder?“ Ann nickte. „Aber wir haben doch aufgepasst und waren vorsichtig.“
„Und wenn man nicht uns, sondern Paul beschattete?“ Sie wurden nachdenklich und Unsicherheit machte sich breit. Mit einem Mal fühlten sie sich nicht mehr sicher an diesem Ort. Sie waren noch in Gedanken, als zwei Polizisten das Foyer betraten. Zielstrebig marschierten sie zur Rezeption.
Sofort erhob sich Ann vom Barhocker und schlenderte unauffällig zur Rezeption und wühlte in irgendwelchen Zeitschriften. Sie tat so, als suche sie etwas zum Lesen. Dabei bekam sie das Gespräch zwischen den Beamten und dem Mädchen hinter dem Tresen mit.
Wieder zurück bei Emmelie, ein wenig außer Atem, berichtete sie, was ihr zu Ohren gekommen war. „Also, die Beamten sehen die Sache als sehr merkwürdig an. Es gäbe wohl eine tote Person und alles sehe nach einem Anschlag aus.
Daraufhin forderten sie das Mädchen auf, dass alle Hotelgäste sich in zwanzig Minuten zur Befragung im Speiseraum bereithalten.“ Emmelie überlegte kurz, drückte die halb gerauchte Zigarette im Aschenbecher aus. „Zwanzig Minuten, sagtest du?“ Ann nickte.
„Komm, das ist Zeit genug, das schaffen wir.“ Bei den vielen Gästen, die im Clubzimmer saßen und sich lautstark über das Geschehene unterhielten, fiel es keinem auf, dass die beiden Frauen die Bar verließen.
Ihre Sachen waren schnell gepackt. Damit sie nicht auffielen, war Ann um das Gebäude gegangen und nahm das Gepäck in Empfang, das Emmelie aus dem Fenster der ersten Etage warf. Das Chaos im Hotel war auf ihrer Seite.
Paul hatte das Motorrad direkt neben dem Haupteingang, hinter einen Sonnenschirm abgestellt.
Sie mussten nur den Moment abwarten, bis die Polizisten in dem Speiseraum verschwunden waren, um die Gäste zu befragen.
Vorsichtig schlichen sie zu dem abgestellten Motorrad, verstauten in den Packtaschen ihre Sachen. In einer der Taschen befand sich ein

zweiter Schutzhelm. „Den hatte Paul immer für mich dabei, wenn ich mal mitfahren durfte.“ Ann legte tröstend ihre Hand auf ihre Schulter. Dann waren sie so weit. Emmelie drückte den Startknopf, der Motor der schweren Maschine sprang an.

Ohne das Licht des Scheinwerfers einzuschalten, fuhren sie los. Als sie den Parkplatz erreichten, verlangsamte Emmelie das Tempo. Der Tatort lag im gleißenden Licht aufgestellter Scheinwerfer. Eine Anzahl Personen, in weißen Schutzanzügen bewegte sich, wie Wesen von einem anderen Stern, hinter flatterndem Absperrband. Sie suchten nach Spuren.

Ihr Blick fiel noch einmal zu der Stelle mit dem weißen Laken, an der Pauls Überreste lagen. Sie hätte wieder heulen können, doch sie kam nicht dazu.

Wie aus dem Nichts stand plötzlich ein Polizist auf dem Weg und schwenkte eine Kelle mit rotem Licht. „Stopp“, rief er, „Sofort anhalten.“ War die Flucht jetzt zu Ende?, schoss es Emmelie durch den Kopf. Sie spürte, wie sich Ann fester an sie klammerte.

Blitzschnell überlegte sie, sie könnte Gas geben, den Mann anfahren. Aber vielleicht würde sie dann stürzen! Umfahren? Der Weg war schmal und durch den Regen waren die Seitenränder aufgeweicht, ein Sturz vorprogrammiert. Emmelie stoppte die Maschine und öffnete ihr Helmvisier.

Er ging um das Motorrad herum, dann leuchtete er in ihre Gesichter. Es war ein recht junger Polizist und er war sichtlich beeindruckt von dem Motorrad, welches von Frauen gefahren wurde. „Wo wollen sie hin?“

Emmelie nahm langsam den Helm ab, so waren ihre blonden Haare und ihr Gesicht besser zu sehen, was dem jungen Mann nicht entging. In dieser kurzen Zeit hatte sie eine Entscheidung getroffen. „Meine Freundin ist schwanger und wir befürchten, dass es bald losgeht“, dabei strich sie sich durchs Haar und lächelte. „Mit einem Motorrad?“

„Leider war niemand da, der sie hätte fahren können.“ Ann erkannte sofort die Situation und machte ein leises Schmerzgeräusch. „Oh“, erwiderte der Beamte: „So weit ist es schon!“ Er machte einen Schritt zur Seite. „Dann fahren sie bitte weiter, aber vorsichtig.“

Emmelie nickte und setzte den Helm wieder auf. Sie wollte gerade

losfahren, als der Polizist plötzlich laut „Halt“, schrie.
Hatte er doch etwas gemerkt, waren sie etwa aufgefallen? „Bitte, schalten sie das Licht ein!“, sagte er und zeigte auf den Scheinwerfer.
Emmelie nickte und gab Gas. Es hatte aufgehört zu regnen.

Kapitel 44

Es war bereits gegen zehn Uhr, als Fred Holtmann John und Lydia weckte. Der angenehme Geruch von frischem Kaffee und Spiegeleiern zog verführerisch durchs Haus. Sie hatten noch lange, bis tief in die Nacht hinein, über Sonja, Geoffrey und den zurückliegenden Fall diskutiert. Gemeinsam hatten sie sich eine Strategie erarbeitet, wie sie als Nächstes vorgehen wollten. Der wichtigste Schritt war jetzt, dass Auffinden dieses perversen Offiziers. Sie kannten zwar seinen Namen, aber nicht seinen Wohnort. Sie fanden auch keinen Eintrag im Telefonregister.

„Der Mann ist wie vom Erdboden verschwunden", meinte Lydia. Jetzt kamen Holtmanns gute, alte Verbindungen zum Einsatz. „Ich kenne da jemanden beim Einwohnermeldeamt", sprudelte es aus ihm heraus, nachdem er kurz überlegt hatte. „Ich hoffe, dass die Frau immer noch dort arbeitet. Ich habe sie auf einer Weihnachtsfeier kennengelernt und wir waren gut ein Jahr zusammen."

„Und warum war dann Schluss?" Vorwurfsvoll schaute er Lydia an:

„Es war mein Job, der uns auseinanderbrachte!"

Er musste mehrere Nummern wählen, immer wieder wurde er weiter vermittelt. Doch dann klappte es und die Dame, die er meinte, war noch im Amt. „Hallo Doris", hauchte er in den Hörer, „hier ist Fred, Fred Holtmann." Seine Stimme war sehr zurückhaltend, sie hatte etwas Unsicheres. Sie redeten über alte Zeiten, lachten. Lydia hatte das Gefühl, dass Holtmann plötzlich in eine Zeit eintauchte, die bereits weit zurücklag.

„Es muss sich bei diesem Typen um eine wichtige Person handeln", flüsterte er. Mit der anderen Hand hielt er die Sprechmuschel zu. Es dauerte eine Weile, dann schrieb er eine Adresse auf das vor ihm liegende Papier. „Meine liebe Doris, ich danke dir von ganzem Herzen", schmeichelte er. Lydia und John schauten sich verwundert an, so etwas hätten sie von diesem Mann nicht erwartet.

„Ich werde dich zu einem guten Essen einladen, meine Liebe", dabei legte er den Hörer auf. „Eigentlich durfte sie mir diese Adresse gar nicht mitteilen", sagte Holtmann und rümpfte dabei die Nase. „Sollte das herauskommen, würde Doris viel Ärger bekommen." Lydia nick-

te und lachte. „Aber wie sich das so angehört hat, hast du bei dieser Doris ja immer noch gute Chancen."
John, der in einem tiefen Sessel sitzend das alles mitbekommen hatte, stand auf, um sich etwas die Füße zu vertreten. „Nun, dann wäre es ja jetzt an der Zeit, diesen Donalds einen Besuch abzustatten, oder was spricht dagegen? Da allein die Adresse dieses Mannes verheimlicht wird, müssen wir davon ausgehen, dass es sich hier wohl um eine hochrangige Person handelt." Lydia stimmte zu. „Wir sollten versuchen, mehr Informationen über diesen Mann zu bekommen, nicht wahr." John nickte: „Genau das meine ich auch."
„Ich habe verstanden", murmelte Holtmann, nahm sein großes Adressbuch, in dem viele Telefonnummern standen und zog den Telefonapparat näher zu sich heran. Während Holtmann eine Nummer nach der anderen wählte, schob John Lydia in Richtung Fenster.
„Du solltest vielleicht deiner Mom eine Mitteilung zukommen lassen, dass es dir gut geht, sie macht sich sicher Sorgen." Lydia stimmte ihm zu.
„Auf keinen Fall darfst du ausplaudern, wo wir uns derzeit aufhalten." Lydia verdrehte die Augen: „Ihr Männer denkt immer, dass wir Frauen zu dumm sind und mehr Fehler machen als ihr, ist doch so, oder?" Sie bekam keine Antwort, nur ein breites Grinsen. Sie rauchten. Immer wieder war das Schimpfen und Fluchen von Holtmann im Hintergrund zu hören, wenn er von einem Gesprächsteilnehmer nicht das zu hören bekam, was er hören wollte. Es war bereits gegen Mittag, als Holtmann mit einer positiven Nachricht ein Gespräch beendete.
Auf einem Zettel hatte er sich eine Menge Notizen gemacht. „Also", begann er und verschränkte die Hände hinter dem Kopf und lehnte sich entspannt zurück. „Unser Bursche hier ist nach seiner Laufbahn als englischer Offizier in die deutsche Politik gewechselt."
„Jetzt verstehe ich auch das geheimnisvolle Getue um seinen Wohnort."
„Nicht so ganz, Lydia!", antwortete Holtmann. „Dieser hohe Offizier, pflegt einen sehr engen Kontakt zu militärischen Organisationen."
„Könntest du herausbekommen, um welche Organisationen es sich hier handelt?"

„Tut mir leid John, auf diese Frage konnte oder wollte man mir keine Antwort geben."
Doch sie waren durch Holtmanns Recherche wieder ein Stück weiter gekommen. Allmählich verringerte sich die Distanz zu der Person, die eigentlich der Auslöser dieses Dilemmas war. Ihnen war aber auch bewusst, dass er ausgezeichnete Verbindungen zu Behörden und Ministerien hat.
Gesetzt den Fall, sie würden ihn mit der Sache von damals konfrontieren, würde er sicher alles, was ihm vorgeworfen wurde, eiskalt abstreiten. Sie mussten sich also eine wirkungsvolle, vielleicht auch hässliche Strategie überlegen, wie sie aus ihm, nach so langer Zeit die Wahrheit herausbrachten. „Das geht nur über seine Familie", war Lydias Vorschlag.
„Das meine ich auch", erwiderte John. Holtmann nickte zustimmend. „Wir müssen mehr Informationen über sein Privatleben herausfinden. Vielleicht finden wir ja irgendwo einen weiteren dunklen Fleck in seinem Leben."
Bis hierhin waren sie mit ihrer Arbeit zufrieden. Aus diesem Grund lud Fred Holtmann sie in seine Stammkneipe zum Mittagessen ein. "Die haben eine gutbürgerliche Küche und jeden Tag ein anderes Menü", er lachte dabei. „Außerdem bekomme ich Rabatt und trotz des günstigen Preises, sind die Teller gut gefüllt." John machte Lydia noch einmal darauf aufmerksam, zu Hause anzurufen.
„Oh, danke John, das hätte ich doch glatt vergessen, darf ich?", fragte Lydia und zeigte auf den Apparat. „Selbstverständlich!", kam es von Fred zurück. Lydia schaute auf ihre Uhr, es war zwölf Uhr fünfundvierzig. Beim Wählen der Telefonnummer verspürte sie plötzlich eine Unruhe in sich. Sie merkte, wie aufgeregt sie mit einem Mal war. Falcon, ging es ihr durch den Kopf. Sie sah die Pferde vor sich, die friedliche Landschaft mit den weichen Hügeln, die im Horizont verschmolzen, durch die sie so oft mit Ann geritten war. Mom war bestimmt sauer, weil sie nichts von sich hören ließ. Aber gleich wird sie ihr sagen, dass es ihr gut geht und sie sich keine Gedanken machen muss. Doch niemand hob am anderen Ende ab.
Lydia versuchte es ein zweites Mal. Nach dem dritten, ebenfalls vergeblichen Versuch, entschied sie sich, erst einmal mit den Männern zum Essen zu gehen. Sie wollte es später noch einmal versuchen.

Fred Holtmann stellte seinen Wagen zur Verfügung. Auf der Fahrt erzählte er, dass man ihm einmal den Führerschein abgenommen hatte, er aber trotzdem weitergefahren sei. Er wusste doch immer, wo die Kollegen gerade kontrollierten. „Aha“, sagte Lydia, „so ist also die deutsche Polizei!“ Ein lang anhaltendes Gelächter schallte durch das Wageninnere. Holtmann hatte nicht übertrieben, die Frikadellen und der Kartoffelsalat waren wirklich lecker. John vertilgte noch zwei Frikadellen zusätzlich. Ein Dessert aus Vanillepudding mit Erdbeeren rundete das Menü ab. Nach einem Espresso und einer Zigarette fuhren sie zurück.
Nachdem sie wieder in Freds Wohnung waren, ging Lydia sofort zum Telefon. Aber auch ihre nächsten Versuche blieben erfolglos. Es machte sie stutzig, dass auch niemand vom Personal das Telefon hörte, obwohl der Ruf durchging. Enttäuscht gab Lydia auf. „Vielleicht probierst du es später noch einmal“, versuchte Holtmann sie zu trösten.
„Wen könntest du noch anrufen, um zu erfahren, was los ist?“
„John, du hast mich auf eine Idee gebracht!“ Sofort kramte Lydia in ihrer Tasche und zog ein Notizbüchlein hervor. Nach kurzem Blättern griff sie wieder zum Telefon. „Ich werde es bei Ms. Davis, unserer Haushälterin, versuchen.“ An ihrem Lächeln sahen die Männer, dass sie diesmal Erfolg hatte. „Hallo Ms. Davis, hier spricht Lydia, Lydia Robertson …“ Es war ein relativ kurzes Telefonat.
Mal nickte sie stumm vor sich hin, mal hörte man ein Aha. „Es ist besser, sie wissen nicht, wo ich bin, Ms. Davis. Sollte Mom sich bei ihnen melden, grüßen sie sie ganz herzlich von mir.“ Danach legte sie den Hörer auf. Einen Augenblick schaute sie gebannt auf das Telefon, als würde sie einen Rückruf erwarten. „Nun sag schon, spann uns nicht auf die Folter. Was gibt es Neues von der Insel?“
Lydia setzte sich und zündete sich eine Zigarette an. Einen Moment schwieg sie, als müsste ihr Gehirn erst einmal verarbeiten, was ihr soeben mitgeteilt wurde. Die beiden Männer schauten sie verwundert an. „Hallo Lydia!“, sagte John und setzte sich neben sie. Ein kurzes Zucken, als hätte sie einen Stromschlag bekommen, dann begann sie zu erzählen. Wie ein Tonbandgerät, bei dem die Wiedergabetaste gedrückt wurde, alles, was ihr Ms. Davis gesagt hatte: Ihre Mutter unternimmt gerade eine Reise. Das hörte sich erst einmal ganz nor-

mal an.
Ann hatte Ms. Davis genaue Anweisung gegeben, was sie ihrer Tochter erzählen sollte, falls Lydia anruft. Auf keinen Fall durfte sie über die Vorfälle in der Klinik berichten und wo sie sich jetzt aufhält und was sonst noch geschehen war.
Was Lydia aber ein wenig nachdenklich machte, dass Ms. Davis nicht sagen konnte, wo sich ihre Mutter derzeit aufhielt.
Das war komisch, denn ihre Mom erzählte doch allen gerne, wohin sie reiste. Aber da war noch etwas.
Ms. Davis erzählte, dass Mr. Robertson auch England verlassen hatte, um sie und ihren Kollegen zu suchen. „Ihre Mom hat mir ans Herz gelegt, Sie sollen vorsichtig sein, weil dieser Mann äußerst gefährlich ist."
Dieser Satz hatte sich in Lydia sofort verankert und er ließ sie einfach nicht mehr los. Lydia schaute noch einen Moment auf das Telefon. „Über was denkst du nach", wollte John wissen.
„Ms. Davis nahm kein einziges Mal das Wort ‚Dad' in den Mund."
„Weiß diese Frau vielleicht doch mehr, als wir annehmen?" Verblüfft schaute sie auf Fred Holtmann und nickte zustimmend. „Wenn ich darüber nachdenke, könnte es so sein." Nun erzählte Lydia, was sie noch alles von der Haushälterin erfahren hatte.
Bald darauf fuhren sie los, zu der besagten Adresse. Sie nahmen Holtmanns alten Mercedes. Als er die Anschrift las, wusste er sofort, wie sie auf dem schnellsten Weg dorthin gelangten. Nach einer knappen dreiviertel Stunde Fahrt erreichten sie einen kleinen Ort. Kurz vor der Ortseinfahrt bog Holtmann nach links von der Straße ab und es ging über eine kurvenreiche Straße zu einer am Hang gelegenen Wohnanlage. „Hier wohnen ja wohl nicht die Ärmsten!", murmelte John. Hier standen ausschließlich Bungalows, von denen man einen wunderschönen Blick in das Tal der Weser hatte. Nach einer engen Rechtskurve – in die Holtmann viel zu schnell eingefahren war, wurde nur durch eine abrupte Bremsung Schlimmeres verhindert – sahen sie endlich das gesuchte Haus. Langsam fuhren sie daran vorbei, um in einer schmalen Seitenstraße zu parken. Von hier konnten sie das Haus gut einsehen. Es war alles ruhig. Kein Mensch war auf der Straße zu sehen. Ein einsamer Briefträger fuhr mit seinem gelben Auto von Haus zu Haus und verteilte die Post.

Dann hielt der Postwagen vor dem Haus der Donalds. Schwungvoll stieg der Mann in blauer Uniform aus seinem Wagen und durchquerte einen sehr gepflegten Vorgarten.
Vor der Haustür blieb er stehen und schaute mehrfach auf das an der Wand angebrachte Namensschild. Dann klingelte er. Es dauerte eine Weile, dann öffnete sich die Eingangstür. Von ihrer Position aus konnten sie aber nicht erkennen, wer in der Tür stand. „Es ist aber jemand zu Hause", murmelte John. Sie warteten noch so lange, bis der Postmann mit seinem Wagen die Straße verlassen hatte. Erst dann stiegen sie aus und bewegten sich in Richtung des Hauses.
„Sieht ja sehr gepflegt aus!", stellte Lydia fest.
„Sind halt Spießbürger", brummte Holtmann vor sich hin.
„Spießbürger?", fragte John: „Was meinst du mit Spießbürger?"
Holtmann lachte: „Das werde ich dir später einmal erklären."
John betätigte den Klingelknopf. Die Melodie des „Big Ben" war zu hören. „Heimatliche Klänge!", kommentierte Lydia. Ein Schatten, der näher kam, war durch das Milchglas der Eingangstür zu erkennen. Langsam und vorsichtig wurde die Tür geöffnet. Doch statt des erwarteten Bösewichts stand eine elegant gekleidete Dame vor ihnen. Die nach hinten gebundenen grauen Haare verliehen der Frau einen strengen Gesichtsausdruck. Eine weiße Perlenkette zierte ihr Dekolleté. Sie nahm ihre Brille ab, die mit einer schmalen Goldkette um ihren Hals hing. „Ja, bitte", fragte die Frau und musterte die drei vor ihr Stehenden. „Sind Sie Ms. Donald?", begann Lydia mit freundlicher, jedoch resoluter Stimme das Gespräch. Erstaunt zog die Frau die schmalen Augenbrauen hoch und schaute Lydia erwartungsvoll an. „Oh, sorry!", fuhr Lydia fort und griff dabei in ihre Umhängetasche, holte ihre Polizeimarke hervor und hielt sie der Frau entgegen. Diese setzte ganz ruhig ihre Brille wieder auf und trat etwas näher heran.
„Scotland Yard?", fragte sie erstaunt. „Was hat denn die britische Polizei bei uns hier verloren?" Lydia stellte sich und John mit ihren richtigen Namen vor und dabei zeigte John ebenfalls seine Marke. „Wie unaufmerksam von mir", entschuldigte sich Lydia sofort, als sie erkannte, wie die Frau den hinter ihnen, etwas abseits stehenden Holtmann, betrachtete. „Das ist Hauptkommissar Fred Holtmann von der deutschen Kriminalpolizei." Dieser nickte und griff wortlos in

seine verknitterte Manteltasche und holte ebenfalls eine recht auffallende Polizeimarke hervor. Er hatte sie als Abschiedsgeschenk bei seiner Pensionierung von seinen Kollegen bekommen.
Das alles musste aber wohl doch einen respektablen Eindruck erweckt haben. Denn mit einem Mal wurde die Frau auffallend unsicher. Als Lydia sie fragte, ob ihr Mann zu Hause sei, wurde sie zusehends nervöser und es war plötzlich Angst in ihrem Blick. „Warum fragen Sie nach Asher?"
„Es geht um einen Fall, der bereits viele Jahre zurückliegt." Die Frau nahm die Brille ab und schaute Lydia in die Augen. „Ist mein Mann in Gefahr?" Ein wenig überrascht schauten sich John und Lydia an. „Wie meinen Sie das?", wollte John wissen. Die Frau spielte an ihrer Perlenkette.
"Es ist etwa eine Stunde her, als schon jemand hier war und nach Asher fragte."
„Wer war dieser Jemand?"
„Es war auch ein Engländer, elegant gekleidet und er war auch Offizier. Er gab vor, mit meinem Mann in der gleichen Einheit gedient zu haben."
„Können Sie sich vielleicht noch an den Namen dieses Offiziers erinnern?" Auf Johns Frage überlegte die Frau einen Moment und strich sich mit der Hand über die Haare. „Ich glaube, es war etwas mit R …"
„Robert …" sie schaute vor sich auf den Boden und bemühte sich, sich zu erinnern. „Könnte der Name Robertson gewesen sein?" Sie hob den Kopf und zog die Augenbrauen hoch.
„Ja, ja, so hieß dieser Mann. Kennen Sie diesen Mann auch?" Lydia kramte in ihrer Tasche herum und holte eine kleine Brieftasche aus bräunlichem Leder heraus. Aus einem Fach zog sie ein Foto hervor und zeigte es der Frau. Sie setzte ihre Brille wieder auf und betrachtete einen Moment den dort abgebildeten Mann. Obwohl es sich um ein älteres Foto handelte, erkannte sie den Mann sofort wieder. Sie nickte und nahm die Brille ab. „Genau dieser Mann stand vor der Tür!"
Lydia spürte plötzlich eine größer werdende Unruhe. Sie wusste, Bob Robertson war in ihrer Nähe und sie wusste auch, was für eine Gefahr von diesem Mann ausging. Jetzt war auch klar, Bob und sie

suchten nach derselben Person.
Inwieweit war Bob Robertson in die Sache, die fast siebenundzwanzig Jahren zurücklag, verstrickt? Hatte er möglicherweise mit dem Tod von Geoffrey zu tun? All diese Fragen schossen ihr auf einmal durch den Kopf. Für einen Augenblick hatte sie das Gefühl, sie verliere den Boden unter den Füßen. Sie schnappte nach Luft.
„Bitte“, unterbrach die Frau ihre Gedanken. „Sie gaben mir noch keine Antwort auf meine Frage, ist mein Mann in Gefahr?“ Lydia schluckte und verstaute das Foto in ihre Tasche.
„Vielleicht sollten wir das alles besser im Haus besprechen“, schlug John vor. Miss Donald nickte und war mit diesem Vorschlag einverstanden. Sie bat ihre Besucher herein.
Das Haus schien innen größer, als es von außen wirkte. Sie führte sie durch eine große Diele in einen ebenfalls sehr geräumigen Wohnbereich. Alles wirkte „Old British“. Schwere Ledersessel, selbst die Tapeten waren im englischen Stil. Schweigend schauten sie sich um.
„Ich mache uns einen Tee!“, sagte die Hausherrin und verließ den Raum. „Das sieht hier ja aus, wie in einem Museum“, murmelte Holtmann, der bis dahin kein einziges Wort gesagt hatte. „Außerdem würde ich statt Tee lieber ein schönes, kaltes Bier vorziehen.“
John und Lydia lachten. „So sind eben die Deutschen“, sagte John und grinste. Trotz Holtmanns Vergleich mit einem Museum, hatten die Donalds ihr Haus stilvoll eingerichtet. An einer Wand waren viele Bilder angebracht, auf denen die Donalds mit Freunden zu sehen waren. „Asher war mit Leib und Seele Soldat“, hörten sie hinter sich die Stimme von Ms. Donald. Sie stand mit einem Tablett in den Händen im Raum. „Bitte nehmen Sie doch Platz.“ Dann schenkte sie jedem eine Tasse echten englischen Tees ein. „Ihr Mann“, begann John die Unterhaltung, „ist ja ein Sir“.
Ms. Donald nickte und stellte die Tasse ab. Sie schaute zu einem der Bilder an der Wand und lächelte. „1983 wurde Asher zum Ritter geschlagen.“ Jeder im Raum sah den Stolz in ihrem Gesicht, als sie diese Worte sagte. Dann wendete sie sich wieder den Dreien zu, die in den schweren Ledersesseln Platz genommen hatten. Ihr Blick wurde wieder ernst.
„Sie wollten mir doch noch etwas erzählen, nicht wahr!“ Lydia nickte und holte tief Luft. Dann berichtete sie über den Vorfall, der weit,

weit zurücklag. Sie sprach ganz langsam. Ihre Stimme war ruhig und sie machte immer wieder Pausen, damit Ms. Donald die Möglichkeit bekam, etwas zu fragen.

Mit ernstem Gesicht und ohne eine Miene zu verziehen, hörte sie sich die Geschichte an. Eine Weile war es ganz still im Raum, nur das Ticken der Standuhr war zu hören. Wortlos erhob sich Ms. Donald und ging zu dem großen Terrassenfenster, von dem man weit in das Tal sehen konnte. Mit vor der Brust verschränkten Armen stand sie dort. Vielleicht mit der Erwartung, dass irgendetwas auftauchte und sie aus dieser brisanten Situation befreite. Aber es kam niemand.

„Ihnen ist doch klar, dass ich meinen Mann nicht belasten werde“, sagte sie, ohne den Blick abzuwenden. Ihre Stimme klang hart und selbstbewusst. Lydia merkte aber sofort, dass die Frau ein verstecktes Schamgefühl zeigte, dass das, was ihr gerade erzählt wurde, sie nicht kalt ließ.

Sie durfte aber ihnen gegenüber keine Schwäche zeigen, das mussten Frauen von hochrangigen Offizieren beherrschen.

„Sie schulden mir aber immer noch eine Antwort“, dabei drehte sie sich zu Lydia um und schaute ihr in die Augen. „Ist Asher in Gefahr?“ Jetzt erst bemerkte Lydia die Tränen in ihren Augen.

„Ja, Ihr Mann ist in großer Gefahr!“

„Hat das mit dem Mann von heute Morgen zu tun?“ Lydia nickte.

„Weiß dieser Mister Robertson, wo sich ihr Mann jetzt aufhält?“, fragte John und erhob sich aus dem Sessel. Sie nickte. „Asher ist mit Freunden in unserem Revier jagen.“

„Wie kommt man am schnellsten dorthin?“ Sie schaute erstaunt zu John herüber. Als hätte sie jemand gekniffen, wurde sie plötzlich aktiv. Auf einer Karte zeigte sie, wo das Jagdrevier liegt. Lydia ging zur Seite und zog Holtmann zur Karte. „Kennst du die Ecke?“, fragte sie ihn.

Holtmann brauchte einen Moment. „Also, dorthin zu finden ist kein Problem. Aber da es sich um ein großes Waldgebiet handelt, wäre eine Suche recht schwierig.“ Sie schauten immer noch wie gebannt auf die Karte. Mit einem lauten Husten machte Ms. Donald auf sich aufmerksam. „Wenn Sie mich mitnehmen, kann ich Ihnen den Weg zeigen, wo die Jagd stattfindet. Ich glaube, ich weiß, wo sich Asher aufhält.“ Holtmann nickte zustimmend. „Das würde uns kostbare

Zeit ersparen." Alle waren einverstanden. „Na, dann werde ich mich schnell geländetauglich umziehen", sagte sie und verschwand in irgendeinem der Räume.
„Die Frau ist trotz der Geschichte über ihren Mann ziemlich gefasst", bemerkte John.
„Das war auch mein Eindruck", fügte Holtmann hinzu. „Vielleicht weiß die Dame ja noch mehr über die ausgefallenen Praktiken und Wünsche ihres Mannes, legt aber lieber das Tuch des Schweigens darüber."
„Das denke ich auch", stimmte John zu.
„Wir müssen das Vertrauen der Frau gewinnen", schlug Lydia vor. „Sie ist der Schlüssel zur Wahrheit!"
John schaute nervös auf die Uhr, „dieser Bob hat einen ziemlich großen Zeitvorsprung."
„Wir wissen aber durch die Frau, wo Asher zu finden ist, das ist unser Vorteil!", meinte Holtmann. Unruhig wanderten sie durch den großen Raum. John klimperte völlig unmusikalisch auf dem Klavier herum. „Hört mal Jungs", sagte Lydia und gab den beiden mit der Hand ein Zeichen, dass sie näher zu ihr kommen sollten. „Als Ms. Donald vorhin erzählte, dass Bob und ihr Mann in einer Einheit gedient haben …", sie unterbrach das Gespräch, weil irgendwo im Haus eine Tür zugeschlagen wurde. „Was willst du damit andeuten", fragte Holtmann neugierig.
„Also, ich will damit sagen", ihre Stimme war leise, ja es war schon ein Flüstern. „Ich habe auf einmal so ein komisches Gefühl", wieder machte sie eine kurze Pause. „Möglicherweise hat Bob mit der Sache von damals zu tun. Eventuell ist er sogar der Mörder von Geoffrey Dellington!" Sie schluckte. Ein wenig verdutzt schauten sie sich an. „Sollte deine These stimmen", flüsterte Holtmann und schaute sich aufmerksam um, „dann könnte Asher für Bob sehr gefährlich werden, richtig?"
„Asher ist in diesem Fall Täter, aber gleichzeitig auch jemand, der Bob stark belasten könnte", sagte John. „Aber nun gibt es für Bob nur eine Möglichkeit, er muss den unbequemen Zeugen beseitigen." Holtmann nickte und lachte: „Wo ist es am unauffälligsten jemanden zu erschießen als auf einer Jagd."
„So, ich wäre jetzt so weit", hörten sie die Stimme der Hausherrin

und drehten sich erschrocken herum. Durch den großen Eingangsbogen, der die Diele vom Wohnraum trennte, kam Ms. Donald langsamen Schrittes auf sie zu. Ja, sie hatte sich jagdtauglich verkleidet. Alles in einem jagdlichen Grün. Stiefel, Jacke, sogar einen Hut hielt sie in den Händen. „Sie sehen ja aus … Ms. Donald“, unterbrach Holtmann.

„Wenn Sie wissen wollen, ob ich auch jage, dann ist die Antwort, ja.“ Ihre Stimme klang hart.

„Wir sollten uns jetzt aber auf den Weg machen“, schlug sie vor. „Wir müssen, bis wir dort sind, noch eine gute Wegstrecke zurücklegen. Lassen Sie mich bitte vorne sitzen. Auf den hinteren Sitzen wird mir immer übel“, erbat sie sich. Während der Fahrt erzählte sie über ihren Mann, wo er als Soldat überall eingesetzt war und dass er viele Auszeichnungen bekommen hatte.

Lydia und John bemerkten, wie auffallend nervös die Frau auf dem Vordersitz war. Ununterbrochen erzählte sie über sich und Asher, ihre vielen Reisen, ihre vielen Freunde, die hin und wieder bis in die royalen, königlichen Etagen reichten. Doch alles, was sie über ihren Mann und sich erzählte, es hörte sich eher an wie eine Beichte oder eine Entschuldigung für das, was Asher Schreckliches getan hatte. Sie war zu schwach gewesen, es zu verhindern. Ein einziges Mal unterbrach Holtmann das Gespräch, als er sie fragte – ohne den Blick von der Straße zu nehmen – ob sie Kinder hätten. Eine merkwürdige Stille trat ein. „Es war uns leider nicht vergönnt, Kinder zu bekommen“, war ihre knappe Antwort.

„Dort vorn an der Kreuzung müssen wir abbiegen!“ Ms. Donald zeigte auf eine schmale, nach links von der Hauptstraße abzweigende Seitenstraße. Holtmann reduzierte das Tempo und lenkte den Wagen in die von Schlaglöchern übersäte Straße. „Das ist nichts für mein Auto“, murmelte er, nachdem er immer wieder den Löchern im Asphalt ausweichen musste. „Hier sind wir ja am Arsch der Welt“, schimpfte er vor sich hin. Darauf erhielt er von seiner Beifahrerin einen abwertenden Blick, worauf er sich sofort entschuldigte. „Wir sind bald da“, versuchte Ms. Donald ihn zu beruhigen. Hinter einer Biegung tauchte, wie aus dem Nichts, ein dunkler Geländewagen auf.

„So ein Vollidiot, ist der lebensmüde!“, fluchte Holtmann und riss

dabei das Lenkrad nach rechts, um nicht mit dem herannahenden Gefährt zu kollidieren. Ohne seine Geschwindigkeit zu verringern, brauste der Geländewagen an ihnen vorbei und verschwand hinter der nächsten Kurve.
Sichtlich geschockt von der Situation schauten sie sich an. „Das war knapp", sagte John und Lydia war der Meinung: „Fred, das war eine gute und richtige Reaktion von dir." Jedoch war durch das Ausweichmanöver das rechte Vorderrad in einen Graben gerutscht. Versuche, den Wagen mit eigenem Antrieb aus der misslichen Lage zu befreien, blieben erfolglos. „Dann müssen wir die alte Kiste mit vereinten Kräften schieben", sagte Ms. Donald, worauf Holtmann ihr kopfnickend einen bitterbösen Blick zuwarf. Der aber auf die Aussage – alte Kiste – zurückzuführen war. Sie benötigten zwei Versuche, dann hatten sie es geschafft und Holtmann konnte weiterfahren.
Aus einem kleinen Schild war der Name – SCHALKSHOF 1 km – zu lesen. Erstaunt blickte Holtmann zu seiner Beifahrerin, die nickte nur. „Es ist wirklich ein kleiner Hof im Wald, dort treffen sich die Jäger. Da wird gefeiert und man kann auch übernachten." Als sie die letzte Kurve hinter sich hatten, konnte man die ersten Gebäude des Hofes bereits erkennen. Nachdem sie eine Art Eingangstor mit einer Schranke passiert hatten, rollten sie direkt auf den Platz des Hofes. Überall waren Geländewagen abgestellt. Da und dort standen Jäger in kleinen Grüppchen zusammen. „Komisch", murmelte Ms. Donald: „Die müssten eigentlich schon im Wald sein."
Holtmann hatte seinen Wagen, der den anderen Fahrzeugen gegenüber sofort ins Auge fiel, noch nicht richtig abgestellt, als Ms. Donald die Tür aufriss, ausstieg und zielstrebig zu einer Gruppe von Jägern lief.
Lydia überlegte nicht lange und folgte ihr.
Sie hörte, wie die Frau immer wieder den Namen ihres Mannes rief: „Asher, Asher …" Jetzt sah sie auch, was die Frau gesehen hatte. Auf der Ladefläche eines Wagens lag zugedeckt ein Mensch. Man konnte nur die Sohlen seiner Stiefel erkennen. Dann hörte sie wieder das Schreien der Frau: „Asher, bitte nein …" Zwei Jäger kamen auf sie zu und versperrten ihr den Weg. „Lasst mich zu ihm, ich will zu ihm!", schrie sie hektisch und schlug mit den Fäusten auf einen der Männer ein. „Abigail", schrie auf einmal der Mann: „Abigail, ver-

dammt noch mal, beruhige dich, das ist nicht Asher." Langsam beruhigte sie sich wieder, ein dritter Mann stützte sie. „Wo ist Asher?", wollte sie wissen und strich sich nervös das Haar aus dem Gesicht. Die Männer schauten sich verwundert an. „Asher ist mit den anderen im Haus."

„Entschuldigen sie bitte, meine Herren, es geht schon wieder. Ich dachte, es wäre mein Mann, der dort lag." Sie schaute Lydia, die dicht bei ihr stand, an. Lydia bemerkte sofort die Angst und Panik, die dieser Blick ausstrahlte. „Kommen Sie bitte", forderte Ms. Donald Lydia auf und hakte sich bei ihr unter, „begleiten Sie mich bitte zu meinem Mann."

In der Zwischenzeit versuchten Holtmann und John von den anwesenden Jägern herauszufinden, was überhaupt passiert ist. Es hatte sich wohl noch nicht bei allen herumgesprochen, welche Tragödie hier geschehen war. Es kamen immer wieder Fahrzeuge auf den Hof gefahren, die völlig ahnungslos waren. Viele von ihnen machten einen schockierten Eindruck, wieder andere waren entsetzt.

Einige wenige blieben auffällig verschlossen und gingen jedem Gespräch aus dem Weg. Nach Stand der Dinge hatte es wohl einen Jagdunfall gegeben, bei dem einer der Jagdgäste von einer Kugel tödlich getroffen wurde.

John und Holtmann merkten sofort die kritischen Blicke und das Misstrauen der Anwesenden ihnen gegenüber.

„Wir sollten uns jetzt besser zurückhalten", schlug Holtmann vor, er schlug den Kragen seines Mantels hoch. „O. k.", sagte John: „Vielleicht erfährt ja Lydia mehr über die Sache."

Langsam entfernten sie sich von der Menge und gingen in Richtung Gebäude. Auf einer kleinen Holzbank nahmen sie Platz und rauchten eine Zigarette. „Meinst du, das hier ist ein Zufall gewesen?", fragte Holtmann und blies den tief inhalierten Rauch in die Luft. John zögerte einen Moment. „Ich glaube nicht!"

„Asher", rief Ms. Donald sofort laut durch den Raum, als sie ihren Mann an einem der voll besetzten Tische, vertieft im Gespräch mit anderen, erblickte. Völlig überrascht von der Anwesenheit seiner Frau, sprang Asher auf und ging ihr entgegen. „Abigail Darling, was machst du denn hier?"

„Ach, Asher", sie umarmte ihn und Tränen rannen über ihr Gesicht.

„Ich habe mir große Sorgen gemacht."
„Bestimmt meinst du den Jagdunfall, nicht wahr?" Sie schauten sich einen Moment lang in die Augen. Lydia betrachtete die beiden, wie sie dastanden, sich in den Armen hielten und sich wie zwei frisch Verliebte in die Augen schauten. War das wirklich der Mann, den sie suchten, der Mann der kleine, unschuldige Jungen missbrauchte?
Es sah doch eher so aus, als würden zwei Menschen im fortgeschrittenen Alter, die ein bewegtes Leben hatten, in Sorgen um sich waren. Ein Lächeln huschte über Lydias Gesicht und für einen kurzen Moment zweifelte sie an all dem Bösen.
„Es hört sich zwar sehr komisch an", meinte Asher: "Aber eigentlich müsste ich dort auf der Ladefläche liegen", er schmunzelte und schüttelte dabei den Kopf. „Unmittelbar vor Jagdbeginn sprach mich dieser fremde Jagdgast an, ob ich etwas dagegen hätte, dass er von meinem Stand schießen dürfte."
„Dann habt ihr getauscht?", kam es leise über Miss Donalds Lippen.
Asher nickte. „Ja, dann habe ich mit dem Herrn den Stand gewechselt."
Nach dieser Aussage drehte sich Ms. Donald zu Lydia herum. Da war sie wieder die Angst in ihren Augen und diese Hilflosigkeit. Jetzt erst bemerkte Asher, dass seine Frau und Lydia sich kennen.
„Und wer sind Sie?", fragte Asher und musterte Lydia. „Ich bin …"
„Das ist Ms. Robertson", unterbrach Abigail Lydias Vorstellung. „Ms. Robertson arbeitet bei Scotland Yard."
„Was macht die britische Polizei bei uns?", wollte Asher wissen. „Gibt es etwas, was ich wissen sollte?" Lydia schaute Asher in die Augen.
Da war etwas in seinem Blick, es war kalt und berechnend. Sofort verflogen ihre Zweifel, die sie vorhin noch gehabt hatte, über diesen Mann. „Mister Donald, äh Sir, dieser angebliche Jagdunfall, er …"
„Wollen Sie mir erzählen, dass, was hier geschehen ist, kein Unfall, sondern ein geplanter Anschlag war?", fiel Asher Lydia ins Wort.
„Also Sir, ich will damit sagen …"
„Und wollen Sie mir vielleicht noch weismachen, dass letztendlich ich das Ziel dieses Attentäters war?" Sein Blick wanderte zu seiner Frau, die nur mit dem Kopf nickte. Lydia holte tief Luft.
„Aber was für einen Grund gibt es, mich zu töten und wer sollte das

tun?“ Plötzlich veränderte sich sein Blick, in seinem Gesicht konnte sie Unsicherheit erkennen, in den Augen Angst. Er rieb sich mit den Händen durch sein Gesicht, als wollte er sich frischmachen für den nächsten Akt. Jetzt begriff auch Asher, dass das hier eine Verquickung von Umständen war. Langsam formten sich die Mosaiksteinchen zu einem Bild. Der oder die Täter hatten es wahrscheinlich doch auf ihn abgesehen und wussten genau, auf welchem Platz er stehen sollte. Was sie aber nicht ahnten, dass in Wirklichkeit nicht er, sondern ein ganz anderer dort stand. Fragend blickte er in Abigails Gesicht. Lydia bemerkte, dass Asher am ganzen Körper zitterte.
Er schüttelte den Kopf: „Mir ist es einfach unbegreiflich, warum man mich umbringen will?“ Abigail nahm seine zitternde Hand und schaute Lydia an. „Ich glaube, wir sollten das besser draußen besprechen“, schlug Lydia vor und deutete mit dem Kopf in Richtung Ausgang. Mit gesenktem Kopf und von seiner Frau gestützt, verließen sie den Raum. Auch auf die Frage der Kollegen, wo er denn hinwollte, gab Asher keine Antwort mehr.
Draußen setzten sie sich zu den beiden auf die Bank. Lydia versuchte, John und Holtmann vorzustellen, doch Asher saß ganz apathisch mit hängendem Kopf neben seiner Frau, die ihren Arm auf seine Schulter gelegt hatte. „Sollten wir nicht …“
John unterbrach seine Frage, als er sah, dass Ms. Donald zu ihm schaute und den Kopf schüttelte. Sie stand langsam auf und ging zu Lydia. „Bitte nicht jetzt“, kam es schwach über ihre Lippen. „Ich werde es Asher selbst erzählen“, dabei umfasste sie Lydia Hand. Sie holte noch einmal tief Luft.
„Was dann geschieht, liegt in Ihren Händen.“ Lydia schaute zu John hinüber, dieser zuckte mit den Schultern. Lydia überlegte kurz. „O. k., Sie bekommen eine Telefonnummer, wo Sie uns erreichen können“, dabei schaute sie zu Holtmann, der sofort aufsprang und auf einem Zettel die Nummer notierte. „Im Moment können wir davon ausgehen, dass die Täter noch nicht wissen, dass sie den Falschen erschossen haben. Trotzdem seien Sie vorsichtig“, mahnte Lydia. Sie entschlossen sich die Donalds nicht allein mit ihrem Wagen fahren zu lassen und brachten sie nach Hause.
„Bist du sicher, dass es richtig war, die beiden allein zu lassen“, wollte Holtmann wissen.

„Ja, das bin ich!“, antwortete Lydia. „Wir sind es der Frau schuldig, sie gehen jetzt einen schweren Weg.“ Ansonsten war es still während der Rückfahrt. Nur ein einziges Mal unterbrach Holtmann das Schweigen, als er Lydia fragte, von wo an sie sich sicher war, dass Bob bereits vor Ort war.
„Als du dem entgegenkommenden Fahrzeug ausweichen musstest. Das war auch der Wagen, den ich schon vor der Gastwirtschaft sah.“ Dabei schaute sie aus dem Seitenfenster.
Sie genossen noch den schönen Tag und schlenderten unter Holtmanns Führung durch die Altstadt Hamelns. Lydia lud sie in ein kleines Café zu Erdbeertorte mit Sahne ein.
Es war bereits früher Abend, als das Telefon klingelte. „Holtmann“, Lydia stand neugierig im Zimmer und frottierte ihre nassen Haare. „Ja, wir kommen“, hörte sie ihn sagen. Danach legte er behutsam den Hörer auf die Gabel. Einen Moment schaute er auf den vor ihm stehenden Apparat.
„Das war Miss Donald.“
„Ja und was wollte sie?“, fragte Lydia und verknotete das Handtuch wie einen Turban auf dem Kopf. „Wir sollen sofort kommen“, Holtmann drehte sich zu Lydia um: “Es ist etwas Furchtbares passiert.“

Kapitel 45

Das Geräusch der Dusche beendete ihren Schlaf. Knurrend drehte sie sich auf die andere Seite und zog sich schützend die Decke über den Kopf. „Hey, steh endlich auf, du Schlafmütze“, hörte sie Ann aus dem Bad rufen: „Wir haben noch eine Menge zu erledigen.“ Ohne die Augen zu öffnen, tastete sie mit der Hand über das Nachtschränkchen und fand ihre Armbanduhr. Mit einem halb geöffneten Auge schaute sie auf das Zifferblatt, es war kurz nach acht Uhr morgens. Wie kann ein Mensch zu dieser Zeit schon so fit sein, ging es ihr durch den Kopf.

Mit einem Mal tauchten sie wieder auf, diese schrecklichen Bilder, das Geräusch der Detonation, das weiße Tuch, unter dem die Überreste von Pauls Körper lagen. Mit einem Ruck warf sie die Bettdecke zur Seite und setzte sich auf die Bettkante. Ihr Blick wanderte durchs Zimmer. Auf dem kleinen Tisch neben dem Fernseher stand eine leere Flasche Wein. Es roch nach kaltem Zigarettenrauch. Und noch ein unschöner Geruch drang ihr in die Nase, Schweiß. Sie schaute auf ihr durchschwitztes T-Shirt und rümpfte die Nase. Langsam erhob sich Emmelie, stolperte zum Fenster und zog die Vorhänge zur Seite. Das helle Tageslicht zwang sie, mit den Augen zu blinzeln. Sie öffnete einen Fensterflügel, gierig wie ein Junkie, der auf Droge ist, saugte sie die frische Morgenluft tief in ihre Lungen. Von dem Hotelfenster blickte man aus dem dritten Stock in einen kleinen Hinterhof.

Es war richtig gewesen, den Ort so schnell wie möglich zu verlassen. Die Polizei hätte Ann und sie sofort mit Pauls Tod in Verbindung gebracht.

Sie schaute über die Dächer der angrenzenden Häuser in Richtung Horizont. Tiefhängende Wolken ließen alles trist aussehen.

Noch einmal dachte sie an die Fahrt mit dem Motorrad in der Dunkelheit. Als sie dann endlich, nach zwei Stunden, dieses kleine Örtchen mit dem Namen Springe erreichten. Sie atmete tief ein und schloss die Augen. Mit einem Mal tauchten die Bilder auf und wie in einem Film liefen die zurückliegenden Stunden vor ihrem inneren Auge ab. Verschwommen erkannte sie die Gesichter von Ann und

Paul. Wie sie sich unterhielten, wie sie lachten. Springe, hörte sie Paul sagen. Seine Worte klingen ihr immer noch in den Ohren.
Springe, so heißt der Ort, wo ihr hin müsst. Dort findet ihr meinen Freund Aron. Plötzlich verschwand Pauls Gesicht in einer grauen Wand. Ein Windstoß, der ihr Gesicht streichelte, veranlasste sie, die Augen zu öffnen. Sie blickte in den grauen Himmel. Aber Paul ist tot. Sie wird ihn nie wieder sehen, das war die harte Realität. Ein Gefühl der Ohnmacht überkam sie und sie musste sich an der Fensterbank abstützen. Sie strich sich mit beiden Händen durch die Haare. Reiß dich zusammen, Emmelie, murmelte sie vor sich hin.
Aron Goldmann, diesen Namen hatte Paul ihr gegenüber nie erwähnt, ging es ihr durch den Kopf. Dieser Aron, er war wohl auch Anwalt. Sie zündete sich eine Zigarette an. Eigentlich sollte man ja mit einem leeren Magen nicht rauchen, überlegte sie kurz, lächelte und schüttelte den Kopf.
Also bei diesem Aron hatte Paul all seine Aufzeichnungen und Unterlagen hinterlegt, weil dieses brisante Zeug bei ihm zu Hause nicht mehr sicher war. Sie nahm einen tiefen Zug und blies den Rauch aus dem Fenster. Ach Paul …
„Das Bad ist jetzt frei!“, hörte sie Ann rufen, es riss sie aus ihren Gedanken.
Mithilfe des freundlichen Herrn an der Rezeption fanden sie etwas später schnell heraus, wo dieser Freund zu finden war.
Nach einem ausgiebigen Frühstück machten sie sich dann auf den Weg. Die Beschreibung, die man ihnen gegeben hatte, war ausgezeichnet. Ohne weiter nachzufragen, fanden sie die Straße. Es war eine schmale Sackgasse in einem Vorort der Stadt. Das Haus mit der Nummer zehn, hob sich deutlich von den anderen Häusern ab. Eigentlich sah es so aus, als hätte man zwei Schuhkartons aufeinandergestellt. Ein Teil des Gebäudes bestand aus großen, bis zur Erde reichenden Fenstern. In dem aus verschiedenartigen Steinen, liebevoll angelegtem Vorgarten, war ein nicht zu übersehendes Schild aufgestellt.
Dr. Aron Goldmann, Rechtsanwalt und Notar, war darauf zu lesen.
„Sieht ja nach einer gutgehenden Kanzlei aus“, bemerkte Emmelie. In ihrer Stimme lag etwas Zynisches, ja Abwertendes. Auf ihr Läuten öffnete ein sehr attraktiver Mann, mittleren Alters, die Tür. „Guten

Tag, die Damen!", kam es ruhig und selbstbewusst über seine Lippen. „Was verschafft mir die Ehre?" Die beiden Frauen schauten sich verwundert an, über diese Anrede.
„Also", begann Emmelie, „Sie sind bestimmt Aron, nicht wahr?" Der Gegenüber nickte nur. „Das ist richtig, vor Ihnen steht Dr. Aron Goldmann."
Dabei verschränkte er sehr provokant die Arme vor der Brust. Das war genau der Moment, in dem Ann für sich entschied, dass dieser Mensch kein Freund von ihr werden wird.
Emmelie erzählte nun, dass sie Freunde von Paul seien und er ihnen seine Adresse gegeben hatte. „Ach so", seine Stimme klang nun etwas freundlicher. „Sie sind Freunde von Paul, wie geht es Paul?", fragte er und nahm seine Abwehrhaltung zurück. Er nahm nun eine lässige Körperhaltung an, indem er seine Hände in den Hosentaschen vergrub. Emmelie wurde ein wenig unsicher und schaute hilfesuchend zu Ann.
„Sollten wir nicht besser ins Haus gehen?", schlug Ann vor.
„Warum ins Haus, sagen Sie mir doch erst einmal was Sie von mir wollen?" gab er zurück.
„Es ist etwas mit Paul passiert!" Emmelies Tonfall war ernst geworden.
„Hatte Paul einen Unfall?", fragte er mit unsicherer Stimme. Emmelie nickte nur. Daraufhin trat er einen Schritt zurück und gab den beiden Frauen ein Handzeichen, damit sie eintreten konnten.
„Darf ich vorgehen?", fragte er nun etwas freundlicher. Emmelie fiel sofort das moderne Mobiliar auf und es roch nach kaltem Rauch. Ihre Schritte hallten durch den Raum, das Parkett knarrte. Dr. Goldmann führte sie in sein Arbeitszimmer und bot ihnen Platz an. „Kann ich Ihnen etwas zu trinken anbieten?" Die Frauen nickten: „Gerne, wenn Sie ein wenig Wasser hätten!", sagte Ann. Sofort verschwand er in einem Nebenzimmer, aus dem kurz darauf das Klirren von Gläsern zu hören war.
Wortlos saßen sie in den großen Ledersesseln. Zwei Bilder an der Wand zogen Emmelies Aufmerksamkeit auf sich. Auf beiden waren die Umrisse eines männlichen Gesichts schemenhaft zu erkennen. Fasziniert schaute sie auf die mit Kohle gemalten Gesichter. Sie beschlich das Gefühl, dieses Gesicht schon irgendwann gesehen zu

haben. Neben den Bildern hingen Speere und angsteinflößende Masken aus Holz. Auf mehreren Bildern waren schwarze Menschen zu erkennen, dazwischen immer dabei auch Dr. Goldmann. Hat er vielleicht eine afrikanische Frau?, ging es Emmelie durch den Kopf.
Ein leises „Hey“ von Ann riss sie aus ihren Gedanken. Ann deutete mit dem Kopf auf den Schreibtisch. Emmelie zuckte verständnislos mit den Schultern.
„Das Bild auf dem Schreibtisch!“, flüsterte Ann. Jetzt begriff sie und setzte sich etwas weiter vor. Dort stand ein Bild auf dem Aron und Paul zu sehen waren. Nickend lehnte sie sich wieder in den Sessel zurück. „Die waren doch Freunde!“, hauchte Emmelie.
„Freunde? So wie die sich anschauen, war es mehr als nur Freundschaft!“ Emmelie warf Ann einen bösen Blick zu und wollte gerade etwas sagen, als Dr. Goldmann den Raum wieder betrat.
„So, meine Damen, das gewünschte Wasser!“ er stellte das Tablett auf den kleinen Beistelltisch. „Also, wann hatte Paul einen Unfall?“, fragte er und nahm hinter seinem Schreibtisch Platz. „Gestern Nacht“, stammelte Emmelie.
„Gestern Nacht, ist er verletzt worden?“, wollte er wissen.
„Verletzt?“, kam es zaghaft über Emmelies Lippen, sie war mit einem Mal nicht mehr bei der Sache.
„Dr. Goldmann“, mischte sich Ann nun in das Gespräch, „wir haben eine traurige Nachricht für Sie. Ihr Freund Paul Walter hat auf tragische Weise sein Leben verloren.“
Plötzlich war es ganz still, nur ein zaghaftes Ticken der Uhr auf dem Schreibtisch, war zu hören. Ein in der Nähe vorbeifahrender Zug übertönte das Ticken der Uhr. Aron Goldmann blickte ungläubig in das Gesicht von Ann, als wollte er gleich mit ihr schimpfen, weil sie ihm so eine Lüge auftischte. Doch dann veränderte sich der Mann hinter dem Schreibtisch. Er schluckte und sackte langsam in sich zusammen. Er nahm die Brille ab, legte sie vorsichtig auf den Schreibtisch und rieb sich die Augen. Ein unterdrücktes Schluchzen war zu hören. „Sie entschuldigen mich bitte!“ Dann stand er auf und verließ den Raum. Verwundert schauten sich die Frauen an. „Was ist mit dir?“, flüsterte Ann.
Doch Emmelie antwortete nicht. Die Silhouette des Gesichts? Ja, es war ihr jetzt klar, es waren Pauls Gesichtszüge.

Dann kam Aron Goldmann mit verheulten Augen wieder zurück, entschuldigte sich ein weiteres Mal und nahm in seinem Sessel wieder Platz. „Wie ist Paul ums Leben gekommen?“, wollte er nun wissen und setzte dabei seine Brille auf. Ann blickte zu Emmelie hinüber, die ihn teilnahmslos und mit starrem Blick anschaute. „Nun, es handelte sich hier wohl um eine tragische Verwechselung“, begann Ann. Sie erzählte bis ins kleinste Detail, was an diesem verhängnisvollen Abend geschah.
Wortlos hörte sich Aron Goldmann an, was Ann ihm berichtete. Langsam erhob er sich und ging zu dem großen Fenster, von dem man in den Garten blicken konnte. Er nahm eine kleine Kanne und gab den Pflanzen, die auf der Fensterbank standen, etwas Wasser.
„Also ist Paul gestorben, obwohl man Sie beide töten wollte!“ Ann nickte: „So wie es aussieht, ja!“
„Ich bin Jude“, sagte er und schaute dabei weiter aus dem Fenster. „Viele verachten uns!“ Er setzte sich wieder in den Sessel. „Es gab einmal eine grausame Zeit“, fügte Aron hinzu und nahm die Brille ab. „Diese Zeit, ist im Begriff wieder zu beginnen. Aus diesem Grund haben Paul und ich uns geschworen, gegen diese Macht zu kämpfen.“
„Paul hat nie über mich gesprochen?“
„Doch, Frau Mortensen, Paul erwähnte Sie schon einmal, dass Sie eine interessante und wichtige Journalistin sind, die, wenn es an der Zeit wäre, unsere Aufzeichnungen an die Öffentlichkeit bringen wird.“
Er holte ein Taschentuch hervor und schnupfte sich die Nase. „So, so, Paul erwähnte mich schon einmal!“, meinte Emmelie und schaute zu Ann hinüber. „Nun ja, meine Damen“, dabei holte er tief Luft und schluckte dabei: „Paul und ich, wir haben uns geliebt, wir waren ein Paar!“ Er schaute auf das vor ihm stehende Bild.
Emmelie wurde ganz blass und begann zu würgen. „Wo ist hier die Toilette?“, fragte Ann und stützte Emmelie sofort, als sie bemerkte, dass sie nach dem Aufstehen anfing zu torkeln. „Kommen Sie, hier entlang, die Tür dort ist das Badezimmer.“ Es dauerte eine Weile, bis sie das Badezimmer wieder verließen. „Geht es Ihrer Freundin wieder besser?“, erkundigte sich Aron.
„Ja, es geht wieder, sie hat heute Morgen wohl etwas Falsches ge-

gessen."
„Kommen Sie", sagte Aron und öffnete die Terrassentür, „die frische Luft wird Ihnen guttun." Sie gingen in dem großen Garten umher und langsam erholte sich Emmelie von dem Schock.
„Sie sind aber nicht nur gekommen, um sich über Paul und mit mir zu unterhalten, nicht wahr?"
Emmelie holte tief Luft und strich sich durch die Haare. „Das ist richtig, Dr. Goldmann, es geht um „PEGASUS", ihre Stimme klang fest und entschlossen. Er nickte, ohne ein Wort ging er ins Haus zurück. Eine Weile genossen Ann und Emmelie noch die warmen Sonnenstrahlen. Dann stand er wieder in der Tür. „Kommen Sie, meine Damen!"
Als sie das Arbeitszimmer betraten, lag ein silberner Aktenkoffer auf dem Schreibtisch. „PEGASUS", sagte er, „diesen Namen kannten nur Paul und ich. Wenn Sie jetzt noch wissen, wie er geöffnet wird, gehört er Ihnen und die Operation „PEGASUS" kann Wirklichkeit werden."
Emmelie nickte stumm. Sie stellte die jeweiligen Zahlen an den Schlössern ein, wie es ihr Paul aufgetragen hatte. Mit zwei lauten Klack-Geräuschen löste sich die Verriegelung. Behutsam öffnete sie den Kofferdeckel. Es lag eine Vielzahl von Schriftstücken und Zeitungsausschnitten darin. In einem der Fächer kamen Tonbänder zum Vorschein.
„Das hätte Paul gerne miterlebt", dabei rannen Tränen über seine Wangen. „Ja, das weiß ich", kam es leise über Emmelies Lippen. „Sie haben hier explosives Material in den Händen. Niemand darf davon erfahren. Sie wissen ja, wozu diese Typen fähig sind, die schrecken vor nichts zurück."
„Das haben wir bereits am eigenen Leib erfahren müssen", fügte Ann hinzu.
„Ich glaube", seine Stimme klang leise und eine gewisse Traurigkeit war zu hören, „Sie sollten jetzt besser gehen, ich möchte gerne allein sein."
Emmelie verschloss den Koffer und nickte. „Ja, das kann ich gut verstehen, auch ich habe einen guten Freund verloren."
„Ach, Dr. Goldmann", unterbrach Ann die Trauer der beiden, „darf ich Sie noch fragen, wie würden Sie an unserer Stelle weiter vorge-

hen?“ Er überlegte einen Moment lang. Dann ging er zu einem Tisch, auf dem mehrere Zeitungen lagen. Eine davon breitete er auf dem Schreibtisch aus und blätterte in ihr. Als er eine bestimmte Seite gefunden hatte, zog er sie hervor und gab sie Ann. „Reitturnier auf einem Rittergut an der Weser.“ Ann las die Überschrift laut vor. Emmelie stellte sich näher heran und las den Artikel.

„Dieses Rittergut …“ „gehört der Schwester“, unterbrach Dr. Goldmann den Satz: „Dort würde ich mich an Ihrer Stelle als Erstes einmal umschauen.“

Dann verabschiedeten sie sich. Beim Hinausgehen fiel Emmelie in einer Ecke ein kleiner Tisch ins Auge. Darauf stand eine brennende Kerze und daneben mit einem schwarzen Band versehen, das Bild von Paul. Sie ging etwas näher heran.

Eigentlich hätte sie weinen müssen, aber es ging nicht. Du hattest doch zwei Gesichter, ging es ihr durch den Kopf. „Mach es gut, alter Freund“, flüsterte sie leise dem Bild entgegen.

„Es war schön, Freunde von Paul kennengelernt zu haben“, sagte Aron und steckte Emmelie eine Visitenkarte zu. „Sollten Sie einmal in Gefahr geraten!“ Er drehte sich um und schloss die Tür. Langsam gingen sie zu dem Motorrad.

„Weißt du, was ich jetzt könnte?“, sagte Emmelie, blieb stehen und blickte zum Himmel. „Spuck es aus!“ „Am liebsten würde ich mich jetzt in ein Lokal setzen, heulen und mich betrinken.“ Ann nahm sie in den Arm. „Ja, meine Liebe gewiss, irgendwann werden wir das tun.“

Kapitel 46

Mit einer Zigarette im Mund betrat John den Raum. „Ich hörte das Telefon klingeln“, weiter kam er nicht mehr. Der Qualm der Zigarette drang in seine Augen und brannte fürchterlich. Zu allem Überfluss strafte ihn das Rauchen mit einem heftigen Hustenanfall. Lydia und Holtmann schauten ihn voller Mitleid an. Sie konnten es nachempfinden, da es bestimmt jedem Raucher schon einmal passiert ist. “Ich wollte doch nur wissen, wer der Anrufer war“, fuhr John fort, nachdem er sich wieder beruhigt hatte. „Also“, meinte Holtmann, „um Deine Frage zu beantworten, es war eine Anruferin, Ms. Donald hat angerufen.“

„Sie sagte, es sei etwas passiert“, fügte Lydia hinzu. John zog erstaunt die Augenbrauen hoch und sagte: „Die Frau von Asher hat hier angerufen?“

„Ja, genau, wir sollen zu ihr kommen, angeblich sei etwas Schlimmes geschehen“, ergänzte Holtmann. John lachte laut auf: „Vielleicht hat ja ihr geliebter Asher ihr all seine Schlechtigkeiten gestanden!“

Lydia ging im Zimmer unruhig umher. „Wie klang denn ihre Stimme?“, fragte sie Holtmann.

„Ich glaube, wir sollten uns beeilen, ihr Tonfall war ruhig, aber sie klang sehr verzweifelt.“ Nachdem Lydia klar wurde, dass dieses Telefonat wie ein Hilferuf klang, stürzte sie sich sofort in ihre Kleidung und vergaß dabei, ihre Haare zu trocknen.

In der Zwischenzeit hatte Holtmann den Wagen vorgefahren. Während der Fahrt sprach niemand ein Wort. Es traute sich auch keiner, über ein Szenario zu spekulieren, dass sie eventuell erwartete.

Als sie den Wagen vor dem Bungalow der Donalds abstellten, war es bereits kurz nach zweiundzwanzig Uhr. Das Licht der Straßenbeleuchtung erhellte nur schwach den unbeleuchteten Eingangsbereich. Es begann, ganz leicht zu regnen. Holtmann hatte aus seinem Wagen eine Taschenlampe mitgenommen.

Der Lichtschein tastete sich an der Hauswand entlang zur Eingangstür. Um sie herum war alles ruhig, nur der herabfallende Regen war zu hören. Nachdem John mehrmals die Klingel betätigt hatte, war im Hause keinerlei Bewegung zu erkennen.

„Vielleicht sind die beiden überhaupt nicht daheim!“, murmelte er. „Nein, das glaube ich nicht, nach dem Anruf!“, meinte Lydia. „Das sehe ich auch so“, sagte Holtmann.
Er leuchtete die angrenzende Garage an und ging gleich darauf zielstrebig auf sie zu. Mit einer Hand drehte er den Griff des Garagentores. Es war nicht verschlossen. Langsam schob er das Rolltor nach oben. Es quietschte und knarrte, dann sah er den Wagen. „Ihr Auto steht in der Garage“, rief er. Nachdem er nichts Auffälliges erkennen konnte, schloss er das Tor wieder. Im Schein der Taschenlampe entdeckte er neben der Garage einen schmalen Weg. „Kommt mal hierher“, rief er halblaut und leuchtete mit der Lampe umher. Sofort waren Lydia und John bei ihm.
„Seht ihr diesen kleinen Pfad“, er leuchtete weit in das Dunkel. „Ich bin mir sicher, über den müssten wir hinter das Haus gelangen!“
„Na dann geh mal vor!“, meinte John. Der schmale, unscheinbare Weg führte tatsächlich hinter das Haus. An einem Komposthaufen vorbei, gelangten sie in den recht weiträumigen Terrassenbereich, den sie bereits von ihrem ersten Besuch her kannten. Auch hier war nirgends Licht zu sehen. Holtmann leuchtete alles ab. Nichts … auch kein Geräusch war zu hören. Mit einem Mal hielt Holtmann inne und der hektisch suchende Lichtstrahl war an einer bestimmten Stelle zur Ruhe gekommen. „Was ist das?“, flüsterte er und ging näher heran. Ein Stück Gardine schaute aus der Terrassentür heraus, sie bewegte sich leicht im Wind. Beim Näherkommen sahen sie, dass die Tür einen Spalt weit offen stand.
„Das sieht nicht gut aus!“, flüsterte Holtmann und drehte sich um. John kam näher heran und hatte plötzlich eine Waffe in der Hand. Holtmann blickte erschrocken auf den Revolver. „Der ist von Tante Hailey“, flüsterte John. Holtmann nickte ein wenig verwirrt. „So, so, von Tante Hailey!“, murmelte er vor sich hin. „Hatte ich dir denn noch nicht von Tante Hailey erzählt?“ John lächelte.
Mit dem Fuß stieß John die Tür weiter auf. Auf das Äußerste gespannt betraten sie den Raum. Sie mussten auf alles gefasst sein. Wer weiß, wer außer den Donalds noch im Hause war. Darauf bedacht keinen unnötigen Lärm zu machen, betraten sie den großen Raum, in dem das Klavier stand. Wie Einbrecher schlichen sie immer weiter und kamen in die große Diele. Holtmann leuchtete nervös in alle

Richtungen. „Was ist hier bloß los?“, fragte John und entspannte sich langsam. „Genau“, kam es über Holtmann Lippen, „das hätte ich auch gerne …“

„Pst“, unterbrach Lydia die beiden. „Seid doch mal still.“ Wie angewurzelt standen sie da und keiner wagte, einen Ton von sich zu geben. „Hört ihr das?“

Die Männer schüttelten den Kopf. „Ich höre nichts“, sagte John und Holtmann zuckte nur mit den Schultern.

„Es kommt von dort!“, flüsterte Lydia und zeigte auf einen kleinen Gang. Sofort leuchtete Holtmann den Flur entlang. Je weiter sie sich dem kleinen Korridor näherten, desto besser waren die Geräusche, die Lydia gehört hatte, zu vernehmen. Plötzlich gab John ein Handzeichen, damit sie stehen blieben und legte den Zeigefinger auf seine Lippen. „Mach die Taschenlampe aus“, flüsterte er und kurz darauf war es stockfinster. Wenn die Augen nichts mehr sehen, können die Ohren besser hören. Jetzt nahmen sie die Geräusche wahr, die aus einem angrenzenden Zimmer auf den Flur drangen. Es war, als würden sich mehrere Personen unterhalten, dann war Gelächter zu hören und anschließend wurde geklatscht.

„Hey“, rief John, „schaut mal auf den Boden!“ Unter der Tür fiel blaues, flackerndes Licht auf den Gang. Ein enormer Schreck fuhr allen in die Glieder, als plötzlich und unerwartet das Flurlicht erstrahlte. Sie schauten mit blinzelnden Augen und völlig überrascht um sich. „Oh sorry“, sagte Lydia: „Ich bin aus Versehen an den Lichtschalter gestoßen, tut mir leid, Jungs.“ John hatte vor Schreck die Waffe wieder in Anschlag gebracht und Holtmann holte tief Luft und atmete ganz langsam aus. Reflexartig tippte Lydia schnell auf den Lichtschalter und es war wieder dunkel um sie herum.

John trat näher an die Tür heran und legte sein Ohr an das Holz. Jetzt erst spürte er, wie heftig sein Herz klopfte.

Bleib verdammt noch einmal ruhig und reiß dich zusammen, schoss es ihm durch den Kopf, du hast doch schon so viel gefährliche Einsätze gehabt. Er zwang sich, wieder ruhig und gleichmäßig zu atmen. Da war wieder das Klatschen.

Diesmal hörte es sich an, als würde eine größere Anzahl von Menschen applaudieren. “Licht!“, rief er plötzlich mit lauter Stimme. Lydia schaltete das Flurlicht sofort wieder an. Die Deckenbeleuch-

tung erhellte den Flur. Lydia und Holtmann blicken erstaunt auf John, der holte tief Luft. Behutsam drückte er auf die Türklinke. In der rechten Hand die Waffe, bereit sofort zu schießen, sollte man ihn dazu zwingen.
Doch er musste keinen Schuss abfeuern. Er schob die Tür weit auf. Lydia und Holtmann traten dicht an ihn heran und schauten ihm über die Schulter. Sie schauten in einen dunklen Raum, der nur durch das Flimmern des Fernsehers erhellt wurde. Dann war wieder der Applaus zu hören.
Vorsichtig, nach allen Seiten sichernd, traten sie ein. Im Lichtschein des Fernsehers erkannten sie zwei Personen. Eine der beiden lag auf der Couch, die andere saß in einem großen Sessel. Sie blieben einen Moment lang stehen.
„Ms. Donald, hier ist Lydia Robertson. Sie hatten uns gebeten, bei Ihnen vorbeizuschauen." Es blieb ruhig, keinerlei Reaktion von beiden, nur das Lachen und das Applaudieren aus dem Fernseher. „Schlafen die vielleicht?", bemerkte Holtmann und leuchtete mit der Taschenlampe auf die Person im Sessel. Es war Ms. Donald, die dort saß. Ihr Kopf war zur Seite geneigt.
„Ich glaube nicht, dass sie schlafen!", sagte Lydia und schaltete die Deckenbeleuchtung ein
Was sie jetzt vor sich sahen, machte dem ersten Anschein nach einen recht friedlichen Eindruck. Asher lag auf dem Sofa, seine Augen waren geöffnet, als schaue er sich die Sendung im Fernsehen an.
Abigail Donald saß in einem Sessel, die Füße auf einen Hocker gelegt, als wäre sie bei der Sendung eingenickt. John ging gleich zu ihr und fasste sie an die Schulter „Ms. Donald?", dann legte er Mittel- und Zeigefinger auf die Halsschlagader. Es war ein kurzer Moment, dann presste er seine Lippen aufeinander. „Ja, sie schläft wirklich, aber sie wird nie wieder aufwachen."
Lydia war zu Asher geeilt und kniete vor ihm. „Und?", fragte John, sie schüttelte den Kopf. „Also, ihr seid sicher, dass sie tot sind?" John und Lydia gingen zurück zu Holtmann, der die Szenerie von Weitem betrachtete. Einen Augenblick schwiegen sie und schauten auf die Toten vor ihnen. Fred wusste, die beiden waren Profis und deshalb unterließ er es, diese Frage noch einmal zu stellen. Er beobachtete, wie sie alles genau betrachteten, er spürte, sie waren in

ihrem Element. „Kann Scotland Yard schon etwas über den Hergang berichten?“, frotzelte Holtmann. Doch sie waren so in die Spurensuche vertieft, dass sie seine Frage schlichtweg überhörten. „Könnte es sich hierbei vielleicht um Mord handeln?“
Bei dieser Frage zuckten sie zusammen und schauten Holtmann verwundert an. „Mord? Wie kommst du ausgerechnet auf Mord?“
Mit diesem Satz war es ihm gelungen, die Aufmerksamkeit auf sich zu ziehen. „Nun“, meinte Holtmann und rümpfte die Nase, „es stand die Terrassentür auf!“
„Du gehst also davon aus, dass ein Fremder hier gewesen ist und sie anschließend ermordete?“ „Aber die Terrassentür weist kein gewaltsames Öffnen auf!“ Holtmann nickte, „vielleicht kannten sie ja ihren Mörder und haben ihn nichtsahnend hineingelassen!“
„Vielleicht“, äußerte Lydia, „wir sollten uns aber nicht zu früh festlegen.“ Sie suchte weiter nach Hinweisen. Die Leichen wiesen keine äußerlich sichtbaren Verletzungen auf. Auf dem Glastisch stand eine angebrochene Flasche Whisky, aber nur ein Glas, das nah bei Asher stand. Mit einem Taschentuch nahm sie das Glas und hielt es sich unter die Nase. Sie roch den Whisky, aber irgendwie war da noch ein anderer Geruch. „Jemand hat hier am Sekretär etwas geschrieben“, hörte sie John sagen. Sie versuchte, sich zu konzentrieren, sich nur auf das zu fixieren, was sie vor sich sah. Sie holte tief Luft und fasste alles noch einmal zusammen.
Asher lag mit geöffneten Augen auf dem Sofa. Er lag auf dem Bauch und der Kopf zeigte zum Fernseher. Also in dieser Position kann sich niemand eine Sendung länger anschauen, vor allem nicht ein Mann in diesem Alter. Sie ging näher heran und kniete sich vor ihm nieder. Nach seinem Gesichtsausdruck musste er Schmerzen gehabt haben. Es war eventuell alles ganz schnell gegangen, deshalb auch die ungläubig aufgerissenen Augen. Sie ging noch näher an sein Gesicht. Da war wieder dieser seltsame Geruch. Sie bemerkte Rückstände einer Flüssigkeit in seinen Mundwinkeln. Auch war wohl etwas auf das Leder des Sofas getropft. Auch auf dem Teppich waren Tropfen zu sehen. War es vielleicht Erbrochenes?
Handelte es sich hier etwa um einen Giftanschlag, von dem Asher überhaupt nichts ahnte? Es sah auch so aus, als hätte jemand die Verschmutzung versucht zu beseitigen. War es vielleicht Abigail

gewesen, die Asher ohne sein Wissen das Gift verabreicht hatte und sich selbst anschließend das Leben nahm? Ihr fiel wieder Johns Hinweis ein, dass am Sekretär etwas geschrieben wurde.
Langsam richtete sie sich auf und ging zu dem in einer Ecke stehenden Schreibtisch. John hatte recht, es lagen einige Seiten Schreibpapier dort. Ein schwarzer Füller lag auf einem weißen Blatt.
Unter dem Schreibtisch stand ein Papierkorb, in dem einige verknüllte Seiten lagen. Lydia holte sie heraus, legte sie auf den Schreibtisch und versuchte, sie mit den Händen zu glätten. Wie sie vermutete, hier wollte jemand etwas aufschreiben und fand wohl nicht die richtigen Worte. Da war auch wieder dieser komische Geruch, der ihr in die Nase stieg. Ihre Augen tasteten über den Sekretär. In einer Schublade, die etwas offen stand, fand sie ein Fläschchen und roch daran. Genau derselbe Geruch wie in dem Glas von Asher.
Wenn Miss Donald aber auch das Gift genommen hatte, sah ihr Gesicht doch viel entspannter aus, als das ihres Mannes. Lydia zog die Schublade weiter auf. Unter einem Notizblock lag ein leeres Röhrchen, daneben eine Schachtel mit Schlaftabletten. Langsam ging sie zu John und Holtmann. „Hast du etwas gefunden?“, wollte John wissen. „Ja, ich glaube ich weiß jetzt, was hier geschehen ist.“
Mit ruhiger Stimme erklärte Lydia den Männern, was ihrer Meinung nach hier vor Stunden Grausames passiert ist. „Das würde ja bedeuten, dass Ms. Donald ihren Mann vergiftet hat!“, meinte Holtmann. „Richtig Fred!“ Holtmann überlegte. „Und dann hat sie das Gift selbst genommen?“ Lydia nickte.
„Ja, aber sie hat sich vorher wohl einen Cocktail mit Schlaftabletten zubereitet, um die Wirkung des Gifts nicht zu spüren.“ Holtmann schluckte und strich sich die Haare aus der Stirn.
„Dann hatte sie, als sie mit mir telefonierte, bereits das Gift genommen?“
„Genau, kurz danach hörte ihr Herz wohl auf zu schlagen.“ Schweigend standen sie im Raum und blickten auf die Toten.
„Wie soll es jetzt weitergehen?“ John schaute Lydia fragend an. „Also, Ms. Donald hat uns benachrichtigt, dass wir zu ihr kommen sollten!“ Holtmann und John nickten. „Du meintest noch, ihre Stimme am Telefon klang verzweifelt, oder?“
„Ja, sie hörte sich wirklich verzweifelt an.“

Lydia begann, langsam durch den Raum zu wandern, strich dabei immer wieder durch ihre Haare. Sobald sie stehen blieb, fasste sie zusammen, was geschehen sein könnte. „Warum sollten wir hierherkommen, obwohl sie schon das Gift genommen hatte? Was ist mit der Terrassentür, die nicht geschlossen war?“ Auch darauf hatte Lydia eine Antwort.
„Die Tür hat Abigail für uns aufgelassen, damit wir ohne Probleme in das Haus hinein konnten. Sie hatte einen Grund, dass wir hierherkommen und sie finden. Ich glaube, sie hat uns irgendwo eine Nachricht hinterlassen.“
Nun schauten sie sich genau im Raum um. War es ein Hirngespinst einer Polizeipsychologin, die seit Tagen auf der Suche nach der Vergangenheit war? Doch was sie da von sich gab, hörte sich zwar fragwürdig an, aber es könnte wirklich so gewesen sein. „Wir müssen nach einem Brief oder einer Nachricht suchen, die sie uns geben wollte.“
Sie begannen gründlicher zu suchen. „Können wir den Fernseher ausmachen?“, meinte Holtmann, „die Nebengeräusche stören mich.“
Lydia schüttelte den Kopf. „Kommt nicht infrage, es muss alles so bleiben, wie wir es vorgefunden haben.“
Sie hat ja recht, dachte er und suchte, leise vor sich hin murrend, weiter nach einer vermeintlichen Nachricht von Ms. Donald. „Bist du sicher, dass wir hier irgendwo ein Schreiben finden werden?“
Lydia hielt inne und stemmte die Hände in die Hüften, als wollte sie gleich eine Prügelei anfangen. „John, du nervst!“
Vielleicht hatte John ja recht, eventuell war es nur ein Hirngespinst von ihr, dass sie hier etwas finden. Wie lange waren sie schon hier im Haus? Was würde geschehen, wenn sie jemand erwischt? Ihr Gefühl sagte ihr, dass sie diesen Ort schnellstens verlassen müssen. Auch John tippte mit dem Zeigefinger auf seine Armbanduhr. Was so viel hieß, dass sie bald verschwinden sollten. Sie nickte nur und schaute ein letztes Mal umher. Eine innere Unruhe machte sich bemerkbar. Selten hatten ihr Bauchgefühl sie enttäuscht.
„Komm, lass uns gehen!“, sagte John und legte eine Hand auf ihre Schulter. Holtmann stand bereits an der Terrassentür. Enttäuscht ging Lydia ihnen nach.
Sie blickte noch einmal zurück, dabei fiel ihr auf, dass Abigail ihre

Hände unter die Decke gelegt hatte. Komisch, dachte sie, so etwas macht man doch nur, wenn es sehr kalt ist, um die Hände warm zu halten. Aber hier war es nicht kalt. Im Gegenteil, es war viel zu warm und stickig. Wie von einer inneren Macht getrieben ging sie zurück. „Lydia komm!“, hörte sie John hinter sich rufen.
Als sie vor Abigail stand, zog sie behutsam, als wollte sie die Schlafende nicht aufwecken, die dünne Wolldecke zurück. Ihr Blick fiel sofort auf die wie zu einem Gebet gefalteten Finger, die ein eingerolltes Papier umfassten.
Holtmann und John hatten sofort mitbekommen, dass Lydia etwas gefunden haben musste, sie kamen zu ihr zurück. Lydia musste sich anstrengen, um das Papier, ohne es zu zerreißen, aus den verkrampften Händen der Toten zu ziehen. Doch sie schaffte es. „Du hast recht gehabt!“, hörte sie John hinter sich und von Holtmanns Lippen kam ein: „Großartig.“
Sie holte tief Luft, ihr Gefühl hatte sie nicht im Stich gelassen. Schnell las sie den auf beiden Seiten beschriebenen Brief. Auf der zweiten Seite war die Wirkung der Schlaftabletten schon an der wackeligen Schrift zu erkennen. „Wo ist Ashers Arbeitszimmer?“ Erstaunt schauten die Männer sie an. „Wieso Arbeitszimmer?“, fragte John.
„Wo ist das verdammte Arbeitszimmer?“, wiederholte Lydia gereizt. Sie machte plötzlich einen nervösen Eindruck. „Ich glaube hier entlang“, sagte Fred und verschwand in einem der angrenzenden Räume. „Was suchen wir jetzt noch?“, fragte John etwas ungeduldig. „Abigail schreibt, dass Asher hinter einem der Bilder einen geheimen Wandtresor hat.“
„Na, dann schöne Suche, hier hängen ja jede Menge Bilder“, murmelte Holtmann.
„Abigail schreibt, es gibt einen kleinen Tresor hinter einer Fotografie, auf der Asher und die Queen zu sehen sind.“ Fred fand das Bild und nahm es von der Wand. „Wow, Donnerwetter, hier ist wirklich ein Tresor. Hat vielleicht Ms. Donald auch die Zahlenkombination aufgeschrieben?“
„Ja, das hat sie!“ Es standen fünf Zahlen in dem Brief und sie waren die richtigen. Holtmann leuchtete in den Tresor, der die Größe eines Briefschlitzes aufwies und auch nicht sehr tief war. Außer etwas

Bargeld und einigen unbedeutenden Schreiben, lag ein hellblauer Umschlag darin.
„Genau diesen Umschlag nehmen wir mit“, sagte Lydia, ohne darauf einzugehen, was es mit dem Umschlag auf sich hatte. „So, und jetzt, meine Herren, verschwinden wir von hier“, ihre Stimme klang wieder stark und zuversichtlich.
Lydia blieb noch einmal vor Ms. Donald stehen und sagte: „Danke Abigail und gute Reise!“
Nachdem alles wieder so hergerichtet war, wie sie es vorgefunden hatten, verließen sie das Haus und den Ort. Lautlos, fast unsichtbar verschwanden sie in der Dunkelheit.
„Sollten wir nicht die Polizei informieren?“, fragte Holtmann nach einer Weile. Es dauerte, bis er eine Antwort bekam. „Das wäre nicht klug, wir sollten es dabei belassen, außerdem wird die Haushälterin die beiden finden“, sagte Lydia.

Kapitel 47

Noch ein wenig verkatert von der letzten Nacht setzte sich Lydia an den reich gedeckten Frühstückstisch. John hatte frische Brötchen vom Bäcker geholt. Holtmann kam mit einer Pfanne in der Hand aus der Küche. „Tatü, tata", rief er und stellte die Pfanne auf einen Untersatz auf den Tisch. „Zu einem kräftigen Frühstück gehören Spiegeleier mit Speck", dabei lag ein Grinsen auf seinem Gesicht. „Wie um alles in der Welt seid ihr denn schon so fit?" John reichte ihr eine große Tasse mit heißem Kaffee: „Der wird dir guttun!"
Es war spät geworden, oder besser gesagt früh. Denn es graute bereits der Morgen, als sie zu Bett gingen. Nach dem traurigen Erlebnis bei den Donalds war keiner von ihnen in der Verfassung, sich sofort schlafen zu legen. Vielmehr waren alle gespannt darauf, was alles in Ashers Aufzeichnungen und Unterlagen geschrieben stand.
Immer wieder nahm sich Lydia den Abschiedsbrief von Abigail Donald vor und las langsam Zeile für Zeile. Sie hatte ihren Mann wohl zur Rede gestellt, nachdem sie ihr über Ashers dunkle Vergangenheit erzählt hatten. Keiner der beiden Männer traute sich, Lydia, nachdem sie zum wiederholten Mal den Brief durchlas, irgendwie zu stören. Manchmal ertappte sie sich sogar dabei, Sätze laut zu lesen. Dann blickte sie erschrocken zu John und Holtmann, die nur schwiegen. Dieser Brief sagte auf einmal genau das aus, wonach John und sie seit längerer Zeit suchten.
An einer Stelle erwähnte Abigail und klagte an, dass ihr Mann, außer mit dem kleinen Jungen von damals, häufig sexuelle Kontakte zu Minderjährigen hatte. Das konnte sie nicht tolerieren. Jedoch klang es im darauffolgenden Satz eher wie eine Verteidigung, als sie schrieb, dass Asher mit dem Tod des Jungen nichts zu tun hatte. Für diese Tat müssten andere zur Verantwortung gezogen werden.
In einem anderen Satz verspürte Lydia so etwas wie Mitleid, als Abigail von einer Naivität ihres Mannes sprach, durch die man ihn in eine Falle tappen ließ, um ihn zu erpressen, damit er wichtige, militärische Geheimnisse verriet.
Jedoch in einem Abschnitt schrieb sie etwas, was Lydia erschauern ließ und es ihr kalt den Rücken hinunterlief. Fasziniert schaute sie

auf das, was dort geschrieben stand.
Nachdem Abigail ihren Mann mit dem Tod eines jungen Offiziers im Oktober 1961 konfrontierte, erinnerte sich Asher noch daran, dass eine Frau ihn und den Jungen dabei fotografierte und dass man ihm kurz darauf mitteilte, dass jemand alles beobachtet hätte. Er sollte sich aber keine Gedanken darüber machen. Ein paar Tage später wäre ein Stabsoffizier zu ihm gekommen mit der Aussage, dass alles erledigt sei.
Vielleicht, liebe Lydia, schrieb Abigail weiter, ist für ihre weitere Arbeit der Name dieses Offiziers von großer Bedeutung. Asher konnte sich noch genau an den Namen erinnern, er hieß: „Robertson." Als Lydia diesen Namen las, hatte sie das Gefühl, ihr Herz bleibt stehen. Sie starrte auf die Buchstaben des Namens, der dort stand: „Robertson." Immer wieder kam er über ihre Lippen.
Noch etwas kam in diesem Brief zum Ausdruck. Durch Macht, Gier, Hass, Abartigkeit und Eitelkeit endete auf tragische Weise das Leben zweier sich liebender Menschen. In den letzten Sätzen machte Abigail jedoch klar, dass sie die Schmach, die jetzt über sie kam, nicht ertragen konnte und es für sie beide nur diesen Ausweg gab. Der Brief endete mit den Worten: „Gott schütze Sie, Lydia."
Der Brief war ein Geständnis einer großen, aber verzweifelten Frau. Immer wieder war Lydia, beim Lesen der Zeilen, den Tränen nah.
„Lydia, leg doch den Brief beiseite, du musst etwas essen", sagte Holtmann mit fürsorglicher Stimme. Sie lächelte: „Ja, das mache ich."
In Gedanken war sie immer noch bei all dem Geschriebenen, auf das sie sich gestürzt hatten, als sie bei Holtmann angekommen waren. Es war Holtmann, der aus dem Sessel aufgesprungen war und laut rief: „Ich hatte recht, ich hatte recht." Dann lief er in den Keller und kam mit mehreren Flaschen Wein zurück. „Darauf müssen wir trinken!" Eine Flasche Wein nach der anderen wurde geleert. Trotz des Alkohols ging das Durchsehen der Unterlagen gut voran. Bald hatten sie das Gefühl, einen großen Fortschritt gemacht zu haben. Sie lachten, fielen sich in die Arme. Die Zeit schien still zu stehen.
„Soll ich dir noch Kaffee nachschenken?" Johns Worte rissen Lydia aus ihren Gedanken.
Aufgeschreckt blickte sie auf die Küchenuhr an der Wand. Es war

bereits nach elf Uhr. John stand, wie ein Kellner mit der Kanne in der Hand, neben ihr. „Oh, John verzeih mir, ich war in Gedanken“, sie hielt ihm die leere Tasse entgegen. Da saßen sie nun, wie die drei Musketiere am Küchentisch und nahmen ein ausgiebiges Frühstück zu sich.
Holtmann und John blätterten wortlos in der Tageszeitung. Wobei John sich vorwiegend auf die Bilder konzentrierte, da ihm das Lesen deutscher Texte sichtlich schwerfiel.
Die Euphorie der letzten Nacht, die Freude – ja beinah Partystimmung – sie war wie Morgennebel in der warmen Sonne verschwunden, dachte Lydia. Sie waren von ihrem Ziel noch weit entfernt.
„Den Schlüssel dieses Falls, finden wir auf dem Rittergut“, dieser Satz kam immer wieder über Holtmanns Lippen. Diese Worte klangen immer noch in ihren Ohren.
Bei der Durchsicht von Ashers Unterlagen, fanden sie eine Reihe von Firmen mit Sitz im Ausland. Sie fanden auch Bankauszüge eines Kreditinstitutes aus der Schweiz, auf dessen Nummernkonto in regelmäßigen Abständen ziemlich hohe Geldbeträge eingegangen waren. Eigentlich war es doch egal, was Asher noch so alles getrieben hatte. Dieser Mann hatte zwei Gesichter und eins war nun mal böse und schlecht. So wie es aussah, wusste Abigail nichts von den Machenschaften ihres Mannes.
Jedoch war Asher der Mann, der in der Nacht gesehen wurde und er war der Grund, warum Geoffrey sterben musste. Getötet aber hatten ihn andere.
Doch den Befehl dazu, der kam von einem, den sie jetzt jagte und unbedingt finden wollte. Sollte er es schaffen, würde er sie eiskalt und ohne Skrupel töten?
Nach den Erkenntnissen der letzten Nacht hatte sich jedoch das Blatt gewendet. Aus dem Jäger wurde ein Gejagter. Lydia goss sich den Rest Kaffee ein und zündete sich eine Zigarette an. Sie durften jetzt nichts dem Zufall überlassen. Jeder Schritt musste genau geplant werden.
Bob Robertson war angezählt. Doch ein verwundetes Tier war gefährlich und unberechenbar. Mit einem Mal kam Bewegung an den bisher ruhigen Frühstückstisch. Eine spürbare Unruhe trat ein, als Holtmann einen Teil der Zeitung faltete und diesen Lydia hinhielt.

Sie überflog den Artikel, dem ein paar Fotos beigefügt waren. Das abgebildete Foto erkannte sie sofort wieder. Es ist dieses Rittergut, dem sie und John schon einmal einen Besuch abgestattet hatten.
„Ein internationales Reitturnier“, murmelte Lydia und las aufmerksam weiter. „Richtig, ein Reitturnier, ideal für unseren Besuch, meint ihr das nicht auch?“ Sie waren mit dem Vorschlag einverstanden.
Über eine Stunde dauerte es noch, bis sie so weit waren, dass die Fahrt zum Gut endlich losgehen konnte. Lydia kam als Letzte aus dem Haus. Den beiden Männern fiel sofort auf, dass sie sich geschminkt hatte. „Also dafür hat sich das Warten wirklich gelohnt“, meinte Holtmann und lächelte. „Du wirst den Herren dort die Köpfe verdrehen“, meinte John. Lydia verdrehte daraufhin nur die Augen: „Ihr Machos!“ Sie lachten.
Der Himmel war bewölkt, aber die Luft angenehm warm.
„Nun, für ein Reitturnier ist das Wetter ideal“, meinte John, als er sich auf die Rückbank setzte. Dann startete Holtmann den Motor seines alten Mercedes. Während der Fahrt wurde kaum gesprochen. Jeder war in seine Gedanken versunken und gespannt auf das, was sie auf dem Gut erwartete. Eigentlich waren sie gut vorbereitet, hatten mehrere Szenarien durchgesprochen, wie man auf was reagieren werde, sollte eine Situation eintreten, mit der keiner von ihnen gerechnet hat.
Es war bereits später Nachmittag, als sie den Ort erreichten. Es schienen viele Gäste gekommen zu sein, denn bereits vor dem Ort waren rechts und links der Straße eine große Zahl parkender Autos abgestellt. Je näher sie kamen, desto mehr Menschen spazierten umher.
„Ich fahre den Wagen wohl besser in eine Seitenstraße“, sagte Holtmann. Aber auch diese Straßen waren zugeparkt. Auf einer Wiese am Dorfrand, die man zu einem Parkplatz umfunktioniert hatte, fanden sie schließlich einen Platz. Den Weg zum Rittergut, es war etwa ein halber Kilometer, legten sie zu Fuß zurück. Der Geruch von gegrilltem Fleisch lag in der Luft, Klänge von Musik waren zu hören. Die Straßen zum Gut waren mit bunten Fähnchen geschmückt. „Das ist ja hier ein richtiges Volksfest“, meinte John, als sie den Innenhof erreichten. Trotz der vielen Menschen, waren ihnen nicht die Sicherheitsleute entgangen, die an verschiedenen Positionen standen und

unauffällig das Treiben beobachteten.
„Das ist ja fast, als käme gleich die Queen zu Besuch“, raunte John und schob sich ganz lässig eine Zigarette in den Mundwinkel.
„So ein Aufgebot ist bei solch einem Fest eher ungewöhnlich“, bemerkte Holtmann mit kritischem Blick. Sie gingen langsam über den Hof mit den großen Pflastersteinen.
Mit einem Mal blieb Lydia stehen und schloss für einen Moment die Augen. „Was hat sie?“, wollte Fred von John wissen. Sie sieht mit geschlossenen Augen an der Stelle den Funkwagen stehen, wie ein Armeefahrzeug in die Einfahrt fährt und verschwindet, genau wie ihr Dad es damals in dem Brief beschrieben hat. Sie störten Lydia nicht, bis sie wieder die Augen öffnete und zu ihnen trat.
„Ist alles o. k.?“ Sie schaut zu John und nickt. „Ich sehe das alles ganz deutlich vor mir, es ist, als wäre ich dabei gewesen, die Nacht, das Haus im Mondlicht, der Wagen, der auf den Hof kam.“ John nahm sie in den Arm. „Du hast den Brief deines Dad zu oft gelesen.“
„Ganz bestimmt, das wird es wohl gewesen sein!“ Sie schauten sich in die Augen und alle Geräusche um sie herum schienen in eine dicke Nebelwand zu tauchen. Beide dachten an das, was sie hinter sich hatten. Fred Holtmanns recht aufdringliches Husten war es zu verdanken, dass sie wieder merkten, warum sie hier waren. „Wir sollten doch langsam die Besitzerin dieses alten Gemäuers aufsuchen.“ Dabei hielt er einen Zeitungsartikel in der Hand, auf der die Dame, die sie suchten, auf einem Foto mit anderen Leuten zu sehen ist. „Wer von denen ist denn die Eigentümerin?“ Holtmann tippte mit dem Finger auf eine bestimmte Person: „Das hier ist sie, Baronin Henriette von Neuenhaus!“
Holtmann war wie ausgewechselt, er machte den Eindruck eines Jagdterriers, der kurz davor war, das angeschossene Wild aufzuspüren.
„Lasst uns wie besprochen vorgehen“, schlug er vor. Dann bewegten sie sich, so unauffällig wie es nur ging, als wären sie ganz normale Besucher, die sich für Pferde interessieren, in Richtung des Haupthauses. Bald hatten sie die geschwungene Auffahrt zur Eingangstür erreicht.
Noch ahnte niemand von ihnen, was sie hinter der alten Eichentür erwartete.

Kapitel 48

„Ihr bleibt in der Nähe und haltet euch zur Verfügung“, lautete Bobs Order an seine Leute. „Und haltet Ausschau nach Lydia und John“, fügte er hinzu, als er mit strenger Miene aus dem Wagen stieg. „Denkt daran, wir dürfen keine Fehler mehr machen!“ Der Holländer und der kleine Dicke nickten. Sie hatten eine gute Position gewählt. Von hier aus konnten sie alles beobachten.
Bob mischte sich unter die Menschen, die zu dieser Veranstaltung gekommen waren und niemand ahnte, dass er aus einem ganz anderen Grund hier war. Die Leute um ihn herum waren guter Laune, sie freuten sich auf die Veranstaltung und es waren viele Kinder dabei. Für einen Moment blieb er stehen und beobachtete die zufriedenen Besucher in seiner Nähe. Ein komisches Gefühl beschlich ihn. Da war plötzlich so etwas wie Neid, oder Eifersucht in ihm auf die, die lachten und Spaß hatten. Wann hatte er das letzte Mal gelacht? Die Stimme aus dem Lautsprecher riss ihn aus seinen Gedanken. Plötzlich waren diese Gedanken verschwunden, wie ausradiert.
Er nahm die vielen Sicherheitsleute wahr. Sie fielen dem normalen Gast wahrscheinlich nicht auf. Seinem geschulten Blick entgingen sie nicht. Er ging geradewegs zum Eingang des Haupthauses. Man erwartete ihn, er hatte sich zuvor telefonisch angemeldet. Bis jetzt lief alles zu seiner Zufriedenheit. Asher Donald – mit dem Faible für kleine Jungs – der ihm hätte gefährlich werden können, war bei einem tragischen Jagdunfall zu Tode gekommen.
Er hatte zuvor durch den Jagdleiter, ebenfalls ein Offizier der Rheinarmee, schnell herausbekommen, welcher Jagdgast auf welchem Stand postiert war. Der Rest war für den Holländer ein einfaches Spiel. Er sollte so lange warten, bis ein Schuss gefallen war, um dann mit seinem Gewehr mit Schalldämpfer, einen gezielten Schuss abzugeben.
Nach ein paar Tagen würde er die Frau aufsuchen, um mit einem fingierten Befehl des Army-Oberkommandos an Ashers Unterlagen zu gelangen. Das war die eine Sache. Die andere, die ihm Kopfzerbrechen bereitete, hieß Lydia.
Er wusste, dass sie an diesem Ort erscheinen wird, sie waren ihr

dicht auf den Fersen. Ein Gefühl sagte ihm, dass dieser Augenblick nicht mehr weit entfernt war.
Er hatte in der Zwischenzeit die große Eingangstür erreicht, als zwei Männer ihm entgegentraten. Er legte sofort den Mittel- und Zeigefinger auf seine Lippen und formte ein V, damit sie ihn als Mitglied der Organisation erkannten. Der ältere der beiden nickte und bat ihn höflich, ihnen zu folgen. Auf dem Steinfußboden hallten ihre Schritte durch die große Halle. Er war lange nicht mehr hier gewesen, aber irgendwie war es, als wäre die Zeit hier überall stehen geblieben. Selbst die langen, schweren Vorhänge, die fast bis zum Boden reichten, waren immer noch die gleichen.
Sie forderten Bob auf zu warten, dann verschwand einer von ihnen. Der andere blieb in seiner Nähe. Er setzte sich auf einen der vielen Stühle, die überall verteilt herumstanden. Hier trafen sich die hohen Herren aus Wirtschaft, Politik und Militär, abgeschottet von der Öffentlichkeit. Hier schmiedete die Organisation ihre Pläne und es wurde so manches Todesurteil gefällt.
Aber es wurden auch rauschende Feste gefeiert, die oft bis in den nächsten Tag hinein gingen. Da waren sie auf einmal wieder, die wunderbaren Klänge der Musik, nach denen er und Diana tanzten. Die Luft war erfüllt von Tabakgeruch.
Das knarrende Geräusch einer Tür veranlasste Bob, die Augen wieder zu öffnen. „Mister Robertson“, hörte er eine Stimme und blickte den Flur entlang.
„Baronin von Neuenhaus lässt bitten!“ Bob erhob sich und zog seine Kleidung glatt. Es hat sich nichts geändert, ging es ihm durch den Kopf.
Der deutsche Hochadel war hochnäsig, wie immer. Er betrat den Raum und blieb vor dem schweren Schreibtisch stehen. Der Holzfußboden knarrte. Henriette von Neuenhaus, die vor dem Fenster stand, drehte sich langsam zu ihm um.
„Bob“, sie überlegte kurz, „Bob, so war doch der Vorname, Bob Robertson, nicht wahr?“ Dabei trat sie näher heran und hielt Bob ihre Hand entgegen. Wie ein Kavalier der alten Schule gab er den erwarteten Handkuss. „Frau Baronin“, sagte er und hielt dabei ihre Hand. „Sie sehen bezaubernd aus.“ Der gut gemeinte Satz löste ein schallendes Gelächter aus. „Sie sind kein guter Schmeichler, Bob“, ent-

gegnete sie: „Ich habe Spiegel im Haus, aber danke.“
Schnell bemerkte Bob, dass diese Baronin, die vor ihm stand, nicht mehr die Frau war, die er von damals kannte. Ihr Gesicht strahlte Härte aus, die Augen waren kalt und berechnend. „Was ist der Grund ihres Besuches, Mister Robertson?“ Es war schon etwas merkwürdig. Die Baronin hatte ihm einmal vor langer Zeit das Du angeboten. Freunde nennen mich Henni, waren damals ihre Worte. Hatte sie das alles vergessen? Er traute sich aber nicht, die Baronin darauf anzusprechen und beließ es nur bei den Fakten.
Schweigend hörte sich die Baronin an, was Bob berichtete. Nur einmal unterbrach sie ihn, um Zigaretten anzubieten. Nachdem Bob seine Nachricht vorgetragen hatte, trat eine merkwürdige Stille ein. Von draußen drang die Stimme des Ansagers aus den Lautsprechern herein, dann war Applaus zu hören. „Sie sind fest davon überzeugt, dass diese Lydia", es war etwas Lauerndes in ihrer Stimme, „hier auf dem Gut auftauchen wird?“
„Da bin ich mir ziemlich sicher“, entgegnete Bob. „Meine Leute und ich haben …
„Mister Robertson“, fiel die Baronin ihm laut und energisch ins Wort: „Sie und ihre Männer haben bei der Verfolgung dieser Person mehrfach versagt, wenn ich etwas Falsches sage, berichtigen Sie mich bitte.“ Trotz des Tonfalls war Henriette von Neuenhaus sachlich und blieb auf Distanz.
„Auch der tolle Jagdunfall ging völlig daneben. Ihre Super-Agenten haben leider die falsche Person erschossen!“ Bob horchte auf. Die Baronin ging zum Fenster und schaute hinaus. „Sie werden sich bestimmt jetzt fragen, woher ich das alles weiß?“ Sie drehte sich zu Bob herum und trat etwas näher an ihn heran. “Seitdem Sie deutschen Boden betreten haben, waren Sie und Ihre Männer unter ständiger Beobachtung“, ein Grinsen huschte über ihr Gesicht. „Wir wussten ständig, wo Sie waren und was Sie unternahmen.“ Bob hatte im Moment das Gefühl, er stände am Strand und der Sand unter seinen Füßen würde vom Meerwasser fortgespült. Bob spürte die Stärke dieser Frau, er war ihr gnadenlos unterlegen. „Trotz der missratenen Vorstellung im Wald, wurde dieser Asher Donald tot aufgefunden.“
Bob zog verwundert die Augenbrauen hoch. „Er ist tot?“
„Die von uns bei den Donalds eingeschleuste Haushälterin fand ihn

und seine Frau vor einigen Stunden tot in ihrem Haus.“ Er schüttelte den Kopf. „Wurden sie umgebracht?“
„Sie wurden vergiftet!“ Die Baronin setzte sich wieder hinter ihren Schreibtisch. „Es wurden Spuren von fremden Personen im Haus gefunden, außerdem war der Geheimtresor geöffnet. Nach Auskunft unserer Informantin kannte das Versteck des Tresors niemand. Da es nicht nach einem gewaltsamen Einbruch aussieht, könnte es möglich sein, dass die Donalds das alles aus freiem Entschluss getan haben.“
„Was war denn so Wichtiges in dem Tresor?“
„Der oder die Täter haben damit sehr wichtiges Material in ihren Händen. Mehr kann ich dazu nicht sagen.“
Bob wollte noch eine Frage stellen, doch sie fiel ihm wieder ins Wort. „Bob, die Organisation ist über Ihre privaten Probleme sehr beunruhigt. Durch Ihr unprofessionelles Handeln sieht man eine große Gefahr für die ‚Ouvertüre‘“. Bob schaute betreten vor sich auf den Boden, er wusste, was die Baronin damit meinte.
„Sie sollten mit Ihren Leuten die Bundesrepublik schnellstens verlassen. Um die andere Sache werden wir uns schon kümmern, das verspreche ich Ihnen.“
Bob verabschiedete sich und verließ mit gesenktem Haupt das Arbeitszimmer. Langsam schritt er den Flur entlang, seine Tritte hallten. Der große Bob Robertson hatte verloren. Er fühlte sich irgendwie erniedrigt und gedemütigt zugleich, von einer Frau. Doch eine innere Stimme sagte ihm, dass er nicht aufgeben durfte, jedenfalls nicht hier und jetzt. Aber da war auch noch die Vorahnung, dass etwas Entscheidendes unmittelbar bevorstand.

Kapitel 49

Bob Robertson wählte nicht den direkten Weg zum Ausgang. Er kannte sich noch gut im Gebäude aus, trotz der langen Abwesenheit. Er entschied sich für einen Abstecher in den Seitenflügel, wo sich das Jagdzimmer befand. Es roch etwas moderig, als er das Zimmer betrat. So wie er es in Erinnerung hatte, hingen immer noch die in Öl gemalten Bilder mit Jagdszenen, Waffen und Jagdtrophäen an den Wänden. Selbst die Ritterrüstung stand noch an ihrem alten Platz.
Genau in diesem Raum, hier haben sie im Zigarrenrauch und mit teurem Cognac debattiert, haben Pläne geschmiedet und Schicksale gefällt. Langsam schritt er zu einem großen Fenster, aus dem man auf die Weser blickte. Er schaute eine Weile auf das auf dem Fluss fahrende Boot und fällte eine Entscheidung. So einfach speiste ihn keiner ab, vor allem keine adelige Deutsche, die selbst eine sehr dunkle Vergangenheit hatte. Seine Gedanken fuhren Karussell, dann sah er die Bilder wieder deutlich vor sich.
Damals fanden Henriette von Neuenhaus' Informanten die pädophile Neigung des Generals Asher Donald zu kleinen Jungen heraus. Sie sorgte für das Treffen auf dem Gut im Herbst 1961, um diesen Mann in der Hand zu haben. Sie war es auch, die den kleinen Jungen so schnell wie möglich verschwinden ließ, um keinen Augenzeugen zu haben. Er, Bob Robertson, hatte damals keine andere Wahl, den Befehl weiterzugeben, Geoffrey Dellington für das, was er gesehen hatte, zu töten. Er war damals nur Zuschauer der Vollstreckung, mehr nicht. Die wahren Bösen sind die Baronin und die Organisation, glaubte er.
Das geräuschvolle Öffnen einer Tür schreckte ihn auf. Einen Moment blieb er regungslos stehen und lauschte, dann vernahm er Stimmen. Um das Knarren der Dielen zu vermeiden, schlich er auf Zehenspitzen zur Tür und horchte.
Bei den Stimmen handelte es sich um eine Frau und einen Mann. Er lehnte mit dem Rücken an die Tür und schloss die Augen. Eine weitere Tür wurde geöffnet. Wieder waren Stimmen zu hören. Eine Stimme konnte Bob zuordnen. Unverkennbar handelte es sich um die Baronin. Mit einem Mal war die zweite Frauenstimme wieder zu

hören. Er öffnet die Augen. Diese Stimme … er hielt den Atem an. Diese Stimme gehörte einer jüngeren Frau. Er wollte es nicht glauben. Diese Stimme war ihm gut bekannt. Diese Stimme, es gab keinen Zweifel, es war eindeutig Lydias Stimme.
Vorsichtig schlich sich Bob zur nächsten Ecke, von hier aus konnte er den kompletten Flur überblicken. Er spürte seine innere Anspannung.
Dort stand sie nun, Lydia, keine zwanzig Meter von ihm entfernt. In Begleitung eines kleinen, bereits in die Jahre gekommenen grauhaarigen Typs. Nach der Beschreibung seiner Leute konnte es sich keinesfalls um Lydias Partner, diesen John handeln, mit dem sie von England geflüchtet war. Der müsste wesentlich jünger sein. Es stellte sich also die Frage, wer war dieser Kerl bei ihr und wo war dieser John? Immerhin war John selbst ein Polizist bei Scotland Yard, was auf keinen Fall unterschätzt werden durfte.
Nach einem kurzen Gespräch bat die Baronin die beiden, einzutreten. Dann schloss sich die Zimmertür.
Der Mann vom Sicherheitsdienst setzte sich wieder auf einen der Stühle. Bob überlegte, die Situation war ungünstig und unübersichtlich.
Da saß der Wachmann vor der Tür, da war Lydia mit dem Unbekannten. Sie allein zu überwältigen, würde ein hohes Risiko bedeuten. Er war noch in Gedanken vertieft, als sich langsam mit einem Quietschen der Scharniere die Eingangstür erneut öffnete. Erschrocken blickte er zur Tür.
Der Umriss einer recht großen Person schob sich durch die Türöffnung. Gleich darauf fiel die Tür mit einem lauten Geräusch ins Schloss. Das rief auch den Wachmann auf den Plan. „Wer sind Sie?“, rief er laut und seine Stimme hallte durch den Gang. „Bleiben Sie bitte stehen!“, forderte er den Fremden auf und kam ihm mit schnellen Schritten entgegen. Ungeachtet der Aufforderung ging der Unbekannte weiter. „Sie sollen, verdammt noch mal, stehen bleiben!“, rief der Wachmann ein weiteres Mal. Die fremde Person hielt inne, als er in Höhe des Querganges war, indem sich Bob hinter einer Ecke versteckt. Die Blicke der beiden trafen sich. Bob fiel ein Stein vom Herzen. Der da stand, war Jan, der Holländer. Er hatte ihm klare Anweisungen gegeben, sobald Lydia auftaucht, ihr nicht mehr von

der Seite zu weichen. Bob legte den Zeigefinger auf die Lippen und schüttelte langsam den Kopf. Jan hatte sofort verstanden.
Der Wachmann blieb mit einem Meter Abstand vor Jan stehen: „Wer sind Sie und was wollen Sie hier?“ Dabei umfasste er seine Waffe, die seitlich in einem Holster steckte. Jetzt sah Bob den Moment gekommen, einzuschreiten. „Hey“, rief er dem Sicherheitsmann zu, der ziemlich erschrocken und nichtsahnend den Kopf zu ihm herumdrehte. Es war nur ein kurzer Moment der Ablenkung, die der Holländer nutzte, um sein Kampfmesser zu ziehen. Dann ging alles sehr schnell.
Mit großer Wucht drang das Messer in den Körper des Wachmannes. Der Stich war so präzise ausgeführt, dass die Klinge direkt ins Herz drang. Ein leiser Seufzer kam aus dem Mund des Mannes, der langsam zu Boden sackte. In seinen Augen spiegelte sich das Unfassbare wieder. Bob griff dem Sterbenden sofort unter die Arme. Jan erfasste seine Füße. Dann schleppten sie ihn in das Jagdzimmer. Damit man den Toten nicht sofort entdeckte, schoben sie ihn mit den Füßen unter eine Ledercouch. „Sie kommen wie gerufen, Jan!“, lobte Bob. „Wir sollten die Frau, wenn wir sie sehen, nicht mehr aus den Augen lassen, das hatten Sie uns aufgetragen.“
Bob nickte, „gute Arbeit!“
„Wo ist überhaupt ihr Partner?“
„Der kümmert sich momentan um den Begleiter der Frau“, antwortete Jan und wischte die blutverschmierte Klinge an dem Fenstervorhang sauber. Bob schaute zu ihm herüber und wartete auf die Antwort. „Nun, die zwei stießen zufällig aneinander und schon hatte dieser John die gesamte Currysoße auf der Jacke.“ Ein Grinsen glitt über Bobs Gesicht.
Als die Männer vor dem Arbeitszimmer der Baronin standen, legte Bob sein Ohr an die Tür und lauschte. Es wurde offenbar eine sehr hitzige Unterhaltung geführt, bei der die Hausherrin mitunter einen unüberhörbar lauten Ton anschlug. Mit einem Mal war nichts mehr zu hören, Stille … dann Schritte. Noch ehe Bob zur Seite springen konnte, wurde die Tür aufgerissen. Verwundert schaute Frau von Neuenhaus ihm in die Augen. „Was machen Sie denn noch hier?“ Bob blickte ihr suchend über die Schulter.
„Die Frau, die bei Ihnen ist“, er unterbrach den Satz, um dann mit

einem siegessicheren Tonfall, etwas lauter fortzufahren, "ist die Person, die ich seit Langem suche.“ Mit einer Hand hielt die Baronin die Tür fest und versperrte ihm somit den Eintritt. „Bob, bitte“, ihre Stimme klang mit einem Mal viel sanfter, mütterlicher. „Die haben gegen uns nichts in der Hand. Wir sollten jetzt besser alles vermeiden, was uns und der Organisation schaden kann.“

Er schaute ihr tief in die Augen. Wenn sie die Sache von damals meinte, ging es ihm durch den Kopf, hatte sie recht. Die Beweislage war dürftig. Doch da war noch eine andere Sache, über die er geschwiegen hatte, das was mit Ann geschah!

Er stand mit dem Rücken zur Wand, er war so dicht am Ziel. „Diese Frau weiß über Dinge Bescheid, die uns und der Organisation nicht nur schaden, sondern alles, was wir bis jetzt geschafft haben, zerstören würde.“ Baronin von Neuenhaus holte tief Luft und nickte.

Er hatte sie überzeugt. Sie nahm die Hand von der Tür und machte einen Schritt zur Seite. Da war auf einmal der Moment, auf den er so lange gewartet hatte. Wenn er jetzt alles richtig machte und nichts dem Zufall überließ, gab es niemand mehr, der ihn in irgendeiner Weise belasten konnte.

Bob ging auf Lydia zu, sie umfasste Holtmanns Hand und drückte sie. Tränen kullerten über ihre Wangen. „Hören Sie …“, versuchte Holtmann die Situation zu entschärfen. Doch ein Faustschlag von Bob ließ ihn rückwärts zu Boden stürzen. „Komm, wir beide haben noch einen weiten Weg“, sagte Bob, dabei umfasste er mit festem Griff Lydias Arm und zog sie, trotz heftiger Gegenwehr, in Richtung Tür.

„Warte Bob“, schrie Lydia, „bitte warte.“ Lydia war gestolpert und auf ihre Knie gefallen.

Bob blieb stehen und wollte sie gerade hochziehen, als sich Lydia plötzlich aufrichtete und mit einem blitzschnellen, kräftig ausgeführten Kopfstoß Bobs Gesicht traf. Völlig überrascht hielt er sich die Hände vor das Gesicht. Blut quoll durch seine Finger. „Du Schlampe, du hast mir die Nase gebrochen“, schrie Bob. Holtmann schrie von hinten: „Lauf weg, lauf weg!“ Genau diese hektische, unübersichtliche Situation musste sie jetzt nutzen.

Lydia schaute noch einmal zu Holtmann, der sich langsam wieder aufrappelte und ihr mit hektischen Handbewegungen deutlich mach-

te, auf dem schnellsten Weg zu verschwinden und sich nicht um ihn zu kümmern. Dann lief Lydia los.
Sie hatte gerade die Tür erreicht, als plötzlich ein großer, blonder Mann vor ihr stand, der sie mit seinen Händen wieder zurück in den Raum schupste. Krachend landete sie auf dem Rücken, rollte sich schnell zur Seite und stand wieder auf den Füßen. Doch der Große mit dem blassen Gesicht war schon wieder bei ihr, griff in ihre Haare und zog sie zu sich.
Mit der anderen Hand holte er aus, um Lydia einen heftigen Schlag zu versetzen. Genau jetzt tat Lydia das, was sie bei der Polizei zur Selbstverteidigung gelernt hatte. Ein gezielter Tritt mit dem Knie zwischen die Beine. Genau da, wo bei einem Mann eine sehr empfindliche Stelle ist. Wie ein Kartenhaus, was durch einen Windstoß in sich zusammenfällt, sackte der Holländer mit einem lauten Stöhnen zu Boden. Mit einem Satz sprang Lydia über den vor Schmerzen Stöhnenden. Instinktiv griff Jan mit einer Hand nach dem Fuß der Flüchtenden.
Polternd fiel Lydia zu Boden und trat mit dem anderen Fuß ihrem Gegner ins Gesicht. Mit letzter Kraft holte sie noch einmal aus und trat zu. Dieser Fußtritt war so heftig, dass der Mann von ihr abließ. Bloß raus, raus zu den vielen Menschen da draußen und zu John. Wo war der überhaupt geblieben? Weiter kam sie nicht mehr zum Nachdenken. Jemand presste sie zu Boden, dann spürte sie einen feinen Stich am Hals. Sie wollte schreien, aber irgendwie versagte ihre Stimme.
Dann kam der Moment, als sie überhaupt keinen Schmerz mehr empfand, Stimmen und Geräusche leiser wurden, sich ganz weit entfernt anhörten und es schließlich ganz schwarz um sie wurde.
„Das war knapp“, sagte Bob, völlig außer Atem mit blutverschmiertem und schmerzverzerrtem Gesicht. Er hatte Lydia noch zu fassen gekriegt, als der Holländer schon außer Gefecht gesetzt war und sie mit seinem Gewicht auf den Boden gedrückt. „Halte sie ruhig“, hörte er die Stimme der Baronin, die schnell mit einer Injektionsspritze in der Hand, bei ihm war. Mit einem Stich in den Hals injizierte sie ein schnell wirkendes Betäubungs- und Beruhigungsmittel, worauf Lydias Körper schnell betäubt und regungslos auf dem Parkett liegen blieb.

Die Baronin war sauer. „Zwei Männer schaffen es nicht, eine einzige Frau zu überwältigen, was seid ihr für Versager." Die Worte hallten in Bobs Ohren. Sie hat nicht ganz unrecht, dachte er. Wenn sie nicht eingegriffen hätte, wäre Lydia ihnen wieder entwischt. Doch nun lag sie, wie ein erlegtes Stück Wild, vor ihm. Langsam richtete Bob sich auf und auch Jan erhob sich und hielt sich mit beiden Händen die Stelle, die fürchterlich schmerzen musste.

„Verdammt noch mal!", hörte Bob hinter sich die Stimme der Baronin. Erschrocken drehte er sich um. „Was ist denn los?" Baronin von Neuenhaus stand am Schreibtisch, hielt den Telefonhörer in einer Hand, mit der anderen betätigte sie die Wählscheibe. „Wo zum Teufel sind meine Sicherheitsleute?", fluchte sie und schlug immer wieder mit der Faust auf den Tisch. Sie hatte allen Grund, sauer zu sein. In der Zwischenzeit, als sie mit Lydia beschäftigt waren, war es Holtmann gelungen, unbemerkt den Raum zu verlassen und zu entkommen.

„Sofort das Gutsgelände abriegeln!", lautete ihr Befehl. „Gruppe Anton, sofort das Gebäude durchsuchen!" Dann beschrieb sie mit wenigen Worten den Flüchtenden.

Nachdem sie den Hörer auf die Gabel geknallt hatte, schrie sie laut: „Dieser Mann darf uns nicht entwischen."

Bob war wieder auf den Beinen und stützte sich am Schreibtisch ab. „Was hat der Kerl mit uns zu tun?", wollte er wissen und steckte sich eine Zigarette zwischen die Lippen.

„Dieser unscheinbare Typ war damals im Oktober 1961 der ermittelnde Kommissar und nur der Arbeit unserer verdeckt arbeitenden Leute ist es zu verdanken, dass der Fall ihm entzogen wurde und ohne weitere Nachforschungen im Sande verlief." Bob nahm einen tiefen Zug aus seiner Zigarette, dabei fiel sein Blick auf die am Boden liegende Lydia.

Ihr Gesicht machte den Eindruck, als schliefe sie ganz friedlich. Zu gerne hätte er gewusst, wie Lydia an diesen deutschen Kommissar geraten ist, war es vielleicht Zufall? Aber an Zufälle glaubte er nicht.

Das schrille Klingeln des Telefons, riss ihn aus seinen Gedanken. Schnell nahm die Baronin den Hörer ab.

„Hm, habe verstanden!" Sie legte wieder auf. „Noch keine Spur von dem Kommissar." Sie schaute aus dem Fenster. „Irgendwann wird

auch der Kollege der Frau nach ihr suchen.“ Sie ging wieder zum Telefon und wählte eine zweistellige Nummer.
„Karl, fahren sie bitte den Wagen vor, wir müssen verreisen“, sie legte auf. Zwei Sicherheitsleute betraten den Raum. „Und?“, fragte die Baronin. Die beiden schüttelten nur den Kopf. „Er ist wie vom Erdboden verschluckt!“
„Bob, sie müssen schnellstens von hier verschwinden und nehmen sie die Frau mit.“ Ein kurzer Wink mit dem Zeigefinger, schon kamen die beiden Wachleute zu ihr gelaufen. Was sie mit den Männern redete, konnte Bob nicht verstehen. Einer verließ den Raum und kam kurz darauf mit einem Rollstuhl zurück. Sie hoben die betäubte Lydia vom Boden auf und setzten sie in den Sitz.

Kapitel 50

Der Schmerz in der Nierengegend war ziemlich heftig. Jeder Atemzug tat weh. Die aufgeplatzte Lippe schwoll langsam an. Dass die Situation so schnell eskalierte, damit hatte er nicht gerechnet. Er erinnerte sich, dass dieser Mann auf einmal vor ihm stand. Nach Lydias Beschreibung handelte es sich wohl um ihren Stiefvater Bob, den sie suchten.

Als Lydia unerwartet zu weinen begann und seine Hand fest umklammerte, fühlte er, dass sie Hilfe brauchte. Dann ging alles recht schnell. Er wollte gerade etwas sagen, als sein Gegenüber plötzlich ausholte und ihm mit der Faust einen heftigen Schlag ins Gesicht versetzte. Der Schlag war so wuchtig ausgeführt, dass er rückwärts auf den Boden fiel. Als er sich noch ziemlich benommen wieder aufrappeln wollte, spürte er einen harten Tritt in den Rücken, der ihn wieder zu Boden warf. Gleich darauf folgte ein zweiter Tritt, der ihm fast die Luft nahm. Eine innere Stimme sagte ihm, dass er einfach liegen bleiben sollte.

Mit einem Mal hörte er Lydia schreien. Aus dem Augenwinkel heraus konnte er sehen, wie gekämpft wurde.

Er versuchte, sich aufzurichten. Noch im Knien bemerkte er, wie Lydia sich befreien konnte und Richtung Tür rannte, als unerwartet diese große Gestalt auftauchte. Er wollte ihr helfen, doch die Kraft hatte ihn verlassen. Da waren Schreie. Dann sah er Lydia, wie sie hilflos zu ihm herüberschaute. Instinktiv deutete er ihr mit Händen an, sie soll endlich weglaufen. Er sah noch, dass sie stürzte und der Mann über ihr war und sie zu Boden drückte. Wie ein Geist tauchte die Frau auf und kniete ebenfalls neben Lydia.

Das war der Augenblick, dachte Holtmann, das war seine Chance, hier irgendwie lebend herauszukommen.

Gegen zwei Männer und eine Frau, die eventuell noch Waffen besaßen, würde er sowieso den Kürzeren ziehen. Sein Blick fiel auf die zweite Tür am Ende des Raumes. Die musste er unbemerkt erreichen, schoss es ihm durch den Kopf. Der Moment war günstig, denn sie waren mit Lydia beschäftigt.

Trotz starker Schmerzen richtete sich Holtmann auf, biss die Zähne aufeinander, humpelte zur Tür und drückte die Klinke nieder. Sie war nicht verschlossen. Bevor er verschwand, warf er einen letzten Blick zurück. Keinem war es bisher aufgefallen, dass er dabei war zu verschwinden. Kurz sondierte er die Lage. Es war unmöglich, das Gebäude über die Eingangstür zu verlassen, denn dort hielten sich zwei Wachleute auf. Außerdem, – das war so sicher wie das Amen in der Kirche – sobald sie feststellten, dass er verschwunden war, würde sofort nach ihm gesucht werden.

Ein wenig kannte er sich noch in diesem Gebäude aus. Schließlich musste er damals, mit seiner Kollegin Sonja, zu irgendwelchen Befragungen in dieses Haus. Die beste Möglichkeit, das Gebäude halbwegs unbeachtet zu verlassen, war vom Jagdzimmer aus und dann über die große Terrasse, die an der Rückseite des Hauses zum Garten lag. Die meisten Zimmer im Erdgeschoß waren über zwei Türen zu erreichen.

Das hatte den Vorteil, dass man vom Korridor aus nicht gesehen werden konnte. Vom Wachpersonal ungesehen erreichte Holtmann, nachdem er zwei andere Zimmer durchquert hatte, endlich das Jagdzimmer. Es zog ihn sofort zu der zweiflügeligen Terrassentür.

Er wollte sie gerade öffnen, als Schritte und laute hektische Stimmen vor der Tür zu hören waren. Blitzschnell warf er sich auf den Boden. Er war so panisch, dass er keinen Schmerz dabei verspürte. Hier finden sie dich, schoss es ihm durch den Kopf. Schräg vor ihm stand ein altes Sofa.

Auf allen Vieren krabbelte er dorthin und zwängte sich mit letzter Kraft in eine Lücke. Genau in diesem Moment riss jemand die Zimmertür auf. Dann kamen Schritte näher, harte Schritte, sie hallten durch den Raum.

Vorsichtig drehte er den Kopf zur Seite, dabei fiel sein Blick auf ein Paar blitzblank geputzter Militärstiefel. Er hielt den Atem an, sein ganzer Körper bebte. Er hatte das Gefühl, dass sein Herzschlag den Boden erzittern ließ und ihn schließlich verraten wird. Eine zweite Person betrat den Raum. Beide standen dicht beieinander und sprachen so leise, dass Holtmann kein Wort verstand. Über was auch immer sie redeten, für ihn war es völlig unwichtig.

Denn was er jetzt sah, ließ ihn das Blut in den Adern gefrieren. Nicht weit von ihm entfernt lag ein Mensch, der mit weit aufgerissenen

Augen zu ihm schaute. Schnell wurde ihm klar, dass er tot ist. Sofort konzentrierte er sich wieder auf die beiden Männer im Raum, die ihm gefährlich werden konnten. Sie begannen, den Raum zu durchsuchen. Er schloss die Augen. Vor seinem inneren Auge spielte sich ein Kindheitserlebnis ab. Er sah sich mit seiner Mutter in der Kirche auf einer Bank sitzen und hörte still der Orgelmusik zu.
Doch dann veränderte sich mit einem Mal die Situation. Vom Flur her waren Stimmen zu hören, was die beiden veranlasste, sofort das Zimmer zu verlassen. Er schloss wieder die Augen, da war es wieder, dieses Orgelspiel.
Du musst handeln, schoss es ihm durch den Kopf. Schwerfällig kämpfte er sich aus seinem Versteck. Jetzt musste es schnell gehen. Die beiden konnten jeden Moment wieder zurückkommen. Da waren auch seine Schmerzen wieder, doch der natürliche Fluchtreflex ließ das Adrenalin in seine Adern fließen, es dämpfte den Schmerz.
Als er die Terrassentür öffnete, schaute er noch einmal zurück. Kein Mensch war zu sehen. Aufmerksam und immer damit rechnend, plötzlich einem Sicherheitsmann in die Quere zu kommen, beobachtete er das Umfeld. Er musste in den Schutz der Hecke gelangen, die die Steinterrasse umgab. Ein kurzer Blick, dann rannte er los. Mit dem Geräusch von knackenden Zweigen verschwand er hinter der Hecke und hielt kurz inne. So wie es aussah, war es ihm gelungen, das Haus tatsächlich unbemerkt zu verlassen. Doch noch konnte er sich nicht in Sicherheit wiegen. Er befand sich immer noch auf dem Gutsgelände.
Am westlichen Rand des Grundstücks verlief eine fast zwei Meter hohe Steinmauer. Sie zu überwinden, erschien ihm schier unmöglich. Er entschied sich, in Richtung Fluss zu gehen. Durch Hecken und Bäume geschützt, erreichte er kurze Zeit später den nördlichen Teil, ebenfalls durch eine Mauer begrenzt. Etwas abseits stand ein kleiner, verwitterter Holzschuppen. Holtmann schlich sich heran. Es war eine Art Geräteschuppen, überall hingen dort Schaufeln, Harken und Hacken. An der Außenwand hing auch eine Leiter, wahrscheinlich zum Obstpflücken oder Bäume schneiden.
Er hatte gerade die Leiter von der Halterung genommen und gegen die Mauer gestellt, als er das Motorgeräusch eines Autos hörte. Türen wurden geöffnet, dann waren Stimmen zu hören.

Er ließ von seinem Vorhaben ab, über die Mauer zu flüchten, stellte die Leiter an die Wand des Schuppens und kletterte vorsichtig auf das stark bemooste Dach. Von hier aus war der hintere Teil des Gutshauses gut einzusehen.
Es handelte sich um eine Art Lieferwagen, der mit geöffneten Hecktüren, an einer Rampe parkte. Er wollte schon seinen Beobachtungsposten verlassen, als er sah, dass es sich um keine Lieferung handelte. Zuerst kam ein Mann, der sich mit dem Fahrer unterhielt.
Dann ging er zum Haus zurück und kam mit einem Rollstuhl zurück. Unter einer Decke verborgen, waren die Konturen eines Körpers zu erkennen. Verdammt, dachte er, dort im Rollstuhl ist das Lydia, die sie wegschaffen wollen? Der Fahrer des Lieferwagens packte mit an. Sie trugen den Körper in den Laderaum. War Lydia noch am Leben oder bereits tot? Nachdem was er gesehen hatte, wie brutal sie mit Lydia umgegangen sind, war er sich nicht mehr so ganz sicher. Als der Fahrer langsam den Weg entlangfuhr, sah er auf der Fahrzeugseite einen aufgedruckten Schriftzug, er war gut zu erkennen: "Zur Waldquelle". Er sprach den Namen mehrmals laut vor sich hin, als wollte er ihn sich einprägen. Als der Wagen an ihm vorbeigefahren war, machte er sich auf den Weg. Runter vom Dach, Leiter an die Mauer und rüber. Er hatte es geschafft. Im Augenblick war er erst einmal in Sicherheit.
Aber wo in aller Welt war John geblieben?, ging es ihm durch den Kopf. Er mischte sich unerkannt unter die Besucher des Reitturniers, um näher an das Gebäude zu gelangen.
Dort hatten Lydia und er sich von John getrennt, damit Lydia die Baronin aufsuchen konnte. Sein Blick schweifte in alle Richtungen, doch John konnte er nirgends ausmachen. Es wäre auch mal langsam an der Zeit, seine ehemaligen Kollegen zu informieren, dachte er. Dann sah er John aus einem aufgestellten Toilettenwagen herauskommen. Sofort ging er ihm entgegen.
John versuchte, seine Jacke mit einem Papiertuch zu reinigen. „Irgend so ein Typ hat Currysoße verschüttet oder ich stand ihm im Weg!" Holtmann überlegte. „War es Absicht oder Zufall?" John schaute ihn verwundert an. „Wie meinst du das?" Er schaute suchend um sich. „Wo ist eigentlich unsere Lydia geblieben?", fragte John und zog sich dabei die Jacke an. Holtmann holte Luft und presste die

Lippen aufeinander.
Auch wenn sie sich noch nicht so lange kannten, fiel John sofort auf, dass etwas nicht stimmte. „Wo ist Lydia?“ Die Frage hatte John so laut gestellt, dass Leute in der Nähe sich zu ihnen umdrehten. „Komm, wir müssen schnell zum Auto!“, entgegnete Holtmann. Auf dem Weg zum Wagen erzählte er John, was geschehen war. „Das hört sich nicht gut an!“, erwiderte John.
„Du bist sicher, dass Lydia in diesem Wagen weggebracht wurde?“ Holtmann nickte.
„Und du glaubst, dass mit der Currysoße war kein Zufall?“
Auf dem Weg zum Auto kamen sie an einer Telefonzelle vorbei. Holtmann blieb stehen, schaute in den Himmel, als wollte er dort jemanden um Rat fragen. „John, ich werde jetzt die Polizei einschalten.“ Er stimmte zu, weil die Situation sich so zugespitzt hatte, dass sie es alleine nicht schaffen konnten und außerdem war Lydia in großer Gefahr. „Du kennst den Weg zu dieser ‚Waldquelle‘?“
„Wenn die dorthin gefahren sind, haben sie ungefähr zwanzig Minuten Vorsprung.“ Unterwegs mussten sie einen Landwirt nach dem Weg fragen, bis ein Schild an einem Baum die Richtung anzeigte. Von Weitem waren einzelne Gebäude zu erkennen. Ein unscheinbarer Hof, gelegen an einem Waldrand und als Ausflugslokal bewirtschaftet. Holtmann lenkte seinen alten Daimler direkt auf den Parkplatz des Lokals. Sie debattierten noch, wie sie weiter vorgehen wollten, als sich aus dem Wald ein Fahrzeug näherte. „Das ist der Wagen!“, murmelte Holtmann. Sie starrten wie gebannt auf das Fahrzeug, das der Fahrer direkt vor dem Lokal abstellte.
Kurz darauf verließ er den Wagen und ging ins Haus. “Und …?“ John schaute zu Holtmann, der nickte nur. „Ja, das war der Typ.“ Dabei setzte er sich aufrecht, wegen seiner Schmerzen im Rücken, die er wieder spürte. Sie schauten sich verwundert an, aber in diesem Moment hatten sie denselben Gedanken.
Holtmann ließ den Motor an und fuhr gleich darauf mit durchdrehenden Antriebsrädern los. Die schlecht asphaltierte Straße führte durch einen Wald. Nach etwa dreihundert Metern hielt er den Wagen an. Vor ihnen zweigte ein unbefestigter Weg von der Straße ab. Nach den Spuren auf der Teerstraße zu beurteilen, waren aus dem Waldweg öfter Fahrzeuge herausgefahren. Mit den Worten: „Dann wollen

wir mal“, steuerte er den Daimler in den Weg hinein. Um nicht mit der Ölwanne aufzusetzen, blieb er im ersten Gang. Nach einer leichten Biegung sahen sie rechts des Weges, zwischen den Bäumen, ein Haus aus roten Ziegelsteinen. Neben dem Gebäude standen Baracken mit Tarnnetzen überspannt.

Um näher an das Gebäude heranzukommen, mussten sie den Weg verlassen, bis schließlich ein Tor mit Maschendraht ihnen die Weiterfahrt versperrte. Sie stiegen aus dem Wagen. Ein großes Schild mit der Aufschrift „Privat – Zutritt verboten“ war am Tor angebracht. Daneben ein weiteres Schild „Bissiger Hund“. Misstrauisch beobachteten sie das Umfeld. Hinter den Baracken, etwas tiefer im Wald gelegen, waren mehrere Erdwälle zu erkennen. Und so wie es aussah, umspannte ein hoher Drahtzaun das Grundstück.

John rüttelte am Tor und zu seiner Überraschung war es nicht verschlossen. Eine eigenartige Stille lag zwischen den Bäumen. Von irgendwoher schallte das schnelle Hämmern eines Spechts durch den Wald. John gab Holtmann ein Zeichen mit der Hand und deutete auf einen kleinen Erdhügel, nicht weit vom Tor entfernt. Beim Näherkommen sah er, dass es sich um einen überdachten Unterstand, womöglich für das Wachpersonal, handelte. Er ging zu Holtmann zurück. „Was meinst du, was das hier ist?“

„Das was du hier siehst, mein Lieber, ist eines von vielen Trainingslagern von sogenannten Wehrsportgruppen.“ John überlegte kurz.

„Wie auch immer, wir müssen da jetzt rein!“

„Sollten wir nicht lieber auf die Polizei warten, die müssen doch bald hier eintreffen.“

„Es muss wohl doch jemand zu Hause sein!“, meinte Holtmann und deutete mit dem Kopf in Richtung des Steinhauses. Jetzt sah John auch, was Holtmann meinte. Hinter dem Gebäude stiegen dünne Rauchwolken in den Himmel, als würde dort etwas verbrannt werden. Sofort war John wieder auf dem Gelände. Irgendwie fühlte er sich bei jedem Schritt beobachtet.

John entschied sich, nicht den direkten Weg zum Gebäude zu nehmen, sondern nach links am Unterstand vorbei bis zur Hecke, die ihm Schutz bot. Ein Blick zurück zu Holtmann, der stand immer noch am Eingangstor. Es wirkte alles wie verlassen, wie ausgestorben. Vorsichtig ging er weiter. Da stand ein kleiner, grün lackierter

Pkw, über dem ein Tarnnetz lag. Er wollte gerade weitergehen, als eine innere Stimme ihm sagte, gehe nicht einfach weiter! Als er neben dem Wagen stand, erschrak er. Trotz des Tarnnetzes sah er, dass eine Person im Fahrzeug saß. Er klopfte an die Seitenscheibe, nichts rührte sich. Als sich nach einem weiteren Klopfen nichts tat, öffnete er vorsichtig die Tür und sah einen Mann mit nach vorne gebeugtem Kopf, in einem Tarnanzug, der anscheinend schlief. John stupste ihn an. Ohne eine Reaktion sackte der Mann zur Seite. Jetzt sah er das kleine dunkle Einschussloch, direkt in seiner Stirn. Es handelte sich um einen ziemlich jungen Mann, etwa um die zwanzig. Die weit offenen Augen zeigten John, dass er nicht gelitten hatte, als sein kurzes Leben den Körper verließ.
Sofort zog John seine Waffe und blickte um sich. Ein leiser Pfiff, dass Holtmann jetzt den Wagen auf das Gelände fahren sollte. Holtmann wusste sofort, als John die Waffe in der Hand hielt und ihm ein Zeichen gab, dass hier irgendwas faul war.
Den Wagen stellte er neben einem kleinen Holzschuppen so ab, dass er nicht wie auf dem Präsentierteller direkt vor dem Haus stand. Dann sah er noch, wie John durch eine Seitentür im Haus verschwand.
Ein eigenartiges Gefühl machte sich in ihm breit. Sollte er ihm vielleicht folgen, weil John unter Umständen seine Hilfe brauchte, oder sollte er lieber beim Wagen bleiben, um schnell das Gelände wieder zu verlassen?
Holtmann entschloss sich für das Erste. Er hatte gerade das Handschuhfach geöffnet, um seine Waffe herauszunehmen, als von der Straße her Motorengeräusche zu hören waren. Bestimmt waren es seine Kollegen, die er über die Situation telefonisch informiert hatte. Doch vor dem Eingangstor sah er kein Polizeiauto, sondern einen dunklen Pick-up-Truck, der langsam auf das Gelände rollte.
Holtmann rutschte sofort tiefer in den Fahrersitz. Mit blubberndem Motor rollte der Track vorbei. Unmittelbar vor dem Steinhaus stoppte der Fahrer und stellte den Motor ab. Langsam richtete er sich wieder auf, um zu sehen, was da draußen vor sich ging. Nachdem der Beifahrer, ein kleiner, dicker Kerl ausgestiegen war, marschierte er zielstrebig auf Holtmanns Wagen zu. Jetzt merkte er, dass der Motor noch lief. Als der Typ sah, wie Holtmann sich im Sitz aufrichtete,

wurde er hektisch und schrie etwas. Dann ging er weiter, mit der Waffe in Anschlag. Holtmann hatte den ersten Gang eingelegt und musste nur noch Gas geben und die Kupplung lösen. Es blitzte kurz auf und ein Geschoss durchschlug die Windschutzscheibe. Mit hohem Tempo schoss der Wagen auf den kleinen Dicken zu, der es noch schaffte, zweimal abzudrücken. Der eine Schuss traf den Scheinwerfer, der andere schlug ins Dach ein.

Das Geräusch, das Holtmann hörte, war ein kurzer, lauter Aufschrei gefolgt von einem dumpfen Knall und das Poltern unter dem Fahrzeugboden, wo in diesem Moment der Körper mit großer Gewalt herumgewirbelt wurde. Plötzlich war der zweite Mann da. Er ging in Schussposition. Holtmann trat voll auf die Bremse und legte den Rückwärtsgang ein.

Ohne nach hinten zu blicken, gab er Vollgas. Wieder war das hässliche Rumpeln unter dem Wagen zu spüren. Bis alles vorbei war und der Wagen ungebremst an den Schuppen prallte. Holtmann griff sofort nach seiner Waffe, ließ sich aus dem Wagen fallen, um hinter ihm Schutz zu suchen. Er sah, wie der Mann auf ihn zukam, sofort eröffnete er das Feuer. Wahrscheinlich total überrascht, dass Holtmann eine Waffe hatte, rannte der Mann zurück zu seinem Fahrzeug und ging in Deckung. Sie lieferten sich einen heftigen Schusswechsel, in dessen Verlauf zahlreiche Geschosse in die Fahrzeuge drangen. Scheiben zersplitterten, eine Kugel traf den rechten Vorderreifen, aus dem schlagartig die Luft entwich und der Wagen sich zur Seite neigte. Ein metallisches Klicken zeigte Holtmann an, dass er sein Magazin leergeschossen hatte. Um das Magazin zu wechseln, musste er erst einmal aus der Schusslinie. Er rutschte ein Stück zurück und lehnte sich mit dem Rücken an den Wagen. Beim Einsetzen des neuen Magazins merkte er, wie seine Hände zitterten. Stille machte sich breit.

Plötzlich wurde wieder geschossen. Er schloss kurz die Augen. Aber irgendwie war er nicht mehr das Ziel des Schützen. Vorsichtig richtete er sich auf die Knie, um nachzusehen, was da los war. Aus einem der oberen Fenster des Hauses eröffnete jemand das Feuer auf den Mann. Der fühlte sich plötzlich von zwei Seiten bedroht und in einer aussichtslosen Lage. Es war John, der kurz zu sehen war, schoss und sofort wieder in Deckung ging.

Um den Kugeln von John zu entgehen, war der Mann unter seinen Wagen gekrochen und wollte über die Beifahrertür ins Innere des Wagens gelangen. Für einen kurzen Moment war er in Holtmann Schusslinie, er richtete sich auf, hielt den Atem an und drückte mehrmals ab.
Drei der abgefeuerten Kugeln schlugen in das Metall des Wagens ein. Die vierte musste aber den Kerl getroffen haben.
Ein Schrei war zu hören, dann fiel er zu Boden, zog sich an der geöffneten Tür wieder hoch und es gelang ihm, in den Innenraum zu kriechen.
Holtmann war wie vor den Kopf geschlagen. Wie angewurzelt stand er da, die Waffe mit zitternden Händen noch im Anschlag. Warum hast du nicht weiter geschossen, ging es ihm durch den Kopf, warum nicht? Dann heulte der Motor auf und der Track setzte sich in Bewegung.
Der Fahrer wollte wohl rückwärts zum Tor fahren. Plötzlich stoppte er und raste nach vorne über den Hof. Der Mann wollte am Gebäude vorbei das Gelände verlassen, dabei krachte er mit einem mächtigen Knall, mit der linken Seite in die Hauswand. Mauerbrocken flogen durch die Luft. Es zischte, weißer Dampf vom auslaufenden Kühlwasser stieg auf. Die Beifahrertür wurde aufgerissen und der Mann fiel aus dem Fahrzeug auf den Boden. Nachdem er sich aufgerappelt hatte, humpelte er in Richtung der Erdwälle und verschwand im Unterholz.
Das lief alles so schnell ab, dass Holtmann, zwar seine Waffe noch in der Hand hielt, aber nicht mehr in der Lage war, auch nur einen einzigen Schuss abzugeben. Kraftlos ließ er die Arme sinken und lehnte sich an seinen Wagen.
Jetzt erst nahm er die Polizeifahrzeuge mit blinkendem Blaulicht wahr, die den Weg entlang gefahren kamen. Das erste Polizeifahrzeug kam direkt auf Holtmann zugefahren.
Er kannte das Prozedere, als die Beamten mit der Waffe in der Hand auf ihn zukamen. Langsam und sichtbar legte er seine Waffe auf den Boden, trat einen Schritt zurück, dabei hob er beide Arme. Die anderen Streifenwagen fuhren über das Grundstück und blieben an unterschiedlichen Positionen stehen. „Ich bin derjenige, der sie informiert hat.“

Der Beamte, er glich einem normannischen Kleiderschrank, baute sich vor ihm auf.
„Ich weiß!“, und über sein kantiges Gesicht lief ein breites Grinsen. „Sie sind Holtmann, Kommissar Fred Holtmann, nicht wahr?“ Holtmann nickte stumm und war erleichtert.
„Was ist denn hier überhaupt passiert?“, fragte der Beamte.
„Die Person, die Sie suchen und finden müssen, ist dort in den Wald gelaufen.“ Der Große zeigte mit der Hand in die Richtung, die Holtmann meinte. „Dort ist der Typ hingelaufen?“ Holtmann nickte. „Den wird keiner von uns verfolgen!“ Erstaunt blickte Holtmann zu seinen Kollegen. „Diese Idioten hier haben das Gelände zum Teil vermint.“
„Minen?“, fragte Holtmann erstaunt. „Richtig, Sie haben sich nicht verhört, Minen!“
Holtmann fuhr sich mit der Hand durchs Haar und schüttelte ungläubig den Kopf. „Was dort in der Erde schlummert, sind SM70-Splitterminen aus DDR-Produktion. Ein Auslösedraht, ein leichtes Gewicht und Bumm“, sagte der Beamte und bot Holtmann eine Zigarette an.
„Wir brauchen einen Krankenwagen!“ Dieser Satz riss Holtmann aus der Unterhaltung. Lydia und John!, schoss es ihm durch den Kopf.
In Begleitung mehrerer Beamten gingen sie in Richtung Haus. „Wer ist das?“, fragte der Hüne in Uniform und zeigte auf den am Boden liegenden, völlig verdreckten, mit Schmutz und Laub bedeckten Körper. „Der, der wollte mich töten“, entgegnete Holtmann knapp und lief weiter zielstrebig auf das Haus zu.
Zwei Polizisten trugen jemanden aus dem Haus und legten den Körper auf eine Decke. Es war John und so, wie es aussah, war er verwundet. „Hey Kumpel, wie geht es dir?“
„Der Typ hat mich erwischt!“, antwortete John mit schmerzverzerrtem Gesicht.
„Was ist mit Lydia?“
„Ich glaube, sie hat wohl alles einigermaßen gut überstanden. Aber frage sie doch selbst.“ Er deutete zum Haus hinüber.
Mit zerzausten Haaren, verschmutzter Kleidung und noch ein wenig wacklig auf den Beinen, kam sie in Begleitung einer Beamtin die Treppe hinunter. „Lydia!“, rief Holtmann aufgeregt. „Gott sei Dank

ist dir nichts passiert!“ Er ging Lydia entgegen und wollte sie stützen, als eine dumpfe Explosion die Luft erfüllte. Erschrocken schauten alle in die Richtung, aus der kurz darauf qualvolle Schreie herüberdrangen.

„Das ist der Kerl, der aus dem Geländewagen geflohen ist. Jetzt hat es ihn erwischt!“ Lydia zog erstaunt die Augenbrauen hoch. „Minen?“

„Ja, dort liegen Minen!“, entgegnete Holtmann, „und niemand wird ihm helfen, denn keiner traut sich zu ihm. Er wird verbluten und elendig verrecken.“

„Bob wollte mich töten!“, fiel Lydia Holtmann ins Wort, „und anschließend verbrennen!“, rief John: „Hinter dem Gebäude steht ein Verbrennungsofen, in dem das Feuer bereits brennt.“

„Die hätten meine Asche dann irgendwo im Wald verstreut … ich darf gar nicht daran denken.“ Holtmann steckte sich drei Zigaretten in den Mund, zündete sie an und gab jedem eine. „Und was ist mit diesem Bob?“

„Der Mistkerl konnte entkommen!“, schimpfte Lydia. „Ich habe ihn am Bein getroffen, er hat eine Menge Blut verloren und durch die Schießerei mit dem Typen hier vorne, ist er wohl nach draußen und mit einem alten Auto, was dort gerade herumstand, abgehauen.“

Die Schreie aus dem Wald wurden immer leiser. Sie standen da und lauschten. Sie ahnten, dass es zu Ende ging. Dann war es auf einmal ganz still. „Ich glaube, er hat es hinter sich!“, meinte Holtmann und nahm einen kräftigen Zug aus seiner Zigarette. „Dann handelt es sich bei dem Toten auf dem Hof und dem Toten im Wald um die Personen, die uns seit England verfolgt haben?“ John nickte, „Ja, das ist korrekt Lydia, nur dieser Bob der fehlt noch in unserer Sammlung.“

Holtmann und Lydia warteten noch, bis der Krankenwagen eintraf, mit dem man John in die Klinik brachte.

„Und wir beide fahren jetzt zu der Baronin“, sagte Holtmann. „Die muss uns einige Fragen beantworten.“ Sie blickten auf den schwarzen Daimler, der eine Menge abbekommen hatte und nicht mehr fahrbereit war.

Eine Streifenwagenbesatzung brachte sie zurück zum Rittergut.

Lydia ahnte nicht, was sie dort erwartete.

Kapitel 51

Er hatte es gerade noch geschafft, mit einem alten, verrosteten VW-Golf das Grundstück zu verlassen. Als er die Polizeifahrzeuge sah, gab es nur noch eine Möglichkeit, um sich einer Festnahme zu entziehen. Er musste, so schnell es ging, hier verschwinden. So wie es aussah, war ihm erst mal die Flucht gelungen, denn im Rückspiegel tauchte kein einziger Polizeiwagen auf. Am Ende des Waldes stieß er auf eine Landstraße.

Wie konnte das nur passieren? Immer wieder zermarterte er sich den Kopf, warum war alles so schiefgelaufen? Eine ganz entscheidende Frage quälte ihn besonders. Woher wussten diese Typen, dass er mit Lydia zu diesem Ort gefahren ist? Hatte vielleicht die Baronin die Information weitergegeben? Nein, das war unwahrscheinlich. War der Fahrer des Lieferwagens etwa die undichte Stelle?

Der Transport vom Rittergut bis hierher hatte gut geklappt. Bis, ja bis dieser fanatische, junge Mann im Tarnanzug auftauchte und ihm das Einfahren auf das Grundstück verweigerte. Bei allem Überfluss wollte er auf einmal telefonieren, um Verstärkung herbeizuholen, wie er sagte. Doch ein gezielter Schuss beendete sein Vorhaben.

Als sie endlich das Haus erreichten, schafften sie die noch völlig weggetretene Lydia ins Haus. Er überprüfte noch einmal, ob die Fesselung an Händen und Füßen noch richtig saß. In der Zwischenzeit war der Fahrer dabei, den großen Gasofen in Gang zu setzen.

Lydia war noch so stark betäubt, dass sie davon nichts mitbekam. Nachdem der Mann mit dem Lieferwagen davongefahren war, wartete er auf seine Leute, die sein Vorhaben in die Tat umsetzen sollten.

Als er das Motorengeräusch eines Autos hörte, glaubte er, es wären seine Agenten. Doch es war nicht das erwartete Fahrzeug. Am Toreingang stand ein dunkler Pkw, den er zuvor noch nie gesehen hatte. Zwei Männer stiegen aus und schauten sich um. Dann kam einer auf das Haus zugelaufen. Er eilte die Treppe herunter, um den Fremden zur Rede zu stellen, was er hier überhaupt sucht. Doch dann ging alles blitzschnell.

Der Unbekannte zog plötzlich eine Waffe aus seiner Jackentasche und eröffnete, ohne jede Vorwarnung, das Feuer. Nachdem er sich in

Deckung gebracht hatte, schoss er zurück. Als der Mann die Treppe erreichte, um nach oben zu kommen, wo in einem Zimmer Lydia lag, trafen ihn zwei Kugeln. Er wollte noch hinter dem Mann her, doch der schoss von der oberen Etage wie wild auf ihn herunter.
Auf einmal war wieder das Geräusch eines Wagens zu hören. Es war der Wagen von Jan und dem Dicken, die auf den Hof gefahren kamen. In diesem Moment dachte Bob noch, dass alles gut wird, bis draußen die Schießerei begann. Die Treppe konnte er nicht wieder hinauf. Für den Mann dort oben bot er ein ideales Ziel. Er hörte Motorengeräusche, zwischendurch wurde immer wieder geschossen. Bis zu diesem heftigen Knall. Irgendwer musste wohl mit einem Wagen gegen die Hauswand gefahren sein. Das ganze Haus bebte in diesem Moment. Als er zum Fenster ging, um nachzuschauen, sah er viele Polizeiautos, die mit Blaulicht auf das Grundstück fuhren.
Du musst weg, schoss es ihm durch den Kopf, bloß weg von hier. All die Geschehnisse liefen wie ein Film vor ihm ab. Aber alle Überlegungen halfen ihm jetzt nicht mehr.
Immer wieder blickte er in den Rückspiegel, aber kein Wagen verfolgte ihn. Er überlegte, wo sollte er jetzt hinfahren und vor allem, wo war er in Sicherheit. Zurück zum Gut war wohl nicht die ideale Lösung.
Vielleicht war dort auch schon die Polizei aufgetaucht. Ein Blick auf seine Armbanduhr zeigte ihm, dass es bereits nach acht Uhr war. Der Himmel war wolkenverhangen und einige Autos, die ihm entgegen kamen, hatten bereits ihre Scheinwerfer eingeschaltet. Da er davon ausgehen musste, dass seine beiden Agenten von der Polizei geschnappt, verwundet oder sogar tot waren, gab es für ihn nur noch eine letzte Möglichkeit. Er musste es schaffen, zur Kaserne zu kommen, denn dort war er in Sicherheit, dort waren seine Sachen deponiert.
Der nächste Schritt mit einer Militärmaschine, die in regelmäßigen Abständen von Westdeutschland nach England flog, einen Platz zu finden, das war für einen Offizier in seinem Rang das geringere Problem. Ohne von der Polizei entdeckt zu werden, schaffte er es, in die Nähe der Kaserne zurückzukehren. Aus Sicherheitsgründen stellte er den Wagen auf dem Parkplatz eines Einkaufzentrums ab und ging den letzten halben Kilometer zu Fuß. Nachdem das schwere

Eisentor hinter ihm ins Schloss fiel, zündete er sich eine Zigarette an. Ihm war, als falle eine gewaltige Last von seinen Schultern. Hier war er im Schutz seiner Majestät, hier war er wieder wer, ein Offizier der Krone.

Je länger er darüber nachdachte, kam es ihm so vor, als wäre all das, was vorgefallen war, nur ein schlechter Traum gewesen. Auch wenn Lydia überlebt hatte, niemand konnte ihm etwas nachweisen. Selbst mit Geoffreys Tod konnte man ihn nicht in Verbindung bringen und auf die Verschwiegenheit der Baronin war Verlass. Sollte Lydia irgendwann einmal nach England zurückkehren und vom Tod ihrer Mutter erfahren, war auch das geregelt. Nach einem schweren Anfall von Depression unternahm Ms. Ann Robertson Selbstmord, war dann in allen Zeitungsberichten zu lesen. Und irgendwann, das glaubte er, würde der Moment kommen, dass er es schaffte, auch Lydia aus dem Weg zu räumen.

„Kann ich Ihnen helfen, Sir?", fragte ein an ihn herangetretener Soldat und riss ihn aus seinen Gedanken. Erstaunt blickte Bob den jungen Mann an und rauchte lässig weiter. „Ja, Soldat ich brauche einen Wagen, der mich zur Unterkunft fährt." Der Soldat antwortete mit einem lauten „Yes, Sir!", und wollte gerade wegtreten. „Außerdem muss ich zur Air Base." Der Soldat nickte. „Und noch etwas, suchen Sie mir den nächsten Flug nach England heraus!" Der Soldat straffte sich noch einmal und schlug die Hacken zusammen. Mit einem Nicken und dem Wort „Sir" drehte er sich um und verschwand im Gebäude. Bald darauf kam das angeforderte Army-Fahrzeug und brachte ihn in die Unterkunft.

„Gegen Mitternacht gibt es einen Sonderflug von der Air Base", sagte der Fahrer, als er den Wagen vor den Block fuhr. Bob schaute auf seine Uhr, das hörte sich gut an. Bis zur Abfahrt hatte er noch Zeit, sich frisch zu machen und sogar für ein kurzes Nickerchen war noch Zeit.

Nachdem er ausgiebig und heiß geduscht hatte, spürte er eine starke Müdigkeit, die sich rasch ausbreitete. Mit der Beruhigung, dass der Fahrer ihn rechtzeitig wecken wird, legte er sich auf das Bett und versank augenblicklich in einen tiefen Schlaf.

Das laute Klopfen an der Tür riss Bob unsanft aus seinen Träumen. Er stieg aus dem Bett und ging zur Tür, dabei drehte er den Schlüssel

im Schloss herum, um die Tür zu öffnen. Doch die Tür war nicht verriegelt.
Überrascht und nachdenklich ließ er den Soldaten ins Zimmer. Er war sich sicher, die Tür abgeschlossen zu haben. „Soll ich das Gepäck zum Wagen schaffen, Sir?“ Die Frage des Soldaten war der Auslöser, nicht weiter über die Sache mit dem Schlüssel nachzudenken. Es wäre auch wohl höchst peinlich, wenn ein Offizier wie er, einen einfachen Soldaten danach fragt, ob er die Tür abgeschlossen habe oder nicht.
In der Zeit, als der Fahrer seine Sachen im Wagen verstaute, zog er die Uniform an. Bevor er den Raum verließ, warf er einen Blick in den Spiegel über dem Waschbecken. Da sah er ein Gesicht mit ernstem Ausdruck, es war in den letzten Tagen um Jahre gealtert. In dem Augenblick aber, als er sich die Mütze aufsetzte und zurechtrückte, veränderte sich schlagartig sein Gesichtsausdruck und ein Grinsen war zu sehen. Er salutierte noch einmal, vor dem, den er im Spiegel sah. Als er das Zimmer verließ und den langen Flur entlangging, blieb er kurz stehen und blickte zurück. Er war sich ganz sicher, seine Tür verschlossen zu haben.
Es hatte sich abgekühlt und es regnete in dieser Nacht.
Der Fahrer wartete bereits mit einem aufgespannten Regenschirm, um ihn trockenen Fußes zum Wagen zu geleiten. Auf der Fahrt zur Air Base unterhielten sie sich über Fußball, dass Nottingham Forest gegen FC Chelsea mit 3 : 2 gewonnen hat und FC Arsenal nun an der Tabellenspitze steht, und dass der Elfmeter eigentlich vom Schiedsrichter eine falsche Entscheidung gewesen sei. Das Gespräch wurde einseitig geführt, denn es redete nur der Soldat am Lenkrad. Bob interessierte sich überhaupt nicht für Fußball, aber es lenkte ihn etwas von seinen Gedanken ab.
Als sie von der Hauptstraße auf die Betonstraße, die zur Air Base führte, abgebogen waren, merkte Bob, dass die Zeit durch die Unterhaltung mit dem Fahrer wie im Flug vergangen war. Vor dem Schlagbaum stoppte der Fahrer, stieg aus und ging in das kleine Wachhäuschen. Kurz darauf kam er mit zwei anderen Männern wieder heraus. Sie unterhielten sich über irgendetwas. Einer der Männer war wie ein Zivilist gekleidet, mit einem langen Lodenmantel und viel zu kleinem Hut.

Ohne ein Wort setzte sich der Soldat wieder hinter das Lenkrad und fuhr das Fahrzeug um eine Straßensperre herum.
Im Lichtkegel des Scheinwerfers sah Bob für einen kurzen Moment das Gesicht des Mannes im Lodenmantel. Sein Gehirn arbeitete … dieses Gesicht hatte er schon einmal gesehen, aber wo? „Wer war der Mann in dem Mantel?“, fragte Bob, erhielt aber keine Antwort. Er fragte ein zweites Mal, doch der Soldat blieb stumm. Dann erinnerte er sich, wo er das Gesicht schon einmal gesehen hatte, beim Frühstück im Schlosshotel.
Es saßen mehrere Männer am Tisch, von denen einer ihn besonders musterte. Genau dieser Mann, da war er sicher, war der im Lodenmantel.
Noch eins war eigenartig, es wurden keinerlei Ausweiskontrollen durchgeführt. Auch der Fahrer, der vorher unentwegt redete, schwieg auf einmal. Ein wenig merkwürdig kam ihm die Sache schon vor. Er griff mit der Hand zum Gürtelkoppel, wo er seine Waffe erfasste, was ihm ein gewisses Sicherheitsgefühl gab.
Durch die Frontscheibe sah er die Umrisse des Flugzeugs, das sich wie ein mächtiges Urtier vom Nachthimmel abhob. Der Fahrer lenkte den Wagen dicht an das Flugzeug heran und entlud das Gepäck. Bevor er mit dem Wagen verschwand, warf er ihm noch einen kurzen Blick zu. In diesem Moment überkam ihn so ein komisches Gefühl, als wüsste der Mann, was ihn erwartete. Ein Mann in einem Flieger-Overall kam auf ihn zu und nahm sein Gepäck. „Darf ich Sie bitten einzusteigen, Sir.“ Zehn Minuten später hob das Flugzeug ab und verschwand im wolkenverhangenen Nachthimmel.
Bob spürte, wenn der Pilot mit der Maschine eine Kursänderung einleitete. Was ihm auch sehr komisch vorkam, er war wohl der einzige Passagier in der Transportmaschine. Aber es sollte sich ja um einen Sonderflug handeln, dachte er. Wahrscheinlich würden sie irgendwo zwischenlanden, um weitere Passagiere aufzunehmen.
Nach einer erneuten Kurskorrektur sah er aus dem Fenster. Sie flogen recht tief und er sah deutlich, wie sie die Küste überflogen. Kurz darauf ging der Pilot in den Steigflug. Also wird keine weitere Zwischenlandung erfolgen, denn sie waren bereits über dem Wasser.
Da war es auf einmal wieder dieses Gefühl, das sich immer in ihm ausbreitete, ein Gefühl, das ihn bis heute nicht im Stich gelassen

hatte, es warnte ihn und machte ihn aufmerksam. Seine Gedanken ordneten sich.

Der ohne einen besonderen Grund kurzfristig geplante Sonderflug, ein Transportflugzeug nur für ihn allein, der Mann im Lodenmantel, der so wie es aussah, ihn verfolgte. Bob entschied sich, der Sache auf den Grund zu gehen. Er machte sich auf in Richtung Flugzeugkanzel. Der Pilot würde ihm bestimmt Auskunft geben können. Bob war kurz vor der kleinen Treppe, die zur Kanzel führte, als die Tür sich öffnete. Sofort blieb er stehen. Zwei Männer in Uniformen kamen ihm entgegen. Er blinzelte, da durch die abgedunkelte Innenbeleuchtung alles etwas unscharf wirkte. Was er aber sofort erkannte, war, dass es sich bei den beiden um keinen von der Flugzeugbesatzung handelte.

Die Innenbeleuchtung wurde heller gestellt. Bob sah in das Gesicht des ersten Mannes, der eine Uniform eines Generals trug. Sofort salutierte er. Doch als er in das Gesicht des zweiten Mannes blickte, lief es ihm kalt den Rücken hinunter.

Er, Bob Robertson, der so vieles erlebt hatte, er, der so kritische Situationen gemeistert hatte, spürte plötzlich, wie seine Beine zitterten. Er musste schlucken, aber sein Mund war trocken.

„Hallo, mein lieber Bob, so sehen wir uns wieder“, drangen die Worte an seine Ohren und die Stimme hatte etwas Denkwürdiges. „Sir Oliver“, kam es überrascht über seine Lippen. „Bitte, setzen Sie sich!“, forderte der ihn auf.

„Wie soll ich das hier verstehen?“, fragte Bob und es bildeten sich kleine Schweißperlen auf seiner Stirn. „So kenne ich Sie gar nicht, Bob“, sagte Sir Oliver und blickte dabei zum General. „Der große Bob Robertson, der alles unter seine Kontrolle stellen wollte, der Menschen für seine eigenen Vorteile missbrauchte, dieser Mensch sitzt vor mir und macht sich vor Angst in die Hose.“ Die beiden Männer lachten laut, nur das Geräusch der Motoren dämpfte es ab.

„Das hier ist General Edwards“, dabei zeigte Sir Oliver mit einer übertriebenen Geste auf den Herrn neben ihm, als wollte er einen Varieté-Künstler vorstellen. „Er ist Militärrichter und er wird Sie, Bob, hier und jetzt verurteilen.“

„Sie werden entschuldigen, Sir Oliver, aufgrund welcher Anschuldigungen wollen Sie mich verurteilen“, entgegnete Bob.

„Sie, Bob Robertson“, sagte der Richter, „ich verzichte darauf, ihren Dienstgrad zu nennen. Sie haben mit ihrem privaten Krieg die gesamte Organisation gefährdet.“ Bob presste die Lippen aufeinander und wurde zusehends unruhiger. „Ach Bob“, fuhr Sir Oliver fort, „das hier sollten sie noch wissen. Ihre Frau Ann, sie lebt und Sie haben sie auf diesem Rittergut in Deutschland nur knapp verfehlt.“ Bob fuhr sich mit den Händen durchs Gesicht. Er konnte nicht glauben, was man ihm berichtete.
„Also Bob“, fuhr der Richter fort, „Sie haben nicht nur die Organisation enttäuscht und verraten, Sie haben auf der ganzen Linie versagt.“ Ein Moment der Stille trat ein, nur das gleichmäßige Summen der Motoren übertönte die Szenerie.
„Bob Robertson, Sie haben einen Codex unterzeichnet und einen Eid geschworen, der von Ihnen verlangt, was in solch einer Situation zu tun ist, nicht wahr?“ Bob schaute den Richter an.
Welche Chance hatte er jetzt noch? Er zog die Pistole aus dem Holster und zielte auf Sir Oliver. „Bob, seien Sie vernünftig!“, versuchte der ihn zu beruhigen. „Nein“, schrie Bob, er war völlig außer sich. „So einfach, wie ihr euch das vorgestellt habt, funktioniert das nicht.“ Dabei entsicherte er seine Waffe. „Ich werde jetzt über euch das Urteil sprechen!“ Dann drückte er ab. Ein lauter Knall, Pulverdampf verteilte sich. Bob konnte kein Einschussloch an der Uniform von Sir Oliver erkennen, auch zuckte dieser nicht von einer Kugel getroffen zusammen. Der zweite Schuss galt dem Richter, auch hier geschah nichts. Bob drückte ein drittes und viertes Mal ab, nichts … Sir Oliver und der Richter lachten. „Als Sie so schön schliefen, hat ihr Fahrer, der einen Zweitschlüssel für ihr Zimmer besaß, ihre Munition gegen Platzpatronen ausgetauscht!“ Jetzt zog der Richter eine Waffe hervor. „In dieser Waffe sind aber richtige Patronen.“
Bob ließ seine Waffe auf den Boden fallen. „Wie dumm von mir“, murmelte er vor sich hin, „wie dumm von mir.“
Plötzlich sah Bob das grüne Licht aufleuchten. Er wusste, was das Licht bedeutete. Man hatte die Landezone erreicht und machte sich zum Sprung bereit. Das leise in Mark und Bein gehende, schrille Surren der sich langsam öffnenden Heckklappe, machte ihm klar, was man von ihm erwartete.
Viele Gedanken wirbelten in seinem Kopf herum.

Ann lebte, Lydia lebte und er?
Der Richter hatte recht. Sie alle hatten einen Eid geschworen, dass, wenn die Situation es verlangte, sie aus dem Leben scheiden mussten. Aber dass es einmal so sein würde, hätte er sich niemals vorgestellt.
“Bob“, hörte er den Richter, „es wird Zeit!“ Bob ging langsamen Schrittes zum Heck. Es war klar, dass keiner der beiden ihn lebend zurückbringen durfte. Er wusste zu viel.
Er, Bob Robertson, hätte sie alle auffliegen lassen können. Er stand bereits auf der Rampe, frischer Wind blies ihm ins Gesicht. Unter ihm war alles dunkel. Doch da unten wartete der nasse Tod auf ihn.
Ein großer Schritt nach vorn, dann verschwand er in der Dunkelheit. Als sein Körper mit hoher Geschwindigkeit in das aufgewühlte Wasser der Nordsee aufschlug, war Bob bereits besinnungslos. Seine Leiche wurde nie gefunden.

Kapitel 52

Es war bereits nach achtzehn Uhr als Ann und Emmelie das Rittergut erreichten. Geschickt lenkte Emmelie das Motorrad zwischen den geparkten Wagen hindurch, bis ein Absperrgitter die Weiterfahrt beendete. Erschöpft stiegen beide von der Sitzbank. Wie Raumfahrer, die nach einem Pflug aus der Kapsel steigen, reckten und streckten sie sich, damit wieder Leben in die Glieder kam. „Hm, ich rieche Bratwurst", Emmelie klopfte sich mit der flachen Hand auf den Bauch. Ann nahm einen tiefen Zug durch die Nase, schloss die Augen, verzog genüsslich den Mund und nickte. Nachdem sie ihre Kleidung vom Staub befreit und zurecht gezogen hatten, machten sie sich auf den Weg zum Gut.
Ein Mädchen, das einen schwarzen Hengst an der Leine führte, kreuzte ihren Weg. Sie blieben stehen. Pferde, ging es Ann durch den Kopf, sie liebte Pferde. Es tauchten Bilder auf, wie sie mit Lydia auf Falcon durch die Wiesen ritt. Ihr größter Wunsch war es immer, eine Pferdezucht aufzuziehen. Erst als das Mädchen mit dem Pferd aus ihrem Sichtfeld verschwand, gingen sie weiter.
Nach einer Stärkung mit zwei Bratwürsten und einer Ladung Pommes frites, schauten sie noch eine Weile den Pferden und Reitern zu.
„Dort hinten ist bestimmt das Haupthaus des Barons", sagte Ann und deutete mit dem Kopf in Richtung eines größeren Gebäudes. Eine Weile blieben sie noch stehen und beobachteten das Treiben von Mensch und Tier.
Emmelie spürte Anns Anspannung, die nachdem sie das Gelände des Rittergutes betreten hatten, ständig anstieg. Immer wieder blickte Ann unsicher um sich. Sie hielt Ausschau nach einer bestimmten Person, die hier, genau an diesem Ort eventuell auftauchen könnte.
Pauls Worte schwirrten ihr immer wieder durch den Kopf. Er meinte, dass sie Lydia hier treffen könnten. „Komm", sagte Ann und verschränkte die Arme vor der Brust, „dann wollen wir den Herrschaften mal einen Besuch abstatten!"
Bald darauf erreichten sie die Auffahrt zum Haupthaus. Je näher sie dem Haus kamen, desto auffälliger war die Nervosität, die von den Leuten ausging, die vor der Eingangstür unruhig umherrannten und

anscheinend etwas suchten. Plötzlich kam einer der Leute ihnen entgegengerannt und baute sich breitbeinig vor ihnen auf. „Hier haben Sie nichts zu suchen!", sagte der Mann mit Sonnenbrille. Sein blasses, knochiges Gesicht wurde von einem ungepflegten Dreitagebart bedeckt.

Ann wollte sich gerade umdrehen und zurückgehen. „Wir sind von der Zeitung", entgegnete Emmelie und zog ihren Presseausweis aus der Tasche: „Wir werden erwartet!"

Es war wohl nicht der Hellste, der vor ihnen stand. Etwas ungläubig und unsicher schaute er auf den Ausweis. „Wir sollen über das hier alles eine Reportage machen", fügte Emmelie mit selbstsicherer Stimme hinzu. Das verunsicherte den Typ mit den dauergewellten Haaren noch mehr. „Dann folgen Sie mir bitte", kam es fast unterwürfig aus seinem Mund. Sie gingen einen breiten Flur entlang, bis der Mann auf zwei Stühle zeigte: „Bitte, nehmen Sie Platz, ich werde Sie bei der Baronin anmelden!"

Er klopfte vorsichtig an eine große Holztür, um kurz darauf hinter ihr zu verschwinden. „Na, den hast du aber beeindruckt", lächelte Ann und schaute zu Emmelie. „Ja, ich war gut, nicht wahr?" Sie lachten.

Jedoch sah es in Anns Innerem ganz anders aus. Sie war nervös, ihr Herz schlug ihr bis zum Hals. Was wird sie hier erwarten?

Weiter kam sie mit ihren Gedanken nicht. Langsam öffnete sich die Tür und der Typ kam auf sie zu.

Ohne die Sonnenbrille abzunehmen, beugte er sich zu den beiden etwas herunter: „Frau Baronin erwartet keine Reporter!", sprach er mit leiser Stimme, als sollte das, was er sagte, niemand mithören. „Sie sollen aber trotzdem eintreten!", fügte er hinzu.

Ann und Emmelie schauten sich kurz an. Sie hatten keine Zeit mehr, über irgendetwas nachzudenken, jetzt wurde es ernst. Vorsichtig und zurückhaltend betraten sie den Raum. Hinter einem großen, alten Schreibtisch saß eine Frau und schrieb etwas. Es dauerte, bis die Frau den Kopf hob und die beiden Frauen misstrauisch musterte. Dann erhob sie sich aus ihrem Stuhl und gab dem Sonnenbrillentyp ein Zeichen, dass er den Raum verlassen soll. Mit auf dem Rücken verschränkten Händen kam sie um den Schreibtisch herum und blieb wie eine Lehrerin vor ihren Schülerinnen stehen.

„Und, mit wem habe ich denn nun wirklich das Vergnügen?"

„Sie können sich nicht an mich erinnern?“, fragte Ann und trat etwas näher an Henriette von Neuenhaus heran. Die nahm langsam ihre Brille ab und fixierte ganz genau Anns Augen. Es war, als trafen viele kleine Hagelkörner ihre Gesichtshaut, so verspürte Ann den abwertenden und kalten Blick der Baronin. Der laute Gongschlag der Wanduhr, der zu jeder halben Stunde ertönte, zerriss die Stille. „Vielleicht können Sie sich noch an meine Mutter erinnern, ihr Bruder Heinrich war einmal mit ihr verheiratet.“

Der Blick der Baronin veränderte sich, sie dachte angestrengt nach. „Dann sind Sie die kleine Annegret, habe ich recht?“ Ann schmunzelte und warf einen Blick zu Emmelie hinüber, die der Unterhaltung aufmerksam folgte. „Nun heiße ich nicht mehr Annegret, sondern Ann.“ Sie schaute wieder zu Emmelie, die nur nickte. „Nachdem meine Mutter und ich vor ihrem Bruder Heinrich und seinen Schergen aus Deutschland fliehen mussten, nahm sie einen anderen Namen an und heiratete in England.“

Emmelie presste die Lippen aufeinander und nickte wieder, um Ann Kraft zu geben und weiter zu erzählen. „Und heute, heiße ich Robertson, Ann Robertson, und mein Mann heißt Bob Robertson.“

Die Baronin legte den Kopf in den Nacken und schloss kurz die Augen. „Was ist aus ihrer Mutter geworden?“

„Sie starb vor nicht allzu langer Zeit!“, antwortete Ann und strich sich die Haare aus der Stirn. „Sie hat mir aber viel von damals erzählt. Von ihrer großen Liebe zu Fritz von Neuenhaus, der auch mein leiblicher Vater ist.“ Für einen kurzen Augenblick verstummte Ann und Emmelie sah, wie Tränen über ihre Wangen liefen. „Sie erzählte auch, auf welch tragische Weise Fritz plötzlich ums Leben kam.“

Henriette trat wieder hinter ihren Schreibtisch und setzte sich. „Das liegt alles viele, viele Jahre zurück!“ Dabei legte sie ihre Arme lässig auf die Stuhllehne. „Was wollen Sie also wirklich von mir?“

„Ich suche meine Tochter Lydia!“

Anns Stimme wurde lauter. „Lydia wird von ihrem Stiefvater Bob gesucht, weil sie etwas weiß, das keine anderer wissen darf.“ Ann holte tief Luft. „Sollte er sie finden, wird er sie eiskalt umbringen, so wie er auch vorhatte, mich zu töten.“

Ann zog ein Foto von Lydia aus der Tasche und legte es auf den Schreibtisch. Die Baronin warf einen kurzen Blick darauf und schob

es wieder zu Ann zurück. „Und diesen, wie nannten Sie ihn noch, Bob Robertson, so war doch der Name ihres Mannes, nicht wahr? Diesen Namen höre ich heute zum ersten Mal." Die Baronin setzte sich wieder aufrecht an den Schreibtisch und tat so, als wolle sie ihre unterbrochene Arbeit fortsetzen.
„Ich glaube, Sie verlassen jetzt besser das Haus!" Dabei setzte sie ihre Brille wieder auf, ohne noch einmal zu den beiden aufzuschauen.
Doch da war ja noch Emmelie, die sich mit einem Mal in die Unterhaltung mischte. Sie stellte sich höflich vor, dass sie eine dänische Journalistin sei. Sie sprach ganz ruhig. Ihre Stimme klang selbstsicher und stark wie die eines Richters des Tribunals. Sie erzählte über die Organisation, die Absetzung der Bundesregierung und über all das, was sie über die Organisation in der Hand hatte und dass sie wusste, dass Bob Robertson ein guter Bekannter von ihr war. Henriette von Neuenhaus hörte schweigend zu. Nach einem kurzen Moment erhob sie sich und stützte sich mit den Händen auf dem Schreibtisch ab. „Und das alles wollen Sie veröffentlichen?" Emmelie nickte nur.
„Wissen Sie Frau Mortensen, was Sie mit dieser Veröffentlichung alles anrichten? Das, was Sie in den Händen halten, *ist der ‚heilige Gral'*." Das Gesicht der Baronin war kalkweiß geworden. „An Ihrer Stelle würde ich mir das gut überlegen, sollte das an die Presse gelangen, sind Sie Ihres Lebens nicht mehr sicher."
„Ich weiß!", entgegnete Emmelie, „aber ich bin es meiner toten Schwester schuldig, die durch Menschen ihrer Organisation ihr Leben verlor."
„Wenn ich wirklich wüsste, wo sich ihre Tochter Lydia befindet, was würde ich als Gegenwert erhalten?"
„Wo ist sie!", schrie Ann: „Lebt sie noch?"
Die Baronin nickte: „Noch, aber Bob ist bei ihr!"
Ann schaute ängstlich zu Emmelie. „Nein, Ann, das kannst du nicht von mir verlangen, nicht nachdem was alles Schreckliches geschehen ist." Ann begann zu weinen, „aber sie ist doch meine Tochter!", flehte sie Emmelie an. „Ist es das alles wert?", schluchzte sie.
Plötzlich blickten Ann und Emmelie in den Lauf einer Pistole, die die Baronin aus der Schublade genommen hatte.

„Ich glaube, Sie sollten sich das alles noch einmal gründlich durch den Kopf gehen lassen!“, schlug die Baronin vor, dabei drückte sie auf einen weißen Knopf, der auf dem Schreibtisch angebracht war. Sie löste damit Alarm aus. Kurz darauf betraten drei ziemlich finster aussehende Gestalten den Raum. Ein Wink mit dem Kopf, war für die Männer das Zeichen, Ann und Emmelie abzuführen. Das ging nicht gerade freundlich zu. Ann werte sich, schrie und biss einen Mann sogar in den Arm, der mit schmerzverzerrtem Gesicht aufschrie. Der dritte Mann versetzte Ann einen Fausthieb ins Gesicht. Polternd schlug Anns Körper auf den Boden, wo sie besinnungslos liegen blieb. Sie brachten die beiden Frauen in das Kellergeschoß des Hauses. Die Männer hatten den klaren Befehl, aus ihnen herauszubekommen, wo sich die Unterlagen befinden, von denen Emmelie gesprochen hatte.
Als die Sicherheitsleute mit Ann und Emmelie das Zimmer der Baronin verlassen hatten, trat augenblicklich Ruhe ein. Henriette wanderte nachdenklich durch das große Arbeitszimmer. Den Rauch der filterlosen Zigarette, die in einer Zigarettenspitze steckte, zog sie gierig und tief ein. Als sie am Fenster vorbeikam, von dem man einen guten Überblick über das Gutsgelände hatte, hielt sie inne. Die letzten Besucher des Reitturniers verließen den Gutsbereich. Eigentlich sollte es ein schöner Tag werden mit den vielen Besuchern und den schönen Pferden … bis, ja bis diese Leute auftauchten. Dieser Engländer, Bob Robertson, dann diese junge Frau. Anscheinend seine Stieftochter und der in den Ruhestand versetzte alkoholabhängige Kommissar, der wie vom Erdboden verschwunden war. Zu allem Überfluss tauchten dann auch noch die beiden Frauen auf. Annegret, die ihre Tochter suchte und diese dänische Journalistin, die wohl gefährliches Material besaß, das sie und die Organisation zerschlagen konnte.

Schweigend schaute Henriette von Neuenhaus auf die angrenzenden Nebengebäude, aus deren Fenster Licht auf das Steinpflaster des Hofes fiel. Sie stand mit dem Rücken zur Wand und musste jetzt schnell handeln. Zuerst musste sie herausfinden, wo sich die Unterlagen befanden, dafür hatte sie einen Trumpf in der Hand, die Tochter Lydia! Dann musste dieser Kommissar gefunden werden. Sie

spürte, wie sich Unruhe in ihr ausbreitete, ihr Herz schlug schneller. Plötzlich kam ein Gefühl auf, als kehrten die alten Dämonen zu ihr zurück.
Sie sah die vielen roten Fahnen mit dem schwarzen Hakenkreuz im weißen Kreis, die anstachelnden Reden, die euphorischen Klänge der Marschmusik, die Uniformen. Dann überfiel Adolf Hitler mit seinen Heeren Polen. Bald darauf begann der Westfeldzug. Heinrich, ihr älterer Bruder war schon Offizier und hatte bereits mehrere Auszeichnungen für besondere Tapferkeit aus der Hand des Führers erhalten. Fritz, ihr jüngerer Bruder, war ungern Soldat und eher gegen den Krieg, aber auf Drängen seitens der Familie und der Tradition derer von Neuenhaus, blieb ihm nichts anderes übrig, sich ebenfalls zum Militär zu melden. Nach seinem ersten Fronturlaub erwischte es Fritz. Nach einem Lungensteckschuss war der Krieg für ihn zu Ende. Nachdem man ihn in ein nahegelegenes Lazarett gebracht hatte, konnte sie ihn mit dem Fahrrad öfter besuchen. Doch irgendwann spürte sie, dass da noch etwas anderes war. Sie besuchte Fritz nun jeden Tag. Nachts, wenn sie allein in ihrem Bett lag und an Fritz dachte, streichelte sie sich selbst. Jeden Tag, den sie mit Fritz verbrachte, schrieb sie in ihr kleines Poesiealbum. Dabei ertappte sie sich, dass sie immer häufiger ein bestimmtes Wort schrieb … Liebe.
Nachdem der schreckliche Krieg zu Ende war, Fritz und Heinrich endlich aus amerikanischer Kriegsgefangenschaft zurückkamen, erhielt sie eine schlimme Nachricht, die ihre Einstellung, ihre Gesinnung und ihr zukünftiges Leben prägen sollte.
Etwa einen Monat später stellte Fritz seiner Familie diese Frau vor. Ihr Name war Paula. Fritz und sie waren schon seit Jahren ein Paar und hatten eine gemeinsame Tochter, Annegret.
Henriette zündete sich eine weitere Zigarette an, dabei öffnete sie eines der Fenster. Die kühle Abendluft strömte in das Zimmer, das Geräusch von Pferden drang an ihr Ohr. Kurz bevor Fritz heiratete, ersann sie einen Plan. Wenn sie schon seine Liebe nicht haben durfte, dann sollte ihn auch keine andere Frau sie bekommen.
Es war in einer Silvesternacht, es waren viele Gäste im Haus, unter ihnen auch amerikanische und britische Offiziere. Fritz hatte zu viel getrunken und hatte sich in sein Zimmer zurückgezogen. Schnell riss sie sich die Kleider herunter, als wäre sie vergewaltigt worden, dann

ging sie heulend zu den anderen Gästen. Sie war eine blendende Schauspielerin, was sie haben wollte, bekam sie. Nachdem Militärpolizisten den völlig überraschten Fritz festgenommen hatten, fanden sie in seiner Schreibtischschublade eine große Summe Geld. Genau dieses Geld war Heinrich vor ein paar Tagen unter mysteriösen Umständen abhandengekommen. Es klappte alles so, wie sie es sich vorgestellt hatte. Genau hier entdeckte sie ihre große Kraft, andere Menschen zu manipulieren. Zwei Wochen nach diesem Vorfall überbrachte ein amerikanischer Offizier die Nachricht, dass Fritz einen Ausbruchversuch unternommen habe und dabei erschossen wurde.

Womit sie aber nicht gerechnet hatte, Heinrich interessierte sich mit einem Mal auch für Paula. Als sie mit Tbc in einem Sanatorium lag, heirateten die beiden. Paula und ihre Tochter waren ihr von Anfang an ein Dorn im Auge. Aber auch hier gab es eine Lösung. Sie wusste, dass Heinrich immer noch ein gradliniger Nationalist war und für die Werte Hitlers stand.

Mithilfe eines Freundes fälschte sie eine Urkunde, die Paula als Jüdin auswies.

Daraufhin annullierte Heinrich die Heirat mit Paula und forderte sie auf, das Land zu verlassen. Da er ihnen keine Sicherheit mehr gewährleisten konnte und eventuell ihr Leben in Gefahr war.

Sie hatte es geschafft, sie hatte ihr Ziel erreicht! Ein lautes, gemeines Lachen drang jetzt aus ihrer Kehle in die Dunkelheit des Zimmers. Sie selbst war von der Intensität erschrocken.

Ein aufdringliches, lautes Klopfen an der Zimmertür ließ sie zusammenzucken und riss sie brutal aus ihren Gedanken. Sie schloss das Fenster. Jetzt merkte Henriette, dass sie die ganze Zeit im Dunklen stand. „Kommen sie rein!“, rief sie laut und betätigte den Knopf der Schreibtischlampe, die den Raum ausreichend erhellte. „Frau Baronin“, hörte sie die Stimme eines ihrer Wachleute. „Wir wissen jetzt, wo wir die Unterlagen finden!“ Dabei trat er näher in den Lichtschein und öffnete seine Hand. „Der Schlüssel eines Schließfachs?“ Der Mann nickte. „Diese Dänin hat ihn uns auf Verlangen der anderen Frau ausgehändigt.“ Henriette schmunzelte. „Gut ihr fahrt sofort zu diesem Schließfach und bringt mir diese Unterlagen!“ Der Mann nickte und wollte gerade gehen: „Und bereitet die Gaskammer vor,

in der die beiden Damen schließlich einschlafen werden.“ Er nickte stumm und verließ den Raum. Kurz darauf klopfte es wieder an der Tür. „Was gibt es denn jetzt noch?“, rief sie nervös durch den Raum. Ein anderer ihrer Wachleute trat ein. „Wir haben einen von unseren Leuten tot im Jagdzimmer unter einem Sofa gefunden.“ Das hörte sich nicht gut an. „Was ist mit diesem Kommissar?“, schrie Henriette. Der Mann schüttelte den Kopf. „Dann sucht verdammt noch mal nach ihm!“ Mit einem leisen „Jawohl!“ verließ der Mann das Zimmer. Henriette spürte die innere Unruhe.
Sie ging zum Schreibtisch, öffnete das untere Fach, nahm eine Flasche klaren Schnaps heraus, setzte sie an den Mund und genehmigte sich mehrere kräftige Züge.
Sollte dieser eigenartige Kommissar es wirklich geschafft haben, von hier zu entkommen? Dann musste sie sich bald auf unangenehmen Besuch einstellen. Ihre Leute waren gut bewaffnet und genug Munition war auch vorhanden und dann gab es ja noch einen Plan ‚B‘. Sie ging wieder zurück zum Fenster.
Der Schein der Laternen versetzte den Hof in eine geheimnisvolle Atmosphäre. Sie spürte, dass etwas bevorstand. Sie ahnte aber noch nicht, was da auf sie zukam. Sie wollte gerade die schweren Vorhänge zuziehen, als sie das kleine Blinklicht in der Dunkelheit auftauchen sah. Es kamen immer mehr blau blinkende Lichter dazu.
Als dann die Lichter aus verschiedenen Richtungen auf den Hof zukamen, gab es für sie nur noch eine einzige Entscheidung.

Kapitel 53

Die Rückfahrt zum Rittergut und zur Baronin von Neuenhaus verzögerte sich. Nur mit Minensuchgeräten gelang es den Einsatzkräften der Polizei, den verstümmelten Körper des toten Holländers zu bergen. In der Zwischenzeit war die Dunkelheit hereingebrochen. Über den Polizeifunk gelang es Fred Holtmann, einen Abschleppdienst zu organisieren. Sein demolierter Wagen wurde auf einen Tieflader gezogen und in eine Werkstatt transportiert.
Es war Lydia und Holtmann bewusst, dass es völliger Schwachsinn gewesen wäre, allein zum Gut zurückzufahren. Obwohl sie anfangs darüber nachdachten, ein Taxi anzufordern. Als jedoch der Leiter des Polizeieinsatzes ihnen klarmachte, dass eine kleine, private Armee im Dienste der Frau von Neuenhaus stand, war der Gedanke schnell vom Tisch. In der Zwischenzeit wurden sie gut von den Beamten versorgt, es gab heißen Kaffee und belegte Brote.
Nachdem die Beamten im Wald noch ein Waffenlager entdeckten sowie große Mengen Munition und Sprengstoff, wurde sofort ein Sondereinsatzkommando angefordert. Diese ganze Aktion verzögerte die Rückkehr zum Gut. Lydia war auf der Rückbank eines Polizeiwagens fest eingeschlafen, als Holtmann die Tür öffnete: "Es geht los!" Sie war sofort hellwach. „Haben wir noch Zeit für eine Zigarette?" Holtmann nickte. Schweigend blickten sie dem Leichenwagen nach, der vor ihnen in langsamer Fahrt den Hof verließ. Dann legte sich eine gespenstische Stille über diesen schrecklichen Ort. Aus der Ferne war der durchdringende Ruf eines Käuzchens zu hören.
Auf der Fahrt erklärte Holtmann das weitere Vorgehen der Polizei, die mit Widerstand rechnete und daher von zwei Seiten das Gut stürmen wollte. Lydia war fassungslos. „Also, wenn ich das so höre, klingt das nach Krieg, oder?"
Holtmann nickte. „Könnte vielleicht einer werden!" Er lehnte sich in den Sitz zurück. Lydia schaute zu Holtmann hinüber. Im fahlen Licht der Innenbeleuchtung sah sein Gesicht angespannt, aber doch irgendwie zufrieden aus. Das hier, das war sein Leben. Kommissar Fred Holtmann war wieder im Einsatz. Er bemerkte nicht, dass Lydia ihn von der Seite betrachtete und dabei lächelte.

Dann tauchte aus der Dunkelheit der kleine Ort vor ihnen auf. Die Straße, auf der sie fuhren, führte direkt zum Rittergut. Die Zufahrtsstraßen waren durch Polizeifahrzeuge abgeriegelt. Bei einem Haus, gegenüber der Gutseinfahrt, stellte der Fahrer den Wagen ab. In Begleitung des Beamten gingen sie in Richtung Hofeinfahrt. Ein Polizeiwagen hatte die Hofeinfahrt blockiert. Immer wieder drangen Funksprüche der Einsatzkräfte an ihre Ohren. „Wie sieht es aus?“, fragte der Beamte seinen Kollegen, der mit einer Waffe im Anschlag hinter dem Wagen kniete. „Eigenartig ruhig!“, kam es von ihm zurück, ohne seinen Blick vom Hof abzuwenden.
„Und was nun?“, wollte Lydia wissen. Sie schaute zu Holtmann, der nur mit den Schultern zuckte. „Also wir werden …“, begann der Beamte leise und wollte ihnen den weiteren Einsatz erläutern, als eine plötzliche, heftige Schießerei seinem Vorhaben ein Ende setzte. Instinktiv duckten sich alle sofort und suchten hinter dem Wagen Schutz. Querschläger surrten durch die Luft. Ein Geschoß traf die Seitenscheibe des Wagens, die sofort zersplitterte. Jetzt begannen die Beamten zurückzuschießen, obwohl in der Dunkelheit nicht viel zu erkennen war. Plötzlich waren von einer anderen Seite des Gebäudes Schüsse aus einer Maschinenpistole und die Explosion einer Handgranate zu hören. „Also, so viel zur Privatarmee“, murmelte Lydia und duckte sich noch tiefer. Der Schusswechsel nahm an Stärke zu. Erste Schreie von Getroffenen drangen vom Hof herüber. Es tauchten immer mehr Polizeifahrzeuge auf, dazwischen mehrere Krankenwagen.
Schnell verteilten sich die Beamten und ein Trupp von rund zwölf Mann stürmte in den Hof. Wieder waren Schreie zu hören, zwischen Detonationen und Lichtblitzen. Abrupt, so wie es begonnen hatte, war plötzlich alles vorbei, kein Schuss fiel mehr. Rufe nach einem Sanitäter drangen aus der Dunkelheit.
Langsam richteten sich Lydia und Holtmann auf und betraten vorsichtig den Hof. Hektische Lichtkegel von Taschenlampen waren zu sehen. Die ersten Krankenwagen fuhren auf den Hof und im Lichtschein ihrer Scheinwerfer waren verkrümmte Körper, die auf dem Steinpflaster lagen, zu erkennen. Alle rannten wild durcheinander. Da standen sie nun, Holtmann und Lydia und keiner kümmerte sich mehr um sie. „Ich glaube, wir sind hier wohl überflüssig, oder was

meinst du?" „Sieht stark danach aus!", entgegnete Holtmann und zeigte dabei mit dem Finger auf das Hauptgebäude, in dem in einigen Zimmern Licht brannte.
Als sie die Stelle erreichten, von der aus Geoffrey alles beobachtet hatte – wie er es in seinem Schreiben schilderte – blieb Lydia mit einem Mal stehen. Holtmann hatte es nicht sofort bemerkt und ging wieder zu ihr zurück. „Lydia?"
„Ist es nicht eigenartig, hier hat alles vor siebenundzwanzig Jahren angefangen und hier schließt sich nun der Kreis." Holtmann nahm sie in den Arm und merkte, dass sie zu weinen begann. Wie sein Vater seine Tochter tröstet, versuchte er mit ruhiger Stimme sie auf das zu lenken, was sie jetzt noch tun müssen. Es dauerte eine Weile, aber er schaffte es. Nachdem sie sich wieder gefasst hatte, gingen sie weiter.
Im Inneren des Hauses war es eigenartig ruhig, als hätte es die soeben stattgefundene Schießerei überhaupt nicht gegeben. Nur die Splitter einer kaputt gegangenen Fensterscheibe deuteten auf etwas Ungewöhnliches hin. Sie gingen weiter in Richtung des Arbeitszimmers, dabei erzählte Holtmann, wie es ihm gelang, vor den Augen der Wachleute zu flüchten und ins Freie zu kommen.
Lydia war sehr angespannt und hörte nur mit einem Ohr zu. Immer wieder blieb sie stehen und lauschte, aber es blieb nur die Ruhe nach dem Sturm.
Die Tür zum Arbeitszimmer der Hausherrin stand weit offen, nur das Licht der Schreibtischlampe erhellte den Raum. Nach einem zögerlichen Blick gingen sie vorsichtig hinein. Das Zimmer war verlassen, keine Spur von der Baronin.
Von draußen waren Geräusche rangierender Fahrzeuge zu hören und zwischendurch immer wieder laute Stimmen, die irgendwelche Anweisungen riefen. Es war noch nicht so lange her, dachte Lydia, als sie hier in diesem Zimmer auf Bob stieß, der sie so plötzlich niederschlug. Auch an den schmerzhaften Einstich konnte sie sich erinnern und dass danach alles dunkel wurde. Sie beobachtete, wie Holtmann auf eine Tür zuging und vor dieser kurz stehen blieb. In sich gekehrt kam er wieder zurück und blieb an einer Stelle stehen und schaute dabei auf den Boden. „Genau hier habe ich gelegen, nachdem dieser Bob mir den Schlag versetzt hatte." Bei diesen Worten kniete er sich

nieder und schüttelte den gesenkten Kopf, als wollte er Buße ablegen. „Ich sah, wie sich alle über dich hermachten“, schluchzte er. „Ich war nicht imstande, dir zu helfen, ich dachte nur weg von hier!“ Er fasste sich mit den Händen in die Haare, als wollte er sie sich vom Kopf reißen. „Dann sah ich diese Tür und als sie sich mit dir befassten, haute ich ab!“ Diesen Satz schrie er mit verzerrtem Gesicht. „Ich machte mich einfach aus dem Staub und ließ dich allein!“, schrie er wieder und fing an zu weinen. Im ersten Moment war Lydia erschrocken und dachte an einen Nervenzusammenbruch, denn so hatte sie Holtmann noch nie erlebt. Als seine Stimme wieder leiser wurde, spürte sie, dass er sich beruhigte. „Du musst dir keine Vorwürfe machen“, sagte sie, ging zu ihm und legte ihre Arme um seine Schultern. „Es ist alles gut gegangen, nicht wahr?“

Holtmann nickte und wischte sich die Tränen aus dem Gesicht. „Was wäre aber gewesen, wenn die Tür verschlossen gewesen wäre?“ Sie schauten sich in die Augen. „Dann, lieber Fred, würden wir beide hier jetzt nicht auf dem Boden knien“, dabei huschte ein Lächeln über ihr Gesicht. Holtmann nickte. „Ja, ja, ich glaube, es sollte wohl alles so sein“, dabei versuchte er, auch ein Lächeln zu erzwingen. Langsam und schwerfällig, mit den dazu gehörenden Schmerzgeräuschen eines Rheumatikers, richtete er sich auf und kam auf die Beine.

Lydia aber blieb reglos in ihrer Position. „Komm“, sagte Holtmann und hielt ihr die Hand entgegen. Ohne auf die Hilfe einzugehen, schaute sie wie gebannt auf etwas, das am Boden lag. Sie krabbelte auf allen Vieren, wie ein kleines Mädchen, zu der Stelle, an der das Vermeintliche lag. In der Nähe des Schreibtisches war sie fündig geworden und richtete sich langsam auf, dabei hielt sie etwas in der Hand. Holtmann trat näher heran. Es war eine Kette mit Anhänger, die vor ihm auf dem Tisch lag. Lydia verdreht die Schreibtischlampe, um mehr Licht zu bekommen. „Mom, Mom ist hier!“, hörte er die verzweifelten Worte über Lydias Lippen kommen. „Wie kommst du darauf, dass deine Mutter hier ist?“ Sie schob die Kette so ins Licht, dass er sie besser sehen konnte. Es zeigte zwei aus einer Wolke, zu den Seiten blickende Pferdeköpfe und in der Wolke die Initialen A + L, was für Ann und Lydia steht.

Holtmann spürte, wie aufgeregt Lydia auf einmal war. „Fred, verstehst du, dies hier sind Unikate, sie wurden nur zweimal hergestellt, die eine für Mom und die andere für mich." Sie fasste zum Hals und ihre Hand kam mit einer Kette zum Vorschein. „Siehst du, ich trage die zweite Kette."

„Das würde ja bedeuten, dass deine Mutter hier war."

Lydia nickte. „Da wo ich die Kette gefunden habe, ist sie nicht einfach zu Boden gefallen!"

„Du meinst", führte Holtmann fort, „dass die Baronin mit ihren Schergen auch deine Mutter aus dem Weg räumen will?"

„Ja, das genau will ich damit sagen!"

Sie überlegten einen Augenblick lang. Um dieses große Haus mit den vielen angrenzenden Gebäuden zu durchsuchen, brauchten sie mehrere Stunden und es würde vielleicht kostbare Zeit vergehen.

„Komm", sagte Holtmann und ergriff ihre Hand. „Den Einsatzleiter der Polizei, den kenne ich gut", dabei rannte er nach draußen. „Aber wo finden wir in diesem Durcheinander den Einsatzleiter?" Holtmann lachte: „Da, wo es am stärksten nach Kaffee riecht!" Sie fanden ihn in einem der Einsatzfahrzeuge, er schlürfte Kaffee. Es vergingen noch zwanzig Minuten, dann war eine Suchmannschaft von zwanzig Beamten zusammengestellt. Sie sollten zuerst das Hauptgebäude durchsuchen. „Ich habe Spürhunde angefordert", rief der Einsatzleiter hinter Holtmann her, der mit einem knappen „erstklassig!" antwortete.

Holtmann und Lydia beteiligten sich an der Suche. Der erste Raum, den sie in Augenschein nahmen, war das Jagdzimmer. Er bückte sich, um unter das Sofa zu schauen. Es war nichts zu finden, sogar der Tote war verschwunden. „Hattest du einen Grund, mit diesem Raum anzufangen?", wollte Lydia wissen und stand mit verschränkten Armen in der Tür. „Oh", stotterte Holtmann, „nein, eigentlich nicht!"

Die Beamten begannen, das Hauptgebäude systematisch von oben nach unten zu durchsuchen. Sie konzentrierten sich zu allererst auf das Dachgeschoss. Der laute Ruf eines Polizisten, der etwas gefunden hatte, hallte durch das Gebäude und ließ Lydia zusammenzucken. Es kam aus dem Obergeschoss. Sie rannten wie wild die breite Steintreppe hinauf. Lydia, die schneller als Holtmann die obere Etage erreichte, sah am Ende des Korridors einen Pulk von Polizisten

vor einer Tür stehen und rannte los. „Lassen sie mich bitte durch!“, rief sie den Beamten zu, „ich suche meine Mom!“ Sofort bildeten die Männer eine Gasse, durch die Lydia in den Raum gelangte.
Noch außer Atem schaute sie sich um. Zwei Beamte durchsuchten einen großen Schrank. In einem Rollstuhl saß ein alter Mann, der so wie es aussah, von all dem hier nichts mitbekam. Neben dem Rollstuhl auf einem Hocker saß eine wahrscheinlich durch den ganzen Polizeieinsatz ziemlich ängstlich wirkende Frau in einer Schwesternkluft. Enttäuscht verließ Lydia das Zimmer. Holtmann lehnte an der gegenüberliegenden Wand und schnappte nach Luft. „Und?“, hechelte er vor sich hin. Sie schüttelte den Kopf. „Im Zimmer war nur ein alter Mann im Rollstuhl und eine Krankenschwester.“
„Dann müssen wir eben weitersuchen!“
Auch die Beamten begaben sich nach der kleinen Unterbrechung wieder an die Arbeit. Außer dem alten Mann und seiner Krankenschwester fanden sie in den Zimmern des Obergeschosses keine weiteren Personen. Auch im Erdgeschoß blieb die Suche erfolglos. Lydia, Holtmann und einige Beamte hatten im Flur des Erdgeschosses eine Verschnaufpause eingelegt und rauchten, als ein Polizist die Kellertreppe hinaufgelaufen kam. „Wir brauchen dringend Hilfe, da unten!“, rief er und es schien, als würde er torkeln. „Starker Gasgeruch in einem der Räume!“ Er hustete und musste sich übergeben.
„Da sind auch noch zwei Frauen, wir brauchen Schutzmasken, schnell!“, rief einer der Beamten in sein Funkgerät, „und schickt sofort die Sanis hierher!“
Lydia wollte sofort die Kellertreppe hinunter, aber zwei Beamte hielten sie am Arm fest. „Lasst mich sofort los, da unten liegt vielleicht meine Mom!“
„Das ist zu gefährlich für Sie, es kommt gleich Hilfe“, versuchte einer der Männer, Lydia zu beruhigen, die einen zweiten Versuch startete, um in den Keller zu gelangen, der ihr ebenfalls nicht gelang.
Erschöpft setzte sie sich auf den Boden und hielt sich die Hände vors Gesicht. „Es wird alles gut“, hörte sie Holtmanns Stimme, „vielleicht ist ja eine der beiden Frauen deine Mom und das wäre doch schon mal was Gutes, oder?“ Lydia nickte.
„Aber was ist mit dem Gasgeruch?“ Dabei schaute sie zu dem Polizisten, den man auf den Rücken gelegt hatte und um den sich zwei

Kollegen kümmerten. Dann stürmten weitere Beamten und Sanitäter mit aufgesetzten Schutzmasken ins Kellergeschoß. Eine beängstigende Nervosität trotz Anwesenheit von Polizei und Rettungskräften war zu spüren. Es sollte noch einige Minuten dauern, bis zwei Beamte die erste Frau noch oben brachten und sie auf eine Trage legten. Lydia blickte zu Holtmann hinüber und schüttelte den Kopf. Sie traten etwas näher an die Trage heran. Diese Frau war nicht ihre Mom. Das Gesicht der jungen Frau wies einige Schürfwunden auf, wie von einem Kampf, oder sie wurde misshandelt.
Ein Sanitäter drückte ihr eine Maske auf Mund und Nase und drehte dabei an einer Sauerstoffflasche. Mit einem Stethoskop überwachte er ihren Herzschlag. Mit einem Mal war ein Zucken ihrer Augenlider zu erkennen, dann öffnete sie langsam ihre Augen. Der Sanitäter, der neben ihr kniete, nahm das Stethoskop aus seinen Ohren, nickte und lächelte: „Alles o.k.!“
Plötzlich galt die Aufmerksamkeit der Beamten wieder dem Kellergeschoß, von dem wieder Stimmen nach oben drangen. Die zweite der beiden Frauen schaffte es aus eigener Kraft, die Kellertreppe hinaufzukommen, dabei unterhielt sie sich mit einem Rettungsassistenten. „Mom, das ist Mom!“, schrie Lydia wie von einer Tarantel gestochen und lief zur Kellertreppe. Ann und Lydia fielen sich in die Arme. Beiden konnten die Tränen der Freude nicht zurückhalten. Ein Polizist begann zu applaudieren, sofort klatschten alle anderen ebenfalls in die Hände. Auch Holtmann klatschte fest in die Hände, die Situation war so rührselig, dass er nicht bemerkte, dass auch ihm die Tränen über das Gesicht kullerten.
„Aber woher wusstest du, dass ich hier in diesem Hause war?“ Lydia griff in ihre Tasche, um ihr die Kette zu zeigen.
„Als ich diese Kette sah, war mir klar, dass du hier bist.“ Erstaunt fasste Ann an ihren Hals. Tatsächlich, die Kette, sie fehlte. „Bestimmt während des Handgemenges mit den Typen, habe ich die Kette verloren!“ Lydia schaute ihrer Mutter in die Augen. „Was wäre gewesen, wenn ich die Kette nicht gefunden hätte?“ Ann nahm ihre Tochter wieder in die Arme. „Darüber wollen wir jetzt nicht nachdenken, Liebes.“
„Hey, hey“, war plötzlich eine Frauenstimme zu hören, „hast du mich vergessen?“ Ann zuckte sofort zusammen, Emmelie schoss es

ihr durch den Kopf. „Wie kann ich dich vergessen?“ Ann kniete sich neben die Trage und küsste sie auf den Mund, beide lächelten. „So, und das ist also deine Tochter, von der du mir so viel erzählt hast.“
„Ja, das ist meine Tochter Lydia!“, entgegnete Ann voller Stolz und ein Lächeln huschte über ihr Gesicht. „Dann hat es sich ja doch gelohnt, nicht wahr?“ Sie richtete sich, trotz der Anweisung des Sanis, liegen zu bleiben, auf. „Ich stehe in deiner Schuld, ich weiß nicht, wie ich dir danken soll.“ Sie nahm Emmelies Hand und küsste sie. Es wirkte auf Lydia so, als würde ein Büßer die Hand einer Madonna küssen.
„Verrät mir vielleicht jemand, worum es hier geht?“, mischte sich Lydia in die Zeremonie der beiden ein. „Emmelie ist Journalistin und sie hat brisantes Material, für das Menschen töten und viele bereits gestorben sind.“
„Hat jemand mal eine Zigarette für mich?“, unterbrach Emmelie sie, worauf Holtmann wie ein Kavalier herantrat und ihr eine von seinen anbot. „Das sollten Sie aber noch unterlassen!“, entgegnete sofort der Sanitäter und schüttelte ungläubig den Kopf. „Also Doc“, sagte Emmelie und zog genussvoll den Rauch in die Lungen, „so schlimm ist es ja auch nicht, denn ich fühle mich schon viel, viel besser.“
„Was hat denn nun das Material mit mir und dir zu tun?“
„Dieses Material hätte auch die Baronin belastet.“
„Ja, und weiter?“, drängte Lydia. „Wir waren völlig überrascht, als man uns die Pistole auf die Brust setzte, entweder die Unterlagen, die in einem Schließfach lagen, oder man würde dich töten.“
„Ich verstehe!“, murmelte Lydia, „dann habt ihr beschlossen, denen den Schlüssel zu überlassen.“ Ann nickte. „Es ging um dein Leben!“ Lydia nahm Anns Hand und mit der anderen drückte sie Emmelies Hand. „Das finde ich ganz toll von Euch.“
„Aber diese Typen hätten, obwohl sie im Besitz des Schlüssels waren, euch trotzdem getötet. Gibt es von den Unterlagen eventuell eine Kopie?“ Ann senkte den Kopf. „Nein, es gibt keine Kopie!“ „Das bedeutet, ihr habt das alles in Kauf genommen und steht nun mit leeren Händen da?“
„Lydia, wir hatten keine andere Wahl, es ging um dein Leben“, versuchte sich Ann zu entschuldigen und fuhr sich mit der Hand durch ihr Haar. „Könnte ich vielleicht auch eine Zigarette bekommen?“

Lydia hatte sich ebenfalls eine Zigarette in den Mund gesteckt. „Alles umsonst, nicht wahr?“, kam es vorwurfsvoll über Lydias Lippen. Für einen Moment schwiegen sie und bemerkten, dass sie nicht allein waren. Immer wieder liefen Polizisten an ihnen vorbei in den Keller.
„O. k., Ladys“, sagte Emmelie aufmunternd und drückte den Rest ihrer Zigarette auf den Steinfliesen aus. „Ich möchte, dass ihr euch jetzt entspannt“, dabei lächelte sie und holte ihre Halskette unter ihrer Bluse hervor. Außer einem kleinen Herzen hing noch ein Schlüssel daran. Ann und Lydia starrten auf das kleine, silberne Etwas, das an der Kette baumelte. „Ann, du kannst dich wohl noch daran erinnern, als wir den Bahnhof fanden und du dringend auf die Toilette musstest. In dieser Zeit habe ein Schließfach eröffnet, von dem du nichts weißt. Als du wieder zurück warst, haben wir zusammen ein Schließfach genommen, in das wir die Unterlagen hineingelegt haben.“ Ann nickte. „Das heißt ja, die haben den Schlüssel von einem leeren Schließfach bekommen!“ Emmelie nickte heftig. „Das war mein Plan B.“
Ann verstand die Welt nicht mehr. „Ich bin sprachlos, das war einfach genial.“ Sie raufte sich die Haare und alle lachten laut.
„Du hast mir den zweiten Schlüssel einfach so verschwiegen?“ Emmelie nickte: „Ich bin doch ein Mädchen vom Lande!“
Ann konnte es noch immer nicht fassen und fing wieder an zu weinen. Lydia war gesund und wohlbehalten wieder bei ihr. Die Strapazen der letzten Tage und Wochen, der Tod, der immer in ihrer Nähe war. Auch die Unterlagen, um die es letztlich ging – das Kernstück dieser Tragödie – sie schlummerten friedlich in einem Bahnhofs-Schließfach. Diese Typen hätten sie so oder so umgebracht, ging es ihr durch den Kopf.
Plötzlich, sie wischte sich gerade die Tränen vom Gesicht und schnupfte geräuschvoll in ein Taschentuch, drangen Wortfetzen zweier sich unterhaltender Beamten an ihr Ohr. Das ließ sie aufhorchen. Dem Anschein nach war es der Baronin wohl gelungen, der Polizei zu entkommen. So die Aussage des Beamten. Außer einem alten Mann und einer Krankenschwester hielt sich niemand mehr im Gebäude auf. Die Worte des Beamten ließen sie erfrieren. Wie in Schockstarre blickte sie auf ihre Hände, die heftig zitterten. Heinrich, schoss es ihr durch den Kopf. Der alte Mann, es könnte sich bei ihm

wirklich um Heinrich, ihren Stiefvater, handeln.
„Mom, was ist los mit dir?“, hörte sie Lydia, die sich Sorgen über das blasse Gesicht und die zitternden Hände ihrer Mutter machte.
„Wusstest du von einem alten Mann und einer Krankenschwester?“
Lydia nickte. „Ja sicher dieser Mann befindet sich in einem Zimmer im Obergeschoß und sitzt im Rollstuhl.“
„Komm!“, sagte Ann und nahm Lydia an die Hand. „Mom, Mom, was hast du vor?“ Anns Verhalten flößte Lydia Angst ein.
Lydia ging voraus und blieb vor einer der Türen stehen. „In diesem Zimmer befindet sich der alte Mann!“ Ann musste nach dem schnellen Treppenanstieg ein wenig verschnaufen. Vorsichtig klopfte sie an die mit Facetten verzierte Holztür.
Kurz darauf wurde sie zaghaft geöffnet. Vor ihr stand eine kleine unscheinbare Frau, so um die vierzig, in der Kluft einer Krankenschwester. „Ja bitte?“, fragte sie höflich, ihre Stimme war sehr leise. Nachdem sich Ann und ihre Tochter vorgestellt hatte, fragte sie die Schwester, wer der Mann dort im Rollstuhl sei. „Der Name des Mannes ist Heinrich von Neuenhaus, aber warum wollen Sie das wissen?“
„Der Mann, den Sie pflegen, war einmal mein Stiefvater!“
Lydia zuckte zusammen. „Du hast nie etwas über ihn erzählt!“
„Es gab nichts über ihn zu berichten. Er hat meine Mutter jahrelang misshandelt und uns den Tod gewünscht. Bis wir es schafften, uns vor diesem Tyrannen in Sicherheit zu bringen.“
Die kleine Krankenschwester bedauerte all das, machte aber Ann klar, dass es ihre Aufgabe sei, den Baron zu pflegen. “Darf ich ihn noch einmal sehen?“ Die Schwester war unschlüssig. „Ich glaube, er schläft schon!“
„Mom“, flüsterte Lydia, „lass uns besser gehen.“
Ann schaute in die Augen der Krankenschwester. „Ich bitte Sie … ein letztes Mal!“ Wortlos trat sie einen Schritt zurück und öffnete die Tür. „Danke!“, hauchte Ann und betrat das Zimmer. Langsam folgte ihr Lydia. Der Raum war spärlich eingerichtet. An der Wand stand eine Kommode, daneben ein alter Kleiderschrank. Vor dem Fenster ein Sekretär und zwei Stühle. An einer Wand hingen mehrere Bilder und Fotografien. Ann musste nah herantreten, um bei der schwachen Beleuchtung, besser sehen zu können. Eine Anzahl der Fotografien

zeigte den Baron in einer besseren Zeit. Der Geruch von Desinfektionsmitteln lag in der Luft, der sich mit einem ekeligen, modrigen Gestank vermischte.
Wie der Geruch von Tod und Sterben. Vorsichtig ging Ann um den Rollstuhl herum und stellte sich vor ihn. Sie blickte in ein fahles, knochiges, lebloses Gesicht. Der Kopf war leicht zur Seite geneigt und durch den geöffneten Mund schnappte er nach Luft. Die Schläuche eines Sauerstoffgerätes steckten in seinen Nasenlöchern. Eine Decke lag über seinen dünnen, abgemagerten Beinen.
Da saß er nun … dieser Teufel in Menschengestalt, der ihr nun nichts mehr anhaben konnte. Mit einem Mal flatterten seine Augenlider, dann schlug er langsam die Augen auf. Als er Ann erblickte, war deutlich eine Unruhe an ihm zu erkennen. Seine Augen waren nun weit aufgerissen, seine Lippen bewegten sich, als wollten sie etwas sagen. Doch außer Speichel, der aus seinem Mund tropfte, kamen nur undefinierbare Laute heraus. Ann schaute den Mann mit verachtendem Blick an und beugte sich etwas näher zu ihm. „Du bestialisches Monster, du hast kein Recht, weiter zu leben!“ Dabei schaute sie auf einen Schalter am Sauerstoffgerät. „Das, was Sie jetzt denken, würde ich an ihrer Stelle nicht tun“, äußerte die Krankenschwester, die dicht bei ihr stand und alles mitbekommen hatte. „Sie würden ihn damit nur erlösen …“ Verwundert und gleichzeitig erschrocken über diese Aussage trat sie einen Schritt zurück.
„Heinrich von Neuenhaus hatte 1973 einen schweren Autounfall, bei dem eine junge Frau und ein Kind, die mit ihm im Wagen saßen, ums Leben kamen. Er selbst war danach querschnittsgelähmt.“ Die Schwester tupfte sich mit einem Tuch die Lippen ab und fuhr fort: „Das war aber noch nicht alles, er erlitt später noch mehrere Schlaganfälle. Er wird Sie sehen, teilweise auch hören, mehr aber auch nicht.“
Ann schaute zu Lydia, die gebannt auf den Mann starrte und sie konnte in ihrem Blick so etwas wie Mitleid erkennen. „Gefangen im eigenen Körper“, murmelte Ann vor sich hin.
„Er lebt zwar, ist aber trotzdem tot!“, betonte noch einmal die Schwester, „daher lassen Sie es auf sich beruhen und schließen mit der Sache ab.“
Ann nickte nur und ohne ein weiteres Wort verließen sie den Raum,

in dem so viel Elend, Leid und Tod in der Luft lag.
Bedächtig und nachdenklich gingen die beiden Frauen die breite Treppe hinab. Lydia hatte sich bei ihrer Mutter untergehakt. Im Flur des Erdgeschoßes war es inzwischen etwas ruhiger geworden. Die Sanis waren verschwunden, Emmelie saß rauchenderweise in einem der Sessel und unterhielt sich angeregt mit Holtmann.
„Und?“, fragte sie, als sie die beiden den Flur entlangkommen sah, „handelt es sich bei diesem Mann um diesen besagten Heinrich?“
„Ja, es ist Heinrich, ein alter, mit dem Tode kämpfender Mann, der bereits seit 1973 fast bewegungslos in einem Rollstuhl sitzt.“ Diese Aussage machte Emmelie stutzig und sie begann nachzurechnen.
„Also, wenn dieser Baron Heinrich von Neuenhaus, alias Brutus, war. Das war sein Deckname in der Organisation, der bereits seit Jahren aus dem Verkehr gezogen ist, wer zum Teufel ist dann die Person, die immer noch unter diesen Decknamen Nachrichten versendet?“ Ann ging nervös auf dem Flur auf und ab. „Könnte vielleicht hinter dieser geheimnisvollen Person auch eine Frau stecken?“ Erstaunt und verwundert zugleich schauten alle drei Frauen zu Holtmann, der diese Frage bejahte.
„Das hieß ja“, fuhr Ann fort, „dass Henriette von Neuenhaus, als Heinrichs kleine Schwester, ‚Brutus‘ ist? „Das würde auch die gelungene Flucht erklären ...“, fügte Lydia hinzu.
Auf jeden Fall konnte ‚Brutus‘ ihnen im Moment nichts anhaben.
„Hey“, rief Emmelie plötzlich, als sie auf ihre Uhr schaute, „es ist schon bald halb zwölf und wir sollten uns mal langsam nach einem Hotel umschauen.“
Ann sagte: „Ach du liebe Güte, wir müssen für uns beide noch ein Nachtlager finden.“
„Kommt nicht infrage“, mischte sich Holtmann ein. „Ihr seid meine Gäste und schlaft alle bei mir. Ich habe genügend Platz und außerdem ist ja unser lieber John leider verhindert.“
Mit einem Streifenwagen brachte man sie zu Holtmanns Haus. Doch vorher fuhren sie noch einen kleinen Umweg, um das Schließfach am Bahnhof zu leeren. In dieser Nacht feierten sie. Holtmann kredenzte seine Lieblingsspeise, eine große Pfanne Bratkartoffeln mit Speck und Rühreiern. Dazu tranken sie von seinem guten Wein.
In dieser Nacht erzählte jeder von ihnen seine Geschichte, die er

erlebt hatte. Sie alle wurden das Gefühl nicht los, dass alles irgendwie in einer Verbindung zueinander stand. Immer wieder schwiegen sie und gedachten der toten Freunde, die für eine schmutzige Sache ihr Leben lassen mussten.
Sie hoben aber auch die Gläser, weil sie das Schreckliche überlebt hatten, ohne groß darüber nachzudenken, ob es Zufall oder Schicksal war, dass sie zusammengeführt hatte.

Kapitel 54

Sie ließen es sich noch ein paar Tage gut gehen, unternahmen lange Spaziergänge durch den Wald und die umliegenden Felder. Sie genossen die angenehme Ruhe, die sie alle benötigten. An einem Tag besuchten sie John im Krankenhaus. Leider musste er ihnen mitteilen, dass bei der Schießerei mit Bob eine Kugel sein Kniegelenk getroffen hatte, was dazu führt, dass sein Bein im Kniegelenk steif bleiben wird. Diese Nachricht von ihm hatte alle sehr getroffen. Ann brachte es auf den Punkt, indem sie sagte: „John, Sie haben noch ein ganzes Leben vor sich!“ Lydia gab ihm zu verstehen, dass sie so lange bei ihm bleibt, bis er sich erholt hat. „Wir sind gemeinsam von England geflüchtet, haben so viel erlebt und wir werden zusammen nach England zurückkehren.“
Einmal am Tag, zu unterschiedlichen Zeiten, kamen Polizeibeamte in Zivil vorbei und schauten nach ihnen. Dabei erfuhren sie jeweils den neuesten Stand der Ermittlungen. Es gab wohl einen Augenzeugen, der auf der gegenüberliegenden Flussseite mit seinem Hund spazieren ging. Dieser sah, dass kurz vor dem Polizeieinsatz auf dem Gut, ein Motorboot ablegte und stromaufwärts fuhr. Einen Augenblick später tauchte wie aus dem Nichts ein tief über dem Wasser fliegender Hubschrauber mit ausgeschalteten Positionslichtern auf, der dem Boot folgte. Dann konnte er noch grüne und rote Lichter am Ufer beobachten, worauf der Pilot zur Landung ansetzte, um bald darauf wieder zu starten. Dann verschwand der Hubschrauber in der Dunkelheit.
„Das bestätigt unsere Annahme über die militärisch ausgeführte Flucht von ‚Brutus‘, oder besser gesagt, der Baronin von Neuenhaus“, äußerte sich Holtmann dazu. Trotz eines großen Polizeiaufgebotes, blieb die weitere Suche nach ihr erfolglos.

Baronin Henriette von Neuenhaus blieb spurlos verschwunden, war untergetaucht, vom Erdboden verschwunden, als hätte die Erde sie verschluckt. „Sie wäre das entscheidende Glied in der Kette gewesen“, bemerkte Holtmann und rieb nachdenklich sein Kinn. Emmelie war beunruhigt und ging noch einen Schritt weiter, als sie meinte:

„Diese Frau besitzt eine solche Macht, die uns vielleicht irgendwann gefährlich werden könnte."
Die Tage vergingen wie im Flug. Emmelie bekam von allen, jeden Tag, große Unterstützung bei ihren Recherchen und der Strukturierung ihrer Unterlagen. Holtmann stellte ihr sogar seine elektrische Schreibmaschine zur Verfügung, damit sie in aller Ruhe an ihrer Veröffentlichung schreiben konnte.
Dann kam der Abend vor Emmelies Abreise. Es war eine ergreifende Abschiedsfeier. Sie lachten und weinten, sie lagen sich in den Armen. Als Emmelie gegen Mittag in den Zug stieg, hatten sie sich fest versprochen, in Verbindung zu bleiben. „Als Nächstes besucht ihr mich in Dänemark!", waren ihre letzten Worte. Dann verließ der Zug den Bahnhof, um kurz darauf hinter einer langgezogenen Kurve zu verschwinden. Ann winkte noch immer mit Tränen in den Augen, obwohl der Zug schon außer Sicht war. Einen Tag nach Emmelies Abreise verließ auch Ann Westdeutschland und reiste zurück nach Falcon.
An diesem Nachmittag war der Himmel grau und wolkenverhangen und es regnete. Holtmann und Lydia besuchten seine Stammkneipe und setzten sich an den Platz, an dem sie saßen, als sie sich das erste Mal hier trafen. „Wo habt ihr denn euren Freund gelassen?", fragte neugierig der Wirt. Holtmann berichtete mit wenigen Worten, warum John heute nicht bei ihnen sein konnte. Daraufhin zapfte der Wirt drei Bier und dazu jeweils einen Schnaps. Lydia und Holtmann schauten etwas verwundert drein. „Das ist meine Runde", sagte der Wirt, „und das dritte Gedeck ist für euren Freund John!"

Dann kam der Tag an dem auch Holtmann von Lydia und John Abschied nehmen musste. Mit einem Krankenwagen transportiere man John, in einem Rollstuhl sitzend, zum Hafen nach Zeebrügge. Hier setzte er mit der Fähre nach Dover über. Dort erwartete ihn bereits ein Medical Team, das ihn zur weiteren Behandlung in eine Spezialklinik nach London bringen sollte. Auf dem Weg zur Fähre, als sie die deutsch-niederländische Grenze passierten, spürte John, dass sich Lydia veränderte. Sie wurde ganz still und schaute schweigend aus dem Fenster. Tränen kullerten über ihre Wangen. John ahnte sofort, um was es ging. „Es ist Will, nicht wahr?" Lydia schaute ihn an. „Ja,

du hast recht, es ist Will!“
„Lydia, Schatz“, sagte John und streichelte ihr mit der Hand über das Haar, „ich kenne dich schon so lange und weiß genau, für wen dein Herz schlägt.“ Sie zog ein Taschentuch hervor und räusperte sich. „Ich werde hier rundherum gut versorgt und bestens betreut, daher schlage ich vor, du bleibst in Holland und findest Will.“ Nach dieser Aussage bemerkte er die Veränderung, die in ihr vorging. Dann nahm sie seine Hand und küsste sie.
Als die Fähre den Hafen verlassen hatte, wartete Lydia so lange an der Kaimauer, bis das Schiff nur noch als winziger Punkt am Horizont zu sehen war. Aus einem kleinen Hafen-Café nahm sie telefonisch Kontakt mit Wills Eltern auf. Von ihnen erfuhr sie, dass sich Will derzeit in einem kleinen Ort namens Domburg aufhielt, um sich zu erholen. Lydia nahm sich sofort ein Taxi. Nach eineinhalb Stunden Fahrt erreichte sie Domburg, ein Seebad an der holländischen Küste. Es war ein mondänes Hotel, in dem Will untergebracht war und lag nicht weit vom Strand entfernt. Am Empfang fragte Lydia, wo sie Frau Will Verhoeven finden könnte. Eine junge Frau mit kurz geschnittenen Haaren in weißen Jeans, weißem T-Shirt und weißen Sportschuhen, die das Gespräch mitbekommen hatte, wendete sich an Lydia.
“Sie müssen Lydia sein, nicht wahr?“ Ziemlich erstaunt schaute Lydia die Frau an.
„Frau Verhoeven hat ständig von Ihnen gesprochen!“ Lydia lächelte. „Dann wissen Sie von uns?“, stammelte sie. Die Frau nickte. „Ich heiße Agnes und bin Wills Physio-Therapeutin und ich weiß, wo sie ihre Will jetzt finden werden!“ Bei den Worten ‚ihre Will‘ lief es Lydia eiskalt den Rücken hinunter. Agnes begleitete sie ein Stück des Weges und sie unterhielten sich über Wills Zustand. Sie hatte durch den Überfall unter einer posttraumatischen Belastungsstörung zu leiden. Vor einer Treppe, die zu den Dünen hinaufführte, blieb Agnes stehen. „Oberhalb des Dünenkamms steht eine Bank, dort werden Sie sie finden.“ Lydia bedankte sich. Sie hatte gerade die ersten Stufen hinter sich, als sie Agnes rufen hörte: „Geben Sie ihr Zeit!“
Lydia schritt durch den Sand, sie spürte den heftigen Herzschlag in der Brust, dann sah sie Will auf der Bank sitzen. Um sie nicht zu

erschrecken, rief Lydia schon von Weitem ihren Namen. Doch es schien, als hätte Will sie nicht gehört. Sie setzte sich vorsichtig neben sie auf die Bank. Bedächtig drehte Will den Kopf und schaute sie an. Lydia erschrak, das waren nicht die Augen, die sie kannte, die Augen einer verliebten Frau. In diesen Augen war keine Spur von Liebe zu erkennen, sie waren ausdruckslos. Lydia brachte keinen Ton heraus. Sie nahm Wills Hand, die darauf lächelte. „Will, ich …", doch weiter kam sie nicht mehr. Wills Lächeln erlosch, sie blickte wieder auf das Meer hinaus, dabei zog sie ihre Hand zurück. Lydia fing an zu weinen, Will blickte sie an: „Haben wir gewonnen?" Lydia konnte nur nicken. „Ja, ja, wir haben gewonnen, das Gute hat gesiegt!" Wieder lächelte sie und schaute aufs Meer hinaus. Sie atmete tief ein. „Das ist gut, das ist gut", kam es leise über ihre Lippen. Sie saßen noch eine Weile schweigend nebeneinander, hörten das heisere Schreien der Möwen und das Rauschen der Wellen.

Irgendwann tauchte Agnes auf, nahm Wills Arm und begleitete sie den Weg zum Haus zurück. Lydia brauchte eine ganze Weile, um das alles zu verarbeiten. Immer wieder bekam sie Weinkrämpfe. Sie hatte Will verloren. Lydia entschloss sich, für eine Nacht zu bleiben, um am Tag darauf in der Frühe nach England zurückzukehren.

Das Leben geht weiter – Epilog

Die Woche beginnt freundlich in Kopenhagen. Nebelschwaden, die vom Oeresund heraufziehen, lösen sich in den Strahlen der Oktobersonne bald auf. Von Osten her weht ein leichter Wind, die Herbstluft ist noch angenehm warm.

Im Konferenzraum der NORDEKKO-Redaktion, ein sanierter Altbau in der Nähe der Universität, sitzt eine kleine Gruppe von Redakteuren. Es ist kurz vor neun Uhr. Auf dem großen, ovalen Tisch aus Kirschholz liegt die neueste Ausgabe, viele Seiten stark. Emmelie Mortensens Bericht in dem Magazin hatte über Nacht ein Erdbeben ausgelöst. Nachdem ein Mitarbeiter völlig aufgeregt in die Redaktion gestürmt kam, mit den Worten: „Das müsst ihr euch unbedingt anschauen!“, schaltete er den Fernseher ein, alle saßen wie gebannt und warteten auf die Neun-Uhr-Nachrichten. Kurz darauf überschlugen sich die Berichterstattungen in Funk und Fernsehen. Eine Eilmeldung folgte auf die nächste. Ununterbrochen klingelten in der Redaktion die Telefone, die Drähte liefen heiß. Erste Fernsehteams mit ihren Übertragungswagen tauchten vor dem Gebäude auf. „Die Welt hält den Atem an!“, war die Aussage eines Fernsehreporters. „Steuert Europa in einen neuen Krieg?“, formulierte es ein anderer Nachrichtensprecher.

Mit einem Schlag war Emmelie Mortensen – das Mädchen vom Lande – eine Berühmtheit geworden.

Unmittelbar nach Bekanntwerden des Artikels wurden die Minister gebeten, sich auf dem schnellsten Wege in ihre Fraktionen, zu einer ersten Sitzung, einzufinden. Spionage und Zersetzungstätigkeiten auf europäischem Gebiet, die den Verdacht der Sabotage nahelegten, werden erkannt, sind aber bislang nicht sehr intensiv.

In zahlreichen Fällen werden durch anonyme Anrufe, Persönlichkeiten des öffentlichen Lebens und deren Familien bedroht.

Es ereignen sich Attentate und Geiselnahmen, Störungen im Bahn- und Luftverkehr nehmen zu. Ein deutlicher Anstieg an Verkehrsunfällen wird registriert. Armee und Polizei erhöhen ihre Einsatzbereitschaft. Es kommt zu ersten Hausdurchsuchungen. Hochrangige Personen aus Politik und Wirtschaft werden verhaftet und kommen in

Untersuchungshaft. Einige der Gesuchten entziehen sich der Festnahme durch Suizid.
Um in der Bevölkerung keine Panik aufkommen zu lassen, wird die Berichterstattung der Medien stark zensiert. Selbst an der Börse waren starke Kursschwankungen zu verzeichnen. Die Lage war angespannt und kritisch. Seitens der Politik versuchte man alles, um schnellstens wieder Normalität zu erreichen. Nach ein paar Tagen war der Spuk, der so plötzlich begann, wieder vorbei. Ein großer Teil der Bevölkerung hatte nicht einmal mitbekommen, was da um sie herum geschah. Von Tag zu Tag geriet es immer mehr in Vergessenheit, was Emmelie Mortensen aufgedeckt hatte. Eine trügerische Sorglosigkeit hielt wieder in den Köpfen der Menschen Einzug.
Emmelie Mortensen wurde Chef-Redakteurin.
Es kam ja auch alles anders. Bereits ein Jahr später im November 1989 zerbrach der „Eiserne Vorhang". Die beiden deutschen Staaten vereinigten sich auf friedliche Weise.
Der englische Polizist, John Moore, ging nach seiner Schussverletzung, bei der sein Knie steif geblieben war, in den vorzeitigen Ruhestand. Er zog nach Home Farm zu Tante Hailey, um sie bei ihrer Arbeit auf dem Hof zu unterstützen.

Lydia eröffnete in einem nahe der City gelegenen Stadtteil von London mit einer Kollegin eine psychotherapeutische Praxis. Sie blieb weiterhin als Polizei-Psychologin bei Scotland Yard tätig.

Fred Holtmann machte sich daran, ein Buch zu schreiben, über Korruption bei der Polizei und den Behörden.

Will Verhoeven bekam nach ihrer Genesung eine neue Chance. Sie wurde in eine kleine, ländliche Polizeiwache in die Provinz Friesland versetzt, war aber weiterhin in psychologischer Betreuung. Lydia und Will sahen sich nie wieder.

Eine Woche nachdem Ann wieder auf Falcon war, bekam sie Besuch von zwei Offizieren der Army. Sie überbrachten ihr die Nachricht, dass ihr Mann Bob Robertson nach einem Einsatz vermisst wird und man davon ausgehe, dass er dabei ums Leben kam. Sie nahm bald darauf wieder den Namen Marlow an und begann, sich ihren Traum zu erfüllen. Sie wollte schon immer eine Pferdezucht aufbauen. Ms. Davis führte ihr wieder den Haushalt.

Kurz vor Weihnachten überbrachte ein Postbote ihr einen Umschlag ohne Absender. Der Brief war von Henriette von Neuenhaus. Sie teilte ihr mit, wie das alles damals gewesen ist. Sie hatte nicht mehr lange zu leben und es war ihr Wunsch, sich für alles, was geschehen war, zu entschuldigen. Den Brief warf Ann, ohne lange nachzudenken, in die Flammen des Kamins.
An einem kalten, frostigen Januarmorgen geschah auf einer Landstraße, nahe der Stadt Fredericia, ein folgenschwerer Autounfall. Ein Lastwagen war auf die Gegenfahrbahn geraten und mit einem entgegenkommenden Auto kollidiert.
Im Polizeibericht war später kurz und knapp zu lesen, dass die Fahrerin, es handelte sich um die bekannte Journalistin Emmelie Mortensen, an ihren schweren Verletzungen noch am Unfallort verstarb.

Als Ann eine Woche später, durch einen Anruf aus der Redaktion, von Emmelies Tod erfuhr, war sie erschüttert und tief berührt. Sie konnte es einfach nicht fassen, dass ein junges Leben mit einem Schlag ausgelöscht wurde.
„Sie sollten aber noch etwas wissen“, sagte die Frau, am anderen Ende der Leitung: „In Emmelies Hand fand man eine Münze, auf der ein Windhund abgebildet war!“ Dann legte sie den Hörer auf.

E n d e

Danksagung

Beim vorliegenden Buch handelt es sich um ein fiktionales Werk mit frei erfundenen Personen. Gleichwohl liegen ihm historische Tatsachen zugrunde. Ähnlichkeiten mit lebenden oder verstorbenen Personen oder Begebenheiten sind rein zufällig und nicht beabsichtigt.

Es war an einem heißen Junitag 2013 in Cap Agde in Südfrankreich, als die Idee für dieses Buch entstand.

Was in meiner geistigen Vorstellung mit der Hand geschrieben werden sollte und auf einem noch leeren Blatt landete, musste zunächst meine liebe Frau Heidi lesen. Es war bestimmt nicht immer einfach, alles mit dem Computer textlich zu erfassen. Innigen Dank also, liebe Heidi, dafür und dass du mir immer Kraft und Zeit gegeben hast, mich meinem Buchprojekt zu widmen.

Ebenso dankbar bin ich meinem Lektor Dr. Friedrich Villis, der mir während der Lektüre des Manuskripts stets Mut machte, weiter zu schreiben. Danke für die Mühe und Geduld, lieber Friedrich.

Selbstverständlich gilt mein Dank auch dem Fotografen- und Autorenpaar Ulrike Romeis und Josef Bieker, die mir bei vielen Fragen, durch ihre Erfahrungen, hilfreich zur Seite standen.

Danke an Alle, ich weiß eure Hilfe sehr zu schätzen.